世界のエリートが学んでいる

教養書必読100冊を1冊にまとめてみた

Liberal Arts for the Global Elite: 100 Must-Read Works Explained in One Book

永井孝尚
TAKAHISA NAGAI

KADOKAWA

書籍と時代（年表）

年代	書籍・著者			史実	ページ
BC600年頃	Book 42	『ブッダの真理のことば・感興のことば』	ゴータマ・シッダッタ	仏教・ジャイナ教おこる（BC550年頃）	300
BC571～471年	Book 41	『老子』	老子	呉越の抗争	294
BC551～479年	Book 40	『論語』	孔子	諸子百家の活動	288
BC399年	Book 1	『ソクラテスの弁明』	プラトン	コリントス戦争（BC395年～）	32
BC384～322年	Book 22	『政治学』	アリストテレス	アレクサンドロスの東方遠征（BC334年）	176
604年	Book 44	『十七条憲法』	聖徳太子	遣隋使（600年）	310
660年頃	Book 43	『般若心経』	玄奘		304
712年	Book 45	『古事記』	天武天皇	平城京遷都（710年）	314
1231～1253年	Book 46	『正法眼蔵』	道元	承久の乱（1221年）	320
1260年	Book 48	『立正安国論』	日蓮	蒙古襲来（1274年）	338
1300年頃	Book 47	『歎異抄』	親鸞	鎌倉幕府滅亡（1333年）	330
1402年～	Book 67	『風姿花伝』	世阿弥	南北朝合一（1392年）	466
1520年	Book 2	『キリスト者の自由』	ルター	マゼラン世界一周（1519年～）	40
1620年	Book 4	『ノヴム・オルガヌム』	ベーコン	三十年戦争（1618年～）	52
1637年	Book 3	『方法序説』	デカルト		46
1643～1645年	Book 49	『五輪書』	宮本武蔵	鎖国完成（1639年）	344
1690年	Book 23	『統治二論』	ジョン・ロック	ファルツ戦争（1688年～）	182
1739年	Book 5	『人性論』	ヒューム	オーストリア継承戦争（1740年～）	58

年代	書籍・著者	史実	ページ
1762年	Book 24 『社会契約論』 ルソー	七年戦争（1756年〜）	188
1776年	Book 25 『コモン・センス』 トーマス・ペイン	アメリカ独立戦争（1775年〜）	194
1776年	Book 27 『国富論』 アダム・スミス		204
1781年	Book 6 『純粋理性批判』 カント	フランス革命（1789年）	64
1807年	Book 7 『精神現象学』 ヘーゲル	神聖ローマ帝国滅亡（1806年）	72
1808〜1833年	Book 72 『ファウスト』 ゲーテ	ウィーン会議（1814年）	498
1859年	Book 26 『自由論』 ミル	クリミア戦争（1853年〜）	198
1859年	Book 74 『種の起源』 ダーウィン		512
1861年	Book 80 『ロウソクの科学』 ファラデー	南北戦争（1861年〜）	548
1866年	Book 73 『罪と罰』 ドストエフスキー		504
1867年〜	Book 28 『資本論』 マルクス	プロイセン＝フランス戦争（1870年〜）	212
1883〜1885年	Book 8 『ツァラトゥストラはこう言った』 ニーチェ	独・墺・伊三国同盟（1882年）	84
1897年	Book 30 『自殺論』 デュルケーム		226
1899年	Book 50 『武士道』 新渡戸稲造	日露戦争（1904年〜）	350
1902年	Book 87 『科学と仮説』 ポアンカレ	第1次モロッコ事件（1905年）	596
1905〜1916年	Book 81 『相対性理論』 アインシュタイン	第2次モロッコ事件（1911年）	554
1906年	Book 68 『茶の本』 岡倉天心	日本、韓国併合（1910年）	472
1907年	Book 9 『プラグマティズム』 W・ジェイムズ		90
1907〜1908年	Book 11 『現象学の理念』 フッサール	メキシコ革命（1910年）	102
1916年	Book 51 『論語と算盤』 渋沢栄一	米騒動（1918年）	356
1917年	Book 10 『精神分析学入門』 フロイト	第一次世界大戦（1914年〜）	96
1919年	Book 60 『マッキンダーの地政学』 マッキンダー		410

1920年	Book 29	『プロテスタンティズムの倫理と資本主義の精神』	マックス・ヴェーバー	国際連盟成立（1920年）	220
1921年	Book 13	『論理哲学論考』	ウィトゲンシュタイン		116
1923年	Book 66	『アート・スピリット』	ヘンライ		460
1925年	Book 31	『贈与論』	モース	ロカルノ条約（1925年）	230
1927年	Book 12	『存在と時間』	ハイデガー	リンドバーグ大西洋横断飛行（1927年）	108
1930年	Book 69	『「いき」の構造』	九鬼周造	満州事変（1931年）	480
1933年	Book 54	『ガンディー 獄中からの手紙』	ガンディー		372
1936年	Book 32	『雇用、利子、お金の一般理論』	ケインズ	第二次国共合作（1937年）	236
1938年	Book 55	『抗日遊撃戦争論』	毛沢東	第二次世界大戦（1939年〜）	378
1941年	Book 14	『自由からの逃走』	フロム	独・伊、対アメリカ宣戦（1941年）	122
1944年	Book 52	『日本的霊性』	鈴木大拙		360
1945年	Book 92	『いかにして問題をとくか』	G・ポリア	第二次世界大戦終結（1945年）	624
1946年	Book 15	『夜と霧』	フランクル	ニュルンベルク軍事裁判（1945年）	128
1946年	Book 17	『実存主義とは何か』	サルトル	パリ平和会議（1946年）	142
1949年	Book 75	『ソロモンの指環』	ローレンツ		520
1949年	Book 95	『通信の数学的理論』	シャノン	朝鮮戦争（1950年〜）	646
1954年	Book 90	『数学序説』	吉田洋一／赤攝也	日ソ共同宣言（1956年）	612
1954年	Book 91	『統計でウソをつく法』	ダレル・ハフ		618
1959年	Book 89	『二つの文化と科学革命』	C・P・スノー		604
1961年	Book 19	『全体性と無限』	レヴィナス		156
1961年	Book 53	『日本の思想』	丸山眞男	東京オリンピック（1964年）	366

年代	書籍・著者			史実	ページ
1961年	Book 58	『歴史とは何か』	E・H・カー		398
1962年	Book 18	『野生の思考』	レヴィ＝ストロース	キューバ危機（1962年）	148
1962年	Book 79	『沈黙の春』	カーソン		544
1962年	Book 88	『科学革命の構造』	クーン		600
1963年	Book 16	『エルサレムのアイヒマン』	アーレント		134
1963年	Book 70	『ピアノ音楽の巨匠たち』	ショーンバーグ		486
1964年	Book 34	『メディア論』	マクルーハン	ベトナム戦争（1965年〜）	250
1967年	Book 59	『文明の生態史観』	梅棹忠夫	日韓基本条約（1965年）	404
1970年	Book 35	『消費社会の神話と構造』	ボードリヤール	EC発足（1967年）	254
1971年	Book 37	『正義論』	ジョン・ロールズ	核拡散防止条約発効（1970年）	266
1975年	Book 20	『監獄の誕生』	フーコー	第一次石油危機（1973年）	162
1975年	Book 33	『資本主義と自由』	フリードマン	第1回サミット（1975年）	242
1975年	Book 96	『人月の神話』	ブルックスJr.		650
1976年	Book 76	『利己的な遺伝子』	ドーキンス		526
1979年	Book 71	『ディスタンクシオン』	ブルデュー	イラン＝イラク戦争（1980年〜）	490
1983年	Book 36	『管理される心』	ホックシールド		260
1984年	Book 82	『エントロピーと秩序』	アトキンス		562
1987年	Book 83	『カオス』	グリック	チェルノブイリ原発事故（1986年）	570
1988年	Book 84	『ホーキング、宇宙を語る』	ホーキング	ベルリンの壁崩壊（1989年）	578
1989年	Book 77	『ワンダフル・ライフ』	グールド	冷戦終結（1989年）	532
1992年	Book 38	『歴史の終わり』	フランシス・フクヤマ	湾岸戦争（1991年〜）	272
1995年	Book 97	『ビーイング・デジタル』	ネグロポンテ		656

年	Book	書籍	著者	出来事	頁
1996年	Book 64	『文明の衝突』	ハンチントン		444
1997年	Book 63	『銃・病原菌・鉄』	ダイアモンド	地球温暖化防止京都会議（1997年）	436
1999年	Book 85	『エレガントな宇宙』	グリーン	ユーロ導入（1999年）	584
2003年	Book 93	『素数に憑かれた人たち』	ダービーシャー	イラク戦争（2003年）	630
2004年	Book 61	『昭和史 1926-1945』	半藤一利		418
2009年	Book 39	『正義のアイデア』	アマルティア・セン	リーマン・ショック（2008年）	280
2009年	Book 98	『テクノロジーとイノベーション』	アーサー	オバマが米史上初の黒人大統領（2009年）	660
2011年	Book 56	『現代中国の父 鄧小平』	鄧小平	東日本大震災（2011年）	384
2011年	Book 65	『サピエンス全史』	ハラリ		452
2013年	Book 21	『なぜ世界は存在しないのか』	ガブリエル		168
2015年	Book 78	『意識はいつ生まれるのか』	トノーニ／マッスィミーニ		538
2016年	Book 100	『CRISPR』	ダウドナ／スターンバーグ		676
2017年	Book 86	『時間は存在しない』	ロヴェッリ	トランプが米大統領就任（2017年）	590
2018年	Book 62	『アメリカの世紀と日本』	パイル		428
2018年	Book 94	『因果推論の科学』	パール		636
2020年	Book 57	『普遍的価値を求める』	許紀霖	新型コロナウイルスの感染拡大（2019年～）	390
2021年	Book 99	『AI 2041』	カイフー・リー／チェン・チウファン	ロシアのウクライナ侵攻（2022年～）	666

はじめに——教養は、強いビジネス力に直結する

早速だが、これらの問いに、あなたはどう答えるだろうか？

問い❶A社は「当社は少数精鋭。平均年収1500万円」だという。就活中のあなたは入社すべきか？

問い❷チームの意見が割れている。あなたはどのように意見をまとめるか？

問い❸B君は欧米人とのビジネス交渉で相手にされずに悩んでいる。その原因と対策は何か？

問い❹1941年（昭和16年）、なぜ日本は戦争を始めたのか？

問い❺2022年に始まったウクライナ戦争の原因は何か？

どれもまったく異なる問いだが、多くの人はこう答えがちだ。

回答❶平均年収1500万円のA社：「こんなに給料がいい会社、滅多にない。入社しないと後悔するよ」

回答❷チームの意見が割れている：「ここは平等に、多数決で決めよう」

回答❸欧米人と交渉できない理由：「英語力が足りないね。ネイティブ並みの英語力を身につけよう」

回答❹日本が戦争を始めた理由：「軍部が日本国民を戦争に引き込んだからだよ。国民は被害者だ」

回答❺ウクライナ戦争の原因：「一方的に戦争を始めたロシアが悪いね」

ありがちな答えだが、共通点は思考が浅いことだ。教養が身につくと、答えはこう変わる。

回答❶平均年収1500万円のA社：統計知識があれば、平均には算術平均・中央値・最頻値があり、社

長の高い年収が算術平均を引き上げていて、最頻値（大多数）は300万円の可能性もある、と予想できる。

回答❷　チームの意見が割れている：多数決は、必ず不満な人が出てのちに大きな問題になる。一方で、異論を抑えた折衷案では成果が出ないことも多い。ルソーの一般意志の概念を理解していれば、むしろ異論を持ち寄り徹底的に議論して全員が納得する「組織としての合意」をつくるべきだとわかる。

回答❸　欧米人と交渉できない理由：これは私がかつて勤めていたＩＢＭで散々悩んだことだ。英語力だけの問題ではない。欧米では、「和を以て貴し」が身上の日本とは対話のロジックが根本的に異なるのだ。ヘーゲルの弁証法がわかれば欧米流の対話ロジックも理解でき、多少英語が拙くても一目置かれるハードネゴシエーターになれる。

回答❹　日本が戦争を始めた理由：昭和の史実を学べば、日本国民が熱狂して戦争を始めたことや、その日本人の悪い面は現代の日本人にも引き継がれていることがわかる。

回答❺　ウクライナ戦争の原因：この戦争の裏には、ハンチントンが考察した文明の衝突や、マッキンダーが示した欧米とロシアの地政学的対立がある。この根深さを知れば、今後の行方を多少は見通せる。

前者の回答は、問題の現象を表層的に見ている。後者の回答のように、**問題の本質を構造的に捉えるために必要なのが、教養だ**。私たちが日々遭遇する多くの問題は、自分の知識や経験だけで考えても、的確な答えは出てこない。教養を身につければこれが変わる。教養とは、過去の賢人たちが蓄積してきた膨大な知識の宝庫だ。だから教養を身につければ、見えなかった問題と対応策が見えてくる。逆に自分の経験と知識だけで考えるのは、完全武装した強大な敵と丸腰で戦うようなものだ。しかし、こんな反論をする人もいる。

「その考え方は古いね。教養から得られる知識は、いまや検索するかＡＩ（人工知能）に聞けば速攻で得られる。

検索すればわかる教養なんて、もはや学ぶ必要はない」

この主張は少し勘違いをしている。たしかに知識は検索やAIで得られるが、私たちは脳内にある膨大な知識を瞬間的に組み合わせながら考えている。脳内にある知識が教養なのだ。脳内にはない検索エンジンやAI上の知識は、考える際に使えない。「検索すればいい」とよく言われるが、検索するには正しく質問する必要がある。正しく質問をするのにも教養が必要だ。では教養は、どうすれば身につくか。

それには教養の名著を読むことだ。教養の名著は過去に活躍した賢人たちの知識の結晶だ。それらは「知的に面白く、かつ生きる上で役に立つ」からこそ、時代を超えて読み継がれてきたのである。

しかし、教養を学ぶのはハードルが高い。まず教養を学ぶ入り口となる本がこれまでなかった。教養を学ぶ指南書はあるが、教養そのものを具体的・俯瞰的にわかりやすくまとめた本や、「そもそもどんな教養書を読むべきか」をわかりやすく教えてくれる本がほとんどない。実際に、私もいろいろと探してみた。**西洋・東洋哲学、政治学、経済学の名著をまとめた本はある。しかしそういった本は、サイエンスやテクノロジーをカバーしていない。逆にサイエンスをまとめた本は、哲学や社会科学をカバーしていない。**

嘆かわしいことに、教養の世界では「文系と理系の断絶」が起こっているのである。

現実には、現代思想では哲学と最新サイエンスが融合し始めている。「現代哲学界のロックスター」と称されるマルクス・ガブリエルは、理論物理学者ホーキングを批判する一方、意識研究の世界的権威である神経科学者トノーニと意見を同じくする。ループ量子重力論を提唱する理論物理学者ロヴェッリは、哲学者フッサール、カント、ハイデガー、さらにブッダの思想を取り上げた上で、時間の概念を再検証している。

分野を超えて横断的に俯瞰し、まったく違う分野のつながりが見えると、教養を学ぶことが俄然面白くなる。しかし「世の中にどんな教養の名著があり、お互いにどうつながるのか」がわかる本がなかった。

もうひとつの問題は、教養の名著が難解なことだ。哲学ではカントの『純粋理性批判』、ヘーゲルの『精神現象学』、ハイデガーの『存在と時間』は「三大難解書」と呼ばれている。ダーウィンの『種の起源』やアインシュタインの『相対性理論』も難解だ。これらの幅広い教養書を、一気通貫でわかりやすく理解できる本が、世の中にはない。そこで私は考えた。「ないのならば、自分で書いてしまおう」

私はマーケティングが本職だが、教養書にも幅広く接してきた。大学は工学部出身なので、理系は専門。ビジネス書の著者としても、難しい理論を初心者にわかりやすく紹介する本を数多く手掛けてきた。

強い問題意識もあった。企業へのマーケティング戦略研修を通じて「ビジネスパーソンの問題の本質は考え抜く力の弱さ」だと痛感してきたのだ。そして冒頭の通り、問題を構造的に捉える上で、教養は役立つ。

こうして2021年9月初旬に書き始めて、2年後の2023年8月末に脱稿したのが、本書である。

教養の各分野を通して「これは必読」と思われる名著を100冊厳選し、ぜひ押さえたいポイントを平均6ページでまとめている。幅広い教養分野を横断的に俯瞰できるように、次の6章構成とした。

【第1章 西洋哲学】西洋では、あらゆる学問の源流はソクラテス哲学だ。西洋哲学からは、経済学・政治学・社会学・科学・数学・工学などが派生していった。ここではソクラテスを起点に、カントやヘーゲルなどの近代啓蒙思想、構造主義、ガブリエルの現代哲学までの西洋哲学を紹介する。

【第2章 政治・経済・社会学】西洋思想では、純粋な西洋哲学だけではカバーできない分野もある。そこでアリストテレスの政治学から始まり、ロックの自由民主主義思想、アダム・スミスやマルクスの経済学、社会学、最新の自由主義思想の課題までを紹介する。

【第3章 東洋思想】 西洋思想とはまったく異なる形で進化を続けてきた東洋思想を学べば、私たちの思考は広がり、深まる。そこで古代の中国やインドで生まれた儒教・老子・ブッダの思想を起点に、飛鳥時代の古代日本から現代日本までの思想の変遷、さらにインドや中国の現代思想までを紹介する。

【第4章 歴史・アート・文学】 歴史を通して人類はさまざまな経験をしてきた。歴史を学ぶことで教養はさらに深まるし、アートや文学は人間性を豊かにする。ここでは歴史書やアート、文学の名著を紹介する。

【第5章 サイエンス】 サイエンスも教養では重要な一分野だ。サイエンスの知見を踏まえずに非科学的な主張をする哲学の専門家がネットで炎上するのもよく見かける。そこでダーウィンを起点に生物学の名著をひと通り紹介した後、物理学の基礎から最新宇宙物理学、さらに科学思想も紹介する。

【第6章 数学・エンジニアリング】 技術革新は人間社会を豊かにしてきた。そして最新ＡＩや遺伝子を自由に書き換えるＣＲＩＳＰＲ（クリスパー）などの最新技術の登場により、人間のあり方は根本から問い直されつつある。そこで技術を支える数学と、基本から最新までのテクノロジーの教養書を紹介していく。

このように本書は、いわばソクラテスから最新ＡＩ、遺伝子改変技術まで、幅広く網羅した一冊だ。

最後に本書の読み方をガイドしたい。私は『世界のエリートが学んでいるＭＢＡ必読書50冊を1冊にまとめてみた』（ＫＡＤＯＫＡＷＡ）を皮切りに、ＭＢＡ必読書シリーズを3冊書いた。読者から「読みたい本がわからなかったので本選びに助かった」という声を多くいただいた。本書も同じスタンスで書いている。

多忙なビジネスパーソンが、この１００冊を読破するのは時間的に厳しいだろう。そこで教養を深める入り口として、本書を活用してほしい。

①まずは本書の目次をチェックして、自分が気になる本から読み始めてほしい。慣れたら、②に進む。
②本書は各章の頭から通読することで、その分野の知識が体系的に理解できるように構成している。気になる章は、できるだけその章の最初から通読してほしい。また本書は、各章の順番も配慮して構成している。
「特に興味がある章がない」という人は、Book Iから通読してほしい。
③理解できない箇所があれば、読み飛ばしても構わない。それでも理解できるように構成している。

もしかしたら本書を読んで「原著が完璧にわかった」と思うかもしれない。残念だが、それは幻想だ。

ここで選んだ１００冊は平均５０４ページ。合計で５万３５０ページある。併読した本を含めると、合計２５０冊だ。本書はこの膨大な情報を、合計約６５０ページ、一冊あたり平均６ページ強に凝縮した。

つまり本書は、原著から仕事や人生で役に立つ部分を中心に抽出して「ザックリ言うと、〇〇〇」とまとめている。本書は濃く凝縮した内容だが、それでも原著のごく一部だ。ページ数の制約で涙を呑んで割愛したコンテンツも多い。そもそも本書は研究者向けではない。あくまで多忙なビジネスパーソンが教養を身につけるきっかけをつくる道具である。だから興味を持った本は、原著に挑戦してほしい。原著から学べることは、本書よりもはるかに広く深い。そうして時間をかけて築いた教養は、必ずやあなたの武器となる。

これからの世の中は、深い教養を身につけているか否かで、あなた自身の人生が変わる時代になる。この本が、あなたが教養の深い世界を楽しむきっかけになれば、著者としてこれほどうれしいことはない。

最後に、このような名著１００冊を世界に書き残してくれた偉大なる先人たちと、そうしたすばらしい名著の刊行に尽力された多くの出版関係の皆さまに、心から深く感謝を申し上げたい。

永井　孝尚

CONTENTS

世界のエリートが学んでいる教養書必読100冊を1冊にまとめてみた

Chapter1 — 西洋哲学

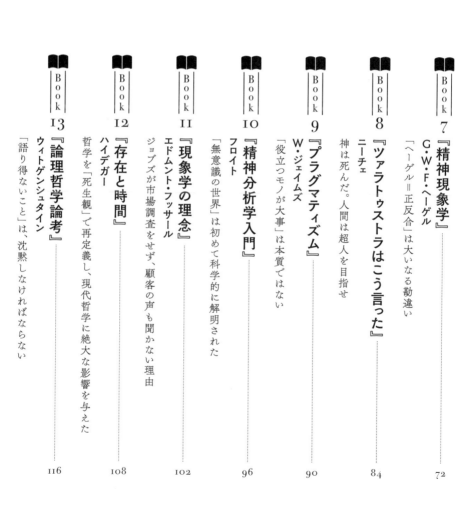

CONTENTS

Chapter2

政治・経済・社会学

CONTENTS

CONTENTS

Chapter3

東洋思想

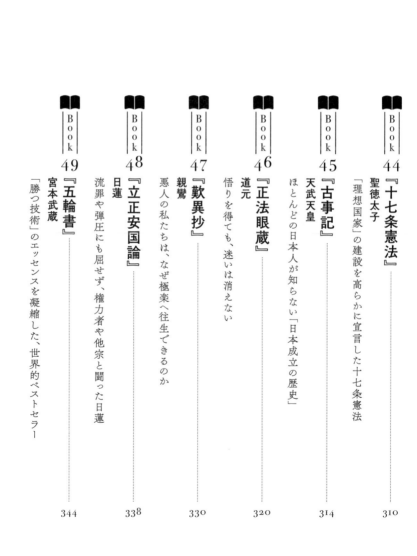

CONTENTS

Chapter4

歴史・アート・文学

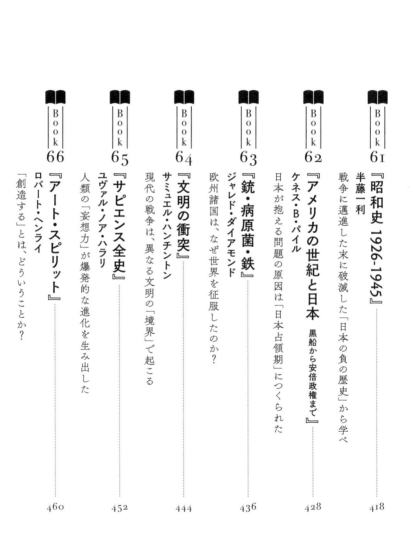

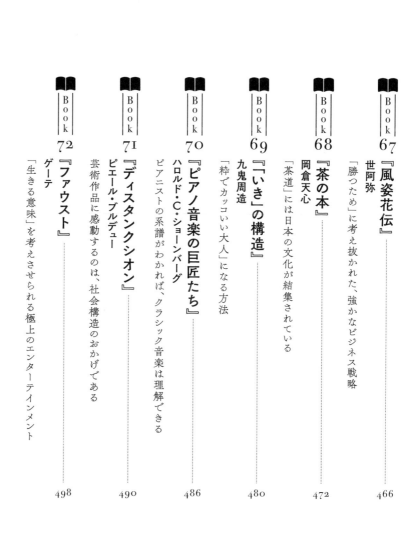

CONTENTS

Chapter5

サイエンス

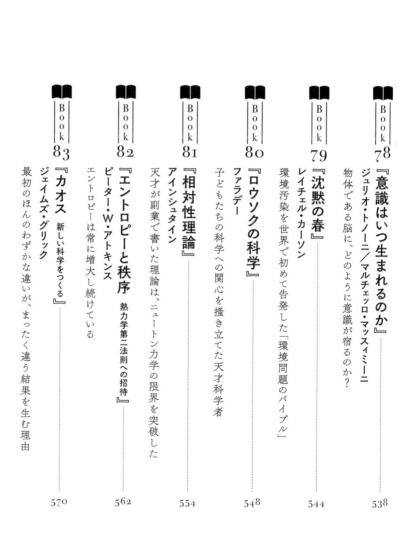

CONTENTS

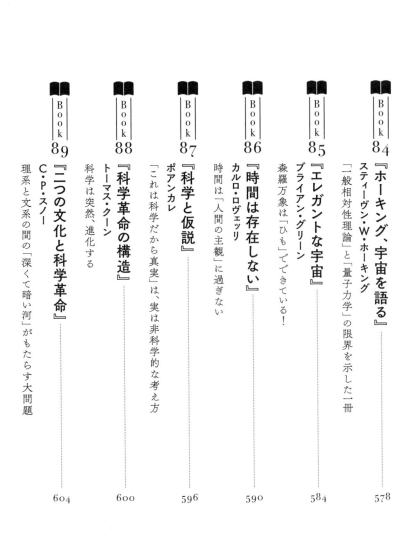

Chapter6

数学・エンジニアリング

CONTENTS

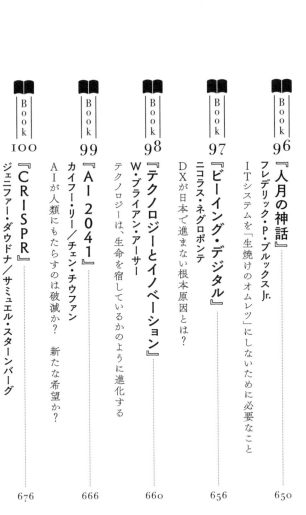

本文デザイン／高橋明香（おかっぱ製作所）
図版作成／島崎哲雄デザイン事務所
イラスト／瀬川尚志
校正／群企画（森谷かおり）
編集協力／高橋一喜
DTP／ニッタプリントサービス

Chapter1

西洋哲学

西洋哲学は、常に「知の探求」と「自由の追求」を続けてきた。
本章では、西洋哲学を理解するための哲学書を21冊紹介したい。

Book

I

『ソクラテスの弁明』

ソクラテスは、あらゆる「知の追求」の出発点である

プラトン［著］納富信留［訳］光文社古典新訳文庫

ソクラテス　　プラトン

ソクラテス：前470年頃 - 前399年。古代ギリシャの哲学者。西洋哲学の基礎を築いた人物の一人。「問答法」によって真理を探究したが、不敬罪で刑死。自身は著述を行わなかった。プラトン：前427年頃 - 前347年。古代ギリシャの哲学者。師ソクラテスとの出会いをきっかけに哲学の道に入る。ソクラテスを主人公とする「対話篇」作品を生涯にわたって書き続けた。

1冊目に本書『ソクラテスの弁明』を取り上げるのには、理由がある。

本書は、人類が「知の追求」を始めた原点だからだ。約2400年前に書かれた本書には「知の追求」の本質が書かれている。ソクラテスが生涯を捧げた「知の追求」への謙虚な姿勢は、最新テクノロジーが神の領域に届きつつある現代だからこそ、その重要性を増している。

ただ、ソクラテスというと、こう言う人もよく見かける。

「ソクラテスも言っていますが、『無知の知』が大事ですよ」

これは大きな間違い。むしろ「ソクラテス哲学の真逆」と言ってもいい。

では、ソクラテスは、本当はなんと言ったのか？

古代ギリシャの都市・アテナイに、のちに「哲学の祖」と称されるソクラテスがいた。ある日、神殿で「神のお告げ」を担当する巫女《みこ》が、ソクラテスの知人にこう言った。

「ソクラテスより知恵がある者は、誰もいない」

私ならこう言われると、つい喜んで舞い上がるところだが、ソクラテスはマジメに考え込んでしまった。

「俺、知恵なんてないんだが。でも神様が嘘つくわけないよな。これは神様の謎かけなんじゃないかな」

ソクラテスは早速、検証することにした。自分より知恵がある人物を見つければ「神様、間違いですよ」と言える。そこで、アテナイの「自分は知識も知恵もある」という知識人たちをつかまえては、問答を繰り返してみた。しかし誰もキチンと質問に答えられない。問答を繰り返していくと多くの場合、答えられないレベルに到達する。これは彼の質問を受ける立場になることを想像すると結構キツい。

「Aとは？」「Bということです」「ではBとは？」「Cということです」「ではCとは？」……こんな問答が続くと、「ではXとは？」「それはその、Xということです」となったりする。問答を5～6回以上も繰り返すと、たいていはトートロジー（同じ言葉の繰り返し）になる。その前にロジックに矛盾が生じることも多い。

「さっきは、AはBだって言ったよね。今AはEだって言ったけど、これって矛盾してない？」

ソクラテスはこんな調子でアテナイの知識人と問答を繰り返して、わかったことがあった。

「知識人だって言っているけれど、誰一人ちゃんと答えられないんだなぁ」。そしてこう考えた。

「知らないのに知っていると言う人よりも、『俺は知らない』と自覚するだけマシなのか」

しかしソクラテスは至るところでこれをやらかし、面目丸つぶれの知識人たちから「恥をかかされた」と逆恨みされた。一方で若者は「知識人は偉そうだけど、大したことないぞ」と考えてソクラテスの真似を始めた。その結果、ソクラテスは「若者を堕落させた」として裁判で訴えられた。その裁判の一部始終を弟子のプラトンが書いたのが本書だ。一見単なる裁判記録だが、本書には哲学のエッセンスが凝縮されている。

早速、本書のポイントを見ていこう。

ソクラテスは自分の命がかかっていた裁判でも、問答スタイルを変えなかった。

このため裁判員約500名の心証は実に悪かった。そして判決の結果、死刑を宣告されてしまう。

ソクラテスの考えの根っ子にあるのは「**自分は知らないという自覚**」だ。彼はこの自覚を出発点に、本当に自分が知っているのか否かを、他者との対話を通じて謙虚に吟味し、検証し続けているのである。

ソクラテスはすべてにわたって「自分は知らないという自覚」を徹底する。たとえば彼はこう主張する。

「**告発とか、死刑とかにされても、自分に害はない。自分は何も知らないので、知の追求をひたすらやり続けているだけだ。それって善いことでしょ。むしろ試されているのは、アナタたち裁判員だからね**」

普通の人は死を恐れるが、ソクラテスは「自分は死後の世界を知らないので、恐れてない」と言う。強がりではない。本書に彼が語った一節がある。「（誰一人知らない死を恐れることについて）これが、あの恥ずべき無知、つまり、知らないものを知っていると思っている状態でなくて、何でしょう」

死を怖がることは、ソクラテスにとって自分が知らないことも自覚していない、恥ずかしいことなのだ。

ソクラテスにとって大切なのは、知の追求を続けること。告発されようが死刑になろうが、自分が知の追求を続けていれば、自分は一切害を被らない。害を被るとしたら、死刑を免れようとして考えを曲げて、「知の追求を続けたのは、間違いでした」と認めることだ。

では、なぜこの裁判で試されているのは裁判員なのか。本書の訳者であり、国際プラトン学会の会長も務めた世界的なプラトン研究の第一人者・東京大学の納富信留《のうとみのぶる》教授は、東京大学が公開している講義「ソクラテスは何故死刑を受けたのか？」で深読み解釈を行っている。

「この裁判の本質は、ソクラテスが本当のことを言って裁判員の無知を暴き、憎まれたことです」

知を追求し続けたソクラテスは裁判でもこのスタイルを貫き、500名の裁判員が何も知らないと暴いて死刑となった。裁判員はいわば私たち人間の代表。人間がソクラテスを殺したのだ、と納富氏は言う。

ソクラテスの問答は揚げ足取りに見えるが、実は違う。揚げ足取りは相手を茶化したいだけ。ソクラテスは真剣だ。マジメに知の追求をしている。玉川大学名誉教授の岡本裕一朗氏は著書『教養として学んでおきたい哲学』（マイナビ新書）で、こう述べている。「よく言われるところのソクラテスのちゃぶ台返しは、正面から相手を否定するのではなく、相手にトコトン語らせた後、相手の中の自己矛盾を指摘して、最終的にひっくり返すというもので、実はこれが〝問答法〟の一番基本となるスタイルになるのです。（中略）日本人の議論があまりうまく行かない理由は、お互いに論点が異なっているのにもかかわらず、自分の主張のみをぶつけ続けるからであり、それゆえ、相手を的確に批判することができないのです」

国会答弁を見ていても、与野党の議論はすれ違い、自分の主張の繰り返し。相手の主張の矛盾を突く議員は少数で、的確に相手を批判できない。国民を代表する知識人であるべき国会議員にしてこのありさまだ。**主張をぶつけ合うのは議論ではない。主張を聞き届け、互いの矛盾点を指摘し合うのが、本来の議論だ。**

ソクラテスが哲学の原型を考え、プラトンが形にした

裁判で死刑を宣告されたソクラテスは、嘆き悲しむ弟子たちを戒め、自ら毒杯を飲んで世を去った。

ソクラテスは対話に夢中で著書を残さなかった。ソクラテスの死後、アテナイでは「あれは本当に正しい裁判だったのか？」という論争が巻き起こった。「ソクラテスはひどい奴。死刑は当然」というパンフレットも出回った。これにはソクラテスの弟子たちが黙っていない。競ってソクラテスの対話の様子を書き始め、「師匠は正しい。俺は師匠の教えはこうだと思うよ」と主張し始めた。その数、200〜300。のちに「ソクラテス文学」と呼ばれた。その中でもソクラテスよりも40歳ほど若かったプラトンが書いた三十数冊はソクラテスの考えを深く洞察したもので、現代に残っている。ソクラテスが哲学の原型をつくり、プラトンがソクラテス哲学を体系化して著書にまとめたのだ。

「無知の知」ではなく「不知の自覚」

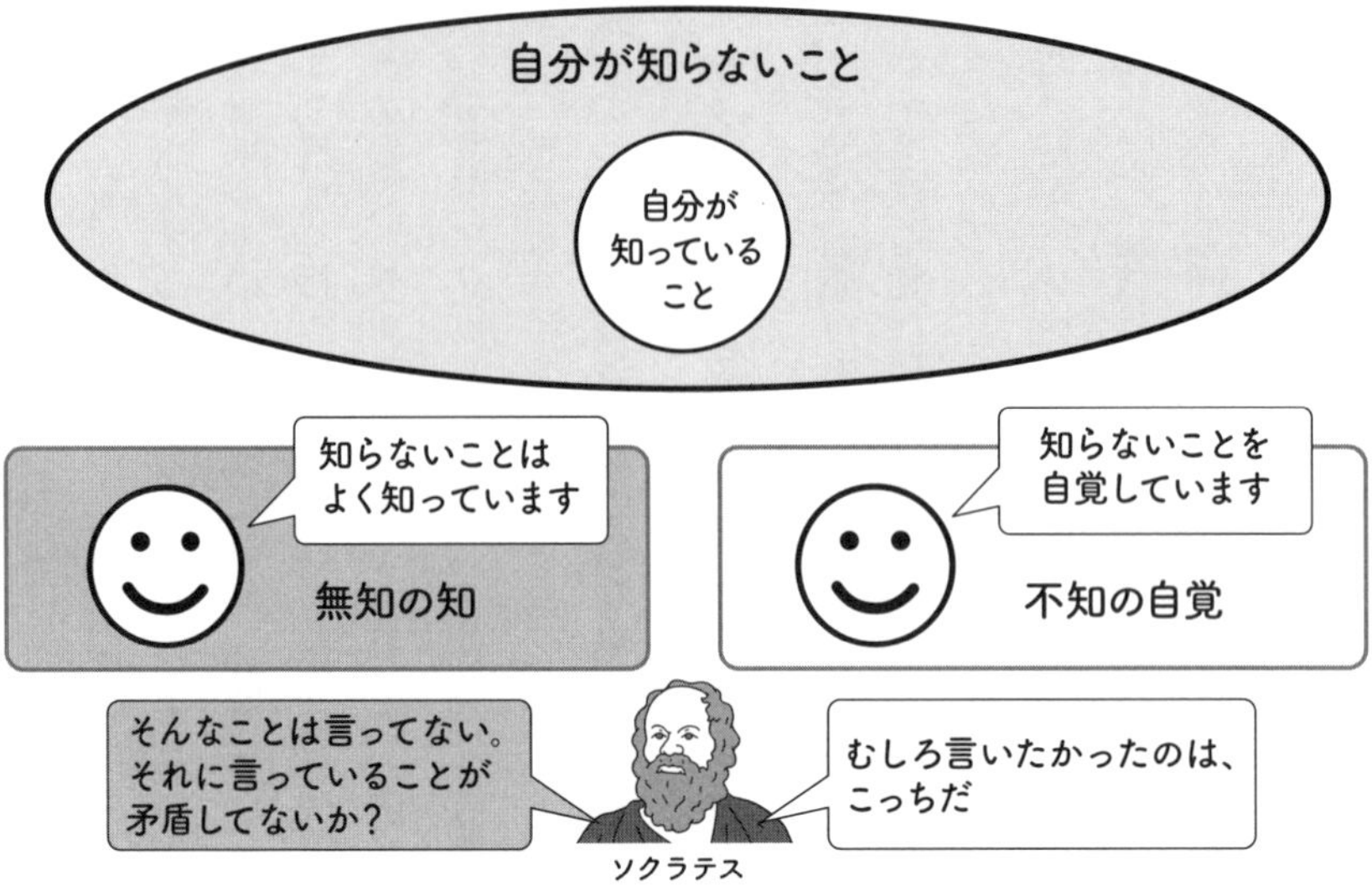
自分が知らないこと
自分が知っていること
知らないことはよく知っています
無知の知
知らないことを自覚しています
不知の自覚
そんなことは言ってない。それに言っていることが矛盾してないか？
むしろ言いたかったのは、こっちだ
ソクラテス

「無知の知」ではなく「不知の自覚」

日本では知識人でも「ソクラテスは**『無知の知』**と言った」と発言したり、本に書く人がいる。

納富氏は著書『哲学の誕生 ソクラテスとは何者か』（ちくま学芸文庫）で「**『無知の知』は大きな誤解**でソクラテス解釈として間違い。正しくは**『不知の自覚』**だ」と述べている。プラトンの著書には「無知の知」という言葉はない。すべてを知るのは神のみ。人間は知らないことばかり。まず「知らないことを、その通り知らない」という自覚（「不知の自覚」）によって、初めて知の追求への可能性が拓ける。

逆に「無知の知＝知らないことを知っている」というのは論理的な矛盾だ。納富氏は「『知らないということを、知っている』のであれば、それは『知』の一種であろう。（中略）ここにあるのは、不知を高次から捉える二重の知ではなく、不知をそのまま不知とする、一重の思いなのである」と述べている。

単なる言葉遊びではない。私個人の印象だが「無知の知」という言葉を使う人の多くは、知識をひけらかす相手を諫《いさ》める場合に好んでこの言葉を使用する傾向が強いように感じる。厳しい言い方をすると、「無知の知」と言う人は「不知の自覚」が弱い、とも言えるかもしれない。

納富氏は「無知の知は昭和初期にプラトンが流行ったときに誤って紹介された考え方。残念ながら教科書にも載っている。海外ではこのような誤解はない」と述べている。前出の『哲学の誕生 ソクラテスとは何者か』の第6章により詳しく書かれているので、興味がある人はぜひご一読を。

西洋学問の源流は、ソクラテスとプラトンである

20世紀の英国の哲学者ホワイトヘッドは「**西洋哲学はプラトンの脚注だ**」と述べている。西欧哲学の源流はプラトンであり、その源泉はソクラテスだ。だから西欧哲学を理解するにはプラトンとソクラテスの理解から、と言われる。

現代の西洋に端を発する学問は、古代ギリシャ哲学から徐々に枝分かれしたものだ。その西洋哲学の概念をつくったのがソクラテスであり、体系化したのがプラトンなのだ。そして、**科学の出発点は「不知の自覚」**である。知の世界を真剣に追求し続けるほど、自分は知らないことばかりだと気がつく。その結果、必然的に人は「不知の自覚」をして、「謙虚」になるのだ。

一方で現代では検索エンジンやAIで、過去のたいていの情報は検索できる。ここで怖いのは、検索だけでわかったつもりになってしまうことだ。

検索エンジンやAIの答えは、世の中にある玉石混交の情報に基づいている。正しいこともある。しかし間違っていることも多い。ネットでインフルエンサー（影響力の大きい人）と呼ばれる人のさまざまな解説動

ソクラテス哲学は現代の学問の出発点

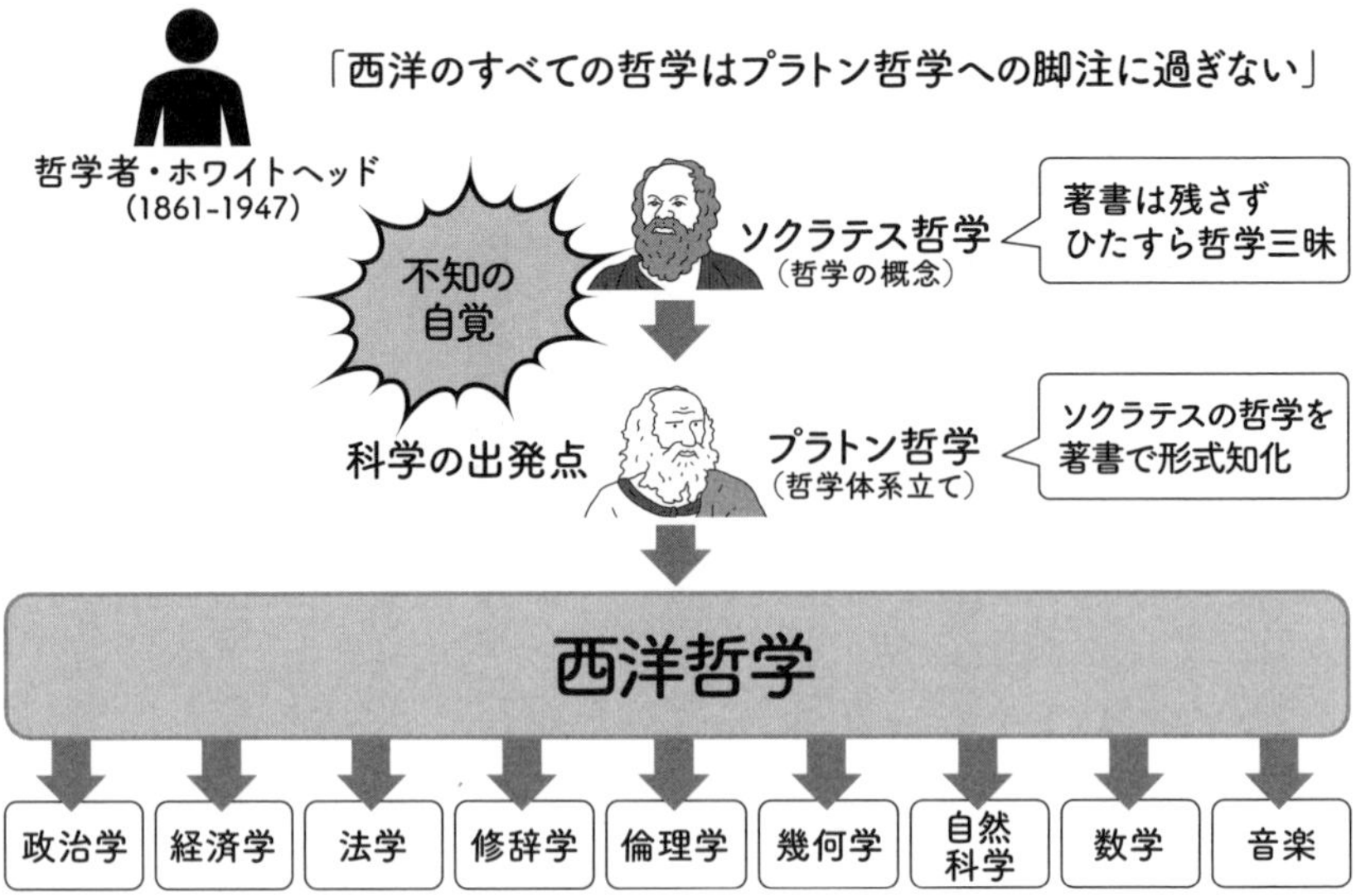

画やブログ、SNSを見ていると、ネット情報を検証せずに間違った解説をしているケースも散見される。実に危うい状況だ。

そんなAI時代の現代だからこそ「これって本当に正しいのか？」と批判的に考える力を持ち、自分なりに解釈し考え続けることが必要なのだ。そこで求められるのが**「自分は知らない」ことを自覚して謙虚に問い続けて、学び続ける姿勢**である。

ある事例を紹介したい。『トイ・ストーリー』などのフルCG長編アニメ映画でヒットを連発する映像制作会社ピクサーは、どの作品も最初のバージョンは駄作だという。駄作をヒット映画に変える仕組みが同社の「ブレイン・トラスト・ミーティング」という会議だ。映画制作中、数カ月ごとに関係者が集まり、直近につくったシーンを観て評価し、忌憚《きたん》のない意見を監督に伝え創造的な解決を手伝うのだ。ただし、ミーティングには3つのルールがある。

❶建設的なフィードバック：批判者は、個人でなくプロジェクトに意見する。監督は喜んで批判に耳

を傾けることが奨励されている

❷相手には強制しない：意見の採用・却下は、監督が最終責任を持つ

❸共感の精神：フィードバックの目的は「粗探しで恥をかかせる」ことではなく、作品を改善することだ

この会議の狙いは、誠実で正直なフィードバックを繰り返し行うことだ。以上は、組織行動学者エイミー・C・エドモンドソンが著書『恐れのない組織』（英治出版）で「組織のメンバーが安心してなんでも言えて、活発に議論できる**心理的安全性が高い組織**」として紹介した事例である。

このように現代の「心理的安全性が高い組織」が共通して持つ価値観の原点も「不知の自覚」なのだ。

第6章「数学・エンジニアリング」で紹介するように、人類は神の領域に近づくテクノロジーを手に入れつつある。遺伝子を自由自在に書き換える技術や、人間の思考能力に近づくAIはすでに実現している。

しかし、この後でも紹介するように、人類は完璧な神からはほど遠く、大きな過ちを数多く繰り返してきた。これからも繰り返すだろう。そうして人類社会は進化してきた。神の領域のテクノロジーを獲得しつつある現代だからこそ、私たちには謙虚に知を追求する姿勢が求められている。「自分は知らないという自覚」の大切さを教えてくれる本書は、現代のあらゆる人にとって必読の一冊なのである。

Point

すべての出発点は「自分は知らないという自覚」である

Book 2

『キリスト者の自由』

カトリック支配から西洋を解き放ち、歴史を変えた一冊

石原謙［訳］岩波文庫

マルティン・ルター

1483年－1546年。ドイツの神学者、教授、聖職者。ローマ・カトリック教会から分離し、プロテスタントが誕生した「宗教改革」の中心人物。中部ドイツの鉱夫の家に生まれ、大学で法律を学んだのち、修道院に入り、司祭から神学教授になった。ローマ法王が免罪符を売り出したことに反対し、「95カ条の論題」を発表。これにより破門されながらも、『新約聖書』をギリシャ語からドイツ語に訳した。

世界の歴史を大きく変えて、中世欧州を長い眠りから目覚めさせるきっかけをつくったのが、わずか50ページ弱の本書だ。本書は中世以降の西洋哲学、さらに世界全体にも大きく影響を与えている。ただキリスト教社会の欧米ではこれは常識なのだが、残念ながら日本人はこうした宗教的な背景にイマイチ疎い。

西洋哲学や欧米社会に流れる考え方を理解する上で、本書は必ず押さえるべき一冊なのだ。著者は神学者マルティン・ルター。カトリック中心のキリスト教から、プロテスタントの新潮流を生み出した人物だ。

早速、本書のポイントを見ていこう。

Book 1『ソクラテスの弁明』から、時計の針は一気に１９００年ほど進む。この間、西洋社会ではイエス・キリストが登場。当初キリスト教は異端宗教だったが、紆余曲折を経た末に西暦３９２年にローマ帝国が国教として採用。その後ローマ・カトリック教会による欧州支配が１０００年以上続いた。

そして１５１５年。ドイツでちょっと変わったお札《ふだ》が販売され、人々は我先に買い求めた。

お札の名は、贖宥状《しょくゆうじょう》。またの名を**免罪符**。一部ではこうして売られていた。

「このお札を買えばあなたのあらゆる罪はすぐに赦され、天国に行けます。天国への入場チケットですよ」

キリスト教の教えでは、人は生きているだけでさまざまな罪を犯すので赦《ゆる》しを得るために祈りや巡礼を行う。罪は借金と同じだ。生存中に返さないと死後は煉獄《れんごく》に落ち、苦しみを受け、残った分を支払う必要がある。サラ金の取り立てよりも怖いので、できれば生存中に罰を支払い終えたい。でもこの贖宥状を買えば、あらゆる罪が赦されるという。実に怪しい札なのだが、発行人はカトリック総本山のローマ教皇レオ10世。ローマ・カトリック教会のトップだ。今風に言えば、トップ自ら霊感商法を大々的に展開していたわけだ。レオ10世は大聖堂を建立する資金が必要だった。そこで「自分で発行できる贖宥状を売ろう」と考えたのだ。贖宥状はもともと十字軍で闘う兵士たちに教皇が発行したものだが、収益が大きく、十字軍終了後も贖宥状発行は続いていた。

ただ、どこに売るかが問題だった。当時の聖書はラテン語で書かれていた。ドイツ人はラテン語が読めない。だから聖書が読めないのでカトリック教会の言われるがまま。そこでレオ10世はドイツに目をつけた。贖宥状の重点販売地域としてドイツを指定し、贖宥状を売りまくったのだ。

当時のローマ・カトリック教会は贅沢三昧で、腐敗しきっていたのである。

ルターは激怒した。

「いくら何でも、これはダメ！　そもそも『贖宥できるのは神だけ』と聖書にも書いてありますけど！」

１５１７年、ルターは**「贖宥状に対する95カ条の論題」**と題した文書を教会の壁面にバーンと貼りつけた。これがカトリック全体を揺るがす大問題となって、その後ルターは宗教改革に身を捧げることになる。

そしてルターは１５２０年、自身の思想を１週間余りで一気に書き上げた。それが本書だ。当時まだ生まれて間もないグーテンベルクの活版印刷により版を重ね、本書は一気に普及。プロテスタントが生まれる契機となった。ドイツ本国では今も全プロテスタント教会で広く読まれている。本編は岩波文庫版で50ページ弱の短いものだが、全編からルターが宗教改革にかける熱いパッションが伝わってくる。そこで、まずは本書のポイントをザッと紹介していこう。

キリスト者はすべてから自由であり、すべてに奉仕する

ルターは「今のカトリックの聖職者たちは、キリスト者のあるべき姿じゃない」と考えた（なお本書の邦訳ではドイツ語の"eine Christen mensch"〈キリスト教の人間〉をキリスト者と訳している）。

ルターは聖書を根拠に、キリスト者のあるべき姿を述べている。ザックリまとめると、こんな感じだ。

「カトリックの神学者や聖職者の皆さんは『自分たちは神から選ばれた人間』なんて言っていますけどね。それ、とんでもない勘違いですからね！　聖書にはそんなこと、一言も書いてません。聖書には『彼らは他の信者にキリスト教的自由を説教する任務を負います』ってあるだけで、それ以外は何の差別も一切認めてないんです。彼ら聖職者と普通の信者には、違いは一切ありませんから。要は、彼らは『いなくても一向に困らない人間』です。だから教会の儀式も不要です。教会の聖職者なんて介さず、信者一人ひとりが直接神に祈ればいいじゃないですか。必要なのは信仰心。これさえあればノープロブレム！」

絶大な権力を誇るローマ・カトリック教会の存在を考えると、実に本質を突いた勇気ある提言である。

しかし「大事なのは信仰心だけ」と言うと、「信仰心だけでいいんだったら、善い行いなんてしなくていいじゃん」と考える人が必ず出てくる。そこで、ルターはこうして釘を刺す。

「私たちキリスト者は、神と一体化して神に奉仕する立場ですよね。そんな人間だったら、悪さなんてしませんよね。そもそもキリスト者は、神と同様に見返りなんて期待せず、善い行いをする人間です。いいですか？　ここ重要ですから。『善い行いをすれば、善い人がつくられる』と考えちゃダメなんです。キリスト

者はそもそも善い人なんだから、『善い人が善い行いをする』って考えるべきですよね。つまり善い行いは、私たちキリスト者が善い人である結果である、っていうことです」。要は「管理しないよ、自己責任ね」ということである。そして本書の最後で、カトリックの聖職者たちに釘を刺すのも忘れない。

「本来あらゆる聖職者は、キリスト者のみなさんにキッチリ模範を示すべきなんですけどね。困った一部の偉い聖職者は『これを買えば救われるよ』とか言って贖宥状なんてシロモノを売ることに熱心ですが、信仰そのものは教えようとしません。これ、立派なキリスト者の行いって言えますかね？　私は疑問ですね。そろそろ『何かもらおう』と考えるのはやめて、あなたたちが他の人たちが喜ぶように惜しみなく施し与えるべきじゃないですか？　もしできたら私はあなた方を『真のキリスト者』と認めてもいいですよ」

こうしてルターは絶対的な権力を握るローマ・カトリック教会に対して、キツい一撃を食らわしたのだ。ルター渾身の言葉が綴られた本書はドイツ国内で広く読まれ、宗教改革の機運は一気に高まった。

異端扱いされたルターと、プロテスタントの誕生

本書刊行から1年後、神聖ローマ皇帝カール5世は「ルターさん。このままではドイツが解体してしまいます。騒ぎを起こすのはやめて主張を撤回してくれませんか」と迫ったが、強い信念を持つルターは固辞。このためルターはカトリック教会から破門され、異端者扱いとなり、命まで狙われるハメになった。

しかし信念の塊のルターは、潜伏先で新約聖書をラテン語からドイツ語に翻訳するプロジェクトに着手。辞書・註釈書・参考書もないのに、わずか2カ月半で翻訳完了。1522年9月に刊行した。ドイツ語版聖書は増刷を重ね一気に拡大。ドイツの民衆はドイツ語版聖書を読んで、やっと気がついた。

「騙《だま》された！　贖宥状なんてどこにも書いてない。しかも贅沢三昧なカトリックの聖職者たちと違ってイエ

カトリックとプロテスタントの違い

	ローマ・カトリック教会	プロテスタント
考え方	聖書以外に儀式も教会も大事。イエスやマリアを通して神に祈る	聖書が基本。誰でも直接神から罪の赦しを受けられる
教会	カトリック教会（豪華）	プロテスタント教会（質素）
最高指導者	ローマ教皇（またはローマ法王）	いない。神以外は平等
聖職者の名	神父（または司祭）	牧師
聖職者の結婚	独身を義務づけ	妻帯する自由あり
宗教的儀式	ミサ	礼拝
マリア像	あり	なし（マリアも一般人）
信仰の考え方	善行すれば救われる	信仰すれば救われる

スも弟子も質素な暮らしをしているじゃないか」

こうしてドイツではカトリックに徹底抗議する運動がさらに盛り上がった。そして彼らは「抗議する者」ということで「**プロテスタント**」と名づけられ、活動は欧州全体に広がり、デンマーク、スウェーデン、ノルウェー、スイス、英国、米国へと広がっていった。同じキリスト教だが、カトリックとプロテスタントには大きな違いがある。ここまでの経緯がわかれば、この違いが生まれた理由がわかるだろう。

ルターの宗教改革が西洋思想に与えた影響は大きかった。

まず、中世欧州の絶対的支配者だったカトリックへの一大対抗勢力としてプロテスタントが生まれ、神の解釈について議論を始めた。そしてカトリックとプロテスタント間で宗教戦争も起こった。さらに人々は「本当に神は絶対なの？　カトリックとプロテスタントで言ってることが違うよね」と神を疑い始めた。

ルターが書いた本書はカトリックの権威から人々を解放し、近代が始まるきっかけをつくったのだ。

加えて本書は、近代資本主義の原動力となった。本書から約400年後、ドイツの社会学者ヴェーバーは Book 29『プロテスタンティズムの倫理と資本主義の精神』で、プロテスタントの禁欲的な宗教精神と経済倫理が近代資本主義発展の原動力となって産業革命を推進した、と指摘している。

一方でプロテスタントの考え方は、権威に服従しやすい人たちも生み出した。ドイツの心理学者フロムは Book 14『自由からの逃走』で、プロテスタンティズムにより絶対的な神との対峙を強いられた個人が権威に服従しやすくなったことを、ナチスにつながる全体主義が生まれた一要因として挙げている。

ルターの宗教改革は個人という概念を覚醒させ、近代哲学を大きく転換させた。Book 38『歴史の終わり』の著者フクヤマは、著書『IDENTITY』（朝日新聞出版）でこう述べている。「西洋でアイデンティティの概念が生まれたのは、（中略）宗教改革の時期だった。最初にそれを表現したのが、（中略）ルターである。（中略）初めて内なる自己を言葉で表現し、外面の社会的存在よりも内なる自己に価値を置いた西洋思想家のひとりである」

このように、本章でこのあとに紹介するその後の西洋思想は、本書の影響を大きく受けている。

次に紹介する、本書の100年後に書かれたデカルト著『方法序説』も、そのひとつである。

Point

ルターの宗教改革は、近代西洋哲学の大きな転換点になった

Book 3

『方法序説』

4つのシンプルな規則で、科学は飛躍的な進化を始めた

谷川多佳子［訳］岩波文庫

デカルト

1596年－1650年。フランス生まれの哲学者、数学者。合理主義哲学の祖であり、近世哲学の祖として知られる。イエスズ会系のラフレーシュ学院でスコラ哲学や数学を、ポアティエ大学で法学と医学を学ぶ。科学の方法論的な原理の探求を重ねるとともに、『方法序説』『哲学原理』などの著作で近世哲学の基礎を築いた。すべてのものを徹底的に疑った上で、「われ思う、ゆえに我あり」という第一原理に立ち至った。

デカルト哲学は、シンプルで実践的なビジネス戦略を立てる際に役立つ。

2008年、日本マクドナルドは「プレミアム・ロースト」というコーヒーを100円で発売した。同社はそれまでに1998年と2007年にカフェ業界の店舗に挑戦してきたが、撤退していた。しかし「プレミアム・ロースト」は大成功。同社トップに就任した原田泳幸社長（当時）の戦略によるものだ。私は原田社長の戦略を知ったとき、「この戦略、デカルトの科学的思考そのものだ」と感じた。

デカルト哲学をいかにビジネス戦略に応用できるのか、本書のポイントを紹介しつつ探ってみよう。

あらゆることを学び尽くし、中世欧州の学問を見捨てたデカルト

中世の学問や宗教が支配していた1600年代の欧州では、新しく生まれた近代自然科学は激しい弾圧を受けていた。地動説を唱えたガリレオが、カトリック教会から裁判で有罪判決を受けたのもこの頃だ。

一方でBook 2『キリスト者の自由』の刊行から100年が経ち、カトリックとプロテスタントの対立はいよいよ激化。両者は互いに「おまえは間違い。俺が正しい」と非難し始め、30年戦争と呼ばれる宗教戦

争まで始める始末である。人々は「何を信じればいいんだ？」と困惑し始めた。5世紀頃から1000年間の長期停滞を続けていた中世欧州は、この頃から近代化に向けた胎動が始まったのである。

デカルトはこんな状況で登場した。貴族出身でリッチなデカルトは、思う存分「真実とは何か」という知的好奇心を追求し続けた。まず欧州で一番有名な学校に入り、哲学・数学・医学・法学・詩学をはじめ錬金術・占星術・魔術にいたるまで、20代前半までに書物を通じてあらかた学び尽くし、こう思った。

「すべて学んだけれど、どれもイマイチだな。疑い始めるとどれもボロが出る。真理を究めてないね」

一度でいいから私もこんなカッコいい言葉を言ってみたいものだ。とりわけ人文学や哲学は、「怪しい役立たずの学問」としてバッサリ切ってしまった。さらにデカルトはこう思った。

「紙に書いていることは学び尽くした。今度は世界という大きな書物を見てやろう」

そしてデカルトは、さまざまな場所を9年間旅していろいろな人と出会った。わかったのは「自分の常識は、間違いが多い」ということ。「自分が正しい」と思っても他の国では非常識だったり、その逆も多かった。

旅から多くのことを学んだデカルトは、今度は一転して部屋に閉じこもり真実の探求方法を考え始めた。

真実を探求する「4つの規則」は世界を変えた

デカルトに言わせれば、既存の学問はほぼ使えない。一見よく思える論理学も、よくよく学ぶと既知の知識をうまく説明するだけで、新たな真理の発見には役に立たないのだ。そこでデカルトは考えた。

「数学だけはマトモそうだから、数学の考え方を使って規則をつくってみよう」

ちなみにデカルトは超一流の数学者で、Book 90『数学序説』で紹介するX軸とY軸の「デカルト座標」を考えた人でもある。デカルトは万能の天才だったのだ。

デカルトの「4つの規則」を使って売上を拡大した
日本マクドナルドのプレミアム・ロースト

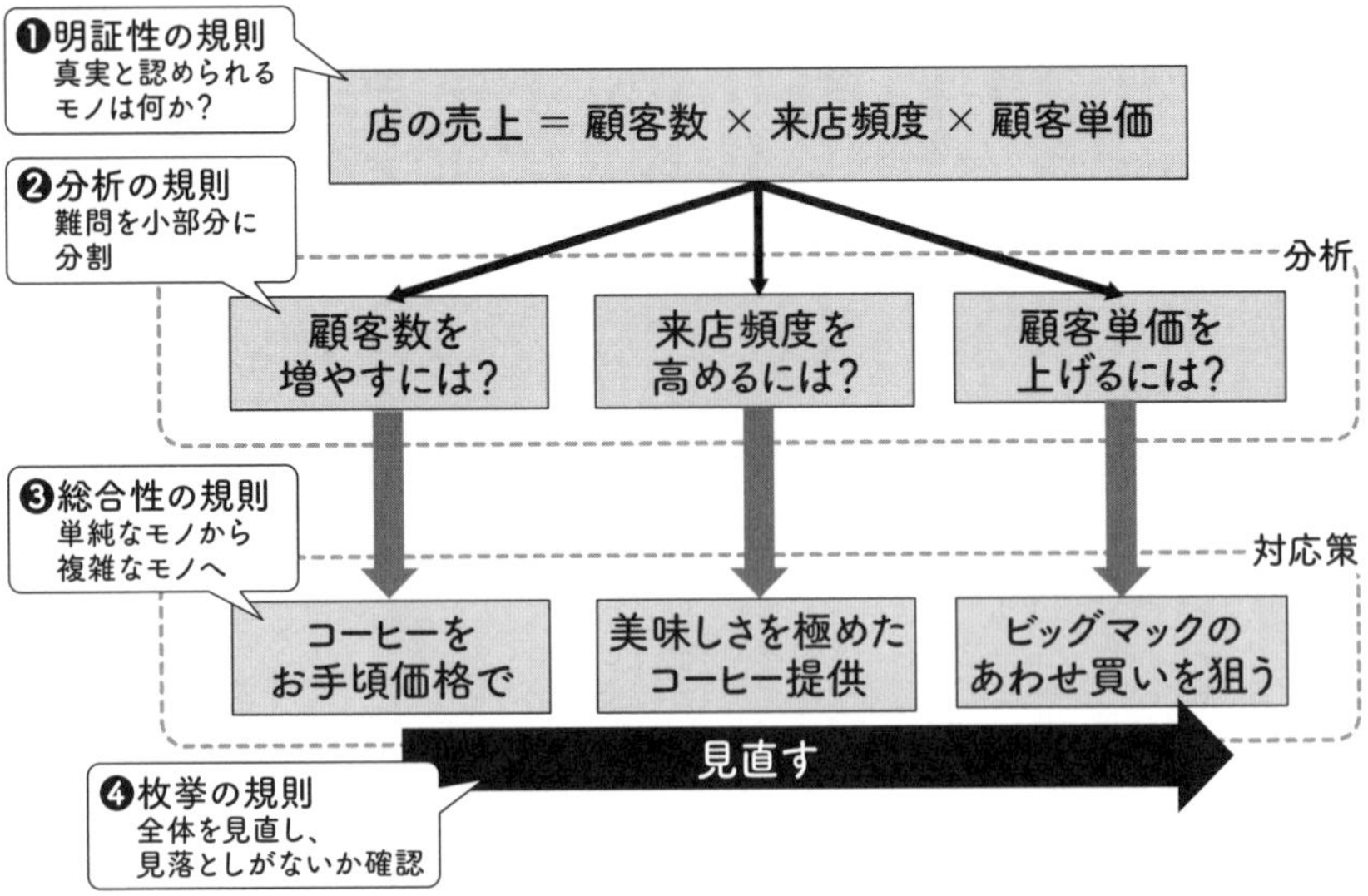
❶明証性の規則
真実と認められるモノは何か？
店の売上 ＝ 顧客数 × 来店頻度 × 顧客単価
❷分析の規則
難問を小部分に分割
分析
顧客数を増やすには？
来店頻度を高めるには？
顧客単価を上げるには？
❸総合性の規則
単純なモノから複雑なモノへ
対応策
コーヒーをお手頃価格で
美味しさを極めたコーヒー提供
ビッグマックのあわせ買いを狙う
見直す
❹枚挙の規則
全体を見直し、見落としがないか確認

デカルトは「規則は少ないほうがいい」と考えた。スパルタが隆盛を極めたのも、法律が首尾一貫してシンプルだったから。現代のビジネスでも同じだ。戦略の大家ルメルトも著書『良い戦略、悪い戦略』（日本経済新聞出版）で「**よい戦略は必ず単純明快**」と言っている。

デカルトは次の4つの規則をつくった。

❶**明証性の規則**：速断・偏見はやめて、どこからどう見ても真と認められるモノ以外は受け入れない

❷**分析の規則**：難問の一つひとつを、小部分に分割する

❸**総合性の規則**：思考を最も単純なモノから最も複雑なモノまで、階段を昇るように順序立てて考える

❹**枚挙の規則**：全体にわたって見直して、見落としがないことを確認する

これが近代自然科学の基礎となった演繹《えんえき》法である。

日本マクドナルドの原田社長も演繹法で考え抜いた末に、プレミアム・ロースト戦略を成功させたと

いえる。

❶明証性の規則：「店の売上＝顧客数×来店頻度×顧客単価」と考えた。**❷分析の規則**：課題を顧客数増、来店頻度向上、顧客単価向上の3つに分けた。**❸総合性の規則**：各々の数字を上げる方法を考えた。美味しいコーヒーをお手頃価格で提供すれば、顧客数は増える。コーヒーは嗜好性があり摂取頻度も高い。美味しいコーヒーを出せば常連客化できる。そしてコーヒーが売れればビッグマックも売れるので、顧客単価も上がる。**❹枚挙の規則**：施策全体を見直して検証する。3つの施策が相乗効果を生み出し、売上が上がる。こうして日本マクドナルドの「プレミアム・ロースト」は、「美味しいコーヒーを売るため」でなく、「ビッグマックを売るため」に発売されて、戦略的に大成功したのである。

科学も演繹法のおかげで宗教の呪縛から解放されて、近代合理主義が生まれ、急速に進歩し始めた。デカルトが科学を進化させたのだ。一方でデカルトは、まだやるべきことがあると考えた。

そもそも4つのルールの最初は何？

「❶明証性の規則に、何を入れるべきだろう？」。デカルトは考え抜いた。なにしろ「**どこからどう見ても真と認められるモノ以外は受け入れない**」のだ。しかし、物事は疑い始めるとキリがない。

たとえば、ここにあるコップ。本当にそのコップは存在するか。実は自分がそう思っているだけで幻覚であり、コップは存在しないかもしれない。夢を見ているのかもしれない。「これは真実」と思っていたが夢だった……なんてことは実際に誰もが経験する。「1＋1＝2」という単純な数式でさえ、デカルトは誤謬《ごびゅう》推理といって不注意で誤る可能性があると考えた。

ここまで徹底すると「デカルト先生、大丈夫ですか？」と言いたくなるが、デカルトは真理を得るために

0・01％でも疑える可能性があれば徹底的に誤りとして排除した上で、最後に残る絶対疑えないモノを探るべきだと考えたのである。このやり方を**方法的懐疑**という。そしてデカルトは、ついに答えを見つけた。

あらゆるモノが真理でなくても「こうして疑い続ける自分」だけは、たしかにここに存在している。

そこでデカルトは、本書であの有名な言葉を残している。

「わたしは考える、ゆえに私は存在する（われ惟《おも》う、故にわれ在《あ》り）」

デカルトは「どんな懐疑論者でもこれだけは絶対反論できない」として、この魂としての自己の存在を、**哲学の第一原理**と名づけた。これがデカルトの提唱する「**心身二元論**」につながる。デカルトは、人間は思考をする「精神（魂）」と、その精神が宿る「身体（物体）」という独立した2つの要素で成り立っていると考えた。心身二元論により、精神（魂）と身体（物体）を完全に分離して考えることによって、自然科学の研究対象を「身体（物体）」に絞り込めるようになり、その後の自然科学は目覚ましく発展していった。

こうして徹底的に考え抜いたデカルトは経験的なモノを排し、理性的・論理的なモノを尊重するという、欧州大陸で発展した**大陸合理論**の源流となった。デカルト哲学は多くの哲学者に解釈され、後世に大きな影響を与えた。そしてデカルトは本書でこの後、神の存在証明をしている。ただ、それがややわかりにくい。

神の存在証明は〝処世術〟だった？

神の存在証明のロジックは、ザックリ言うと「人間は不完全です。完全な神を認識できません。ゆえに完全な神は存在します」という感じだ。明快で綿密な方法的懐疑と比べて、やや違和感がある。

敬虔なキリスト教信者だった哲学者パスカルは、著書『パンセ』（中公クラシックス）でこう述べている。**「私はデカルトを許せない。彼はその全哲学のなかで、できることなら神なしですませたいものだと、きっと思っ**

ただろう。しかし、彼は、世界を動きださせるために、神に一つ爪弾きをさせないわけにいかなかった。それからさきは、もう神に用がないのだ」

随分な言われようだが、『パンセ』はパスカル生前のメモ書きをまとめたもの。パスカルの本音と見ていい。

では、なぜデカルトは、わざわざ本書に神の存在証明を付け足したのか。本書『方法序説』にヒントがある。

デカルトは『方法序説』刊行の4年前、世界を解明した「世界論」という本を書き上げた。しかし、ちょうどその頃、ガリレオがカトリック教会から「地動説を唱えるガリレオは異端者」として有罪判決を受けた。ガリレオはまだよいほうで、中には火あぶりの刑に処せられた哲学者や科学者もいた。当時のカトリック教会は、まだ絶大な権力を持っていたのである。

デカルトは本書で「何か思い違いをしているかもと心配になり、『世界論』の刊行は見送った」と述べる一方、「でもこの規則を使えば、何が正しいかは自ずとわかるよね」と歯にモノが挟まった言い方をしている。もしかしたら「神は存在します」と付け加えたのは、「面倒に巻き込まれて研究できないのは困る」と考えたデカルトなりの忖度、言い換えれば処世術だったのかもしれない。

ちなみに、デカルトは「私の考えを他人に説明している人は正しく理解していない。私が書いたもの以外は信じるな」と書いている。こう言われると本書を紹介して、コメントまでするのは心苦しいのだが、歴史的名著を外すわけにはいかないので紹介した。薄くてわかりやすいので、ぜひ原書に挑戦してほしい。

Point

「明証性」「分析」「総合性」「枚挙」の4つの規則で戦略を立てろ

Book

4 『ノヴム・オルガヌム（新機関）』

迷信にとらわれず、「科学的思考」に進化する方法

桂寿一［訳］
岩波文庫

ベーコン

1561年－1626年。イギリスの哲学者、神学者、政治家。父は政治家ニコラス・ベーコン。1582年に弁護士、1584年に下院議員となる。法務長官、枢密顧問官などを歴任するが、収賄で起訴されて貴族院と司法界から追放された。当時台頭してきた科学に強い関心を持ち、実験を用いた科学研究の重要性を説いた。イギリス経験主義の祖であり、「知識は力なり」の名言や「イドラ」の概念でも知られる。

2021年夏、新型コロナのワクチン接種が始まった際に、こんな理由で打ちたがらない人がいた。

Aさん「ワクチンは副反応があるって聞いたんで。怖いです」

Bさん「まわりにかかった人いないよ。新型コロナはマスクと消毒で防げるから大丈夫でしょ」

Cさん「ワクチンを打つと、マイクロチップが仕込まれて、5Gにつながる身体になるらしいよ」

Dさん「ワイドショーで○○さんが『遺伝子情報が書き換えられる』って言っていた」

本書の著者ベーコンに言わせると、4人とも「科学的に考えましょうよ」である。

しかし、ともすると私たちも似たような考え方に陥りがちなのである。

アリストテレスの論理学を再定義しようとした

本書は「**自然科学の祖**」とも呼ばれるベーコンの代表作だ。Book3『方法序説』のデカルトは、大陸合理論の源流をつくった。一方でベーコンが提唱した「観念は捨てて、経験から考えろ」という考え方は**イギリス経験論**と呼ばれる流れをつくり、ロック、そしてBook5『人性論』のヒュームに受け継がれた。

ベーコンは１５６１年英国生まれ。時代は科学革命の真っ最中。望遠鏡で宇宙が、顕微鏡で微生物の世界が見え、羅針盤発明でコロンブスやマゼランの大航海も始まり、印刷機で人類は膨大な知識を大量配布できるようになった。長期停滞していた中世欧州は、新世界の幕開けを迎えていた。

一方で当時あらゆる学問の主流は、キリスト教神学とアリストテレス哲学が合体したスコラ哲学だった。

ベーコンは考えた。「いまどきの学問といえばスコラ哲学だから学んだけれど、古臭い理論を箔付けするだけで新しい真理はわからないぞ。まったく科学に役立っていない。そもそも科学の進歩を妨げている」

こうしてスコラ哲学が大嫌いになったベーコンは、自然科学に興味を持ち始めた。ベーコンは単なる哲学者ではなかった。その後、政界・司法界・官界の高官を歴任。男爵や子爵まで授けられた、実に多才な人だったのだ。一方で研究にも打ち込み、晩年には執筆活動を始めた。

そんなベーコンが60歳のとき、ラテン語で書いたのが本書である。

紀元前３２２年のアリストテレスの没後、彼が打ち立てた論理学は「オルガノン（道具）」という書物にまとめられ、その後多くの人たちが研究した。しかしベーコンは「万学の祖」と称されたアリストテレスに対して、「**人類が停滞したのは、アリストテレスが悪い**」と考えた。そこで「オルガノン」に「新しい」という言葉を加えて、本書に『ノヴム・オルガヌム』（新しい方法論の提唱）という題名をつけた。

本書は「**アリストテレスの論理学を、再定義してやる！**」と考えて書かれた、野心的な本なのだ。

ちなみにベーコンは全6部からなる大著『大革新』で森羅万象を究明し、学問を再構成しようと考えていたが、実際に書物になったのは第1部と第2部のみ。計画が壮大すぎて、企画倒れに終わってしまった。

この『大革新』の第2部が、本書『ノヴム・オルガヌム』である。本書でベーコンが目指したのは「自然の解明」だ。そして古い方法論や思想を徹底的に批判している。早速、本書のポイントを見ていこう。

ベーコンが考えた帰納法

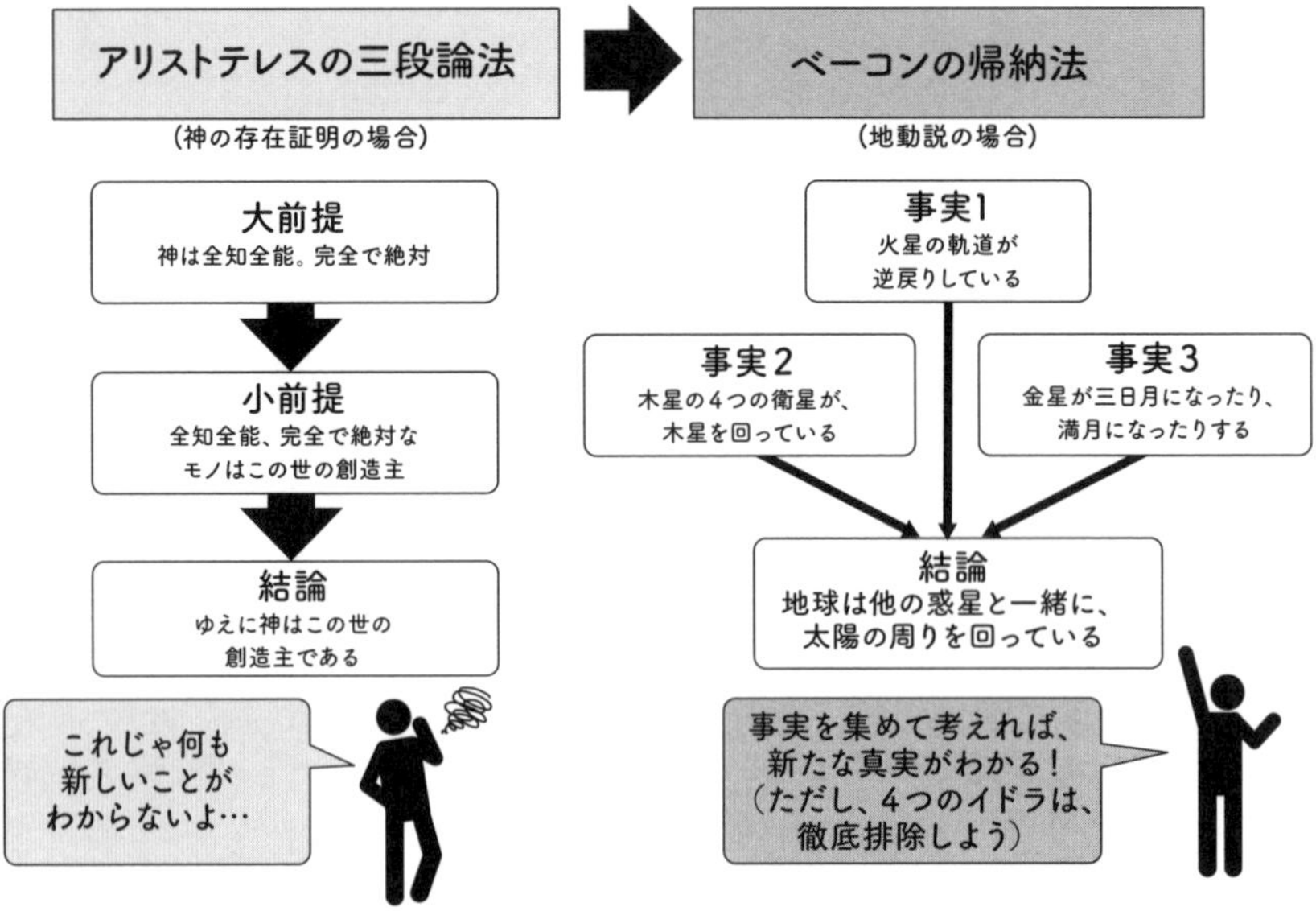
アリストテレスの三段論法
(神の存在証明の場合)
大前提
神は全知全能。完全で絶対
小前提
全知全能、完全で絶対なモノはこの世の創造主
結論
ゆえに神はこの世の創造主である
これじゃ何も新しいことがわからないよ…
ベーコンの帰納法
(地動説の場合)
事実1
火星の軌道が逆戻りしている
事実2
木星の4つの衛星が、木星を回っている
事実3
金星が三日月になったり、満月になったりする
結論
地球は他の惑星と一緒に、太陽の周りを回っている
事実を集めて考えれば、新たな真実がわかる！(ただし、4つのイドラは、徹底排除しよう)

新たな真理発見のための帰納法

アリストテレスの論理学で代表的なのが、**三段論法**だ。三段論法は「**大前提→小前提→結論**」と考える。有名な例が「**大前提：人は死ぬ**」→「**小前提：ソクラテスは人である**」→「**結論：ソクラテスは死ぬ**」。

このようにアリストテレスの論理学は単純明快なので、その後1000年以上使われ続けた。

しかし、ベーコンは本書でこう述べている。

「(この)**論理は、真理の探究よりも、むしろ**(中略)**誤謬を不動にし固定することに効果がある。したがって有用というよりむしろ有害である**」

たとえばスコラ哲学は、アリストテレスの論理学とキリスト教神学を融合し、図のようなロジックで「神は存在する」と主張していた(実際にはもっと複雑だが、説明のために大胆に簡略化した)。

これを見て「なるほど！」と納得する人はいないだろう。Book3『方法序説』でデカルトが言及した神の存在証明もこれに近いロジックである。そもそも神の存在証明はとても難しいのだ。

ベーコンに言わせれば、アリストテレス論理学はこじつけと詭弁で人を説得させる道具でしかない。

そこでベーコンが提唱したのが**帰納法**だ。ベーコンはこう述べている。

「**ただ一つの希望は真の『帰納法』のうちにある**」

帰納法とは、事実を集めてそれらの事実から新しい法則を導き出す方法だ。

たとえば「事実1：ソクラテスは死んだ」「事実2：プラトンも死んだ」「事実3：アリストテレスも死んだ」→「結論：人は死ぬ」、と考えて法則を導き出す。帰納法自体は昔からあった。ベーコンはそこに光を当てて「帰納法を、自然科学の方法論として活用すべきだ」と提唱したのだ。たとえば帰納法で地動説を導き出すと、右ページ図のようになる（ここでは説明のために、複数の科学者の発見を組み合わせて単純化している）。

しかし表面的な事例を単純に列挙しても、帰納法は真実には辿り着かない。これが従来の欠点だった。

冒頭で紹介した「ワクチンは副反応がある。マイクロチップが仕込まれているという噂もある。ワイドショーで○○さんも『遺伝子が書き換えられる』って言っていた」（事実の枚挙）→「だからワクチンは危険」（結論）という例は、帰納法の落とし穴に陥っている。ベーコンはこの方法を「**単純枚挙的帰納法**」と名づけた。そして「**単純枚挙的帰納法は、なんの結論も出ない。危険である**」と警告する。

人間には思い込みがあるので、常に間違う可能性がある。先入観を徹底排除し「どの事実を選ぶか？」を考え抜き、事実を吟味して検証する必要がある。ベーコンはこの排除すべき先入観を「**イドラ**」と呼び、「**真の帰納法のためには、4つのイドラを排除すべし**」と述べている。個別に見ていこう。

❶種族のイドラ：人間の本性に根ざす錯覚のこと。「ワクチンは副反応があるって聞いたんで。怖いです」

というAさんは、種族のイドラに陥っている。長い目で見れば、社会全体でワクチン接種率が上がると集団免疫が獲得でき、さまざまな自粛を解除でき、生活も快適になる。しかし人はどうしても「ワクチン注射の翌日は副作用が怖い」などと、目の前の損失を避けたがる。これも人間の本性によるものだ。

❷洞窟のイドラ：個人の経験だけに基づいた思い込みのこと。「まわりにかかった人いないよ。マスクと消毒で防げるから大丈夫」というBさんは、洞窟のイドラに陥っている。周囲に感染者がいないのはたまたまかもしれないし、周囲の感染者が黙っているのを知らないだけかもしれない。

❸市場のイドラ：社会生活で伝聞により生じる思い込みのこと。「ワクチンを打つと、マイクロチップが仕込まれて、5Gにつながる身体になる」というCさんは、市場のイドラに陥っている。実際、米国人の14人に1人は「ワクチンには追跡用チップが仕込まれている」というSNSで広まった話を信じていたという。常に情報源を確認する習慣を身につければ、市場のイドラは防げる。

❹劇場のイドラ：「権威がある」と思っている人から影響される思い込みのこと。「ワイドショーで〇〇さんが『遺伝子情報が書き換えられる』って言っていた」というDさんは、劇場のイドラに陥っている。新型コロナワクチンはたしかに遺伝子情報であるmRNAを含んでいるが、厚生労働省は「mRNAからは、遺伝子であるDNAはつくられない」としている。劇場のイドラは、情報源を確認すれば防げる。

現代の行動経済学的に言えば「人間の認知や行動を歪めるバイアスを排除しろ」ということだ。

ベーコンは、ミツバチの例をあげている。ミツバチは花から蜜を吸い、巣に戻り、集めた蜜を自分の力で加工し、ハチミツをつくる。本来の哲学もこうあるべきだ、とベーコンは言う。蟻（経験派）のように単に事実を集めるだけでなく、また蜘蛛（合理派）のように自分で糸を出して網をつくるでもなく、ミツバチのように、実際に考えた上で加工したものを新たに自分の知性のうちに貯えるべきなのだ。

トヨタは**「机上の空論ではなく、三現主義（現場・現物・現実）」**を徹底した上で「なぜを5回考えろ」も徹底する。こうして組織に知を蓄積していく。トヨタはベーコンが提唱した帰納法を実践しているのだ。

なお新型コロナワクチン接種については、2023年にコロナが弱毒化すると、ワクチン接種の副作用とコロナ罹患のリスクを比較する議論が始まった。これが本来あるべき科学の姿である。

ベーコンは従来の哲学における方法論の問題点を列挙し、本書の最後でこう述べている。

「何れにせよ、はっきりと警告する。いま行われているこれらのやり方では、諸学の教説および考察において大きな前進は起こらないし、またそれら〔学〕をば幅広い実際の成果に導くこともできないと」

ベーコンが新たな帰納法を提唱した結果、自然科学は大きく進歩した。しかしベーコンが提唱する4つのイドラ排除は個人の主観と判断に委ねられており、方法論としてイマイチな感も否めない。そこで300年後の20世紀、新たに統計学や因果推論などが生まれた。詳細は Book 94『因果推論の科学』で紹介しよう。

ちなみにベーコンは大雪の中、冷却の防腐効果を実験するため鶏に雪を詰め込んでいるうちに気管支炎にかかり、こじらせて65歳で亡くなった。実験で真実を究明することも大切であるが、もう少し命も大切にしていたら、野心的な未完の大著『大革新』も完成できたのかもしれないと思うと、残念である。

Point

真理を見極めるには、4つのイドラを排除し、帰納法で考えよ

Book

5 『人性論』

AIの限界は300年前にわかっていた

土岐邦夫／小西嘉四郎［訳］中公クラシックス

ヒューム

1711年－1776年。スコットランドを代表する哲学者。エディンバラ大学で学び、哲学やその他分野の執筆活動をするとともに、フランス大使秘書などを務める。ベーコン、ホッブズなどと並ぶ英語圏の代表的な経験論者であり、生得観念を否定し、経験論・懐疑論・自然主義哲学に影響を及ぼした。ルソーとの交流とその破綻は有名。著書に『人間知性研究』『道徳原理研究』『宗教の自然史』など。

世の中、AIブームに沸いている。なかには「あらゆることはAIで予測可能」と考える人もいる。しかし「AIで未来予測なんて幻想」と考える専門家は多い。では、あなたはその理由を説明できるだろうか？

300年も前に生まれたヒュームは、その答えを明快に示している。

ヒュームは1711年、英国エディンバラ生まれ。Book 4『ノヴム・オルガヌム』の著者ベーコンが打ち立てたイギリス経験論を完成させた人物だ。当時の英国はニュートンが万有引力を発見して半世紀が経過し、本格的な産業革命時代を迎えようとしていた。

本書はヒュームが4年間をかけて執筆し、28歳のときに刊行した処女作だが、当初、本書は理解されずに、本人が「印刷所から死産しちゃったよ……」と自虐的に言うほど売れなかった。そればかりか危険書の扱いを受け、ヒュームは「無神論者」のレッテルが貼られて、大学教授就任の話も消えてしまった。

当時の哲学は理性に最大の価値を置き、「人間は理性的な存在」というのが大前提。本書でヒュームはこれを盛大にちゃぶ台返しした。「あらゆる人間の考えは、主観にすぎない」「『モノゴトには因果関係がある』とか『自分の信念はこうだ』と言うのは、単なる人間の思い込みである」ということを、精緻なロジックを組み立てて主張して、「理性でわかることには、限界がある」と立証してしまったのだ。

その後ヒュームが40代で執筆した歴史書『英国史』がベストセラーになり、当時の教科書にもなったおかげで本書も再版になり、現代人の我々も読めるようになった。早速、本書のポイントを見ていこう。

「因果関係は人間の思い込み」と喝破

Book 4『ノヴム・オルガヌム』の著者ベーコンが始めたイギリス経験論は、「人間の認識は知覚に基づく経験である」と提唱するジョン・ロックに受け継がれた（ロックは政治経済学者でもあり、Book 23『統治二論』も執筆した）。ヒュームはロックの思想を受け継いで、さらに徹底的に思索を深めた。

そして本書でヒュームは「**『〇〇の原因で、□□という結果になる』という因果関係は、人間の脳内にしか存在しない単なる思い込みだ。因果関係なんて、現実にはない**」と言い放ったのである。

「そんなバカな。だって炎に触ると熱いし、太陽だっていつも東から昇るよ」と思うだろう。

ヒュームに言わせれば、それは人間が過去の経験に基づいてつくった勝手な思い込み。真実とは限らない。

たとえば「**炎に触った（原因）から熱い（結果）**」を考えてみよう。

人は「炎に触った」という動作と、「熱い」という感覚は、知覚できる。しかし両者をつなぐ「から」については、人は知覚できない。「から」の部分は、人が頭の中で想像してつくり上げたものである。

「炎を触ったから熱い」という因果関係が成立するには、常に100%確実に成立しなければいけない。

しかし炎に1万回触って熱かったとしても1万1回目に熱く感じなければ、この因果関係は成立しない。

凍傷で指の知覚が失われた人は炎を熱く感じない。この因果関係は人間が脳内で認識した、単なる経験則だ。では、なぜ人は「『炎を触った から 熱い』という因果関係がある」と考えるのか。ヒュームは「因果

ヒュームが解明した因果関係の構造

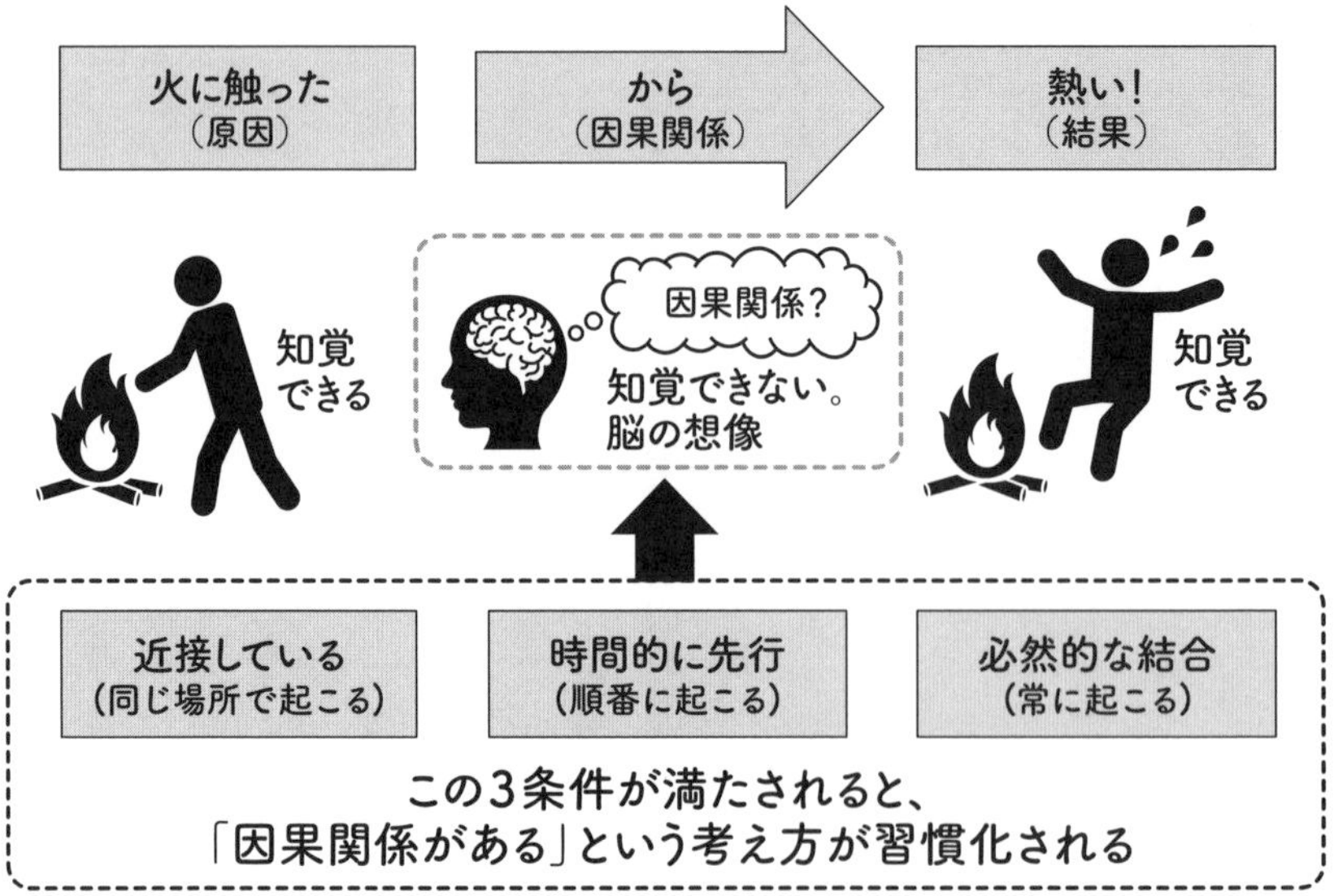

関係には3つの構成要素がある」と考えた。

❶近接している（**近くにある**）……炎があるときにその場所で、手が炎に触った

❷時間的に先行している（**順番に起こる**）……炎に触って、その後に熱いと感じている

❸必然的結合（**常に起こる**）……炎に触ると、常に熱いと感じる

この3つの条件が満たされると、私たちは「炎に触ったから（原因）熱さを感じた（結果）」と習慣的に考えるようになる。「因果関係」とは、言ってしまえば単なる「習慣化された考え」なのだ。本書邦訳版の冒頭で解説を書いた哲学者の一ノ瀬正樹氏は、これを「私たちは『見えない糸』をそこに見出している」と表現している。

このように人間が知覚できることには必ず限界がある。人間は森羅万象あらゆる現象は把握できない。

やや乱暴に言うと、「**要はその因果関係は、結局、あなたの主観ですよね**」ということだ。

人間がいくら精緻に考察し因果関係を構築して

も、人間は主観から逃れられない。科学も例外ではない。

あのニュートンもそうだ。ニュートン力学の前提は「物体間に働く重力や光などの力は瞬時に伝わる」だ。しかし19世紀に「光には速度がある」とわかると、矛盾点が次々と出てきた。ニュートンは18世紀に知り得る情報で理論を完成させたが、「光には速度がある」という事実は知り得なかったのだ。

20世紀初頭、Book81『相対性理論』の物理学者アインシュタインは「時間と空間の刻みはニュートンが考えたように絶対的ではない。光の速度に近づくと時間も空間も歪《ゆが》む。ニュートン力学は速度が光速よりずっと小さいときだけ成り立つ近似的な法則だ」として、この矛盾を解決する相対性理論を提唱した。

しかし相対性理論も、Book84『ホーキング、宇宙を語る』のホーキングにより、ビッグバンやブラックホールなどの特異点で破綻するとわかった。アインシュタインは、ビッグバンやブラックホールを知り得なかった。このように偉大な科学者は、その時点で知り得る情報で因果関係を考察し理論を構築しているが、知り得ない情報は必ず存在する。だからどんなに偉大な科学者でも、主観からは逃れられないのだ。

デカルトを批判したヒューム

さらにヒュームはBook3『方法序説』の著者デカルトも批判する。デカルトは「神は宇宙の唯一の存在であり、あらゆる変化の原因」と述べたが、ヒュームは「あらゆる観念は印象から生まれている。デカルトの神の観念も、印象から生まれている。その神は、デカルトが自分の中に作り上げたものだ」と述べた。誤解してはいけないのは、ヒュームは因果関係の存在を全否定したわけではない、ということだ。

ヒュームは、私たちが当たり前に信じる因果関係の存在を根本から疑い、**「あなたが信じている因果関係って、結局人間の性質に基づいたモノなんですよ」**と分析してみせたのだ。本書でもこう述べている。

「（私の意図は）原因と結果に関するすべての推論は習慣にのみ起因すること、また、信念はわれわれの本性の知的部分の働きというよりもむしろ情的部分の働きであること、これを読者に気づかせることにほかならない」

ヒュームの主張は、その後も受け継がれている。21世紀にヒュームと同じ指摘をして、世界的ベストセラーになったのがナシーム・ニコラス・タレブ著『ブラックスワン』（ダイヤモンド社）だ。

かつて「白鳥は白い」は常識だった。その後、オーストラリアで黒い白鳥（ブラックスワン）が発見された。それまでの「白鳥だから、白い」という因果関係は、この1つの事実でひっくり返った。『白鳥は白い』というのは間違い」というレベルなら影響は小さいが、著者のタレブが本書で伝えたい本質は「現代では、想定外は必ず起こる」ということだ。9・11、福島第一原発事故、新型コロナもまさに想定外の出来事であり、世界に大きな打撃を与えた。タレブは同書でこの想定外への対策「バーベル戦略」を紹介している。

ヒュームが見極めていた「AIの限界」

冒頭で紹介したAIの限界も、現代のAIの仕組みとヒュームの洞察を組み合わせれば、よくわかる。

Book 99『AI 2041』で紹介するように、現代のAIを支える主要な手法のひとつが、ビッグデータを集めて知見を抽出するディープラーニング（深層学習）と、この技術に基づく自然言語処理だ。2023年に登場して大きな話題になった**ChatGPT**や画像生成AIも、これらの手法によるものだ。

AI万能論の背後にあった考え方は、ディープラーニングの方法を活用し「世の中の森羅万象のデータを集めれば、帰納法を活用して因果関係を見つけて法則を導き、AIで未来予測できるかもしれない」というものだった。ヒュームはこの帰納法的な考え方の限界を、300年近く前に見極めていたのだ。

大量にデータを集めて帰納法で導き出した因果関係は、100％成立するとは限らない。未来は確率でしか予測できないということである。この因果関係を100％確実に推論するのではなく、因果構造を見極めた上で、確率に基づいて推測しようとするのが、コンピュータ科学者のジューディア・パールである。詳しくは Book 94 『因果推論の科学』で紹介しよう。

近代科学は、実験を通じて経験を蓄積して法則を導き出すという帰納法に基づいて発展してきた。ヒュームはこうして近代科学の信憑性に、大きな一撃を食らわせたのである。

かの哲学者カントは本書を読んで、著書『プロレゴメナ』でこんな告白をしている。

「私は正直に告白する。デイヴィド・ヒュームの警告こそが、数年前にはじめて私の独断論的なまどろみを破り、思弁《しべん》的哲学の領野における私の探求にまったく別の方向を与えたものであった」

しかし、カントはさすがである。ヒュームの主張を、そのまま100％受け入れなかった。むしろ「このままでは近代科学の信頼性は地に堕ちるから、科学の根拠を究明しよう」と考えて、自分自身を理性そのものへの批判へと駆り立てたのだ。これこそが、知的格闘のあるべき姿である。

では、ヒュームの問題提起に対し、カントはなんと言ったのか？ 次に見ていこう。

Point

帰納法の限界がわかれば、「AIの限界」も理解できる

西洋哲学
政治・経済・社会学
東洋思想
歴史・アート・文学
サイエンス
数学・エンジニアリング

Book 6

『純粋理性批判』

「理性の限界」を見極めたことで、哲学と科学は大転換した

石川文康［訳］筑摩書房

イマヌエル・カント

1724年－1804年。ドイツの哲学者。イギリス経験論と大陸合理論の対立をいずれも独断的であるとし、認識の可能性や限界を明らかにするため批判主義の立場に立ち、先験哲学の方法を確立した。『純粋理性批判』『実践理性批判』『判断力批判』のいわゆる三批判書を発表。批判哲学を提唱して、認識論における「コペルニクス的転回」を促した。フィヒテ、シェリング、ヘーゲルとつながるドイツ観念論の土台を築いた。

コンビニのコピー機に500円玉を入れ、10枚コピーした。1枚10円なのでお釣りは400円のはず。しかしお釣りが出てこない。「絶対500円入れたぞ」と店員さんに確認してもらったら、こう言われた。

「カラーコピー設定になってますね」カラーは1枚50円。10枚で500円。機械が正しかった。

「明らかに事実はこう。だから理性的に考えれば、コレが正しい」と考えがちだ。しかし私の恥ずかしい勘違いは別としても、人間の理性はかなり怪しい。昔の人はこう思っていた。

「太陽が地球を回っているのは当たり前だ。太陽は毎日東から昇って西に沈むし、大地は動かないよね」

学者たちも天体の動きを客観的に観察し、理性的に考え、天動説を打ち立てた。しかし地球が自転していた。ニュートンが「万有引力の法則」を発表し、天動説はトドメを刺された。

哲学者カントは「**そもそも理性とは何か。限界はどこにあるのか**」と考えた。そして書いたのが本書だ。書名にある「批判」は「悪口」と思われがちだが、この批判とは「理性の限界を見極めよう」ということだ。

当時、哲学の二大主流派は行き詰まっていた。ひとつはフランスやドイツで生まれた「**合理的に考えればすべて理詰めでわかる**」という**大陸合理論**。筆頭は Book3『方法序説』のデカルト。だが机上の空論に

陥ることも多い。もうひとつは英国発の**「観念は経験から生まれる」**という**イギリス経験論**。Book 4『ノヴム・オルガヌム』のベーコンが提唱したが、ヒュームが警告するように帰納法にも限界がある。

カントは、これら大陸合理論とイギリス経験論の壮大な統合プロジェクトを行ったのだ。本書でカントが理性の限界を示した結果、理性の使い方が明確になって科学は進化した。私たちのビジネスの考え方も、カントを理解すれば一段と深みを増す。ただ大きな問題がある。本書はものすごく分厚く超難解なのである。『純粋理性批判』は原稿を読んだ友人が「難し過ぎてムリ」と送り返したという逸話があるほど難しい。しかもこの邦訳は大型本で上下巻1000ページ近い分量。加えて独特な「カント語」が続く。哲学研究者の間でも難解と言われているので、ビジネスパーソンが一読で理解できる本ではない。

ただありがたいことに、カントを研究し著書を翻訳された先生方が、さまざまな入門書を書いている。私が読んだ中でも特にわかりやすい入門書は、早稲田大学教授の御子柴善之氏による『自分で考える勇気 カント哲学入門』（岩波ジュニア新書）。高校生向けだが大人が読んでも読み応え十分。またこの本の中で御子柴氏がおすすめしている入門書が、本書の訳者でありカント研究者の石川文康氏による『カント入門』（ちくま新書）だ。哲学書を数冊読んだ人ならば面白く読める。この2冊をテキストに、本書のポイントを見ていこう。

悩み続けたカントが出した答え

カントは次のような「答えが出ない問い」があると知って、「理性には限界がある」と考え始めた。

テーゼ：「世界は始まりを持ち、時間は有限である」
アンチテーゼ：「世界は始まりを持たず、時間は無限である」

（カントは空間の有限・無限もあわせて議論しているが、簡略化のため割愛してザックリ紹介する）

テーゼ：「世界は始まりを持ち、時間は有限」の証明には、逆の主張「世界には始まりがない」を否定すればいい。世界に始まりがなく無限の時間があるとしたら、何兆年経っても現在にはならない。だからテーゼ「世界は始まりを持ち、時間は有限」は、正しいことになる。

アンチテーゼ：「世界は始まりを持たず、時間は無限」の証明には、逆の主張「世界は始まりを持つ」を否定すればいい。世界に始まりがあるならば、その前に世界が存在しない空虚な時間があるはずだ。しかし空虚で何も存在しない時間から、何かモノが生じることはあり得ない。だからアンチテーゼ「世界は始まりを持たず、時間は無限」は、正しいことになる。

2つは正反対だが両方正しい。「世界に始まりがあるか」という問いは、理性では答えが出ないのだ。

ちなみにBook84**『ホーキング、宇宙を語る』**で紹介するように、現代では宇宙の始まりはビッグバンだとされているが、ホーキングはこの著書でカントを取り上げ、「宇宙のはじまる以前の時間という概念は無意味。それ以前の時間は定義不能」と述べた上で、虚数的な時間「虚時間」の概念を提示している。

さらにBook85**『エレガントな宇宙』**で紹介するように、最新の超ひも理論では「宇宙はビッグバンとビッグクランチ（収縮）を繰り返している」という考え方も登場している。最新物理学の状況を見ても、たしかに200年以上前にカントが洞察したように、世界の始まりはなかなか「答えが出ない問い」のようだ。

一方でカントはBook5**『人性論』**でヒュームが主張した「因果関係は人間の主観的な思い込み」という考え方に衝撃を受けて「では客観的とは何か？」と考えた。カントの答えは何だったのか？

人間の理性が意外と間違う仕組み

我が家はマンションの1階である。庭にネコが侵入し、卒倒するほど臭いフンをするのが悩みだった。

そこでネコが近づくと超音波を出すネコ撃退装置を庭に設置した。人には聞こえないがネコには不快な大音響を放つ秘密兵器である。設置当日。庭にネコが入ろうとすると秘密兵器が作動。驚いたネコは慌てて壁をよじ登り逃亡した。ネコはこれを何回か繰り返し、我が家の庭には一切近寄らなくなった。悩み解決だ。

どうもネコと人間の音の世界は、まったく違うようだ。人間には、ネコの音の世界は絶対にわからない。「人間が認識する世界が、現実の世界」と私たちは信じ込んでいるが、動物が認識する世界と人間が認識する世界は違う。私たちが認識している世界は、人間の感覚を通して認識した、主観の世界に過ぎない。

他にも似た話がある。トンボの眼は複眼という1万個以上の小さな個眼の集合体だ。トンボは個眼の情報を脳に集め、遠くで動く獲物を空中から正確に認識する。トンボが見える世界も、人間にはわからない。

人間は自分が感じた感覚を通してモノを認識し、理性で考え、自然界の法則を見つけている。しかし人間のこの認識が本当に真実かは、実はかなり怪しい。カントは、本書第2版の序文でもこう述べている。

「これまで人々は、われわれの認識はすべて対象に従わなければならないと考えてきた。しかし、(中略)**対象のほうがわれわれの認識に従わなければならない**と想定すれば、われわれは形而上学の課題をもっとうまく解決できないであろうか」。この一節が、カントの言葉として有名な**「対象が認識に従う」**である。

難解なカント語だが、こういうことだ。私たちは目の前にリンゴがあると「リンゴという対象を、私はありのまま認識している」と考えるが、カントは「それは大間違い」と言う。カントは「私たちがそれをリンゴとして認識した結果、対象のリンゴが存在している」と言うのだ。常識のちゃぶ台返しである。

訳者の石川氏は別の著書『カント入門』で「太陽は東から昇り西へ沈む。だから太陽は地球を回る」という全人類が一致して「客観的な現象」と信じていたことが、実は全人類が陥ったある種の錯覚だったことを挙げている。補足すると、太陽自体は変わらないのに望遠鏡の登場で私たちの認識が変わり「動く太陽」は「動かない太陽」という対象に変わった。これが「対象が（われわれの）認識に従う」ということだ。

さらにカントは「対象の真実の姿は、人間の理解を超えた人間が認識できない世界にある」と考えた。人間は「机の上にリンゴがある」「昼間は真上にあった太陽が、今は西に沈む」というように空間や時間を通してモノを感じて認識する。しかし空間や時間の概念を超えた途端、人間は認識も理解もできない。「世界に始まりがあるか」という答えのない問いも、空間や時間を超えた概念だから答えが出ないのだ。

カントはこのように空間・時間の概念を超えて人間が認識できない「物のありのままの姿＝真実の世界」のことを「**物それ自体**」と名づけた。これもあのカント語である。「物それ自体」とは「神」「あの世」「お化け」のように人間が認識できないモノだ。認識できないから、理性で考えても答えは出ない。「世界に始まりはあるか」という問いも、人間の認識範囲を超えた「物それ自体」の概念なのである。

歴史が始まって以来、人は「神様はいるのか」「死後の世界は」という「答えがない問い」を延々と問い続けてきたが、カントは「人間の理性の限界（＝認識の限界）を超えた領域は、答えは出ないのだから、考えるのはやめよう。認識できる世界だけに絞って考えようよ」と言ったのだ。

ヒュームの因果律の問題に、カントが出した答え

ヒュームに衝撃を受けたカントは、ヒュームが指摘した「『石を手から離すと（原因）、床に落ちる（結果）』という因果律は、人間の主観に過ぎない」という因果律の問題も考えた。ここは訳者の石川氏の著書『カン

ト入門』を参考に紹介しよう。まずカントはこう考えた。

「でもヒュームは『因果律は存在しない』とは言ってないよね。『経験して主観的に考えた因果律を一般原理とするのは、大間違い』と言っている。まず『因果律は人間の主観的なもの』と考えてみよう」

そして『石を手から離すと、床に落ちる』という因果律はたしかに主観的な考えだけれど、人間同士ならこの考えは共有できる。だから『人間同士では客観的な考え』と言えるはずだ」と考えた。

カントは因果律のように人間同士で共有できる客観的な判断を全部で12個見つけて、それらに**アプリオリな総合判断**と名づけた。またもやカント語だが、これは「経験しなくても認識できる判断」という意味だ。「石を手から話すと、床に落ちる」という因果律も、教えてもらえば、自分で経験せずに認識できる。

こうしてカントは徹底的に考え抜き、人間の理性の仕組みを解明した。そして、カントはこの理論を踏み台にして、さらに人間としてあるべき生き方まで考えを拡げたのである。

本当に善いことは、何か？

日本酒の「獺祭《だっさい》」で有名な旭《あさひ》酒造の桜井博志会長は、社長就任時の１９８４年から社長退任の２０１６年までで売上を１００倍以上に増やした。同時期、日本酒業界は4分の1に縮小。なぜこんな業界に挑戦して成功したのか。

それは「**より美味しいお酒を、お客様にお届けしたい**」という桜井会長の想いが、すべての活動の原点だからだ。同社の挑戦は業界の常識外れが多いが、これは常にこの原点に立ち戻り常識を疑った結果である。

日本酒造りを担う専門職を杜氏《とうじ》という。桜井会長が徹底的に美味しい純米大吟醸にこだわった結果、杜氏全員が反発して辞めた。そこで杜氏に頼るのをやめ、自分たちで徹底的に酒造りをデータ化・見える化したら美味しい日本酒ができるようになった。「冬場に仕込む」という常識もやめ、発酵室を常時5度に保ちどの季節でも酒造りできるようにしたら、通年で安定的に造れるようになった。さらに獺祭が人気になり品薄になったのに問屋が仕入れを増やしてくれないので、確実に消費者に届けるために小売店直売も始めた。すべて「より美味しいお酒を、お客様にお届けしたい」がために、愚直に徹底して追求した結果なのだ。

これは、カント倫理学そのものである。カントは『純粋理性批判』を執筆後、「人間の行動の基本ルールを決めよう」と考えた。石川氏は著書『カント入門』で、カントはこう言っていることを紹介している。

「汝《なんじ》の意志の根本指針がつねに同時に普遍的立法の原理となるように行為せよ」

またやもカント語だが、かみ砕いて言うとこういうことだ。**「あなたの自分ルールが、他のすべての人にとっても正しければOKです。自分だけが例外の自分ルールだとしたら、それって単なるズルですからね」**

桜井会長の「より美味しいお酒を、お客様にお届けしたい」という想いは、旭酒造、お客、日本酒業界、すべての人にとって正しいことだ。まさにカント倫理学の実践である。だから旭酒造は強いしブレない。「美味しくなくても、儲かればいい」という酒造りは、自分は得するがお客は不幸。これは単なるズルだ。「困難でも、真剣に大義名分を徹底追求し続けよ」ということだ。このような主観的な行動原理を、カント倫理学では**格律**という。この格律がつまり「自分ルール」なのだ。カントは格律（自分ルール）という個人の主観的な行動原理を問うことによって、世界の普遍的な善悪の基準を決めたのである。

カントは道徳の規準も定めた。「ウソをつくとバレるから、ウソはダメだ」と考える人がいる。カントは「これはダメ」と言う。「バレなければウソをついてもいい」と考える人が出てくるのは道徳的とは言えないからだ。「道徳の基準は一切条件なし」と考えるカントは**仮言命法**と**定言命法**という考え方を提唱した。

【仮言命法】「もし〇〇したいなら、□□□せよ」と条件付きで、道徳法則を表現したもの

【定言命法】「□□□せよ」と条件なしで、道徳法則を表現したもの

カントは道徳的に正しいのは、定言命法だという。「厳し過ぎる」と思うかもしれないが旭酒造の「より美味しいお酒を、お客様にお届けしたい」もまさに定言命法。「儲けるため」「会社のため」という条件は一切なく、シンプルで純粋な想いが原点。だから強い。ビジネスも定言命法で考えれば、困難を乗り越え、底力と哲学がある強い企業になれる。さらに定言命法で考えると、企業の「コンプライアンス」(法令遵守)の落とし穴も見える。「評判が落ちないようにコンプライアンスに取り組む」という考え方は「評判が落ちなければコンプライアンスは適当でいい」となる。カント流に言えば、コンプライアンスの本質はシンプルに「悪いことは、悪い」。理性を考え抜いたカントが行き着いた先は、良心による支配なのだ。

御子柴氏は著書『自分で考える勇気 カント哲学入門』で、カントが普遍的で持続的な平和の樹立のため**『永遠平和』こそが『最高の政治的善』**と提唱し、国内法・国際法・世界市民法の考え方も提唱した」ことを紹介している。この考えは1920年に発足した国際連盟で具体化し、現在の国際連合に受け継がれた。

Book 21『なぜ世界は存在しないのか』のガブリエルは、2018年のNHK番組でこう述べている。「ドイツ憲法の最初の一文には、カントによる『人間の尊厳は不可侵』というカントの概念がある」

このようにカントの思想は、時代を超えて脈々と人類の歴史を通じて受け継がれ続けているのである。

カント哲学は、学ぶほどに味が出る奥深い哲学だ。興味を持った人は、ぜひ挑戦してほしい。

Point

カント倫理学を実践すれば、ビジネスの底力となる「哲学」が宿る

Book 7

『精神現象学』

「ヘーゲル＝正反合」は大いなる勘違い

『精神現象学（上・下）』樫山欽四郎［訳］平凡社ライブラリー

G.W.F.ヘーゲル

1770年－1831年。近代ドイツを代表する哲学者。イエナ大学、ハイデルベルグ大学、ベルリン大学で教鞭をとった。世界は唯一絶対の理性の自己発展であり、世界史はこの絶対精神の弁証法的発展過程であるとし、カント以来のドイツ観念論に弁証法を導入して包括的哲学体系を樹立。ドイツ観念論の完成者といわれる。弁証法哲学を深化させ、現代思想にも大きな影響を及ぼす。

「ヘーゲルも言うように、正反合でアウフヘーベンしましょう」という話を、耳にすることは多い。東京都の小池百合子知事もそんな一人だった。ある時期、小池知事は**アウフヘーベン**という言葉を多用していた。

築地市場の豊洲移転問題では「豊洲か、築地かでなく、アウフヘーベンして考えるべき」。

新党を結成して調整や交渉について記者に聞かれると「アウフヘーベンする。辞書で調べてください」。

『広辞苑』によると「**アウフヘーベン＝止揚《しよう》、揚棄《ようき》。ヘーゲル哲学（弁証法）の用語**」。高校の倫理の教科書でも、「ヘーゲル哲学は正反合を通して、真理を明らかにする」とある。

知識人でも「ヘーゲル哲学＝正反合」と説明する人は少なくない。なかにはこんな説明をする人もいる。

「ヘーゲル哲学は正反合の弁証法だ。正の意見に反の意見をぶつけてアウフヘーベン（止揚）し、合という解決策を目指す。ランチでA君はカレーを食べたい（正）。B君はトンカツを食べたい（反）。アウフヘーベンしてカツカレー（合）にすれば、二人とも満足。これだよね」

実はこれらすべては、ヘーゲル哲学の勘違いである。ヘーゲルは「正反合」なんて言っていない。

ヘーゲル哲学が誤解される理由のひとつは、主著書である『精神現象学』が難解で、読みこなせている人が少ないためである（後述するが、もうひとつ理由がある）。

ヘーゲルの著書を熟読する日本の哲学研究者には、「ヘーゲル哲学は正反合」と言う人はいない。

「ヘーゲル＝正反合」と説明するか否かは、ヘーゲル哲学の理解度のリトマス試験紙なのだ。

「そんな難しいなら学んでも意味ない……」と思うかもしれないが、さにあらず。ヘーゲルがわかれば、これまで見えなかったことが見えてくる。難解だが、挑戦し甲斐もある。それがヘーゲル哲学なのだ。

ヘーゲルは1807年、37歳のときに本書『精神現象学』を発表し、ヘーゲル哲学を確立した。

邦訳は数多いが、ここでは早稲田大学哲学科の樫山欽四郎教授による1973年の邦訳を取り上げる。訳者の樫山氏は解説で「マルクス主義、実存主義、プラグマティズムなど（中略）現代哲学の源流はヘーゲルに在ると言ってもいい」と述べている。ヘーゲルは、その時代までの哲学の総決算を行ったのだ。

さらに樫山氏は、ヘーゲルが青年時代の余りある努力の蓄積を本書で表現しようとしたものの「資料の重みに圧倒されている（中略）意味では明らかに失敗」としつつも、こう述べている。「その苦闘からにじみ出る思索の深さと、大いさとが、その欠陥を補って、強くわれわれに訴えるものをもっているからである。だから、完成品ではないにもかかわらず、哲学史上の最もすぐれた作品の一つとなりえたのである」

こんな難解な本書にビジネスパーソンが挑戦するのは大変だ。そこですぐれた哲学研究者による良質な解説本から入るのがおすすめである。私が読んだ中でのイチオシが、長谷川宏著『新しいヘーゲル』（講談社現代新書）。長谷川氏は東京大学大学院哲学科博士課程で学んだ後、自宅で学習塾を経営しながらヘーゲルを研究してきた在野の哲学研究者だ。ヘーゲルを中心に海外哲学者の翻訳も多く手がけている。

『新しいヘーゲル』で長谷川氏はこう述べている。「ヘーゲルが難解なのではなく、受けいれる過程（注：日本に紹介された段階）でヘーゲルが難解にされたというべきである。（中略）ヘーゲルの三種類の講義を訳した経験からいうと、ヘーゲルはちっともむずかしいことなどいおうとはしていないと思う」

これでやや気が楽になる。他の本もサブテキストとして活用しつつ、本書のポイントを見ていこう。

ヘーゲル哲学のカギは「否定」である

長谷川氏は『新しいヘーゲル』でこう述べている。「ヘーゲルの哲学を弁証法の哲学と名づけるのは当を失してはいない。ヘーゲルの立ちむかう現実世界は弁証法的な構造をもつ世界である」

ヘーゲルは『精神現象学』の序論で、植物が育つ過程をたとえ話として紹介している。つぼみから花が咲き、花が散って果実がみのり、また種が芽を出す。これをヘーゲルは、次のように表現している。

「**つぼみは、花が咲くと消えてしまう。そこで、つぼみは花によって否定されると言うこともできよう。同じように、果実によって花は植物の偽なる定在と宣告され、その結果植物の真として果実が花に代って登場することになる**」。ちなみにこれがヘーゲルの素の文章だ。この文章が900ページ続く。

「『つぼみが咲いて果実になる』でよいのに、なんでわざわざ『つぼみが花で否定される』なの？」と言いたくなるが、これは「**否定の力**」を強調するためだ。そして種は、再び種に戻る。「否定に否定を重ねて再び種に戻るように、モノゴトにはひとまとまりの過程がある」ということをこのたとえ話で表現している。

この弁証法的な構造のどこにも「正反合」はない。**「否定の力」がカギなのだ。**

「否定の力」は、私たち人間社会の中でこそ真価を発揮する。私の場合、本の執筆がまさにそうだ。

知恵を絞り手間と労力をかけて書いた自信満々の原稿が、編集者にダメ出しされることがよくある。

正直に告白するとこんなときは「なぜ？　ちゃんと読んだの？」と最初は受け入れられない。時間をかけて編集者と徹底議論しても納得できない。しかしやがて「ダメだったのは自分のココか」と気づく。同時に編集者の意見を超える案も思いつく。こうして双方の否定の末に、レベルが格段に違う原稿ができる。

マクドナルド創業者のレイ・クロックは、著書『成功はゴミ箱の中に』(プレジデント社)の冒頭で座右の銘を書いている。「未熟でいるうちは成長できる。成熟した途端、腐敗が始まる」。

これは未熟だと自分を否定しやすいが、成熟すると否定が難しくなる、と受け止めるべきだろう。

ヘーゲルも本書でこう述べている。

「以上のような弁証法的運動は、意識にとって新しい真の対象がそこから生れてくる限りで、意識が自分自身において、自らの知と自らの対象において、行う運動であり、本来は経験と呼ばれるものである」

独特のヘーゲル語なのでザックリかみ砕こう。「経験」とはヘーゲル語で「自分は間違っていた、と気づく経験」のことだ。ヘーゲルは「自分は知っているつもりでも間違いは多いもの。自分が間違いという気づきを得れば、自分が正しいと考える知のあり方や世界の捉え方も、変わりますよ」と言っているのだ。

このように**ヘーゲルの弁証法の本質は「否定」だ**。自分も相手も、全身全霊で否定する。そこから新たな知を紡ぎ出す。こう考えると、冒頭の例はヘーゲルの弁証法とは似ても似つかないシロモノとわかる。

築地市場の豊洲移転問題では、豊洲に移動しつつ築地も残した。築地も豊洲も否定しない折衷案。

カツカレーの例では、A君とB君、両方の顔を立てている。A君もB君も本気で否定していない。

両者は何も否定しない安易ないいとこ取り。双方否定するヘーゲルの弁証法とは、似ても似つかない。

『日本大百科全書(ニッポニカ)』(小学館)の「正反合」の項目に、こんな誤解が生まれた経緯が書かれてある。

「正・反・合……ドイツ語のテーゼ、アンチテーゼ、ジンテーゼの訳語である定立、反定立、総合を略したもの。フィヒテが『全知識学の基礎』(1794)で用いた概念であるが、マルクスやイギリスのヘーゲル学派がこの概念を借用して、ヘーゲルの弁証法を通俗的に説明したところ、日本にヘーゲル哲学が紹介されたとき、誤ってヘーゲルそのものが用いた概念であるかのように解され、日本では、そのまま定着している。（中略）『正・反・合』をヘーゲルの概念であると誤解した場合に生ずる内容上のずれは、ヘーゲルの弁証法が著しく『総合』に重点を置くもののように解される点にある」

なんと広辞苑や高校の教科書が間違っているのだ。長谷川氏も『新しいヘーゲル』でこう述べている。

「図式的説明としてよく援用される正－反－合の三段階に即していえば、社会の動きの全体が最終的に『合』に帰着することに安堵を覚える。が、みずからの生活実感にもとづくそうしたヘーゲル理解は、まったく的を外している」

ということで、今日からは「ヘーゲル弁証法は正反合」と言うのはやめましょう。

ところで長谷川氏は「社会の弁証法は、ヘーゲルにとって、生命の弁証法よりもはるかに複雑で、しかも具体的であった」と述べている。この点をもう少し考えてみよう。

弁証法的に進化していく人間社会

ヘーゲルが本書で描きたかったのは、**人類の大きな歴史の流れの中で、人間の理性が果たす役割だ。**

Book6 『純粋理性批判』でも紹介したように、カントは人間の理性を重視しつつ理性の限界も考えた。

一方でヘーゲルは理性のリミッターを外して絶対的に信頼する。長谷川氏はこう述べる。「理性的な思考を働かせることで、わたしたちは現実の奥の奥まで認識することができる、とヘーゲルはいいたいのだ」。

ヘーゲルが生きた時代は、教会や貴族階級が権力を握る中世欧州の封建社会が崩壊し「人間は自由だ」と人々が気づき始めた時代だ。神や主君が否定されたことで、個人が個を主張し始めたのである。

彼らにとって、自由は「与えられるモノ」ではなく「戦って獲得するモノ」だ。だから真正面から向かい合って話し合う。一致点を見つけることは目的ではなく、意見の相違を前提に明確に違いを述べ、どちらが理にかない真理に近いかを議論し、一歩でも真理に近づくことが目的だ。双方の明確な対立と緊張が大前提。そして矛盾を叩きつけ決闘し、否定に否定を重ねる。これが本来のヘーゲルの弁証法だ。

いわゆる「和を以て貴し」が身上の日本人には、このプロセスは慣れていない上に、辛い。日本人は意見の違いがあっても何とか双方の一致点を見つけて解決しようとする傾向が強い。「ヘーゲルの弁証法は正反合」という誤解も、この「一致点を探す」という発想が身に染みついたがための誤解かもしれない（ただ、この点は、のちほど「弁証法的に」改めて検証したい）。

ヘーゲルの弁証法は「一致点を探す」などという生ぬるい「和」の世界ではない。むしろ「つぼみは花によって否定される」というように、自分の存在自体が危うくなるほどの否定を重ねて真理を探求する、生死をかけた決闘なのだ。こうしてこの時代に個が確立し、欧米で個人主義社会が生まれたのである。

このことは私自身、IBM社員時代に欧米人との仕事で実感した。20代の頃、グローバル・コミュニケーションを何も知らない私は、日本流に相手の立場を察して譲歩して、一方で相手からの配慮を期待した。実に甘かった。こちらが価値を提供できなければ、譲歩しても奪われる一方。日本流に控えめにすると逆に「取引（ディール）できない無能な人間」と思われるだけ。主張なき者は「真理に興味がない怠惰な人間」としか見られない。このことを身に染みて学んだ私は、グローバル・コミュニケーションでは自分の人格を改造することにした。徹底的にロジックを磨き、論理立ててこちらの利害を主張する。優位に立った時点で、ほんの少し譲歩する。日本では「知に働けば、角が立つ」と言われて敬遠されるこの方法は、欧米社会ではむしろタフネゴシエーターとして一目置かれる。いわば「知に働くほど、尊重される」のだ。

長谷川氏は、ヘーゲルが知の働きを重視していることを、こう述べている。「ヘーゲルは、近代的な個の自由と自立を確立する上で、知の働きこそがもっとも基本的な要因をなすと考え、個の自由と自立をめざす『意識』の旅を自立した知への旅として描いてみせたのだ」

「日本は弁証法的な国」というマラブーの指摘

ただ日本について、別の見方もある。日本人は日頃気がつかない指摘なので、ぜひ紹介したい。

ヘーゲル哲学研究者カトリーヌ・マラブーは、『ハーバード・ビジネス・レビュー2007年4月号』（ダイヤモンド社）のインタビュー記事で「硬直性と流動性の中間である可塑《かそ》性（プラスティシテ）がヘーゲルの中核概念」と前置きした上で、「日本は極めて弁証法的な国」と主張している。日本は一見異質を排除するが、実はオープンで好奇心旺盛、異文化にも融通無碍《ゆうずうむげ》だというのだ。

マラブーの可塑性の概念は、弁証法的な進化がいかに起こるかを理解する上で重要なので、補足しよう。

鉄は硬い。水は流動性があり、自由自在に流れる。可塑性は、この鉄の硬直性と、水の流動性の中間形態だ。陶芸家が粘土をこねたり、プラスティックに熱を加えて変形させる状態のイメージに近い。

可塑性がある状態は、モノの本来の形が消滅する一歩手前だ。しかし可塑性を超えて変形すると破断する危険性も持つ。つまり可塑性は、変化に対して強力な抵抗力もあわせ持っている。その意味で、鉄の硬直性とも、水の流動性とも異なる状態になっている。弁証法的な変化は、この可塑性があるしなやかな状態に転移した際に起こる、とマラブーは述べている。そして日本では、これが起こっているというのだ。

たしかに丸山眞男が Book 53 『日本の思想』で指摘するように、日本には思想的伝統がない。ある意味、無節操に海外文化を取り入れてきた。しかし新しい思想に直面した当初は、幕末の尊皇攘夷のように拒絶したりもする。これはまさに可塑性が持つ変化への強い抵抗力だ。

マラブーは「私の可塑性の概念は、日本では既に下地ができていたかのように、すぐに十分に理解されたと感じられました。（中略）日本はある意味、きわめて『ヘーゲル的な国』だからです」と述べた上で、「欧米の資本主義と、極東の資本主義のどちらかを選択するのではなく、日本は弁証法という力を巧みに操り、両者の間をうまく貫くべきであると、私は考えます」という。

この指摘は実に興味深い。米国人と付き合ってきた私が感じるのは、彼らは徹底的に議論を戦わせる一方で、余分なところを切り捨ててモノゴトを単純化し、シンプルにしようとする傾向が強いことだ。言い換えれば、矛盾への忍耐力が極めて弱い。たとえば会議での沈黙の時間。日本人は「この矛盾、どうしようかとみな考えているな」と察するが、米国人はこの沈黙に耐えられずにシンプルな解決策を求めることが多い。

彼らにとっては合理的であるこの単純さは、ビジネスでは瞬発力を発揮するが、時に脆さも露呈する。立派なビジョンを掲げてすばらしい人材を惹きつけ、爆発的に成長してきた米国の巨大IT企業も、2023年に不況の兆しが見えた途端、立派なビジョンをかなぐり捨てて、容赦ない人員削減に踏み切った。

逆に日本は業績が悪化しても、ある意味耐える。業績向上のためにアクティビストが人員削減や事業売却を強く迫っても、「これらは大事な資産だから……」と応じようとせずに、なかなか煮え切らない。

マラブーの視点で見ると、これは弁証法の力を巧みに操り、矛盾に対して可塑的に対処している、とも言えるかもしれない。単なる「正反合」を超えた、本当の意味での弁証法的な世界が日本にはあるのだ。

人類は「絶対知」を目指して旅を続ける

ヘーゲルは本書で、そうして「**絶対知**」を目指して旅を続ける人類のプロセスを描いている。

さらに長谷川氏はこう述べている。「こういう絶対知の境地に達し、学問の世界を目の前にするために、『精神現象学』の『意識』は悪戦苦闘の旅を重ねる。重ねなければならない。ということは、逆にいえば、悪戦苦闘なくして『意識』は絶対知の境地に至ることができないということだ」。

現実には、人間には必ず思い込みがある。モノゴトの本質を、ありのまま認識することができない。カントは「これが人間の理性の限界」と考えた。しかしヘーゲルの絶対知は、知識の最高段階である。主観と客観が対立せずに統一され、カントが言う理性の限界を超えた、神の領域だ。ヘーゲルはカントとは違って「弁証法的プロセスによる悪戦苦闘の旅を重ね続けて、この境地を目指せ」と言っているのだ。

現実には、人間は不完全な存在なので神にはなれない。絶対知の境地ははるか無限大の距離にある。到達するのは不可能だろう。しかしヘーゲルは「それでも目指し続けることが大事」と言う。

このヘーゲルの歴史観に基づいて、ベルリンの壁崩壊に接したフランシス・フクヤマが人類の自由民主主義の旅について考察したのが、1992年刊行の Book38『歴史の終わり』である。

しかしヘーゲルの弁証法は、やはり難解だ。一読しても、どう活用すればいいかよくわからない。

そこでヘーゲルの弁証法を一気にかみ砕いたのが、かのマルクスの盟友・エンゲルスだ。

ヘーゲルの弁証法を改造したエンゲルス

エンゲルスは著書『自然の弁証法（抄）』（新日本出版社）で「事柄をひっくり返してみれば、すべては簡単になり、観念論哲学ではことのほか神秘に見えるあの弁証法的諸法則は、たちどころに簡単明瞭になる」と述べて、弁証法をシンプルな3法則にまとめている。さらに言語学者であり在野のマルクス主義者である三浦つとむ氏は1968年刊行の著書『弁証法はどういう科学か』（講談社現代新書）で、エンゲルスが改造した弁証法を紹介した上で、この3法則の具体例も示している。身近な例で紹介しよう。

唯物論と観念論

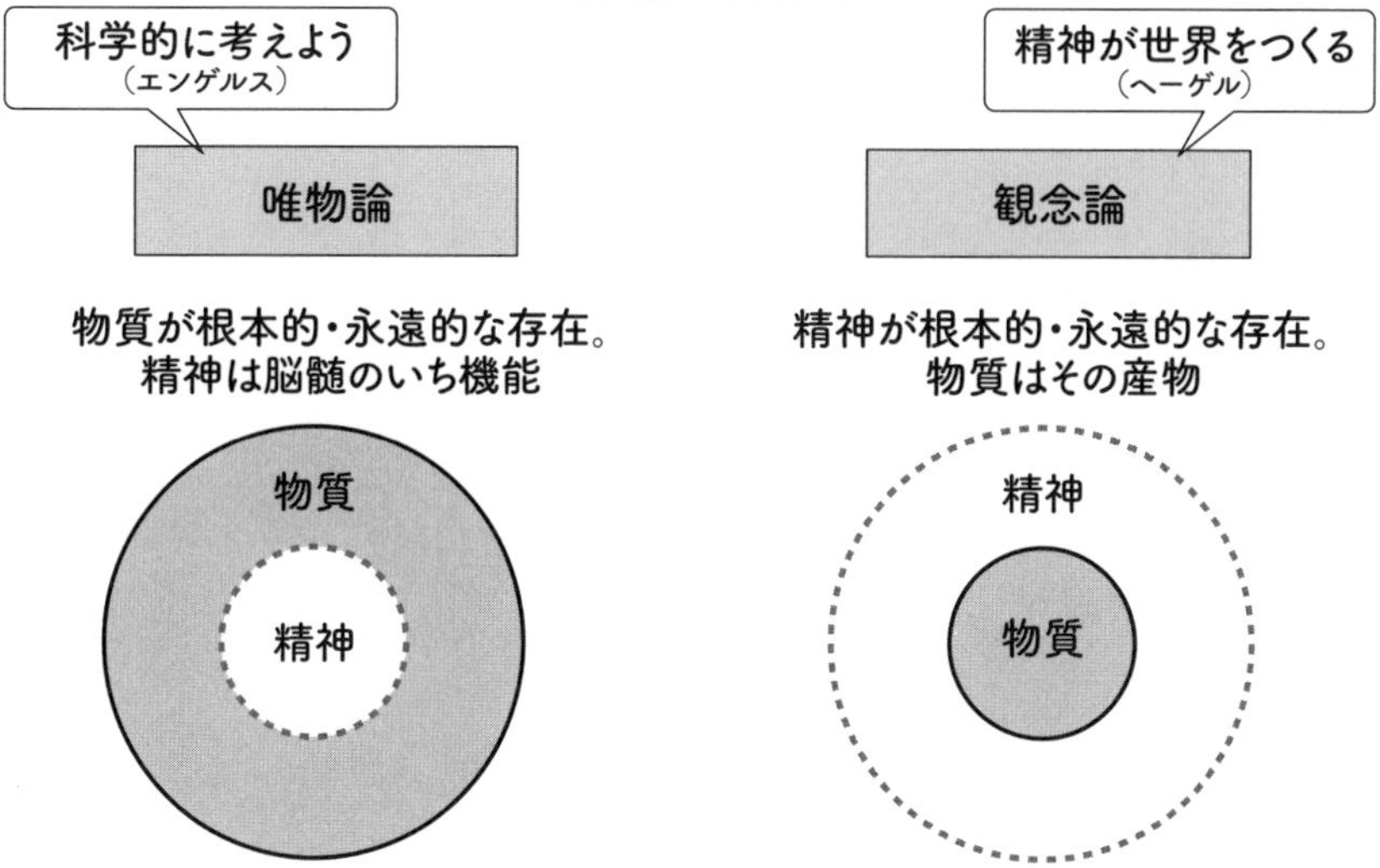
科学的に考えよう
（エンゲルス）
唯物論
物質が根本的・永遠的な存在。
精神は脳髄のいち機能
物質
精神
精神が世界をつくる
（ヘーゲル）
観念論
精神が根本的・永遠的な存在。
物質はその産物
精神
物質

出典:『弁証法はどういう科学か』を参考に筆者が作成

❶量の質への急転：量が質を生む法則だ。たとえば家具製造販売大手のニトリは、多数の店舗を繋げて全体で大きな力を発揮する「チェーンストア理論」を実践している。店舗数が２００になったときには仕入れ交渉力が倍になり、さらに価格を下げることができたという。現在は６００店舗超。このように小売業では、まさに店舗数という量が質を生む。

❷対立物の相互浸透：つながる者同士がお互いに進化する。三浦氏は著書で、A君とB子さんが結婚する例を挙げている。家庭を持つと、お互いの考え方が影響を受け合い、学び合って２人は精神的に育っていく。まさにこのことと同じだ（対立とは自立・個別という意味で、必ずしも競合・対立関係ではない）。

❸否定の否定：歴史上、進歩は「現存するモノの否定」として登場してきた。２０００年頃にCD販売主体だった音楽業界は、インターネット普及で簡単に音楽を違法コピーしネット上で共有する人

たちが登場して、存亡の危機に立った。そこでアップルは音楽業界と協業、iTunesでデジタル音楽を購入できる仕組みをつくって違法コピーを追放した。さらにiTunesは、新たに登場した音楽聴き放題サービスの登場によって否定されつつある。音楽業界も「否定の否定」により進歩を続けているのだ。

こうしてエンゲルスはヘーゲルの弁証法を使いやすくしたのである。この3法則を活用すれば、世の中の動きが将来どうなるかも見通せるようになる。一方で三浦氏は著書で、ヘーゲルとエンゲルスの観点は異なることを図で示している。ヘーゲルは「精神が世界をつくる」と考えた**観念論者**だが、エンゲルスは「観念的な話をすべて取っ払えばシンプルになる」と考えた**唯物《ゆいぶつ》論者**だ。エンゲルスは、ヘーゲルの観念的な弁証法を**唯物弁証法**に改造した際に、ヘーゲル哲学の根っ子にある「世界は絶対知に向かって発展する」という部分を「世界は科学的に発展する」という考え方に置き換えたのだ。

三浦氏は「唯物弁証法は、マルクス学派にとって最良の道具、最鋭の武器となりました」と述べた上で、「唯物史観と、それをプロレタリアートとブルジョアジーとの現代の階級闘争へ特別に適用することは、弁証法を媒介としてはじめて可能であった」というエンゲルスの言葉を紹介している。その後「唯物弁証法」という武器を手に入れたエンゲルスと盟友マルクスは自分たちの理論を科学的に構成して、社会主義思想を打ち立てた。レーニンとスターリンがこの思想を取り込んでソビエト連邦を、さらに毛沢東が取り込んで中国共産党をつくった。ソ連は崩壊したが、中国共産党は力を増している。その源流には、エンゲルスが改造したヘーゲルの弁証法があるのだ。

繰り返し述べているように、弁証法のカギは「否定の力」である。「否定の否定」の法則があるのも、歴史が変わると真理が誤りに変わるからだ。この矛盾が進化の原動力になるのだ。三浦氏はこう述べている。

「人間の認識が矛盾の上に成立している以上、誤謬は人間の認識にとって本質的なものであって、どんな人間でも誤謬からのがれることはできません」

「スターリンが死んでから三年後に、ソ連でスターリン批判がはじまると、ソ連の哲学者たちもスターリンが否定の否定を無視したのは正しくなかったと主張するようになり、この法則を復活させました。（中略）（しかし）特に中国では、（中略）スターリンの理論に重要なあやまりがあったことを認めようとはしません」

正しく弁証法を活用するには、自分が誤る可能性を認め、自分を否定する勇気が必要なのだ。

この点を私たちは決して忘れてはならない。

弁証法がわかれば、社会の裏にある構造が見えるし、ビジネスも見通せるようになる。

ぜひヘーゲル哲学に挑戦してほしい。

Point

「弁証法」で社会の裏にある構造を見通し、ビジネスに活かせ！

Book 8

『ツァラトゥストラはこう言った』

『ツァラトゥストラはこう言った（上・下）』氷上英廣［訳］岩波文庫

神は死んだ。人間は超人を目指せ

ニーチェ

1844年－1900年。ドイツの思想家。プロイセンで、プロテスタントの牧師の家に生まれる。24歳でバーゼル大学の教授になるが、処女作『悲劇の誕生』が学界で反発され、事実上アカデミズムから追放される。近代文明の批判と克服を図り、キリスト教の神の死を宣言。善悪を超越した永遠回帰のニヒリズムに至った。晩年は精神錯乱に陥って死去した。

ＳＮＳの裏垢《うらあか》という言葉をご存じだろうか。「裏アカウント」の略で、表に書けないことをつぶやくためのアカウントだ。オープンにしていない趣味などをつぶやきたい人が使うことが多いが、ネガティブなことをつぶやくために裏垢を使う人もいる。言いたいことが言えない人にとって「成功したアイツ、運がいいだけさ」みたいに自由に毒を吐ける環境は、解放感と快感があってストレスも減るという。

しかしニーチェに言わせると「裏垢で毒を吐く生き方なんて即刻やめろ！」。本書は世界で最も知られた哲学者の一人・ニーチェの思想を凝縮した一冊だ。他の著書も引用しつつ、本書のポイントを見ていこう。

「ルサンチマン」が神を生み出した

それまでの哲学者は神の存在をアレコレ考えてきたが、本書の冒頭でニーチェはこの神を一刀両断した。

「神は死んだ」

そもそも神はどのように生まれたのか。ニーチェは著書『道徳の系譜学』（光文社古典新訳文庫）でこの構造を解明している。まずはこちらから紹介しよう。紀元前、バビロニア王国に占領されたユダヤの民は全員奴隷となり、苦役を課された。日々苦しむ彼らは「来世では神が私たちを救ってくれる」と考え始めた。
これがまさに神が生まれた瞬間だとニーチェは言う。強者に虐げられた弱者の心が神を生み出したのだ。
さらにその500年後、救世主イエス・キリストが登場した。キリストはこう言った。

「弱き者は幸いなり。貧しき者は幸いなり。なぜなら天国は彼らのものだから」

このイエスの言葉は、弱者の間に広まり世界に広がった。

ニーチェは「**ルサンチマン**が神を生んだ」と考えた。ルサンチマンとは強者への弱者の憎悪や妬みだ。「強者は来世で地獄に落ちる。私たち弱者が天国に行く」という弱者のルサンチマンが、神を生んだのだ。

「強者は悪。弱者は善」というルサンチマンは、現代も猛威を振るう。SNSの裏垢はまさにその典型だ。

2021年の東京オリンピックでは決勝を戦う選手に「やる気がない」「態度が悪い」という匿名の中傷が殺到して、メンタルを崩す選手まで現れた。現代では成功者への大衆のルサンチマンがネットで可視化されて増幅し、広がっているのである。ルサンチマンは、強者という「悪しき敵」をつくり出し、対照的な弱者である自分を「善人」に位置づけてくれるのだ。

「人間だからさ。妬むことも少しはあるし、仕方ないよ」と思うかもしれないが、それは違う。

ルサンチマンを持つ人間は「自分がこうなったのは、強者の○○が原因」と考え、自分の中にある真の問題の原因を直視できなくなる。冒頭の毒吐き専用裏垢も、まさにルサンチマンの産物である。自分が友人のように成功していない真の原因は、その友人のような努力と挑戦をしていない自分自身なのである。

ルサンチマンは強者を否定することで弱者である自分を肯定して、生き続けるための知恵だ。たしかに一時的には解放感と快感があり、ストレスも少し減るだろう。しかしルサンチマンは人を卑屈にして、人間が本来持っている「喜びを感じて、幸せに生きよう」という力を弱めてしまう上に、不幸な状況はまったく改善されない。栄光を目指して努力を重ねるオリンピック選手をいくら中傷しても、自分は幸せにはならない。中傷相手の選手と、中傷する当人の内心が病むだけである。**人間はルサンチマンを克服しなければならない**。

19世紀末当時の欧州は、産業革命の真っ直中。キリスト教はカトリックとプロテスタントに分かれて争い、誰も本気で神の存在は信じていない。人の心が生んだ神は、まさに死んだ。しかしルサンチマンを抱えた人間は、頼っていた神が消滅してしまい、何を信じればよいかわからなくなった。

そこでニーチェは「神は死んだ。だからルサンチマンを克服し、**超人**を目指せ」と言ったのである。

超人とは、旧来の人間や自分自身を超える存在のこと。超人の対極にあるのが、**末人**（終わった人）だ。

末人から超人へ――3段階の進化

野生動物は本気にならないと生き残れないが、人間は本気にならなくても生き残れる社会をつくった。冒頭のようにSNSの裏垢で毒を吐き続けてまったく挑戦をしなくても、現代社会では死ぬことはまずない。こうして人間の社会システムは、本気で生きない人を大量に生み出した。

動物の中でも家畜は餌を与えられるので、本気になる必要はない。しかし家畜には自由はなく、人間に搾取される。ニーチェは本気で生きない人間は本質的に家畜と同じだとして、家畜のように本気で生きない人たちを末人と呼び「末人は蚤のように根絶しがたい」と嘆いた。そして「超人を目指せ」と言ったのだ。

超人は高揚感や創造性にあふれ、新しいモノを創造し続ける。心理学者チクセントミハイが著書『フロー体験入門』（世界思想社）で提唱した、忘我の境地で夢中になって創造的活動を行う人のイメージに近い。そこで主人公ツァラトゥストラが高らかにニーチェ思想を説く物語に仕上げたのが、本書だ。

本書でツァラトゥストラが語るメッセージは、要は「**自分らしく、本気で生きようぜ**」である。

末人から超人をめざす3段階

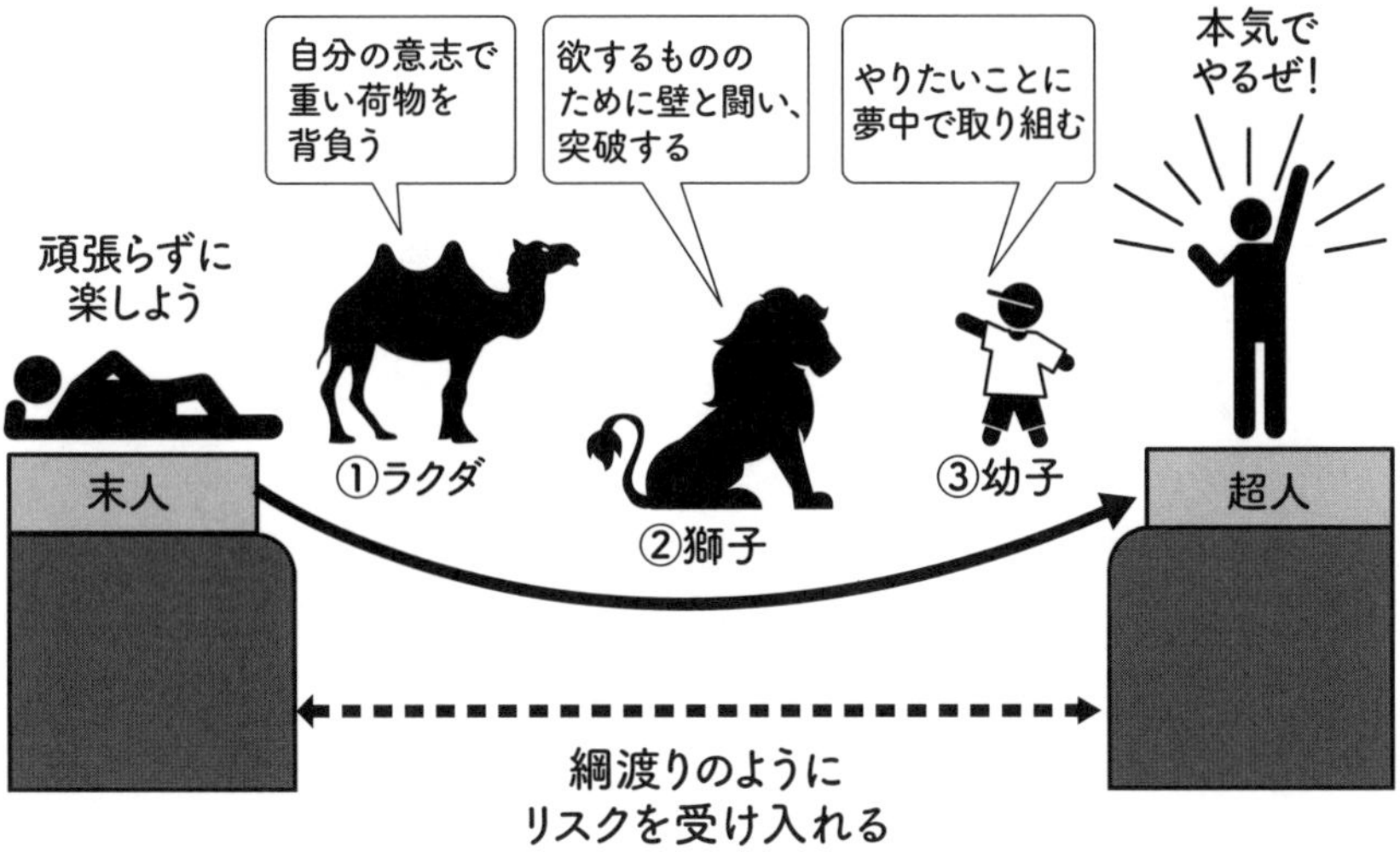
頑張らずに楽しよう
末人
自分の意志で重い荷物を背負う
①ラクダ
欲するもののために壁と闘い、突破する
②獅子
やりたいことに夢中で取り組む
③幼子
本気でやるぜ！
超人
綱渡りのようにリスクを受け入れる

ニーチェは、超人に至るには綱渡りのようにリスクを受け入れつつ、3段階を経る必要があると考えた。

第1段階「ラクダ」：自分の意志で重い荷物を背負い、高い目標に挑戦し、忍耐強く成長を目指す段階

第2段階「獅子」：成長して出会うさまざまな壁に対し、自分が欲するもののために獅子のように闘う段階

第3段階「幼子」：無邪気に遊ぶ幼子のように、夢中になってやりたいことに取り組んでいる段階

この3段階を経て人は超人に達するのである。そしてこの超人を目指す先にあるのが**永遠回帰**の思想だ。

永遠回帰の思想

ニーチェは、苦しみつつ永遠回帰の思想をつかんだ。

24歳の若さでスイスのバーゼル大学教授に就任したニーチェは、出版した処女作が学界で酷評。体調を崩して大学を辞め、売れない原稿を書く日々が続いた。

1881年8月、ニーチェがスイスの湖畔を散歩

詩「深夜の鐘の歌」

ああ、人間よ！　しかと聞け！
深い真夜中は何を語る？
「わたしは眠りに眠り——、
深い夢から、いま目がさめた。——
この世は深い、
『昼』の考えたよりもさらに深い。
この世の嘆きは深い。
しかし、よろこびは——断腸の悲しみよりも深い。
嘆きの声は言う、『終わってくれ！』と。
しかし、すべてのよろこびは
永遠を欲してやまぬ——、
——深い、深い永遠を欲してやまぬ！」

引用:『ツァラトゥストラはこう言った』

中に突然閃いたのが、永遠回帰の思想だ。

永遠回帰は、ロールプレイングゲームでクリア直前にすべてリセットされスコアがゼロに戻り、最初からまったく同じゲームを何回も永久にやり続ける感覚に近い。

よいことも忘れたい最悪な出来事も寸分違わず、細部まで完璧に同じ人生を無限にやり直し続ける。生涯かけて実現したこともゼロ。「何をやってもムダ」と絶望しかねない。永遠回帰とは「汝、それを喜んで受け入れられるか」という究極の問いだ。死の間際、「これが生きるということか。よし！ならばもう一度！」と喜んで受け入れられる生き方をする人は超人になり得る。ツァラトゥストラも永遠回帰を受け入れられず7日間寝込み、やっと受け容れて復活した様子が描かれている。実はニーチェ自身も苦しんだ。

永遠回帰を着想した翌年、ニーチェは友人の仲介でロシアの若き作家ルー・ザロメと出会った。ザロメはのちに「魔性の女」と言われるほどモテた。ニーチェは2回告白したがあえなく撃沈。ザロメの提案でその友人も含めた3人で共同生活を始めたが、三角関係がこじれ最後に破綻。ニーチェは深く傷ついたが、のちにザロメに「あなたと二人で散歩した時間は、生涯最高のひとときだった」と手紙を書いている。「この時間のためなら、自分の苦しかった人生も繰り返し生きるに値する」と、ニーチェは考えたのかもしれない。

翌1883年2月、ニーチェは猛烈な勢いで本書を執筆。わずか10日間で第1部を完成させた。

本書の「深夜の鐘の歌」という詩には、永遠回帰の思想に込められたニーチェの想いがあふれている。

人間は社会で他人と関わって生きているので、私たちは必ず見えない何かに縛られている。一方で自分の人生を決められるのは、自分だけだ。**「実は、自分を縛っているのは自分自身だった」**と気づけば、いろいろなことが変わり始める。そして超人を目指して、「ラクダ→獅子→幼子」への進化が始まるのだ。

ニーチェは人間の欲望を強く肯定する。まず自分の欲望に忠実になることだ。まず出発点を「誰かのために○○をやる」ではなく、「○○したいからやる」と自分中心で考える。ニーチェの思想は、現代に生きる我々にとって人生の本質を教えてくれる。あなただけのかけがえのない人生を悔いなく生きるべきなのだ。

まずラクダとなって、自分の意志で重い荷物を背負う。そして高い目標に挑戦し、獅子となって自分が欲するもののために壁と闘って壁を越える。そして幼子となってやりたいことに夢中で取り組む。そして永遠回帰を受け入れられれば、あなたの人生はすばらしいモノになるはずだ。

Point

自分の欲望を強く肯定し、高い目標に挑戦する「超人」を目指せ

Book

9

『プラグマティズム』

「役立つモノが大事」は本質ではない

桝田啓三郎［訳］岩波文庫

W.ジェイムズ

1842年 - 1910年。米国の哲学者、心理学者。ハーバード大学理学部に入学して化学、生理学、医学、比較解剖学などを学ぶ。ドイツに留学し、医学・生理学の他に心理学や哲学に関心を深める。プラグマティズムの提唱者で、パースやデューイと並ぶプラグマティストの代表として知られている。意識の流れの理論を提唱し、『ユリシーズ』のジェイムズ・ジョイスや、日本の哲学者・西田幾多郎に大きな影響を与えた。

私は海外経験がほとんどない状態でＩＢＭに新卒入社し、米国人とのやり取りで苦労した。

彼らは主張が激しい。何も言わないとイライラし始める。しかし拙い英語でも意見すると彼らはちゃんと聞く。そして「たしかにもっともだ」と言って対応する。基本的に、こちらの意見を尊重しフェアなのだ。

さらに実に現実的だ。「それをやると、要はこうなる」という議論を好む。抽象的な議論は嫌う。

不思議なのは、科学を絶対的に信じる一方で、日曜の礼拝も欠かさないこと。科学的な考えと、科学の真逆ともいえる宗教的な姿勢が、なぜか両立しているのである。なぜ彼らはこう考えるのか？

これを解くカギが、本書のテーマである**プラグマティズム**の思想だ。プラグマティズムという言葉を知っている人は、「要は**『役に立つモノが大事』**という米国流の哲学だよね」と思っている人が多い。これはイマイチ理解が浅い。プラグマティズムを提唱したジェイムズが考えたのは「真理とは何か？」なのだ。

プラグマティズム誕生には大きく2つの背景がある。ひとつは科学の発展。キリスト教は「人間は神がつくった」と教えてきたが、この時期にダーウィンが Book 74『種の起源』を発表した。当時の衝撃は大きかった。**科学と宗教の衝突をどう考えるべきなのか**は、当時の大きな課題だったのだ。

もうひとつは**南北戦争**。米国では1861年に、国内を二分する激しい内戦（南北戦争）が起こった。南部11州が国家から脱退して南部連合を結成。北部23州と戦い、戦死者は62万人に及んだ。

この南北戦争の原因は奴隷制度を巡る北部と南部の価値観の違いだと言われてきたが、批評家のルイ・メナンドは、ピュリツァー賞を受賞した著書『メタフィジカル・クラブ――米国100年の精神史【新装版】』（みすず書房）で、南北戦争はイデオロギー対立の殺し合いによる解消の側面が強かった点を指摘している。当時の米国はまだまだ若い国。価値観は南北で正反対。そこで南部は「それなら独立だ」と考えたのである。国内の思想が統一されていないことは、米国の大きな問題だったのだ。著者のメナンドは同書の冒頭で「彼らの思想（筆者注：ジェイムズらによるプラグマティズム思想）は、教育、民主主義、自由、正義、そして寛容についての米国人の考え方を変えた」と述べている。

つまり**米国全体で共有できる価値観を生み出すことが急務**。そこでジェイムズらがプラグマティズム思想を確立したのである。ジェイムズは米国ニューヨーク市生まれ。子ども時代に欧州各地を旅して、広い視野で自由に考える資質を育んだ。その後、ハーバード大学で化学・医学・心理学・哲学など、幅広い学識を身につけた。本書はジェイムズが1906〜7年に行った、プラグマティズムに関する講義録である。

早速、本書のポイントを見ていこう。

プラグマティズムは「結果重視」

ひらたく言えば、プラグマティズムは「**現実に差がなければ、どっちでもいいよね**」と考える。

プラグマティズムの出発点は、米国の哲学者のパースが1879年にある雑誌で「**その対象がどのくらい実際的な結果をもたらすか**（中略）**をよく考えてみさえすればよい**」と書いたことだ。

一般に哲学ではさまざまな抽象的概念や哲学的専門用語を駆使して真理を考えるが、プラグマティズムではあまり気にしない。「実際、どんな違いが出るか」を検証し、違いがなければバッサリ切り捨てる。

本書では「目をつむって、向こうの壁に掛かっている時計を考える」という例を紹介している。

多くの人は、時計の文字盤などを思い浮かべるだろう。時計を使う分には、それで十分。時計の内部構造（ゼンマイや歯車、それらが連動する仕組み）なんて知らなくても、生活には支障がない。プラグマティズムも時計の構造は気にしない。「時計の文字盤で、時間がわかる」ことが重要なのだ。

しかし哲学者の中でも「世の中の真理はひとつだけ」と考え、真理を追究する合理論者は違う。時計の内部構造や仕組みをこと細かに完璧に理解したがる。そして構造を解明したら、その時点で作業終了。「構造を解明してどうするの？」と聞いても、「真理の解明って大切でしょ」という返事が戻ってくる。その割には「実際に時計を使ったらどうか」ということは気にしない。

このプラグマティズムに基づいて考えると、真理のあり方は、従来の哲学から大きく変わってくる。

真理は「進化」する

従来のキリスト教では「神が人間をつくった」と考えられてきたが、ダーウィンの進化論でこの真理は根底から覆された。どうも「絶対的で唯一の真理がある」と考える合理論は怪しそうだ。

そこでジェイムズはこう言った。「今『真理だ』と思っても、それって単なる『真理の近似値』ですから、**『これは絶対的な真理だ』なんて勘違いしちゃいけません。真理は常に見直されるものです**」

では、どのように真理を見つければいいのか？　ジェイムズはこう言った。

「**私たちが知っている古い真理を土台にして、新しい経験をしたら、その古い真理を上書きしましょう**」

真理は常に進化し続ける

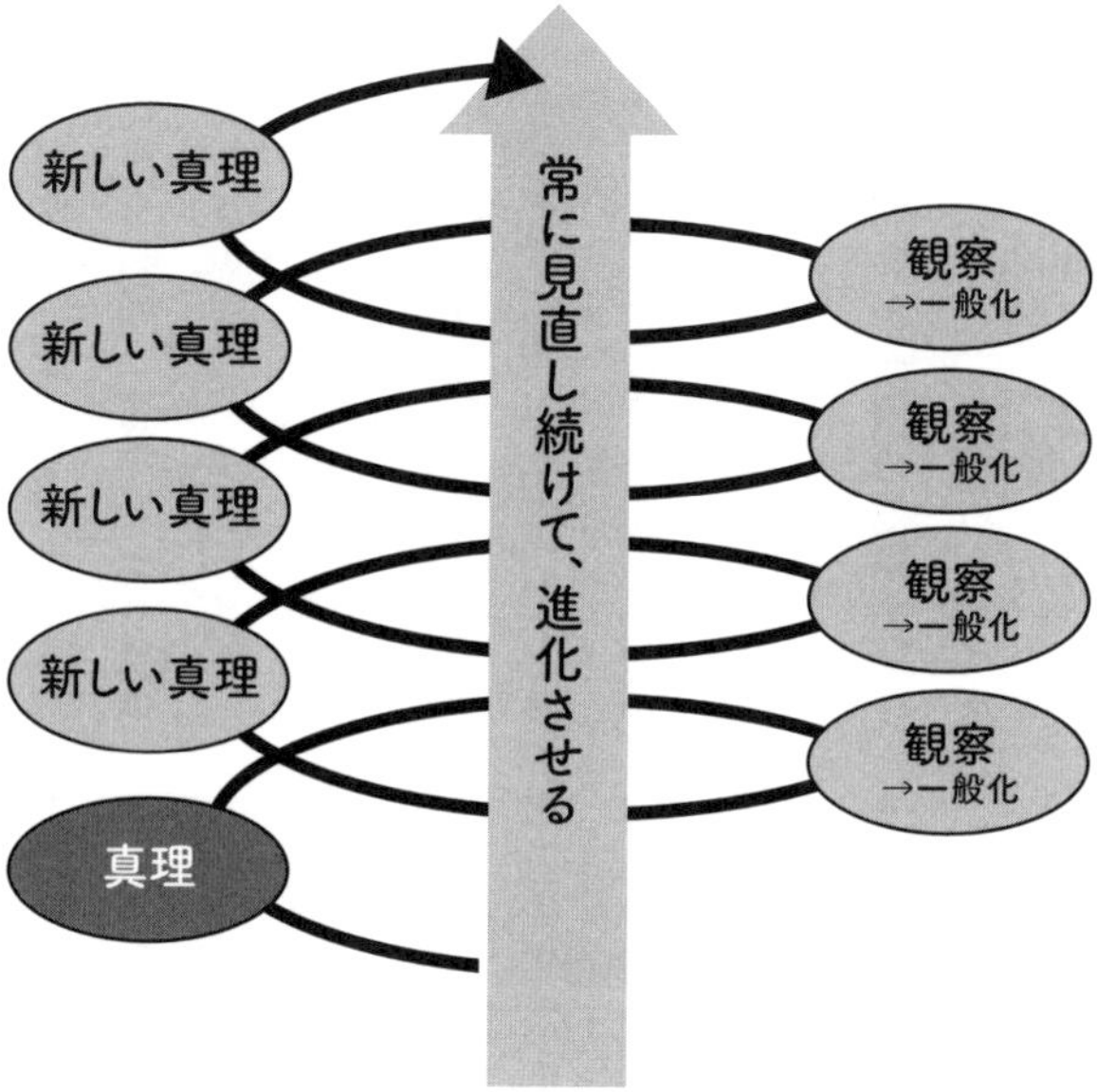

そして当時の最先端だったラジウム研究を例に挙げている。当時、ラジウムは常に光と熱を放ち続けるナゾの物質だったのである。

物理学には「エネルギー総量は常に一定不変」という「エネルギー保存の法則」がある。ラジウムのように常に光と熱を放ち続ける現象はあり得ない。

しかし現実にラジウムは光と熱を放ち続けている。「エネルギー保存の法則」が間違いか、もし正しいならば、未知の物理現象があるかのどちらかだ。

その後の研究で、未知の物理現象を探り当てた。

原子レベルでラジウムを観察すると、ラジウム原子が、ラドンとヘリウムという二つの原子へ徐々に分裂し続けていた。この分裂の際に放射線を発生してエネルギーを放出し、光と熱を放っていたのである。

つまり「エネルギー保存の法則」は正しかった。

当時は未知の物理現象だった原子核の分裂により、ラジウムは光と熱を放ち続けていたのだ。こうして「エネルギー保存の法則」を前提にして、ラジウムの不思議な現象を研究することで、原子物理学の研究が進んだ。
このように現在わかっている真理を土台にして新しい経験で見直せば、新しい真理が発見されていく。現在の常識は、昔から受け継がれた経験則だ。言い換えれば、現時点では「仮説」である。仮説なので、常に見直し続けることで、より真実に近づいていく。そこでジェイムズは本書でこのように述べている。

「真理だから有用、有用だから真理」

真理の判定基準は「有用か否か」。役に立つものが、真理である。だからプラグマティズムでは神を否定しない。神学的な観念でも、具体的な価値があれば真理と考える。神を真摯に信じる者が強く生きる力を与えられているのならば、神も真理。だから科学を信じる米国人は、日曜に礼拝する。ちなみにジェイムズも真摯なキリスト教徒だったという。
さらにプラグマティズムでは「真理はひとつだけ」とは考えない。役に立つものが真理だが、何が役に立つかは人によって違う。だから真理は人の数だけあると考える。だから私が拙い英語で主張する内容でも、米国人は「これはコイツにとっての真理なのだろうな」と考えて、ちゃんと聞き届けるのだ。
人の数だけ真理があるのなら、世の中の真理はどう成立するのか？　ジェイムズはこう述べている。

「真理は大部分が一種の信用組織によって生きている」

1万円札はただの紙切れだが、ほとんどの人たちが「この紙切れは1万円の価値がある」と信用しているから、1万円札として通用している。つまり「多くの人たちが『これは真理だ』と信用すれば、それは真理になる」ということなのだ。
これまでの哲学は、主観を徹底排除して客観性を突き詰めることで、唯一の真理を突き止めようとした。プラグマティズムはこれを大転換して**唯一絶対の真理ではなく有用さという尺度で考え、より真実に近い**

真理に至ろうとしている。プラグマティズムの考え方は、私たちが仕事で活用する仮説検証思考に近い。仮説検証でも「仮説は暫定的な真理」と考え、検証を通じてより正しい仮説（真理）を模索していく。

このように「人の数だけ真理があるから、個人を尊重しよう」というのが、米国社会の考え方だ。

当時の米国は価値観が大きく揺らいでいたが、「役に立てば真理」というプラグマティズムは米国社会の価値観を統一して科学と宗教を両立させる上で、大きな役割を果たした。

私は米国企業のＩＢＭに長年勤務してきた。米国のビジネス社会は実際に現実主義だし、個人の考え方を尊重してフェアである。米国社会にいるとプラグマティズムが深く根づいていることを深く実感する。

一方でプラグマティズムは、現実には複雑なプロセスがあるのに直視せず、結果だけでシンプルに判断しがちだ。またその場その場で判断し、より有用なものを選ぶ傾向もある。社会全体で共有すべき普遍的な倫理もあまり考えない。よく言えば臨機応変で合理的、悪く言えば浅く風見鶏的な行動になりがちだ。

さらに最近では「トランプ現象」に象徴されるように、米国社会の分断が顕著になってきた。たとえば共和党と民主党の支持者の価値観はまったく相容れない。南北戦争から１５０年経過して、米国社会は新たなプラグマティズムを確立すべき時期に来ているのかもしれない。

いずれにしても、良い点と悪い点を理解した上で「プラグマティックに」活用したいものだ。

Point

真理はひとつではない。他者の真理に目を向けることで常に進化できる

西洋哲学
政治・経済・社会学
東洋思想
歴史・アート・文学
サイエンス
数学・エンジニアリング

Book

10

『精神分析学入門』

「無意識の世界」は初めて科学的に解明された

『精神分析学入門Ⅰ／Ⅱ』懸田克躬［訳］中公クラシックス

フロイト

1856年－1939年。オーストリアの心理学者、精神科医。モラビア地方の小都市フライベルク（現チェコのプシーボル）にユダヤ商人の長男として生まれる。幼いときにウィーンに移住、ウィーン大学に入り医学の学位をとる。神経病理学者を経て精神科医となり、神経症研究、自由連想法、無意識研究を行った。精神分析学の創始者として知られる。心理性的発達理論、リビドー論、幼児性欲を提唱した。

人の心の理解は、ビジネスでは大事だ。たとえばメンタルヘルス問題。厚生労働省の調査によると、総患者数は2002年の258万人から2017年は419万人に急増した。15年間で1・6倍増である。

メンタルヘルスは、無意識の理解がカギだ。よく「無意識にやっちゃった」と言ったりするが、この無意識を世界で初めて科学的に研究し、人間の心理や行動に影響を与える仕組みを解明したのがフロイトだ。

西洋哲学は「人間は理性的」と考え続けてきたが、フロイトは「**人間は無意識に支配されていて意外と理性的ではない**」と初めて明らかにし、20世紀の現代思想、文化、芸術などに多大な影響を与えたのである。

フロイトは生活のために精神科医を開業し、診察の傍ら、神経症の治療法として新たに精神分析の手法を開発した。1900年、45歳のときに刊行した『夢判断』は600部印刷されたが、完売に8年かかった。

そんな中で次第にアドラーなど心理学の確立を志す仲間が集まりフロイトは注目され始めた。本書はその後ウィーン大学教授に就任したフロイトが、1915～17年にかけて行った講義をまとめた講義録である。

早速、本書のポイントを見ていこう。

フロイトは、心には**意識**、**無意識**、**前意識**という3つの部屋がある、と言っている。

この3つの部屋は、味噌汁を入れたお椀を上から眺めた状態を想像するとよくわかる。

意識：味噌汁の上澄みの澄んだ部分であり、自分で知覚できる領域だ。

無意識：上澄みの下にある濁っていてよく見えない味噌の塊の部分であり、ここが膨大な無意識の領域。ここにある記憶は思い出したくない理由があって封印されたりしていて、自分は気がつかない。

前意識：無意識（味噌の塊）の中から、注意を向ければ意識（上澄み）まで上がってくる意識のことだ。

しかし無意識の領域には心の検閲官がいて、無意識の内容が前意識に上がるのをブロックする。こうして人は無意識の中に記憶を封印している。フロイトは「**無意識は、①間違いや失敗、②夢、③神経症という形に姿を変えて現れてくる。これらを調べれば、無意識の内容を推測できる**」と考えた。順に説明しよう。

1つめは、**間違いや失敗**だ。私がある打合せに参加した際、担当者が「馬の耳に念仏かもしれませんが」と言って話し始めた（「釈迦に説法」の言い間違い？　あるいは嫌み？）と悩みつつ、話を聞いた。

フロイトは、疲労や注意力欠如による言い間違いは別として「集中した状態で何千も他に言葉がある中でその言葉を選ばせるのには、必ず理由がある」と考えた。これも、無意識の働きによるものだ。

フロイトはある女性が「（夫は）自分の好きなものは何でも食べていい」と言うべきところを「私の好きなものは何でも食べていい」と言った事例を挙げて「夫が食べるのを決めるのは私と思っている」と分析している。無意識の中に封印した感情と結びつくことで、意図しなかった言い間違いをするのだ。

「馬の耳に念仏」と言った担当者は（説明してもわかんないだろうなぁ……）と思ったのだろうか？

夢の分析で無意識の世界が浮かび上がる

2つめは、**夢**だ。フロイトは「夢は無意識の大きなヒント。必ず意味がある」という。

幼児の夢の分析は単純だ。フロイトは初めて湖を船で渡ったときに船を降りるのを嫌がり泣いた3歳の女の子が、翌朝「夢で湖を渡った」と言った例を紹介している。幼児の夢は願望を満たす場面が素直に出る。

一方で大人の夢は解読困難だ。大人の夢も「願望の充足」だが、無意識が夢を歪ませるのだ。

フロイトは、ある女性の夢を分析している。彼女はとても若くして結婚し、かなり時間が経っていた。彼女は夫から、夫と共通の知り合いであるエリーゼという女性が最近婚約した、という話を聞かされた。エリーゼは、彼女と同い年だった。その後、こんな夢を見た。

「私は夫と一緒に劇場の席に座っていました。劇場の片側はすべて空席でした。夫は『エリーゼも婚約者と来たかったが、3枚で○○○円という安くて悪い席しかなく、その席すら入手できなかった』と言いました。私はそれは不幸なことでない、と思いました」。フロイトは精神分析で、彼女に質問してみた。

「劇場の片側が空席」の理由は、その前の週に予約料を払って芝居の切符を入手したのに、劇場に行くと片側が空席で、夫に「せっかちだなぁ」とからかわれたからでは、と答えた。「3枚」の意味を聞いたところ「エリーゼが自分より3カ月若いこと以外、何も浮かばない」と言う。フロイトは情報をこうまとめた。
・自分より3カ月若いだけの友人が立派な夫を持つようになった、という知らせを聞いた
・劇場入場券を早くから心配しすぎて、余計な金を使ってしまった。「急いだのはバカだった」と思った
・劇場は、結婚の象徴でもある
これらの情報に基づいて、フロイトは彼女の夢をこう分析している。

「あんなに結婚を急いだ自分はバカだった。エリーゼのように遅くても立派な夫を持てたのに……」

当時の欧州は女性の身分が低く、立派な男性と結婚することが重要だったのだ。

「こじつけ過ぎじゃないの？」という疑問にも、フロイトは丁寧に答えている。

独裁国家で検閲を受けた新聞を想像してみてほしい。紙面は墨塗り文字だらけ。文章も真実をほのめかす回りくどい表現だったりする。「ソコが知りたい！」という重要部分ほど検閲は厳しい。夢はこの検閲された新聞と同じだ。意識で公になると問題になりそうな部分は、無意識が厳しく検閲して別の形に偽装されている。だから残された材料を手がかりに偽装を解読し、無意識の内容を再構成する作業が必要になる。

この夢の偽装工作は、次の4種類がある。

❶凝縮：複数の人や物事が合成される。夢で、Aさんのようにも見えるBさんが現れたりする

❷置き換え：人や物事が別のものにすり替わる。この例では、劇場は結婚の置き換えだ

❸視覚化：概念が目に見えるものに変わる。この例では、入場券が結婚の権利を象徴している

❹二次加工：夢ではこのようなさまざまな要素がつなぎ合わされて、全体をひとつの物語に仕立てている

夢の解釈結果は無意識が封印した内容なので本人は驚く。この女性も夢の解釈を聞いて「自分がそう思っているなんて意識しなかった」と驚いたという。無意識に抑圧された内容が偽装され夢に現れるのだ。

無意識に隠された不安が、神経症を生む

3つめは、**無意識の抑圧レベルが高くなると出てくる神経症**（**ノイローゼ**）だ。神経症は精神的打撃などが原因で無意識の中に封印した自分で気づかない記憶が、身体症状や精神症状として現れる。そしてフロイトの患者たちは、無意識に封印した記憶を思い出した途端に、神経症の症状が消失した。神経症も、夢の検閲と同じ構造だ。夢では無意識と前意識の間にいる検閲官が夢を偽装した。神経症も検閲官が無意識から前意識に浮上しかけた記憶を抑圧し、無意識に押し戻す際に神経症を起こしていた。そこで精神分析治療の目標は無意識にあるものを意識させることになる。フロイトはこう述べている。「精神分析的な治療の課題は、

自我・超自我・エスの関係

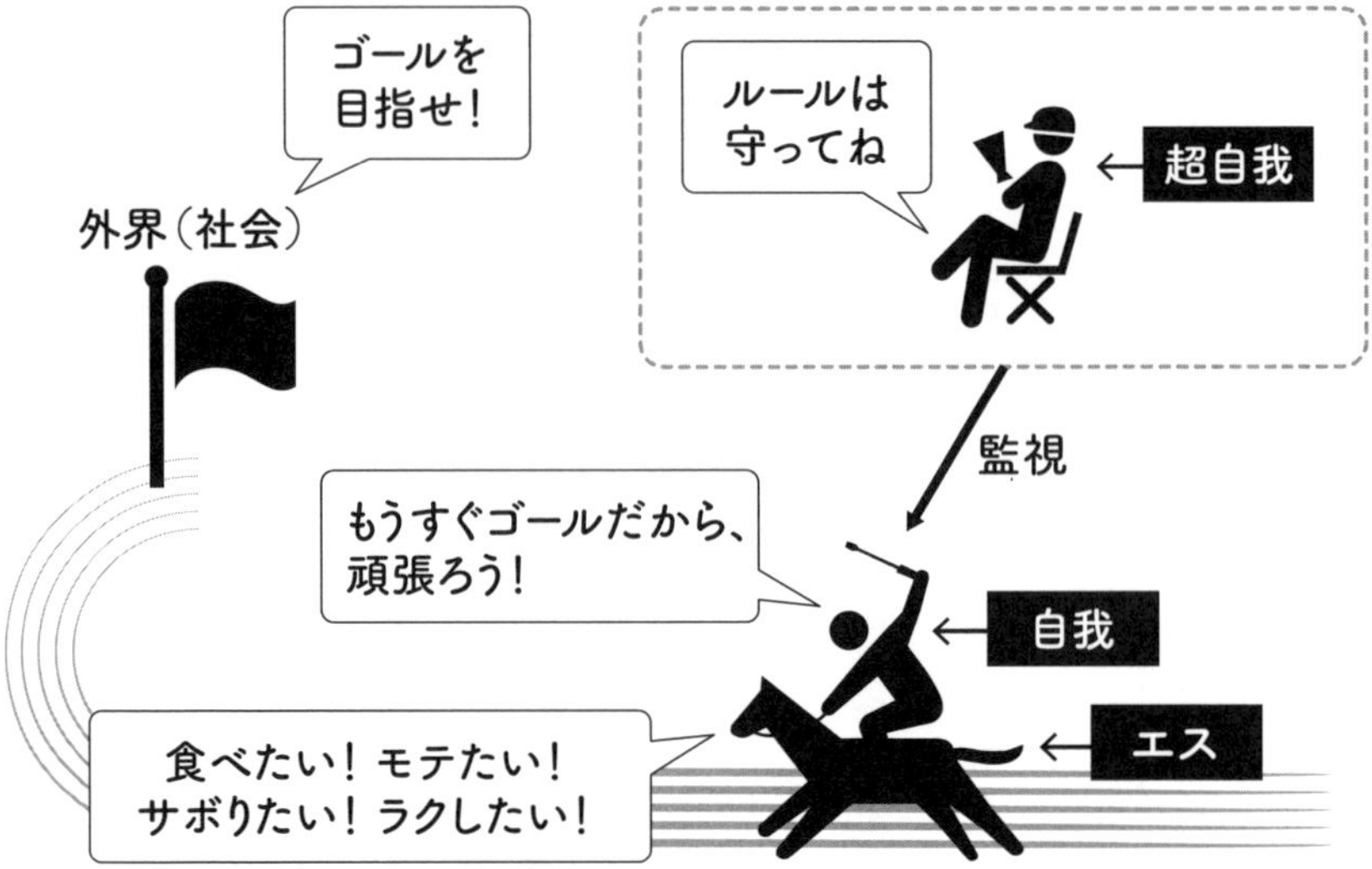
ゴールを
目指せ！
外界（社会）
ルールは
守ってね
超自我
監視
もうすぐゴールだから、
頑張ろう！
自我
エス
食べたい！ モテたい！
サボりたい！ ラクしたい！

病因となっている無意識的なものを意識的なものに置きかえる、という公式に要約することができます」

フロイトは、神経症の患者は道徳水準が高く良心的で几帳面な人が多いという。現代でも真面目な人ほどメンタルに悩んだりするのは、100年前と変わらない点かもしれない。無意識に抑圧された記憶が生み出す点で、夢と神経症は本質的に違いはない。唯一の違いは、それが実生活に影響を与えるか否かだ。

心の構造は「自我・超自我・エス」でわかる

その後、フロイトはさらに研究を進めた。そして新たに理論化したのが自我、超自我、エスという概念だ。『自我論集』（ちくま学芸文庫）に収録された論文を紹介しよう。

❶**自我**：「これが自分」と思っているモノ。人が成長しても自分のことを自分と意識できるのは、この自我のおかげだ。

❷**超自我**：「良心の声」だ。超自我は子どもの頃か

ら親や教師に「□□しなさい」「○○はダメ」と叱られて心の中につくられ、自我の振る舞いを監視する。罪悪感を覚えるのも、超自我の働きだ。

❸**エス**：無意識の奥底にあり「あれこれしたい」という欲動の集合。ひたすら快感を求め、不快を避けたがる。すべての人がエスだけで動くと社会は大変なことになるので、自我がエスをコントロールする暴れ馬エスを、騎手の自我が乗りこなし、超自我が監視するのだ。自我・超自我・エスのバランスがよければOKだが、崩れると自我が超自我やエスを管理できずに不安が生じる。たとえば、厳し過ぎるしつけや教育は超自我を強くし過ぎてしまい、自我レベルで必要以上に罪悪感や劣等感を覚えさせてしまう。

フロイトには批判も多かった。フロイトが提唱した**幼児性欲説**は、大反発を受けた。ユングやアドラーといったフロイトの信望者たちは、その後、独自理論を打ち立てて徐々に離れた。しかし無意識の理論を確立したフロイトの功績は、極めて大きい。心理学の大きな樹の根っ子には、間違いなくフロイトがいる。

ビジネスは理性的に進めるのが理想だ。しかし人間が意外と理性的ではない以上、私たちは理性的ではない人間の部分も深く理解することが求められている。日々の私たちのビジネスが思い通りに進まないのも、この非理性的な人間に対する理解が浅いからなのかもしれない。私たちが心の問題にいかに対処すべきかを考える上で、無意識の世界の原点である本書が教えてくれることは実に多いのだ。

Point

> 無意識下にある構造を見れば、人の心の理解が進む

Book

II

『現象学の理念』

ジョブズが市場調査をせず、顧客の声も聞かない理由

立松弘孝［訳］みすず書房

エドムント・フッサール

1859年－1938年。オーストリアの哲学者、数学者。初めは数学基礎論の研究者であったが、ウィーン大学で師事したブレンターノの影響を受け、哲学の側からの諸学問の基礎付けへと関心を移し、新しい対象へのアプローチの方法として「現象学」を提唱するに至る。現象学は20世紀哲学の新たな潮流となり、ハイデガー、サルトルらの後継者を生み出したほか、政治や芸術にまで影響を与えた。

「ヒット商品を開発しよう。まずは市場調査と顧客へのインタビューからだ」

こう考える企業は多いが、現実にはヒットメーカーは市場調査をしないことが多い。アップルの創業者スティーブ・ジョブズは市場調査をしなかったことで有名だ。ヒット商品を連発する家電メーカー・バルミューダの寺尾玄《げん》社長も顧客の声を聞かない。そんな彼らがヒットを連発し続ける理由が、本書に書かれている。

本書のテーマ**現象学**は、20世紀初頭に哲学者フッサールがモノゴトの本質を見極めるために生み出した。

ただ困ったことに、本書は実に難解である。こんな文章で始まり、この調子でずっと続く。

「事象そのものに的中する認識の可能性についての反省が巻き込まれるいろいろな困惑。どのようにして認識はそれ自体に存在する事象との一致を確認し、またそれらの事象に〈的中〉しうるのであろうか？」

すらすら読める……という人は少ないだろう。

幸いなことにフッサールを長年研究してきた哲学者の竹田青嗣氏が著書『超解読！はじめてのフッサール「現象学の理念」』（講談社現代新書）で本書を解説している。哲学書を何冊か読んだ人なら理解できる。さらに現象学の概念を理解しやすいのが、漫画家の須賀原洋行氏が現象学をラーメンづくりにたとえた『現象

学の理念』（講談社まんが学術文庫）。これらをサブテキストにして本書のポイントを見ていこう。

主観と客観が一致しない！

竹田氏は著書『超解読！　はじめてのフッサール「現象学の理念」』の冒頭で、哲学では「主観と客観が決して一致しない」という「認識問題」の謎が、さまざまな混乱を生み出していたことを紹介している。

正確には、主観とは「個々人のそれぞれの主観の世界」のことで、客観とは「誰にとっても同一の客観的な実在世界」のことだ。主観と客観の一致は自然科学では原則だが、人文科学ではコレが難しいのだ。

人文学のひとつである心理学は、深層心理学と精神医学に分かれ、深層心理学はフロイト派とユング派に分かれる。フロイト心理学は何かと「性的なもの」に結びつけて考えるが、ユング心理学は「性的なものは一部」と考える。このフロイト派はさらに20以上の流派がある。このように人文科学は、同じ事実を観察しても異なる認識をして、それぞれが自分の理論の正しさを主張する。人文科学のこの主観と客観の不一致のために「人間は本当に世界を正しく認識できるのか」という疑問が生まれ、哲学は行き詰まっていた。

これは現代の世界を見ても納得できる。米国、中国、インド、欧州、中東、発展途上国、日本とさまざまな価値観がある。皆が納得する客観的な価値観なんて、なかなか見つけられない。

一方で当時著しく発展していた自然科学は「観察や実験を通じて真実を探る」という手法で、主観と客観の一致が大前提。そんな自然科学もよく間違っていた。万人が信じた天動説はコペルニクスとニュートンが葬り去った。こうして哲学も自然科学も「主観と客観が一致しない」という問題を抱えていたのだ。

フッサールは「この状況を整理しよう」と考えて、現象学を打ち立てた。フッサールが切り拓いた現象学は20世紀哲学の一大潮流となり、その後ハイデガーやサルトルなどのスター哲学者を輩出した。本書はそんなフッサールが1907年に行った現象学に関する5回分の講義録である。

主観と客観を分けずに「主観だけ」で考えよう

フッサールは、こう考えた。**「そもそも、主観と客観という分け方、やめない？」**

ついでに「主観と客観の対立」という図式もやめた。そして**「主観の世界だけで考えよう」**と考え、個人の意識の領域に現れた主観的な体験に注目したのである。この主観的な体験が**現象**だ。

竹田氏はコーヒーを飲む例で説明している。竹田氏の例に沿って、私なりに紹介したい。

あなたがコーヒーを飲んで「美味しい」と感じたら、「美味しい」という主観的な体験が、現象だ。フッサールはこの主観的な体験に注目した。しかし、あなたはコーヒーを「美味しい……」と飲んでいるが、従来の哲学ではこんな状況でも「主観でコーヒーだと思った飲み物は、コーヒーそっくりの合成飲料かもしれない」「夢でコーヒーを飲んでいるのかもしれない」と捉える。「そこまで考える？」と思ってしまうが可能性はゼロではないので、哲学の「主観と客観問題」があるのだ。現象学では、この状況を整理する。

仮にそのコーヒーが合成飲料や夢でも、あなたが「このコーヒーは美味しい」と感じたことは疑いようがない事実だ。しかし「合成飲料や夢かも……」との疑いも残る。現象学では「こんな疑いや雑念は、すべて括弧で括って、**判断停止**（**エポケー**）し、脇に置いておけ」と考える。つまり「正しいとか間違っているという判断もせずに、それ以上考えないでそこで判断をやめろ。先入観を一切排除しろ」ということだ。

「合成飲料かも……。夢かも……」と疑い始めると、キリがない。そして考えても、答えは出ない。それならば疑いがある部分はすべて判断保留（エポケー）して、直観で感じた部分だけに絞り込んで考え、「疑い得ないモノ」に限りなく近づけて、真実に的中させるのが、現象学なのである。

主観・客観問題をやめ、直観を重視する現象学

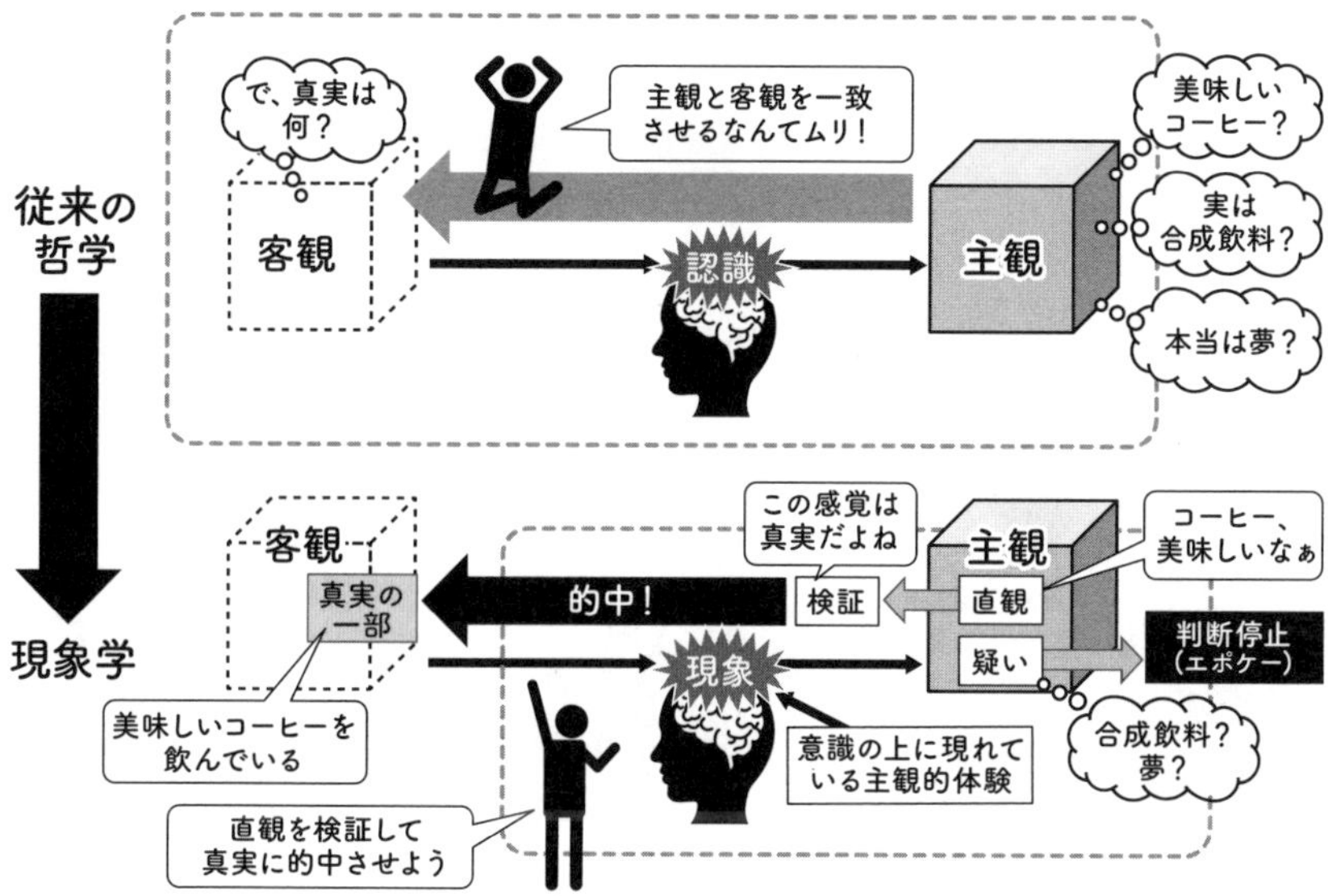

「このコーヒー美味しい」という直観に集中して考えれば、直観に隠された本質を抽出し、真実の一部に迫れる。この考え方がわかれば、顧客の声を聞かないジョブズや寺尾社長がヒットを連発する理由がわかる。

現象学で考えるマーケティング

そもそも消費者が言うことが真実とは限らない。

ある食器メーカーは「主婦がほしい皿を聞いてつくれば売れる」と考え、主婦を集めて議論させた。主婦たちの結論は「オシャレでかっこよくて黒くて四角い皿」だった。議論終了後、「お礼に好きな皿を選んでお持ち帰りください」と言うと、全員が選んだのはなんと白くて丸い皿。担当者が「なぜ白い皿を選んだのですか？」と聞くと、主婦たちは「家にあるのは丸い皿ばかりだし……」「食卓が木目調だから白い皿で揃えています」

消費者が言うことと実際の購買行動は、まったく違う。消費者は自分が何をほしいか説明できない。

商品開発の企画では、
顧客に問うな。自分に問い続けよ

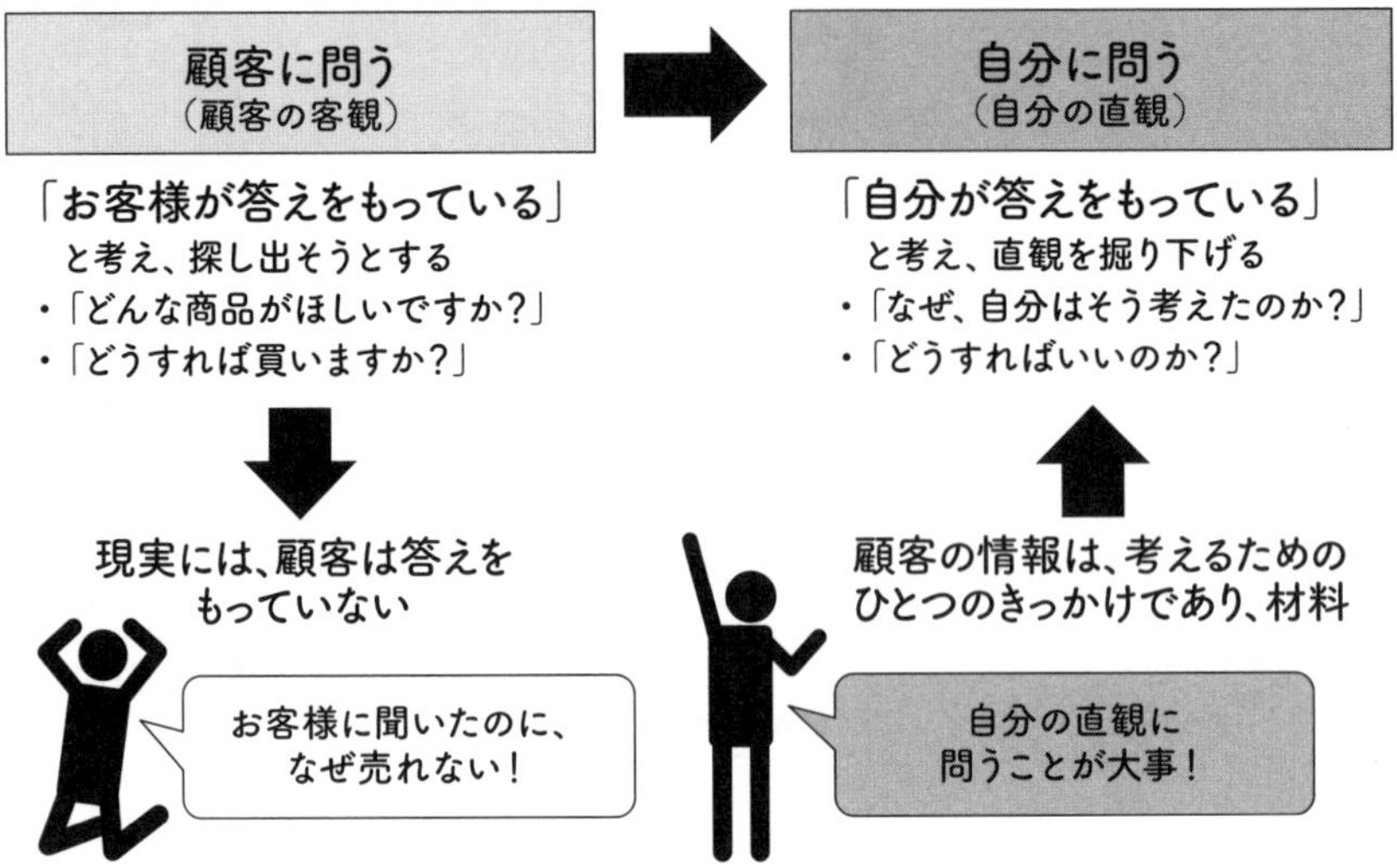
顧客に問う
（顧客の客観）
自分に問う
（自分の直観）
「お客様が答えをもっている」
と考え、探し出そうとする
・「どんな商品がほしいですか？」
・「どうすれば買いますか？」
「自分が答えをもっている」
と考え、直観を掘り下げる
・「なぜ、自分はそう考えたのか？」
・「どうすればいいのか？」
現実には、顧客は答えをもっていない
顧客の情報は、考えるためのひとつのきっかけであり、材料
お客様に聞いたのに、なぜ売れない！
自分の直観に問うことが大事！

市場調査も同じで、過去のある時点の状況しかわからない。

フッサール風に言えば「市場や消費者の真実の姿を客観的に把握するのなんて、そもそもムリ」である。

基本的な考え方が、間違っている。**問うべき相手は顧客や市場ではない。自分自身なのだ。**

顧客や市場の声を聞かないジョブズも、「世界一厳しいアップルユーザー」として自分に問い続けた。

バルミューダが2015年に発表した「バルミューダ ザ・トースター」は大ヒットした。同社の寺尾社長が17歳で地中海沿岸放浪の旅に出たとき、疲労し空腹の中、ベーカリーで香ばしい焼きたてパンを一口かじり涙があふれてきた。数十年後、寺尾社長はどしゃ降りの中で社内バーベキュー大会を開いた。肉の傍らで食パンを炭火で焼くと、表面がパリッとして水分もある、あの地中海で食べた完璧に美味しいトーストができた。ただ開発チームはこの味を再現できない。問い続けた末、誰かが「あのとき、雨でしたよね」。答えは水分だった。そしてスチーム技術を活用した新商品が生まれた。これも「あのパンをまた食べたい」という寺尾社長の直観を追求し続けた結果なのだ。

ソニーの盛田昭夫氏も、ウォークマン発売10周年のビデオでこのように語る。

「『カセットプレイヤーを持ち歩いて音楽を聴きたい。録音機能を外し軽いヘッドホンを作ったら楽しめるのでは？』と考えた。周囲は『録音機能のないプレイヤーは売れたためしがない』といったが、考えてみたらカーステレオも録音できない。『それならば持ち歩くステレオも、プレイヤーだけでいい』と考えた」

ウォークマンも、盛田氏が常識を判断停止（エポケー）し、丁寧に直観を検証して、生まれたのだ。

現象学では、彼らの思考法を**現象学的還元**と呼ぶ。人の認識には不純物も含まれる。しかし直観は雑念が入らないピュアなもの。直観を徹底的に検証して、ピュアな本質を取り出すのが現象学的な手法なのだ。

現象学的手法は、自然科学でも使われている。すぐれた科学者はまず仮説を立て、丁寧に検証し、検証で矛盾が生じれば、仮説を修正する。すぐれた科学者ほど常識を取り払い、自分の認識や直観に素直に向き合う。

人文科学で唯一の真理が成立しない理由も、現象学的に考えればわかる。人文科学の対象は、人間や社会の意味や価値であり、人や文化によって多様性があるからなのである。

現象学は難解だが、理解できればモノゴトの本質を理解する上で、あなたの強力な武器になるのだ。

Point

疑いは判断停止（エポケー）して、自分のピュアな直観を検証し続けよ

Book 12

『存在と時間』

哲学を「死生観」で再定義し、現代哲学に絶大な影響を与えた

『存在と時間 I／II／III』原佑／渡邊二郎［訳］中公クラシックス

ハイデガー

1889年－1976年。ドイツの哲学者。実存主義に強い影響を受け、アリストテレスなどの古代ギリシャ哲学の解釈などを通じて独自の存在論哲学を展開。『存在と時間』で伝統的な形而上学の解体を試みた。20世紀大陸哲学の潮流における最も重要な哲学者の一人。ヘルダーリンやトラークルの詩についての研究でも知られる。1930年代にナチスへ加担したことがたびたび論争を引き起こしている。

「産んでくれなんて頼んでいない」。反抗期の子どもが言いそうなこの言葉は、実は深い問いである。私たちは誰一人例外なく、自分の意志と無関係に、この世界に放り込まれているからだ。本書は、そんな私たち人間の「本来的な生き方とは何か？」を考えるための本である。

ハイデガーは1927年刊行の本書で世界に名を轟かせ、のちに「20世紀最大の哲学者」と称された。

しかし本書は実に難解。こんな「ハイデガー用語」が次々と現れて初心者にはチンプンカンプンだ。

現存在、世界内存在、投企、被投、道具的存在者、配慮的気遣い、実存、本来性・非本来性、共存在、頽《たい》落《らく》、空談、先駆、先駆的決意性、時間性、時間内存在……（これでもごく一部である）。

文章も難解だ。全3巻・計1000ページ超とボリュームも多い。「若い頃は読めずに挫折した」という哲学研究者も少なくない。哲学の世界ではカントの Book6『純粋理性批判』、ヘーゲルの Book7『精神現象学』に本書「存在と時間」を加え、「三大難解書」として挙げられたりする。

いきなり初心者が本書に挑戦しても難しい。まずは入門書から入るべきだ。私が読んだ中でもわかりやすいのが、哲学者・思想史家の仲正昌樹氏が初学者向けに本書のポイントを紹介した『ハイデガー哲学入門

――「存在と時間」を読む』（講談社現代新書）。さらに入門書の中でおそらく一番わかりやすい、作家・筒井康隆による『誰にもわかるハイデガー　文学部唯野教授・最終講義』（河出書房新社）もある。

これらの本も参考にしながら、早速、本書のポイントを見ていこう。

「存在するとはどういう意味か」を問い続けた

ハイデガーは、現代哲学に大きな影響を与えている。仲正氏は著書『ハイデガー哲学入門』で、ハイデガーの影響を強く受けた哲学者として Book17『実存主義とは何か』のサルトル、Book20『監獄の誕生』のフーコー、Book16『エルサレムのアイヒマン』のアーレントを挙げている。

そんなハイデガーは、「『存在する』とはどんな意味か」を考えた。

本書の冒頭にこんな文章がある。「いったいわれわれは『存在する』という言葉で何を意味するつもりなのか、この問いに対して、われわれは今日なんらかの答えをもっているのであろうか。断じて否。だからこそ、存在の意味への問いをあらためて設定することが、肝要なのである」

古代ギリシャ以来の哲学上の難問が、この「『存在する』とはどんな意味か」だ。明確な答えがないまま、多くの哲学者は「存在するというのは自明だよね」として素通りし、深くは考えなかった。

「存在する？　簡単じゃん。『ここに本がある』って言うよね。存在とは『〜である』ということでしょ」というのはぜんぜん答えになっていない。「存在」と「〜である」は同じ意味だ。「人とは、人間ですよ」というのと同じで、これではダメなのだ。こういうのをトートロジー（同語反復）という。

ハイデガーは「私なら、この問いに答えられる」と考えて、本書を書いたのである。

ハイデガーは「『存在する』とはどういう意味か」を解明する前に、まずこう考えた。

「世の中には本や動物や人間のように、さまざまな存在物がある。これらを存在者と名づけよう。あらゆる存在者の中でも『存在する意味』を考えるのは、理性を持つ人間だけだ。存在者の中でも人間は別格だから、人間を**現存在**と名づけよう。そこでまずは『現存在＝人間』が、存在や世界という概念をいかに生み出しているかを構造分析してみよう」

「人間でいいのに、なぜ現存在とか捻った言葉づかいをするの？」と思ってしまうが、これは既存哲学の影響を排除して、新しい思想を構築するためだ。仲正氏はこう述べている。「ハイデガーは、通常の哲学用語で考えることに慣れている人が、いつものルーティーン的な思考パターンに陥らないよう、わざと捻った用語で表現し、攪乱《かくらん》すると共に、自らが開拓しようとしている新しい思考様式へと誘っているのである」

こうしてハイデガーは存在問題を解明する前に、その準備作業として人間について考えたのである。

ハイデガーは哲学者が頼りがちな「神」や「絶対精神」などの神秘的なモノを考えるのは禁じ手にした。そして「**現象学**が存在解明の武器になる」と考え、Book II『現象学の理念』の著者フッサールに師事して現象学を学び、現象学を土台にして人間に共通する存在の本質を考えたのだ。では、その本質とは何か？

人間存在の本質には「死」がある

ハイデガーは本書でこう述べている。「世界内存在の『終わり』は死である。（中略）現存在にふさわしく死が存在するのは、死へとかかわる実存的な存在においてのみである」（**世界内存在**とは人間のことだ）

現存在＝人間がどう変わるかは予測できないが、確実なのは「人は必ず死ぬ」ことだ。

死で、現存在＝人間の存在は消滅する。そこでハイデガーは人間の死の特性を、こう考えた。

①死の瞬間は自分も消滅するので、死は経験できない
②死は死ぬ人固有の出来事なので、身近な人の死に居合わせても、他人の死の経験は共有できない
③死の瞬間、自分と自分以外のあらゆる存在者との関わりが消滅する。要は死んだら終わりである
④死は、他人が代理になるわけにはいかない

つまり私たちは死が何なのかサッパリわからない。だから不安を感じる。そこで多くの人は自分の死を直視しない。先送りして周囲の人たちと同化して過ごしている。わかりやすい例で言うと、仕事の後に仕事仲間と飲み屋に行ったり、ママ友ランチでおしゃべりに熱中したりして、楽しく過ごしている。

ハイデガーは、こんな状態を頽落《たいらく》、そして他人に同調して安心し自分の主体性を発揮していない人間を、**ダスマン**（日本語では世間を気にする**世人**）と呼んでいる。ここで大事なポイントがある。

ハイデガーは、この状態を必ずしも否定的には言ってないのだ。ハイデガーはこう述べている。

「頽落というこの名称は、なんら消極的な評価を言いあらわすのではなく、現存在が差しあたってたいていは配慮的に気遣われた『世界』のもとに存在しているということ、このことを意味すべきである」

頽落とか世人といった状態は、人間の日常的な状態なのだ。

しかし、ハイデガーはこれをよしとはしていない。これは人間の**非本来的**な姿だ、とも述べている。人間には**本来的**な生き方もある。確実な死に向き合い、自分の生き方に積極的な意味を見出すのだ。これが**「死の先駆」**だ。かくいう私も42歳のときに重病にかかり、「死の先駆」を意識したことがある。

自分の死を意識すると、本来的な生き方ができる

当時、私は仕事が充実して深夜残業を続けていた。ある日身体の異変に気づき病を患っていると知らされ

「ダスマン」から「死の先駆」へ

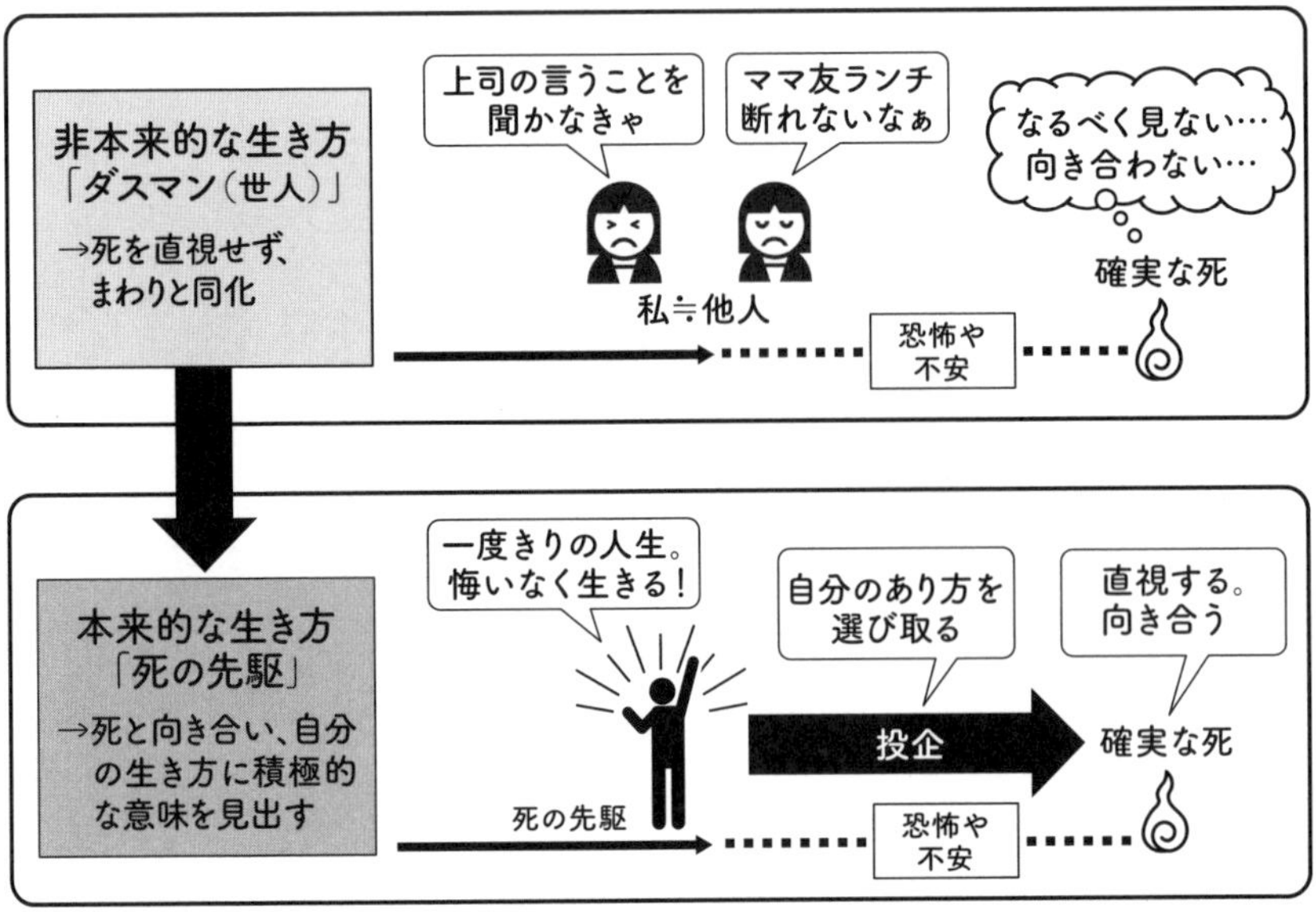
非本来的な生き方
「ダスマン(世人)」
→死を直視せず、まわりと同化
上司の言うことを聞かなきゃ
ママ友ランチ断れないなぁ
なるべく見ない…向き合わない…
私≒他人
確実な死
恐怖や不安
本来的な生き方
「死の先駆」
→死と向き合い、自分の生き方に積極的な意味を見出す
一度きりの人生。悔いなく生きる!
自分のあり方を選び取る
直視する。向き合う
投企
確実な死
死の先駆
恐怖や不安

た。ネットで同じ病の人が書いた闘病ブログを見ると、その多くが家族による最期の報告で終わっていた。

突然の出来事でショックだったが、時間は待ってくれない。即入院・手術。入院したら二度と自宅に戻れないことも覚悟して、諸々を家族に引き継ぎした。幸い手術は成功し、今は健康そのものだ。

このことがきっかけで、否が応でも「この瞬間死んでも、自分は納得できるのか?」と問い続ける習慣ができた。家族との時間を大切にするために会社中心の生き方を転換し、始発で早朝出勤するようになり残業は一切やめ、社外の人たちと付き合い始めた。以前は気になった周囲の目も「自分のかけがえのない人生」と比べればまったく取るに足らないものだ。その5年後に著書執筆開始。9年後に独立。現在に至っている。

振り返ると、病を告知された42歳のあの日が、自分の二度目の誕生日だった。

自分の死を間近に自覚すると「他人の目はどうで

もいい。自分の人生を生きよう」と考え始める。

ハイデガーが意図したかはわからないが、「自分という存在とは何か」を考え始めるのだ。身近な人にすり替えて「死」を考えてもダメなのだ。自分自身の死を直視し、具体的に考えるのだ。

私たちは「産んでくれ」と頼んでないのに、気がつくとこの世界にいる。この「ココどこ？　私ダレ？」状態を、ハイデガーは**被投性**という。私たちはいつの間にか世界に投げ込まれた受動的な状態で、確実に死に向かって時間が進み続ける。考えてみれば随分と理不尽な話で、自分の力ではどうしようもない。

しかし人間と動物は大きく違う点は、自分がどう生き、どう振る舞い、どう演じるか、自分で決定できることだ。人間は自分のあり方を選び取り、「自分はこんな存在だ」と考えられる。これをハイデガーは**投企**と呼ぶ。英語で「プロジェクト」という意味だ。人間は、自分自身をこの世界で何かを成し遂げるプロジェクトのように見立てて、未来に向かって積極的に生きることができる。

Book 15『夜と霧』でフランクルの言う通り、「**生きる意味は、あなたが問うものではなく、あなたが問われている**」のだ。

たしかに私たちは「産んでくれなんて頼んでない」が、それでも理不尽なこの世界で、自分に責任を持っている。だから現存在（＝人間）として、自分の人生をちゃんと考える責任を負うべきなのだ。

死生観で哲学を再定義した

本来的に生きる人間は、時間が変わる。仲正氏はこんな例を挙げている。

「ある時、その人が小説家になるのが自分の定めだと感じ、その『命運』を完全に引き受けると、これまでのあらゆる経験、これから遭遇《そうぐう》するあらゆることを、その『命運』と関連付けて理解することができるようになる。彼の生涯に生じたすべてのことは、彼の作品の素材や、創作への刺激となりうる」

命運を引き受けた人は、あらゆる体験を命運と結びつけ、それまで見過ごしていたことにも意味があることに気づき、瞬間々々の出来事が輝いて見え始める。未来はその瞬間々々の積み重ねの先にしかない。過去も同じだ。これまでの生き方に意味があることを見出して、将来につなげていく。しかし非本来的な生き方をしていると、瞬間々々の大切さが見えずに、惰性で時間を過ごしてしまう。

この瞬間々々の積み重ねが、時間である。あなたがこの文章を読んでいるこの瞬間にも、時間は生まれている。本来的な生き方によって、この瞬間を全力で生き切るようになる。

さらに仲正氏はこう述べている。「『神』の代わりに、万人が対峙せざるを得ない絶対他者としての『死』を置き、『回心』や『絶対者との対峙』の代わりに、『本来的な存在への投企』を置くことで、宗教色を抜いて、あらゆる人が共有し得る経験として再定式化したと考えると、ハイデガーの言っていることはかなり分かりやすくなる。（中略）ハイデガーは、自我中心哲学の限界として「死」を位置付けることで、近代哲学全体の依って立つ基盤を再考することの重要性を改めて強調したかったのかもしれない」

西洋社会で絶対だった神は、死んでしまった。そこでハイデガーは神の代わりに、万人が対峙せざるを得ない「死」を置いて、さらに宗教的行為の代わりに「本来的な生き方をする」という死の先駆を置き、宗教色を抜いた。そして「死生観」で哲学を再定義し、あらゆる人が共有できるようにしたのだろう。

さて本書『存在と時間』のテーマは「『存在する』とはどんな意味か」だった。この本論は人間存在の本質解明の後に下巻で書かれる予定だったが、下巻は刊行されなかった。仲正氏は日本の代表的なハイデガー研究者・木田元氏が、下巻を含めた『存在と時間』の全体像の再現を試みていることを紹介している。

その木田氏の著書が『ハイデガー「存在と時間」の構築』（岩波現代文庫）だ。木田氏は、もともとハイデガーは下巻の本論を構想していたが、執筆直前に「人間存在の分析」を思いついて先に書き上げた。書いてみたら本論と話が繋つながらずに続稿が不可能になり、下巻が刊行されなかったのだ、と考察している。

その後、ハイデガーはナチスに接近。自分の思想を民族主義に結びつけ、ナチスに傾倒していく。しかし戦後、そのことについて明確な反省の弁を述べていないので、批判され続けている。

ハイデガー思想に大きな影響を受けた弟子たちの多くは、のちに彼から離れた。その一人が他者論のレヴィナスだ。詳しくはBook19『全体性と無限』で紹介しよう。

「現代哲学界のロックスター」と呼ばれる哲学者マルクス・ガブリエルはハイデガーについて、Book21『なぜ世界は存在しないのか』で「すでに死んでいるかのように生きよという教えは、特に参考にならない」「抑鬱症に感染してはダメ」と言い、さらに中島隆博氏との共著『全体主義の克服』（集英社新書）ではハイデガーのさまざまな発言や論文を引用して「彼は残酷なナチ」「第三帝国の真のイデオローグ（イデオロギーの代弁者）」「筋金入りの反ユダヤ主義」とした上で、「ハイデガーを読むのはやめなさい」とまで言う。

毀誉褒貶《きよほうへん》が激しいハイデガーだが深い学びがあることもまた事実。一度はハイデガーを学ぶべきだろう。

Point

「死の先駆」により、自分の生き方を選び取れ

Book 13

『論理哲学論考』

「語り得ないこと」は、沈黙しなければならない

野矢茂樹［訳］岩波文庫

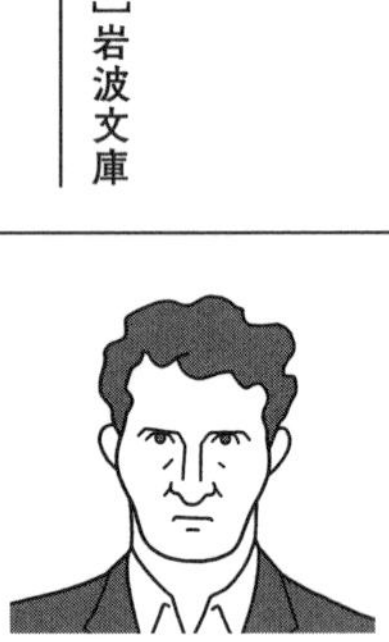

ウィトゲンシュタイン

1889年－1951年。オーストリア・ウィーン出身の哲学者。イギリス・ケンブリッジ大学教授。初期の著作『論理哲学論考』に哲学の完成をみて哲学の世界から距離を置く。再び哲学の世界に身を置くことになると、記号論理学中心、言語間普遍論理想定の哲学に対する姿勢を変え、コミュニケーション行為に重点をずらして哲学の再構築に挑むが、完成することはなかった。

世の悩みの多くは、正解・不正解を求めることが原因なのではないか、と思ったりすることが多い。

たとえば「シマくんとオダくんから告白された。2人とも同じくらい好き。どっちを選ぼう？」

あるいは「AさんとBさんを仲裁しなければ……。でも、どっちの主張も、もっともだなぁ」

こんな場合、いくら考えても100％の正解・不正解なんてまず出てこない。

哲学も同じだ。「神は存在するか」「存在する意味とは」という議論も正解・不正解はなかなか出ない。

この問題に斬り込んだのが、20世紀を代表する哲学者といわれるウィトゲンシュタインである。

ビジネスの本質は、問題解決だ。ウィトゲンシュタインの思想がわかれば、あなたが抱えるその問題が「そもそも正解・不正解がわかるモノなのか？　わからないモノなのか？」を見極められるようになり、その問題にいかに対応すればよいかもわかるようになる。

論理学や記号哲学を学んだウィトゲンシュタインは、「これまでの哲学は、そもそも正解・不正解が出ない話を延々と議論しているだけなんじゃないの？」と考えた。そして30歳のとき、なんと第一次世界大戦中に銃弾が飛び交う塹壕の中で綴ったノートを元に1918年に執筆したのが、本書である。

本書は実にコンパクト。岩波文庫版で256ページ、7パート構成だ。各パートには哲学的な文章や記号論の説明が入れ子状態で各文章に番号が付き、延々と500以上続く。冒頭からこんな感じだ。

一　世界は成立している事柄の総体である。
一・一　世界は事実の総体であり、ものの総体ではない。
一・一一　世界は諸事実によって、そしてそれが事実のすべてであることによって、規定されている。
一・一二　なぜなら、事実の総体は、何が成立しているのかを規定すると同時に、何が成立していないのかをも規定するからである。

控えめに言ってもチンプンカンプン。ちなみにウィトゲンシュタインは40歳のとき、師匠である哲学者ラッセルの勧めで本書を博士論文に提出した際、口頭審査を担当したラッセルの肩を叩いてこう言ったという。

「心配しなくていい。これをあなたが理解できないことは、わかっている」

ラッセルですら理解できないのだから、私たちが理解するのはムリ。そこで初学者向けに本書を解説している東京大学准教授・古田徹也氏の著書『ウィトゲンシュタイン 論理哲学論考』（角川選書）を手引きに、本書のポイントを見ていこう。

「言語の限界」を見極めよ

本書の序で、ウィトゲンシュタインはこう述べている。

「本書は哲学の諸問題を扱っており、（中略）それらの問題がわれわれの言語の論理に対する誤解から生じていることを示している。（中略）およそ語られうることは明晰に語られうる。そして、論じえないことについては、ひとは沈黙せねばならない。かくして、本書は思考に対して限界を引く。（中略）限界は言語においてのみ引かれうる。そして限界の向こう側は、ただナンセンスなのである」

つまり彼は「言語」に注目した。人は必ず言語を使い「正しい」「間違い」という議論をする。ならば世界の有り様を言葉でどこまで説明できるのか、言語の限界を見極めればいい、と考えたのだ。

そしてウィトゲンシュタインは、序をこう結ぶ。「本書に表された思想が真理であることは侵しがたく決定的であると思われる。それゆえ私は、問題はその本質において最終的に解決されたと考えている」

上から目線で師匠ラッセルの口頭審査に臨むだけあって、清々しいほど自信満々。なお、本書は前半が「**写像理論**」、後半が「**真理関数**」という2パート構成になっている。

ちなみに本書を書き上げたウィトゲンシュタインは「**哲学の問題はすべて解明した**」と言って哲学の表舞台から姿を消し、地元オーストリアで小学校の教員になった。しかし指導の行き過ぎで体罰問題を起こしてクビになり、40歳で再びケンブリッジ大学に戻ったという。では、ここから先は熱血教師・ウィトゲンシュタイン先生による熱血講義の形で進めていこう（なお大阪弁は、単なるノリである）。

この世界は言葉で写像されとんねん

みんな、元気かぁ？　ウィトゲンシュタインやでぇ。今日の勉強も、がんばっていこかぁ！

みんなは「世界は、コップとか人みたいなもんが集まってできてる」と思ってるやろ？　やけど違うんやで。ほんまのところ**事柄**でできてるんや。たとえばなぁ。「大谷は二刀流」みたいな事柄って事実やろ。「大谷は宇宙人や」ってのは、こりゃあ間違いやけどさ、これも事柄やねん。こういった事柄が集まったのが、**論理空間**っていうんや。

ここで考えたいことは、言語や。言語ってほんまのところ、この論理空間を言葉で写し取ったもんなんや。

これを**写像**なんて言うわけや。カメラで被写体をパチリと画像に写すように「世界を言語という写真にパチリと写しとるんやな」と思ってくれたらええわ。

こうやって論理空間にあるもんを写像して、言葉で表現したると「大谷は二刀流」とか「大谷は宇宙人や」とかになるわけや。これって真偽判定ができるねん。たとえば「大谷は二刀流」は？　これは「真」となるやろ。では「大谷は宇宙人や」は？　勘違いやから「偽」や。この「大谷は二刀流」とか「大谷は宇宙人や」とか、世界の事柄を言葉で表現したものを、**命題**って言うねん。

「命題ってなんやねん？　難《むず》ッ！」て思うてるそこのキミに言うと、命題っていうのは**「真か偽を判定できる言葉」**っていう意味や。全然、楽勝。簡単やで。

この命題の限界がわかれば、「語り得ること」の限界がわかるってわけやな。でもな。問題があるんや。言語ってメッチャ不完全やねん。「大谷」と言うたら昭和の美人女優「大谷直子」を思い浮かべるお爺さんもおるわけや。言語がこんなふうに曖昧やから、哲学でいろんな問題が起こるんやな。

そやからオレ、考えてみたんや。「どんな状況でも完璧に写像できる人工言語を想定して、この言語でも語り得ない状況を考えたら、『語り得ることの限界』もわかるんちゃうか？」ってな。そやから、**記号論理学**の**真理関数**を使ってみたんや。なんか舌噛みそうやけどな。

「真理関数」で語り得ることがわかんねんで

さっき「真か偽を判定できる言葉」が命題って言うたけど、この命題には2種類あるねん。

要素命題は、「今日は晴れ」みたいに、ひとつの事柄だけを表す命題やな。

複合命題は、「今日は晴れてて、私はたこ焼き食べた」みたいに、要素命題をつなげた命題や。

要素命題をつなげて複合命題にするときに、記号論理学の論理結合子が出てくるんや。これ次の4つあるで。

not（否定）、and（論理積）、or（論理和）、if（条件）や。

要素命題「今日は晴れ」「私はたこ焼き食べた」を論理結合子でつなげて複合命題にするとこうなるな。

not（否定）：「今日は晴れではない」

and（論理積）：「今日は晴れていて、私はたこ焼きを食べる」

or（論理和）：「今日は晴れている。または、私はたこ焼きを食べる」

if（条件）：「今日は晴れていれば、私はたこ焼きを食べる」

こうして複数の要素命題を論理結合子でつなげたら、**真理関数**になるんや。真か偽か決まるから真理関数って言うねん。ざっくり言うと、個々の要素命題の真偽がわかってるなら、それらを組み合わせて真理関数つくっても真偽がわかるわけ。つまり「語り得る」ってことや。語れないのはこれ以外ってことやね。

何が語り得へんのか？

こう考えてみると、倫理って語れへんよな。犯人に「自首するのが正しい」と言うのは、真か偽か？なんやって？「当然、自首するのは正しいから、真やろ？」なんでやねん。

「自首するのが正しいのは、自首するのが正しいからや」って同じ言葉を繰り返しても、説得力ないやろ？「減刑されるから自首せい」とか言わないと、説得力ないんや。でもそれ、倫理的やろか？

美も語れへんわ。「このバラがキレイやわ」ってウットリしてる人に「なんでや？」って聞いて、「赤いから」「花びらピカピカやから」とか事実を並べても、それは単なる事実で美しさの証明にはならんねんな。

せやからオレがこの本で言うてんのは「六・四一　世界の中には価値は存在しない」というこっちゃ。世界や神がどうあるかも、語れへんよな。現実の世界を超えた形而上学的な世界は、しゃべれへんねん。ただ「語れないことは重要やない」と言ってるつもりはないで。そこのとこヨロシクな。オレが言いたいのは「語れないことが大事なんや」ってことや。語れへんことでも、小説や映画で表現できる。でも真偽を決めるのはムリやな。「言葉ではしゃべれへん」ってこっちゃ。やから、オレはこの本をこんな感じで締めくくったんや。「七　語りえぬものについては、沈黙せねばならない」

「真偽不明なことは大事やけど語り得ない。オレが語れることはここまで。あとヨロシク」ってわけや。

以上、ウィトゲンシュタイン先生の講義だ。私たちは、まずは論理的思考を徹底し「語り得ること」「語り得ないこと」を考え抜き、「語り得ないこと」への自分なりの答えを出すことが求められている。

冒頭のケースの場合は、たとえばシマくんとオダくんへの自分の気持ちをすべて文章にしてみたり、AさんとBさんの主張をすべて文章として書き出したりして考えることだ。

そうすれば「語り得る（真偽が出る）部分」と「語り得ない（真偽不明な）部分」が見極められる。

こうしてあぶり出した「語り得ない（真偽不明な）部分」こそが、本当に大切な部分なのだ。

答えが出せない部分に集中し、自分なりの答えを出すことが、答えなき問いへの問題解決なのである。

Point

大事なことは、問いを突き詰めて考え抜いた「語り得ないこと」にある

Book

14

『自由からの逃走』

人々が自由を自ら手放し、ナチスに熱狂した理由

日高六郎［訳］現代社会科学叢書

エーリッヒ・フロム

1900年‐1980年。ドイツの社会心理学、精神分析、哲学の研究者。精神分析に社会的視点をもたらし、いわゆる「新フロイト派」の代表的存在とされた。真に人間的な生活を可能にする社会的条件とは何かを終生にわたって追求したヒューマニストとしても知られる。著書は『愛するということ』『破壊』『悪について』『ワイマールからヒトラーへ』『反抗と自由』など多数ある。

人は誰もが「自由に生きたい」と願っている。こんな会社員もいる。

「毎日上司から命令されるのは、もうイヤだ。独立して自分がやりたいようにやる！」

ヤマダさんはこう考えて一念発起。「まずは独立」と会社を辞めた。しかし独立はしたものの自由すぎて何をするか決められない。時間はたくさんあるのに思考は堂々巡り。相談相手もいない日々が過ぎる。

「うーん。自由にはなったけど……。これが続くのは辛いなぁ」

念願の自由を得たのに、なぜこうなってしまったのか？　本書にそのヒントがある。

本書は本当の自由とは何か、そして人間の自由と社会はどんな関係にあるのかを深く考える一冊だ。

著者のフロムは1900年ドイツ生まれのユダヤ系心理学者だ。ナチスがドイツで政権を獲得後、1934年に米国に移住。そして第二次世界大戦に米国が参戦した1941年に本書を刊行した。

フロムは理論がまだ完全な形になっていない段階なのに、あえて本書を刊行した。当時、ナチスが欧州を占領し、数百年かけて人類が築き上げてきた自由と民主主義が危機に瀕していたからだ。

近代欧米の歴史は自由獲得の歴史だ。第一次世界大戦（1914～18年）の戦死者は900万人に及んだ。

これは人間にとって自由獲得の戦いだった。当時多くの人が「自由を獲得するための最後の勝利を勝ち取った」と考えていた。しかしそのわずか数年後、自由を真っ向から否定する新しい組織が出現した。「国民社会主義ドイツ労働者党」、のちのヒトラー率いる**ナチス**である。

ナチスはすべての人々に権威への服従を強いて、自由を否定し、瞬く間にドイツを掌握した。

しかし人々は、決して恐怖に怯えてナチスに従ったのではない。逆である。ヒトラーは当時「模範的な民主主義の憲法」と言われたドイツ共和国憲法（ワイマール憲法）の下で、民主的にドイツ首相に選ばれた。人々は熱狂的にナチスを支持して自ら自由を手放し、ナチスに服従を誓ったのである。

「これはドイツだけの問題ではない。人類共通の課題、自由と民主主義の危機だ。ナチスは世界制覇を狙っている。時間がない」と考えたフロムは、新フロイト学派（社会学化されたフロイト主義）としての心理学者の知見を総動員し「**なぜ人は手に入れた自由を手放し、服従するのか**」を考え、本書を刊行したのだ。

同じ状況は、残念ながら現代も繰り返されている。1990年代、多くの普通の若者が自らオウム真理教に入信し、その後オウム真理教は無差別テロを起こした。ナチスもオウム真理教も、人間の本性が生み出した怪物なのだ。では、なぜ人々は自由を手放したがるのか？　早速、本書のポイントを見ていこう。

なぜ人は自由から逃走するのか

「人なんてわずらわしい。自由に生きたい」が口ぐせのスズキさんは無人島に連れて行かれ、「自由にしていいですよ」と言われた。スズキさんは完全な自由を手に入れた。しかし食料や住まいの確保、その他諸々すべて自己責任。しかも誰もいない孤独な生活だ。途方に暮れたスズキさんは「元の生活に戻りたい……」

これが、冒頭のヤマダさんの状況である。

「～からの自由」を「～への自由」へ

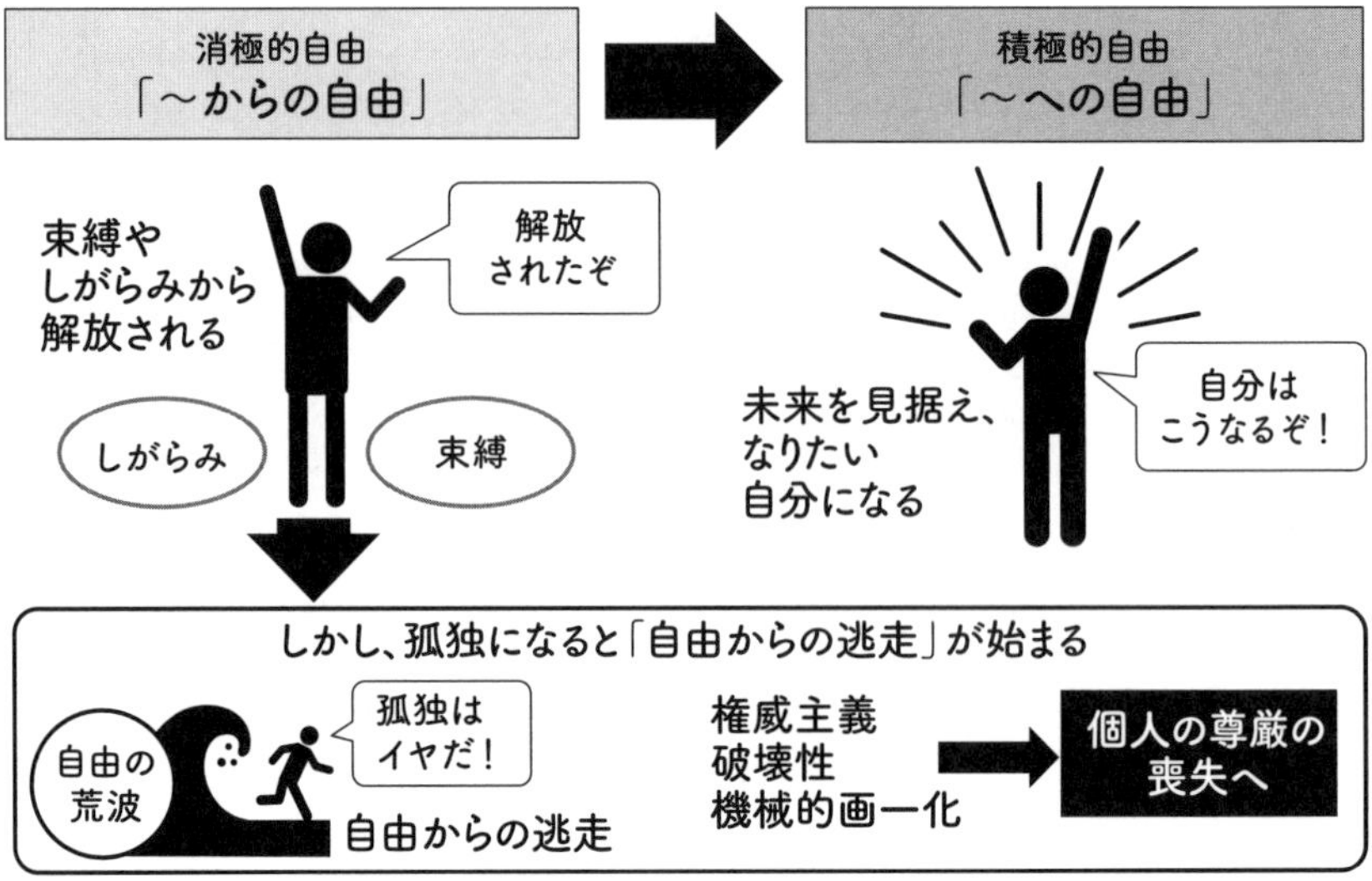
消極的自由
「～からの自由」
積極的自由
「～への自由」
束縛や
しがらみから
解放される
解放
されたぞ
しがらみ
束縛
未来を見据え、
なりたい
自分になる
自分は
こうなるぞ！
しかし、孤独になると「自由からの逃走」が始まる
自由の
荒波
孤独は
イヤだ！
自由からの逃走
権威主義
破壊性
機械的画一化
個人の尊厳の
喪失へ

フロムは本書で、自由には**消極的自由（～からの自由）**と**積極的自由（～への自由）**の2つがあると述べている。消極的自由を得た人は孤独と無力感を感じ始める。誰も頼れず、すべて自己責任。責任の重荷に耐えきれなくなると、得た自由から逃走を始める。

無人島で念願の自由を手に入れたスズキさんも得た自由を手放したがっている。冒頭の会社を辞めたヤマダさんも、消極的自由（～からの自由）しか考えていなかった点でスズキさんとまったく同じなのだ。

第一次世界大戦に敗北したドイツも同じだった。

1918年のドイツ革命で帝政・君主制を廃止。議会制民主主義の共和制を実現し、ドイツ国民は自由を手に入れた。しかし君主や皇帝がいなくなり、国家への信頼は失われた。加えて、超インフレで長年の貯蓄は消滅。中産階級を中心に、ドイツ国民は何を信頼すればよいか迷い始め、孤独と不満を感じ始めた。そしてこの機に乗じて登場したヒトラー率いるナチスを、ドイツ国民は熱狂的に支持したのである。

では、なぜ彼らはナチスを支持したのか？

フロムはその背景として、16世紀の宗教改革を挙げている。Book 2『キリスト者の自由』のルターによる宗教改革で、ドイツからプロテスタンティズムが生まれた。人々はカトリック教会の権威から解放されたが、代わりに教会を経由せずに個人が圧倒的な神と直接対峙するようになり、権威に服従しやすい人間が生まれたのだ、という。フロムは消極的自由から逃走する人の行動は、次の3通りあると分析している。

❶権威主義

虎の威を借りる。個人に欠けた力を得るために、自分自身を何かと融合しようとする。大企業の会社員が「自分は（大手の）○○社の社員です」と自己紹介するのも、○○社という権威との融合だ。

「ドイツ民族の賛美、征服と支配への渇望、人種的政治的少数派への憎悪、指導者への盲目的服従」というナチスのイデオロギーに、感情を揺すぶる大きな魅力を感じた社会的弱者である中産階級は、ナチスを熱狂的に信じた。彼らはヒトラーの言葉を神の言葉のように信じ、ナチスと一体化したいと考え、自ら切望してナチスに参加した。権威主義には、ナチス幹部のように権威を振りかざして支配するパターンもある。両者は一見正反対だが、個人の孤独から逃れ「支配されたい」「支配したい」と他人に依存する点では同じだ。

❷破壊性

対象を壊すことで苦しみから逃れようとする。これは2パターンある。SNSで成功する知り合いを見て嫉妬を感じて陰で悪口を書くのは、破壊性が外部に向いたパターンだ。逆に劣等感を感じて「自分はダメだ……」と落ち込むのは、破壊性が自分に向いたパターンだ。

ナチスは組織的に破壊性を利用した。中産階級が持つ破壊性の衝動に訴えて外敵との戦いに利用し、Book 15『夜と霧』で紹介するように大量のユダヤ人を虐殺。さらに新体制に反対活動をする兆しがあると睨まれた数千人のドイツ人は「治療」と称して強制収容所に投げ込まれ、二度と戻らなかった。

❸機械的画一化

人は他人の考えが自分の考えに置き換わっていることに意外と気がつかない。身近な例で言えば、上司が「〇〇はいいなぁ」と言うと、いつの間にかその「〇〇はいい」が自分の考えになっていたりする。これが進むと人は自分であることをやめて機械と化し、「コレやれ」と言われたら一切判断せずにその通りやる。戦後、アーレントは Book16 『エルサレムのアイヒマン』で、自分の意志を持たずに組織の指示通り粛々とユダヤ人を強制収容所に移送したというアイヒマンを分析している。

ナチスは人を操作する術に長けていた。支持者を集めて大衆集会を頻繁に開催したのも、その手段だ。フロムはヒトラーが著書『わが闘争』で書いた内容を紹介している。「新しい運動の帰依者になろうとするとき、個人は孤立的な感じがして、自分一人ではないかという恐怖に囚われ勝ちであるが、かれは大衆集会ではじめてより大きな同志のあつまりをみて、たいていのひとを力づけ勇気づけるものを受けとるのである」

権威主義・破壊性・機械的画一化により、ナチスは自由から逃走した人々の受け皿となり大衆を支配し、非人道的行動を始めた。オウム真理教も「社会に居場所がない」と感じた若者の受け皿となり巨大化し、無差別テロを始めた。両者に共通するのは、個人の尊厳を踏みにじっている点だ。

個人の尊厳は、他人に委ねてはいけない。ではどうすればいいのか？　フロムはヒントを示している。

「～への自由」のために、自発的に行動せよ

本書でフロムが紹介するもうひとつの自由が、「～への自由」という積極的自由だ。

人には「自分が何になるか」を思い描き、実現に動く力がある。大谷翔平選手は高校時代に「大リーグで殿堂入りする」と考え夢を具体的に描き、その夢に向かって一歩一歩進んだ。**人は「～への自由」の追求を**

通して、自分の尊厳を守る自発的な行動ができる。だから「〜からの自由」でなく、「〜への自由」なのだ。

現代の我々はさまざまな選択肢を持っている。会社員ならば、会社の看板を使って商品開発、新規ビジネス、顧客との共同プロジェクトといった、個人でできない大プロジェクトを仕掛けられる。普段はあまり気づかないが、会社員は自分が思っている以上に「〜への自由」という積極的自由を追求できる立場にいる。

さらに個人の強力な武器が、ネットだ。ユーチューバーとして活躍する人もいる。ネットで発表したマンガをきっかけにブレイクする人もいる。かく言う私も、ビジネス書執筆の原点は会社員勤めの傍ら2006年に書き始めたブログである。

フロムは「愛も自発的な活動だ」と言う。ここでの愛とは、相手の成長や幸せを願う気持ち。家族や恋人だけではなく友人や世界も対象だ。「世のため人のため」と考えて行う活動も、広い意味で「愛」である。

フランスの思想家ジャック・アタリは『21世紀の歴史』（作品社）で「いかなる時代であろうとも、人類は他のすべての価値観を差し置いて、個人の自由に最大限の価値を見出してきた」と述べている。

本章で紹介している多くの哲学書を見てもわかるように、人類は常により大きな自由を獲得すべく努力し続けてきた。歴史を俯瞰して見れば、人類はより大きな自由を獲得する進化の過程にある。

しかしながらフロムが本書で予見した通り、ナチスの全体主義は人類に大きな災難をもたらした。そこで現実に起こったことを描いたのが、フランクル著 Book 15『夜と霧』である。次に紹介したい。

Point

自由に生きるとは、「自分はこうありたい」と考えて行動すること

Book 15

『夜と霧』

どんな人生にも、必ず意味がある

『夜と霧 新版』池田香代子［訳］みすず書房

ヴィクトール・E・フランクル

1905年－1997年。オーストリアの精神科医、心理学者。ウィーンに生まれる。ウィーン大学在学中よりアドラー、フロイトに師事し、精神医学を学ぶ。第二次世界大戦中、ナチスにより強制収容所に送られた体験を、戦後まもなく『夜と霧』に記す。1955年からウィーン大学教授。人間が存在することの意味への意志を重視し、心理療法に活かすという、実存分析やロゴセラピーと称される独自の理論を展開する。

人生では、どんなに前向きな人でも、逃げ出したくなる状況に追い込まれて「こんな最悪な人生に意味はあるのだろうか？」と叫びたくなるときがやってくる。本書はそんな人に強くおすすめしたい一冊だ。

オーストリア系ユダヤ人のフランクルは心理学者フロイトとアドラーに師事し、ウィーン大学医学部精神科の教授に就任。１９４１年12月に結婚した。しかしその9カ月後、妻と両親とともにナチスの強制収容所に収容。両親と妻は収容所で死亡。終戦間際の１９４５年4月、フランクルは収容所から解放された。

フロムがBook 14『自由からの逃走』で警鐘を鳴らしたナチスが人類にもたらした強制収容所の実態を描いた本書は、圧倒的な現実をもとに極限状況における「人間の本質」を描いた哲学書でもある。

本書は終戦の翌年１９４６年にウィーンで刊行。当初は売れなかったが、１９５６年刊行の日本語版がヒット。累計１００万部のロングセラーになった。その後１９５９年に英語版が刊行。現在では世界20以上の言語に訳され、累計１０００万部である。ちなみに旧版で描いた収容所の過酷な実態がドキュメンタリーとして脚光を浴びたことにフランクルは戸惑い、１９７７年に旧版を大幅に書き直した新版を刊行した。

ここでは２００２年に邦訳版が刊行された新版を基に、本書のポイントを見ていこう。

収容され、感情を喪失した人たち

強制収容所に移送された人たちは持ち物をすべて取り上げられ、男女問わず裸にされた。身分を証明する一切のものも、名前も失って、被収容者番号を入れ墨され、番号で管理された。収容所では、一人ひとりはただの数字。フランクル自身も119104番という数字だった。そして強制労働に従事した。

しかし、強制労働に従事したフランクルはまだ幸運だった。収容所に到着すると、人々はまず列に並ばされ一人ずつナチス親衛隊の将校の前に立たされた。右手をかかげた将校は一人ずつ見て、人差し指を右や左に動かし、人びとは指示された方向に向かった。9割の人々は左に行かされた。フランクルは右だった。

その夜、フランクルは左に行った人々がガス室に送られ、焼却されて灰になったことを知る。

収容から数日後、人々に変化が現れた。感情の喪失だ。病人、暴力、死は日常的な光景となり、心が麻痺して、じわじわと内面が死んでいった。誰かが病気で死ぬと仲間がその死体にわらわらと近づき、食べていない食糧、履いていた自分よりもマシな靴、着ていた上着などを手に入れた。収容所ではこれらが自分の生死を決定する。人のすべての感情は「生命の維持」というただひとつの課題に集中した。

収容所では、個人の命の価値は徹底的に貶められた。たとえば収容所から病人を移送するとき、移送する病人の痩《や》せ細った身体が二輪の荷車に無造作に積み上げられ、吹雪の中、何キロも離れた他の収容所まで押して行かれた。病人が死んでいても、かまわず一緒に運ばれた。大事なのは被収容者番号がリスト通りになっていることであり、生死は関係なかった。大事なのは命よりも、番号なのだ。

本書旧版では収容所の標語が紹介されている。「**身体を打ちこわせ、精神を打ち破れ、心を打ち破れ**」。非人道的行為は、ナチスが人間を破壊するために周到に計画し、構築した仕組みの下で行われたのだ。

こんな過酷な状況下で、人間の自由はどこにあるのか？　フランクルはこう述べている。

「人は強制収容所に人間をぶちこんですべてを奪うことができるが、たったひとつ、あたえられた環境でいかにふるまうかという、人間としての最後の自由だけは奪えない」

こんな状況でも、通りすがりに思いやりの声をかけ、なけなしのパンを譲った人びともいたのだ。

この地獄のような強制収容所から、私たちは何を学べるのか。

あなたが真価を発揮すべきは「今この瞬間」にある

多くの被収容者は「収容所を生きしのげるか？」に悩んでいた。しかし精神科医として患者に「生きる意味」を発見させる心理療法「ロゴセラピー」を研究していたフランクルが悩んだのは、別の問いだった。

「わたしたちを取り巻くこのすべての苦しみや死には、意味はあるのか？」

この収容所の苦しみに、どんな意味があるのだろうか。フランクルは自分の体験を紹介している。

収容所である女性が亡くなった。数日以内に死ぬことを悟った彼女は、晴れやかにこう言った。

「運命に感謝しています。だってこんなにひどい目にあわせてくれたんですもの。以前、なに不自由なく暮らしていたとき、私は甘やかされて、精神がどうなんてまじめに考えたことがありませんでした」

最期の数日、彼女は内面をどんどん深めていった。こんな体験を踏まえてフランクルはこう述べている。

「強制収容所でたいていの人が『今に見ていろ、私の真価を発揮できるときがくる』と信じていた。けれども現実には、人間の真価は強制収容所でこそ発揮されたのだ」

これは現代も同じだ。私たちは「いつか本気を出す」と思いがちだが、本気を出すべきは未来の「いつか」ではない。この瞬間だ。この瞬間が人生の終わりまで延々と続く。意味があるかどうかはその結果だ。

苦しいときほど、自分を客観的に見る

「夕飯のソーセージをパンと交換すべきか」「ご褒美のタバコをパンと交換すべきか」「切れた靴紐をどうしよう」「今度のグループの班長は殴る人だろうか」といった些細な、しかし生死に直結する悩みの重圧が毎日続き、フランクルは心が折れかけた。しかし、あるトリックがフランクルを助けた。

大勢の聴衆を前に、「強制収容所の心理学」というテーマで講演をしている自分をイメージするのだ。これであらゆる苦しみは客観化され、学問という一段高い所から観察できるようになったという。苦しみは消えないが、このおかげで苦しみを超然と見ることができるようになったのだ。

フランクルの方法は私たちも使える。私も病に罹ったり、逃げ場のない大トラブルの責任者になったりすることがあった。こんなときほど私は「こんな経験、滅多にできない。この先どうなるか見極めてやるぞ」とドラマを見るように一歩離れて見ることを心がけている。逃げではない。難題に全力で取り組みつつ、その自分を眺めるもう一人の自分を意識の隅に置くだけで、パニックに陥らずに冷静さを取り戻すことができるのだ。

では、精神科医フランクルは、自分以外の収容所の他人に対しては、どのように働きかけたのか？

過酷な収容所では生きる意味を喪失する人が多かった。フランクルは自殺願望がある2人から「生きていることにもうなんにも期待がもてない」と相談されたときの話を紹介している。

フランクルは2人に、「生きていれば、未来にあなたを待っているなにかがある」と伝えた。すると一人は「私の帰りを待つ子どもがいる」。もう一人は「執筆中の本がまだ完結していない」。2人は自殺を思いとどまった。

西洋哲学
政治・経済・社会学
東洋思想
歴史・アート・文学
サイエンス
数学・エンジニアリング

フランクルは「**生きる意味についての問いを、180度方向転換することだ**」と言う。

「**生きる意味**」**は、あなたが人生に問うものではない。人生が、あなたに問うている。**

「生きる」とは、この問いに答える義務を引き受けることだ。人によって違う。模範的な答えなんてない。同じ人でも、時と場合によって変わる。しかし、こう考える人も多いだろう。

「**『人生の意味は、あなたが問われている』と言われても、その意味がわからないから辛い……**」

その通りなのだ。フランクルは1982年刊行の著書『宿命を超えて、自己を超えて』（春秋社）で、こう述べている。「**人々は、豊かな社会の中、福祉国家の中で、より不幸になります**」

現代は収容所とは真逆で、あらゆる欲求が満たされる便利で豊かな社会だ。しかし待っていても「意味への欲求」は満たされない。だから私たちは満たされない思いを抱えている。そんな自由から逃走して他者に「意味への欲求」を求めると、Book 14『**自由からの逃走**』で描いたようにナチスやオウムのような組織に操作されてしまう。必要なのは、積極的に「自分の人生の意味＝なぜ自分が生きているのか」を探すことだ。

そこで大事なことは、成功か失敗かで考えずに、自分にとって意味があるか否かで考えること。

成功・失敗で考えると、自分以外の要因で右往左往してしまう。しかし自分にとっての意味で考えれば、すべては自分次第だ。自分が何に意味を感じるか、あなた自身が考えるのだ。突き詰めれば「お金や娯楽、遊びに意味がある」という人は、意外と少ないだろう。フランクルは、大事なのは、仕事、体験、愛、そして意外なことに「**苦しみへの態度**」だと述べている。

自分の苦しみは誰も身代わりになれない。しかし苦しみを引き受ければ、新しい可能性が生まれる。

私自身、苦しみ抜いたときほど新たに成長していることを実感している。新たな自分は苦しみ抜いた先にいる。それは現在でも変わらない。人生に意味があるか否かは、苦しみにどんな意味を見出すか次第なのだ。

本書を読んで興味を持たれた人は、ぜひ1956年に邦訳された旧版にも目を通していただきたい。圧巻は、新版では割愛された冒頭70ページ弱の解説と巻末30ページの写真。非人道的な大量虐殺が、組織的に計画され、効率を徹底追求した国家プロジェクトだったことがよくわかる。

一例を挙げると、強制収容所の職員はドイツの刑務所にいた凶悪犯罪の受刑者から選ばれた。だから強制収容所ではサディスティックな行為が躊躇なく日常的に行われた。個人の尊厳を貶め暴走した超国家主義の組織が行き着く果てだ。こうした凄惨な状況でフランクルをはじめ人間の尊厳を保った人たちがいたことに、改めて背筋が伸びる思いがする。

本書の書評を見ると「前評判を聞いて読んだけれど、感動できなかった」という人を時折見かける。本書が心に訴えるかどうかは、読み手の状況次第なのだろう。東日本大震災直後、本書は売れたという。辛いときにこそ本書はあなたの脇で大きな励ましを与えてくれるのだ。個人の尊厳は、決して他人に委ねてはいけない。私たちはそんな社会をつくっていくバトンを託されているのである。

ところで、ナチスで虐殺に関わっていたのは、どんな人たちだったのか。次に紹介したい。

Point

生きる意味は、あなたが問うものではない。あなたが問われている

Book 16

『エルサレムのアイヒマン』

世界最大の悪は平凡な人間が行った……のだろうか？

『新版 エルサレムのアイヒマン』大久保和郎［訳］みすず書房

ハンナ・アーレント

1906 年 - 1975 年。ドイツ出身の米国の政治哲学者、思想家。ハイデガーやブルトマン、ヤスパース、フッサールに学ぶ。ナチ政権成立後パリに亡命し、亡命ユダヤ人救出活動に従事する。1941 年、米国に亡命し、市民権取得後、シカゴ、プリンストン、コロンビアなど各大学で教鞭をとる。『全体主義の起原』などにおいて、ナチズムとソ連のボリシェヴィズム・スターリニズムなどの全体主義を分析した。

立派な大企業が巨悪犯罪に手を染めることがある。当事者は普通の真面目な社員たち。なぜ彼らは犯罪に手を染めるのか。本書は、その理由を解明するヒントを与えてくれる。

Book 14『自由からの逃走』でフロムが分析したように、自由を否定したナチスの出現は衝撃だった。本書はそのナチスの内部で起こったことを描いている。

著者のアーレントはドイツ出身の哲学者でありユダヤ人だ。ハイデガーに師事。ナチスが政権を握った１９３３年にパリへ亡命してユダヤ人救援活動に従事。そしてフランスがドイツに降伏した翌年の１９４１年に夫とともに米国に亡命した。戦後、ナチスがユダヤ人６００万人を虐殺したと知り、ショックを受ける。「なぜ人間はこんな恐ろしいことができるのか」と考えたアーレントは全体主義の研究を始め、１９５１年に代表作『全体主義の起原』を刊行。全体主義の悪が生まれる過程を解明し、世界の注目を集めた。

９年後の１９６０年、アーレントはユダヤ人大量虐殺の主犯格アイヒマンが逮捕され、エルサレムで裁判が始まることを知った。彼女はナチスの成立過程は研究したが、個人がナチスと関わる過程までは見えていなかった。「裁判を見届けるのは私の使命」と考えたアーレントが裁判を傍聴し、報告書にまとめたのが本書だ。人間はいかに全体主義に支配されて、悪を行うのか。早速、本書のポイントを見ていこう。

平凡で普通の男だったアイヒマン

アイヒマンはドイツ敗戦後の戦争犯罪人裁判で何度も名が挙げられた。ドイツの元外務大臣は「ヒトラーもアイヒマンの影響を受けなければ馬鹿なことはしなかった」と証言。ナチス親衛隊中佐のアイヒマンは大量虐殺の責任者とされたが、敗戦直後に姿を消した。1960年、イスラエル警察がアルゼンチンに潜伏中のアイヒマンを逮捕。イスラエルに拉致した。このときイスラエルの首相はアルゼンチン大統領へ、アルゼンチンの法律を侵犯してアイヒマンを拉致した理由を手紙でこう説明している。

「(逮捕拉致したのは)欧州全土に渡り前例のない規模で大量殺害を組織したのが、アイヒマンだからだ」

しかしアーレントは、エルサレムの法廷に現れたアイヒマンの姿を見て大きな違和感を覚えた。「怪物」と言われたアイヒマンは、どこにでもいる平凡な中年男だった。彼は裁判でこう語った。

「ユダヤ人殺害には、私は全然関係しなかった。私はユダヤ人であれ非ユダヤ人であれ一人も殺していない。そもそも人間というものを殺したことがない。ユダヤ人や非ユダヤ人の殺害を命じたこともない」

上司の命令とドイツの法律に従っただけ、と主張する。強い信念でナチスに入党したのではなく、ナチスに心服してもおらず、党綱領も知らず、ナチスのバイブルであるヒトラー著『わが闘争』も読んでおらず、反ユダヤ主義の持ち主でもなかった。裁判で「これはあなたの命令か?」と問われると、「私の部署は管轄外」「上司の命令を受けて実行しただけ」と繰り返す。たしかにユダヤ人を強制収容所に移送する責任者だったが、移送先の強制収容所にも、移送先の強制収容所でのユダヤ人の扱いにも興味はなかったという。

言われた通りに仕事をし、出世にしか興味がない、私たちのまわりによくいる平凡な人間だったのだ。

その平凡な人間が大量虐殺で重要な役目を担った過程を、アーレントは裁判を通して解明していく。

平凡な男が組織的犯罪に手を染める過程

アイヒマンは平凡な中産階級に生まれ、専門学校を中退し職を転々としていた。1932年にナチスに入党。ナチス公安部に志願し、ユダヤ人問題の担当者になった。

ヒトラーは「ユダヤ人を排除し、ドイツ民族の血を浄化する」という人種差別的イデオロギーを持っていた。ナチスは1935年にドイツで政権を握ると、ユダヤ人の市民権を剥奪するニュルンベルグ法を成立させ、アイヒマンはユダヤ人を国外に強制移住させる仕事に就いた。

1938年、アイヒマンはオーストリアのユダヤ人移送センター長に就任。18ヶ月でユダヤ人15万人を移住させる大きな成果を上げた。その後アイヒマンは出世し、ドイツ帝国ユダヤ人移住センター長に就任。

しかし彼はユダヤ人を嫌っておらず、反ユダヤ主義でもなかった。単に自分の仕事だった、という。

1939年に戦争が始まり、ドイツは各占領地で数百万人のユダヤ人を抱え、持て余してしまう。

その後ナチスが出した方針が「**ユダヤ人問題の最終的解決**」。「最終的解決」は「殺害」という意味だ。ナチスには厳重な「用語規定」があり、直接的表現を別の表現に言い換えていた。アーレントは「こうした用語規定は、本人が自分のしていることを十分に考えないようにする効果がある」と述べている。あのオウム真理教も「殺せ」と言わず、高い世界に転生させる意味のチベット語を使い「ポアしろ」と言った。

アイヒマンの仕事はユダヤ人を強制収容所に送ることに変わった。この頃のアイヒマンは強制収容所の実態を見てショックを受け、自分で意志決定せずに必ず命令に基づいて仕事するようになったという。

アーレントはこう述べている。「**彼の感受性はまったくなくなってしまった。**（中略）**彼のすることはすべて、**

彼自身の判断し得るかぎりでは、法を守る市民として行なっていることだった。（中略）**彼は命令に従っただけではなく、法律にも従ったのだ**」まさに自分の意志を持たない、上司の言いなりの会社員だ。

哲学者アーレントがおそらくショックを受けたのは、アイヒマンの次の言葉だ。

「**自分はこれまでの全生涯をカントの道徳の教え、特にカントによる義務の定義にのっとって生きてきた**」

アイヒマンはカントの定言命法「私の意志の原理は、常に普遍的な法の原理となり得るようなものでなければならない」を正しく理解していた。しかし本来の定言命法は「盲目的に服従せずに、自分で判断せよ」だ。これをアイヒマンは次のように読み曲げて、自分を正当化した。「**この世界ではカントの教えは通用しないので、自分の意志がヒトラー総統の意志と一致するようにしよう**」

実際にナチスの幹部ハンス・フランクは「**第三帝国の定言命法**」として「**総統が汝の行為を知ったとすれば是認するように行為せよ**」と述べている。ナチス下のドイツでは、ヒトラーが普遍的な法だったのだ。

こうして世界最大の悪は、動機も信念もない平凡な人間が行った、とアーレントは分析している。

平凡な人間が行った「世界最大の悪」

アイヒマンは死刑が決まり、刑が執行された。「全体主義の下、命令と法に従った人間を裁けるのか」という問いを自問し続けたアーレントは、凡庸な人間のアイヒマンは自分が悪いことをしている明確な自覚を持たず、**悪の凡庸性とも言うべきまったく新しいタイプの悪を犯した**、と考えた。

アーレントは「新しい罪、人道に対する罪が出現したのは、ユダヤ民族全体を地球上から抹殺することを願っていると宣言したときだった」と述べている。これは人類の多様性、人類や人間性という言葉そのものが意味を失うような、人間の地位の特徴に対する攻撃だ、という。アーレントは本書をこう締める。

「**ある種の〈人種〉を地球上から永遠に抹殺することを公然たる目的とする事業**に巻き込まれ、その中で中心的な役割を演じたから、彼（アイヒマン）は抹殺されなければならなかったのである」

「**政治においては服従と支持は同じもの**なのだ。そしてまさに、ユダヤ民族および他のいくつかの国の民族とともにこの地球上に生きることを望まない――あたかも君と君の上司が、**この世界に誰が住み誰が住んではならないかを決定する権利**を持っているかのように――政策を君が支持し実行したからこそ、（中略）君とともにこの地球上に生きたいと願うことは期待し得ないとわれわれは思う。これが君が絞首されねばならぬ理由、しかもその唯一の理由である」

裁判は『ハンナ・アーレント』という題名で映画化された。映画の最後でアーレントはこう語る。

「**思考の力は、知識を身につけるためではない。善と悪、美と醜を見分ける力なのだ。危機的な状況でも、考えることで人間は強くなる**」。私たちはたとえ法と命令に１００％従っても、自分の思考を手放すと、巨悪の中心人物になり得るのだ。アーレントは「思考の放棄」こそが、最大の犯罪者となった要因と考えた。そうならないためには思考をし続け、自分で「善悪」「美醜」を判断することだ。

映画では本書刊行後、アーレントがユダヤ人社会を中心に世間からバッシングされる様子が描かれる。彼らは論文も読まずに「アイヒマンが極悪人ではないとは、許さない」と罵倒。偏見だけでアーレントを誹謗中傷し、多くのユダヤ人の友人が去った。実はアーレントは「不都合な事実」も書いた。ナチスのユダヤ人狩りに協力するユダヤ人の存在、イスラエルがアイヒマンを裁く正当性への疑問などだ。四面楚歌の中でもアーレントは事実に基づき思考を続け、問題を考え続けた。この「思考し続けよ」という彼女の姿勢は見事なほど首尾一貫している。見習うべきは、思考し続ける彼女のこの姿勢だろう。

冒頭で書いたように企業犯罪が相次いでいる。当事者の多くは真面目に働き、会社の法と命令に従う普通の会社員だ。コンプライアンスに従えばＯＫ、という単純な話ではない。「善悪を判断する思考」を放棄した結果、私たちは巨悪の当事者となって組織犯罪が起こる。人間は決して思考を放棄してはならない。

ただこの話にはどんでん返しがある。裁判中のアイヒマンは演技で、裁判員やアーレントは実は騙されていたと暴いた衝撃の本があるのだ。２０１１年刊行の『エルサレム〈以前〉のアイヒマン』（ベッティーナ・シュタングネト著／みすず書房）。邦訳版は２０２１年刊行。最後に本書の内容を紹介しよう。

平凡な男は、実はユダヤ人絶滅を目指す「真の悪党」だった

著者のシュタングネトはドイツ人だ。彼はアーレントの本で「アイヒマンは組織の小さな歯車」と知ったが、ドイツ国内の古い新聞や書物を読み違和感を持つ。アイヒマンには最終解決者、大量殺戮《さつりく》者、ユダヤ人の皇帝などの異名があったのだ。「エルサレム以前のアイヒマン像を洗い出す必要がある」と考えた。

ちょうどアルゼンチン国内でアイヒマンに関する膨大な記録文書や録音が、多くの文書館で見つかり始めた。彼はこれら膨大な情報を分析し、７００ページ近い本書を書き上げた。衝撃の内容だ。

戦争中のアイヒマンは、自己顕示欲が極めて強く、ユダヤ人の死者の数を増やすことに熱中する権力志向の人物だった。公務員に甘んじる人間ではない。重要人物でありたいという願望が強く「自分は６００万の人間の死に責任があるから『ユダヤ人の敵ナンバー・ワン』だ」と誇らしげに語っていたこともある。

戦後アイヒマンの潜伏先だったアルゼンチンには巨大なナチス共同体があり、ナチスの再興を虎視眈々と狙っていた。アイヒマンはこの組織に大きな影響を与える立場にいて、ナチスの同志と議論し合った。

著者のシュタングネトは、アルゼンチンでアイヒマンが書いた文書や、議論の録音を分析している。アイヒマンは伝統的な道徳感を一切拒否し、人間への尊厳がまったく欠如していた人物だった。「ドイツ

人の卓越した力は、ドイツ民族だからだ」と考え、人種間の闘争とは本質的に資源を巡る闘争であると捉え、限られた地球の資源は、ドイツ民族が支配すべきと考えていた。しかし故郷を持たず精神の寛容さを崇拝し、国際的に振る舞う人種がいる。ユダヤ人だ。ドイツ民族の世界支配を目指すアイヒマンにとってユダヤ人は抹殺すべき民族であり、第二次世界大戦中のドイツは自分たちの義務を果たしただけで無実。アイヒマンは常に「ユダヤ人の世界的陰謀」を阻止すべく、ユダヤ人問題の唯一の解決策として絶滅を考えていた。**彼は徹底した民族主義者で、諸人種との最終闘争を経て国民社会主義国家をつくることが理想だった**のだ。

アイヒマンは強制収容所に運ぶユダヤ人を、養鶏所に運ぶ鶏と同じレベルで考えていた。労働に投入する際、ユダヤ人が役に立たず修理が必要な状態だと困る。そこで途中で選別する仕組みをつくるのに苦心したがそれがとてもスムーズに進むようになり誇らしい、という話を仲間にしたりする(本書には書いていないが「選別する仕組み」とは、収容所到着直後に9割の人が送られるガス室を指すと思われる)。

アイヒマンにとって収容所に運ぶのは人間ではない。単に強制収容所に原材料が供給されるだけだ。アイヒマンの元で人間性のために自分の命を賭ける者は、単なる邪魔者。アイヒマンは罵倒した。

しかし**アイヒマンはイスラエルに拉致されると一転して陳腐な人物を演じ、不利になる発言は一切封印**。アイヒマンはユダヤ人の弱点と本能を熟知していた。それは知識のような普遍的理念を最上位に置くことだ。ユダヤ人は知性主義と学問を前にすると、憎悪よりも上位に置く傾向にある。この本能に訴える戦略を取った。結局、死刑を求刑されたが「知識の衝動を満たせば自分は殺さないだろう」と考えたのである。

「カントの定言命法」も、単にカント愛読者というポーズ。アイヒマンにはカントが唱える「人類の平等」は大嘘の欺瞞。唾棄《だき》すべき思想だった。エルサレムでアイヒマンは人文主義者や博愛主義者、哲学崇拝者を完璧に演じ、イスラエルの関係者もアーレントも完璧に騙された。誰もが彼の協力的な態度を褒め「自分と話ができたことを彼は感謝しているはず」と述べた。彼らが当時持っていた彼の情報はわずかだったのだ。

著者のシュタングネトは「懸命に努力しても、わかることはあまりにわずかというリスクが大きいにも関わらず、明晰な判断を下したいという彼女の勇気こそ、この本がアーレントとの対話である理由である」と述べている。そしてシュタングネトのほかにも、海外では同様の指摘をする人は多い。

米国の歴史家リチャード・H・キングは2015年刊行の著書"Arendt and America"(未訳)で歴史家たちの主張を紹介している。クリストファー・ブラウニングは「アーレントは重要な概念を把握したが正しい例を示していない」、デヴィッド・セサラニは"Eichmann: His Life and Crimes"(未訳)で、デボラ・リップシュタットも"The Eichmann Trial"(未訳)で、それぞれ「悪の凡庸性」テーゼを断固として否定する。

ナチスの大量虐殺が凡庸な悪ではなく、確信的な真の悪が実行したとすれば、話はまったく変わる。私たちは「全体主義は凡庸な悪がもたらした」と捉えたが、**現実には確信的で狡猾な真の悪のリーダーがナチスを動かしたのだ。**近年、全体主義国家が増えており、一部では虐殺もある。遠因のひとつに、第二次大戦後に全体主義国家を動かすアイヒマンのような人物への総括が不十分だった可能性も排除できない。限られた情報の中、アーレントは重要な概念を構築した。今後の研究で、さらなる発展を期待したい。

Point

どんな状況でも思考を放棄せず、「善と悪」「美と醜」を見極めよ

Book

17 『実存主義とは何か』

伊吹武彦／海老坂武／石崎晴己〔訳〕人文書院

人間は「自由の刑」に処されている

J・P・サルトル

1905年-1980年。フランスの哲学者、小説家、劇作家。海軍技術将校だった父を亡くし、母方の祖父のもとで育つ。高等師範学校で哲学を学び、生涯の伴侶となるボーヴォワールと出会う。小説『嘔吐』、哲学論文『存在と無』などで注目され、実存主義哲学の旗手として文筆活動を展開し、知識人の政治参加を説いた。自らの意志でノーベル賞を辞退した最初の人物である。

「ついに、今日からは完全に自由だ。誰からも指示されない。すべて自分で決められる！」

私が長い会社員生活の末に独立して解放感を感じていたその日、突然不安と孤独感が襲ってきた。

「待てよ。当たり前だった給与振込はないぞ。営業、商品開発、経営、財務会計、すべて自己責任だな」

頭ではよくわかってはいたが、会社という組織で隠されていたことが、この日、現実に現れたのだ。

サルトルならそんな私にこう言うだろう。「**おめでとう。気がついたね。人間はそういうものなのだよ**」

ジャン＝ポール・サルトルは、実存主義を提唱した20世紀を代表するフランスの哲学者であり、作家だ。

訳者の一人である海老坂武氏による本書解説がわかりやすいので、ここではまとめて紹介しよう。

本書は1945年にパリのクラブで行われたサルトルの講演録だ。当時のフランスは4年間続いたナチス占領からの解放直後。自由を取り戻していた。一方でナチス強制収容所の真実や広島・長崎での原爆の惨禍が徐々にわかり、「人間はかくも残虐になれるのか」「人類の終末は近いのでは」と不安な時代だった。

そんな時期のパリでは、ジャーナリストたちが「**実存主義者**」と呼ぶ若者たちが話題だった。彼らは世の中に不条理を感じていた。「大人たちに任せてたら、ナチスに占領されるわ、ユダヤ人狩りして大虐殺するわ、原爆を落とすわ、メチャクチャだ。くだらない。世の中、ナンセンス」。

彼らは異様な服装でサン＝ジェルマン＝デ＝プレ（パリの知的・文化活動の中心地）の界隈でたむろし、1日30分しか仕事せず、昼間からカフェに入り浸り、バーやキャバレーで夜を明かす。今風に言うと「実存主義者」は繁華街にたむろする「ヤンキー」のような風俗用語で、いい意味でなかった。サルトルはそんな彼らとよく議論していた。サルトルの思想は、「世の中、ナンセンス」という実存主義者の考えに近かったのだ。そしてそれまで「自分は実存主義者ではない」と一線を画していたサルトルが初めて「自分は実存主義者だ」と宣言したのが本書である。それまでのサルトルの著書『嘔吐』『存在と無』は、難解で一般的ではなかった。本書はサルトルの思想をかなり通俗的に紹介していて、わかりやすい。

その後、サルトルの思想は世界中の知識人や若者の心をつかみ、サルトルは思想界のスターとなった。サルトルが実存主義で考えたのは、人間の自由についてだ。本書のポイントを見ていこう。

実存は本質に先立つ

実存主義には2種類ある。ひとつはキリスト教信者の実存主義者で、代表はヤスパースやキルケゴール。もうひとつは、無神論者の実存主義者で、代表はニーチェ、ハイデガー、そしてサルトルだ。

実存主義とは「**実存は本質に先立つ**」という思想だ。サルトルはペーパーナイフを例に説明する。

ペーパーナイフは職人が「紙を切るナイフをつくる」と考えてつくった。職人が「紙を切る」というペーパーナイフの本質を考えた結果、ペーパーナイフという実存が生まれている。**ペーパーナイフは「本質が実存に先立っている」**。18世紀までの哲学思想は、この考えを人間に当てはめた。職人に相当する神が「○○のために人間をつくるぞ」と考えて、ペーパーナイフに相当する人間という「実存」がつくられたという前

先立つのは「本質」か?「実存」か?

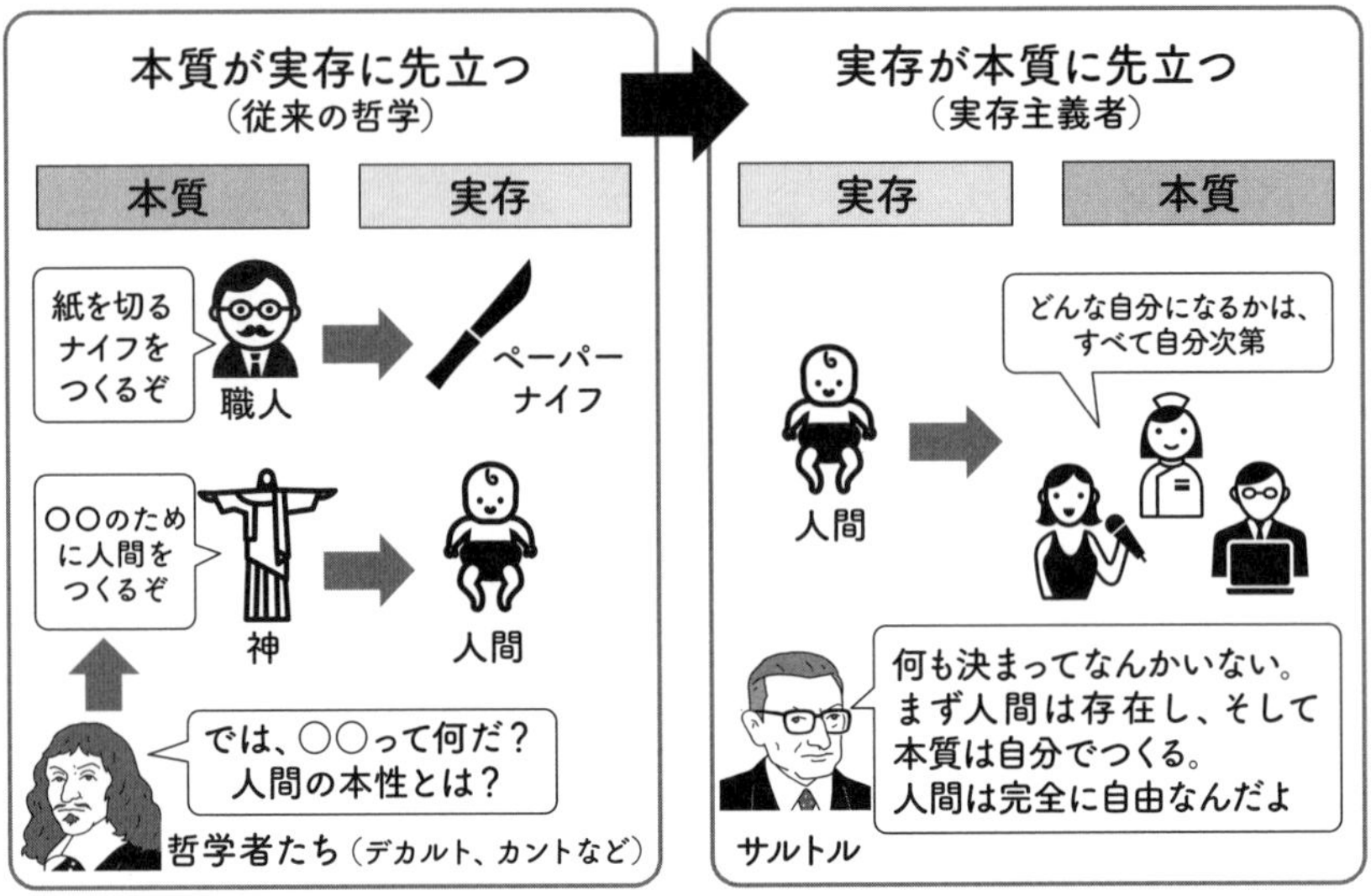
本質が実存に先立つ
(従来の哲学)
本質
実存
紙を切るナイフをつくるぞ
職人
ペーパーナイフ
○○のために人間をつくるぞ
神
人間
では、○○って何だ?人間の本性とは?
哲学者たち(デカルト、カントなど)
実存が本質に先立つ
(実存主義者)
実存
本質
どんな自分になるかは、すべて自分次第
人間
何も決まってなんかいない。まず人間は存在し、そして本質は自分でつくる。人間は完全に自由なんだよ
サルトル

提で「神が考えた人間の本質○○とは何か」と考えた。多くの哲学者がこの考え方にとらわれていた。デカルトやカントも「本質は実存に先立つ」という前提で「人間の本性とは何か?」を考え続けた。

サルトルのような無神論者の実存主義者は違う。「○○のために人間をつくるぞ」と考える神は存在しない。人間は何も本質を決められないまま世界に存在している。自分の本質を定義するのは自分自身だ。これが「実存は本質に先立つ」ということだ。

まず人間は存在する。何もあらかじめ決まっていない。「自分がどうなるか」という本質は自分次第。この世に意味などない。人間は完全に自由なのである。

「自由の絶望」が楽観を生む

「人間は完全に自由で、すべては自分次第」という自由な状況を実感すると、たとえば独立直後の私のように孤独を感じてしまう。私たち一人ひとりは自分の実存に全責任を負っており、言い訳は許されない。

こんな状況を、サルトルはこうたとえる。

「人間は自由の刑に処されている」

ではどうすればいいのか。サルトルはこう述べる。**「人間はみずからつくるところのもの以外の何ものでもない。以上が実存主義の第一原理なのである。（中略）人間はまず、（中略）未来のなかに自分を投企《とうき》することを意識するものである。（中略）主体的に自らを生きる投企なのだ」**

投企とは英語でプロジェクトのこと。ビジネスのプロジェクトは、商品計画や都市計画のように、未来に何を実現するかを企画して、実現に向けて主体的に全力で取り組む。サルトルは人間も同じであって、自分の人生をプロジェクトのように未来に向けて企画して主体的に全力で取り組め、と言っているのだ。

しかしあらゆることが自由だと、ともすると「自分はできるんだろうか？」と不安になる。世界の中で自分は一人ぼっち。何も頼りにできず、無限の責任を持たされ、誰も助けてくれない。それでも自分一人で目標を立てて、目標を実現しなければならない。しかしサルトルは、こんな絶望的な状況を理解して、初めて人間は「よし、自分から主体的に動こう」という楽観的な意欲を持てるのだ、という。

サルトルの主張をまとめるとこういうことだ。「あなたは『世の中は無意味でナンセンス』と嘆く。よく気がついた。その通りだ。意味をつくるのはあなただ。私たちは完全に自由。くだらない『しがらみ』はすべて忘れよう。不安だけど不安なのは正常だ。その絶望を理解してこそ、初めて主体的に動くことができるよ」。彼はこう述べる。「不安が責任感と不可分であるのと同様に、絶望は意志と一体を成す。絶望とともに、真の楽観性が始まる」。**サルトルの思想の基本は悲観主義、行動は楽観主義と、一見すると相矛盾する思想なのだ。**

さらにサルトルは**アンガジュマン**という考え方も提唱する。翻訳者の海老坂氏は冒頭の解説で「拘束される以上、積極的にそこに巻き込む——拘束すること(s'engager)を選ぶ」と述べている。これがアンガジュマンの思想だ。英語でエンゲージメント。婚約指輪の「エンゲージメントリング」と同じ語源だ。「積極的に世界を変えていく責任をコミットしよう」ということだ。

自由な私たちが行うあらゆる選択が世界をつくっている。サルトルは「たとえ選ばなくても、やはり選んでいるのだということを知らなければならない」とも言う。選挙の投票がわかりやすい。「自分は選挙で投票しないから世界に関わらない」という人でも、実は「投票しない」という行動で世界に関わっている。投票しないことは、支持と同じなのだ。人間は完全に自由だからこそ、私たちは世界のさまざまなしがらみに拘束されている。

フロムは Book 14『自由からの逃走』で、人々が自由を手放してナチスに服従を誓った状況を分析し、「**『〜への自由』という積極的自由を追求せよ**」と主張した。サルトルはこの提言を進化させ「人間は自由という刑に処されているからこそ、投企して積極的に責任を引き受けよう」と言ったのだ。

「それって、そもそも……」と徹底的に考え続ける

サルトルは「人間とは〇〇だ」という従来の哲学が言ってきたことを、すべて疑う。

Book 12『存在と時間』のハイデガーと同じく、サルトルは Book 11『現象学の理念』のフッサールに現象学を学んだ。たしかに「それって、そもそもさ……」と既成概念を覆すサルトルの姿勢は、疑い得るものをすべてまるっと括弧で括って判断停止（エポケー）するいう現象学の香りもする。

だからサルトルは、処世訓や金言は「行動を天下り的に規定するモノ」と激しく嫌う。処世訓や金言を大事にする人は「哀れむべき人間」と呼んでいた。「人間は自由だ」と徹底して考えたサルトルは、しきたりやしがらみにとらわれずに、主体的に選択することが何よりも大切だと考えたのである。

生き方も型破りだった。家を持たずホテル住まい。『第二の性』の著者ボーヴォワールとは、若い頃にお互いの自由恋愛を保証する2年間の契約婚を結び、関係は生涯にわたって続いた。結婚もエポケーし「そもそも、結婚ってどうよ」と考えたのである。ノーベル文学賞も、フランスで最高位の勲章であるレジオンドヌール勲章も辞退。地位や名誉などという権威からは徹底的に距離を置いた。こうしたサルトルの思想は虚無感あふれた戦後の世界で熱狂的に受け入れられ、サルトルは時代の寵児になった。

サルトル哲学の背景には、フランスを占領するナチスと徹底的に闘い自由を勝ち取った原体験があるのかもしれない。ゆえにサルトル哲学は常に自由に徹底してこだわるのだろう。ただその考え方に普遍性があると考えたあたりに、サルトルの限界があったように思える。時代の寵児だったサルトルも1960年代になると構造主義の台頭で失速する。次項の Book 18『野生の思考』（レヴィ＝ストロース著）で紹介しよう。

サルトルが言うように自由と不安は隣り合わせだ。一方で多くのビジネスパーソンは会社員である。「自由と不安は隣り合わせ」というリアルな現実は「会社という組織」の保護膜に被われ守られてきた。しかしもはやひとつの会社に勤め続ける時代ではない。私たちは社会に出て80年間、社会に関わり続ける。そして会社員は会社組織から離れた途端、会社の保護膜は消え、自由というむき出しの不安に向き合う。そしてそれが、本来の人間の姿なのだ。人生100年時代、私たちはイヤでも自由な立場に立たされる。

そんなときこそ、戦争直後にサルトルが語った実存主義思想は、今のあなたを支えてくれるのだ。

Point

「自由」と表裏一体の「絶望」を理解して、初めて主体的に動ける

Book

18

『野生の思考』

サルトルに渾身の一撃をくらわせた「構造主義の祖」

大橋保夫［訳］みすず書房

クロード・レヴィ＝ストロース

1908年 - 2009年。フランスの社会人類学者、民族学者。ブラジルのサンパウロ大学で教えるかたわら、インディオの人類学的実態調査を契機として文化人類学に取り組む。専門分野の人類学、神話学における評価もさることながら、「構造主義の祖」とされ、ジャック・ラカン、ミシェル・フーコー、ロラン・バルトなど彼の影響を受けた人類学以外の研究者らとともに、現代思想としての構造主義を担った。

本書はなんと、2022年公開の映画『シン・ウルトラマン』に登場している。巨大不明生物と戦う組織の一員・神永新二を事故で死なせてしまったウルトラマンが、神永と一体化して人間のために戦う物語だ。

映画では神永（＝ウルトラマン）が図書館で本書のページを次々めくり熟読するシーンが一瞬出てくる。ウルトラマンをはじめとする外星人たちは、異次元空間を自由に行き来できるほどの超技術を持つ宇宙文明から、地球に来訪している。外星人から見ると人間は未開人だ。その人間をウルトラマンが理解しようとしている象徴として、本書が登場している。

本書は「20世紀最高の文化人類学者」と称されるレヴィ＝ストロースが、南米原住民へ行ったフィールドワークを土台にして、1962年に刊行されたものだ。

現代でも石器時代と同様の暮らしをする部族社会がある。私たちはそんな彼らを「野蛮な社会」と思いがちだ。外星人が人間を見下すのと同じ構図である。しかし、レヴィ＝ストロースは膨大なフィールドワークを行い、彼らの社会が実は豊かで高度な知的社会だと実証した。この発見は「西洋文化は人類の進化の先頭にいる」と信じ込んでいたサルトルなどの西洋哲学者の考えを打ち砕き、20世紀の現代哲学の一大潮流・**構**

造主義を生み出した。構造主義とは「**人は社会の構造に染まり、その社会に適合した価値観や考え方を身につける**」という考え方だ。『シン・ウルトラマン』の後半でも、一部の外星人が、個体生命として完結する自分たち外星人とは違って人間がお互いに支え合って生きる社会性動物であることを理解し始める。

私たちは自由にモノゴトを考えていると自分では思っているが、本書を読むと実はそれが幻想だとわかる。そして社会構造を踏まえた一段高い視点で、客観的に考えられるようになる。これはグローバル化が進む現代では、多様な社会と接する上で大事な視点なのだ。早速、本書のポイントを見ていこう。

深くて知的な「未開人の思考」

本書では、高度で知的な能力を持つ未開人の膨大な事例が掲載されている。以下はその一部だ。

ボリビアの高原に住むアイマラ・インディアンは、食料品保存の専門家だ。第二次世界大戦中、米軍は彼らの脱水技術を取り入れ、マッシュド・ポテト１００食分を靴箱の体積に圧縮することに成功した。

フィリピンのピグミー族は誰もが、少なくとも植物４５０種類、鳥類75種類、蛇・魚・昆虫・哺乳類のほぼすべて、蟻20種類の名前を識別できる。各々の習性についても博識だった。

南カリフォルニアの砂漠地帯には、数千人のコアウィン・インディアンが住んでいた。一見すると自然の恵みに乏しい地域だったが、彼らは天然資源を取り尽くすこともなく豊かな暮らしをしていた。

１万年前の新石器時代に土器・織布・農耕・家畜化などの技術が生まれた。彼らの高度で知的な文明は新石器時代のこれら技術を引き継いで、長年の仮説検証を繰り返した末の結晶なのだ。

レヴィ＝ストロースは、そんな彼らの考え方を、**野生の思考**と名づけた。野生の思考は、あり合わせのモノでつくる**ブリコラージュ**（器用な仕事という意味）という考え方に基づいている。これは近代の**科学的思考**

とは異なる。両者の違いは、料理にたとえるとわかりやすい。

近代の科学的思考は、フレンチレストランのシェフが目利きした食材を使って、最高の技術を駆使して料理をつくるようなもので、安定的に美味しい料理ができあがる。

一方のブリコラージュは「冷蔵庫にある余り肉と余り野菜の全ぶっ込み炒め」とか「夕飯のおかずの残り弁当」みたいなものだ。こちらもこちらで意外と美味しかったりする。こうして目的に合わせてあり合わせのモノ（要素）の組み合わせでつくったものが意外とちゃんと使える、というのがブリコラージュだ。新石器時代以来1万年間、未開社会はこうしたブリコラージュによる野生の思考によって営まれてきた。

『シン・ウルトラマン』では、外星人ゾーフィが太陽系もろとも人間を殲滅する方針に基づき天体制圧用最終兵器ゼットンを起動する。あのウルトラマンも、ゼットンには完敗してしまう。そこで人間は科学者の知恵を結集して作戦を立て、ウルトラマンの協力でゼットンを撃退する。ゼットンを撃退した方法もゾーフィから見るとまさにブリコラージュなのだろう。

未開社会にも共通の構造があった

一見、どの未開社会の暮らしもバラバラに見える。しかしレヴィ＝ストロースは「**未開社会には共通の構造があるのではないか？**」と疑問を持ち、「その構造を解き明かそう」と考えた。では、**構造**とは何か？

世界にはさまざまな挨拶がある。日本はお辞儀。米国は握手やハグ。フランスは頬へのキス。中国は胸の前で手を組む。タイは合掌。ケニアのキクユ族はなんと相手の手に唾を吐くという。種々雑多で一見分類不可能だが、相手に敬意を示し安心させる点は共通だ。このような根っ子の共通点が「構造」である。

レヴィ＝ストロースは本書で多くの未開社会を分析・分類し、未開社会に共通する構造を突き止めて野生の思考の膨大な構造の見取り図を示した。そのために本書では、膨大な未開社会の事例と綿密な構造分析が延々と続く。だから本書は理解するのが難解と言われる。その構造分析の一例、**婚姻制度**を紹介しよう。

世界のあらゆる社会では、**近親婚（兄弟同士や親子間の結婚）はタブー**だ。これはどんな構造なのか？

未開社会の婚姻制度を分析したレヴィ＝ストロースは、「女性の交換」という共通構造を見つけ出した。彼は複数の部族間で婚姻規則を変えると、部族間の関係がどう変わるかをモデル化している。

部族内で近親婚を行うと、部族内の人たちは部族外の世界を知らずに暮らすようになる。すると部族内部の結束が強くなるが、逆に部族外を敵と見るようになり、部族間で争いが激しくなる。

しかし、こんな激しい争いは続けられない。そこで争いを避けるために部族間で話し合い、部族内の近親婚は禁止とし、部族間で女性を交換する仕組みにして部族間で親戚関係ができれば、部族間の争いはなくなって部族同士が平和に暮らせるようになる。必要なら食料も融通し合うようにできる。こうして未開社会は近親婚を禁止し、女性を介したコミュニケーションにより争いを防ぐ構造をつくっているのだ。

戦国時代の日本も大名間の縁組で戦いを回避している。美濃の蝮《まむし》と呼ばれた策略家・斎藤道三は、娘の濃姫を隣国尾張の若き当主・織田信長の正室として嫁入りさせ、道三存命中は両家の同盟関係が維持された。戦国大名にとって血を分けた娘は、強敵と同盟を締結し戦いを回避する最強武器だったのだ。

こうしてレヴィ＝ストロースは未開社会のさまざまなしきたりや取り決めの構造を細やかに解明し、未開社会に共通する構造があることを示したのである。その上で、未開社会を現代の西洋社会と比較している。

「冷たい社会」と「熱い社会」

私たち現代人には「**歴史は進化・発展を続ける**」という考え方が染みついている。これはほんの数世紀前

人間社会は2つに分かれる

冷たい社会（未開社会）		熱い社会（現代社会）
野生の思考	思考形式	科学的思考
新石器時代から	いつから？	直近の数世紀から
歴史の変化を吸収し、社会を安定させる	歴史観	歴史は進化・発展し続け、社会は変わる
しきたりは、ご先祖様の言い伝え。守り抜く	しきたり	しきたりは、破壊すべき障害

に始まった「科学的思考」の考え方だ。しかし人類は新石器時代以来1万年間、こんな考え方はしてこなかった。そこでレヴィ＝ストロースは、**冷たい社会**と**熱い社会**という区分を提案している。

冷たい社会では、変化を吸収しながらも「今の社会を安定させて継続することが大事」と考える。**熱い社会**では、歴史は進化し社会は発展し続けるので「古いしきたりは破壊して置き換えよう」と考える。

両者の違いは、歴史観の違いによるものだ。未開社会（冷たい社会）の人が愚直にしきたりを守るのを見て「向上心がない」と切り捨てるのは、熱い社会から見た価値観だ。逆に現代社会（熱い社会）が新たな挑戦のために次々しきたりを破るのを見て、冷たい社会の人は「なぜ大切な言い伝えを守らないんだ」と考えるだろう。どちらが正解・不正解ということではない。

ポイントはどちらの社会にいるかで、考え方が正反対になる点だ。私たちは「自由に考えている」つもりでも、現実には必ず自分がいる社会構造の枠組みの中で考えている。この社会構造の違いを知らずに「人間の自由は絶対的なモノ」と主張しても、それは単なる井の中の蛙なのである。こうして文化人類学者のフィールドワークが、構造主義の起点となった。

この構造主義の考え方は、独りよがりにならずに客観的に世界と自分の関係を見る上で重要になる。

時代の寵児を一撃で葬った構造主義

本書の最終章は、Book 17『実存主義とは何か』の著者サルトルへの批判だ。

野生の思考の基本は「集団全体の維持としきたりが大切」である。

一方でサルトルは「人間は自由。しきたりに束縛されずに歴史の進歩に貢献しよう。アンガジュマンして正しい歴史づくりに積極的に関与せよ」と主張し、たとえばアルジェリア独立戦争を支持した。この戦争で「双方に一理ある」と言った盟友カミュとは「まったく同意できない」と断交。1960年頃までのサルトルはフランス思想界に君臨し、自分の哲学に対する論敵を快刀乱麻のごとく叩き切る時代の寵児だった。

サルトルは「熱い社会」の思想の体現者。「未開社会には豊かな知がある」というレヴィ＝ストロースの主張は、真っ先に粉砕すべき障害でもあった。そこでサルトルは著書『弁証法的理性批判』で「歴史の先頭を走る私たちは、未開社会の彼らを導くべきだ」と主張、レヴィ＝ストロースを批判した。

レヴィ＝ストロースはこの批判への回答を迫られた。レヴィ＝ストロースにとって「西洋社会に人間のすべてがある」と主張するサルトル哲学は傲慢だった。西洋社会は数多くある社会構造の一形態に過ぎない。未開部族は「歴史は進歩する」なんて考えていない。「未開社会を導く」に至っては、迷惑千万だ。

そこでレヴィ＝ストロースは、サルトル哲学について本書でこう述べている。

サルトル vs. レヴィ＝ストロース

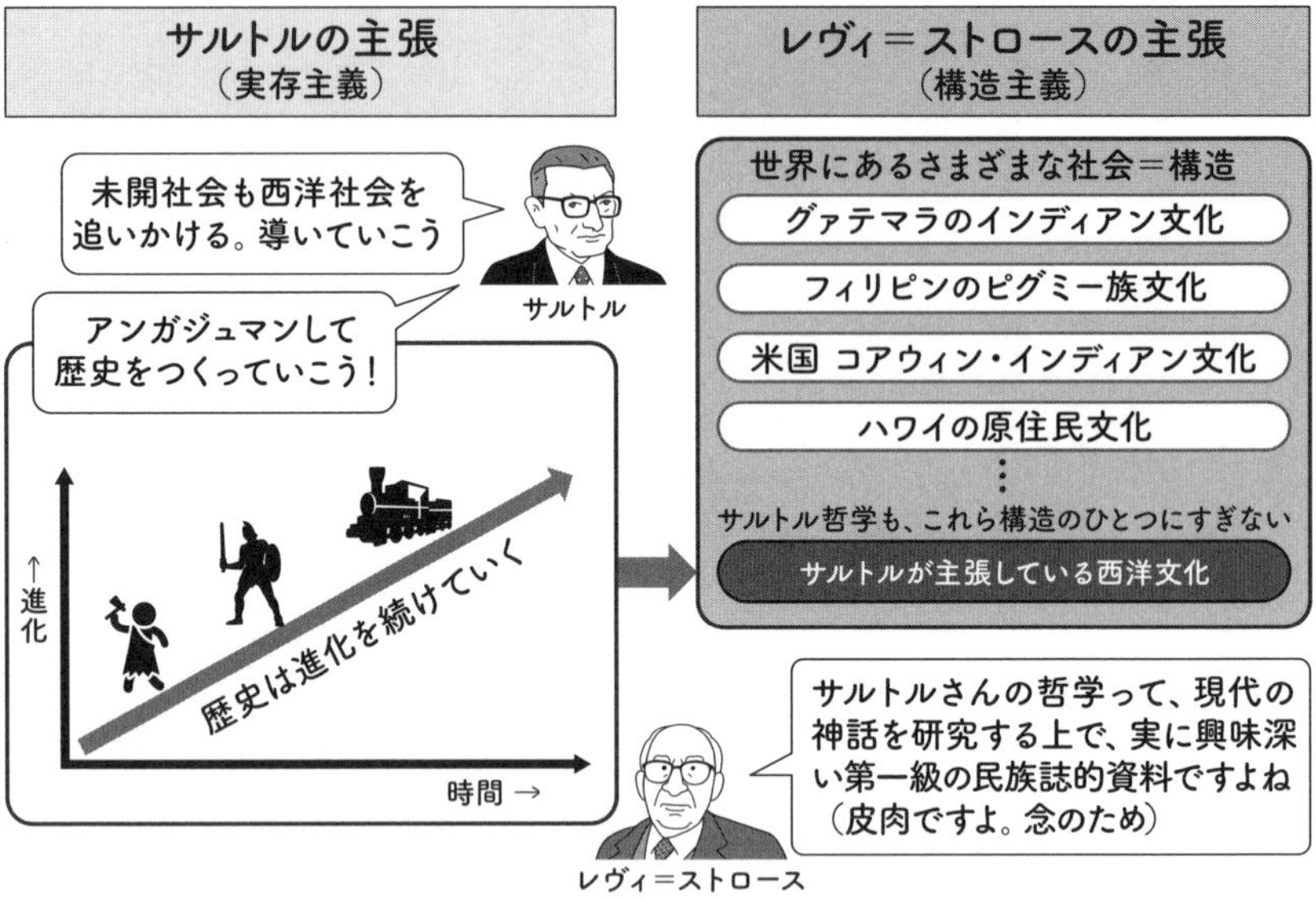
サルトルの主張
（実存主義）
未開社会も西洋社会を追いかける。導いていこう
サルトル
アンガジュマンして歴史をつくっていこう！
↑進化
歴史は進化を続けていく
時間 →
レヴィ＝ストロースの主張
（構造主義）
世界にあるさまざまな社会＝構造
グァテマラのインディアン文化
フィリピンのピグミー族文化
米国 コアウィン・インディアン文化
ハワイの原住民文化
サルトル哲学も、これら構造のひとつにすぎない
サルトルが主張している西洋文化
サルトルさんの哲学って、現代の神話を研究する上で、実に興味深い第一級の民族誌的資料ですよね（皮肉ですよ。念のため）
レヴィ＝ストロース

「民族学者にとっては、この哲学は（他のすべての哲学と同様に）**第一級の民族誌的資料である。現代の神話を理解しようとすればその研究は不可欠であろう」**

これは強烈な皮肉を、実にスマートに表現しているのである。つまり、こういうことだ。

「サルトルさんの哲学は（他の西洋哲学もそうですが）**、あなたが野蛮人と呼ぶ未開社会と同列に並ぶひとつの思想に過ぎません。もし私たちが現代の神話を解明しようとしたら、不可欠の研究材料でしょうね」**

レヴィ＝ストロースによる渾身の一撃によって、飛ぶ鳥を落とす勢いだったサルトル哲学は失速し、現代哲学の主流は実存主義から一気に構造主義に塗り変わったのである。

私たちも実は、サルトルと同じ罠に陥りがちなのだ。先に「未開社会では、女性はコミュニケーションの手段だった」と紹介した。あなたは「女性の人権の侵害だ」と思わなかっただろうか。これは現代社会の視点で見た考え方だ。そのような社会にいる女性には、おそらく空気のように当然のことなのだ。

心理学者シーナ・アイエンガーは『選択の科学』（文藝春秋）でこんな話を書いている。

アイエンガーはシーク教教徒だ。アイエンガーの両親は、結婚式当日が初対面だった。シーク教徒は「取り決め婚」が当たり前。シーク教社会では「結婚は家族全体のもの。本人でなく他人にも最適な相手を選ぶ能力がある」と考える。だからアイエンガーの両親の結婚は、両家の祖母たちが話し合って決めた。彼らにとって取り決め婚は常識であり、結婚後の幸福感も高いという。そんな彼らには、個人で結婚相手を決める社会のほうが「そんな大事なことを個人で決めちゃって、大丈夫ですか？」と野蛮に見えるかもしれない。

私も個人的な経験がある。23歳、初の米国出張だ。ランチで休暇の話題になり、同僚のイタリア人に「日本では、未消化の有休のうち○日分は翌年に繰り越せるよ。あなたの国は？」と聞いたところ、彼は目を白黒して逆に聞き返してきた。「休暇が消化できない？　それどういう意味？」人生の楽しさが第一の彼らは有休未消化はあり得ないのだ。私が「世界には違う考え方の人がいる」と痛感した初の体験だった。

社会環境によって、人の考え方はまったく違う。同じ民族でも歴史が違えば、考え方は変わる。現代の日本人も、戦国時代の日本人とはまったく違う考え方をしている。

構造主義は、自分たちが独善的な視点に陥るリスクを回避する力を持っている。そして現代社会には構造主義が根づいている。現代の私たちが「みんな違ってよい」と考えるのも構造主義が根づいた結果なのだ。そんな私たちの常識の原点が本書だ。神永＝ウルトラマンのような超越した視点で読んでほしい一冊だ。

Point

「社会の構造」を理解すれば、独善的になるリスクを回避できる

Book

19 『全体性と無限』

「私たちは他者を理解できない」が出発点

『全体性と無限（上・下）』熊野純彦［訳］岩波文庫

レヴィナス

1906年 - 1995年。フランスの哲学者。第二次世界大戦後のヨーロッパを代表する哲学者であり、現代哲学における「他者論」の代表的人物。フッサールやハイデガーの現象学に関する研究を出発点とし、ユダヤ思想を背景にした独自の倫理学、さらにはタルムードの研究などでも知られる。他の著書に『存在するとは別の仕方であるいは存在することの彼方へ』などがある。

ユミさんは激怒していた。「もう限界。父親とは絶交する！」

実家に帰るたびに「おまえはいつまでも結婚しないからダメだ」と言われ、親戚の集まりでも「いまだ結婚できない娘です」と言い触らされると言う。父親は娘の幸せを願っているが「女性の幸せは結婚しかない」と考え、彼女を理解しようとしない。一方でユミさんからも「自分を理解してもらいたい」という心の叫びが聞こえてくる。私たちはそもそも他人を理解できるのだろうか？　レヴィナスはこう言う。

「他者を理解するなんてムリ。理解していると思ったら、相手を殺す。でも全力で理解する努力が大事」

「他人を理解しよう」とよく言われるが、家族でもしょせん他人。本当に理解することなどできやしない。ただ理解できなくても、理解して助ける努力を全力で続けるべきだ。本書はその大切さを教えてくれる。

著者のレヴィナスはフランスの哲学者であり、ユダヤ人だ。ナチス・ドイツのフランス侵攻で捕虜となり終戦まで捕虜収容所にいた。捕虜は国際法で守られるので、強制収容所のような大虐殺からは逃れた。

しかし戦後、故郷に戻るとほぼすべての近親者は虐殺され、ユダヤ人共同体は根絶やしになっていた。

人間は人との関わりの中で生きている。人間関係は空気や水と同じで、当たり前の存在だ。しかしすべての人間関係が消滅した世界、たとえると空気や水がない世界を、私たちは理解できるだろうか？　レヴィナスはその喪失を体験した。レヴィナス自身は、この体験を一切語っていないが、そんなレヴィナスが問い続けたのが「この自分の存在に、どんな意味があるのか」「人は他人を理解できるか」である。

「存在論よりも道徳だ」と考えたレヴィナス

本書はレヴィナスが自身の「他者論」をまとめて1961年に刊行されたものだが、実に難解である。レヴィナスを師と仰ぎ、その翻訳も多い思想家・内田樹《たつる》氏は、著書『レヴィナスと愛の現象学』（文春文庫）でこう述べている。「レヴィナスはあまりに難解であるがゆえに、万人に開かれている。（中略）レヴィナスについては決定的な読み方は存在しない。（中略）読者のニーズに応じていろいろな読み方ができる」レヴィナスはさまざまな解釈が可能だ、ということだ。ただ内田氏はこうも付け加えている。

「『Aであり、同時にAではない』という言い回しをレヴィナスは執拗に繰り返す」

読む側からすると「整理してほしい……」と言いたくなるが、理由がある。レヴィナスはユダヤ教徒の律法であるタルムードの研究者だ。内田氏によると、レヴィナスはタルムードの手法を踏襲しているという。

レヴィナスが師事したタルムードのラビ（指導者）は、意見の不一致やあいまいさを混乱の元とは考えていない。むしろひとつの聖句の意味を限定せずに、どれだけ多様な意味を持たせるかを考える。彼らは多様な価値観や豊かな対話を重視する姿勢と、他者に対する敬意の精神を持ち、対話を信頼している。

そんなラビに師事し学んだレヴィナスも、多様な考えを尊重する。だからレヴィナスは、他者論を構築する過程で現れたさまざまな異論も本書に書いているのだ、と内田氏は言う。そこで、ここでは内田氏の『レヴィナスと愛の現象学』をサブテキストとして活用しながら、本書のポイントを見ていこう。

レヴィナスは若い頃、当時の哲学界の巨人である Book 11『現象学の理念』のフッサールと Book 12『存在と時間』のハイデガーから大きな影響を受けた。しかし、レヴィナスは次第に「2人とも自分ファーストすぎないか？」と考え始めた。『レヴィナスと愛の現象学』では、こう紹介されている。

フッサールは「現象学で考えれば、世界はわかる」と考えた。「ペストで世界中の人が死んで私一人が残されても、世界は存在するという私の確信は変わらない」と言うほど、自分を中心に考えていた。

レヴィナスとの対話で、フッサールはどんな質問にもよどみなく答えた。しかしレヴィナスには、まるで講演のように事前準備された万人向けの回答に聞こえた。対話を重視するタルムードのラビとは違う。他人との関わり方も表面的だ。レヴィナスは「個人の主観と直観を洞察する現象学の方法論はすばらしいが、あまりに自己完結して完成されすぎで、まるで哲学することを終えた哲学者だ」と感じたという。

またハイデガーの『存在と時間』を読んだレヴィナスは、すぐに彼が歴史上最大の哲学者の一人だと知り、最大限の賛辞をした。その一方で、ハイデガーとナチズムとの関わりを手厳しく批判している。内田氏はレヴィナスが『タルムード四講話』（内田樹［訳］国文社）で「許すことのできないドイツ人もいます。ハイデガーを許すことは困難です」と言っていることも紹介している。

内田氏は触れていないが、ハイデガーについては Book 16『エルサレムのアイヒマン』のアーレントも、ハイデガー哲学がすべての他者を「世人」として一括りにして現存在（人間）を非本来的な状態にしている、と考えるので、他者とつながらなくなって強いイデオロギーに染まり、全体主義が生まれやすいと指摘した上で、「他者との関わりあいが大事」と述べている。他者を重視する視点は、レヴィナスと共通する。

そしてレヴィナスは、本書でこう書いている。

「道徳は哲学の一部門ではなく、第一哲学なのである」

第一哲学とは哲学の基盤となる考え方のこと。アリストテレス以後、多くの西洋哲学者にとって「存在論」が第一哲学で、道徳は哲学では二の次だった。しかしレヴィナスが「道徳こそが第一哲学だ」として、考えたのが他者論だ。**「哲学は自分語りばかりだけど他人も大事。そこは人間の基本でしょ」**ということだ。

しかし道徳は難しい。本書の序文もこんな文章で始まる。**「私たちは道徳によって欺かれてはいないだろうか。それを知ることこそがもっとも重要であることについては、たやすく同意がえられることだろう」**。

出発点は「他者はまったくわからない」

本書でレヴィナスは、こう述べている。**「〈他者〉は、私が殺すことを欲しうるただ一つの存在なのだ」**

「殺すなんて、物騒な」と思ってしまうが、この文章の前にレヴィナスはこうも言っている。

「殺すとは支配ではなく無化することであり、理解〔包摂〕を絶対的に断念することである」

これはどういうことか。内田氏は『レヴィナスと愛の現象学』で「私が『私はこの人を認識することも知解することもできない』という無能の覚知に至るときにはじめて『他者』は私の前にその姿を現す。私が『他者』を把持できるつもりでいる限り、私は『他者』を殺すことができる」と述べている。

また本書の訳者である熊野氏は解説で、「他者を理解するとは他者を包摂し、他者を『所有』することである。（中略）所有とは一箇の『暴力』であり、存在者の『部分的な否定』なのである。所有であり包摂である限り、他者を理解することもまた、他者に対する暴力となる」と述べている。

つまり「私はこの人を理解できない」と自分の無能さを悟ったとき、やっと他者が姿を現す。

出発点は「実は自分は、この人のことを全然わかっていないのではないか」と深く認識することなのだ。

その上でレヴィナスは、**顔**という概念を提唱する。

〝顔〟を見て対話を続けよう

レヴィナスは「殺そう」というのを思いとどまらせるのは「顔」だ、としてこう述べている。

「それは肯定的なかたちでは、殺人の暴力に顔が道徳的に抵抗することとしてあらわれる。〈他者〉の力は、そもそものはじまりから道徳的なものなのである。（中略）この『全体性の外部』は、顔という超越によって開かれるのだ」

「顔って何？」と思ってしまうが、内田氏は原書のフランス語の意味を踏まえた上で、顔とは首の上にある顔ではなく「自分に語りかけ、関わりを持つ存在」を意味しているという。私たちは「他者は理解できない」と認識した上で「だからこそ語りかけ関わり続け、少しでも理解しよう」と考えるべきだ。

「ドイツ民族の栄光のためにユダヤ人は抹殺すべき対象」というナチスの一方的な思い込みは、大虐殺を生んだ。他者と断絶せず関わり続けることが、最終的に暴力を食い止めて悲劇を避けることにつながるのだ。

ダイバーシティの基本は「人間は理解し合えないが、お互い理解するように歩み寄ろう」ということだ。

レヴィナスの他者論は現在のダイバーシティにも通じている。たとえばＬＧＢＴＱを否定するのは論外だが「ＬＧＢＴＱって要はこうだよね」と理解した気になるのも、違う。私は当事者の方々が抱える本当の悩みや苦しみは、よくわからない。だから「わからない」と考えた上で、できることを行うべきなのだ。

レヴィナスは「あらゆる他者に責任を持て」と言っている。生活苦の人たち。学校に行けない子どもたち。さらにはアフリカなどの異国で干ばつに苦しむ難民。あらゆる他者に自分が責任を持っていることを認識した上で、お互いに理解できない者同士で悩みや問題を対話し、皆で考えて、解決を図っていく。そうしてお互いの違いを尊重して理解しようとし、お互いに関わっていく先に、人類のよりよい社会がある。

逆に「他者は理解できる。社会で一体化しよう」という考えは、全体主義の出発点になり得る危険な考えだ。まずは「あの人はこんな人」と決めつけず、「本当は、自分は他者を理解できていない」と考え、対話を通して他者を理解しようと努力し、相手に責任を持つことが第一歩だ。冒頭の話も、ユミさんと父親がお互いに「自分は相手のことが理解できない」と認識すれば、関係修復は始まるのだろう。

内田氏が指摘するように、レヴィナスが学んだタルムード自体、レヴィナスの他者論を体現している。ひとつの言葉に複数の意味を持たせ、多様な価値観と豊かな対話を重視し、他者に敬意を払う。こうして多様で豊かなモノの見方を確保し一元論に陥るのを回避する。だから本書は一読してもすぐにわからないが、何か大切なことが書かれているということは直感的にわかる。わからなさを感じつつ、のめり込んでしまうのがレヴィナスの魅力だ。

そして内田氏は著書でこうも述べている。「レヴィナスが私たちに繰り返し告げているのは、要するに『私の言っていることを分かった気になってはいけない』ということである」

開放的な多義性のおかげで、世の中に多様なレヴィナス解釈がある。機会があればぜひ挑戦してほしい。

Point

「他者はわからない」から顔を見て対話を続けよう。未来はそこから開ける

Book 20

『監獄の誕生』

「現代社会の権力支配構造」に私たちは気づいていない

『監獄の誕生〈新装版〉』田村俶［訳］新潮社

ミシェル・フーコー

1926年－1984年。フランスの哲学者、思想史家、作家。パリ大学教授を経て、コレージュ・ド・フランス教授を務めた。新しい知識人像を求めて活躍し、思考の場そのものの構造を探る独自の哲学的探求を行い、構造主義の一翼を担う哲学者と見なされる。その思想は、人類学、心理学、社会学、犯罪学など多岐にわたる研究者に影響を与えている。著書に『狂気の歴史』『言葉と物』『性の歴史』など。

私が社会人になった1980年代、オフィスでの喫煙は当たり前だった。その10年前は、女性社員の残業はNG。現代ではあり得ない職場環境だが、もし現代人がタイムマシンで当時に戻って職場のおじさんに「それ、NGです」と伝えても、「なんでNGなの？」とキョトンとされるだけだろう。

時代が変われば、考え方もまったく変わる。哲学者フーコーは著書『言葉と物』（新潮社）の冒頭で、古代中国の百科事典の「動物の分類」を見て驚いたエピソードを紹介している。

「皇帝に属するもの、香の匂いを放つもの、飼いならされたもの、（中略）お話に出てくるもの、放し飼いの犬、（中略）気違いのように騒ぐもの、数えきれぬもの、（中略）いましがた壷をこわしたもの、（後略）」（注：原文ママ）

現代人にはまったく意味不明。動物を分類する構造が違うのだ。フーコーは「これは思考の限界を示している」と考えた。私たちは「自分は自由に考えている」と思っているが、現実にはその時代の知の枠組みの構造に従って考えている。その構造は時代とともに変わる。古代中国の彼らに「哺乳類、爬虫類……」という現代の動物の分類を教えても、彼らは「ホニュウルイって何？」と思うだけだろう。

フーコーはこのように「各時代には独特の知の枠組みがある」として、時代固有の知の深層構造を**エピステーメー**と名づけた。そして考古学者が地層を発掘しその時代に何が起こったかを分析するように、西洋文明の各時代の膨大な資料を分析し、各時代の知の枠組みを構造化する「**知の考古学**」を行ったのだ。

なおフーコーというと「フーコーの振り子実験」で地球の自転を証明した19世紀の物理学者レオン・フーコーが一般に知られているが、この20世紀の哲学者ミシェル・フーコーはまったくの別人である。

1975年刊行の本書『監獄の誕生』は、フーコーの代表作だ。Book 18『野生の思考』のレヴィ＝ストロースと同じく社会構造を分析し、**近代社会の権力支配の構造**を解明している。この支配構造は現代社会に深く根づき、超監視社会の土台になった。ただこの超監視社会はあまりに日常化しており、私たちはその実態に気がついていない。全貌を知るとあなたは愕然とするはずだ。早速、本書のポイントを見ていこう。

公開処刑はなぜ消滅したのか？

本書は権力がいかに社会を支配する仕組みを巧妙に進化させてきたかを具体的に紹介していく。

本書の冒頭は、1757年3月にパリで、公衆の面前で行われた公開処刑の場面で始まる。ここに書くのが憚《はばか》られるような、残忍で凄惨な四つ裂き刑。しかし75年後、このような公開処刑は消滅した。

一般的には、これは「近代社会になり人間性が尊重されるようになった結果」と言われているが、フーコーは「それは違う」と言う。権力者がより効率的な刑罰の方法を発見したので、公開処刑が消滅したのだ。

もともと公開処刑は「見せしめ」だった。当時の権力者は、国王などの君主。パリで公開処刑された人も国王殺害を企てた罪で処刑された。当時の国王は、国家そのもの。だから国王暗殺は国家にとって最も重い罪であり、「犯人は君主の敵」と民衆に周知徹底するために公開処刑が必要だったのだ。公開処刑を見た民衆が、「国王殺害は大罪らしいよ」と周囲に拡散する効果を狙ったのである。

しかし、社会が君主制から民主主義に移行し始めると「人間性にもとる身体刑は廃止すべし」「凶悪犯でも人間性は尊重しよう」という意見が出始め、国家の懲罰権をいかに行使すべきかが検討され始めた。結論はこうである。

「刑罰の対象を身体から精神に変えたほうが、国家にとっては都合がいい」

監獄で生まれた規律・訓練の技術

精神を刑罰対象にするために、規律・訓練が生まれた。公開処刑で身体に苦痛を与えるのは、もはや許されない。そこで規律・訓練により精神構造をつくり変えて人間を道具に仕立て上げるのだ。こうすれば、権力者に都合のよい従順な人間ができあがる。そこで精神の根本に働きかけるために**監獄が誕生**した。監獄で囚人に規律・訓練を課せば、従順な身体をつくり出せる。規律・訓練の技術は4つある。

❶**配分**：閉鎖空間に閉じ込め、個人ごとの場所（部屋や机など）と序列（年次など）をキッチリ決める

❷**活動**：時間割を定め、定型作業や訓練などの決められた姿勢・行為を繰り返させて、時間と行為が染みこんだ身体をつくる

❸**段階的な教育**：個々の能力差や進捗状況に合わせて段階に人々を分けて管理し、教育する

❹**各々を組立てる**：人間を歯車のように取り替え可能にして、必要に応じて適宜組み合わせる

「これ、監獄だけじゃないよね」と思った人は、鋭い。その通りなのだ。この仕組みは私たちが学んだ学校や働く会社などの組織でそっくりそのまま展開されている。本書ではさらに規律・訓練の仕組みを機能させ

ベンサムが設計したパノプティコン

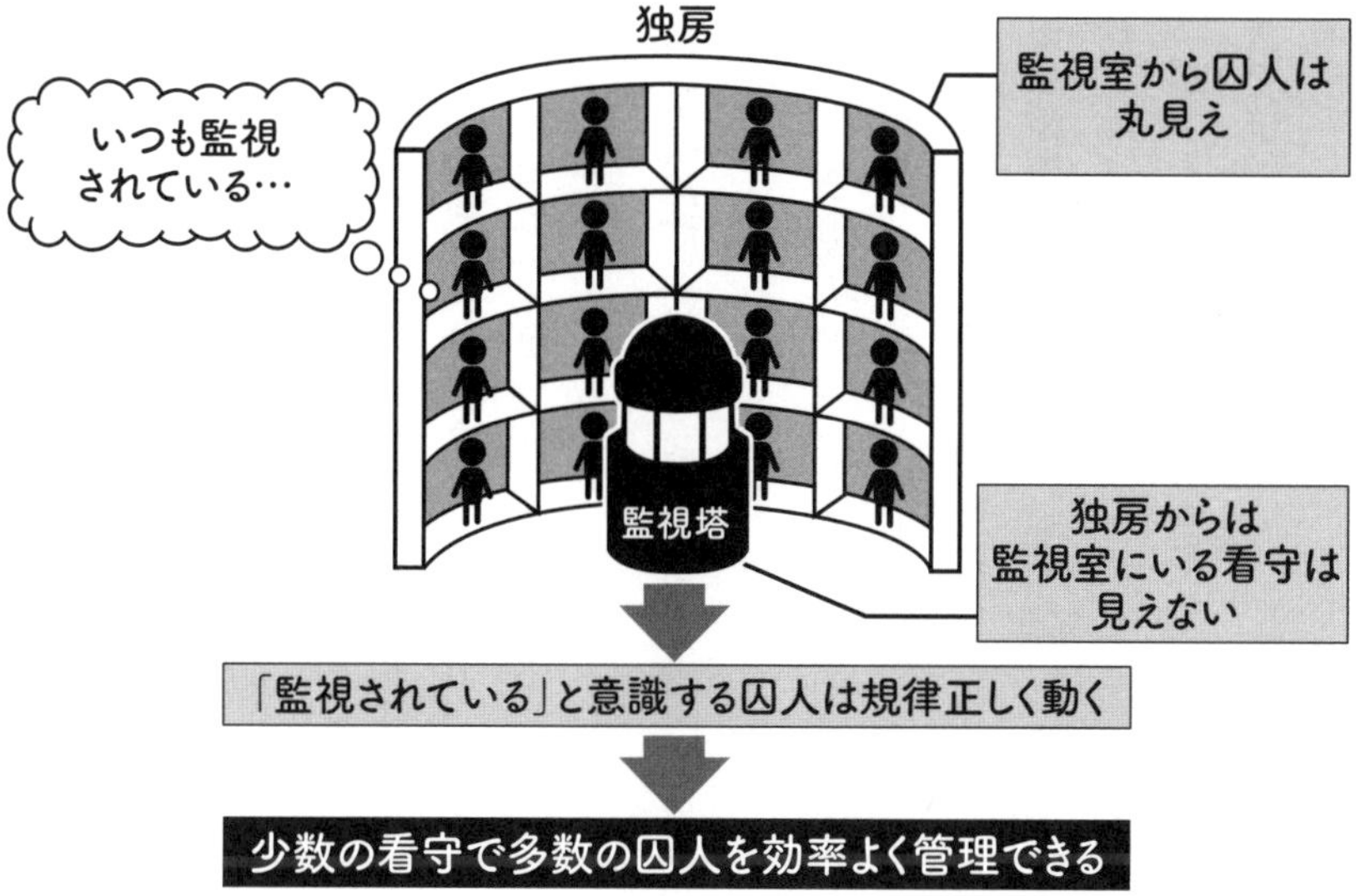
独房
いつも監視
されている…
監視室から囚人は
丸見え
監視塔
独房からは
監視室にいる看守は
見えない
「監視されている」と意識する囚人は規律正しく動く
少数の看守で多数の囚人を効率よく管理できる

る3つのポイントを紹介している。

①監視：囚人に「監視されている」と意識させるだけで、強制力を持たせることができる

②制裁：小さな違反でも処罰し逸脱をなくし矯正する。能力別クラスにより能力の序列をつくるのも、逸脱を見える化する制裁の一種だ

③試験：試験により個人ごとの能力を「見える化」すれば、資格付与や処罰といった管理が可能になる

こうして監獄によって身体を痛めつけずに囚人を従順に従わせることが可能になって、この仕組みが社会でも使われ始めた。本書では、監獄の管理をさらに効率よく行う驚くべき仕組みが紹介されている。

自分で自分を監視する仕組み

それが英国の思想家ベンサムが設計した**パノプティコン**（一望監視施設）だ。図のように円環状の建物で円周部分に囚人の独房が並ぶ。各独房は仕切られ、窓が2つある。建物外側にある小窓からは光が入り、独房内を照らす。建物内側の面は全面鉄格子。建物中央の塔には監視室があり、監視室の窓にはよろい戸がつけられ、監視室内は光が入らない状態。だから独房からは監視室にいる看守が見えない。逆に独房は小窓からの逆光で独房内の囚人の影が浮かび上がり、鉄格子の中にいる囚人は監視室から丸見えだ。

フーコーはこう述べている。

「これは重要な装置だ。なぜならそれは権力を自動的なものにし、権力を没個人化するからである」

囚人が「監視されている」と思うことがポイントだ。もし監視室が無人でも、囚人は勝手に「監視されている」と思い込んで規律正しく過ごす。だから少数の看守で多数の囚人を効率よく管理できる。「監視されている」と意識させるだけで、囚人は自発的に道徳的な行動をする。そしてフーコーはこう書いている。

「〈一望監視施設〉は、一般化が可能な一つの作用モデルとして理解されなければならない」

そう、パノプティコンの仕組みはいまや社会の至るところに組み込まれ、進化し続けているのだ。

あなたが会社貸与のスマホやパソコンで「会社が監視しているかも……」と思ったら、プライベートの使用は慎むだろう。この場合も監視対象が「監視されているかも」と考えるだけで十分な効果をあげている。

また「このスマホのデータ、誰かに読まれているかも」と思うことはないだろうか。実際、グーグルは私のGメールの内容をすべて知っている。この状況を米国の歴史学者マーク・ポスターは著書『情報様式論』(岩波現代文庫)で、**超パノプティコン**と名づけた。現代の私たちはデジタルなパノプティコンに取り囲まれており、かつそれらを使わざるを得ないのだ。

さらに現代では、SNSで目をつけられた人は瞬時に住まい・家族構成・過去の悪い行いが一瞬で晒されプライバシーが剥ぎ取られる。ノルウェーの社会学者トマス・マシーセンは、こうしてテクノロジーにより多数が少数を見世物のように監視する状況を指摘して、**シノプティコン**という概念を提唱している。

現実に日本では、コロナ禍で自粛警察が登場した。新型コロナ感染が拡大したとき、日本では政府や自治体が法律に基づいた地域のロックダウンができないので、飲食店に自粛を要請した。自粛はあくまで個々の判断だったが、まるで看守のように「なぜおまえの店は自粛せず営業しているのか？」と他人を監視し過度な妨害工作をする人たちが現れた。個人の正義感によって、国家権力にとって都合がよい行動を勝手にとってくれる。

フーコーはこうして、権力が人間を監視する超監視社会の構造基盤を解明したのである。

またフーコーは、「人間」という概念は最近の発明だ、と述べている。たしかに西洋哲学で「人間だけは特別だ」と言い始めたのは近代からだ。そしてフーコーは著書『言葉と物』で「**（この人間という概念は）知がさらに新しい形態を見いだしさえすれば、早晩消えさるもの**」とも述べている。

こうして「人間」の概念が生まれた19世紀の近代社会で、権力者が生み出した監獄と規律・訓練の仕組みが社会の基盤となり、いまやそうして生まれた超監視社会が、今度は人間を支配しつつある。

では、フーコーが言うように、人間という概念は消えてしまうのか？　１９８４年にＡＩＤＳとＨＩＶの合併症で亡くなったフーコーと入れ替わるように登場して、この問いに一石を投じたのが、１９８０年生まれの「現代哲学界のロックスター」と呼ばれる哲学者マルクス・ガブリエルだ。次に紹介したい。

Point

監獄の規律・訓練の仕組みが現代人の支配構造を生み出した

Book

21

『なぜ世界は存在しないのか』

形而上学も構築主義も限界。だから「新しい実在論」

清水一浩［訳］講談社選書メチエ

マルクス・ガブリエル

1980年－。ドイツの哲学者。史上最年少の29歳でボン大学に着任し、認識論・近現代哲学講座を担当、同大学国際哲学センター長も務める。後期シェリング研究をはじめ、古代哲学における懐疑主義からウィトゲンシュタイン、ハイデガーに至る西洋哲学全般について、一般書も含めて多くの著作を執筆。「新しい実在論」を提唱して世界的に注目されている。「哲学界のロックスター」とも呼ばれる。

現代社会は一見、豊かだが、その裏で自由と民主主義が危機に直面し、人間の尊厳が脅かされている。たとえばデジタル全体主義の台頭。現実の社会は他人を攻撃すると裁判所で裁かれ、何かを決める場合も民主的に議論する。しかしインターネットの世界には、民主主義の仕組みがない。ＧＡＦＡＭなどのプラットフォーマーの判断により、一方的な利用停止・追放が可能だ。以上はガブリエルが著書『世界史の針が巻き戻るとき』（ＰＨＰ新書）の冒頭で挙げた例だが、実際に米国の前大統領トランプはフェイスブックのアカウントを一方的に停止させられた。ＧＡＦＡＭは米国大統領を上回る権限を持つのだ。

全体主義国家の台頭もある。スウェーデンの調査機関Ｖ－Ｄｅｍによる２０１９年の分析によると、第二次世界大戦後、民主主義国家は順調に増えてきたが、２０１０年頃から全体主義国家が増え始めている。

メンタルヘルスを病む人も急増中だ。現代ビジネスは常に効率性を問い続け、現代人を追い込む。

地球環境問題もあるし、さらに貧富の差も二極化し、将来世代への不平等も生み出している。

これでも現代社会は「幸せで豊かな社会」と言えるのか？ Book 20『監獄の誕生』でフーコーは「『人間』という概念は早晩消える」と述べた。そんな時代が、本当にやって来るのだろうか？

そこで**「違う。人間中心の時代を取り戻そう」**と立ち上がったのが「現代哲学界のロックスター」と呼ばれるドイツの哲学者マルクス・ガブリエルだ。2009年に29歳でボン大学教授の哲学正教授に就任。NHK特集に何度も登場、複数の言語や古典語にも精通する天才である。

ガブリエルは、問題の原因には**「現代哲学の行き詰まりがある」**と考えた。現代の哲学には、**形而上学**と**構築主義**（**構造主義**）という2つの大きな潮流があり、それぞれ「存在」について次のように考えてきた。

①形而上学：「世界がどのように存在するか」を考え、世界の真理を追究する。

②構築主義：「世界には唯一の真実は存在しない」と考え、「一人ひとりにとっての真実が構築されるのだ」と考える。大正末期から昭和初期にかけて活躍した童謡詩人・金子みすゞの代表作「私と小鳥と鈴と」で、「みんなちがって、みんないい」という美しい一節があるが、まさにこの考え方だ。レヴィ＝ストロースやフーコーの構造主義、「普遍的な価値基準なんてない」と考えるポストモダン思想も構築主義だ。

2つの思想が限界に突き当たっている。真理を追求してきた形而上学は「ドイツ民族の世界支配」というナチスを生み、行き着いた先がホロコースト。多様な価値観がある現代ではひとつの真理を追究する形而上学は現実的ではない。一方の構築主義は現代では空気や水のように私たちの常識になり、私たちは「みんなちがっていい」と考え、多様な価値観を受け入れているが、解決策を示さない点で無責任な思想とも言える。

現代の問題は「みんなちがっていい」という構築主義では解決できない。かといって「真実に従おう」という形而上学は間違うこともあり、恐ろしい全体主義に陥る。このジレンマで社会が行き詰まっている。

そこでガブリエルが提唱するのが**「新しい実在論」**という哲学なのだ。本書はガブリエル哲学の核心を一般向けに書き下ろし2013年に刊行された一冊だ。早速、本書のポイントを見ていこう。

形而上学・構築主義・新しい実在論の違い

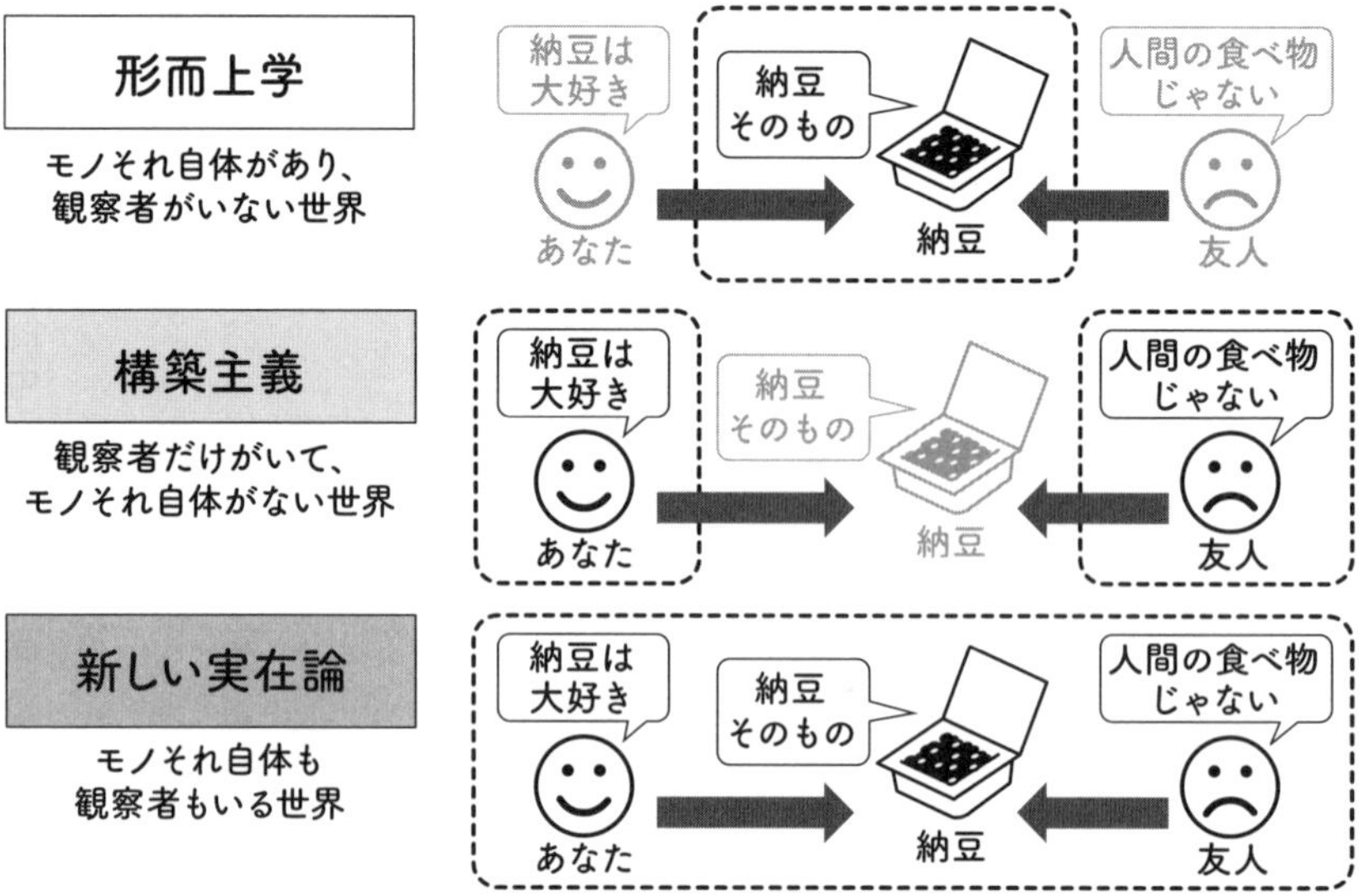
形而上学
モノそれ自体があり、
観察者がいない世界
納豆は大好き
納豆そのもの
人間の食べ物じゃない
あなた
納豆
友人
構築主義
観察者だけがいて、
モノそれ自体がない世界
納豆は大好き
納豆そのもの
人間の食べ物じゃない
あなた
納豆
友人
新しい実在論
モノそれ自体も
観察者もいる世界
納豆は大好き
納豆そのもの
人間の食べ物じゃない
あなた
納豆
友人

「新しい実在論」と従来の哲学の違い

私は納豆が好きだが「あれは人間の食べ物じゃない」と言う知人もいる。この事象を、形而上学、構築主義、新しい実在論で整理してみよう。

❶**形而上学**：納豆だけを考える。「納豆が好き」「人間の食べ物じゃない」と考える人は考慮しない

❷**構築主義**：私と友人が納豆についてどう思っているかだけを考え、納豆の存在は考えない

❸**新しい実在論**：「すべて事実だ」と考え、納豆の存在も、私や友人が納豆をどう思っているかも考える

新しい実在論はひとつの真実を考え抜いた上で、個人の考えも受け入れる。「**価値の基準を明確に示した上で、各個人の価値観も大切しよう**」と考えるからだ。さらに新しい実在論では「**世界は存在しない**」と考える。次にこのことを詳しく見ていこう。

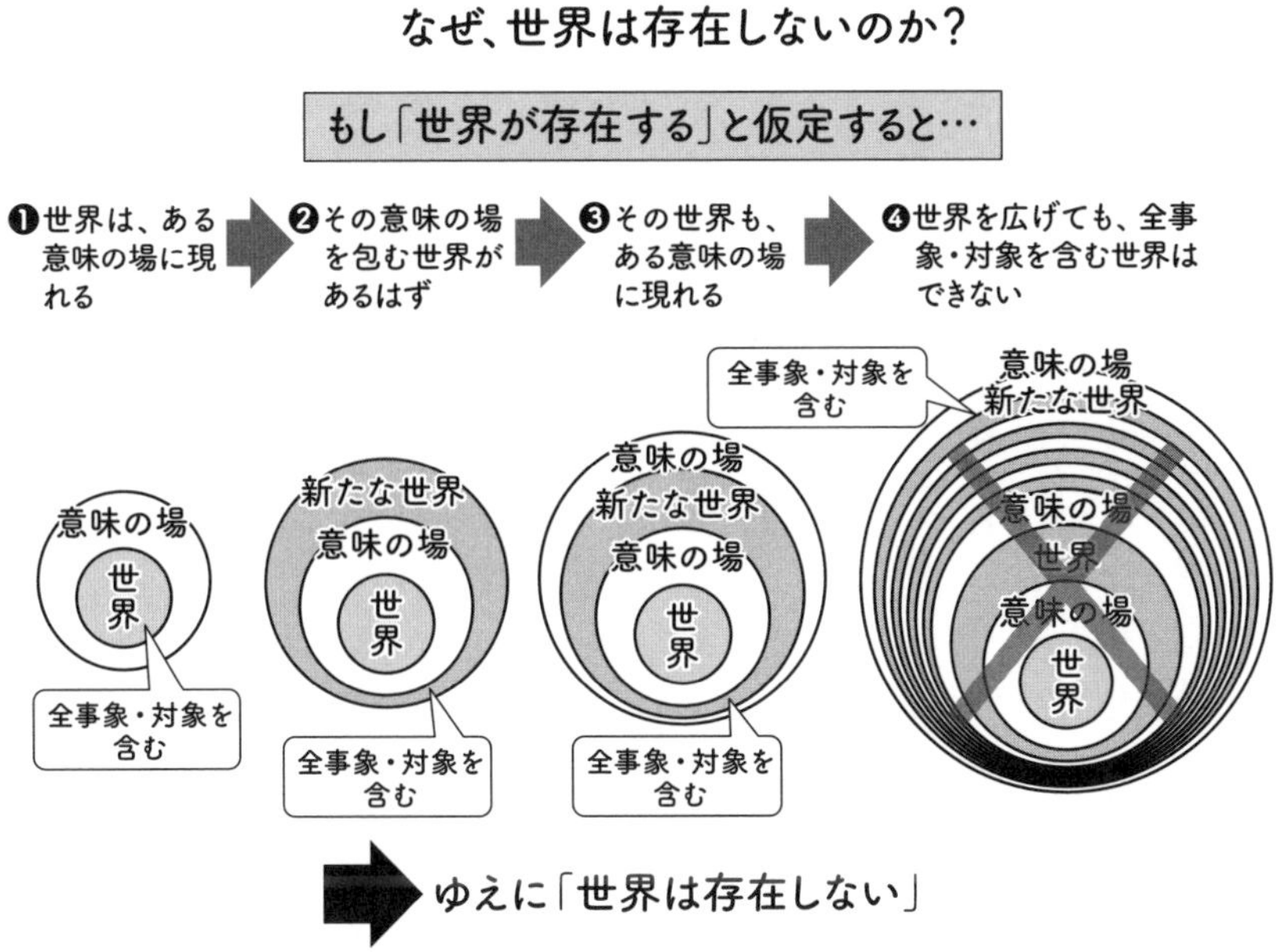
なぜ、世界は存在しないのか？
もし「世界が存在する」と仮定すると…
❶世界は、ある意味の場に現れる
❷その意味の場を包む世界があるはず
❸その世界も、ある意味の場に現れる
❹世界を広げても、全事象・対象を含む世界はできない
意味の場
世界
全事象・対象を含む
新たな世界
意味の場
世界
全事象・対象を含む
意味の場
新たな世界
意味の場
世界
全事象・対象を含む
全事象・対象を含む
意味の場
新たな世界
意味の場
世界
意味の場
世界
ゆえに「世界は存在しない」

「世界」以外のあらゆるものは存在する

拙著『100円のコーラを1000円で売る方法』は、主人公・宮前久美と宿命のライバル・内山明日香が戦う物語形式のビジネス書だ。知人たちが、本書を読んで、こう言い始めた。

「宮前久美、好きだな」「ボク、明日香派です」

私には衝撃だった。宮前久美も内山明日香も私が考えたキャラで、宇宙には存在しない。しかし知人たちは彼女らが実在するかのように話している。「これって、何なんだ!?」と思ってしまった。

しかし、ガブリエルに言わせると、宮前久美も内山明日香も存在しているのである。たしかに彼女らは宇宙には存在しないが、知人や読者の脳内には確実に存在している。

私たちは「宇宙には、すべてのモノが存在する」と考えがちだが、宇宙に実体がないものは意外と多い。たとえば「国家」は人類が生んだ概念だ。しかし宇宙から地球を見ても国境線はない。芸術・友情・

愛情なども宇宙に実体が存在しない。つまり宇宙は世界のすべてではない。自然科学で解明できる、ごく限定された領域に過ぎない。宇宙に存在しない国家・芸術・友情・愛情などは、自然科学では解明できない。

さらにガブリエルは「これらすべてを網羅する世界は、存在しない」という。そもそも「○○が存在する」と言えるのは、「○○がどこかの意味の場に現れる」からだ。友人が「宮前久美が存在する」と思っているのも、宮前久美が『100円のコーラ〜』という意味の場にいるからだ。

一方で「世界」は、すべての事象や対象を含んでいる。そして「世界が存在する」としたら、その世界は必ずどこかの「意味の場」に現れている。しかしこの瞬間、その世界はその世界より大きな「意味の場」は含んでいない。だからその世界は、すべての事象や対象を含む世界とは言えないことになる。

そこでその「意味の場」を含むようにより大きく世界を広げてみよう。しかしそうして広げた世界も、より大きな「意味の場」に現れることになり、この瞬間にその「意味の場」を含んでいないことになる。

こうして前ページ図のように世界を広げ続けても、その世界を含む意味の場は、その世界に含みようがない。そもそもこうした矛盾は、「世界が存在する」と考えるから延々と続くのだ。そこで最初から「世界は存在しない」と考えれば、この矛盾は起きなくなる。ガブリエルはこのことを次のように表現している。

「世界は存在しない。しかし世界以外のあらゆるものが存在する。警察官の制服を着用して月の裏面に棲んでいる一角獣でさえ存在する」

無数の「意味の場」は存在するが、それらすべての「意味の場」を含む世界なんて存在しない。

これまで哲学者は「世界とは何か?」を考えてきたが、成功していない。世界は捉えようがない。追いかけ続けても、追い水のように遠ざかり、追求の手からスルリと逃れる。そもそも存在しない世界を捉えようとするからこんなことが起こる。一方でガブリエルは「**世界以外のあらゆるものは存在する**」と言っている。

宇宙だけでなく、宮前久美も内山明日香もあなたの妄想も、すべて知人やあなたの脳内にたしかに存在しているのだ。では、なぜ現代社会は、この新しい実在論を必要としているのか？

科学万能主義への批判

とある超一流大学の講演動画を見ていたら、ある脳科学者がこんな話をしていた。

「すべては自然科学で説明可能。人間の思考もニューロンの発火現象なので、数式と物質で表現できる」

元理系人間の私も「なんか違う……」と思ってしまった。ガブリエルも科学万能主義を批判している。自然科学は人類の発展に貢献してきた。中世欧州を崩壊させたのも自然科学の力である。一方で自然科学は、すべてが物質でできており、あらゆることは自然科学で説明できるという唯物的一元論も生み出した。そして科学万能主義は科学を暴走させた。第一次・第二次世界大戦で数千万人もの死者が出たのも、科学の力だ。科学は核兵器も生み出し、地球環境も破壊しつつある。人は手に負えない怪物を生んでしまった。科学は万能ではない。脳科学者に「その考えを数式と物質で表現してください」と言うと、答えに詰まるだろう。根拠がない科学万能論は、皮肉なことに科学的ではなく、単なる信念に過ぎない。ただ、これは科学の否定ではない。**「科学は役立つけれど、万能じゃない。その点は気をつけようよ」**ということである。

「新しい実在論」は人間中心に考え、善を追求する

人間ならば誰でも、赤ちゃんを窓から放り投げたり、誰かを殺したりする場面を想像しただけで拒否反応を示す。このように人間なら誰もが共有できる「善と悪」という基準で**普遍的な道徳的価値観**に立ち戻り、その上で**「すべての人たちの視点には意味がある」**と**尊重**し、一人ひとりが意味ある人生を歩むことを支え

るべきなのだ。先の例だと、前者が納豆そのもの（真理）、後者が各自の納豆への考え（各自の価値観）だ。

ガブリエルの提言のひとつが**倫理資本主義**だ。著書『世界史の針が巻き戻るとき』（ＰＨＰ研究所）に書かれた内容を紹介しよう。経営会議で新商品発売を判断する際、「この商品を生産すると約５０００人がガンで死ぬ」というプレゼンを行う。こうして企業の経営判断に倫理を介在させて、経営陣がより倫理的に判断できるよう促すのだ。この提言は、経済学者・宇沢弘文が１９７４年に著書『自動車の社会的費用』（岩波書店）で「クルマは社会に大きな迷惑をかけているが、社会にただ乗りしている」と指摘したのと同じ視点だ。

アーレントは Book 16『エルサレムのアイヒマン』で、善悪を考え続ける大切さを強調した。レヴィナスは Book 19『全体性と無限』で、理解できない他者と対話を続ける大切さを主張した。ガブリエルも普遍的な道徳的価値観に立ち戻り、一人ひとりを尊重する大切さを説いている。

哲学の役割のひとつは、人類がその時点で抱える問題を解明して、解決するための考え方を示すことだ。私たち一人ひとりが哲学を学べば、人類のよりよい未来の構築に貢献できる。私たちは自分自身の運命も人類の未来も決められる。この世の一人ひとりのことを尊重して「何が善か？」を考え続けるべきなのだ。

Point

一人ひとりの視点を尊重し、倫理的な社会善を考えていこう

政治・経済・社会学

Chapter2

政治学・経済学・社会学の根っ子にあるのは「自由の実現」である。
本章では、政治・経済・社会学を理解するための18冊を紹介する。

Book

22

『政治学』

なぜ民主主義が、他の政治形態よりもマシなのか？

牛田徳子［訳］京都大学学術出版会

アリストテレス

前384年－前322年。古代ギリシャの哲学者。知的探求つまり科学的な探求全般を指した当時の哲学を、倫理学、自然科学を始めとした学問として分類し、それらの体系を築いた業績から「万学の祖」とも呼ばれる。師プラトンが超感覚的なイデアの世界を重んじたのに対して、アリストテレスは人間に卑近な感覚される事物を重んじ、これを支配する諸原因の認識を求める現実主義の立場をとった。

「**民主主義は最悪の政治形態だ。これまでに試みられてきた他のあらゆる政治形態を除けば、だが**」

英国首相だったチャーチルが残した、英国人らしい辛口ジョークだ。アリストテレスが2000年以上前に「**最善の政治のあり方とは？**」と考えた結果をまとめた本書を読むと、この意味がよくわかる。

本書には「組織マネジメントの本質」が書かれている。今の組織の問題の本質と対応策が見えるのだ。

アリストテレスはプラトンと並ぶ古代ギリシャ最大の哲学者である。「万学の祖」と称され、政治、文学、倫理学、論理学、博物学、物理学など実に幅広い学問に精通し、その後の世界に大きな影響を与えた。

理想主義者だった師匠のプラトンとは違って、アリストテレスは地に足がついた現実主義者だった。自然を観察し、その結果を論理的に分析し続けた。マケドニアのアレクサンドロス（のちにギリシャ・シリア・エジプト・ペルシャを征服したアレキサンダー大王）が少年の頃には、家庭教師を務めた。

当時、古代ギリシャには**ポリス**と呼ばれる都市国家が数多くあった。ポリスは王制・貴族制・民主制などさまざまな政治体制があった。古代ギリシャ人たちは「王制が絶対いい」「いや貴族制だね」「やっぱり民主制でしょ」と井戸端会議のように議論していた。そこでアリストテレスはこう考えたのである。

「それってどれも自分の主観でしょ。ちゃんと分析した上で判断すべきだよね」

幸い、ギリシャには多くの都市国家・ポリスがあった。どのようにポリスが生まれ、どんな経緯をたどって発展し衰退したかについて豊富な記録がある。そこで分析大好き人間のアリストテレスは、こう考えた。

「ポリスの記録を丹念に調べて分析すれば、最善の政治のあり方もわかるはずだ」

こうしてまとめたのが政治学で最重要な古典である本書だ。早速、本書のポイントを見ていこう。

人間は国家的な動物である

アリストテレスは人間とミツバチを比較して考察している。人間は「社会的な動物」と言われているが、人間以外にもミツバチのように群れて生きる動物はいる。ただミツバチは本能で生きているのに対して、人間には理性があり、善と悪、正と不正を判断して、その考えを伝えられる。そして人間は共通利益を追求し、よりよく生きるために集団をつくる。そんな集団のひとつの形が国家だ。国家が存在せずに善と悪に基づいた法や裁きがないと、人間の中には徳を欠いた者もいるので悪さをする人も出てくる。

そこでアリストテレスはこう述べている。**「人は自然によって国家的（ポリス的）動物である」**

人間は一人では生きられない。しかし国家をつくることで、人間はよりよく生きられるようになるのだ。野生動物が野生で生きるのが自然なように、人間にとって国家をつくることが自然な状態なのである。

さまざまな都市国家・ポリスの発展や衰退をこと細かに調べたアリストテレスは、政治形態を次ページの図のように6つに分類した。

まず公共利益を重視する理想の政治形態を考えると、支配者の数により次の3つに分かれる。

6つの政治形態では「民主制」がいちばんマシ

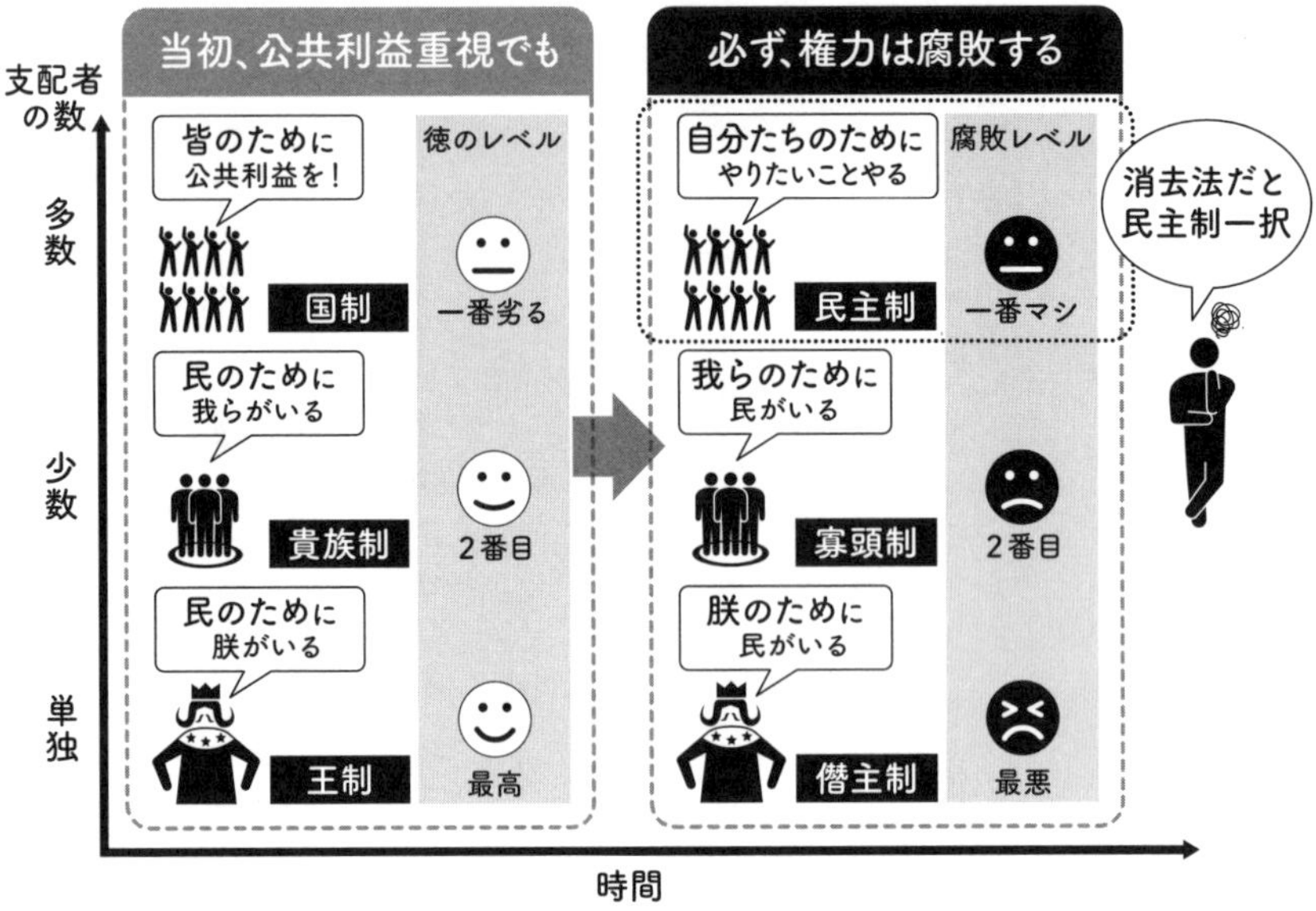

【王　制】最善の徳を持つ一人で、国家を治める
【貴族制】最善の徳を持つ人々が、国家を治める
【国　制】公共利益を目指す多数者が国家を治める

この中でベストは最もすぐれた徳を持つ国王を選び、その国王が国を治める王制。そして国制が一番劣る。大勢の者が最善の国王の徳に到達するのは難しいからだ。

しかし、当初公共利益を重視していた支配者も、遅かれ早かれ腐敗し、自分たちの支配者利益を重視するようになる。すると王制・貴族制・国制はこう変わる。

【僭主《せんしゅ》制】自己利益を追求する独裁者が支配する
【寡頭《かとう》制】少数富裕者が自分たちの利益追求のために、主権を取って支配する
【民主制】市民が民衆の利益追求のために、主権を取って支配する

この中で最悪は僭主制だ。絶対権力が腐敗すると底知れない腐敗が起こる。気に食わない人間の処刑も自由自在。逆に腐敗の程度が最小なのが民主制だ。

多数者支配のほうが、腐敗に歯止めが利くからだ。

国家が大きくなると国王一人ですべて監督するのは不可能なので、王制による統治はムリ。一方で国家が大きくなると徳にすぐれた人が多く出るようになり、誰か一人の支配（＝王制）に頼る必要がなくなる。

こうして統治体制は徐々に変わっていき、大衆に権力が移り、最後は腐敗してもある程度のレベル以上は悪化しない民主制に落ち着く。これが冒頭のチャーチルの言葉の意味なのだ。つまりこういうことである。

「権力は必ず腐敗する。しかも国家が大きくなると王制はムリ。消去法で選ぶなら、民主制しかないね」

「法の支配」を提唱したアリストテレス

では、国家の主権は、誰が持つべきなのか？　国家には徳がある人、富裕な人、生まれがよい人、自由な人など多様な人がいる。誰が主権を持つのが正しいかは相対的なものでしかなく、人が治める以上、権力は常に腐敗の可能性がある。そこでアリストテレスが示した基準が「法の正しさ」だ。彼はこう述べている。

「法こそが、もし正しく制定されるならば、主権をもつべきだということである。そして支配の座にある者は、（中略）法が精密に定めることのまったくできない事柄――というのは、あらゆることについて一般的規定を尽くすことは容易でないからであるが、――そうした事柄に関してだけ権限をもつべきだということである」

つまり支配者は、人々にとって最善の法を定める立法家となり、さらに法では判断できないことに権限を持つべきなのだ。こうしてアリストテレスは**法治国家**の原型を提唱したのである。

現代のコーポレート・ガバナンス（企業統治）のベースにも、これらの考え方がある。コーポレート・ガバナンスは「経営者は絶大な権限がある。腐敗したり誤判断したりすると損害は甚大。そこで経営者の暴走を防止する仕組みとルールをつくろう」という考え方だ。アリストテレス風に言えば、「最もすぐれた徳を持つ経営者が王制の経営ができれば理想だけど、腐敗して自分の利益を追求する僭主制の経営になると困る。そこで民主制の考え方を取り入れて、法の支配に基づいて外部から監視しよう」ということだ。

あなたの組織が6つの中でどれか、どんなルールがあるかを考えてみると、新しい発見があるはずだ。

民主主義が最適解とは限らない

政治が難しいのは、利害関係者が多いことだ。何か決めようとすると必ず不満を持つ人がいる。政治ではさまざまな意見の違いがある中で、大多数の人が納得する落としどころを見つけることがカギになる。

アリストテレスは**「中庸《ちゅうよう》であることが最善の善」**と考えた。中庸とは「ほどほどの状態」のこと。支配者も同じだ。国家で最も理性に沿って判断できるのは、中庸＝中間層の人々だ。超富裕層は力や富がありすぎて傲慢になりがちだし、逆に極端な貧困層は貧乏で力が弱く、理性的に判断するのは難しい。

そこでアリストテレスは、中間層の人たちが国家を支配するのが最善であり、そんな中間層が多数いる国家が幸運なよい国家だという。逆に格差が激しい社会では、極端な民主制か独裁僭主制になりがち、ともいう。貧富の格差が広がりつつある現代社会にとっては大きな警鐘だ。格差が少ない社会がよい社会なのだ。

実際にアリストテレスは、中間層が少数派になり社会の格差が広がると、富裕層と一般民衆が争い始めるという。そして財産を持つ者が勝つと寡頭制となり、一般民衆が勝つと民主制になる、と述べている。

実際に格差が激しい現代の米国で、その兆しがある。シリコンバレーで影響力を持ち「ペイパル・マフィア」のドンと呼ばれるピーター・ティールは、自分がリスクを取って稼いだ富が税金で取り立てられ、社会に還元されることに対して「我々の自由の侵害。公正ではない。自分がリスクを負って獲得した富は、自分のモノ」と考え「**自由と民主主義が両立するとは思わない**」とまで主張する。そこで政府の管理から解放されるため、公海上の浮島に洋上自治都市「シーステッド」を建設するプロジェクトに出資する。このプロジェクトを進めているのはパトリ・フリードマン。新自由主義を推進した Book 33『資本主義と自由』の著者ミルトン・フリードマンの孫だ。

ティールは自分たちの自由を徹底的に追求し、国家の政治体制そのものに疑問を投げかけ、米国から独立し、自分たちが納得する新たな国家を打ち立てようとしている。2000年以上前にアリストテレスが想定していなかった新たな国家のあり方が生まれつつあることを、私たちは知っておくべきだろう。

さて、アリストテレスの師匠であり、理想主義者だったプラトンは「国家の正義も個々人の正義も、哲学で見極められる。だから哲学をしている者が統治者になるか、現に権力を持つ者が哲学をすべきだ」と主張した。一方で現実主義者だった弟子のアリストテレスは、現実的に考えた。絶対正しい政治形態はなく、あくまで状況に応じた相対的なものだ、と考えた上で、こう述べている。

「**国家がむかしに比べてすっかり大きくなってしまったからには、民主制以外の国制（政治体制）が出現するのは、おそらくもはや容易ならざることであろう**」

現代社会でもロシアや中国などの専制国家が力をつけ、民主主義は課題に直面している。都市国家の栄枯盛衰から学んだ本書の洞察は現代でも有効だ。あるべき組織を考える上で、本書は大いに読む価値がある。

Point

消去法で考えると、最も腐敗しにくいのが民主制

Book

23

『統治二論』

ロックが提唱したルールは、自由民主主義の基本

『完訳 統治二論』加藤節［訳］岩波文庫

ジョン・ロック

1632年－1704年。イギリスの哲学者。イギリス経験論の祖と呼ばれ、主著『人間悟性論』において経験論的認識論を体系化した。「自由主義の父」とも呼ばれ、政治哲学者としての側面も有名。『統治二論』における政治思想は名誉革命を理論的に正当化するものとなり、その中で示された社会契約や抵抗権についての考えはアメリカ独立宣言、フランス人権宣言に大きな影響を与えた。

「政治？ 興味ないね。今の政治家ってひどい奴ばかり。だから選挙も行かないよ。俺、忙しいし」

実はこの人、そのひどい政治家の言いなりになっている。サルトルがBook 17『実存主義とは何か』で言ったように、批判しないのは支持と同じ。この人は選挙に行かないことで結果として「文句なし」と意思表示してひどい政治家を支持しており、そのひどい政治は続くのだ。そして、このことに気づいていない。

「でも、俺の一票では何も変わらない」という反論もよくある。しかし、その一票で社会を変えるのが民主主義だ。実際に日本でも何回か政権が変わったし、あまりにもひどい政治家も選挙でちゃんと落選する。

私たちは、必ず社会と関わって生きている。そして今の社会は、民主主義の仕組みで動いている。今の社会で生きる以上、あらゆる人は例外なく、民主主義の仕組みを知ることが必須なのだ。

民主主義は、数百年間かけて人類が努力して築き上げてきたものだ。ほんの数世紀前は、状況はまったく違った。400年前、英国は国王が支配していた。すべて国王の一存だ。

立派な国王ならいいが暴君だったりすると、悪口を言った途端に牢屋にぶち込まれ、最悪死刑である。まったく心当たりがないのにいきなり自分や家族が問答無用で牢屋に入れられ、死刑になるのだ。しかも選挙な

んてないから、そんな暴君でも国のトップに居座り続け、暴政で国民を苦しめていた。

現代は、自由と民主主義が空気や水のように当たり前な存在だ。だからこのありがたみがわからない。

現在の民主主義の基本原理は、300年前にジョン・ロックが本書で書いた内容に基づいている。政治学の世界では、基本的な入門書だ。刊行は1690年。当時、英国は民主主義革命の真っ只中だった。

その直前、国王ジェイムズ2世の暴政で国民の不満が高まり、英国議会は国王を追放して、ジェイムズ2世の長女メアリー2世と夫のウィリアム3世を共同統治者に選んだ。そして1688年、国家の主権を国王から議会に移した立憲君主制が確立。この革命は流血を見ずに行われたので、**名誉革命**と呼ばれた。

こんな時代に書かれた本書は「民主主義革命の書」として読まれ、その後の米国独立（1776年）、そしてフランス革命（1789～95年）に多大な影響を与えた。

著者のロックは哲学者であり、政治思想家だ。ロックはベーコンが Book 4『ノヴム・オルガヌム』で提唱した**経験主義**を受け継ぎ、**タブラ・ラサ**を提唱した。「人間は生まれたときは白紙（タブラ・ラサ）。経験を通してさまざまな観念や知識を得ていく。人間は生まれついて白紙だから優劣なんてない」という考え方だ。そこでロックは**イギリス経験論の祖**とも称されている。この思想をもとに、ロックは政治思想家として民主主義の概念をつくったのである。では、本書のポイントを見ていこう。

「そもそも王様の権威に根拠などない」

本書が刊行された頃の英国では、「国王って、国のトップであるべきなのか？」がホットな議論だった。

そもそも「国王は国のトップに君臨する権利を持つ」と考えられた根拠は、政治思想家フィルマーが著書『パトリアーカ』（日本語で「家父長論」）で提唱した**王権神授説**だった。フィルマーは「**旧約聖書によると、神**

はアダムに世界のすべてを支配する権利を授けた。この権利が受け継がれて、王様が神から世界を支配する権利を授かった」と言ったのである。

本書『統治二論』の前篇は、この王権神授説への徹底的な反論である。

ロックは敬虔な清教徒だった。清教徒は、聖書の教えに忠実な英国におけるプロテスタントの一派だ。Book 2『キリスト者の自由』のルターと同様、プロテスタントは聖書にやたらとこだわる。ロックも聖書に基づいてフィルマーの主張をこと細かに検証し、こう言ったのだ。

「フィルマーさん、聖書のどこにもそんなこと書いてませんよ。たしかに神はアダムにすべての生物を支配する権利は与えましたけど、他の人間を支配する権利なんて、何も与えちゃいませんよ」

ロックは「神様が王様の権利を与えた」という当時の人の常識を、まずは聖書を徹底的に検証した上でひっくり返した。そして本書の後篇で、民主主義社会を提唱していく。

自然状態から、政府がある状態へ

ロックは「そもそも自然な人間がどんな状態かを考えれば、政治権力のあるべき姿がわかる」と考えた。人間が誕生した頃の状態を、**自然状態**という。王様なんていない。一人ひとりの人間はみな完全に自由で平等。熟したリンゴを採れば、それは自分の労働で得た所有物なので、リンゴの**所有権**は自分にある。同様に、自分の命、身体、人格も自分のモノだ。この自分に大切なモノを守る権利が**固有権**だ。

固有権については、本人以外の誰といえども、いかなる権利も持ってない。何人たりとも自分の命を奪い、傷つけ、モノを奪う権利はない。これは逆の視点で見ると、私たちは完全に自由だからといっても、何をしてもいいわけではない、ということだ。たとえば、他人の命やモノを破壊するのはダメである。

ロックは「政治のあるべき姿」を考えた

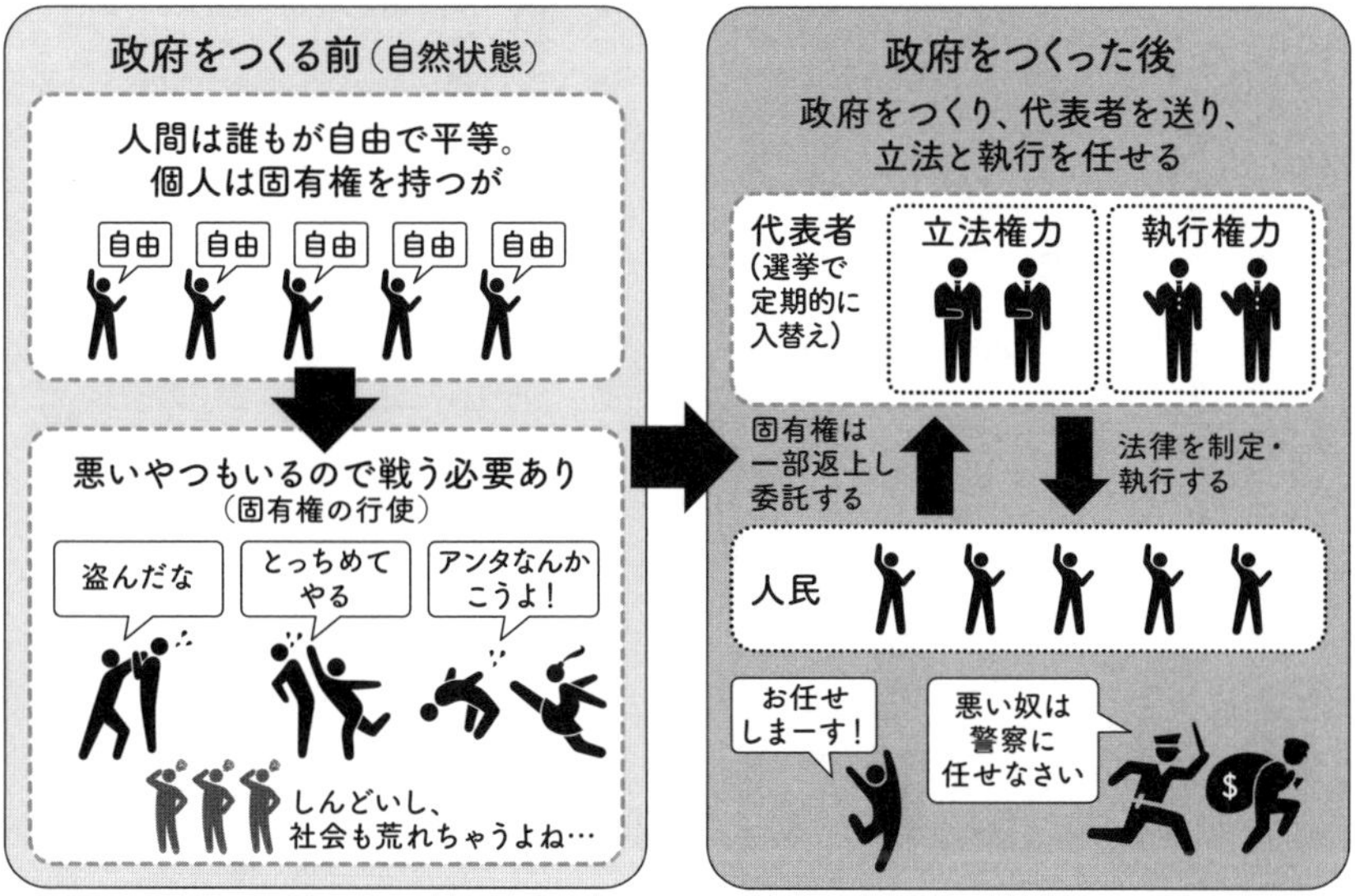
政府をつくる前（自然状態）
人間は誰もが自由で平等。
個人は固有権を持つが
自由
自由
自由
自由
自由
悪いやつもいるので戦う必要あり
（固有権の行使）
盗んだな
とっちめてやる
アンタなんかこうよ！
しんどいし、
社会も荒れちゃうよね…
政府をつくった後
政府をつくり、代表者を送り、
立法と執行を任せる
代表者
（選挙で
定期的に
入替え）
立法権力
執行権力
固有権は
一部返上し
委託する
法律を制定・
執行する
人民
お任せ
しまーす！
悪い奴は
警察に
任せなさい
$

こうして自然状態にいる人間が従うべきルールを**自然法**という。しかし悪いことをする輩もいる。私たちはそんな輩と戦う権利も持つ。だが、個人同士で戦いが続くとしんどいし、社会も荒れてしまう。

そこで「裁く人を決めよう」と考えて政府ができた。政府の本来の役割は、皆にとってよいことをすること、つまり**公共善を増やすこと**だ。

政府をつくると、人は固有権の一部を返上することになる。具体的には上図のようになる。

【政府をつくる前】悪い奴はとっちめてOK。自分の固有権はすべて行使できる。でも、しんどいし荒れる

【政府をつくった後】悪い奴は警察に任せる。自分の固有権の一部を、政府に返上したためだ

自分が持つ「悪い奴をとっちめる」という固有権の一部を政府に返上し委託する。だから自分で悪い奴をとっちめると、逆に警察に捕まってしまう。

私たちは固有権の一部を政府に与え、管理してもらっている。では、その政府はどんな仕組みなのか？

「立法権力」と「執行権力」を分ける理由

ジャイアンがいつもの空き地で「おまえのモノは俺のモノ」という法律を勝手につくってしまった。そして自分の法律に基づいて、のび太のマンガを巻き上げた。これでは空き地の暴君だ。困ってしまう。

こんな状態に対応するため、「政治共同体の権力には、**立法権力**と**執行権力**の2つがある」と考えたロックが提唱するのが、**立法と執行の分離**である。

【立法権力】人々が従うべき法を定める権力。これが国家の最高権力である

【執行権力】法に基づいて、実際に業務を行う権力。行政や裁判が執行権力にあたる

ロックはこうした権力を持つ人を選挙で選び、自然権の一部を彼らに一定期間預ける仕組みを提唱した。

いつもの空き地だと、こうなる。まず空き地の仲間で選挙し、立法権力を持つ期間限定メンバー（たとえば、しずかとスネ夫）を選ぶ。彼らが空き地の法律（たとえば「自分のモノは、自分のモノ」）を決める。

そして執行権力を持つ期間限定メンバー（たとえば、のび太とジャイアン）も決め、法律が守られているかを監視して、守らない者にあらかじめ決めた罰則を与える。期限が来たら再び新メンバーを選挙で選ぶ。

現在の日本は、ロックが提唱したこの仕組みを実現している。

立法権力は、国会（衆議院と参議院）が持つ。国会議員は選挙で選ばれ、任期もある。

執行権力は、各官庁の大臣と裁判官が持つ。各官庁の大臣は、衆参両院が選んだ総理大臣が任命する。そして最高裁判所の裁判官は、任命直後と任命10年後に行われる衆議院選挙で国民審査を受ける。

「なんで立法と執行を分けるの？　ひとつにすればシンプルじゃん」と思うかもしれないが、立法権力と執行権力が一体化すると、恐ろしいほど強大な権力ができあがるのだ。

専制国家の中には、国家権力を脅かす人物を即刻逮捕できる法律をつくり（立法）、その人物を刑務所に入れて「思想教育」と称して拷問する（執行）、という国もある。形は法治国家でも、このように国家権力が他人の生命を自在に奪える絶対的な権力を、**専制権力**という。絶対王政はまさに専制権力なのである。

いつもの空き地でジャイアンが自分の法律をつくり、のび太から漫画を巻き上げるのは、まさにこれだ。

ロックは「たとえ民主主義の制度でも、悪いトップが選ばれればひどい世の中になる」と考え、立法権力と執行権力の分割を提唱したのだ。このロックの提言は、その後、政治哲学者・モンテスキューによって「司法・立法・行政を相互に独立させた3機関に分けて委ねよう」という**三権分立**に進化した。

さらにロックは政府が悪政を続けて不当な権利を行使したら、人民は抵抗して自ら防衛する権利「**抵抗権**」を持つと提唱した。1775年、英国の一方的な重税に苦しむ植民地・米国は独立戦争を始め、1776年に独立を宣言。抵抗権はその理論的な根拠になった。詳しくは Book 25『コモン・センス』で紹介しよう。

ロックは本書でこのように述べている。

「**人間はすべて、生来的に自由で平等で独立した存在であるから、誰も、自分自身の同意なしに、この状態を脱して、他者のもつ政治権力に服することはできない**」

現代の人権論や自由主義、民主主義は、ロックなしには語れない。こうして人類が勝ち取った自由と民主主義を守るには、不断の努力が必要だ。自由と民主主義の基本を理解するためにも、本書を読んでほしい。

Point

民主主義の原点は「あらゆる人は生まれながらにして自由で平等」

Book 24

『社会契約論』

理想の合意形成と、自由民主主義の姿とは？

『社会契約論／ジュネーヴ草稿』中山元［訳］光文社古典新訳文庫

ルソー

1712年－1778年。フランスの啓蒙思想家。父の失踪や放浪生活など苦難に満ちた青年期を送るが、懸賞論文『学問芸術論』で一躍有名になり、『社会契約論』『エミール』など文明社会に対する鋭い批評を次々と発表。だが、当時は危険思想とされて次々と発禁処分となり、亡命生活を送ることに。死後、フランス革命が起きると、フランス人権宣言にその思想が盛り込まれ、思想的な提唱者とみなされた。

ビジネスで必ず必要になるのが、関係者との合意形成である。しかし、これが実に難しい。

「多数決でＯＫじゃないの？」と言う人が多いが、必ず不満な人が出てきて、のちのち大問題になる。

「意見を聞いて、全員賛成ならＯＫでしょ」と思いがちだが、ルソーは「それも違うよ」と言う。

民主主義の理想を描いた本書から、私たちは合意形成のあるべき姿を学べるのである。

ルソーは代議士を選挙で選ぶことを提唱したBook 23『統治二論』のロックに対し、「そんなやり方は私たちを奴隷にするだけ。真の人民主権なんて実現できない」と考え、人民主権の理想像を提唱した。

ルソーが活躍した18世紀当時のフランスは、国王ルイ15世が国を支配し、2％の貴族と聖職者が、98％の貧しい民衆から税金を取り立て優雅に暮らしていた。実に不平等な超格差社会。民主主義など影も形もない。

こんな中で、理想の国家が実現可能であることを示すためにルソーが１７６２年に刊行したのが、本書である。本書は、ルソーが逝去して11年後の１７８９年に起こったフランス革命で、理論的な柱になった。

ルソーは人間味あふれる人物だ。15歳で家出。男爵夫人に保護されて住み着くが、愛人関係となる。その後の女性関係も派手だった。一方で５人の子どもは全員孤児院送り。さまざまな仕事に就くが、懸賞論文で入賞し注目される38歳まで成功とは無縁。その後、本書『社会契約論』と教育論の名著『エミール』は禁書扱いとなって逮捕状が出され、欧州各地を逃亡者として放浪する生活を送った。ちなみに、肖像画で残されているルソーは、実にハンサムだ。そんなルソーが描く人民主権の理想社会とは、どんな世界なのか？

では早速、本書のポイントを見ていこう。

ルソーの社会契約説では「一般意志」がカギ

本書のタイトルは『社会契約論』だ。ロックとルソーの**社会契約説**は「人間は誰もが自由だが一人では生きられないので、国家という社会をつくり、社会と契約している」というもの。ただ両者はこの後が違う。

ロックは「もともと人間は完全に平等・自由で、固有権（所有権）も持っていた。ただ悪い奴が悪さすると困るから、政府をつくり誰かを選んで期間限定で自分の権利の一部を信託しよう。選んだ政府が悪さをしたら、全取っ替えOK」と言った。これが代議士制の出発点になり、アメリカ独立宣言につながった。

しかしルソーは「代議士制なんて、論外だ」と主張したのである。「自分の権利は信託しちゃダメですよ。私たちは直接話し合って、**一般意志**に従った直接民主制をすべきじゃないの？」

この一般意志が、ルソー思想の勘所だ。しかし、この概念がわかりにくい。こんな事例で考えてみよう。

創業して数年目のベンチャーA社は、ある会社から巨額の買収を提案された。早速、幹部で話し合った。

ヤノさん「苦しい資金繰りが解消できるから、提案を受けようよ」

オダさん「でも買収されると、やりたいことができなくなる。断ろう」

スギさん「買収を提案してきた会社はライバルだ。別の会社の傘下に入ったほうがいい」

話がまとまらない。ここで役立つのが、ルソーが考えた個別意志、全体意志、一般意志の区別なのだ。

ルソーが提唱した「一般意志」

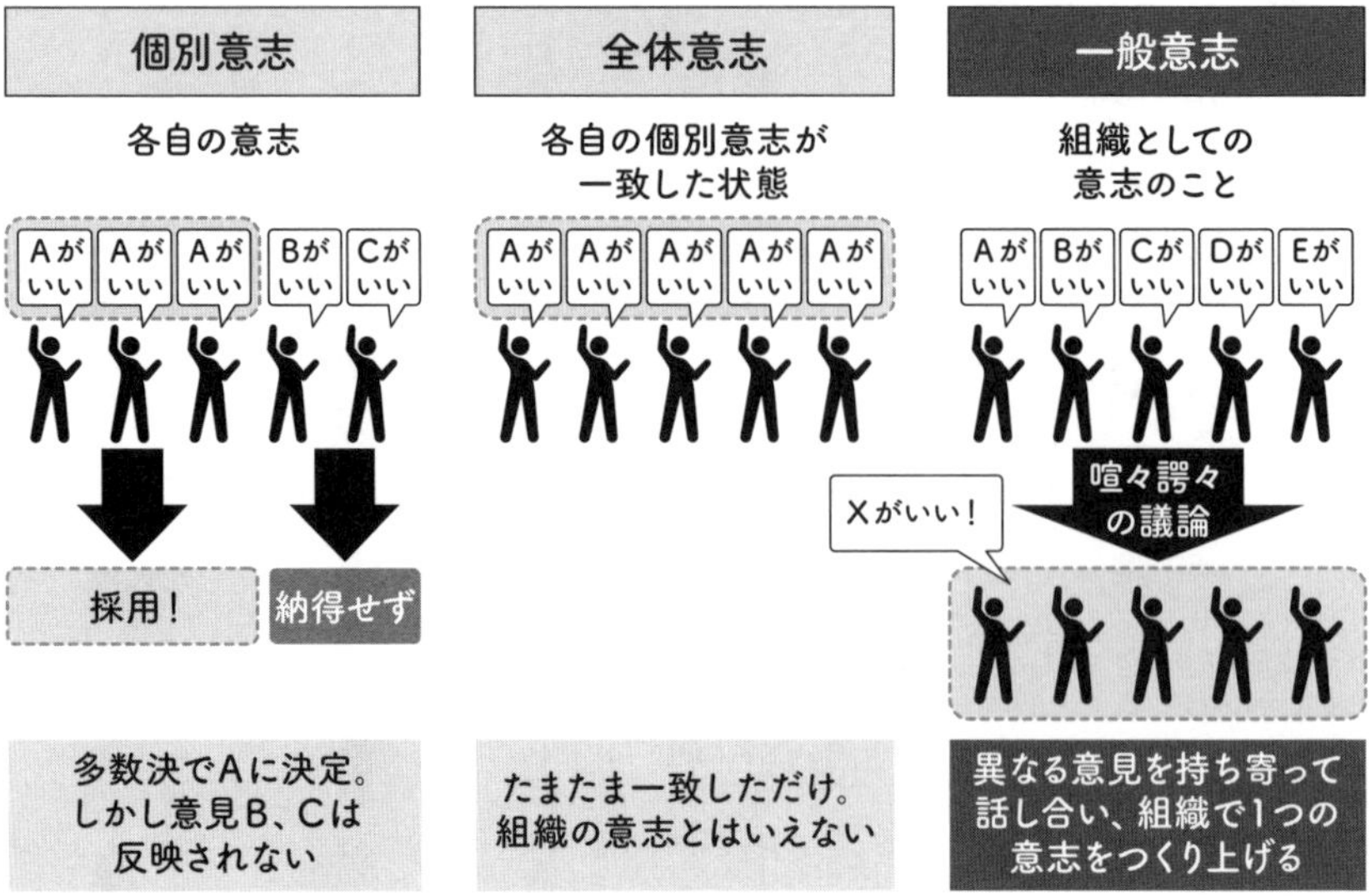

個別意志
全体意志
一般意志
各自の意志
各自の個別意志が
一致した状態
組織としての
意志のこと
Aがいい
Aがいい
Aがいい
Bがいい
Cがいい
Aがいい
Aがいい
Aがいい
Aがいい
Aがいい
Aがいい
Bがいい
Cがいい
Dがいい
Eがいい
喧々諤々
の議論
Xがいいい!
採用!
納得せず
多数決でAに決定。
しかし意見B、Cは
反映されない
たまたま一致しただけ。
組織の意志とはいえない
異なる意見を持ち寄って
話し合い、組織で1つの
意志をつくり上げる

【個別意志】各自の意志のこと。3人は各自の意見(=個別意志)を持っている。多数決で決めるのは最悪だ。納得しない人が出てきて後で必ず揉める。

【全体意志】3人の個別意志が「買収提案を受ける」で一致すれば、それは全体意志。しかし**全体意志はたまたま個別意志が一致した**だけだ。決して「組織(A社)の意志」とはいえない。

【一般意志】個人が自由な意志を持つように**組織が一つの精神的存在として持つ意志**のことだ。これは全体意志と違う。A社の幹部が異論を出し合って議論しない限り、A社の一般意志は決まらない。当初は意見が違っても、喧々諤々の議論の末に、「僕たち『楽しいことをやろう』と思ってこの会社を始めたよね。買収で大金を得て『楽しいか?』と問われたら、全然楽しくない。提案は断ろう」と心から3人が納得すれば、それが一般意志だ。**重要なのは意見の一致や多数決ではなく、意見の違い**だ。異なる意見を持ち寄り議論して、はじめて一般意志が生まれる。

一般意志の考え方は、組織で全員が納得して合意する上で、実に参考になる。

2022年、日産が仏ルノーと出資比率の引き下げで対等関係になる交渉をしていたときのこと。日産の内田誠社長は交渉中に何度も中断を申し入れた。内田社長はこう語る。「皆が消化できないと意味がない。『あのとき内田が言ったから決まった』という話には絶対させない。それだけは本当にバカ丁寧にやってきた」。内田社長は、日産としての一般意志を最重視したのである。

国家も同じだ。ルソーは「**国家は公益を目的として設立されたものであり、この国家のさまざまな力を指導できるのは、一般意志だけだ**」と述べている。社会では多様な人がさまざまな利害を持つ。しかし、共通利益を追求するために社会がある。だから社会も共通の利益を目指す一般意志を追求し続けるべきなのだ。

そこで「**法**」が必要になる。ルソーはこう述べている。「あらゆる立法の体系は、すべての人々の最大の幸福を目的とすべきであるが、この最大の幸福とは正確には何を意味するかを探ってゆくと、二つの主要な目標、すなわち自由と平等に帰着することがわかる」

そこで最大の幸福（自由と平等）のために国民の意志で定めた法に基づいて統治される国家が、**法治国家**だ。

では、現実の世界でこれをどのように行うのか。

ルソーが指摘した、現代の政治の問題点と解決策

ルソーは理想の法治国家のあり方として、古代ローマを例に挙げる。

ローマは理想的な法治国家だった。市民40万人が住むローマでは、市民は週数回の集会を開き、行政官として公共の場にも集まった。市民は頻繁に集会して政治的課題を話し合った。その前の古代ギリシャでも、ポリス（都市国家）では人民がたえず広場（アゴラ）に集まり議論した。当時、市民の代わりに奴隷が労働を

していた。市民は労働から解放され、自分の自由に関心を持ち、積極的に政治に関わったのだ。
ルソーが理想とする民主主義は、こうして人民が自ら政治に関わり、国家の一般意志のあるべき姿を議論する**直接民主主義**だ。こうして決まった一般意志が、国家の意志。だから個人はすべての権利を一般意志に差し出して100％従うべきだ、というのがルソーの主張だ。

こう主張するルソーにとって、代議士を選挙で選び、国家権力を委託する代議士制は大間違いなのだ。政治のあり方を決める主権は、人民一人ひとりが持つ。この主権は誰にも譲渡できない。譲渡できない以上、人民が選ぶ代議士は人民の代表でなく、代理人に過ぎない。人民の代わりに最終決定を下すこともできない。そう考えたルソーは、本書でこう述べて暗にロックを批判する。「**イギリスの人民はみずからを自由だと考えているが、それは大きな思い違いである。自由なのは、議会の議員を選挙するあいだだけであり、議員の選挙が終われば人民はもはや奴隷であり、無にひとしいものになる**」

ルソーの指摘は、現代の民主主義が直面する問題だ。政治家が国民に向き合うのは選挙期間中のみ。真摯に選挙民に向き合い公約実現に取り組む誠実な政治家もいるが、できもしない選挙公約を約束し、当選した途端に破る議員もいる。こんな政治家個人の資質に頼る現代の民主主義は、理想の仕組みとは言えない。

選挙民側にも問題がある。「忙しい」と言って政治の議論には関わらず、代議士に一任している。選挙にすら行かない人もいる。ルソーは、こう述べている。「わたしたちのような近代人は奴隷を所有しないが、諸君自身が奴隷なのだ。わたしたちはみずからの自由を売って、奴隷の自由を買っているのである。そのほうがよいのだと自慢しても空しい。わたしはそこに人間の姿ではなく、卑屈さをみいだすからだ。（中略）人民が代表をもった瞬間から、人民は自由ではなくなる。人民は存在しなくなるのだ」

実に耳が痛い。そこでルソーは、理想の政治（＝真の民主政）を実現する3つの条件を挙げている。

❶非常に小さな国家で、人民がすぐ集会を開くことができ、互いに知り合いになれること
❷人民の習慣が素朴で、さまざまな議論をせずに多くの事務を処理できること
❸地位や財産はほぼ平等なこと

日本では人口が少ない都道府県ほど、この条件を満たしている。実際にコロナ禍で強いリーダーシップを発揮する都道府県知事が数多く現れた。地方主権は、真の民主主義に近づくひとつの方法なのだろう。私たちも、まずは身近な地域の政治に関わるところから始めるべきなのだ。

ルソーには批判もある。「一般意志にすべて捧げよ」という主張は、専制国家で「国家に従え」という形で利用されやすいのだ。哲学者のラッセルは著書『西洋哲学史3』（みすず書房）で「ヒットラーはルソーの帰結であり、ルーズヴェルトやチャーチルはロックの帰結である」と述べている。

しかし一般意志の大前提は、直接民主主義の徹底だ。ルソーは「そうして決めた一般意志は国家の意思。だから従え」と言ったが、これを大きな国家で実現する具体的な方法は示していない。逆に「真の民主政はこれまで存在したことはなく、これからも存在することはないだろうと言わざるをえない」と述べている。加えてルソーの文章は人を突き動かす扇情的な文章で、誤解されやすかった。このために専制国家に悪用されてしまった面も、あるように思える。一方で日産の内田社長がルノーとの交渉で日産の一般意志を重視したように、ルソーの思想はビジネスでも力を発揮する。ビジネスで合意形成を図る上で参考になるはずだ。

Point

> 意見の相違を出発点に、組織としての「一般意志」をつくり上げよ

Book 25

『コモン・センス』

植民地根性の米国人民の考えを一変させた歴史的小冊子

小松春雄[訳] 岩波文庫

トーマス・ペイン

1737年－1809年。英国出身の米国の哲学者、政治活動家、政治理論家、革命思想家。ロンドンでベンジャミン・フランクリンの知遇を得たことをきっかけに1774年11月より米国に渡り、文筆活動を始める。76年に刊行した米国独立の正当性と必要性を訴えた小冊子『コモン・センス』が爆発的に売れ、世論を独立へと決定づけた。その後、革命軍に自らも従軍した。著書に『人間の権利』『理性の時代』など。

わずか250年前の米国は、英国に統治された植民地。現在の自信満々な米国とは真逆だった。

「なんとかことを荒立てずに、お上《かみ》の統治国・英国とうまくやっていけないかなぁ……」

米国人民には植民地根性が染みついていたのである。この状況を一気に変えて、民衆を独立へと向かわせたのが「コモン・センス(常識)」という題名の小冊子として発売された本書である。

本書は刊行直後から売れに売れ、累計50万部。当時の米国の人口は250万人だ。文字を読める人はほとんど買ったという。そして米国人民は覚醒し、「独立するぞ」と一気に考えを変えたのである。

本書は世界的にも大きな影響を与えた。福澤諭吉は『学問のすゝめ』の冒頭を「天は人の上に人を造らず人の下に人を造らずといへり」で始めている。米国独立宣言に基づくとされるこの一文の源流は本書だ。さらに本書は多くの植民地で愛読された。それほど本書が読まれた理由は、普通に暮らす人々に対して、ロック以来の「自分たちが持つ民主主義の権利」がかみ砕いてわかりやすく書かれているからだ。

米国という国家の礎に本書の思想がある。米国という国を理解する上で、本書は外せない一冊なのだ。

英国生まれのペインは職を転々としていたが、本書を書くまで無名だった。米国の政治家ベンジャミン・

フランクリンと出会い、米国に移住して月刊誌の編集担当になった。そして移住直後の1776年1月に刊行したのが本書だ。では、そもそもなぜ統治国・英国は、植民地米国から搾取するようになったのか？

英国は欧州の戦争を戦って勝利し、多くの植民地を奪った。しかし膨大な戦費の穴埋めに苦しんでいた。そこで考えた。**「植民地の米国から、お金を取り立てればいい」**

英国は1765年頃から、植民地米国からお金を取り立てるさまざまな法律をつくり始めた。

重税に苦しんだ米国の人民は、反抗運動を始めた。しかし欧州の7年戦争を終えたばかりの英国は、あり余る膨大な武力で抑えつけにかかり、1770年頃から米国人民との抗争はエスカレート。

一方の米国人民は、1774年の「第1回大陸会議」で完全自治を主張する権利宣言を採択して英国との通商断絶を決議。そして1775年の「レキシントンの戦い」で、米国の農民兵が英国兵に銃弾一発を放って、独立戦争が始まった。しかし戦いが始まったのに、大多数の米国人民は英国の支配下にいることを誇りにすら思っていた。独立なんてこれっぽっちも考えておらず、独立を口にすること自体がタブーだった。曰く「英国の官憲から反逆行為として告発されるのはイヤだ……」。まさに植民地根性である。

英国から移住直後のトーマス・ペインはこんな状況を見て、**「今、新しい自由民主主義の考え方が生まれているんだし、権利を主張しようよ」**と考えた。そこで1775年10月、月刊誌に記事「厳粛な思い」を掲載し、**「いつか神が非道な英国から支配権を召し上げて、米国を独立させるだろう」**と予言した。そして「まだ言い足りない」と、1776年に本名を伏せて「一英国人の意見」として本書を刊行したのである。

では早速、本書のポイントを見ていこう。

ペインは Book 23『統治二論』のロックのロジックに沿って**「世界の新たな常識は次の3つだ」**と示し、米国人民の植民地根性を変えようとした。

『コモン・センス』が米国の自由主義文化を創った

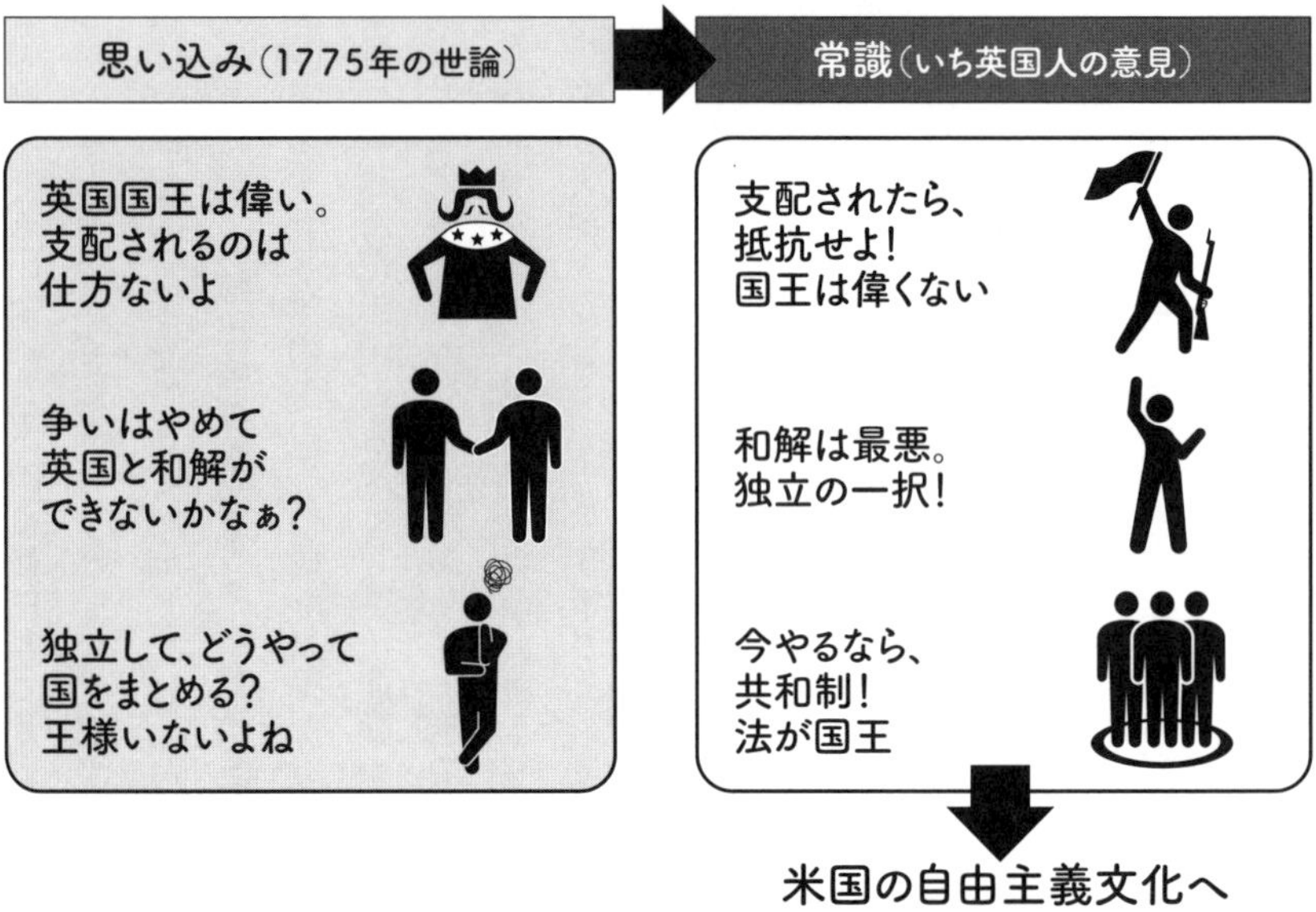
思い込み（1775年の世論）
常識（いち英国人の意見）
英国国王は偉い。支配されるのは仕方ないよ
争いはやめて英国と和解ができないかなぁ？
独立して、どうやって国をまとめる？王様いないよね
支配されたら、抵抗せよ！国王は偉くない
和解は最悪。独立の一択！
今やるなら、共和制！法が国王
米国の自由主義文化へ

❶**支配されたら抵抗せよ**：当時の米国人民は「英国は国王が統治している。国王は偉い」と思い込んでいた。そこで「初代英国国王はフランス国王の子が武装兵力を率いて上陸し、原住民の同意も得ずに英国国王を名乗っているだけ。偉くもなんともない」「権力に支配されて苦しければ抵抗していい。英国も悪王の下で苦しんだ」と述べた。

❷**和解は最悪。独立の一択**：当時の世論は「祖国・英国と争うのは嫌。和解できないかな」。そこで「**独立の一択でしょ**。和解は英国の同意が必要だから難しいよ。独立は自分が宣言すればOK。しかもフランスやスペインと貿易もできる。英国の支配下だと他国とも貿易できない。米国の祖国が英国ならば、英国の祖国は英国国王の母国・フランスってことになるけど、違うでしょ」と言った。

❸**今やるなら、共和制！**：「米国には王様がいないので独立しても国がまとまらない」という意見には「今が政府をつくる絶好のチャンス。やるなら**国民の合意に基づき法で統治する共和制**だ。共和

制では国王はいらないんだよ。**法が国王**だから」と述べた。

そして、米国人民は覚醒し、「独立しよう」と考えを変えた。本書刊行の半年後、1776年7月4日に行われたジェファーソンの独立宣言には、本書の内容が色濃く反映されている。

植民地解放の理念を説く本書は、その後多くの植民地で愛読された。本書を訳した小松春雄氏は、解説でこんな話を紹介している。

「以下は、ある人の思い出話である。中国が日本と戦っていた頃、上海の古本屋で『コモン・センス』を見かけたので、ページをめくってみた。そのときとくにアンダーラインを引いた個所が目についたので、読んでみると、それは次の一節であった。『大陸が永久に島によって統治されるというのは、いささかばかげている。自然は決して、衛星を惑星よりも大きくつくらなかった。』あの悲痛な時代に、恐らくペインは中国の知識人の心の支えになっていたことと思われる」

人工的につくられたという意味で、米国は世界でほぼ唯一の特殊な大国だ。新大陸の開拓民が、欧州で進化しつつあった民主主義思想を取り入れて、米国という国家をつくり上げたのである。その米国という国家の源に本書の思想がある。米国という国家を理解するためにも、本書は一読の価値があるのだ。

Point

> 『コモン・センス』は、米国人の自由民主主義思想の源流である

西洋哲学
政治・経済・社会学
東洋思想
歴史・アート・文学
サイエンス
数学・エンジニアリング

Book
26

『自由論』

「自由」を起点に考えれば問題解決の糸口が見えてくる

斉藤悦則［訳］光文社古典新訳文庫

ミル

1806年－1873年。英国の哲学者。政治哲学者、経済思想家でもあり、政治哲学においては自由主義・リバタリアニズムのみならず社会民主主義の思潮にも多大な影響を与えた。晩年は自ら社会主義者を名乗っている。倫理学においてはベンサムの唱えた功利主義の擁護者として知られるほか、論理学分野においてはラッセルら後続の分析哲学にも強い影響を与え、初期科学哲学の重要な人物として知られる。

私が若手社員だったときのこと。同じ部門の先輩社員に、こう言われた。

「永井さんは今後も、この部門でキャリアを積み重ねるべきだ。それが結局あなたのためになる」

しかし、どこか違和感を覚えていた自分はその先輩に相談せずに上司へ異動希望を出した。

すると先輩社員から叱られた。「異動したら苦労するぞ。自分のキャリアをちゃんと考えているの？」

この先輩社員は親身になって、私にアドバイスをしてくれていた。ただこの頃の私は、自分のやりたいことや自分の強みが何かを模索し続けていた。そして先々の将来を自分なりに一人で考え抜いて出した結論が異動だったので、「理解しようとしてくれないのか……」と少し残念に感じた。

実はこの話は、ミルが150年前に本書で書いた「自由」の概念と深くつながっている。

現代の自由の概念は、ミルが本書で書いたことに基づいている。ただ私たちは、この「自由」の概念を意外と理解していない。特に現代のビジネスでは個人の自由がより重視されている。現実の仕事で起きるさまざまな人間関係の問題は、自由の概念を起点に考えると解決の糸口が見えてくるものも多いのだ。

ミルは1806年に英国で生まれた。厳格な父の方針で学校に行かず、幼い頃から英才教育を受けた。3

歳までに古代ギリシャ語、8歳までにラテン語で膨大な歴史書や文学を学び、10代で哲学の論客になった。21歳のときに深刻なうつ状態に陥るが、克服。東インド会社（英国の植民地への貿易独占権を持つ会社）に勤めた後、国会議員になり、のちに政治・経済思想家、哲学者として世界に影響を与えた。

本書の解説者である仲正昌樹氏によると、自由民主主義が浸透した19世紀の欧州では民主化の問題が出始めていた。その一つが**多数派の専制**。民主主義は多数派の意見で方針が決まる。そして多数派は「我々が人民の意見の代表。少数派は不正義の集団だ」として少数派を抑圧する危険が問題視され始めた。そこで自由についての議論が始まった。こんな時代背景の中、ミルは本書で自由主義の様々な制度的構想を提示した、と仲正氏は述べている。では早速、本書のポイントを見ていこう。

自由の3つの基本ルール

本書の冒頭で、ミルは**自由の基本ルール**をまとめている。

・**人は、他人に害をなさない限り、自由である**
・**個人に力を行使していいのは、他人に害が及ぶ場合のみだ**

つまり自分に関することは、自分で決められる。自分のあり方を決める最終的な権利（**主権**）を持つのは、自分なのだ。しかし現実には「これがあなたのためでしょ」と言って干渉する人は多い。

しかし「**本人のため**」**は干渉を正当化する根拠にならない**。本人に関わることは本人の自主性が絶対だ。このミルの思想からは、幼い頃から同世代の子どもたちと遊ぶ機会を与えられずに英才教育を受け、21歳で精神の危機に陥ったミルが葛藤した末に克服し、つかみ取った彼自身の心の声を、私は感じてしまう。

ミルは、人には他人に害を与えない限り自由に幸福を追求できる3つの自由な領域があると述べている。

❶ものを考え、感じ、表現する自由：人は自由に何を考えてもいいし、その考えを表現していい。男性の女装、アニメキャラのコスプレ、アイドルの推し活、他人に何と言われようと、すべて本人の自由である。

❷好き嫌い、選択の自由：人は自分が好きなことをしていい。「おまえは変だ」と言われようと他人に迷惑をかけなければ邪魔されず行動する自由を持っている。親が反対してもプロゲーマーを目指すのは自由だ。

❸個人同士の団結の自由：人はどんな目的であれ、他人に迷惑をかけない限り団結する自由がある。ただしモノゴトが判断できる成人であり、強要されず、騙されないことが大前提だ。

特に❶は**「思想の自由」「言論や出版の自由」**と呼ばれている。これらを深掘りして考えてみよう。

思想の自由、言論や出版の自由

Ａｉｒｂｎｂがサービスを始めた頃、私を含めてほとんどの人はこう思った。「自分の家に見知らぬ他人を泊めたい人なんて、いるわけない」。しかし、今や多くの人がＡｉｒｂｎｂを使って他人の家に泊まる。

新たな真理は、必ず少数派から始まる。天動説に対する地動説、ルターのプロテスタント運動も、少数派から生まれた。こう考えてみると、思想の自由・言論や出版の自由は、新たな真理を生み出す原動力だ。少数派の意見は大切にすべきなのだ。ミルは少数派の意見についてこう述べている。

「私は民衆が、民衆自身によってであれ政府を介してであれ、言論を統制する強制力を行使する権利をもっているとは絶対に思わない」「一人の人間を除いて全人類が同じ意見で、一人だけ意見がみんなと異なるとき、その一人を黙らせることは、一人の権力者が力ずくで全体を黙らせるのと同じくらい不当である」

あなただけ意見が違っても、力ずくであなたを黙らせることは絶対に間違いだ。なぜか。ミルはこう続ける。「すなわち、それは人類全体を被害者にする」

新たな真理は、少数派から生まれる

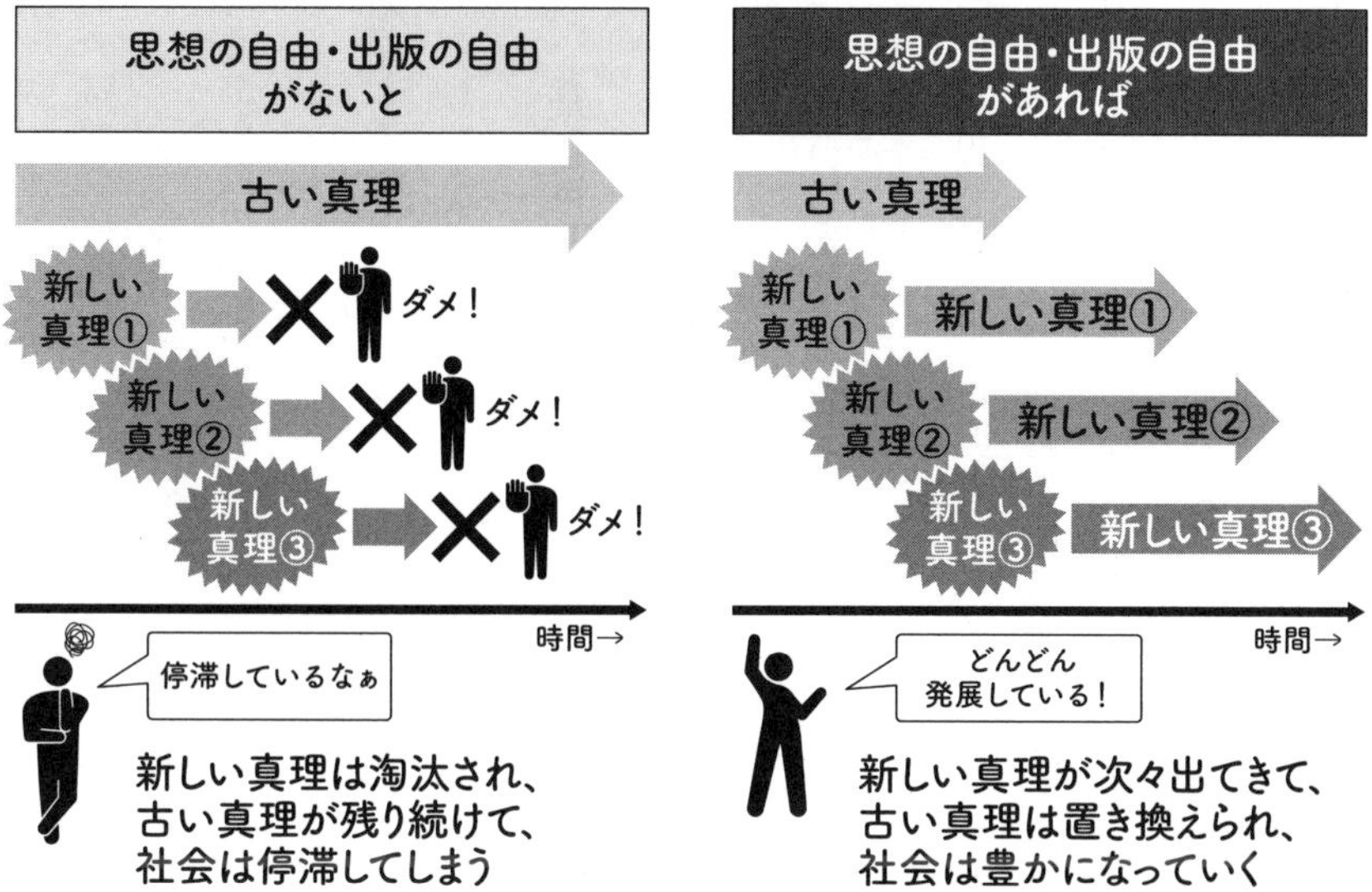
思想の自由・出版の自由がないと
古い真理
新しい真理①
ダメ！
新しい真理②
ダメ！
新しい真理③
ダメ！
時間→
停滞しているなぁ
新しい真理は淘汰され、古い真理が残り続けて、社会は停滞してしまう
思想の自由・出版の自由があれば
古い真理
新しい真理①
新しい真理①
新しい真理②
新しい真理②
新しい真理③
新しい真理③
時間→
どんどん発展している！
新しい真理が次々出てきて、古い真理は置き換えられ、社会は豊かになっていく

その例としてミルは本書でソクラテスを挙げる。私たちが知るソクラテスは人の道を説くすべての教師の模範だが、ソクラテスは不信仰と不道徳のかどで死刑に処せられた。続けてミルはキリストも挙げる。今は全能なる神の化身として崇拝され続けているが、彼も罪人として死刑に処せられた。

2人を裁いた人々は、悪人でない。むしろ良識人であり善人だ。しかし当時の常識では2人の主張はひどく邪悪な思想に見えた。彼らはその時代の常識に基づき、新たな真理を主張した2人に死刑宣告した。

真理は「真理」というだけで力が備わって世に広まるわけではない。人々は真理を排除し、間違った意見を熱狂的に支持することも多い。真理とはか弱いものだし、新しい真実は必ず少数意見から始まる。だから一見奇妙な意見でも決して封じず、いろいろな意見を自由に言えたほうが、よい結論が得られる。

ルソーが Book 24『社会契約論』で「一般意志（国家の考え）を生むために必要なのは意見の一致でない。異なる意見を持ち寄って議論することだ」と述べたのも、少数意見の中に新たな真理があるからだ、と考えるべきなのだろう。

これはビジネスでもまったく同じだ。１９００年代初頭にイノベーションの考え方を提唱したシュンペーターは、「**イノベーションは後からは理解できるが、事前には理解できない**」と述べた。イノベーションも非常識から生まれる。Ａｉｒｂｎｂも、大多数の人が事前に理解できない非常識から生まれた。

ビジネスでも、一人ひとりの異見を育むことが、ビジネスの成功と発展につながる。だから多様な考え方や発想を重視するダイバーシティが重要になる。少数意見の尊重が、最終的に人類の利益になるのだ。

しかし、ここでひとつ懸念がわいてくる。少数派の意見を考慮するのは、意外と面倒なのである。

長い目で見ると「自由主義社会」は豊かになる

思想・信条が自由だと、そこから真理を選ぶのには手間と時間がかかる。

しかし、自由にさまざまな少数意見が出ることで、長い目で見れば結果的に社会が豊かになるのだ。

専制社会は逆に少数意見を封じて、権力者がベストと考える意見を実行する。一見効率はいい。しかし人は必ず間違うものだ。専制社会では、少数派が持つ新しい真理を選べない。この結果、長い目で見ると専制社会は自由社会のように発展できずに、豊かにならないのだ。

これは個人も同じだ。人の指示通りに動くのは何も考えなくていいので楽だが、考える力は衰える。考える力は筋肉と同じで、使わないと衰えるのだ。常に自分で選択肢を選び抜けば、考える力がつく。選び抜くには、全力で考えないといけない。常に全力で考え続け、自分で選び抜き続けることで、考える力が鍛えられていく。相手に「○○しなさい」と言って考えさせないのは、筋トレで相手の代わりに重いバーベルを持ち上げるのと同じで、相手の考える筋肉はつかない。だから自分で考えて、自分が決めるべきなのだ。

今ビジネスの現場で、ティーチングよりもコーチングが重視され始めているのも、同じことだ。ティーチングは「答えは○○」と教えることだ。しかし、これでは考える筋力がつかない。コーチングは「どうすればいいだろう?」と問いかけ、相手の心の中にある答えを引き出すのだ。

本書はその後、**リベラリズム**（自由主義）や**リバタリアニズム**（自由至上主義。国家干渉に対し個人の権利を強く主張する）に大きな影響を与えた。一方で本書は古い記述もあるので注意したい。

たとえば「相手に干渉するのはダメだが、野蛮人には専制政治が正当な統治」という記述がある。しかし本書の100年後、レヴィ＝ストロースは Book18『野生の思考』で、未開人が豊かな知性を持つことを示した。未開人にも未開人の考えがある以上、彼らの自由は尊重すべきだし、専制政治で統治してはいけないはずだ。英国の植民地を統治する東インド会社に勤めたミルは、バイアスがかかっていたのかもしれない。

本書にある個別事例は、150年以上前に書かれた本であることを考慮した上で読みたいところだ。

本書は**「自由」が社会を豊かにする本質的な仕組みを解明した本**だ。私たちはともすると、組織や社会の大多数の意見に反する異論に対して、徹底的に袋だたきにしがちだ。しかしそんな状況は決して自由とはいえないし、長い目で見ると組織や社会の健全な発展を妨げる。自由民主主義が危機に瀕している現代だからこそ、私たちは「自由の本質」を理解すべきだ。現代だからこそ、本書は必読の1冊といえるだろう。

Point

自由になれば、考える筋力がつき能力が花開いて、社会も豊かになる

西洋哲学
政治・経済・社会学
東洋思想
歴史・アート・文学
サイエンス
数学・エンジニアリング

Book

27

『国富論』

『国富論（上・中・下）』山岡洋一［訳］日本経済新聞出版

イーロン・マスクの愛読書。その真意は？

アダム・スミス

1723年－1790年。英国の哲学者、倫理学者、経済学者。スコットランド生まれ。産業革命進行中の1776年に『国富論』を発表。労働が富の源泉であり、自由な経済活動こそが国家の経済を発展させるという新たな経済理論を打ち出し、資本主義経済を理論づける役割を担った。「古典派経済学の父」と呼ばれている。ほかの著書に倫理学書『道徳感情論』などがある。

テスラなどのCEOであるイーロン・マスクは、2018年にこんなポスト（ツイート）をしている。

「アダム・スミス、最高」（"Adam Smith FTW"：FTWは"For The Win"の頭文字で「最高」という意味）

本書『国富論』は、イーロン・マスクの愛読書だという。250年前の本だが、現代社会でも通用するビジネスの本質が学べる本書は、ビジネスパーソンの必読書だ。

ただ残念なことに「国富論？　市場で利己的に行動すれば適正価格が決まる『見えざる手』が書いてある本でしょ」と言う人が多い。これはアダム・スミスの意図と違う。そこで本書のポイントを見ていこう。

アダム・スミスは「経済学の父」と称されている。しかし、本書が英国で刊行された1776年当時、「経済学」という概念はなかった。政治学が古代ギリシャから2000年以上の歴史があるのと比べて経済学は実に若い学問なのだ。当時、英国では商品や貨幣の交換の場として「市場」が急成長していた。しかし、この市場の概念をうまく説明できる理論が存在していなかった。この難題に挑戦したのが、スミスなのだ。

道徳哲学者だったスミスは、1759年に刊行した『道徳感情論』の著者として広く知られていた。そしてスミスは「どうすれば国家は豊かになるのか？」と考え、膨大な経済の出来事をベーコン以来伝統の**イギリス経験論**を駆使して地道に調べ上げて考え抜き、10年かけて書き上げたのが本書なのだ。

上下巻1000ページを超える大著となる本書には、現代の経済学の主な基本的要素（分業の概念、均衡価格決定の仕組み、GDP、労働価値説、貯蓄・投資・雇用の関係など）が詰め込まれている。スミスの思想は、その後マルクス、ケインズ、フリードマンなどの経済理論に発展していった。では早速、本書のポイントを見ていこう。

生産力を爆発的に拡大する「分業」の仕組み

本書の冒頭、スミスが紹介しているのが、**分業**の圧倒的な威力である。スミスは小さな工場で、裁縫で使う待ち針の製造を実際に見た例を挙げている。待ち針はシンプルな構造で、針の尖った先の反対側に丸い玉がついているだけだ。こんな簡単な待ち針でも、実際につくろうとすると大変なのだ。こんな工程になる。

①針金を引き延ばし、②真っ直ぐにして、③針金を切り、④先を尖らせ、⑤先端を折り、⑥頭をつけて……。こんな感じで、合計18工程で仕上げる。

もし待ち針のつくり方を知らない素人の私が一人で全工程をやったら、丸一日かけても20本つくるのがやっとで、しかも低品質だろう。しかしスミスが見た工場では18工程を10人で分担し、1日になんと4万8000本の待ち針を製造していた。一人あたり4800本。240倍の生産性で、しかも高品質だった。

これが分業の威力なのだ。スミスは分業で生産性が上がる理由を3つ挙げている。

❶専門に特化すればスキルが高まる：最初は未熟でも、やり続ければ経験の蓄積で習熟する

❷別作業に移る時間がなくなる：脇目も振らずに常に同じ仕事に集中し続けられるので、ムダがない

「見えざる手」が市場に働き、適正価格に誘導

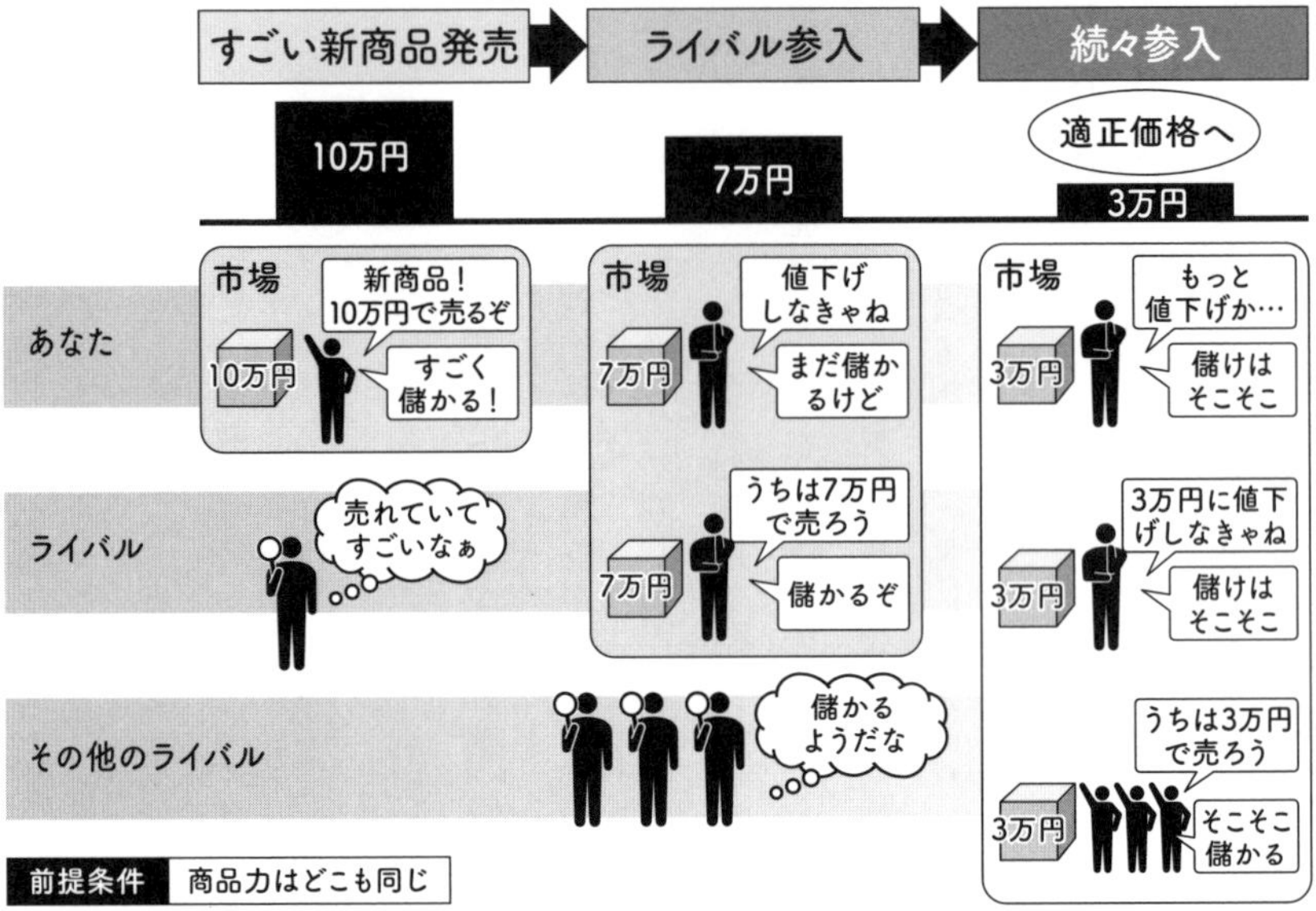

❸機械化で仕事が容易になる：作業者は道具を使って創意工夫し、より効率的にできるようになるこうして一人ひとりが得意な専門領域に特化してお互いが協同作業すると、一人で全部やるよりもはるかに大きな価値を生み出し、社会も豊かになる。

現代の私たちも同じだ。それぞれ得意分野を持つプロフェッショナルが集まれば、社会全体で知識を爆発的に増やし、より豊かな世の中をつくれる。私たちは、自分が生み出す生産物の商人なのだ。そして豊かになった社会で私たちは市場の交換により商品を入手する。そこでスミスは、市場の交換の仕組みも考えた。

「見えざる手」への誤解

あなたは新商品を開発した。他に誰もつくっていないし、欲しがるお客さんも多い。値段はつけ放題。10万円で売り始めたら飛ぶように売れた。ボロ儲けだ。しかし「これは儲かる」と他社が参入してきた。彼らは価格を訴求するため7万円で売り始めた。あ

なたも値下げで対抗する。こうして市場に他社の参入が続き、価格はコストがまかなえる公正な利益の範囲（たとえば3万円）に落ち着く（商品力は同じとする）。

スミスは本書でこう述べている。「各人はかならず、社会の年間の収入ができるかぎり多くなるように努力することになる。（中略）生産物の価値がもっとも高くなるように労働を振り向けるのは、自分の利益を増やすことを意図しているからにすぎない。だがそれによって、その他の多くの場合と同じように、**見えざる手**に導かれて、自分がまったく意図していなかった目的を達成する動きを促進することになる」（なお本書で「見えざる手」が出るのはこの箇所だけだ）

こうして誰も命令してないのに、市場の参加者一人ひとりが「自分の得になることをしよう」と考えて行動することで、あたかも「**見えざる手**」が導くように市場で適正価格が決まり、市場が秩序をつくっていく。そして適正価格で商品が市場に出回れば、人々はより豊かになり、社会全体の富が増えていく。そこでスミスは「**自由市場では最適価格で均衡する。だから市場に任せよう**」と言ったのである。

しかし、この「見えざる手」のたとえは、後世になって「**自由に競争すべし。アダム・スミスもそう言っている**」と都合よく解釈され、弱者と強者に分かれる格差社会を生み出した。そのように主張した筆頭格が、自由競争主義者である Book 33『資本主義と自由』の著者ミルトン・フリードマンだ。

フリードマンと同じく20世紀に活躍した自由主義の思想家フリードリッヒ・ハイエクは、論文『真の個人主義と偽りの個人主義』で、こう述べている。「**アダム・スミスが『合理的経済人』という化け物を生み出したと思われているが、それは事実誤認である**」

スミスが「見えざる手」で自由競争を提唱した理由は、18世紀当時に市場の自由がなかったからだ。

当時、英国政府と資本家は結託して不公正な商売をしていた。たとえば東インド会社は、英国の植民地だったインドを中心にアジア植民地の貿易独占権を英国政府から与えられ、独占的に莫大な利益をあげていた。

スミスは「独占は社会のためにはならない。市場に任せて自由にすれば、社会の富が増える」と考えたのである。イーロン・マスクも冒頭で紹介したポストで「独占は人々の真の敵だ。サービス提供で競い合うのが善」（“Monopolies are true enemy of people. Competing to serve is good.”）と言い添えている。

スミスは不正競争を打破すべく「見えざる手」のたとえで市場の自由競争の大切さを訴えたのであって、「利己主義で自由奔放にすればいい」とはひと言も言っていない。むしろこれはスミスの意図とは真逆だ。

実際にスミスは商工業者に対して実に辛口だ。本書でも、商工業者は浅ましく強欲で独占の精神を持つので国民全体の利害と真っ正面から対立している、とまで言い切っている。

もともとスミスは『国富論』の17年前に刊行した『道徳感情論』で、人間の道徳について深く洞察した。そして本書『国富論』で、今度は**モノや貨幣の交換**で社会がどのようにできているかを考えたのである。『道徳感情論』と同様、『国富論』の大前提も人間の社会道徳だ。スミスの思想では、利己心・共感・社会道徳は常に一体化している。正義に反しない活動は、改めて言うまでもない大前提なのだ。

「アダム・スミスって、市場で利己的に考えて行動すれば、見えざる手に導かれて適正価格が決まると主張した利己主義者なんでしょ？」というのは、本書をきちんと読めばすぐ解消する勘違いなのだ。

しかし多くの自由競争論者の経済学者は、スミスの主張のうち都合のいい部分だけをピックアップして、都合の悪いところは無視する面が強いようだ。スミスが本書に込めたメッセージは「国家の富は国民のものであって、政府のものではない。国民が豊かにならないと、国家も豊かにならない」ということなのだ。

国民がいかに豊かになるかを考え続けたスミスは、政府がやるべきことも明確にしている。

儲からないと商売を続けられない民間とは異なり、政府が行うべきことは「効率が悪いために、民間が商売として続けられないこと」だ。たとえば国家防衛の軍備、司法（裁判所など）、地域、道路、教育、公共機関や公共施設などは、社会全体の利益のためにある。しかし事業としては必ずしも儲からない。だからこれらの経費は、すべての国民が各人の能力に応じて負担するべきだ、とスミスは述べている。

このことがわかると、かつて民主党政権時代に行われた「事業仕分け」で国家事業予算を大規模に見直した際に、経済的視点だけで判断した点に批判が集まった理由がわかる。たしかに事業仕分けのおかげで、不透明だった事業予算が外部視点で見える化できたのはよかった。一方でともすると、費用対効果だけで予算が見直された。「ムダは徹底排除」の方針も重要だが、国家事業は民間の尺度で見るとそもそも不確実で、経済合理性がない事業が多い。だから費用対効果だけではムダか必要かはなかなか判断がつかないジレンマがある。ちなみにこの事業仕分けでは、その後大きな成果を上げた「はやぶさ2」「スーパーカミオカンデ」「次世代スーパーコンピュータ」は縮小が決まった（後に予算は復活した）。

ブラック企業が非効率な理由

スミスは経済性の観点で奴隷制を批判している。自由を持たない奴隷は、仕事で創意工夫をすることがほとんどない。だから製造業で奴隷を使うと給料を払って自由人を雇うよりも高くついてしまう。

本書では実例も紹介されている。かつてトルコの鉱山は、資源が豊かで奴隷を使っていた。近くにあるハンガリーの鉱山は資源が豊かではない上に、自由人に給料を払って働かせていた。しかしハンガリーの鉱山のほうがコストが安く、利益率も高かった。給料をもらう自由人は、機器や道具を使って創意工夫をするが、トルコの鉱山で働く奴隷は、機器や道具を使って創意工夫するなんて考えもしなかったからだ。

これは現代の企業には示唆に富む指摘だ。ブラック企業で働く人たちは、言われたことはしても自ら創意工夫しようとはなかなかしないものだ。ブラック企業の経営者は、職場をわざわざトルコの鉱山のように非効率化している。逆に現代の高収益なサービス業は従業員満足度を最重視する。職場に満足する従業員は自ら創意工夫して、自分の仕事をレベルアップしようと考える。高収益は、**高い従業員満足度の結果**なのだ。

さらにスミスはこう述べている。「労働の報酬がよければ、庶民の子供たちの生活がよくなり、この結果、生き残る子供が多くなって、人口の限界が自然に広がる。（中略）労働の報酬が高いと、人口の増加を促すことになるが、同時に庶民が勤勉になる。労働の賃金は勤勉さを刺激する」

現代の日本には、実に耳が痛い話だ。この20年間、日本人の労働報酬は減り続けている。２０２０年『中小企業白書』によると、売上に占める人件費の比率を示す労働分配率は減少傾向にあり、大規模企業では２０００年の61％から２０１８年は51％へ、小規模企業でも同時期に87％から79％へと低下した。

日本は少子高齢化が進み、従業員の仕事のやる気もイマイチ上がらない。現代の日本企業はスミスの指摘を素直に聞くべきである。実際に対応する日本企業もある。牛丼チェーン「すき家」を運営するゼンショーホールディングスは、２０２１年から30年までの10年間、毎年基本給を底上げするベースアップの実施を労使で合意した。同社は「物価上昇が続く中、消費を喚起し日本経済を活性化するため」と述べている。実際にゼンショーは、２０１５年の売上５１２０億円から30倍の成長を目指し、成長を続けている。これこそが会社経営のあるべき姿と言えるだろう。

スミスが本書を書いた18世紀末は、市場の正体がよく見えてなかった時代だ。そんな時代に、市場や経済を洞察し、現代社会にも通じる本質を示した本書は、まさに歴史に残る名著である。

本書を読むと、政治学と経済学は哲学を源流とする表裏一体の関係にあることが改めてよくわかる。

哲学思想をもとに**「統治者が、いかに公正な正義を実現するか」**を考えるのが**政治学**。**「市場の仕組みで、いかに公正な正義を実現するか」**を考えるのが**経済学**だ。アプローチは違うが、両者が目指すところは同じ「公正な正義」である。このため、哲学、政治学、経済学をまたがって活躍する人は多い。

Book26『自由論』のミルは、政治哲学者であり経済思想家。Book28『資本論』のマルクスも、哲学者であり経済学者。Book29『プロテスタンティズムの倫理と資本主義の精神』のヴェーバーは政治学者、経済学者、そして社会学者。現代ではBook39『正義のアイデア』のセンも、経済学者であり政治学者だ。

そして道徳哲学者スミスは、経済学の原点となる本書を書き上げた。経済学も政治学も社会学も、もとは哲学思想が源流。しかし、ともすると現代では、専門分野の分業化・縦割り化があまりにも進みすぎて、全体像が見えなくなりつつある面も否めない。あらためて幅広い教養を身につけて、全体像を把握できる力をつけることが求められているのだろう。

そしてビジネスパーソンは経済に深く関わっている。250年前にスミスが本書で訴えた**「国民が豊かにならないと、国家も豊かにならない」**という言葉の裏にある重みを、私たちは改めて考えるべきだろう。

Point

国家の富は国民のもの。国民の豊かさが国家の豊かさだ

Book 28

『資本論』

「マルクス経済学」は身の丈で読め

『資本論（一）〜（九）』エンゲルス［編］向坂逸郎［訳］岩波文庫

マルクス

1818年－1883年。プロイセン王国時代のドイツの哲学者、経済学者、革命家。エンゲルスの協力のもと、包括的な世界観および革命思想として科学的社会主義（マルクス主義）を打ちたて、資本主義の高度な発展により社会主義・共産主義社会が到来する必然性を説いた。ライフワークとしていた資本主義社会の研究は『資本論』に結実し、マルクス経済学は20世紀以降の国際政治や思想に多大な影響を与えた。

150年前のマルクスの洞察は現代でも有効だ。私たちは「資本主義は万能」と思っているが、本書を読めば資本主義の限界と矛盾が理解できる。さらに現代の私たちは本書から身の丈の学びを得られるのだ。

アダム・スミスがBook 27『国富論』を刊行して半世紀が経ち、欧州は産業革命の真っ只中だった。しかし社会は「国民の豊かさが国家の豊かさ」というスミスの想いと真逆の方向に突き進んでいた。資本家は農地を買い上げ、羊を飼い羊毛をつくり始め、農民は田畑を失って工場労働者となり、過酷な労働環境の中で長時間労働に明け暮れていた。農家を中心としたのどかな社会は崩壊していた。

そんな時代の1818年、マルクスはプロイセン（現ドイツ）で生まれた。若きマルクスは新聞の主筆として政治・経済問題を批判し、当局に目をつけられて欧州を転々とする中、生涯の盟友・エンゲルスと出会う。2人はロンドンで結成された秘密結社・共産主義者同盟に加わり、**「万国のプロレタリア（労働者）、団結せよ」**という言葉で結ばれる**『共産党宣言』**を1848年に刊行した。

その後マルクスは英国に亡命。極貧の中で研究に没頭。20年かけて理論構築に取り組み、1867年、本書『資本論』第1巻を書き上げたが、健康を害して1883年に逝去。エンゲルスが後を継ぎ第2巻・第3

巻を刊行した。本書はアダム・スミスの Book 27『国富論』、ケインズの Book 32『雇用、利子、お金の一般理論』と並び経済の3大古典書と称され、世界に大きな影響を与えた。岩波文庫で計9冊、3768ページの大著だ。

マルクスは Book 7『精神現象学』で紹介した唯物弁証法を駆使して「社会の生産力が変わると、支配者と被支配者間の階級闘争を通じて、社会が変革される」という**唯物史観**の思想を確立した。

歴史を見ても社会は生産力が向上すると、「原始共同体（単純農法）→奴隷制や封建制（大規模農法）→資本主義（工業化）」と進化してきた。こうして物質的な生産力の進化によって、法律や政治などの社会の上部構造も変わる、というのが唯物史観だ。当時は産業革命で登場した資本家階級が、労働者階級を搾取していた。そこでマルクスは「この搾取の対立は、階級闘争を通じて新たな社会に進化する」と考え、「だから資本主義の仕組みを解明しよう」と本書を執筆したのだ。早速、本書のポイントを見ていこう。

富は商品が生み出し、商品の価値は労働で決まる

私は子どもの頃、夏休みに父の実家がある田舎でよく過ごした。田舎では店はなく、買い物も滅多にしないが、食物は畑で採れるので生活は困らなかった。しかし現代社会では、商品を買わないと生活できない。

マルクスは本書をこんな言葉で始めている。

「資本主義的生産様式の支配的である社会の富は、『巨大なる商品集積』として現われ、個々の商品はこの富の成素形態として現われる。したがって、われわれの研究は商品の分析をもって始まる」

現代ではあらゆるものが商品だ。資本主義社会の富は、そんな商品が集まって生まれている。そこでマルクスは「資本主義社会の正体を見極めるにはまず商品の分析」と考えたのだ。さらにこう述べている。

資本家は「資本を使って資本を増やす」

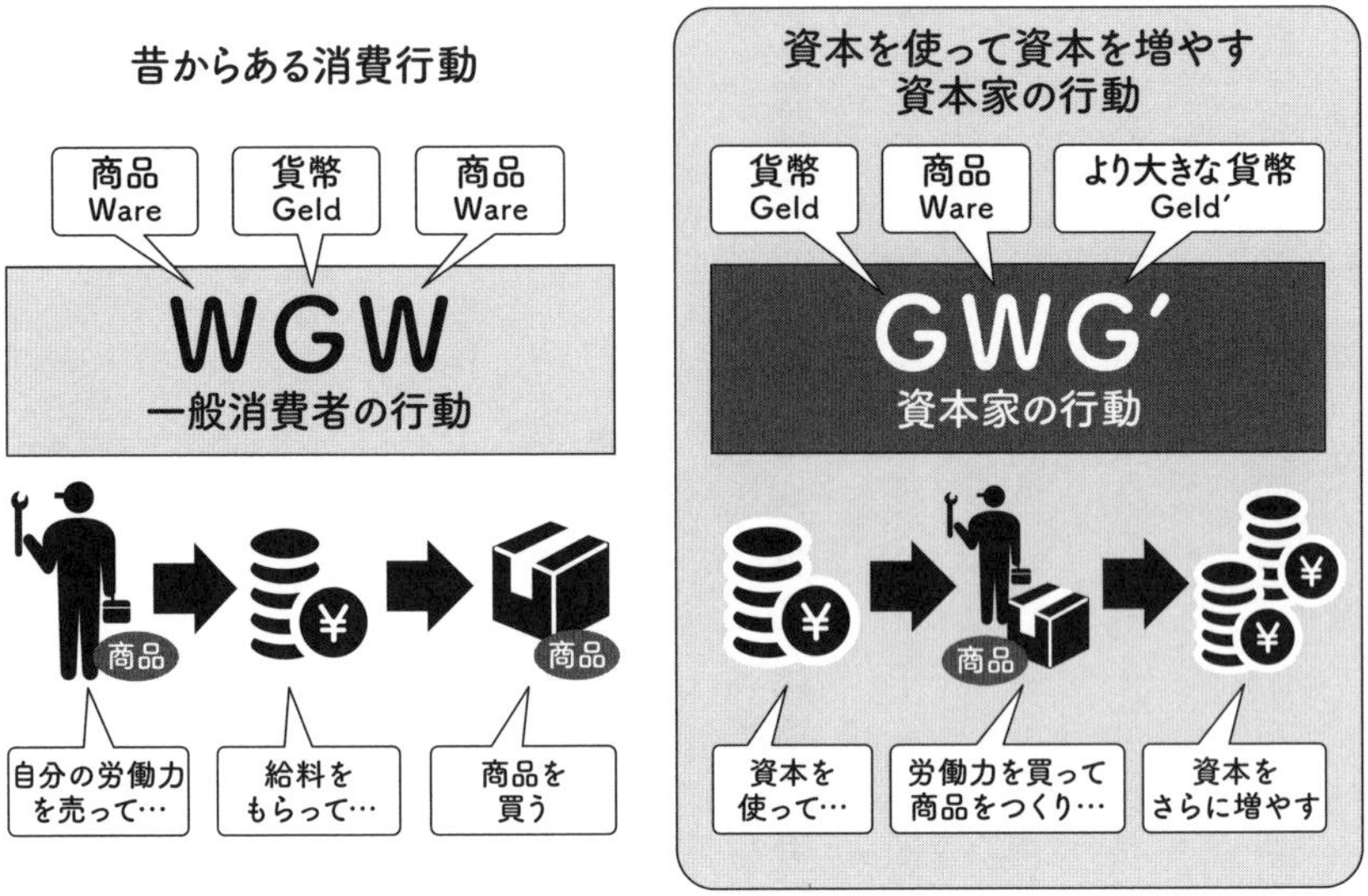

「一つの物の有用性（中略）は、この物を**使用価値**にする。（中略）これから考察しようとしている社会形態においては、使用価値は同時に――**交換価値**の素材的な担い手をなしている」

　わかりやすく説明すると、マルクスは商品の価値には**使用価値**と**交換価値**があると考えた。使用価値とは欲望を満たすもので、交換価値とはどんな量の商品と交換できるかを示すものだ。両者はまったく違う。①水道水は使用価値は高いが、交換価値は低い。②コンビニのおにぎりは空腹時に食べると美味しいので使用価値はそこそこ。交換価値は100円程度。③1万円札は交換価値は高いが、極寒のときに火をつけて暖を取ることくらいしかできず、使用価値はほぼゼロ。では価値は何で決まるのか。

　マルクスは「商品の価値はつくるのに費やした労働量で決まる」という。これを**労働価値説**という。商品価値は、おにぎり2個＝牛乳1パック＝食パン1斤……というようにつくるために必要な労働量で決まるのだ。そんな商品の中でも「金《きん》」は特別な商品だ。金は美しく希少性があるので、どんな商品とも交換できる特別な商品「**貨幣**」になった。

ここまでをまとめると、資本主義の富は商品が生み、商品の価値は労働量で決まり、貨幣で値段がつく。この商品と貨幣を駆使して儲けるのが、労働者を雇う資本家だ。では、資本家はどのように儲けるのか？

資本主義は、お金がお金を生み続ける

資本家がお金を儲けられるのは、図の**WGW**と**GWG'**という概念を理解しているからだ。W（Ware：ヴァーレ）は商品。G（Geld：ゲルト）は貨幣だ。

【WGW】一般消費者の行動だ。自分の労働力（商品）を売り給料をもらい、商品を買う。行動の目的は使用価値（欲望の充足）だ。

【GWG'】資本家の行動だ。労働力を買って商品をつくり、より大きなお金を生む。資本家は「お金がお金を生む」方法を知っているのだ。マルクスは「彼は、貨幣をただ、再び手に入れるという狡猾な意図をもってのみ、手放す」と述べている。

マルクスは、**資本主義の正体は、資本家が、お金からお金を生み資本を増やすGWG'プロセスにある**と考えた。

では、資本家はいかに労働からお金を生み出すか？

これは、まず労働者から考えてみよう。労働者は生産手段（工場や機械）がない。だから生産手段を持つ資本家に雇われて給料をもらう。つまり「労働力」という自分の商品を、資本家に売る。

商品交換の原則は、等価交換だ。労働者が持つ労働力という商品と、資本家が持つ賃金という商品を等価交換すれば、両者とも豊かになるはずだが、現実には資本家はお金持ちになる一方。労働者は貧しいまま。

マルクスが考えた「資本家が労働者から搾取する仕組み」

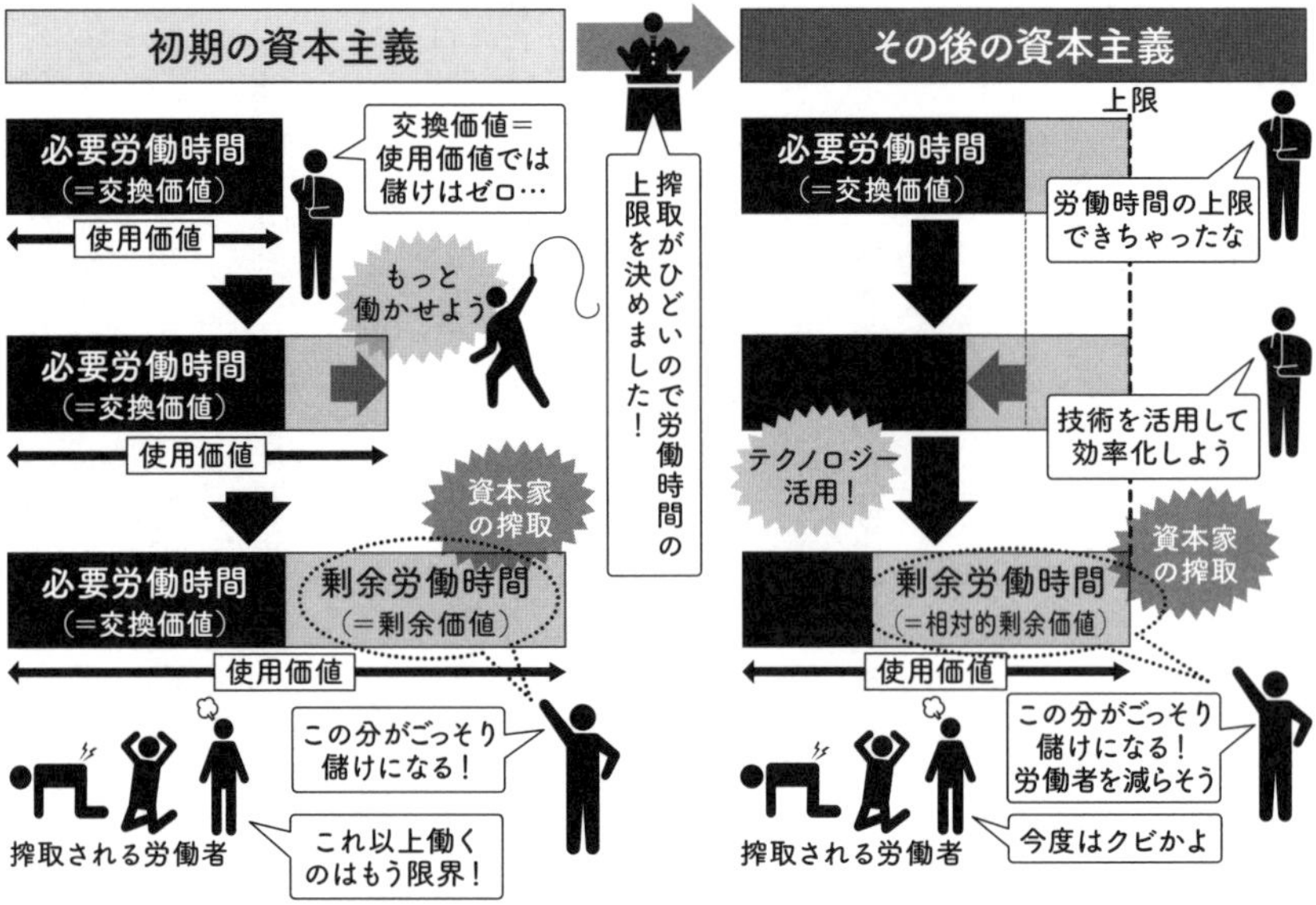

なぜか？　マルクスは、使用価値と交換価値の考え方を使い、資本家が儲ける構造を解明した。

労働者は「賃金分、頑張って働くぞ！」と考える。

しかし資本家には、図の左のようにまったく違う構造が見える。資本家は機械や材料を買い、労働力を雇って商品をつくる。機械と材料は購入後も使用価値が変わらないが、労働力は違う。徹底的に働かせ続ければ使用価値は増える。賃金（交換価値）に見合う労働時間が、**必要労働時間**だ。必要労働時間だけ働けば労働者は賃金分働いたことになるが、資本家の儲けはゼロ。もっと働いてもらわないと儲からない。

経営者にとって都合がいいことに労働者はこの構造を知らない。そして経営者は「一日いくら」で賃金を払っている。そこで資本家は労働者をこき使う。本書では、長時間労働で疲弊する労働者が描かれている。

・死者数百名の事故を起こした鉄道労働者は、当初1日8時間だった労働が徐々に増え、40〜50時間

連続に
・7歳10カ月で働き始めたウィリアムは、毎朝6時出勤、夜9時まで15時間労働
・陶工たちは長時間労働により、早く老衰して短命に

必要労働時間を上回る**剰余労働時間**が、そっくり資本家の儲けだ。しかしこれでは、あまりにも労働者が疲弊してしまうので、まもなく当局が一日当たりの労働時間上限を決めた。

すると経営者は図の右のように「**労働時間を増やせないから、技術導入で効率化しよう**」と考えた。たとえば職人10名を雇って手づくりパンを一人当たり100個、合計1000個焼いていた店が、同じ品質のパンを焼ける自動パン焼き器を導入して一人で1000個焼けるようになれば、職人は一人でOK。販売価格が半額でも余裕で儲かる。つまり技術導入で生産性を向上できれば、必要労働時間が減って不要な労働者をクビにでき、剰余価値（**相対的剰余価値**）を増やせる。つまり本質的に技術は、相対剰余価値を高めて資本家を豊かにし、労働者の価値（一商品当たりの労働量）を下げるとマルクスは考えた。

こうしてマルクスは、生産手段を持つ資本家が、**労働力の商品化**によって労働者を搾取（＝剰余価値を搾取）して儲ける資本主義の構造を解明したのである。このように資本主義社会は、常に効率化し続けて貪欲に資本家の利益を追求し続ける。たしかに商品は安くなる。しかし同時に労働の価値も下がり続けるのだ。

会社員はマルクスを学び、身の丈で活かせ

あなたは仕事が楽しいだろうか？
「なんか辛い……」という人は多いかもしれない。
世の中が進化しても、仕事の辛さは逆に増している。その理由のひとつは、アダム・スミスが提唱した分

業が徹底的に進んだ結果だ。分業で効率は格段にアップしたが、弊害もあるのだ。

本来の仕事は、「こんなモノをつくりたい」と構想し、実際につくることだ。しかし分業は構想と実行を分断する。仕事は細分化され、徹底的にムダが省かれ、労働者は部品になり、働かされる。自分が機械の一部に徹しないとやっていられない。なんか辛い……。この仕事の辛さのことを、マルクスは**疎外**と呼んだ。

疎外とは、労働者が生産したものが、逆に労働者を支配する状況のことだ。労働者が労働すると、資本という富を生み出す。しかし資本家はその資本を使って、労働者をさらに強く支配してしまうのだ。

会社員のあなたがノーベル賞級の研究成果を出しても、成果は会社のモノだ。あなたが生んだモノだが、会社に無断であなたが勝手に使うのは違法だ。資本主義社会では労働の成果は生産した労働者ではなく、資本家（会社）の所有になる。労働力を会社に提供している以上、これが資本主義社会のルールなのだ。

では本書から、現代の私たちはどんな身の丈のヒントを得ればいいのか？
仕事で疎外され「なんか辛い……」と感じるのは、私たちが生産手段を持たないからだ。生産手段を持ち、仕事全体を構想・実行できれば、仕事も人生も楽しくなる。「そんな都合のよい話があるの？」と思うかもしれないが、150年前はムリでも現代ならば可能だ。マルクスは次の2点を前提に『資本論』を書いた。
前提❶：資本家と違って、労働者は生産手段を持たない。だから生きるには、労働力を売るしかない
前提❷：資本家は利益を最優先に考え、労働者から搾取する。だから資本家と労働者は必ず対立する
この大前提が現代では変わった。いまや誰でも資本家（社長）になれる。起業は簡単。IT活用で会社の運営コストは一気に下がった。個人が生産手段を持って、自分で成果を生み、自分で売れるのだ。
しかし、いきなり独立するのは無謀だ。まずはスキルの獲得である。そこで発想を変える。

稼ぐためではなく、**スキルを高めるために労働者＝会社員になるのだ**。そして現実の仕事を通してスキルを高める。勤務先は「自分がやりたい仕事で、必要なスキルを育めるか？」という基準で選ぶ。仕事を通じて世間が「プロフェッショナル」と認めるスキルが身についたら、それが独立のタイミングだ。

ここで会社員時代に心がけるべきことがひとつある。常に意識的に仕事で構想し続けることだ。

私の感覚だが、9割の会社員は、仕事で価値を生み出す仕組みをつくり上げる構想力が不足している。部品として仕事を続けた結果、構想力が退化しているのかもしれない。こんな状態で独立してもほぼ確実に失敗する。構想力は資本家として必須能力だ。日々の仕事で意識して構想力を養おう。構想し続ければ、日々の会社員の仕事も楽しくなる。マーケティングを学ぶのも、そのひとつの方法だ。

私もIBM社員時代に「世間で通用する力をつけよう」と考え、日々の仕事で意識して構想・実行するようにしてスキルを高めた結果、独立できた。おかげで楽しく仕事をしている。

マルクスは、資本主義が成熟すると次段階に進化する、と論じた。

マルクスが本書を書いてから150年以上経った今、やっとその次の段階に来ているのかもしれない。そしてその果実は、意外と私たちの身の丈レベルで手に入れることができるのである。

Point

> **会社員が生産手段を持って「自分の資本家」になれば幸せになれる**

Book

29

『プロテスタンティズムの倫理と資本主義の精神』

なぜ禁欲的なプロテスタントが、資本主義精神を生み出したのか？

大塚久雄［訳］岩波文庫

マックス・ヴェーバー

1864年－1920年。ドイツの社会学者、政治学者、経済史・経済学者。社会学黎明期のコントやスペンサーに続く、第二世代の社会学者としてデュルケーム、ジンメルなどと並び称される。西洋文化と近代社会を貫く原理を合理主義と捉えてその本質を究明し、価値自由の精神と理念型操作に支えられた社会科学方法論を確立。その他の著書に『社会科学方法論』などがある。

世の中にはやたらと時間に厳しい人がいる。渋滞・遅刻・締切の遅れは大嫌い。朝は目覚めた途端、その日の段取りを考え始める。常に分単位で時間を気にしつつセカセカ。のんびり落ち着くことがない。

恥ずかしながら、これは私のことだ。私は時間をムダにするのが、とてつもなくイヤなのだ。

現代人はみな時間を気にする。しかし時計がなかった大昔、人は時間なんてまったく気にせずに、のんびり暮らしていた。変わり始めたのは、近代になってからだ。

「時は金なり」という言葉がある。

本書では、18世紀の米国の政治家ベンジャミン・フランクリンが述べたこの言葉を紹介している。この言葉は「時間を守って信用される人間になり、お金を稼ぐことが一人ひとりの義務、と考える心の姿勢が大事だ」という意味である。このような倫理的な行動規範、いわば**近代的な資本主義の精神**が、資本主義社会を生み出した。

では、この資本主義精神はいかに生まれたのか？　著者の社会学者マックス・ヴェーバーは気がついた。

「あれ？　経済的に成功している人って、プロテスタントが多いぞ」

統計データを調べると、資本家、経営者、企業の上層幹部、高校・大学などの高学歴生徒はプロテスタントの比率が高く、職人にはカトリックが多かった。

これは不思議である。プロテスタントは禁欲主義で金儲けを嫌う。そもそもルターが Book 2『キリスト者の自由』で「ローマ・カトリック教会の贖宥状みたいな金儲けは、完全NG。聖書に忠実に生きるべきでしょ」と主張して、カトリックに反旗を翻してプロテスタントが生まれたのだ。

さらに不思議なことに、信用を重視する近代の資本主義精神は、プロテスタントのように禁欲的で金儲けを嫌う思想の縛りがある地域で生まれ、そうではない地域では生まれなかった。古代ローマ、中国、インドなどは昔から商売が盛んで禁欲的な思想の縛りもなかったが、ヴェーバーいわく（彼らの）「貪欲は比較に絶したもの（中略）金銭欲は（中略）遥かに徹底的だし、ことに厚顔」。厚かましいだけで「時間を守り信用される人間になる」という近代的な資本主義精神は生まれなかった。この謎を当時生まれたての社会学で解明したのが本書だ。デュルケームの Book 30『自殺論』と並び、社会学の基礎をつくる古典となった。

ヴェーバーは多才な人で、19世紀末から20世紀初頭にかけてドイツで活躍し、法学・政治学・経済学・社会学・宗教学・歴史学など数多くの分野ですぐれた業績を残した。本書は彼が宗教学、経済学、倫理学を駆使して書き上げ、1904～05年に雑誌に発表した代表作で、死後の1920年に刊行された。

本書を読むと、このように一見不合理な現象が、社会学を武器にすると見事に合理的に解明できることがわかり、社会を新たな視点で見ることができるようになる。早速、本書のポイントを見ていこう。

プロテスタントな生き方とは？

プロテスタントな生き方とはどんな生き方なのか、私たちはイマイチわからない。そこで作家の佐藤優氏による『週刊東洋経済』（2023年3月11日号）の連載記事が参考になる。佐藤氏はこの記事で、自身が「命を失いかける事態に遭遇した」経緯を詳しく紹介した上で、こう述べている。

「筆者は（中略）プロテスタントのキリスト教徒で、命は神から預かったものと考える。いずれ自らの命を神に返すときがくる。神は人間一人ひとりに具体的な使命を与える。（中略）神に召される最期の瞬間まで自分の使命を果たさなくてはならない。それがキリスト教徒の喜びなのである。（中略）筆者のために祈ってくださるすべての人に感謝するとともに、残りの人生では怠惰に陥ることなく自らの使命を果たさなくてはならないと決意を新たにした」

このように「**神が与えた使命を果たすために、仕事に励む**」のがプロテスタント的な生き方だ。「神」を「お天道様」に読み換えると、非プロテスタントな私たちも、この生き方は納得がいくかもしれない。現代の資本主義社会では、このプロテスタント的な考え方が広がっているのだ。

では、そもそも、なぜこのような考え方が生まれたのだろうか？

「天職」と「予定説」がプロテスタンティズムを生んだ

ヴェーバーは「神から与えられた仕事」という意味を持つ**天職**（ドイツ語でBeruf）という概念にヒントがある、と考えた。カトリックが多い民族の言語には天職という概念を持つ表現は見当たらないが、プロテスタントが優勢な民族の言語には、必ずこの天職という概念の表現があるのだ。

ルターが宗教改革の一環で聖書をラテン語からドイツ語に訳した際、「ある使命を果たすため神から呼びかけられる」という意味の「召命《しょうめい》」の概念にドイツ語のBerufを対応させたのが、天職（Beruf）という概念が生まれたきっかけだ。このBerufが、さまざまな文献で使われ広がった。

その後、プロテスタントで**カルヴァニズム**という教派を生み出した宗教指導者カルヴァンは、天職の概念を発展させるきっかけをつくった。それがカルヴァンが提唱した**予定説**で、こんな内容である。

「来世で誰が救われて誰が滅びるかは、すでに神が決めています。人間がどう頑張っても、これは変えられません。あと、人間はその内容を知りようもありませんからね」

かなり意地悪な考え方である。会社で上司にこう言われているようなものだ。

「あなたの入社時点で昇進・昇給は決まっています。でも機密なので、その内容は教えられないんですよ」

しかし面白いことに、この予定説が資本主義精神を生むカギとなったのだ。誰も自分を助けてくれないし頼れない。さらに懺悔や教会の儀式をいくら頑張っても、救いとは何の関係もない。おかげでカルヴァン派の人々は**脱呪術化**、つまりカトリック的な教会の儀式から解放された。それでも、こんな苦しみは残る。

「で、自分は神に選ばれているんでしょうか？」。でも確認のしようがない。問い続けても無意味だし、神に立ち入るのは不遜だ。そこで考え方を180度変えたのだ。

「疑ってもムダだから、自分は選ばれた人間だと考えて、選ばれた者に相応しい行動をしましょう」

そこで**「自分は選ばれた人間」と確信するために、日々の仕事を「神が与えた天職」と考えて励む**のだ。

救われるために仕事に励むのではない。「自分は神の道具。神の栄光のために働くのは当たり前だよね」と考えて天職に励むのだ。

こうしてプロテスタントでは、カトリックとはまったく異なる労働観が生まれたのである。

一人ひとりが日々の仕事を、一刻もサボらず常にやり続けるしかない。

こうしてプロテスタントでは、日々の世俗的な仕事が宗教的儀式となったのだ。

さらに「ひたすら働く」という行動がお金を稼ぐことに結びつくきっかけをつくったのが、カルヴァン派から発生した17世紀英国のピューリタン（清教徒）の指導者リチャード・バクスターだ。

それまでカルヴァン派は「富の蓄積はよいこと」としていた。

しかしバクスターは「富を蓄積すると、人は怠惰になって享楽に耽るようになる。ダメだ」と言った。怠惰や享楽は神の栄光のために使うべき時間を浪費するから、ダメなのだ。バクスターは「時間の浪費は最も重い罪」とまで言った。しかし、そこで「稼いだ富を自分の享楽のために使わずに、ビジネスに再投資しなさい。これが神の栄光のための行為ですよ」と唱えたのである。

こうして「**節約に励み、お金を儲けるのはよいこと。稼いだお金は神への貢献度のバロメーターだ。時間やお金を浪費せずに、新たな富を生み出すために再投資せよ**」という近代資本主義の精神が完成したのだ。

ベンジャミン・フランクリンが「時は金なり」と言ったのも、こんな背景があったのだ。

重要な点は、これは資本家だけの考えではないことだ。労働者も「仕事は神が与えた天職」と考えた。だから産業革命では工場労働者も仕事に励んだ。ヴェーバーが解明した仕組みがわかれば、マルクスが「資本家に搾取されている」と指摘した労働者たちが仕事に励む理由もわかるのだ。


禁欲的なプロテスタントが結果として近代資本主義精神を生み出したように、人間社会では一見するとわけがわからないことが起こる。ヴェーバーはこうした不可思議な現象を、丹念に事実をたどり、**個人の内面の動機部分まで洞察することで、社会学的アプローチで解明**したのだ。だから本書は、社会学の基礎をつくり上げた名著として時代を超えて読まれているし、社会学を理解する上で必読書と言われている。

ところで冒頭で紹介したように私も「時は金なり」が身に染みついているが、私はプロテスタントではない。思想家の山本七平氏は著書『日本資本主義の精神』（文藝春秋）で、江戸時代の思想家・鈴木正三と石田梅岩を取り上げて、日本の資本主義精神はまったく異なる経緯をたどっていることを解明している。

江戸時代初期、農民や商人は生き残るために日々の仕事で精一杯で、僧侶のように修行に励む余裕はなかった。そこで禅宗の僧侶・鈴木正三は「すべての仕事が宗教的な修行です。一心不乱に行えば、悟りが開けます」と発想を大転換させて、この思想が庶民に広がった。

さらに江戸時代の思想家・石田梅岩は、金儲け第一主義で世の中の反発も多かった商人に対し「顧客への誠実さがないのにモノを売るのは商人とは言えない。まず誠実さが第一。コストを下げて利益も減らし、顧客への奉仕を心がけ、欲は出してはダメです」と説いた。山本氏もヴェーバー的アプローチで、日本型の資本主義精神が根づいていることを示したのだ。

現代の私たちは例外なく資本主義社会の中で仕事をしている。その仕事に取り組む姿勢の原点を考える上で、ヴェーバーが本書で書いたことは大いに参考になる。ぜひ本書に挑戦してみてほしい。

Point

欧米社会の資本主義の精神を生んだのは「天職」の思想だ

Book 30

『自殺論』

自殺を生み出しているのは「社会」である

宮島喬［訳］中公文庫

デュルケーム

1858年－1917年。フランスの社会学者。ボルドー大学、パリ大学の教授を務めた。コント後に登場した代表的な総合社会学の提唱者であり、その学問的立場は、方法論的集団主義と呼ばれる。また教育学、哲学などの分野でも活躍した。自殺、家族、国家、分業、法、社会主義など当時の西欧社会の諸問題の研究や、社会生活の原型を求めて未開の宗教の考察などに取り組んだ。

乗っていた電車が急停止し、車内アナウンスがあった。「人身事故のため、当駅で停車します」「命を絶った人は、どんなに辛い状況だったのだろう……」。発車再開まで1時間ほど待ちつつ考えた。自殺の理由は人によりさまざまだ。ならば自殺は個人の問題なのか。この難問に切り込み、**「自殺は社会が生み出している」**と主張したのが社会学者デュルケームだ。

私たちが「それ、社会の問題だね」と言うのは、デュルケームの影響だ。

同じ社会学でも、デュルケームはBook 29『プロテスタンティズムの倫理と資本主義の精神』のヴェーバーとアプローチが真逆だ。ヴェーバーは個人の内面の動機を洞察する。デュルケームは統計データをもとに集団の意識を実証的に洞察する。異なる2人のアプローチは、社会学に多様性をもたらした。

本書刊行の2年前、彼は『社会学的方法の規準』（講談社学術文庫）で「**社会的事実をモノのように考察せよ**」と主張した。**社会的事実**とは、個人を外部から拘束する力のこと。アンデルセン童話『裸の王様』でたとえて説明しよう。オシャレ好きな王様が詐欺師の仕立屋に騙され、「バカ者には見えない布地で織った見事な服」を注文した。王様も側近たちも布地は見えないが、バカ者と思われたくない。側近たちは王様に「すばらしい衣装です」と褒める。気をよくした王様は、衣装お披露目パレードをすることにした。市民も全員、褒める。しかし、沿道にいた小さな子どもが叫んだ。「王様、何にも着てないよ～」

この場合、**「王様は裸に見えるけれど誰も言えない」が社会的事実**だ。デュルケームは物理学者が物理現象を分析するように、社会学も社会的事実を分析するべきだ、と考えたのだ。

本書が刊行された１８９７年当時、社会学はブームだった。社会学者は「社会を考えればみんな社会学」というスタンス。デュルケームは、この状況を本書の冒頭で嘆いている。「好んでありとあらゆる問題に手をひろげ、絢爛たる一般論を展開し、なにひとつ問題をはっきり限定して扱おうとしないのだ」

そこでデュルケームが絞り込んだテーマが、欧州で半世紀の間に3～5倍も急増していた自殺問題だ。

自殺は「個人の心の問題」と思われがちなので、彼は「心理学を使わず、社会学で科学的に自殺を分析すれば、社会学を確立できる」と考えたのだ。本書で２万６０００件もの自殺資料の分析を担当したのが、彼の甥であり Book 31『贈与論』の著者マルセル・モースだ。さらに本書はあらゆる異論を論破する形式で書かれているので分量は７００ページ超に及ぶ。「社会学を学問として確立する」という彼の執念を感じる。

デュルケームは**「個人が集まると、社会は新しい性質を獲得する」**と考えた。それまでは「社会は個人の集合に過ぎない」と考えられていた。しかし社会は、単なる個人の集合を超えたものなのである。

『裸の王様』では皆が「王様は裸に見えるけれど誰にも言えない」と思っていた。社会を観察すると「王様は裸という真実を誰も言えない」という社会の性質が見えてくる。社会学はこの社会の性質を見極めて「原因は王様が詐欺師の仕立屋に騙されたからだろう」と解明するのだ。

では早速、本書のポイントを見ていこう。

自殺が増えるのは、社会活動が増えるから

「自殺は精神疾患と関係ある」と思いがちだが、精神疾患の男女比は45〜48対52〜55。どの国も女性のほうがやや多い。しかし自殺の男女比は8対2で、男性が圧倒的に多い。つまり自殺は心理面以外の要因で起こっている可能性が高い。このように、デュルケームは統計情報を徹底的に精査していく。

気候を見ると夏の自殺は他の季節より約1・4倍多く、どの地域の自殺も1↓6月は増え、7↓12月は減る。ピークの6月は日照時間が一番多い。また自殺は夜よりも昼間が多い。そこでデュルケームは「**社会的活動が多くなると自殺が増える。自殺は社会的要因だ**」と考え、自殺を4パターンに絞り込んでいく。

❶自己本位的自殺（**社会の統合が弱い**）**：**プロテスタント国家とカトリック国家を比較すると、プロテスタント国家の自殺は3〜5倍多い。両者の本質的な違いは、カトリック教会は信者に介入して支配するのに対し、プロテスタント教会は個人に関与せず、個人が聖書を解釈して神に祈る点だ。カトリックは個人間の結びつきが強い。人は互いに悩みを相談できれば自殺を思いとどまるが、孤独になると自殺に走りがちだ。加えて結婚したり家族の結びつきが強いと自殺率は低かった。つまり、自殺は社会の統合力が強いと減り、弱いと増える。デュルケームはこの自殺を自己本位的自殺と呼んだ。

❷集団本位的自殺（**社会の統合が強い**）**：**逆に社会の統合力が強くても自殺は増える。軍隊は一般市民より自殺が多い。軍隊では集団内の個人の結びつきが強く、命令に受け身で服従し、自己犠牲の精神が求められる。デュルケームは集団の統合度が高すぎて起こる自殺を**集団本位的自殺**と呼び、日本の切腹も挙げている。第二次世界大戦終戦の日をテーマにした映画『日本のいちばん長い日』で描かれた敗戦時に自害する将校たち、日本企業や官公庁で不祥事を起こした担当者が自害するのも、集団本位的自殺と言えるだろう。

❸**アノミー的自殺**（**社会の規制が緩む**）**：**「貧困は自殺を増やす」と知られているが、逆に経済が好調でも自殺は増える。富を蓄え働かずに金利で生活できる「金利生活者」の自殺率は極めて高い。さらに離婚しやすい国は自殺率も高い。「離婚でストレスから解放されるのでは」と思いがちだが、逆に離婚しにくい国で結婚すると「この人と添い遂げる」と腹が据わる。離婚しやすい国では、他の人に目移りする人はすぐ離婚する。このように欲望を満たすほど人はさらに欲望に飢えて不満を感じるのが、**アノミー的自殺**だ。アノミーとは「無規制」という意味。人間の欲望は際限がない。欲望の規制が消滅して歯止めが利かなくなると、欲望の渇きが加速し自殺が増えるのだ。満足を知る人間が、本当に豊かな人間なのだろう。

❹**宿命的自殺：**これについてデュルケームは簡潔に紹介している。アノミー的自殺の逆で、規制が強くがんじがらめにされ、未来を閉ざされたと感じて自殺するケースだ。強制収容所などの自殺がこれにあたる。

こうしてデュルケームは社会学の視点で自殺を分析し、自殺を4つに分類したのである。

本書には批判もある。本書を翻訳した宮島喬《たかし》氏は『デュルケム 自殺論』（有斐閣新書）で、①自殺には複合的な要因があることが多い。社会的要因だけで明確に分けるのは難がある、②当時は統計手法が未確立で統計で必須な検定も行っておらず、相関関係から因果関係を導くのがやや強引、③自殺の要因になり得る貧困・失業・病苦などに注意を払っていない、と問題点を指摘する。批判もあるが、学問としての社会学が確立したのはデュルケームの功績だ。社会学を学びたければ、本書はまず読んでほしい一冊である。

Point

原因を個人に求める前に「社会的事実」を見極めよう

Book 31

『贈与論』

人間社会を長年豊かにしてきた「贈与経済」の正体

吉田禎吾／江川純一［訳］ちくま学芸文庫

マルセル・モース

1872年－1950年。フランスの社会学者・文化人類学者。ロレーヌ出身で、エミール・デュルケームの甥にあたる。デュルケームを踏襲し、「原始的な民族」とされる人々の宗教社会学、知識社会学の研究を行った。その方法はレヴィ＝ストロースの構造人類学をはじめ、現代人類学に深い影響を与えている。モースの関心はきわめて広範で、社会形態と生態環境の関係、経済、呪術・宗教論、身体論まで多岐にわたる。


「奥様、ここは私が払いますから……」

「それは困ります。ここは私が払いますから……」

奥様同士が伝票を奪い合うのは、カフェでよく見かける光景である。

奥様がおごられて困るのは、相手に「お返ししなければいけない借り」ができるからだ。

おごられると、お金を使わないので一見得だ。しかし、借り＝相手への義理が生じてしまう。これが困る。

長年人類は「贈る」「贈られる」という**贈与経済**の中で、相手への貸し借りをつくって社会を成り立たせてきた。この贈与経済から脱して貨幣経済が主流になったのは近代になってから。しかし、カフェで伝票を奪い合う奥様のように、贈与経済の精神は私たちの生活の中にしっかり根づいている。

「昔は贈り合いかぁ。のどかないい社会だったんだなぁ」と思ってしまうが、それは大きな勘違いだ。

贈与経済の「贈る」「贈られる」という行為は、ともすると命がけの行為なのである。これは今も変わらない。現代のビジネスにも贈与経済の仕組みは埋め込まれている。これが読み解けると世界が広がる。

この贈与の仕組みを解明したのが、フランスの社会学者マルセル・モースである。社会学者デュルケームの甥であり、デュルケームのBook30『自殺論』では膨大な分析業務を担当した。モースは1900年頃から、現代の文化人類学の先駆けとなる研究を行った。ちなみに文化人類学という学問のカテゴリーが生まれたのは、モースが活躍してから数十年後の1960年頃である。

1925年に刊行した本書は、モースの代表作であり、のちに数多くの思想家に影響を与えた。モースは本書で、南太平洋のメラネシア（ニューギニア周辺）やポリネシア（ニュージーランドから米国にかけた諸島）、米国先住民の民俗学の資料、さらに古典古代などの資料を豊富に用いて比較研究を行った。

では早速、本書のポイントを見ていこう。

贈与合戦「ポトラッチ」

なぜ贈り物が命がけなのか。米国北西部では、個人同士で物々交換をせずに、部族などの集団間で義務的な贈り物合戦を行い、ついには戦闘になって相手を死に至らしめることもある。この行為のことを米国先住民はチヌーク語で**ポトラッチ**と呼んでいた。いわば贈り物の闘争だ。モースはこう述べている。

「**こういう制度に『ポトラッチ』という名称を与えることを提案したい**」

ポトラッチは、こんな形でエスカレートする。

部族長Aさんが隣の部族長Bさんに、「すごい贈り物でしょ」と狩りで仕留めた熊の毛皮20枚を送る。

Bさんは「返さなきゃヤバい」。先祖代々伝わる宝石を「ほんのお返しです」とAさんに送る。

Aさんは「これは負けてるぞ……」と思って、部族に伝わるありったけの秘宝をBさんに差し出す。

ここでBさんは「もう贈り物がない」と降参する……わけではない。部族結合の印であるトーテムポールを粉々に砕き、さらに自分の奴隷も片っ端から殺す。そしてAさんに「これでどうかな」と言う。

「3つの義務」でポトラッチはエスカレートする

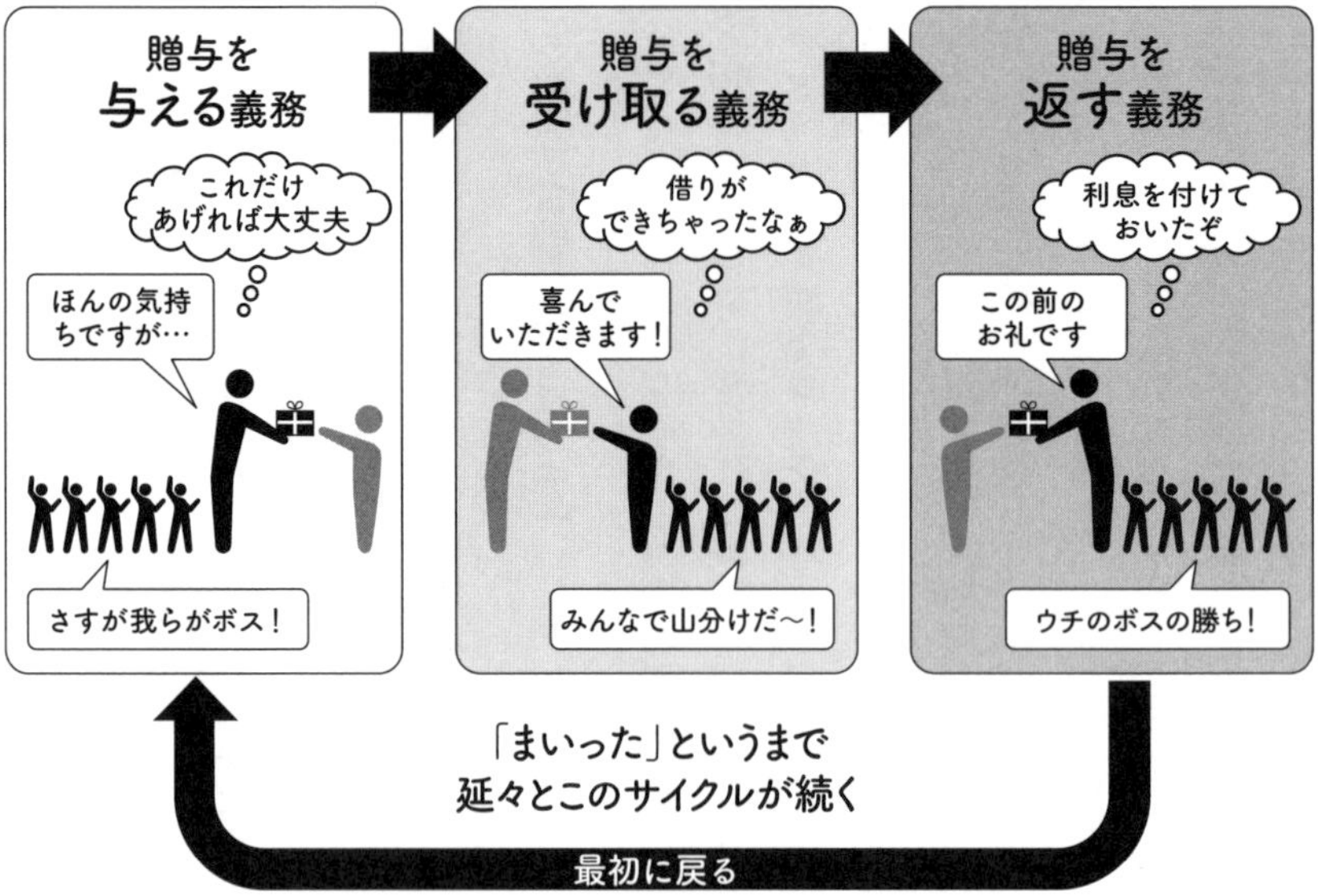
贈与を
与える義務
これだけ
あげれば大丈夫
ほんの気持
ちですが…
さすが我らがボス！
贈与を
受け取る義務
借りが
できちゃったなぁ
喜んで
いただきます！
みんなで山分けだ〜！
贈与を
返す義務
利息を付けて
おいたぞ
この前の
お礼です
ウチのボスの勝ち！
「まいった」というまで
延々とこのサイクルが続く
最初に戻る

追い込まれたAさんは、「これで文句ないでしょう」と自分たちの家屋と家畜を焼き払う……。

焼き払う理由を、モースはこう述べている。

「破壊そのものは多くの場合、精霊に捧げる供犠であり、精霊のために行われる」。つまり破壊は供養なのだ。殺された奴隷や家畜はいい迷惑である。

ここまでエスカレートするのは例外だが、こうして贈り物が延々続き、相手が「降参です」と言うまでやる。そして最悪、破壊まで至るのだ。

「見栄の張り合いで身内を殺す？　バカげている」と思ってしまうが、部族と首長の威信がかかっている。これは部族間の戦いの代替であり、社会的名声の獲得手段なのだ。贈り物は、表向きは笑顔で「ほんの気持ちです。よろしければどうぞ。お返し無用ですよ」と渡されるが、笑顔の裏には「私の大事な宝だから、当然喜んで受け取りますよね。あと、お返しであなたを値踏みしますからね」という怖い本音が隠されている。

莫大な財産をポトラッチしても涼しい顔をしてい

れば、相手は勝手にこう思ってくれる。

「**コイツはすげえ奴だ。敵に回さないほうがいい……**」

相手がこう思ったら勝ち。自分たちの立場が上になる。だから惜しげもなく消費し、破壊する。ポトラッチとは富と義務を巡る戦いなのである。

エスカレートするポトラッチ

モースは「ポトラッチには3つの義務がある」と述べている。
❶贈与を与える義務：贈与できない者は財産がないことになり、面子を失う。部族間で面子を失うと、部族の名声が下がる。首長は部族のメンバーから「ウチのボス、アイツで大丈夫か？」と思われるので、力を誇示するために必死に与えたがる。贈与は義務なのだ。財産を所有する証しであり、名声のためであり、首長個人や部族のために、与えるのである。
❷贈与を受け取る義務：贈られたモノを拒否する選択肢は一切ない。受け取りは強制。拒否すると「私はあなたと戦います」という意思表示になる。断られたほうも「そうか。断るのか。上等だ。一戦やってやろうじゃないか」となり、戦争に至る。だから拒否はNG。こうしてポトラッチで受け取ったモノは、すべて部族内で再分配する。しかし受け取ると借りができて、一時的に相手よりも立場が下になる。
❸贈与を返す義務：だからすぐにお返ししなければいけない。モースによると、ポトラッチには利息がある。1年で30～100％。サラ金並みの利息だ。こうしてお返しものはどんどん巨大になる。
こうして部族や首長個人の威信の借りと貸しが交互に入れ替わる形で、贈り、より多くのモノを贈り返され、ポトラッチはエスカレートするのだが、ポトラッチには大きなメリットがある。自分たちだけでは手に

入らないモノが入手できるのだ。

モースは、南太平洋メラネシアの漁師と農民の間で規則的・義務的に行われている贈与の習慣を紹介している。農民は相手の漁師の家の前に収穫した農作物を置いておく。相手の漁師は別の機会に漁から帰ると、お返しのために漁獲物に利息をつけて農村を訪れる。こうした贈与経済を通して、彼らはアダム・スミスがBook 27『国富論』で紹介した分業を行っている。農民は「炭水化物の生産」、漁師は「動物性タンパク質の生産」という得意分野に専念して仕事に励み、生産物を贈り合って、社会全体が豊かになっていくのだ。

なぜ贈り物は捨てられないのか？

私はいただいた贈り物が不要なモノでも断れないし捨てられない。しかもお返ししようと考えてしまう。お誘いをいただくと「断るとお付き合いがなくなるかも」と考えてしまう。事実、断ると疎遠になる。

なぜ私たちは、贈り物が捨てられなかったり、お誘いに義務を感じたりするのか？

モースはマオリ族に伝わる言い伝えを引用し、贈り物に宿った霊（マオリ族の言葉で**ハウ**）が、贈り物を通じて影響力を持つことで、贈り物は受け取った者に呪術的・宗教的な力を与える、と述べている。

つまり**贈り物には魂がこもっている**と考えているのだ。ただ、このモースの主張には批判もある。

米国の人類学者マーシャル・サーリンズは著書『石器時代の経済学』（法政大学出版局）で、モースの主張を検証した上で「未開社会では、平和は贈物によって、かちとられる」「あらゆる交換は、その物質的企図のなかに、なんらかの政治的な和睦を負荷されておこなわれている」と述べている。贈り物はお互いの平和のため、ということだ。いずれにしてもモースやサーリンズの考え方がわかれば、私たちが贈り物に義務を感じる理由や、贈り物には暴力的な面がある理由もわかる。

贈与経済のポトラッチは一見野蛮に見える。しかし**部族間の競争を、殺し合う戦いから贈与合戦に大転換して解決した。**ときにはエスカレートもするが、お互いの関係を安定させ、与え、受け取り、お返しを繰り返すことで、社会は経済的に発展してきた。このポトラッチの知恵は、現代社会でも根づいている。

プロフェッショナルな専門家や起業家のクローズなコミュニティでは、知恵やアドバイスの無償提供を受けると「ひとつ借りだな。いつかお返しするよ」と言ったりする。お互いの貸し借りが成立しているのだ。

また贈与経済がわかると、現代ビジネスに埋め込まれたさまざまな仕組みも読み解ける。

典型がデパ地下の試食だ。店員さんがつま楊枝に食材を刺し、笑顔満点で「おいしいですよ」と話しかけてくるアレである。一度食べたら最後、何となく「借り」を感じてしまい、高い確率で買うことになる。私は勧められるとすぐ食べるので、妻から厳しく「デパ地下の試食は、ダメだからね」と言われている。

さらに現代のデジタル世界では、このポトラッチの考え方は大きく進化している。かつては与えれば自分の手持ち資産は失われた。名声を得ても自分は貧しくなった。しかしデジタル材は、複製コストはほぼ無料。最初につくるときにコストがかかるだけで、与え続けてもコストがかからず、資産も減らない。価値が高いデジタル材を提供すれば名声が得られるし、多くの人が使えば提供したデジタル材の価値も爆発的に増殖する。スマホアプリの多くが無料提供されるのもより多くの人に使ってもらいアプリの価値を高めるためだ。

本書が提唱する贈与経済は、デジタル社会になった今こそ大きな意味を持っているのである。

Point

贈与経済は「与え、受け取り、返す義務」を通して社会を豊かにする

Book 32

『雇用、利子、お金の一般理論』

戦後世界を発展させた理論を学べば政府の経済政策もわかる

山形浩生［訳］講談社学術文庫

ジョン・メイナード・ケインズ

1883 年 - 1946 年。英国の経済学者、ジャーナリスト、投資家。イングランド、ケンブリッジ出身。失業の原因に関する経済理論を確立し、代表作である本書では、完全雇用政策に基づく経済不況の救済策を提唱し、経済学史上「ケインズ革命」と呼ばれるほどの大きな影響を与えた。マクロ経済学の理論と実践、および各国政府の経済政策を根本的に変え、最も影響力のある経済学者の一人である。

1929年、経済学は行き詰まっていた。米国の大恐慌が世界を未曾有の危機に陥れ、失業率は25％に。しかしBook 27『国富論』のアダム・スミスから学んだ経済学者たちは、状況をただ眺めているだけだった。当時の主流だった**古典派経済学**は、大恐慌に対抗する手段は皆無。傍観するしかなかったのだ。そこで「**経済学をつくり直そう**」と考えたのが、20世紀を代表する経済学者ケインズだ。本書の序文でノーベル経済学賞を受賞した経済学者ポール・クルーグマンはケインズを絶賛している。

「**社会科学の歴史上で、ケインズの業績に匹敵するものは存在しない**」

600ページ近くある本書は世界に多大なる影響を与えたが、難解である。これには理由がある。

刊行当時、ケインズは大多数を占める古典派経済学者の論敵に対して、新しい経済学を体系的に示して論破する必要があった。そこで当時の常識を個別に取り上げて、徹底的に反論しているのだ。

本書の内容は政府の政策で実践されているものも多い。本書がわかると「あの政策はこのケインズ理論に基づいているのか」と理解して、自分の仕事と経済政策を結びつけて考えられるようになる。

本書の邦訳は数多い。おすすめは山形浩生氏の訳による本書だ。他の本は経済学者の翻訳が多い。学術的に正確だが、ビジネスパーソンにはやや読みにくい。山形訳はわかりやすく素早くポイントをつかめる。たとえば、多くの邦訳ではmoneyという言葉に経済学用語の「貨幣」「通貨」を当てている。山形訳は私たちがいつも使う「お金」を当てている。山形氏は他にも『超訳 ケインズ「一般理論」』（東洋経済新報社）を書いている。こちらも本書のエッセンスをつかめるのでおすすめだ。

ところで、本書のタイトルが『**……の一般理論**』なのは深い意味がある。ケインズは「**古典派経済学は、完全雇用という状況下の特殊理論に過ぎない**」と考えた。古典派経済学者が大恐慌で思考停止したのも、仕事をしたくても失業する人々が大量発生する大恐慌を想定してないからだ。そこでケインズはどんな状況でも使える「経済の一般理論」をつくろうとしたのだ。早速、本書のポイントを見ていこう。

「賃金が下がるのは、困る！」

古典派経済学者は「すべては市場が調整する。賃金も市場が調整する」と考えて、こう言っていた。「賃金カットすれば失業は解決する。不況でモノが売れないから、人件費を減らさないと企業は赤字が続き倒産だ。クビで職を失うより賃金カットのほうがいいよ。応じないと会社も潰れる。モノが売れずに物価が下がっているから、賃金カットしても**実質賃金**は同じでしょ。賃金カットに応じない労働者は愚かだね」

この主張を会社員が聞くと「現実、わかってる？」と思うだろう。物価が下がっていても、ローンや教育費の支出がある。現在の生活維持に必要な最低限レベルよりも給料が下がると生活できない。しかも企業は業績が改善しても、すぐに給料は上げない。そもそも大恐慌のときは「安い給料でいいから仕事がほしい」という労働者も仕事がなかった。古典派の考えは机上の空論なのだ。では、労働者の雇用は何で決まるのか？

需要が雇用を生む

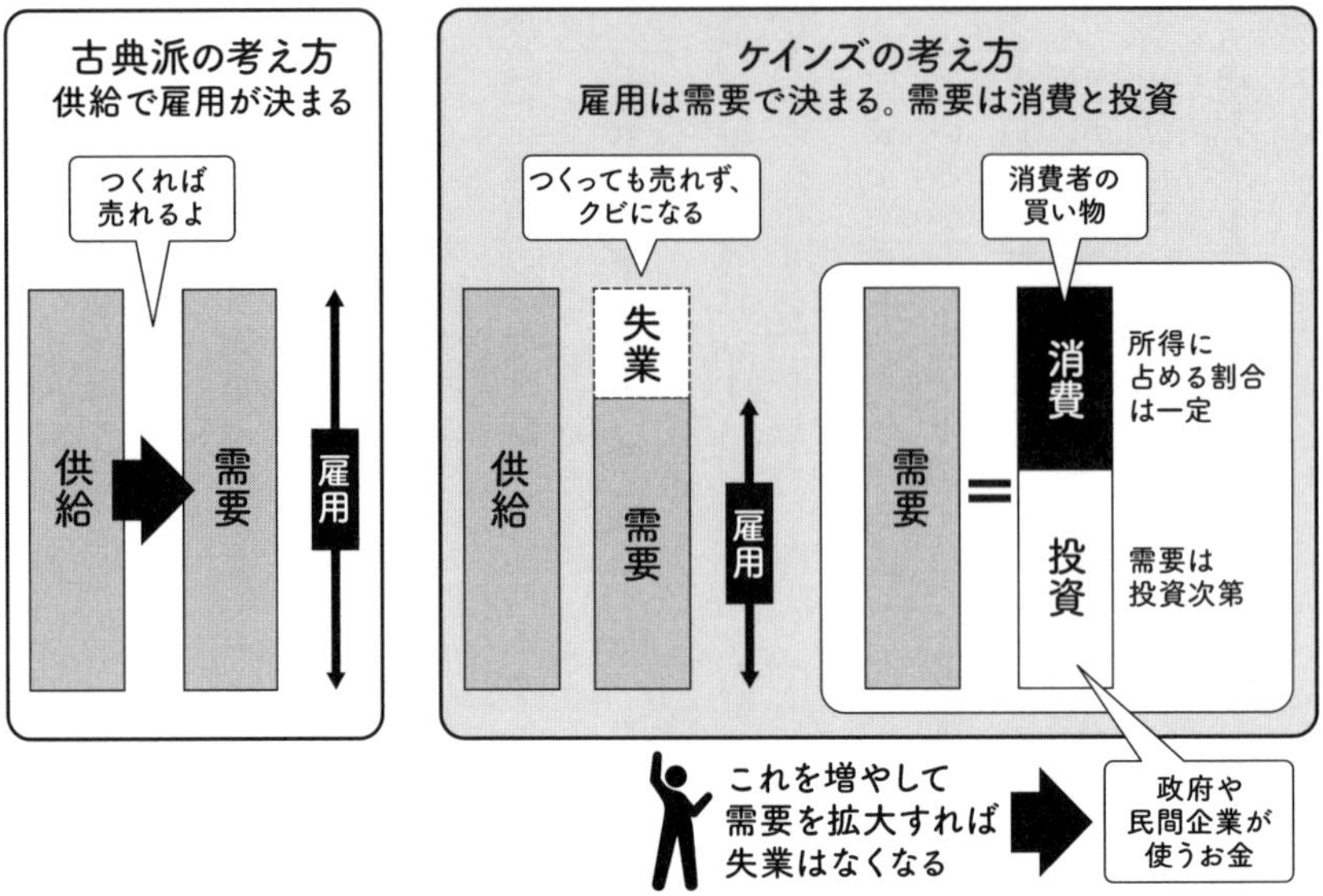
古典派の考え方
供給で雇用が決まる
つくれば
売れるよ
供給
需要
雇用
ケインズの考え方
雇用は需要で決まる。需要は消費と投資
つくっても売れず、
クビになる
失業
供給
需要
雇用
消費者の
買い物
需要
消費
所得に
占める割合
は一定
投資
需要は
投資次第
これを増やして
需要を拡大すれば
失業はなくなる
政府や
民間企業が
使うお金

雇用を生み出すのは「需要」である

古典派経済学者は「**供給で需要が生まれて、雇用が生まれる。どんどんつくれば売れるし、豊かな社会になる**」と考えていた。これはフランスの経済学者セイが提唱したので、**セイの法則**と呼ばれていた。

ケインズは逆に考えた。「**需要が雇用を決める。需要が供給よりも低いと、失業者が発生する**」

では、需要はどうすれば増えるか。まず需要は**消費**と**投資**に分かれる。

【消費】消費者が使うお金。個人の所得で、消費の割合は常に一定だ。賃金カットされると節約するので消費が減り、需要も減って不景気になる。「賃金カットしろ」という古典派の言いなりだと不景気になる。

【投資】企業や政府が使うお金。投資を増やせば総需要も増える。そのカギが**限界消費性向**と**乗数**だ。

私は会社員時代、給料の8割で生活費を賄い、2割を貯蓄していた。このように限界消費性向とは、

「乗数効果」で経済が活性化する

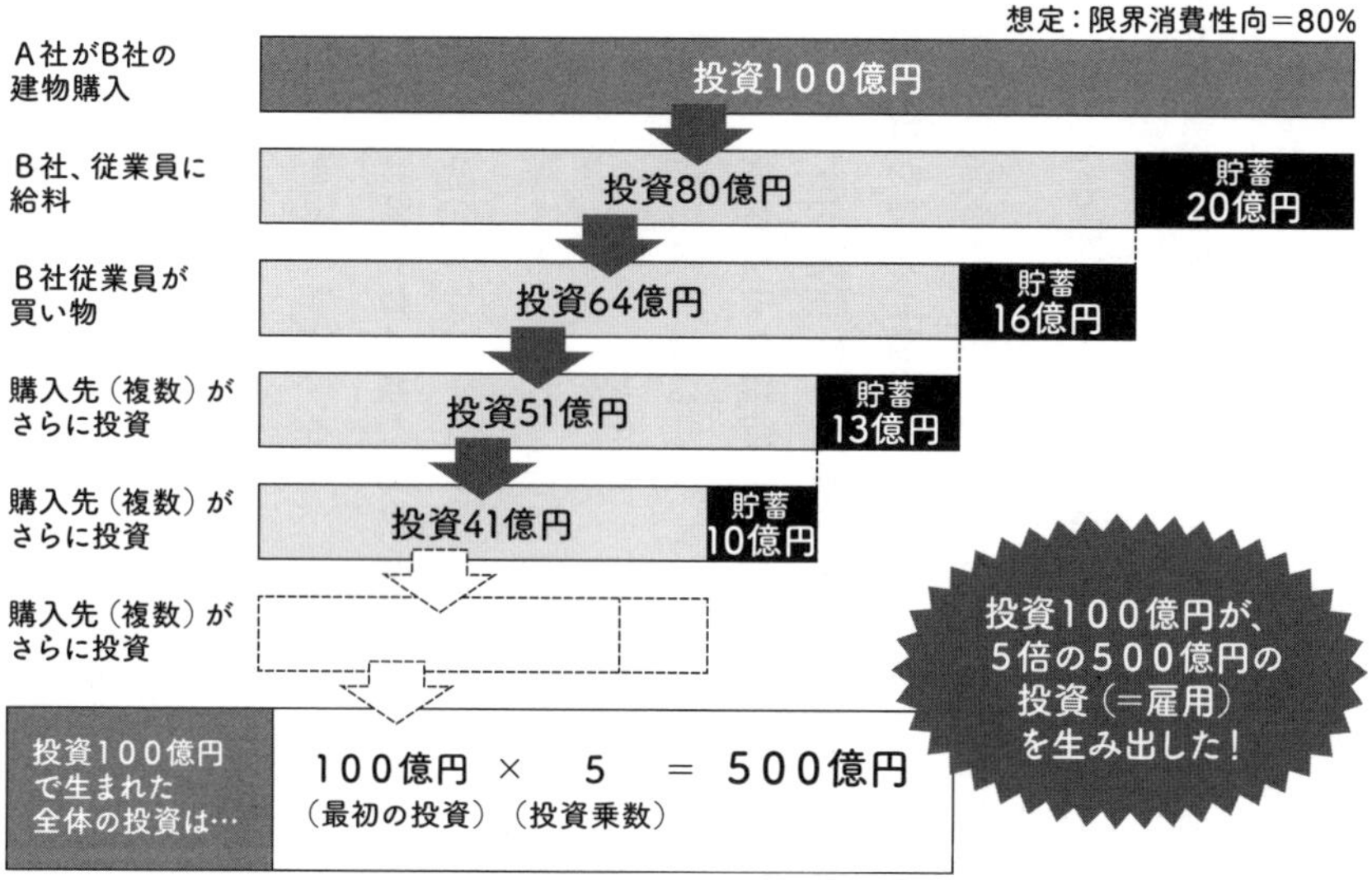

入金のうち消費に使う割合だ。私の限界消費性向は80％だ。限界消費性向が高いと消費に使うお金が増え、経済が活性化する。この目安が**投資乗数**だ。これはどの程度「**金は天下の回り物状態**」になっているかを示した数字で、こんな式になる。

投資乗数 ＝ 1 ÷（1 − 限界消費性向）

限界消費性向が80％だと、投資乗数は5になる。

図は限界消費性向が80％の場合、A社がB社から100億円の建物を購入すると、全体でどれだけ投資が生まれるかを簡略化したもの。A社の100億円の投資は、合計で500億円の投資を生む。しかしお金をタンス預金してしまうと、お金は世の中に回らずに経済が停滞する。お金を使うことで、経済は活性化し不況から脱するのだ。

では、どうすれば、皆がお金を使うようになるのか。

資本家の投資判断は「これ、お金の匂いがするね」みたいな勘で決まる。ケインズはこう述べている。

「人々の決断は、ほとんどが**アニマルスピリット**の結果でしかないのでしょう」

資本家は勘で動いているのだから、**金利を下げて資本家が「借金しても損しないから投資するか！」と判断しやすくする環境をつくる**ほうが現実的だ。そこで次の問題は、どうすれば金利を下げられるのか、だ。

私は新型コロナ流行などの危機のたびに「すぐ商品が買えるように現金を持とう」と考えた。このように「手元にお金で持ちたい」という気持ちを**流動性選好**という。しかし預金金利が高いと「銀行に預けて利子を稼ごう」と思って預ける人が増える（ちなみに30年前は、預金利回り8％という時期もあった）。

このように**金利は大事なお金を手放すご褒美**なのだ。金利が上がれば流動性選好は下がり（銀行にお金を預けて金利で稼ごうとし）、金利を下げると流動性選好が上がる（お金を現金で持ちたがる）。

金利に影響するもうひとつの要因が**お金の供給量**だ。中央銀行（日本銀行など）はお金の発行権限を持つ。中央銀行が、人々が「持ちたい」と思うお金の総量を上回るお金を供給すれば、お金が余り金利が下がる。逆にお金の供給量を減らせば、お金が不足し金利は上がる。つまり**金利は「流動性選好」と「お金の供給量」で決まる。**さらに**中央銀行が金利の誘導目標を示せば、**金利動向を窺う投資家もなびいて行動する。

まとめると**不況時に中央銀行がお金の供給量を増やして、金利誘導方針を明確に示せば、金利が下がり、企業の投資が増えて需要も増える。結果、失業が解消する。**ただ、これは普通の不況への対策だ。大恐慌では需要と供給の差が生まれているので別の手が必要だ。そこでケインズが提唱するのが、公共事業だ。

何でもいいから、公共事業をどんどんやれ

公共事業で需要と供給の差を埋めるのだ。血税を使うが失業者の仕事が生まれるし、乗数効果で投資以上の雇用が生まれる。プロジェクトは何でもいい。ケインズはこう述べている。「もし財務省が古いビンに紙幣を詰めて、適切な深さの廃炭坑の底に置き、それを都市ゴミで地表まで埋め立て、そして民間企業が実績

抜群のレッセフェール原則に沿ってその札束を掘り返すに任せたら（中略）、もう失業なんか起こらずにすむ」「血税をそんなことに使うの!?」と驚くが、「これでも乗数効果で意味がある。もちろん、他にもっといいアイデアは思いつくよね」という英国流の辛口ジョークだ。このケインズ理論がわかれば、なぜ今の政府の経済政策が**金融政策**（**金利操作**）と**財政政策**（**公共事業と減税**）の**二本柱**なのかも、よくわかるだろう。

ケインズの提言は、1930年代の米国で大恐慌対策として行われたニューディール政策の理論的裏づけになった。第二次世界大戦後は、各国政府がケインズ理論を経済政策に採用。1950〜60年代には世界経済の繁栄をもたらした。米『タイム』誌は1965年12月31日号で、没後20年のケインズを表紙にして「**米国の経済政策は、ケインズ理論活用で経済成長と物価の安定を成し遂げた**」と書いている。

しかし、ケインズ理論は1970年代の石油ショックで、インフレと失業増が同時発生する**スタグフレーション**が発生したときには効力を失った。そして経済政策の主役をミルトン・フリードマンの**新自由主義**に譲った。詳しくは次のBook 33『資本主義と自由』で紹介したい。

2008年の世界金融危機では、今度はフリードマンの経済理論が無力で、古いケインズ理論が復活した。アベノミクスでも理論的な柱になった。ただケインズ理論で大事なのは、不況で政府が公共事業に支出した分を、好況期に税で回収することだ。日本は好景気を実現できず、慢性的に金融緩和・公共事業が続き債務が膨れ上がった。こんな問題を議論する際に、ケインズ理論のしっかりした理解が問われるのだ。

Point

財政政策と金利政策の二本柱で、経済をコントロールせよ

Book 33

『資本主義と自由』

新自由主義は〝劇薬〟だが、まだ学ぶべき点もある

村井章子［訳］日経BPクラシックス

ミルトン・フリードマン

1912年－2006年。米国の経済学者。競争的市場を信奉するシカゴ学派の主要人物。1976年ノーベル経済学賞受賞者。当初、その理論は主流派からは異端視されたが、変動相場制、税率区分の簡素化、政府機関の民営化といったフリードマンの政策提言は、世界の常識となった。古典派経済学とマネタリズム、市場原理主義・金融資本主義を主張し、ケインズ的総需要管理政策を批判した。

「政治学と経済学は、まったく別物」と考える人が多い。これは大間違いだ。両者は表裏一体なのだ。Book 32『雇用、利子、お金の一般理論』のケインズと本書の著者フリードマンを比較するとよくわかる。

ケインズは「政府が積極的に経済に介入することが、公正で豊かな社会をつくる」と考え、フリードマンは「政府の介入を最小限にして個人の自由を最大化することが、公正で豊かな社会をつくる」と考えた。

偉大な経済学者の2人が真逆の主張をしているが、これは両者とも公正で豊かな社会を考えた結果だ。

経済学は「公正な経済の配分」、政治学は「公正な社会の正義とは何か？」が大きなテーマだ。両者は切り離せない関係にある。ケインズとフリードマンの主張を比較すると、このことがよくわかる。

しかしフリードマンほど、毀誉褒貶ある経済学者は少ないだろう。「**20世紀後半を代表する経済学者**」と評価する声もある一方、「**貧富の差を拡大した張本人**」と批判する知識人もいる。一見過激な主張には説得力があり、多くの政治家や経営者を魅了したが、副作用も強かった。彼の思想は劇薬なのだ。

加えて彼の主張は正確に伝わっていない。ではフリードマンは、どんな思想を持っていたのか？

1973年、石油ショックで猛烈なインフレが起こり失業も急増した。スタグフレーションと呼ばれる現

象で、万能だったケインズ理論も歯が立たない。そこでケインズと真逆のフリードマン思想が注目された。

「**公共事業はNG。民間に自由にやらせ、市場の調整に任せなさい。規制緩和・民営化・減税です**」

アダム・スミスが Book27 『国富論』で提唱した**自由放任主義**（**レッセフェール**）を復活させたのだ。

さらに**サッチャー**が英国首相に、**レーガン**が米国大統領に就任。両国とも経済立て直しが急務。そこで頼ったのが１９７６年にノーベル経済学賞を受賞したフリードマンの理論だ。２人は強力なリーダーシップで**民営化、福祉・公共サービス縮小、規制緩和、所得税と法人税の減税**などの政策を徹底的に推進した。

日本でも１９８２年に就任した中曽根康弘首相が日本国有鉄道（現ＪＲ）、日本専売公社（現ＪＴ）、日本電信電話公社（現ＮＴＴ）を民営化。２００１年に就任した小泉純一郎首相は「**聖域なき構造改革**」の旗印の下、旧郵政省の郵政三事業（郵便・郵便貯金・簡易生命保険）を民営化した。

「**国家は介入せず、法的な仕組みを整えて個人の自由競争に任せよう**」というフリードマン思想は**新自由主義**と呼ばれた。１９７０年代後半から21世紀初めまで、世界経済はフリードマン思想を中心に回っていた。

そのフリードマンの代表作が本書だ。早速、本書のポイントを見ていこう。

自由を取り戻すべきだと考えたフリードマン

18世紀、アダム・スミスは「国家に権力が集中し過ぎている」と考え、自由放任主義を提唱した。20世紀前半、大恐慌を契機にケインズ理論が主流になり、福祉平等を重視して再び国家に権力が集中した。

フリードマンは当初ケインズ理論を支持していたが、次第に「自由競争が失われている」と感じて、「自由主義を取り戻すべきだ」と考えて、ケインズ理論を批判する立場に転向した。

自由には**政治的自由**と**経済的自由**があるが、まず**経済的自由**がないと**政治的自由**はあり得ない。お小遣いをもらう子どもが「自分の好きにさせろ」と言っても、親が「稼げるようになってからだ」と言うだけだ。

フリードマンは「まずは経済的自由の獲得が必要。そのためには市場に任せるべきだ」と考えた。市場は誰も強制しなくても、ごく少数の売り手とごく少数の買い手をつなげて、さまざまなことを合意に導けるすごい力がある。これが政治的手段だと、多数決前提だし、法律が決まれば強制的に従わされる。市場を使えば、ムリに全員の合意を得る必要はない。政治的手段よりも、効率的な市場を優先すべきだ。

そして政府の役割は、次の3つだけ、とした。**①ルールを変える手段を用意する、②ルール解釈で個人が対立したら調停する、③ルールを守らせる。**その他は、できるだけ民間に任せる。以上がフリードマン思想の原点だ。

そしてフリードマンは、ケインズに反論をする。

「公共事業をどんどんやれ」と言うケインズに対して、フリードマンは「**公共事業はやめろ**」と言う。政府が不況を察知して議論し、法案をつくって公共事業をしても、そのときには不況の峠は越えている。しかも政府の債務（借金）も増える。さらにフリードマンは世界各国の実証研究をした。政府が100ドル支出すると、民間所得は平均で100ドル増えるだけ。政府支出とほぼ同額で、乗数効果は確認できなかった。フリードマンは「**官僚が学校の先生よろしく景気を手なずけようとするのは、笑止千万である。**（中略）**景気後退期には減税を実施し、拡大期に増税すればよろしい**」と述べている。このあたりはフリードマン節全開だ。

大恐慌の処方せんは「お札を刷れ」

フリードマンは1929年の大恐慌を詳細に分析した上で、こう述べている。

「大恐慌も、他の時代に発生した大量失業も、実際には政府の経済運営の失敗が原因で発生したのである」

まず銀行の仕組みを理解する必要がある。Aさんが預金すると、銀行は預金の一部だけを現金で手元に残し、預金の大部分をBさんに貸す。Bさんは借りたお金の一部を預金するので、銀行はBさんの預金の大部分を今度はCさんに貸す。こうして銀行はAさんの預金の数倍のお金を貸しつけて、貸出金利を稼げる。だから銀行には、総預金額のうちごく一部の現金しか残っておらず、ほとんどをお客に貸しつけている。大恐慌では株の暴落で不安を感じた預金者が、一斉に預金引き出しに殺到した。しかし銀行には十分に現金がない。お金が必要な銀行は、急いで貸出先からお金を強引に取り立てた。こうして社会全体でお金不足が起こり、会社が次々倒産した。

この問題の解決法は、実はシンプルだ。中央銀行はお札を刷る権限がある。そこで中央銀行が銀行の預金残高を担保に取り、刷ったお金を銀行にジャブジャブ供給すればいい。

しかし大恐慌では、米国中央銀行は逆にお金の供給量を減らした。結果、銀行の3分の1が消滅してしまった。

フリードマンは、大恐慌の真因は米国中央銀行が本来やるべき施策の真逆をやったことだ、と指摘し、**「通貨は中央銀行に任せておくには重大すぎる」**と述べた上で、「望ましいのは通貨供給量についてルールを決めておくことである。（中略）通貨供給量の合計が年率X％増加するように（中略）推移を調整する」と述べている。この考え方を**マネタリズム**という。

政府の事業は基本廃止し、「負の所得税」で置き換えよ

フリードマンは**「政府がやる必要がない14の事業」**を挙げている。

①農産物の買取保証価格、②関税や輸出制限、③産出制限、④家賃や物価の統制、⑤労働者の最低賃金や商品の価格上限、⑥産業規制や銀行の規制、⑦ラジオやテレビの規制、⑧社会保障制度（特に年金制度）、⑨免許制度、⑩公営住宅や住宅補助金、⑪徴兵制、⑫国立公園、⑬郵便事業、⑭公営の有料道路。

一見過激なリストだ。「弱者切りだ！」と言う人も出そうだが、フリードマン曰く「こんな制度があるから貧しい人が困る！　間違っているのはあなたのほうだ！」

最低賃金法の目的は黒人の待遇改善だったが、最低賃金が上がり10代の黒人の失業率は逆に急上昇した。公営住宅建設を歓迎したのは「近所にスラム街があると困る」という地元住民だ。結果、建てられた公営住宅よりもはるかに多くの貧困家庭の住居が撤去され、貧しい人たちの住宅事情は悪化した。

フリードマンは「政府は貧困を減らす対策に関与すべし」と考えているが、「本来社会保障は貧困を減らすために行うべきなのに、いまの社会保障は官僚機構を肥大化させただけで成果が出ていない」と言い切る。そこで今の社会保障を置き換える施策として、貧しい人を助ける「**負の所得税**」を提唱している。

通常の所得税は、収入から一定金額を控除した金額に所得税をかける。日本の場合、基礎控除額は48万円（2023年時点）。所得税は年収48万円を超えた金額にかかる。48万円以下ならば所得税は0円だ。

負の所得税では、控除額より低い年収48万円以下の人は不足分の金額がもらえる。負の所得税率が50％ならば、年収ゼロの人は年間24万円もらえる（〈48万－0円〉×50％＝24万円）。

負の所得税は貧困救済のみが目的で、使い道が自由な現金が支給される。「**福祉を管理すべきは政府ではなく個人**」という発想だ。ただ負の所得税には財源が必要になる。そこで既存の貧困対策である老齢年金、医療保険（健康保険）、公営住宅、教育・住宅補助などの社会保障は全廃し、その予算を転用する。

負の所得税はシンプルで実現性も高い。既存制度はすべて消滅、負の所得税に一本化だ。煩雑な行政事務も一気に消える。貧困層はお金をもらえるが、自己責任で誰も助けてくれない。ある意味劇薬なのだ。

企業は株主のモノ。大事なのは利益を増やすこと

1970年、彼は『ニューヨーク・タイムズ』紙に「**ビジネスの社会的責任は利潤増大**」という論文を寄稿した。「経営者は株主から経営を委託された代理人だ。社会的責任みたいに本業と無関係のことにお金を使うのは言語道断。これは偽善的な粉飾決算だ。企業の社会的責任は、ルールに従って自由な競争を行い、利益を増やす活動をすることだけである」

米国社会はこの論文に大きく影響を受けた。提言を受けて米国の「ビジネス・ラウンドテーブル」（日本の経団連に相当する経営者団体）は1997年に「**株主第一主義**」を宣言。「企業の役割は利益を増やすこと」という考えが世界を支配した。会社は株主が任命した経営者が代理人として会社を経営する仕組みだ。たしかに主張は筋が通っている。このようにフリードマンは一見過激だが論拠は納得させられるものが多い。

フリードマンは「**自由主義と平等主義は対立する**」と考えた。ケインズ流「大きな政府」はたしかに福祉重視で平等主義だが、自由主義者にとって平等主義は、誰かの成果を奪って誰かに与えるもので、自由を奪われる行為だ。そこでフリードマンは「小さな政府」の自由主義が正しい、と考えたのだ。

このようにフリードマン思想は一見「弱肉強食」だが、良い面と悪い面がある。一方的に「100%悪い」「100%正しい」と決めつけると、本質を見誤る。そこで彼の考え方の検証を試みよう。

フリードマン思想を検証する

市場の調整力を絶対的に信頼するフリードマンの大前提は「**商品として価格がつくこと**」だ。価格ゼロや安い商品は、低く評価される。しかし、価格ゼロでも価値があるモノは多い。だからすべてを市場に委ねると市場の調整が機能せずに、困ったことが起こる。これを**市場の失敗**と呼ぶ。

たとえば、田舎の裏山。田畑の近くにあって雑木林が繁る裏山は、田畑に豊かな水を供給し、動植物の宝庫だ。治水力もある。子どもたちの秘密の遊び場かもしれない。しかし、裏山の価格はほぼゼロだ。フリードマン流に考えると、市場価値はゼロ。この土地に工場が建つと、商品生産で数字上は豊かになるが、田畑で野菜がつくれなくなり動植物は死に、土砂崩れが起きて、秘密の遊び場は消える。決して豊かな社会とはいえない。

さらに公害対策せずに生産する企業は、コスト削減で競争力が上がる。逆に誠実に公害対策する企業は競争力が落ちて負ける。だから公害を隠す企業は多い。地球環境問題は、こんな市場の失敗が蓄積した結果だ。フリードマン思想を徹底的に進めると、市場の失敗が積み重なり、私たちの幸せは吹っ飛んでしまう。

その結果が、2008年の世界金融危機だ。市場はこの危機を解決できなかった。ブッシュ大統領は破綻の連鎖で金融恐慌が起こるのを食い止めるべく、破綻寸前の米保険最大手AIGを国有化。米国中央銀行は総額850億ドルを緊急融資。こうして30年ぶりにケインズ理論が復活した。

さらに2019年、先に紹介した「ビジネス・ラウンドテーブル」は「株主第一主義」を再定義した。利害関係者の優先順位は、まず商品を買う顧客、そして従業員、取引先、企業を支える地域社会。株主は5番目になった。株主は利害関係者の一人に過ぎない。こうして世界金融危機以降は、フリードマンの過剰な市場重視主義が見直され始めている。

一方でフリードマン思想には、まだまだ学ぶべき点も多い。日本では実質経営破綻していても、規制や政府援助で生き延びているゾンビ企業が多い。企業活動を縛る規制も多く、新たなビジネスの芽が育たない。**「政府に任せると官僚組織が肥大する。企業に任せろ」というフリードマン思想は、まだ有効なのだ。**

2006年、フリードマンは逝去した。経済学者クルーグマンはその3カ月後、こんな寄稿記事を書いている。**「フリードマンは実に偉大な人物だった。史上最も重要な経済思想家の一人であり、大衆への経済思想の伝達者だ。一方でフリードマンが教義・実践的応用の両面で行き過ぎだったという根拠もある。フリードマンが世に出た時代は、ケインズ主義を変革すべき時期だった。いま必要なのは、さらなる変革だ」**

新型コロナ対策で各国が大規模な財政政策を進めた一方で、米国では格差が広がり、若者の間に社会主義支持が広がっている。現代では「大きな政府」へ揺り戻しが起きているが、歴史を振り返ると、またどこかで過度な平等主義を修正すべく自由重視の「小さな政府」に揺り戻すのかもしれない。今後も世界はケインズ流「大きな政府」と、フリードマン流「小さな政府」に振れつつ、そのときに最適な施策を取り入れていくのだろう。

Point

経済トレンドに踊らされず、ケインズとフリードマンの基本理論を学べ

Book

34

『メディア論』

半世紀前に現代の情報社会を予見していたメディア学の古典

栗原裕／河本仲聖［訳］みすず書房

M.マクルーハン

1911年－1980年。カナダ出身の英文学者、社会学者、メディア・文明批評家。カナダのマニトバ大学で機械工学と文学を学ぶ。英ケンブリッジ大学留学。トロント大学教授。『文学の声』など詩論、文芸批評の執筆を続けながら、独自のメディア論を発表。広告論『機械の花嫁』、活版印刷の社会的影響を論証した『グーテンベルクの銀河系』を経て、ベストセラー『人間拡張の原理』でマクルーハン旋風を巻き起こした。

私がある企業に1年間のマーケティング研修をしていたときのこと。当初、毎月本社会議室で集合研修をしていたが、コロナ禍で対面研修をＺｏｏｍオンライン研修に切り替えた。すると受講生の学びが深まり、満足度が10ポイントも急上昇したのである。同じ研修内容なのに、なぜなのか？　本書にヒントがある。

私たちはなにげなく**メディア**という言葉を使っている。このメディアという概念を生み出したのが本書の著者・マクルーハンだ。１９１１年カナダ生まれ。メディア論を提唱した社会学者であり、文明批評家だ。「**メディアの進化が、人間社会を支配してきた**」と見抜いたマクルーハンが１９６４年に刊行した本書と、印刷技術の人類への影響を考察した『グーテンベルクの銀河系』（みすず書房）はメディア学の古典だ。本書は難解だが、現代の情報社会を正確に見抜いており、その先見性に驚かされる。

本書の冒頭、マクルーハンは「**メディアはメッセージである**」と述べている。メディアとは「情報伝達をする際に媒介するもの（電話やテレビ）」、メッセージとは「そのメディアが伝える内容」のことだ。

「メディアはメッセージである」というマクルーハン流の言葉はわかりにくいが、言いたいことは「**人間社会を変えてきたのはメディアです。私たちは中身のメッセージにとらわれがちですが、それだけではダメ。**

メディアそのものもメッセージを持っているので、その本質を見極めることが大事ですよ」ということだ。

冒頭の研修は、一見メディアが対面からオンラインに切り替わっただけなのに受講生の学びは格段に深くなり、満足度が急上昇した。メディアの本質を見極めると、この理由が見えてくる。

それまで対面研修の受講生は、全国から出張して週末に集合して、講義を2時間受講し、課題の回答を作成して発表していた。研修内容は濃いし疲れも溜まる。遠方からの移動も大変だ。オンライン化で一変した。講義は事前にスマホを使い、都合がいい時間にどこからでも受講でき、中断も自由自在。不明な部分は何回も聴けて理解も深まる。こうして事前に理解を深めて、研修当日は発表・議論に集中できる。対面では大人数を前に緊張して話せない人も、Ｚｏｏｍなら人数を意識しないので、緊張せずに自由に発言できる。

両者のメディアの性格はまったく違う。オンライン研修というメディアの本質は「利便性、参加のハードルの低さ、負担が軽いこと」だった。おかげで研修内容が同じでも、満足度が劇的に急上昇したのである。

メッセージ（この場合、研修内容）にとらわれると本質を見失う。メディアの本質を見極めることが大事。これが「メディアはメッセージである」という意味なのだ。早速、本書のポイントを見ていこう。

「熱いメディア」と「冷たいメディア」

YouTubeにヒトラーの首相就任演説の動画がある。あの独特な身振りで演説している。しかしどこか滑稽で、インチキ臭く感じてしまった。「なぜこんな演説に熱狂したんだろう?」と思ったとき、ふと気づいた。当時はラジオで聴いていたはず。試しに画面を覆い音声だけで聴くと、ものすごい臨場感。ドイツ語はサッパリでも、一言一言から熱量と説得力が伝わってくる。当時ドイツ人が熱狂した理由が理解できた。

マクルーハンが「（冷たいメディアの）テレビが先に登場していたら、そもそもヒットラーなぞは存在しなかっ

「冷たいメディア」と「熱いメディア」

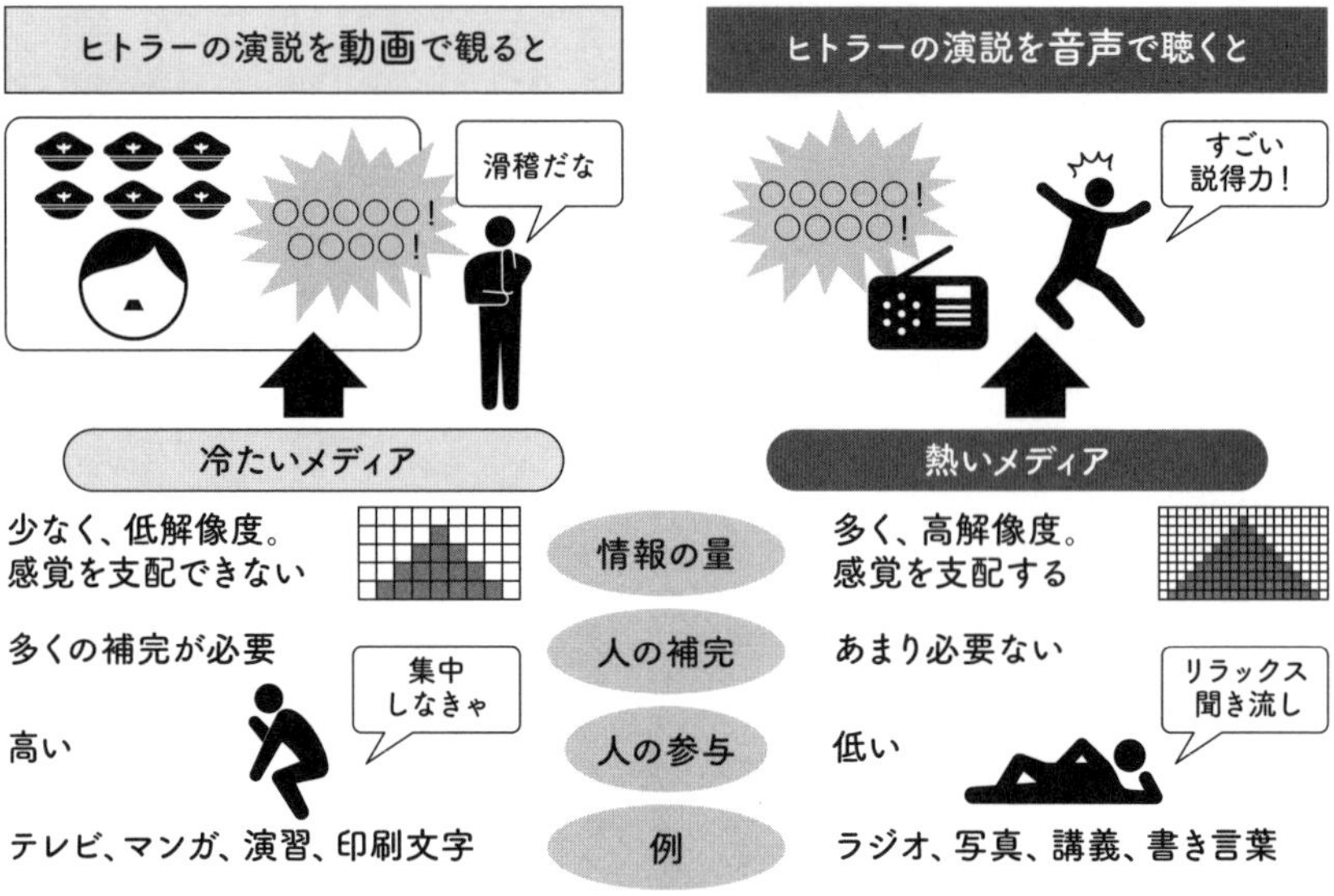

たろう。（中略）ヒットラーがそもそも政治上の人物になったということ自体が、直接には（熱いメディアの）ラジオと拡声装置のおかげであった」と述べている意味は、まさにコレだ。**熱いメディア**と**冷たいメディア**はマクルーハン独自の定義だ。

【熱いメディア】代表的なのはラジオ。ヒトラーの演説のように、耳から入る音声は聴覚を支配する。情報の量が圧倒的に多く人が補完して解釈する余地が少ないので、人の参与も低いメディアだ。

【冷たいメディア】代表的なのは、当時登場して間もない新技術・テレビだ。ヒトラーの動画が冷めて見えたように、感覚をすべて支配するような情報量はない。「テレビは情報量が多い」と思うかもしれないが、聴覚だけに働きかけるラジオとは異なり、テレビは全感覚に働きかける特殊なメディアだ。しかしテレビは全感覚を支配するほどの情報量はないので、人は意識的に集中し、情報を補完して解釈する必要がある。だから意外と冷めて（クールに）見てしまう。

私がラジオ出演していた頃、制作者から「自由に話してください」と言われた。聴き手はラジオのような熱いメディアで熱い人物に接すると、情熱がダイレクトに伝わり、メディアとしての働きが強まる。逆にテレビでは制作側は情報を削るという。中身を熱くすればするほど、メディアとしての働きが弱まるからだ。これが熱いメディアと冷たいメディアの違いだ。こう考えると、全感覚を支配する仮想現実（VR）やメタバースは異次元の熱いメディアといえるのかもしれない。

さらにマクルーハンは恐ろしいほど正確に、半世紀後のネット社会を予見していた。

巨大ITメディア企業が、人々のネット上のあらゆる行動を記録する状況を、本書はこう描いている。「われわれがチューインガムに手を伸ばすたびにコンピューターに鋭く記録され、些細な動作まで新しい確率曲線あるいは社会科学のなにかパラメーターのようなものに変換されるところまで来ている……」

経営幹部がITリテラシー必須となる状況については「電気的技術の場合、すでに中年に達した上級幹部が新しく基礎知識や技術を習得することが、ごく当然のこととして求められている。それが過酷な現実」より先の未来も予見している。「われわれの中枢神経組織を電気磁気技術として拡張あるいは転換したら、われわれの意識をコンピューターの世界に転移させるのもあと一段階にすぎない」

現代社会では、メタバースや生成AIなどの技術が新メディアを生み出し続けている。それらの本質を見極める上で、半世紀前のマクルーハン思想は大きな指針になる。現代だからこそ必読の一冊だろう。

Point

「熱いメディア」と「冷たいメディア」はメディアを理解するモノサシとなる

西洋哲学
政治・経済・社会学
東洋思想
歴史・アート・文学
サイエンス
数学・エンジニアリング

Book 35

『消費社会の神話と構造』

なぜロレックスは高値で売れ続けるのか？

『消費社会の神話と構造 新装版』今村仁司／塚原史［訳］紀伊國屋書店

ジャン・ボードリヤール

1929年－2007年。フランスの哲学者、思想家。ソシュールの記号論、フロイトの精神分析、モースの文化人類学などを導入し、現代消費社会を読み解く視点を提示して注目を浴びた。オリジナルとコピーの対立を逆転させるシミュレーションと現実のデータ化・メディア化によるハイパーリアルの時代の社会文化論を提案したほか、9.11以降は他者性の側から根源的な社会批判を展開。写真家としても著名。

ロレックスの腕時計は数百万円。しかし時間を知るだけなら、100円ショップの腕時計で十分だ。なぜ高級腕時計が売れるのか？　この仕組みを解明して消費社会の本質を示したのが、1929年生まれのポスト構造主義の哲学者でもある社会学者ボードリヤールだ。本書の刊行は半世紀前の1970年。20世紀後半になって生産中心の社会から消費社会に変わり、ボードリヤールは「**消費社会の社会構造がどう変わったかを解明しよう**」と考えたのだ。現代社会のあり方を予言した本書は、今読んでも学びが多い。

本書は1979年に邦訳され、本格的な消費社会を迎えた1980年代の日本に大きな影響を与えた。セゾングループ創業者の堤清二氏も「**（本書を読み）ブランド品というだけで価格が上がる状況に疑問を覚え、『無印良品』をつくった**」と述べている。消費者マーケティングを考える際に本書の内容を把握しておくと、あなたの視点はグッと深まるはずだ。早速、本書のポイントを見ていこう。

商品は「記号」である

ロレックスも100円腕時計も機能は同じだが、値段は大違い。マルクスはBook 28『資本論』で「商

あらゆる商品は記号である

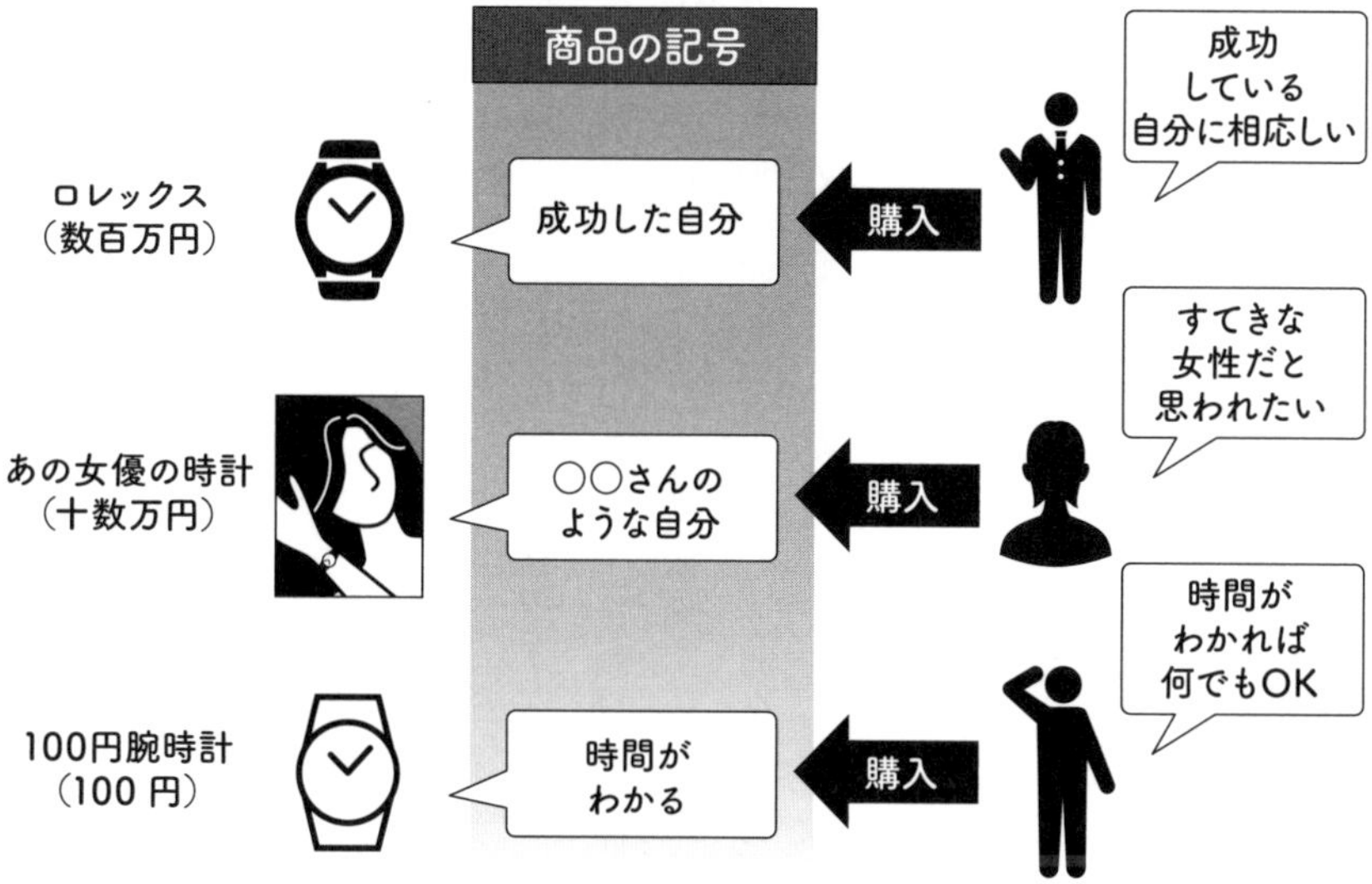

品には欲望充足が目的の**使用価値**と、どんな量の商品と交換できるかを示す**交換価値**がある」という**商品論**を提唱したが、商品論ではロレックスがなぜ売れるのかを説明できない。実はロレックスが売れるのは「成功した自分に相応しいのはロレックス」と考える人が買うからだ。だから経営者が読む『日経ビジネス』などのビジネス誌では数百万円の腕時計特集が数十ページも続く。女優が腕時計を着ける腕時計の広告も「(女優の)○○さんのようになりたい」と思わせるためだ。

　彼らは100円腕時計には無関心だ。消費社会の消費者は、商品の効用や生産コストには興味はない。ボードリヤールはこう述べている。「欲求や自然的効用が存在しないといおうとしているわけではない。――現代社会の独自の概念である消費はそんなこととは無関係であることを理解すべきだというのだ。(中略)現代を消費という記号のもとで特徴づけているものは、(中略)この消費という一次的水準を**記号体系**へと全般的に再組織することである」

ロレックスは「成功した自分」という記号、あの有名女優の腕時計は「〇〇さんのような自分」という記号だ。成功者と思っている人はロレックスという記号を買い、ステキな女性と思われたい女性は有名女優の腕時計という記号を買う。「他人とは違うこんな自分になりたい」と考え、人はその記号を買うのだ。

商品としての記号を買えば、**他人とは違う自分という個性を獲得**できる。だから多くの広告には「自分らしく」「本当の私を見つけよう」というメッセージがあふれているのだ。

「商品」という記号が氾濫する現代社会

ほぼすべてのアップル商品を愛用する私は、アップルの新商品が出るたびに必ずチェックする。できる作業はほぼ同じなのに、少しでもよければ「今使っている商品より仕事がはかどるはずだ」と言い訳し、購入を検討してしまう。そして新型を購入しても、新しい商品が出るとまたそれに目が向いてしまう。「実はあまり意味がないよなぁ」と薄々わかっているのだが、これがなかなかやめられない。

人間の欲求には際限がない。似た商品でも「差異化できる」と思えば、人は買ってしまう。こうして商品の新しい記号に引き寄せられて、また買う、という繰り返しが、消費社会の本質なのだ。

現代ではSNSの登場で、このように記号を消費する環境がさらに整備されている。

SNS上には、買ったばかりのキラキラの商品、ピカピカの新車、引っ越したタワマンから見た風景、豪華な食事や仲間との飲み会などの写真があふれている。わざわざインスタ映えする高級ホテルに泊まる人もいる。記号としての消費が見える化され、デジタル空間でお披露目され、反応は「いいね」の数で可視化される。ボードリヤールが本書で提唱した世界は、デジタル空間で桁違いに増幅されている。

極端な話、商品はムダでも無意味でもかまわない。「自分は他人とは違う」と実感できて、周囲にも印象づけられれば、商品は流行る。「他人とは違う自分になりたい」という人間の欲望には限度がない。未開社会は、宗教的な儀式が社会を統合した。消費社会は「**商品という記号を消費することで、差異化を図る」というルールが社会を統合している。**商品の記号化が、消費社会を統合しているのだ。

広告が神話をつくる

歯医者に行ったときのこと。治療する先生が大きな眼鏡をかけていた。あのハズキルーペだった。

老眼鏡は、雑貨店で100円で売る機能優先・見映え対象外の老眼鏡と、眼鏡店で数万円で売る高級老眼鏡の2種類しかなかった。ハズキルーペはこの市場を変え、1万円で売れるようにしたのである。

その原動力が、俳優の渡辺謙さんが女優の菊川怜さんとともにステージに上がり、「本当に世の中の文字は、小さすぎて読めな〜い！　新聞も企画書も、小さすぎて読めな〜い！」と本気で怒って、紙の束を空中に投げるあのCMだ。CMではたたみかけるように、

「……でもハズキルーペをかけると、世界は変わる。大きく見えちゃうんです」

「私も世界が変わりました。すごーい。ハッキリキレイに見える」

「日本の高度なテクノロジーがつくりました。なんて広い視野なんだ」

「ブルーライトがカットされている。長時間かけても目がラク」

「すごいぜハズキルーペ」

「ハズキルーペの拡大率は3種類」

「ハズキルーペ大好き」

……と短時間のうちにメッセージをジャブのように次々と繰り出していく。

ボードリヤールは消費社会の神話をつくるには広告が欠かせないとした上で、こう述べている。「宣伝がもはや〝素朴なお知らせ〟ではなくなり〝つくりもののニュース〟となったとき、現代広告が誕生した」

加えてこうも述べている。「広告は、何かを理解したり学んだりするのではなくて期待することをわからせるという点で、予言的な言葉となる。（中略）広告の発する予言的記号がつくり上げる実在性によって追認されることを前提としている。これが広告の効果をあげるやり方である」

ハズキルーペもマシンガンのようにすごさをアピールして商品の期待をつくって、予言的記号になり、広く追認されてヒットしたのである。あの歯医者の先生がかけているのも、その結果なのだ。

消費社会の先にある苦悩と疎外

では、そんな消費社会は、豊かで進歩した社会なのか？　たしかにモノであふれている私たちの社会は一見豊かな社会だ。しかし消費社会の実態は、エリートを頂点に下の社会階層へと構造的に連なる社会だ。そして「他人と違う記号」を追い求める消費社会は、本質的に不平等な社会なのだ。

消費社会は欲望の増大を前提とする。飛行機のエコノミーで満足できずビジネスクラスに乗る人は、じきにファーストクラスの人を羨ましがり、ファーストクラスに乗るとプライベートジェットが欲しくなる。豊かになっても必ずその上がある。欲望には限度がなく、常に満たされずに不満を感じ続ける。デュルケームが Book 30『自殺論』で述べたように、欲望に歯止めがかからない社会では**アノミー的自殺**が増える。

ボードリヤールはこのアノミー的状況について触れた上で、「欲求の限りない充足を生み出だす豊かな社会は、この充足から生まれた苦悩を和らげようとして全力を使い果たしてしまう」と述べている。

さらに消費社会ではあらゆるものが商品となり価格がつく。人生100年時代、定年退職すると多くの人は再就職の口を探す。転職市場では自分の人材価値が測られ、推定年収で価格づけされ、求職企業とマッチングされる。中には転職市場で年収が3分の1と評価されて、アイデンティティを喪失する人もいる。

ボードリヤールは「資本主義の下で生産性が加速度的に上昇する歴史的過程全体の到達点ともいうべき消費の時代は、根源的な疎外の時代でもあるのだ」と述べている。

では、消費社会はどこに向かうのか。今後も人間は広告に踊らされ、大量消費を続けていくのか？

ボードリヤールは本書をこう締めくくっている。「われわれもモノとその見せかけの豊かさの罠にかかって、陰気で予言的な言説にたどりついてしまった。（中略）ある日突然**氾濫と解体の過程**が始まり、（中略）黒ミサならぬこの白いミサをぶち壊すのを待つことにしよう」（「ミサ」は現代の消費社会の神話のたとえだ）

ムダが大前提の消費社会は、資源を大量消費する。一方で2015年、国連総会の「持続可能な開発目標」（SDGs）の採択をきっかけに、世界ではサステナブル（持続可能）な社会を目指す動きが加速中だ。

豪華な生活をSNSで見せびらかすのは、1980年代のバブル経済を経験したバブル世代に多い。

しかしZ世代（1996〜2010年生まれ）は、そんな消費スタイルを冷めた目で見つつ、デジタルが常識の環境で育ち、コスパ意識が高く堅実で、モノ消費よりもコト消費に関心を持つ。

ボードリヤールが述べた脱消費社会への「氾濫と解体の過程」は、静かに始まっているのかも知れない。

Point

「記号化」という消費社会の先を見据えよう

Book
36
『管理される心』
「感情労働」が、人の心を商品に変える

石川准／室伏亜希［訳］世界思想社

A.R.ホックシールド

1940年-。米国の社会学者。カリフォルニア大学バークレー校名誉教授。フェミニスト社会学の第一人者として、過去30年にわたり、ジェンダー、家庭生活、ケア労働をめぐる諸問題にさまざまな角度から光をあてて、多くの研究者に影響を与えてきた。早くから感情の社会性に着目し、1983年に『管理される心』を発表、感情社会学という新しい研究分野を切り開いた。他の著書に『壁の向こうの住人たち―アメリカの右派を覆う怒りと嘆き』などがある。

近所にあるデパ地下は、いつも活気があって賑やかだ。ある日支払いに時間がかかり、閉店5分後にデパ地下を通過したときのこと。賑やかだった店内は一瞬で灰色に変わっていた。店員さんたちが素の顔に戻って笑顔が消えていたのだ。あの華やかで活気あるデパ地下は、つくり物の笑顔がつくっていたのだ。

このデパ地下のように、お客に対面する現場で行われているのが本書のテーマ「**感情労働**」である。

現代のビジネスの主体はサービス業だ。2020年時点でサービス業（第3次産業）のGDP比率は日本で73%、欧米諸国で70～80%。そこでこの20年間、マーケティングの世界ではサービスマーケティングがホットである。いまやビジネスでは、サービスの現場で提供される感情労働の本質を理解することが必須なのだ。

1983年刊行の本書は、感情労働に従事するキャビン・アテンダント（以下CA）などへの詳細な調査に基づいて感情労働の実態を解明して「**感情社会学**」という新分野を確立するきっかけとなった一冊だ。

著者のホックシールドは1940年米国生まれ。カリフォルニア大学バークレー校社会学の名誉教授だ。

ホックシールドはマルクスがBook 28『資本論』で述べた「労働の疎外」を引用しながら、こう述べている。「私たちが財を生産する社会において財から疎外されるとしたら、サービスを生産する社会において

「表層演技」と「深層演技」

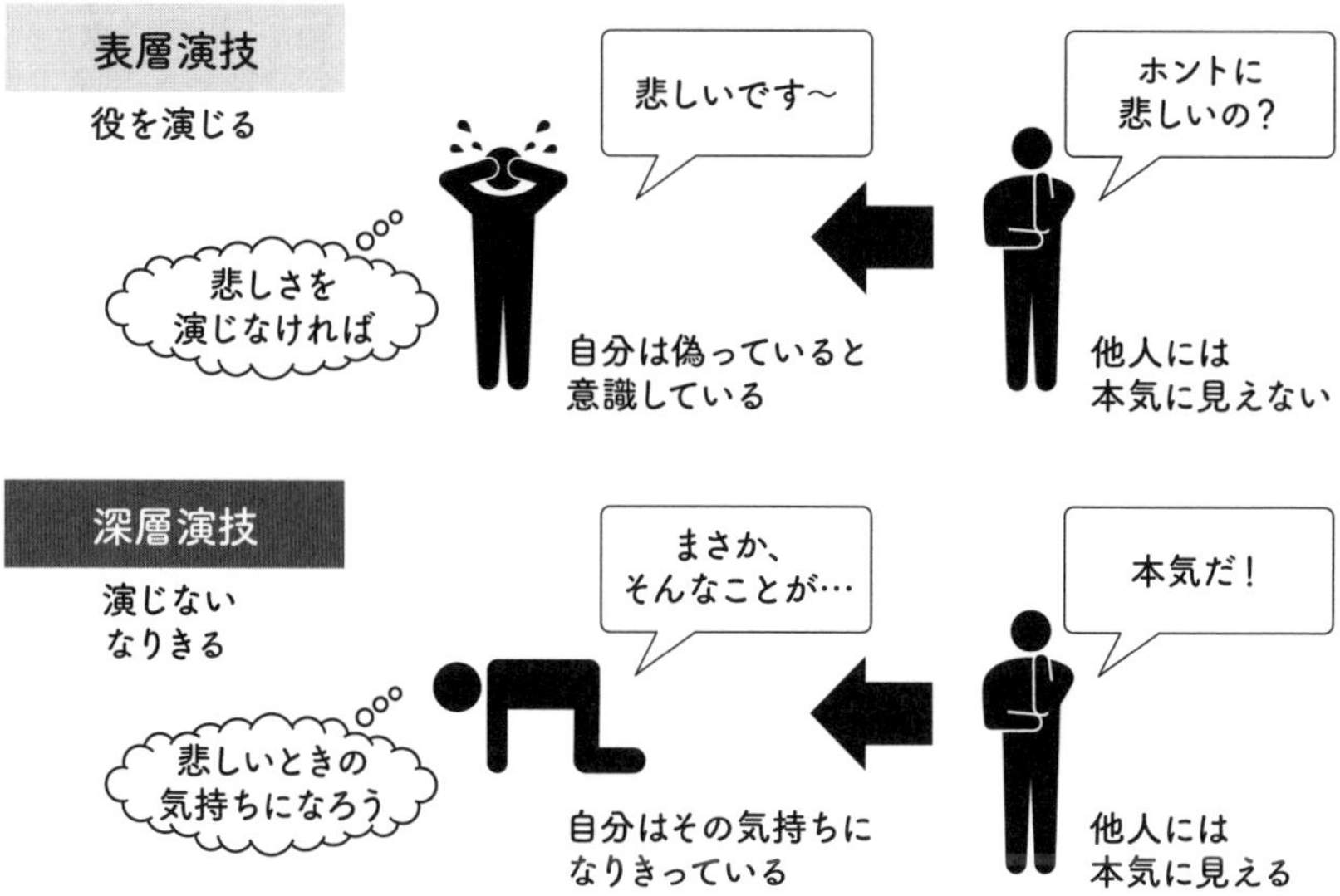
表層演技
役を演じる
悲しいです〜
ホントに
悲しいの？
悲しさを
演じなければ
自分は偽っていると
意識している
他人には
本気に見えない
深層演技
演じない
なりきる
まさか、
そんなことが…
本気だ！
悲しいときの
気持ちになろう
自分はその気持ちに
なりきっている
他人には
本気に見える

はサービスから疎外される」。これはどういうことか。早速、本書のポイントを見ていこう。

深層演技するCA

飛行機の搭乗口では、満面の笑みのCAが出迎えてくれる。本書ではパシフィック・サウスウエスト航空（PSA）のこんなラジオ広告が紹介されている。

「PSAの笑顔は作り物の笑顔ではありません」

たしかにCAの笑顔は「心からの笑顔」に見える。つくり物とは思えない。だが実際はどうなのか。そこでホックシールドは、当時顧客サービスと訓練プログラムのレベルがともに業界最高だったデルタ航空の全面的な協力を得てCAの実態を調査した。

CAの笑顔が心からの笑顔に見える理由を解明するカギが、**表層演技**と**深層演技**という概念だ。

【表層演技】 役を演じる。たとえば葬式で悲しく感じないときに「心から悲しんでいると思わせないと……」と考えて、悲しい様子を演じる。しかし本心は冷めているので、うわべの演技に見えてしまい、割と簡単に「本当に悲しいのかな?」と見破られてしまう。

【深層演技】 演じずに、なりきる。葬式では過去で一番悲しかった出来事を思い出しながら涙を流したりして、その感情で振る舞う。完全になりきっているので演技する必要がなく、自然な感情による表情に見える。見破ることは難しい。深層演技はロシアの演出家コンスタンチン・スタニスラフスキーが提唱した方法論だ。舞台俳優は表現のプロ。舞台上で深層演技と表層演技を使い分けられる。

心が商品化されたCAの感情労働の実態

では、CAの対面サービス業務では、どのように深層演技で感情を売り物に変えていくのか?

CAは航空会社で最もお客と接する。CAの品質が、航空会社の顧客満足度を決める。だから会社はCAを徹底的に管理する。まず応募者の採用面接では「誠実で自然、謙虚を感じさせる笑顔。社交性に富み、落ち着きと熱意を持ち、陽気で高ぶらない人材を求めている」と応募者に伝え、厳しく人選する。

採用後は厳しい研修が待っている。さらに会社は新入社員たちに「あなたの仕事をやりたがっている女性が5000人いる」(=あなたの代わりはたくさんいる)と強調して伝え、追い込む。本書によると、なんと標準体重も決められている。乗客もパイロットも計量されないのに、CAは計量される。体重をオーバーすると懲戒文書が来る。停職処分もある。定期的にスリーサイズを計測する航空会社もあるという。

感情のあり方も徹底して叩き込まれる。ホックシールドは「訓練生たちは、乗客を〈まるで〉『自分の家のリビングルームにいる個人的なお客様』であるかのように考えるよう求められた」と述べた上で、教官からは「何千ドルというお金が、あなたの礼儀正しさにかかっているのです。口論をしてはいけません」「あなたたちはあなたたち自身を売っているのよ」と叩き込まれていく様子を紹介している。

一方で困ったお客や、CAたちを人間扱いしないお客も多い。その対応策も叩き込まれる。「乗客はただの子どもなのよ。（中略）トラブルを起こす人の何割かは、ほんとうにただ注意を向けてほしいだけなのよ」

どうしても許せない場合は「（着陸して）もうじき逃げられるわ」と自分に言い聞かせたりする。

さらに乗客からの投書システムにより乗客の声を記録する仕組みを用意し、品質管理を徹底する。

では、このような感情労働は、どのような問題を抱えているのか？

感情労働、3つのリスク

映画バットマンシリーズ『ダークナイト』で、狂気に満ちたジョーカーを演じたヒース・レジャーの演技は、鬼気迫るものだった。レジャーはホテルに1カ月こもり役づくりをしたという。ジョーカーの演技はまさに深層演技の賜物だ。しかしレジャーは不眠症に陥り、疲れていても2時間しか眠れなくなり、睡眠薬を常用するようになった。『ダークナイト』の完成を待たずに、急性薬物中毒により28歳で亡くなった。狂気のジョーカーの感情をつくり上げる過程で、レジャーの精神に大きな負担がかかった可能性は高い。ホックシールドも本書で「俳優が陥りやすい危険は、自分の演じる役に〈なりきって〉しまうこと」と述べている。

感情労働者も同じリスクを抱えている。ホックシールドは感情労働が生み出す3つのリスクを挙げる。

❶燃え尽きてしまう：職務を演技と理解せずに「常にお客に誠実に」と一生懸命になって、苦情を自分ごととして深刻に受け止め、燃え尽きてしまう。

❷自分を非難する：❶の問題を解決した人は、仕事と自分を切り離しているが、仕事に心を込めたいのに表層演技で対応することになり、「自分は相手を騙している」と自分を責める。

るようになる。

こうして心のバランスを崩してしまうCAもいる。本書によると、会社はこんな人を「故障品」と呼んだりする、という。ずいぶんとひどい話だが、心が商品扱いされているのだ。

これが冒頭の「サービスから疎外される」という意味だ。**感情を商品にすることで、自分が生み出すサービスからも、そして自分自身の感情からも、疎外されてしまう**のだ。自分の感情が商品になると、仕事の自分と素の自分を分けられず、自分の感情は次第に自分のものではなくなってしまう。自分はたしかに笑顔だが、これは自分の本当の感情ではない。そして自分で感情を制御する能力が次第に衰えていく。

CAに留まらない。現代の感情労働は、コールセンター、小売、理髪店や美容室などのサービス業、病院や学校、企業のマネジャーなど多種多様で幅広い。その多くはつくり物の顔で仕事をしている。

企業が労働者の感情を商品化し提供することで、労働者はどれが本当の自分の感情かわからなくなり、自分を見失って精神のバランスを崩し、抑うつ症などの精神疾患、アルコール依存、不眠症などに陥るのだ。

このように感情の商品化は実に難しいが、中には成功する人もいる。ホックシールドはこう述べている。「感情がうまく商品化されるときには、乗務員は、詐欺師やよそ者のような気分にはならない。彼女は、自分の心を込めたサービスが実際にはどうであったかについて、ある程度の満足感を得る」

❸仕事の切り離し：❷の問題を解決できた人は、仕事を深刻に考えなくなり、次第に自分と仕事の距離を取

私たちはサービスで働く人を守らなければならない。最近の知見から、いくつか挙げてみよう。

❶サービス業の経営：感情は企業の重要な経営資源だ。経営者もマネジャーも「従業員の感情という大事な資産を預かっているのだ」という意識が必要になる。たとえば、**適切な人材採用**。顧客サービスで有名なザッポスには、退職ボーナスがある。「不満を抱えて働くのは社員にも会社にも不健全」と考え、感情労

働の資質がある社員に残ってもらうためだ。**従業員の処遇**も大切だ。すぐれたサービス企業は「高い従業員満足が、高い顧客満足を生み出す」ということを知っており、従業員を最重視する。そこで現場の従業員に権限を委譲し、処遇も徹底的に改善する。さらに**お客を選ぶ**ことも欠かせない。カスタマーハラスメントから社員を守ることを考えるべきだ。米国航空業界で顧客満足トップの常連であるサウスウエスト航空では、クレーム常習客がいた。苦情の手紙の束に音《ね》をあげた顧客サービス担当者は会長のハーブ・ケレハーに対応を一任。ハーブはお客に1分で手紙を書いた。「お客様、もうお乗りになれなくて残念に思います。さようなら。ハーブ」。この手紙は「二度と利用しなくて結構」というトップ直々の絶縁状だ。同社にとって従業員は、守るべき最も大事な財産なのだ。

❷マインドフルネス：ホックシールドは「感情自体へのアクセスがたいへん重要」と述べている。これが現代でマインドフルネスなどの瞑想法が注目されている理由だ。

❸「自分らしさ」：経営者やマネジャーも感情労働だ。「リーダーは強くあれ」と考え、そう演じる人も多いが、人はムリして演じる相手を「偽っているな……」と無意識に見抜いてしまう。そこで注目されているのが**オーセンティック・リーダーシップ**という「弱さを隠さずに自分らしさを貫くリーダー」のあり方だ。

感情労働の微妙な取り扱いを怠ると、サービス企業の最重要な経営資産「従業員の感情」は摩耗する。感情労働の視点で自社サービスを見直せば、改善点は次々と見つかる。そのためにも本書は役に立つはずだ。

Point

「感情労働」の現実を理解し、サービス業で働く人の心を守れ！

Book 37

『正義論』

リベラリズムの源流は、ロールズにある

『正義論　改訂版』川本隆史／福間聡／神島裕子［訳］紀伊國屋書店

ジョン・ロールズ

1921年 - 2002年。米国の哲学者。1950年にプリンストン大学で学位を取得。コーネル大学を経て、ハーバード大学で政治哲学、社会哲学を教えた。『正義論』において、基本的自由と社会的公正に基づく正義の新しい概念を提唱し、以後の政治理論に大きな影響を与えた。主に倫理学、政治哲学の分野で功績を残し、リベラリズムと社会契約の再興に大きな影響を与えた。

学生時代の同級生K君は、とても正義感が強かった。一方で同級生C君は身体が大きく横暴だった。

ある日、休み時間の教室にK君一同がC君を連れて入ってきた。K君に促されると、C君は土下座して「今までみんなにひどいことをして、ごめん……」と謝った。C君はK君に「じゃぁ、次行くぞ」と促されて立ち上がり、K君一同とC君は隣のクラスに行った。その後、C君は一人で塞ぎ込みがちになった。K君はこうして問題を起こす生徒を次々つるし上げていった。「K君は正義漢だ」という人も多かった。

しかし、私はこう感じた。「K君の正義って一体なんだろう？　結局、K君の主観なんじゃないかな」

そう思ったのは、K君の思い込みと勘違いで私もつるし上げられたからだ。正義とは、実に難しい。

本書のテーマはこの正義である。英文タイトルは"A Theory of Justice"（「正義に関する一つの理論」）。つまり本書は**「人類にとって普遍的で公正な正義とは何か」**を真面目に考えた理論書なのだ。

ロールズが本書を書いた1971年当時、自由主義は行き詰まっていた。Book 23『統治二論』のロックやBook 26『自由論』のミルは、「他人に害を及ぼさない限り、個人で自由を追求しよう」という自由主義を提唱した。これは裏を返せば自由放任主義だ。この結果、実力主義の格差社会が生まれてしまった。

現実の世の中では、富・才能・運に恵まれた人と、それらに恵まれない人がいる。たとえば学校の成績だけで給料が決まる自由競争社会を想定してみよう。のび太やジャイアンはあまり稼げないが、出来杉くんのような超秀才の努力家は、給料が青天井。こうして自由放任主義の社会は、必然的に格差社会になる。

20世紀後半になって民主主義国家が急増、自由が当たり前になり、実際に激しい不平等が起こり始めた。さすがに自由主義者たちも「これって正義といえるのか」と考え始めた。そこでロールズは「そもそも正義とは何か」「最も公正な仕組みで世の中をつくり直すとどうなるか」を考えたのである。

1921年米国生まれのロールズは、太平洋戦争に従軍してフィリピンやニューギニアで旧日本軍と戦い、戦後は占領軍として日本にも来た。被爆直後の広島も実際に目撃し、大きなショックを受けたという。その後、軍を辞めて学究の道に進み、ハーバード大学で教えるようになった。ロールズの思想は現代の**リベラリズム**の源流となり、自由主義思想に大きな影響を与えた。そんなロールズが書いた本書は50万部以上売れて、30以上の言語に翻訳されたという。早速、本書のポイントを見ていこう。

原初状態と無知のヴェール

ロールズは「何が正義で何が不正義か、まず合意しないことには何も始まらない。でも人によって考えは違う。だからいろいろ比べてマシなほうを選ぼう」と考えた。とはいえ、現実の人間には必ず利害がある。寝食を忘れて私生活も顧みず猛烈に努力し富を蓄えた人は、「あなたの富を恵まれない人に与えましょう」と言われても「ボクの血と汗の結晶を、なぜ何も努力してない奴に与えなきゃいけないんだ」と怒るかもしれない。逆に超貧困状態の人は「金持ち連中が世のために少しでもお金を使えば皆が助かるのに……」と思うかもしれない。公正な分配方法を全員一致で合意することは、実に難しいのだ。

無知のヴェールで原初状態に戻って考える

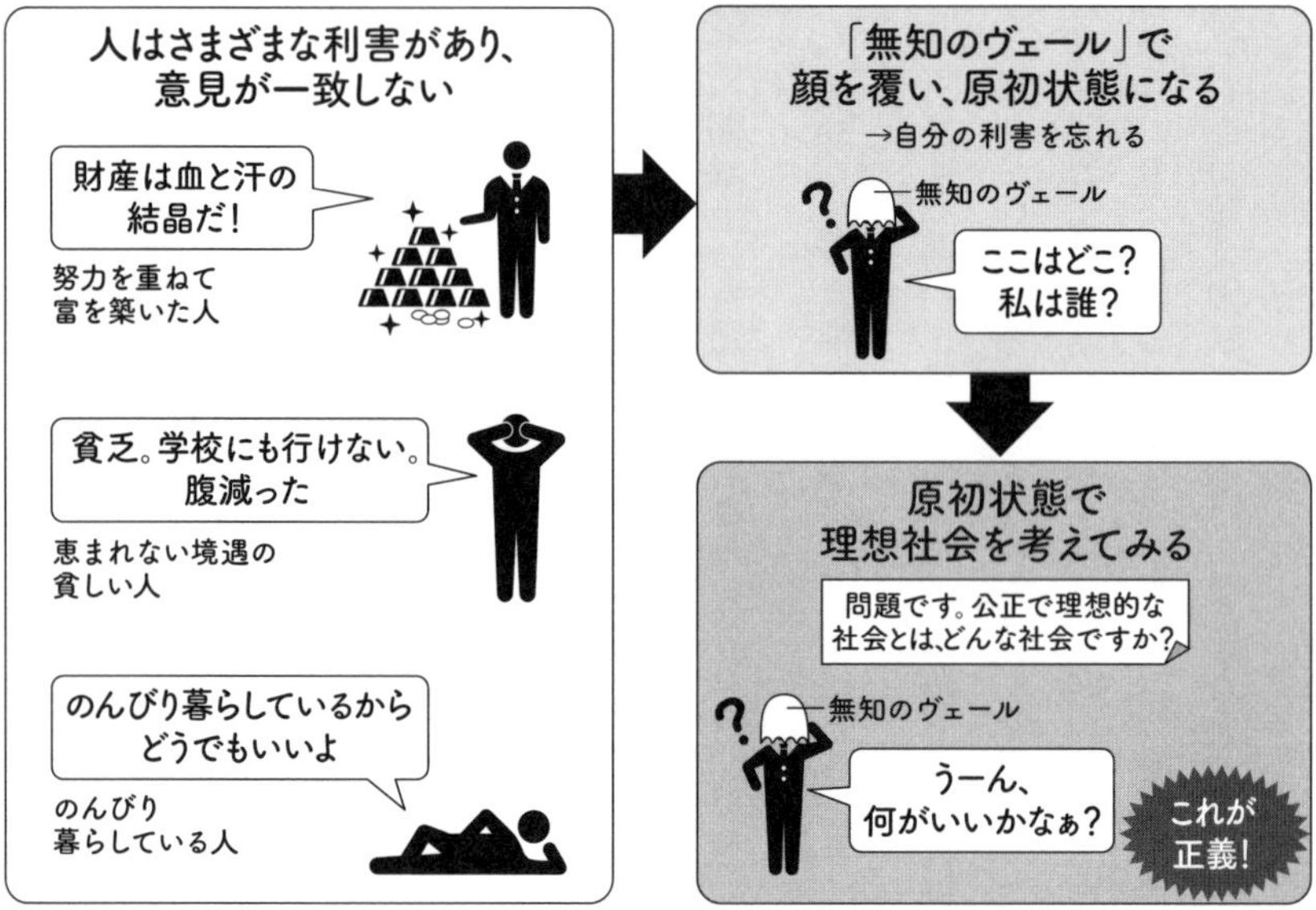

そこでロールズはこう提唱した。「**無知のヴェール**をかけて、**原初状態**に戻って考えてみましょう」

無知のヴェールとは、それをかけると「ここはドコ？　私はダレ？」状態になる魔法のヴェールだ。「努力して巨大な富を蓄えた」「貧困で食べるモノにも困っている」という現実の自分の状況は、まったくわからなくなる。こうして現実の利害にとらわれない状態が、原初状態だ。こうしてロールズは「人は原初状態では、自分が最貧困層にいる状態を前提に考えるはずだ。そんなときでも満足できるような公正で不平等のない社会を選ぶことで、全員が合意するだろう。これこそが正義だ」と考えた。

ロールズはこの原初状態から、正義のための2つの基本原理を導き出した。

【第1原理】いかなる人にも平等に、基本的人権を割り当てるべきだ

【第2原理】仮に社会的・経済的な不平等がある場合は、次の2つの条件を満たすべきだ

①機会の平等：全員に均等に機会が与えられ、競

い合えること

②格差の是正：最も不遇な人の暮らしを最大限改善すること

第1原理は読んで字のごとくだが、第2原理はちょっとわかりにくいので説明しよう。

出来杉くんは、おそらく社会的に成功して、一般人よりも経済的に恵まれるだろう。こうして格差が出るのは一見不平等だが、才能は人により違う。だから格差をすべてなくして完全平等を実現するのはムリだ。

そこでロールズは「出来杉くんのような才能の持ち主が成功するのは、受け入れよう」と考えた。

その上でロールズが提唱したのが、第2原理の「①機会の平等」と「②格差の是正」である。

①機会の平等：まず機会は平等に与える。あるマネジャーは、気に入った部下だけにえこひいきして昇進の機会を与えていた。しかし、好き嫌いで昇進の機会を与えるのは正義ではない。基準を明確にして平等に評価すべきだ。

②格差の是正：しかし全員へ機会を与えても、出来杉くんのように超優秀な人もいるので、どうしても格差は出る。そこで格差の是正が必要になる。ロールズはこう述べている。「不正義とは全員の便益とならない不平等であることに尽きる」「代わりに格差原理を受け入れることによって、彼らは、より優れた諸能力を共通の相対的利益のために活用される社会的資産と見なす」。つまり格差は受け入れた上で、すぐれた才能を本人だけの資産ではなく、社会でわかちあう共通資産と考えよう、ということだ。たとえば出来杉くんが高給を受け取り医療研究者になって、世界の医療水準を大きく向上させれば、不遇な人にも大きなメリットがある。これは正義だ。しかし出来杉くんが高給を受け取り、超富裕層しか買えない不老不死の医療研究をしたら、これは格差を助長するので正義とはいえない。

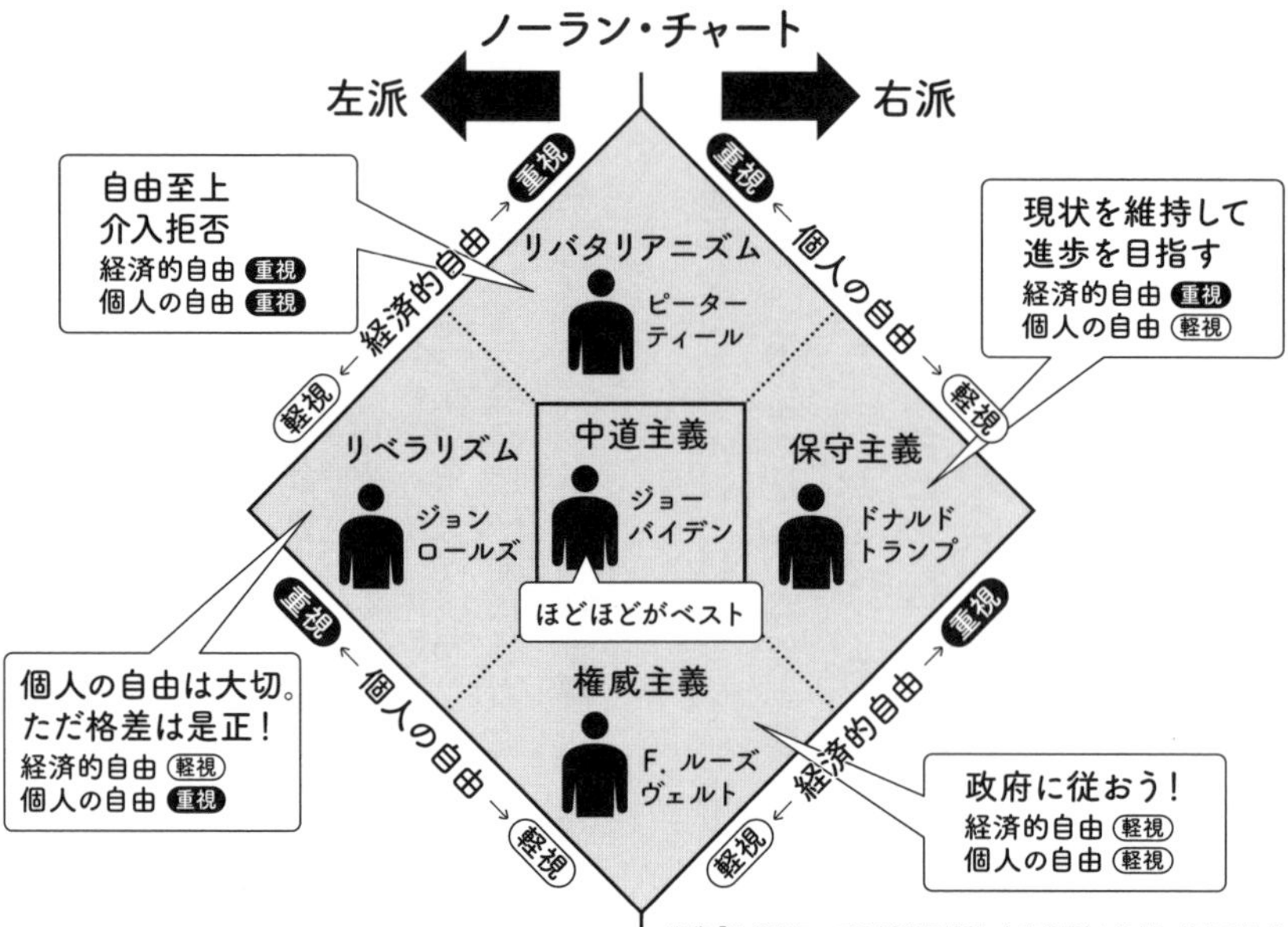

出典:『リバタリアニズム』(渡辺靖著、中公新書)を参考に筆者が作成

そして**第1原理は常に、第2原理に優先する。**誰かが犠牲になって全体が幸せになることは、絶対に許されない。医療水準向上の研究のために、誰か一人が犠牲になって死ぬ可能性がある人体実験をすることは、たとえ他の全員が幸せになっても犠牲になる人の基本的人権の侵害だ。だから絶対に許されない。

このあたりは Book 100『CRISPR』で紹介するヒトゲノム改変でも議論が必要なテーマだろう。

こうしてロールズは、すべての人に自由と平等・公正な機会を与えた上で、生じた格差は是正し、基本財の公正な分配を目指す福祉国家的な**自由主義＝リベラリズム**を主張したのである。このロールズの思想が、リベラリズムの本家本流なのだ。

リベラリストとして、ロールズの言動は首尾一貫している。米国には「広島・長崎への原爆投下は、戦争終結を早めて多くの米軍将兵の命を救った」という正当化論があるが、訳者の川本隆史氏は訳者あとがきで、ロールズが「論拠が弱い。原爆投下や東京大空襲を含む無差別空爆は、道徳上の不正行為。とても正当化できない」と述べたことを紹介している。

さらにロールズは稲盛財団の京都賞思想・芸術部門の授与（賞金5000万円）を内示されたが、受賞条件は天皇との会食だった。「特権化された社会階級に地位を与えている貴族制社会やカースト制社会は、正義に反している」と考えるロールズは、賞を辞退した。誠に気骨があるリベラリストである。

このようにロールズは政治思想家として世界に大きな影響を与えたが、一方で批判もある。

リバタリアニズム（**自由至上主義**）は「所得再分配は反対。自分の才能で獲得したものを受け取れないのは正義ではない。個人の自由が最重要。国家は干渉するな」と考える。Book22**『政治学』**で言及したピーター・ティールは、リバタリアニズムを信望するリバタリアンの筆頭だ。図はリバタリアン党創設者のデヴィッド・ノーランが作成した**ノーラン・チャート**と呼ばれる概念図で、リバタリアニズム、リベラリズムと、**保守主義・中道主義・権威主義**といった他の政治思想との位置づけがよくわかる。

またインドの政治・経済学者アマルティア・センは「貧困とは基本的なケイパビリティの欠如。財を分配するのは、人生の選択肢の幅を広げるためだ」と主張する。Book39**『正義のアイデア』**で紹介したい。

このように批判が多いことは、ロールズが現代政治思想の広がりに大きな影響を与えたことの裏返しだ。

現代の政治思想を理解する上で、本書は必読。800ページ超の大著だが、ぜひ押さえたい一冊だ。

Point

「自由と平等」「機会の平等」「格差の是正」を重視するのが正義

Book 38

『歴史の終わり』

人類が進化した末に待っているのは何か？

『新版　歴史の終わり（上・下）』渡部昇一［訳］三笠書房

フランシス・フクヤマ

1952年－。米国の政治学者、政治経済学者。日系三世。ハーバード大学で政治学博士。米国国務省政策企画部次長、ワシントンD.C.のランド研究所顧問を経て、スタンフォード大学の「民主主義・開発・法の支配研究センター」を運営。ジョンズ・ホプキンス大学でも教鞭をとった。『歴史の終わり』は世界的なベストセラーとなったほか、著書に『「大崩壊」の時代』『政治の起源』『IDENTITY』などがある。

悲惨な戦争の場面をテレビで観ると、こう思う人は多いのではないだろうか。

「**戦争なんて絶対にイヤだ！　国のために命を捧げて戦うなんて、意味がわからない**」

太平洋戦争で多くの日本人が命を賭けて戦ったことを思うと、「日本人は気概がなくなった」と嘆く人もいるかもしれない。しかし本書によると、これは歴史を通じて民主主義が浸透し続けた結果である。

現代社会で起こるさまざまな出来事の底流には、歴史的な民主主義の流れがある。本書を読めばその流れが見えるようになり、世界で起こる多様な出来事の意味も見えてくる。

本書のきっかけは、１９８９年の**ベルリンの壁崩壊**だ。第二次世界大戦で負けたドイツは東西ドイツ（民主主義国家と社会主義国家）に分割。首都ベルリンの東西はコンクリートの壁（ベルリンの壁）で遮断されたが、東欧革命（１９８９年の東欧諸国の民主化革命）で東ベルリン市民はベルリンの壁を破壊し始めた。東西冷戦の終焉だ。このときフクヤマは、米国の外交専門誌『ナショナル・インタレスト』に論文"The End of History?"（「歴史の終わり？」）を寄稿、「人間社会の政治形態で勝利を収めるのは、自由民主主義ではないか？」という仮説を示した。この論文を下敷きに１９９２年に刊行した本書は、大きな反響を呼んだ。

しかし21世紀を迎えると「専制国家は健在。1989年の『自由民主主義が共産主義に勝った』というフクヤマの主張は、大間違いだ」という反論が次々と出始めた。フクヤマはこれらの批判に対して、本書をちゃんと読めば回避できる批判には反論したいと思わない、と述べている。

フクヤマが言いたかったことは「マクロな視点で歴史を考えると、自由民主主義のほうが持続性はあるみたいです」ということ。上下巻合わせて600ページを超える本書は、カント、ヘーゲル、マルクスなどの思想家の系譜をたどりつつ歴史上のさまざまな出来事に意味づけして主張を組み立てている。

フクヤマは1952年米国シカゴ生まれの日系三世。国務省の政策立案スタッフやシンクタンクのコンサルタントを経て、現在スタンフォード大学の教授を務めている。早速、本書のポイントを見ていこう。

ヘーゲルとマルクスの歴史観

現代の民主主義の思想が産声を挙げたのは、わずか400年前だ。250年前の1776年に米国が独立を宣言する前は、民主主義国家はひとつもなかったが、その後、民主主義国家は急速に拡大した。1790年には3カ国（米国、フランス、スイス）、1940年は13カ国。1960年は36カ国。1990年は61カ国。これは人類が自由を求めてきた結果だ。フクヤマは人類の進化を、カント、ヘーゲル、マルクスの歴史観で説明している（次ページ図参照）。

- **カント**：「人類史には進化のパターンがあり『人間の自由の実現』という終点がある」という歴史観を打ち出した（Book6『純粋理性批判』も参照してほしい）。
- **ヘーゲル**：カントの考えを受け継ぎ、解像度を上げて「歴史の進化は理性の発展でなく、対立の相互作用から生まれ、自由の実現に向かって進化する。世界の歴史は、自由という意識の進歩だ」と考えた。この

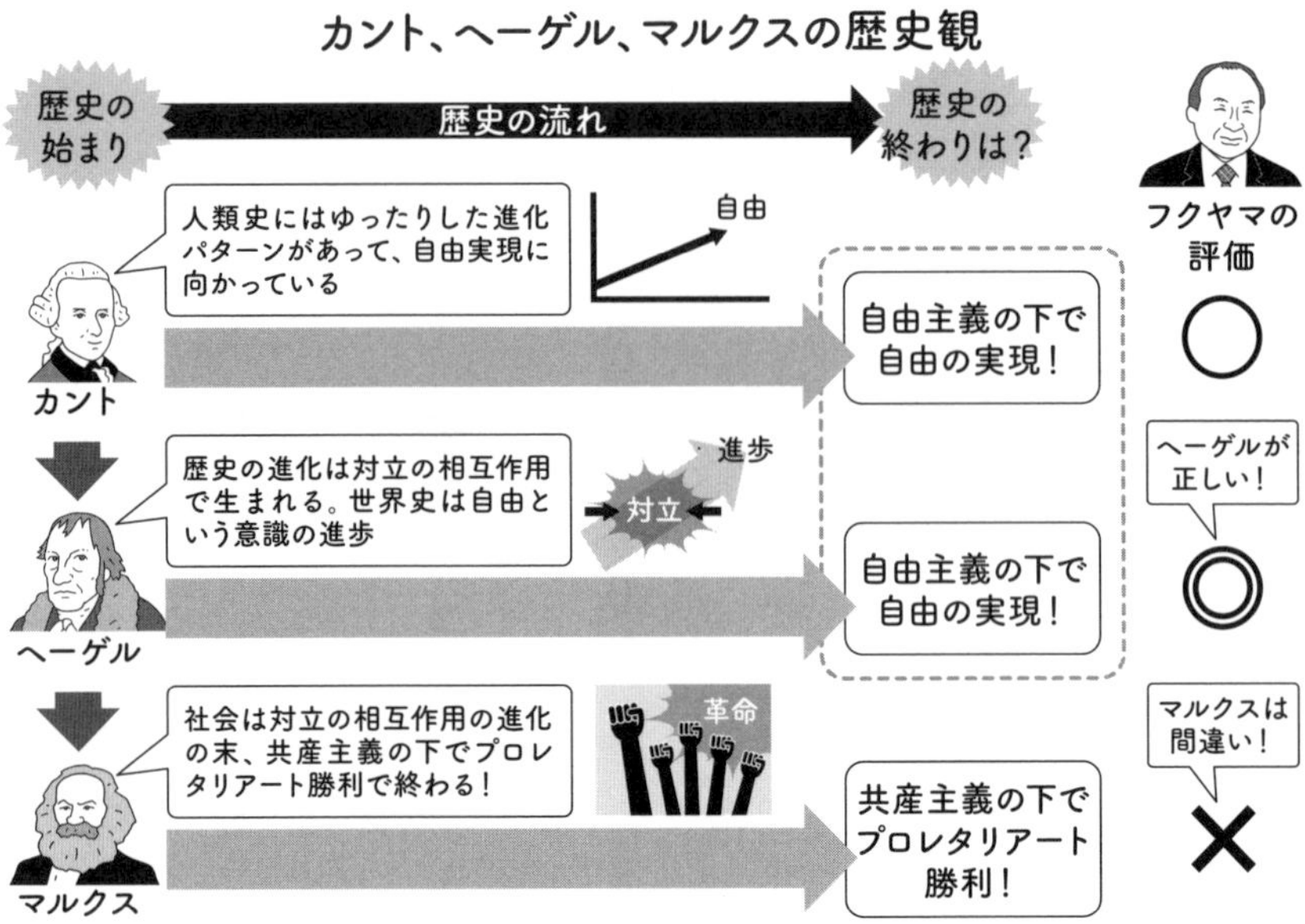

カント、ヘーゲル、マルクスの歴史観
歴史の始まり
歴史の流れ
歴史の終わりは？
フクヤマの評価
人類史にはゆったりした進化パターンがあって、自由実現に向かっている
自由
カント
自由主義の下で自由の実現！
〇
歴史の進化は対立の相互作用で生まれる。世界史は自由という意識の進歩
進歩
対立
ヘーゲルが正しい！
ヘーゲル
自由主義の下で自由の実現！
◎
社会は対立の相互作用の進化の末、共産主義の下でプロレタリアート勝利で終わる！
革命
マルクスは間違い！
マルクス
共産主義の下でプロレタリアート勝利！
×

ように「**対立を通じて進化する**」という考え方が**弁証法**だ（Book7『精神現象学』も参照してほしい）。

カントもヘーゲルも「自由民主主義体制の中で人間の自由は実現され、自由への歴史の旅は終わる」と考えたが、その後マルクスはまったく別の終着点を示した。

・**マルクス**：「自由主義社会ではブルジョアジーとプロレタリアートの階級対立の矛盾は解決できない」と考えた。そこでエンゲルスがヘーゲル思想から「自由への意識の進歩」という理念を削り、ヘーゲルの弁証法を改造。「歴史は自由主義社会でなく共産主義社会の下で、プロレタリアートが勝利を収めて終わる」と考えた（Book28『資本論』も参照してほしい）。

そしてフクヤマはさまざまな歴史的出来事を検証してカント、ヘーゲルの歴史観とマルクス歴史観を比較し、「自由主義の実現で歴史が終わると考えたヘーゲルが正しいみたいです」と結論づけたのだ。

中央計画経済が、民主化する理由

マルクス主義を実践するソ連は、実は一時期、驚異的に成長していた。

旧ソ連は1928～30年代後半にかけて農業を集団化して効率化、恐怖政治のもと、農業部門の収奪を通じて、国民の経済的・政治的自由を認めないまま、計画経済の下で工業国家へ一気に変貌した。

こうしてソ連は1950年代に近代工業社会になったが、その後の脱工業化社会を迎えて「体を動かす人間」よりも「考える人間」が求められるようになると中央計画経済は行き詰まり、脱工業化経済世界の中で脱落していった。1970年代からは経済が低迷、危機に陥った。第二次大戦後に独立した多くの発展途上国は独裁政権主導で経済成長したが、成長後は独裁政権が崩壊して民主化した。フクヤマはこう述べている。

「資本主義体制が中央計画経済体制よりはるかに効率的だということは、すでにはっきり立証されてきた」

なぜこうなるのか？　そのヒントが**承認**という概念だ。

人間は承認を必要とする動物だ。人間は他人から「一人の人間」と認められ、承認されたいのだ。

ヘーゲルは「歴史は承認を求める闘争」とした上で、**歴史の始まり**にいた**「最初の人間」**という概念を提唱した。この歴史の始まりは具体的に「いつ」とは特定できない。「人間の最初の戦いが始まったとき」という意味だ。最初の人間とは、その歴史の始まりで戦いをした人間のことである。

最初の人間は相手に自分を認めさせるために他の人間と出会うと激しく戦う。勝ったほうが貴族となり、負けたほうは奴隷になった。これが「誇りのために命を賭ける」という西洋の貴族社会の文化を生み出した。人は歴史を通じて承認（自分の尊厳や威信）を得るため、戦いに命を賭けた。歴史の弁証法的発展の始点にはこうした貴族道徳を持つ最初の人間がいた。あらゆる戦争は承認を求める貴族道徳が起こしてきた。

この弁証法的発展の終点に**最後の人間**（英語でthe Last Man）がいる。フクヤマは本書で「ニーチェのいう『最後の人間』の本質は、勝利を収めた奴隷である」と述べている。これは**末人**（ドイツ語でLetzter Mensch）のことだ。フクヤマはニーチェが Book8 『ツァラトゥストラはこう言った』で末人と蔑んだ「最後の人間」をヘーゲルの「最初の人間」の対極に置き、なんと「進化した人間」と位置づけているのだ。

歴史の終わりでは「主君＝支配する人間」は消滅し、無用な戦いは消える。フクヤマは「最後の人間は、（中略）大義に生命を賭けるような愚かな振る舞いはしない」と述べている。貴族のように「誇りのために戦う」なんて考えもしない。むしろ日々楽しく平和に過ごすことが大事。まさに冒頭の「戦争なんて絶対にイヤだ！命を捧げて戦うなんて意味がわからない」という現代の私たちだ。これが進化の結果なのだ。

貴族道徳に生きる最初の人間から見たら、歴史の終わりにいる最後の人間は「覇気のない人間」だろう。

こうして歴史上の大きな戦いはなくなり、「自由の実現」を目指したヘーゲル的な闘争の歴史が終わる。

実際、民主主義国家間では大きな戦争はない。国境も無防備だ。ＥＵ諸国も国境は往来し放題。日本と韓国も、ときに仲が悪くなっても戦争はしない。「民主主義国家なら、無謀な戦いはしない」と信じ合っているからだ。平和は自由主義がもたらすのだ。自由民主主義が攻撃的・暴力的な人間の自然な本能を押さえ込むからではない。**自由民主主義が人間の本能を根本的に変えて、帝国主義的な意欲を消し去るのだ。**

フクヤマは江戸時代の日本についても述べている。「コジェーブによれば、日本は『十六世紀における太閤秀吉の出現のあと数百年にわたって』国の内外ともに平和な状態を経験したが、それはヘーゲルが仮定した歴史の終末と酷似しているという。そこでは上流階級も下層階級も互いに争うことなく、過酷な労働の必要もなかった。だが日本人は、若い動物のごとく本能的に性愛や遊戯を追い求める代わりに——換言すれば『最後の人間』の社会に移行する代わりに——能楽や茶道、華道など永遠に満たされることのない形式的な芸術を考案し、それによって、人が人間のままでとどまっていられることを証明した、というわけだ」

「歴史の終わり」を日本が経験したことを理解して岡倉天心の Book 68『茶の本』を読むと面白いだろう。

民主主義は崩壊してしまうのか?

ここまでわかれば本書への「ソ連は消えたけれど中国は元気。冷戦も続いている」という批判が的外れだとわかる。フクヤマは「米国覇権主義が共産主義国家に勝利した」と言ったのではなく**「自由民主主義の方向に歴史が進化することが、明確になったようだ」**と言っているのだ。

2020年のコロナ禍当初、中国のような専制国家よりも、民主主義国家のほうがコロナ死者数が多い状況を見て「民主主義の敗北」とする意見も多く見られた。たしかにフクヤマが独裁国のほうが速く近代化できると示したように、民主主義はトップが思う通りに国が動かないし、短期的には効率も意外と悪い。

しかし長い目で見ると、専制国家は行き詰まる。ギリシャ時代の哲学者アリストテレスも Book 22『政治学』で「徳が高ければ王制が最も優れているが、権力は必ず腐敗する。腐敗しても最悪にならないのは民主制」と述べている。オーストリアの経済学者・ハイエクも1944年の著書『隷属への道』で「中央政府による計画経済は社会全体に分散する情報を把握できず、最適な計画を立てられないし、個人の自由も奪われる。自由に情報交換できる自由主義がベスト」と述べている。実際に2022年、中国は政府の新型コロナに対する政策上の過ちを認められず、ゼロコロナ政策を強行し続け、国内経済を急失速させた。

本書は「米国流自由民主主義を世界に根づかせるぞ」と考える米国ネオコン(新保守主義)思想家の理論的根拠となった。米国は2001年の9・11テロをきっかけに、イラク戦争→中東民主化政策へと突き進んだ。反政府民主化運動「アラブの春」が起こり、チュニジア、エジプト、リビアなどで長期独裁政権が倒れた。

ここまでは順調だった。しかしその後、民主選挙で生まれた中東の多くの政権はクーデターで崩壊し、混乱が続いている。

民主主義も内部崩壊の危機に瀕している。米国ではトランプ大統領が選出され、英国では国民投票でBREXIT（EU離脱）を決めるなど、ナショナリズムに舵を切る動きも出ている。こんな中で2018年、フクヤマは『IDENTITY 尊厳の欲求と憤りの政治』（朝日新聞出版）を刊行した。

自由でなかった近代以前の人間は「自分とは何者か」と考える必要がなかったが、自由を得た現代、私たちは否が応でも**「自分とは何者か」**を考えさせられる。トランプが大統領に選ばれたのは、忘れ去られた白人労働者階級が自分の尊厳を求めて支持した結果。英国のEU離脱は、EU経済よりも英国人のアイデンティティを選んだ結果だ。**個人や集団のアイデンティティを巡る尊厳や自尊心が、現代の政治問題の根本にある、**とフクヤマは主張した。日本では「なぜトランプを大統領に選ぶの？」と思ってしまうが、この指摘がわかれば「トランプは白人労働者のアイデンティティの拠り所だ」と理解できる。フクヤマは「解決策は、既存の自由民主主義社会にすでに存在する多様性を考慮に入れた、もっと大きく統合的なナショナル・アイデンティティをつくることに見いだされる」と述べている。

問題は民主主義ではなく、リベラリズムにある

2022年刊行の『リベラリズムへの不満』（新潮社）では、30年経った「歴史の終わり」を再検証している。この30年で世界は大きく変わった。習近平は共産党支配への敵対勢力を攻撃、党支配を強化している。プーチンは形式的に選挙で選ばれてはいるが「リベラリズムは時代遅れ」と発言し敵対者を投獄したり殺害したりしている。トランプも2020年の大統領選の敗北を認めず、権力委譲を拒もうとした。

自由を徹底追求し福祉国家を批判する新自由主義は、格差を劇的に拡大して金融危機をもたらし、貧困層の怒りを生んだ。こうなるとさすがに「民主主義、ヤバいんじゃないの?」と思う人が出てくる。

しかしフクヤマは「**攻撃されているのは、民主主義ではなくリベラリズムである**」と述べ、「民主主義は自由で公正な複数政党制の選挙として制度化された国民による統治。リベラリズムは行政府の権力を制限する公式なルールによる法の支配」とした上で、「リベラリズムが掲げる最も基本的な原則は寛容」と言う。

つまり「民主主義には普遍性がある。問題はリベラリズムが迷子になっていることだ」というのだ。

そして前掲書『IDENTITY』と同様、フクヤマは「国民意識が大事」という。現実には多くの国で、民族的・宗教的アイデンティティが国民を結びつけている。かつてのナショナリズムは、ナチスの台頭や戦前の日本による侵略を生み出した。これらはリベラルな寛容さが欠如していた。今求められるのは、リベラルで寛容な国民意識なのだ。国民意識を軽視すれば逆にナチスのようにナショナリズムを刺激する極右勢力が台頭してしまう。

そしてフクヤマは本書をこう結んでいる。「個人として、共同体として中庸を取り戻すことが、リベラリズムそのものの再生、いや、存続の鍵になるのである」

歴史が「自由の実現」という終わりに向かって動いているとしても、それは何もせずに得られるのではなく、弁証法的な対立を通じて進化するのだ。歴史を終わらせるには、私たちの努力も求められるのである。

Point

現代の歴史も、自由を実現する弁証法的発展の最中にある

Book 39

『正義のアイデア』

「完全なる正義」同士が、なぜ衝突するのか

池本幸生［訳］明石書店

アマルティア・セン

1933年－。インドの経済学者、哲学者。オックスフォード大学、ハーバード大学などで教鞭をとる。1998年社会的選択理論、不平等および貧困を研究対象とする厚生経済学上の画期的な成果によってノーベル経済学賞を受賞。世界銀行など国際機関でも積極的な役割を演じる一方、非政府組織プラティチ財団を運営し、インドの貧困、初等教育、保健医療問題などに実証理論両面からの貢献を続けている。

2023年時点で30代以上の人たちは、アマルティア・センのことはあまり知らないだろう。むしろ若い世代はよく知っているはずだ。高校の倫理の教科書で、必ず取り上げられているからだ。

センは1998年にアジア初のノーベル経済学賞を受賞した経済・倫理学者だ。2001年に日本政府と共同で創設した「人間の安全保障委員会」の報告書は、2015年に採択されたSDGsにつながった。

センは「**そもそも『完全なる正義とは』という考え方が間違ってる**」と考えた。

現代社会の「正義の姿」を考える上で、センの思想は外せないのだ。

インド出身のセンは9歳のときに餓死者300万人にも及んだベンガル大飢饉に遭遇。「なぜインドは餓死者が出るほど貧しいのか」という問いが、経済学と倫理学の視点で貧困のメカニズムを解明し、あるべき姿を研究するきっかけとなった。センの登場で経済主体だった発展途上国援助の考え方が大きく変わった。

英国ケンブリッジ大学の博士課程にいたセンは、道徳や政治哲学に関心を持ち始めた頃にロールズの論文を読み、影響を受けた。1968~69年にはハーバード大学でロールズと経済学者ケネス・アローとともに、執筆途中だったBook 37『正義論』の草稿で合同講義も行った。こうしてセンはロールズから大きな影響

を受けたが、その後はロールズの正義論に対して疑問を感じ始め、ロールズの理論を批判的に発展させていった。こうして「いかに正義を促進し、不正義を抑えるか」を追求し続けたセンが、正義の理論を発展させ続けた集大成が、2009年刊行の600ページを超える本書だ。早速、本書のポイントを見ていこう。

ロールズ『正義論』の問題

ロールズの『正義論』をおさらいすると、こうなる。

「人はさまざまな利害があって公正な配分についてなかなか意見が一致しない。**無知のヴェール**を被《かぶ》って、原初状態に戻れば、公正で理想的な社会について全員一致で合意できる。それが**正義の二原理**だ」

センは「原初状態まではいいが、『全員一致で正義の二原理に合意できる』のは飛躍だ」と考えた。

原初状態ではあらゆる選択肢を十分に検討し尽くして正義の原理を選ぶべきなのに、ロールズは十分に検討していないのだ。ほかにも疑問点がある。「正義とは公正な分配」といっても、世界にはそもそも貧困で食べるにも事欠く地域が多い。さらに公正な配分を受けても、よい暮らしができるかは人によって違う。たとえば、障がい者が健常者と同じモノを配分されても使えない。しかし従来の正義論は「それは個人の問題」と考えて、立ち入らない。ロールズの正義論は欧米では有効かもしれない。しかし貧困に苦しむ発展途上国では役に立たないし、現代のグローバルな正義についても議論できない。

リバタリアニズムも同じだ。「自分たちの自由が大事」と主張するリバタリアンは、自分たちの権利の充足には熱心だが、その理想の実現によって全体でどんなトレードオフ（問題）があるかには無関心だ。

歴史的に見ると、ホッブズを起点にロック→ルソー→カント→ロールズと受け継がれた正義論は「最高の正義とは何か」を考える**社会契約論アプローチ**だ。しかし、なかなか最高の正義について合意できない。

センは「比較に基づくアプローチ」を選んだ

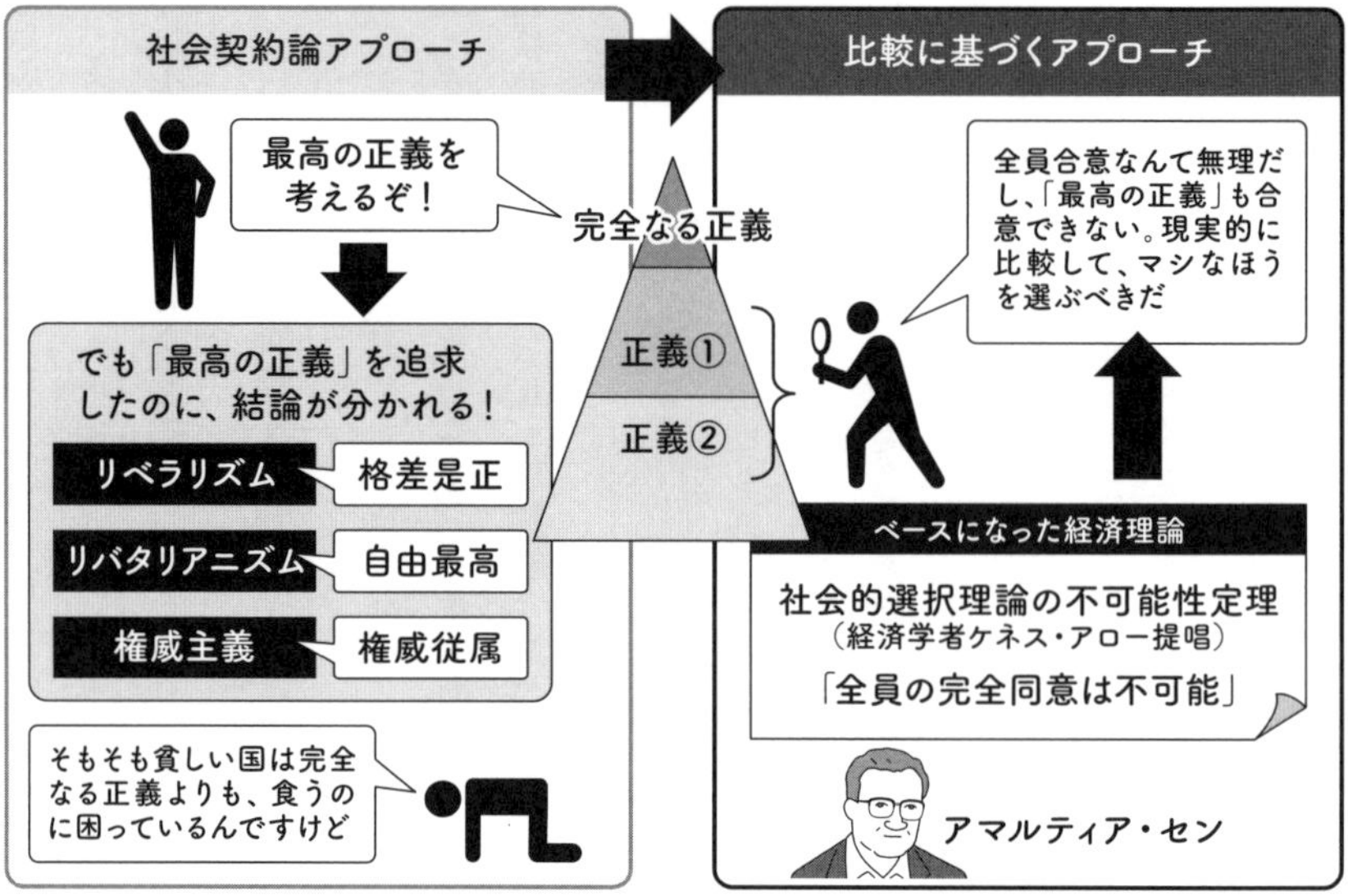
社会契約論アプローチ
最高の正義を考えるぞ！
完全なる正義
正義①
正義②
でも「最高の正義」を追求したのに、結論が分かれる！
リベラリズム
格差是正
リバタリアニズム
自由最高
権威主義
権威従属
そもそも貧しい国は完全なる正義よりも、食うのに困っているんですけど
比較に基づくアプローチ
全員合意なんて無理だし、「最高の正義」も合意できない。現実的に比較して、マシなほうを選ぶべきだ
ベースになった経済理論
社会的選択理論の不可能性定理
（経済学者ケネス・アロー提唱）
「全員の完全同意は不可能」
アマルティア・セン

そして欧米社会の段階に至っていない貧困社会では役に立たない。

「最高の正義うんぬんの前に食うのに困ってるんですが……」と言われるのがオチである。

このことを、センはもう少し品よく述べている。

「（エベレストが世界最高の山であるという事実は）キリマンジャロとマッキンレーの高さを比較する上で、必要でもないし、特に役に立つわけでもない」

こうしてセンは当時主流だった正義論は世界で困っている人たちには役立たないと考え、決別したのだ。

「全員合意はムリ。マシなほうを選べ」

センは「最高の正義なんて考えず、地に足をつけてマシなほうを選べ」と主張した。これには根拠がある。センは、経済学者ケネス・アローが**社会的選択理論**で提唱した、こんな理論を応用したのだ。

「個人の好みの基準をどんなに緩やかにしても、全員が完全に同意することは不可能」

３人以上いると全員が完全に納得の合意を得るのは難しく、誰かが必ずどこかで妥協する必要があることは、私たちも日頃実感している。アローはこの「全員が完全に合意するのは不可能」ということを、複雑な数式を駆使して証明してしまったのである。この理論には**不可能性定理**という名前がついている。

こう考えると、必死に「最高の正義」を議論しても、全員合意なんてとうていできるわけがない。ならばより正義に近くて、より不正義でないマシな選択肢を選ぶことが、現実的な解決策である。こうしてセンは社会的選択理論に基づいて、正義論を拡張・発展させたのである。

センはマシなほうを選ぶ際には「ロールズの原初状態よりも、アダム・スミスが『道徳感情論』で提唱した**公平な観察者**という概念が役立つ」と考えた。公平な観察者は「**遠く離れた公平な観察者なら、何と言うだろう**」と考える。この視点は、原初状態よりも公正に正義を判断できるのだ。

ロールズの原初状態は、地域的な考え方の偏りが避けられない。欧米の視点では飢餓に苦しむ発展途上国のことが理解できない。公平な観察者は「発展途上国から観察するとどう見える？　他の地域は？」と考えるので、社会特有の先入観にとらわれない。また原初状態は利害がある当事者だが、「公平な観察者」は利害がない中立な立場。不偏的に見られる。２５０年前のアダム・スミスの慧眼《けいがん》には改めて驚かされる。

ロールズは公正に分配するモノとして基本財（権利・自由・機会・所得・富）を考えた。センはこの基本財の概念も批判する。「基本財は価値ある暮らしをつくる手段。万能ではない」と考え、代わりに「何かを行う力」を意味する**ケイパビリティ**という考え方を提唱した。このケイパビリティは、人によってさまざまだ。

学ぶ機会がない貧困地域の子どもは、学校で学ぶ機会を得れば、成長してから仕事の選択肢が増える。飢餓に苦しむ子どもは、栄養状態を改善すると、順調に脳が発達し大人になってさまざまなことができる。音楽の才能があるのに貧しい子どもは、楽器が与えられれば、音楽の才能を育てることができる。

こうして「その機会を得ることで、その人にとって価値があることを行えるような選択肢を増やすことが大事」と考えるのが、**ケイパビリティ・アプローチ**だ。「基本財は提供します。あとはよろしく」と割り切らず、暮らしの場面まで目線を下げてどうすれば個人のケイパビリティを高められるかを考えるのだ。

民主主義は飢饉をも防ぐ

9歳で遭遇したベンガル大飢饉を調べたセンは「大飢饉は防げる」という結論に至った。

大飢饉のとき、インドの食糧生産は減っていなかった。当時は第二次世界大戦で、インドは英国の統治下の植民地。旧日本軍が隣国ビルマに迫り、インドではマスメディアが自主的に情報統制して、飢饉の実態はわからず公共の場で飢饉について議論もされなかった。飢饉の実情を知らない政府は逆にベンガルからセイロンへ米の輸出を指示。こうして農民たちは飢えていった。飢饉の原因は情報公開と再分配の問題だった。

飢饉回避には、こうした危機的情報が公開され、率直に議論できることが重要だ。実際に第二次世界大戦後に独立し民主化したインドでは、大きな飢饉は起こっていない。センはこう述べている。「英領インド帝国の長い歴史の中で繰り返し起こった飢饉は、独立とともに突然、終わったのである」

歴史を見ても、**規則的に選挙が行われ野党があり、言論の自由がある国では、大きな飢饉は起こらない**。

中国では1958〜61年の大飢饉で3000万人近くが餓死。政府は報道管制のために農村部全体で不作が広がっているとは知らず、集団農場から食糧生産量が増えたというバラ色の報告を受けて、飢饉のピーク時には実際より1億トンも多い食糧があると信じ込んでいた。飢饉の現実が明らかになった1962年、中国の支配者である毛沢東でさえも、共産党幹部の集会で「民主主義がなければ、下の方で何が起こっているのか理解できない」という意見を述べた、とセンは紹介している。

現代でも、エチオピア、ソマリア、北朝鮮のような軍事独裁国家で飢饉が続いている。

こうしてセンは、**飢饉が自然災害の影響や不作でなく民主主義的な仕組みの欠如で起こることを示した。**「人々の暮らしをよりよくするのは、経済的援助よりも、民主主義的な仕組みだ」というセンの主張は、発展途上国への援助の考え方を大きく変えた。さらにセンは人間の安全保障という概念を提唱している。

国連と日本政府とともに立ち上げた「人間の安全保障」

センはこう述べている。「飢饉を防ぐ上で民主主義が成功したことは、人間の安全保障を促進する上で民主主義が果たす多面的な貢献のうちの一つであり、それ以外にも多くの応用の場がある」

現代では紛争、慢性的な貧困、気候変動による災害、組織的犯罪、人身取引、感染症、経済・金融危機などで、人々の生活と命は深刻な脅威にさらされている。民主的な自由の推進は、より幅広い国家や地域で、個人への安全保障を確保することにつながる。これが**人間の安全保障**という考え方だ。

2001年、センの理論をきっかけに国連と日本政府は共同で「**人間の安全保障委員会**」の創設を発表。国連難民高等弁務官だった緒方貞子氏とセンは共同議長を務めた。この活動が2015年に国連総会で「人間中心」「誰一人取り残さない」社会の実現などの人間の安全保障の理念を盛り込んだ「持続可能な開発目標（SDGs）」の採択につながった。

世界にはさまざまな民族や国家があり、価値観や統治形態もいろいろだ。多様な世界で価値観を統一した「グローバルな主権国家の設立」は当面不可能に見えるが、センは比較に基づくアプローチを使えば、グローバル民主主義の実現をあきらめる必要はまったくない、と言う。まず目の前にある具体的な問題について活発に情報発信し、議論を促進していくことだ。そのために国連やその他の機関が果たすべき役割は大きい。

インド出身のセンは「民主主義は、欧米で生まれた考え方だ」という欧米社会の主張にも異を唱える。近代民主主義は欧州で産声を上げたが、より広く捉えると民主主義は欧米の専売特許ではなくアジアでも長い歴史がある。16世紀、インドのムガル皇帝アクバルは「誰も宗教を理由に干渉されてはならない。宗教改宗も自由」と保障し、さまざまな宗教の信者同士が対話できるようにした。同時期、欧州では宗教裁判で異端者は火あぶりにされていた。センは604年の日本で聖徳太子が制定した Book 44『十七条憲法』も紹介している。「重要な問題に関する決定は、一人の人で行うのでなく、多くの人と議論すべきだ」という主張は、600年後の1215年に英国で署名された『マグナ・カルタ』と同じ精神であり、「民主主義に向けての漸進的発展の最初の一歩」と評価する人もいることを紹介している。その上でセンは、「単にヨーロッパや北アメリカだけでなく、その他の世界中の国々で見られた参加型統治に関する知的歴史を再評価しなければならない」と述べている。

17世紀に欧州で始まった啓蒙主義時代以降、欧米を中心に発達してきた自由主義や正義論は、行き詰まっている。そこへアジア出身のセンが経済学者の立場で新しい正義論を展開しているのだ。

センの思想は一見難解だが、本質は「**比較してマシなほうを選べ**」「**目の前の課題に取り組め。まず情報発信と議論**」。わかりやすく実践的だ。私たちが世界の正義のために身の丈でできることはたくさんある。

欧米の流れから一歩離れた視点で自由と民主主義を考える上でも、本書は読むべき一冊である。

Point

目の前にある「身の丈の課題」に取り組むのが現代の〝正義〟である

Chapter3

東洋思想

東洋思想は、西洋思想とはまったく異なる歴史を経て発展してきた。本章では、東洋思想を理解するための18冊を紹介する。

Book

40 『論語』

日本人は東洋思想の源流である『論語』の影響を受けている

『現代語訳 論語』宮崎市定［著］岩波現代文庫

孔子

前552年／前551年－前479年。春秋時代の中国の思想家、哲学者。儒家の始祖。氏は孔、諱は丘、字は仲尼。孔子は尊称。魯国に仕えるかたわら、広い学識により信望を集め、多くの門弟を教えた。孔子の死後約400年かけて孔子の教えをまとめ、弟子たちが編纂したのが『論語』である。『現代語訳 論語』の著者である宮崎市定氏は元京都大学名誉教授で、専攻は中国の社会・経済・制度史。

ソクラテス、釈迦、孔子は「世界三大聖人」と呼ばれている。

この3人は2500年前のほぼ同時期に、ギリシャ、インド、そして中国に現れた。

その一人、孔子の教えが書かれた本書『論語』は**儒教思想**を生み出し、東洋思想の源流となった。

戦前・戦後を通じて吉田茂、池田勇人、佐藤栄作などの歴代首相や財界リーダーに大きな影響力を持った思想家・安岡正篤氏は、著書『論語の活学』（プレジデント社）の冒頭でこう述べている。

「論語をみると、われわれが日常遭遇する現象や問題がことごとく原理的に説明されている。こんなことにまで触れていたか、こんな問題まで出ていたかと、驚くばかりである」。実際、現代の私たちが出会う問題の本質は、論語でほぼ網羅されている。論語を読むと、私たちの身の丈の悩みも、解決のヒントが見えてくるのだ。

今、西洋社会では孔子を筆頭に東洋思想が注目されている。ハーバード大学では中国哲学講座が学内で3番目の人気だという。この講座を担当するマイケル・ピュエット教授は著書『ハーバードの人生が変わる東洋哲学』（早川書房）の「はじめに」でこう述べている。

「われわれの現行の思考は、初期プロテスタントの考えを引きずっている。わたしたちは定められた自己にふさわしい生き方を志す。しかし人生を向上させるはずのこの信念が、枷になっているとしたら？」

「この信念」とは Book 29 『プロテスタンティズムの倫理と資本主義の精神』でヴェーバーが指摘した、「理想を追いかける近代資本主義精神」のことだ。西洋社会ではこれが限界に突き当たっている。

そこで地に足をつけた現実的な考え方として、古い東洋思想が改めて注目されているのだ。

たとえば論語で、弟子が「死とはどういうことですか」と孔子に尋ねる場面が出てくる。Book 12 『存在と時間』のハイデガーのような西洋哲学者ならば延々と講義をするところだが、孔子はこう答えている。

「生きることの意味も分からない。だから死の意味なんてわかるわけない」

論語では一事が万事こんな調子が続く。ちなみにこの部分について安岡氏は前掲書でこう解説している。

「『生』もろくろくわからぬ者に『死』などわかるはずがない。人生はおろか、自分のことさえまだ本当に考えたこともない人間が、〈死とはなんぞや〉というようなことを云々しても始まらない。観念の遊戯にすぎない。だから『もっと自己の生そのものに徹せよ』、というのが孔子の考え方であります」

このように孔子は「机上の空論」「観念論」には走らない。現実主義者なのだ。

孔子の思想は日本人を含む東洋人の意識に深く根づいている。だから一見常識に見えるが、深く読めば読むほど味が出てくる。そして西洋社会では、近代思想で失われた新鮮な生きる知恵を教えてくれるのだ。

論語は日本人がまず押さえるべき教養だ。渋沢栄一も Book 51 『論語と算盤』で「論語を熟読しなさい」と繰り返している。論語の日本語訳でオススメは、現代語訳名著として名高い『現代語訳 論語』（宮崎市定［著］岩波現代文庫）。東洋史研究家の宮崎市定氏が論語全文を現代語訳したものだ。「一字一訳主義」を取らず意訳していてわかりやすい。一方で論語はカバレッジ（網羅率）が広く、全499章が20篇に分類されている。そこで安岡氏の『論語の活学』も参照しつつ、あまり知られていない論語の教えを拾っていこう。

どんなに優秀でも、驕慢やケチだとうまくいかない

「子曰く、如《も》し周公の才の美あるも、驕り且つ吝《やぶさ》かならしめば、其の余は観るに足らざるなり」

現代訳 **「子曰く、如し才能の点では周公に比べられるような優秀な人でも、驕慢に加えて吝嗇《りんしょく》であったなら、凡ては帳消しにされて見るにたえない」**

ここで「周公」というのは、周という国をつくった周公旦《しゅうこうたん》のこと。孔子は周公旦を理想のリーダーとして考えていて、論語では周公のことが至るところに出てくる。

すばらしい才覚があり、ビジョン、戦略、行動力、組織マネジメント力も自他ともに認めるリーダーでも、偉そうにして人を見下したり（驕慢）、妙にケチ（吝嗇）だったりすると、うまくいかない。

上司なので部下は仕方なく言われた通りにやるが、人望がないので、何かのタイミングで部下は離れる。部下でない人間は「言っていることは正しいかもしれないけど、なんかイヤ」と言って動かない。

安岡氏は「徳がないような人間は、ほかのことがいくらよくできても、論ずるに足らない」と言った上で、偉大だったが徳がなく、いろいろとダメにしたリーダーとして、スターリンと毛沢東を挙げている。

私たちも、仕事ができて、細やかな気遣いもできるリーダーについていこう、と考える。このように、東洋のリーダーに求められるのは「徳」なのだ。

利益の徹底追求は恨まれるだけである

「子曰く、利を放《ほし》いままにして行えば、怨みを多くす」

現代訳 **「子曰く、見さかいもなく利益を追求すれば、方々から怨まれる」**

孔子は、利益を追求するだけでは、周囲から恨まれるだけだと言う。

西洋人だったら両手を広げて「利益を追求したらダメなの？　ホワイ？」と聞き返すかもしれない。

一方で私たちが、Book 33『資本主義と自由』の「企業の社会的責任は、利益を増やす活動をすることだけ」というフリードマンの主張を、「言っていることはロジカルでその通りかもしれない。でもなんか違う気がする……」と感じてしまうのは、論語にあるこの感覚を共有しているからだろう。

安岡氏も本来必要なのは**「利」**よりも**「義」**、**「何のためにやるか」**であるとしてこう述べている。

「経済と道徳、利と義というものが両立しないもののように考えるのは、もはや笑うべき愚見であります。いかなる物質的生活問題も、すぐれた精神、美しい感情、たのもしい信用などにまたなければ、本当の幸福にはなれません」

プレゼン磨きの前に「中身磨き」

「子曰く、巧言令色には、鮮《すくな》いかな仁」

現代訳**「子曰く、ねこなで声でお世辞笑いする人間に最高道徳の仁は求められぬ」**

世間では、スティーブ・ジョブズやTED風のプレゼンが「あるべきプレゼン」と広く認識されている。

しかし形だけはTED風に堂々と話すけれども、終わってみると「はて、一体何を話してたっけ？」とまったく記憶に残らないプレゼンは少なくない。何も伝わってこないのだ。形だけは一流を装っているが、中身は皆無……。こんなプレゼンが増えている。

これがまさにこの言葉なのだ。論語の時代からこんな人が数多くいたのだろう。

必要なことは巧言令色よりも、仁である。プレゼンでいえば、まずは自分の仕事を誠実に仕上げた上で、必要であれば伝えたいことを相手に誠実に伝えることだ。TED風のテクニックなんてやめてもまったく差し支えない。むしろ**相手に伝えたいことを、誠実に朴訥に話す人のほうが、不思議と相手に伝わる**ものだ。一流の聴き手ほど「巧言令色には、鮮いかな仁」を見抜くからである。

人に知られる前に、まず人を知るべし

「人の己を知らざるを患えず、人を知らざるを患うるなり」

現代訳「**子曰く、人が自分を知らないことは困ったことではない。自分が人を知らないことこそ困ったことなのだ**」

独立を目指しているというコンサルタントのゴンドーさんは、焦っていた。

「誰も自分のことを知らないぞ。まず知名度アップだな」

そこでSNSのフォロワー数を日々セッセと増やし始めた。しかしゴンドーさんが真っ先に行うべきことは、フォロワー数を増やすことではない。まず、お客さんの課題を徹底的に理解して、その課題を解決することだ。課題解決ができて価値をつくり出せば、放っていても知られるようになる。

つまり、人が自分を知らないことは問題ではない。むしろ、まずどれだけよく人を知っているかが問われるのである。人が自分を知るのは、その結果なのだ。

ここでは全499章中、たった4章のみをピックアップした（ここで紹介した短い一文が論語の一章にあたる）。論語の教えは現代でも通用するし、私たちの身の丈の悩みも解決の糸口が見えてくるのだ。ぜひ他の原文にもトライしてみてほしい。

その孔子自身は、出世が遅かった。世間に名が知られて弟子がつき始めたのは、50歳近くになってから。地方都市で職を得て、54歳で魯《ろ》という国の司法大臣になったが、すぐに失脚。その後、弟子たちと諸国放浪の旅に出て、自分が考える理想の政治を実現してくれる君主を探したが、誰も採用してくれない。14年間の放浪の末に諦めて、69歳から教育に専念。74歳で亡くなった。弟子の数は３０００人にのぼった。

孔子の死後、孔子の教えは**儒家**と呼ばれて広がった。武帝の時代（在位は紀元前１４１〜87年）には儒家思想は国家の学問となり、中国の王朝は儒教を重んじるようになった。20世紀に毛沢東が「儒教は革命への反動」として儒教を弾圧する時期もあったが、現代の中国共産党は、儒教を社会秩序維持と政権強化の手段として利用し、孔子学院という教育機関を世界各地に設立している。

日本へ論語が漢字とともに伝わったのは、応神天皇の時代（２７０〜３１０年）。仏教よりも早かった。その後、徳川幕府が「儒教は封建制度を守るのに最適だ」と考えて儒教を奨励した。新渡戸稲造はBook 50『武士道』で、武士が朱子の「知行合一」の思想を取り入れて武士道に発展させた、と述べている。

こうして論語は、東洋思想の大きな源流のひとつとなった。だから私たちは論語を読んでいなくても、間接的に本書から大きな影響を受けている。

論語は実にカバレッジが広い。だから読むたびに「こんなことが書かれていたのか」と新しい発見がある。常に座右の銘として置いておきたい一冊だ。

Point

『論語』は身の丈の悩みを解決し、西洋社会が失った知恵を伝えてくれる

Book 41

『老子』

ムリせず、頑張らず、ありのまま自然体で生きよう

蜂屋邦夫［訳］岩波文庫

老子

前571年？－前471年？ 中国春秋時代の哲学者。諸子百家のうち「道家」は老子の思想を基礎とするものであり、のちに生まれた「道教」は老子を始祖に置く。「老子」の呼び名は「偉大な人物」を意味する尊称と考えられている。『老子』を書いたとされるが、その履歴については不明な部分が多く、実在が疑問視されたり、生きた時代について激しい議論が行われたりしている。

儒教、仏教、道教は**「中国三大宗教」**と呼ばれる。このうち**道教**は、中国漢民族の民俗宗教だ。この道教の始祖が本書を書いた老子である。この老子の思想は、実に面白い。

Book 40『論語』は、**「学び続けて礼節を身につけ、完璧なリーダーを目指せ」**というエリート思想。

老子は真逆で、**「ムリせず頑張らず、そのままでいい。自然体が一番」**。

論語（儒教）と老子（道教）は真逆の思想だ。2500年前の中国では鉄器が普及し、農業が盛んになって商業が発展し、競争社会になった。厳しい格差社会で閉塞感を抱える人たちに、老子は「ムリしないでいいよ」と処世術を伝える一方、支配者層には不透明な時代にいかに国を治めるかを伝えたのである。

老子という人物の存在については諸説ある。中国の歴史家・司馬遷が2100年前に書いた『史記』には、老子と思われる人物が3人挙げられている。その中で一番有力なのが、老耼《ろうたん》だ。

孔子と同じ時代、周という国で図書館の役人を務めていた老耼は旅に出た。関所に着くと関所の長官から「先生が隠棲される前にぜひ教えを書いていただけませんか」と請われ、上下二編5000文字余りの書を著して去った。これが『老子』（正式名は『老子道徳経』または『道徳経』）だ。

「論語」と「老子」は真逆の思想

論語（儒教）孔子が提唱		老子道徳経（道教）老子が提唱
エリート かくあるべし	主張	身の丈ありのままが一番
学び続け、礼節を身につけて、理想を目指せば、社会が発展する	方法論	天地万物が生まれる根本原理がわかれば、理想の生き方ができる
実践道徳。政治的・道徳的な規範（人間学）	道とは	天地万物を生む宇宙の根本原理（自然科学）
倫理的に正しい行いのこと	徳とは	道に内在しており、万物を育てるもの

老子には数多くの邦訳本がある。ここでは中国思想史の研究者であり老荘思想・道教が専門の蜂屋邦夫東京大学名誉教授が翻訳した『老子』（岩波文庫）から、本書のポイントを紹介していきたい。

論語とは異なる「道」の思想

本書は老子が「道」について語った本だ。儒教にも道という考え方はあるが、訳者の蜂屋氏は解説でこう述べている。「（老子の道は）宇宙と人間の根本原理とでもいうべきもので、世の中の問題に実際的に対処する儒家の『道』とは大いに違っている」

儒教の道は、人の手本になる理想を示す人間学的な発想だ。老子の道はもっと範囲が広い。天地万物が生み出される宇宙の根本原理であり、自然科学的な発想で世界がどう生まれ、どう終わるかを考える。

宇宙の壮大な動きに比べ、人間一人ができることは小さい。宇宙の動きにあらがっても敵わない。しかし宇宙の動きに沿えば人の行いは自然とうまくいく。

そこで老子は「**この世界の道理である道がわかれば、理想的な人の生き方もわかる**」と考えた。

老子は「万物を生みだし、養い、生育しても所有はせず、恩沢を施しても見返りは求めず、成長させても支配はしない。これを奥深い徳というのだ」と言う。つまり**天地万物には徳がある**、と考える。

私たちは「あの人、徳があるね」と言うとき、その人の心にある徳が、社会を豊かにしていると考える。老子はこの徳の考え方を天地万物に拡大解釈した。天地万物は道のプロセスに沿って、徳により多くのものを育てている。作物が育ち、人が食事をとれるのも徳の力だ。天地万物は見返りを求めず、育てたものを支配もしない。これが徳のあるべき姿だ。同様に人が徳を積むときも、「自分は徳を積んでいる」と他人に善行をひけらかさないことだ。「徳を積もう」と考えて作為的に行うのでなく、あるがまま自然体でいることが他人の役に立ち、それが自然と徳を積む状態になっている、つまり道に順《したが》うことが大切なのだ。

無為自然。大道廃れて仁義あり

乱世だった老子の時代、諸子百家と呼ばれる知識人たちは、いかに社会を安定させられるかを考えた。孔子の儒教は「**仁・義・礼などのモラルを重視し、血縁・主従関係を重視しよう**」と言った。儒教は支配者の立場で、封建制度のシステムを肯定した。そのアンチテーゼが老子だ。老子はこう言っている。

「従って、道が失われて徳を重視する世になり、徳が世から失われて仁愛をかかげる世となり、仁愛が世から失われて社会正義をかかげる世となり、社会正義が世から失われて礼をかかげる世となった」

つまり「儒教は仁・義・礼を重視していますが、それは道や徳が失われたからですよね。仁・義・礼の前に、あるべき姿＝道に戻るべきでしょ？」と形式だけの礼節を批判している。実に強烈な皮肉だ。

現代社会でも古いしきたり（礼）を変えない組織は低迷している。そこで老子は、**無為自然**を提唱する。

無為自然とは、道に順って生きていくための姿勢だ。老子にこんな一節がある。

「道はいつでも何事も為さないでいて、しかもすべてのことを為している」

「何事も為さない」とは「何もしない」ということではなく、「作為的なことをしない」という意味だ。「○○のために、これをやる」と考えない。たとえば「徳を積もう」と考えて雑用をしない。「この仕事、社長の覚えがめでたいから、やるぞ」とか「この人と結婚するとお金持ちになれるから、結婚する」と考えて行動しても、その通りになるとは限らない。老子は、意志・意図・主観をすべて捨て去って、天地自然の動きである「道」に身を任せて生きる「無為自然」が理想だと考えたのだ。

「お客が困っている。助けたいから全力でやる」「この人が運命の人だとお互いに感じたから結婚しよう」というように、無為な姿勢で道に順って生きる。何も求めず、作為的に動かず、他人とも争わず、あるがまま生きるのだ。そこで老子が提唱するのが**「水のあり方」に学ぶ**こと。こんな一節がある。

「最上の善なるあり方は水のようなものだ。水は、あらゆる物に恵みを与えながら、争うことがなく、誰もがみな厭だと思う低いところに落ち着く。だから道に近い」

水はしなやかに流れを変え、最後は湿ったり濁ったりした低い場所に落ち着く。水は老子の「無為自然」を体現している。人間にたとえると争いを好まず、常に善良で謙虚な人の姿だ。さらにこんな一節もある。

「世の中でもっとも柔らかいもの（＝つまり、水）が、世の中でもっとも堅いものを突き動かす。形の無いものが、すき間のないところに入っていく」

水には強い力がある。増水した川は手をつけられないし、水はあらゆるところに染みこんでいく。容器に入れれば、容器の形の通りになる。このように老子は**「道のあるべき姿は、水だ」**と考えたのだ。

ビジネスも同じだ。現在のビジネス業態にこだわらず、お客が必要とすることを理解し、社会が自社に求める姿も見定める。それらに応える価値を提供すれば、作為的なことをしなくても会社は自然と成長する。

任天堂はかつて花札やトランプをつくっていた。ＩＢＭは創業時、肉の薄切り機をつくっていた。両社ともビジネス業態にこだわらず、お客が自社に求めることに応え続けた結果、今の会社になった。

身の丈のアドバイスもある。こんな一節だ。「欲望が多いことよりも大きな罪悪はない。（中略）満足を知らないことよりも大きな災禍はない。満足することを知って満足することは、永遠に満足することなのだ」

デュルケームが Book 30『自殺論』で述べたように、人間の欲望にはリミッターがない。欲望を満足させ続けると、常に不満を抱えて不幸になる。ただムリに欲望を抑えると反動もある。だから禁欲的に欲望を抑えず、無為自然であることに満足しなさいということだ。

最新の理論物理学の知見と同じ洞察をした部分もある。ここでは原文を訓読して紹介しよう。

「天下の物は有より生じ、有は無より生ず」「道は一を生じ、一は二を生じ、二は三を生じ、三は万物を生ず。万物は陰を負《お》い陽を抱《いだ》き、沖《ちゅう》気《き》以《もっ》て和を為《な》す」

つまり天地万物は有から生まれ、その有はもともと「無」だった。無から「一」として有が生まれ、それが陰陽の2つに分かれて「二」となり、陰陽が中和されて「三」となって万物が生まれる、ということだ。

「無から万物が生まれる？　あり得ない」と思ってしまうが、これはまさに最新理論物理学の世界だ。「空間は3次元」と思われているが、Book 85『エレガントな宇宙』で紹介するように、最新の「**超ひも理論**」では極小の素粒子の世界はきわめて小さなひもでできており、空間は9次元で構成されていると考える。3次元よりも6次元も多い。この余計にある次元を余剰次元という。余剰次元は素粒子より小さい世界で畳まれていて、私たちは存在に気づかない。誕生前の宇宙は9次元すべてが素粒子程度の大きさだった。まさに老子が言うように「無」だった。138億年前に**ビッグバン**が起こり、9次元のうち3次元の空間が超加速膨張を始め、宇宙が生まれた。そのビッグバンを説明する理論が、最新の**インフレーション理論**だ。

ビッグバンから10の34乗分の1秒という超極短時間で、宇宙は超加速膨張を始めた。

最初の3分間でクォークと呼ばれる素粒子ができた（**一・有**）。

クォークが集まり、陽子と中性子が生まれた（**二・陰陽**）。

陽子と中性子の結合で原子核が生まれ、水素になり、核融合でさまざまな物質が生まれた（**三・万物**）。

あくまでも私個人の意見だが、老子が描いた世界と最新物理学の世界が驚くほど似ているのは、実に興味深い。ぜひ『エレガントな宇宙』とあわせて比べてみてほしい。

「無」の思想は老子の根本概念のひとつだ。その後の中国思想、仏教、日本の禅宗に大きな影響を与えた。

禅が「何もないから、無限の可能性がある」と考えるのも、老子思想の影響だ。

20代の頃に老子を読んで大きな感銘を受けた私の座右の銘は「自然体」だ。「宇宙の根本原理である道に従い、ムリせずにあるがまま生きよ」という老子思想で、モノゴトの本質を見極め、自分に忠実に、水のように自然に生きたいと考えてきた。その一方で、ビジネスでは「常に学び続けて、仁・義・礼を重視して生きる」という論語の考え方も実践したいと考えてきた。人によってさまざまな考え方があるだろう。

古典の老子と論語は、まさに知恵の宝庫である。あなたもきっと学び取れる何かがあるはずだ。

Point

宇宙の根本原理「道」を理解し、「水」を師匠とせよ

Book 42

『ブッダの真理のことば・感興《かんきょう》のことば』

身の丈の苦しみを解決してくれるお釈迦様の思想

中村元［訳］岩波文庫

ゴータマ・シッダッタ

前624年？－前595年？ 仏教の開祖。ネパール（北インド）の小さな村にシャカ族（釈迦の呼称はこの種族名に由来）の長の王子として生まれ、結婚して子も得たが、出家（当時の宗教はバラモン教）。苦行を重ねるも悟を得ず、やり方を改め、瞑想のうちに悟に達した。35歳のとき自らが発見した真理を5人の修行仲間に説くことから仏教が始まった。80歳で入滅。

私たちは願いごとをするときに「神様、仏様、お釈迦様……」とつぶやいたりする。

そのお釈迦様は仏教の開祖だ。しかも2500年前の古代インドにいた実在の人物である。

しかし釈迦が始めた仏教と、私たちが知っている現在の仏教はかなり違う。

たとえば日本の浄土宗や浄土真宗は、「南無阿弥陀仏」と唱えれば成仏できる、と教えている。こんなお経は、釈迦が始めた仏教にはない。釈迦の仏教は中国で進化して日本に入り、日本で独自に進化して日本人の精神構造をつくり上げてきた。この仏教の流れは、東洋思想を理解する上で重要なカギなのだ。

本章では、さまざまな仏教の考え方を取り上げるが、ここではその源流である釈迦の仏教を紹介しよう。

釈迦はインド北部で小国家を治めていた釈迦族の王子だ。「釈迦」は一族の名前で、釈迦の本名は**ゴータマ・シッダッタ**という。ゴータマは王子として何ひとつ不自由のない暮らしをして、妻と子どももいた。

ゴータマはある日、城外に出て衝撃を受ける。よぼよぼの老人、病に苦しむ人、葬儀の死体などを見たのだ。御者に聞くと「人は誰でも最後、こうなりますよ」。ゴータマは「**自分も老い、病になり、死ぬのか……**」と悩み始めて、「老病死の苦しみの克服」がライフワークとなり、29歳のときに城を出て出家した。

しかし6年間の過酷な苦行で身体は骨と皮になっても安らぎは得られず、苦しみは克服できない。真摯なゴータマは「これはダメだ」と苦行に見切りをつけ、菩提樹《ぼだいじゅ》の下で瞑想を始めた。

そして35歳で悟りを得て、「**目覚めた人**」（**ブッダ**）となった。その後、ブッダ（釈迦）は布教の旅に出て説法を始めた。そのブッダの言葉を弟子たちが423の詩句にまとめたのが本書だ。ブッダが到達した結論は、実にシンプルでロジカル。意外なことに宗教臭も薄い。だから私たちにとっても学びが多いのだ。

本書は邦訳が何冊もあるが、仏教学者の中村元氏が訳した本書がわかりやすいので紹介したい。ただ本書は翻訳しか載っていない。本書の背景を理解するには仏教哲学者である花園大学教授の佐々木閑《しずか》氏がまとめた『NHK「100分de名著」ブックス ブッダ 真理のことば』（NHK出版）がわかりやすい。こちらもサブテキストに活用しつつ、早速本書のポイントを見ていこう。

苦しみの原因は、世の中の真理を知らないことにある

本書でブッダはこう述べている。

「ものごとは心にもとづき、心を主とし、心によってつくり出される。もしも汚れた心で話したり行なったりするならば、苦しみはその人につき従う。車をひく（牛）の足跡に車輪がついて行くように」

一見難しく見えるが、実はシンプルだ。すべての苦しみの原因は一見、自分の外にあるように見える。しかし実は自分の**煩悩**が苦の原因だ。だから「煩悩を消せば、苦も消える」とブッダは考えた。

たとえば死が怖いのは、心の中に「死は怖い」という煩悩があるからだ。「避けられない死を受け入れよう」と心が変われば煩悩は消える。そこでブッダは、この世の真理である**四諦**《しだい》を考えた。

四諦とは「①この世は一切が皆、苦だ（**苦諦**《くたい》）」と認識して、「②原因は心の中の煩悩にある（**集諦**《じったい》）」と考え、

「③この煩悩を消滅させれば苦は消える（**滅諦**《めったい》）」と捉え、「④煩悩消滅には、8つの道を実践すればいいのだ（**道諦**《どうたい》）」ということだ。

この4つ目の道諦「煩悩を消滅させる8つの道」が、次の**八正道**《はっしょうどう》だ。

①**正見**（正しいものの見方）、②**正思惟**（正しい考え）、③**正語**（正しい言葉）、④**正業**（正しい行い）、⑤**正命**（正しい生活）、⑥**正精進**（正しい努力）、⑦**正念**（正しい自覚）、⑧**正定**（正しい瞑想）。

つまり「煩悩消滅には正しいものの見方をして、正しく考え、正しく言葉を使い、正しい行いをし、正しい生活をして、正しい努力をし、正しく自覚し、正しく瞑想する」ということだ。このように「モノゴトには原因と結果という因果関係がある」と考えたブッダは、ロジカルに苦しみの因果関係を考え抜いたのだ。

苦しみの原因は「無明」と「執着」

煩悩は、**無明**《むみょう》が生み出している。無明とは単なる知識不足ではない。モノゴトの道理を正しく合理的に考える力が欠如していることだ。ブッダは「無明こそ最大の汚れ」と述べている。

私たちはひどい目に遭うとつい相手を恨むが、恨んでも恨みは増すだけだ。相手がそのことに気づいてさえいないことも多い。恨んでも、いいことは何もない。そこで「逆にこれはよい転機かも」と考えを変えるのだ。今のひどい状況は、必ず変化する。新たな出会いも必ずある。ひどい目に遭ったことはチャンスに変わるかもしれない。こう考えれば苦しみも和らぎ、よい縁に恵まれる可能性も高まる。相手を恨まずサッサと忘れ、清らかな心を保つことだ。この道理がわからないと、私たちは汚れた心のまま煩悩にとらわれ、苦しむ。「無明」を脱し、「すべてはうつろう」という諸行無常の理解が、煩悩を克服する出発点なのである。

煩悩のもうひとつの原因が**執著**《しゅうじゃく》（本書では執著とあるが**執着**《しゅうちゃく》のことだ）。

私たちは、財産・贅沢・権力・美しさなどに執著する。欲望は満たされると必ず肥大する。欲望には限度がない。そこで自分だけの世界で考えずに、むしろ「**自分のモノは何ひとつない**」と考えるべきなのだ。
私たちは「でも自分自身は、私のモノだ」と思ってしまうが、本当にそうだろうか？　自分の身体は病になる。100年後には死んでいる。自分の身体でも、一時的にさまざまなモノが集まった物体にすぎず、思い通りにならない。まして他人は自分のモノではない。こうして「自分が世界の中心」から「自分のモノは何もない」へと世界観が変われば、執著は減る。デカルトが Book3 『方法序説』で「われ惟う、故にわれ在《あ》り」と語ったことで、近代の西洋社会では自分中心思想が発達した。「自分のモノは何もない」と考える仏教思想は、真逆だ。

ここが西洋思想と東洋思想が大きく異なる赤丸チェックポイントなのである。

ブッダの教えは**涅槃寂静**《ねはんじゃくじょう》を目指す。『岩波仏教辞典第二版』によると涅槃寂静とは「煩悩の炎の吹き消された悟りの世界（涅槃）は、静やかな安らぎの境地（寂静）であるということ」

ブッダの仏教では、悟りの智慧の完成によって涅槃の世界に入り、一切の苦や束縛・輪廻から解放された境地を実現することを目指すのだ。このブッダの仏教思想は、その後2500年の歴史を通して何回も大きなバージョンアップを繰り返し、変遷していく。その様子はこの後に紹介する書籍で見ていこう。

仏教の大きな源流であるブッダの思想は、ぜひ本書で押さえておきたいところだ。

Point

ブッダの思想は、原因と結果の「因果関係」を重視する実践的哲学

Book

43 『般若心経』

多くの人を救うため、釈迦の仏教が大乗仏教へと進化した

『般若心経 金剛般若経』中村元／紀野一義［訳註］岩波文庫

玄奘

602年－664年。唐代の中国の訳経僧。玄奘三蔵と呼ばれ、鳩摩羅什とともに二大訳聖とされる。インドのナーランダ僧院などへ巡礼や仏教研究を行って経典657部や仏像などを持って帰還。翻訳作業で従来の誤りを正し、法相宗の開祖となった。インドへの旅を地誌『大唐西域記』として著した。日本に伝わる般若心経は玄奘が中国語に訳してインド地方から持ち帰ったものが由来とされる。

般若心経は、葬式やお彼岸の法会でお坊さんがよく唱える262文字の短いお経である。

「なるほど、お釈迦様の教えが262文字に凝縮した、ありがたいお経なんだな」と私たちは思いがちだが、仏教哲学者である花園大学教授・佐々木閑《しずか》氏は「『〈般若心経〉こそが釈迦の教えのエッセンスである』などという言葉もよく聞きます。しかしそれは違います」と言う。

般若心経は釈迦入滅後500年経ってインドに登場した、大乗仏教の経典のひとつとして生まれた。この時期、釈迦の教えは大きくバージョンアップ。私たちがよく知る仏教の姿に近くなって、アジア全体に広がった。般若心経が生まれた経緯を学ぶと、このことがよくわかる。

そこでまず釈迦の仏教がどう変わったかを紹介し、次に般若心経で重要な「空の思想」を紹介したい。ここで取り上げる本書は仏教学者・中村元氏と紀野一義氏による現代語訳で、般若心経の邦訳のスタンダードだ。ただ本書は翻訳がメインで、背景は説明していない。そこで仏教哲学者である佐々木閑氏の著書『NHK「100分de名著」ブックス 般若心経』（NHK出版）を主に参考にし、あわせて般若経研究で最先端を走る仏教学者・渡辺章悟氏の『般若心経 テクスト・思想・文化』（大法輪閣）も参照しつつ紹介しよう。

バージョンアップした仏教

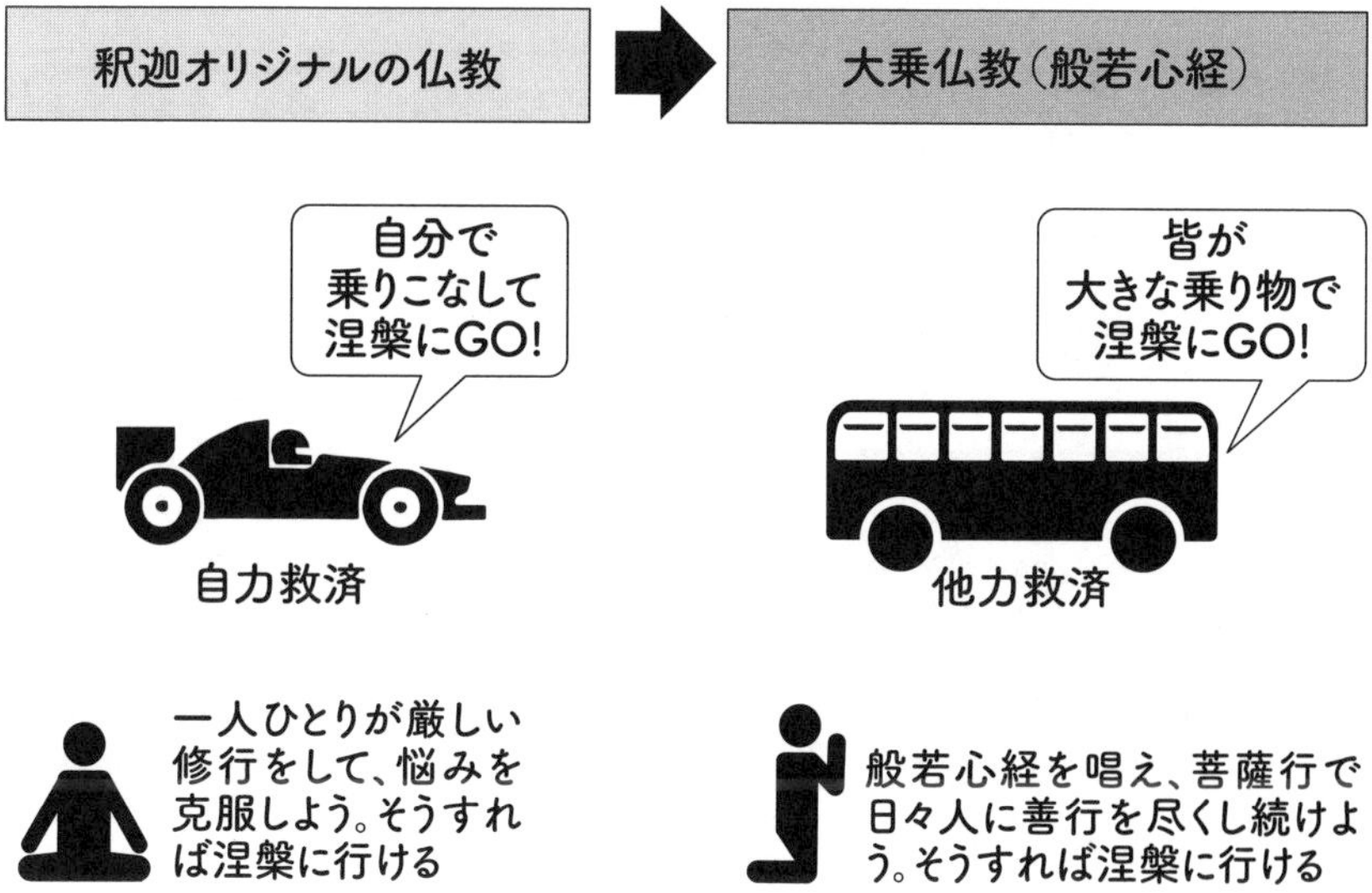
釈迦オリジナルの仏教
大乗仏教（般若心経）
自分で
乗りこなして
涅槃にGO!
皆が
大きな乗り物で
涅槃にGO!
自力救済
他力救済
一人ひとりが厳しい
修行をして、悩みを
克服しよう。そうすれ
ば涅槃に行ける
般若心経を唱え、菩薩行で
日々人に善行を尽くし続けよ
う。そうすれば涅槃に行ける

釈迦の教えがバージョンアップ

Book 42 『ブッダの真理のことば・感興のことば』の釈迦の教えは厳しい。家族も財産も捨てて出家し、**サンガ**という集団に入り、厳しい修行の日々を通して自力で涅槃（苦から解放された境地）を目指す。一般人にはまずムリ。実は釈迦の入滅後、弟子たちもこれで悩んでいた。

「普通の人々に出家をすすめても『ムリです……』と言う人ばかり。彼らもなんとか救えないか……」

一般人には釈迦の教えは超ハイスペック。「遠く（涅槃）に行くためにF1マシンを乗りこなそう」と言うようなものだ。そこでインドで登場したのが、普及版仏教である**大乗仏教**。大乗とは「大きな乗り物で、皆で一緒に涅槃に行こう」という意味だ。一人でF1マシンを必死に乗りこなすのはやめて、「このバスに一緒に乗れば、厳しい修行をせずに涅槃に行けますよ」と変えたのである。

「お釈迦様の教えを変えちゃっていいの？」と思っ

「釈迦の仏教」と「大乗仏教」

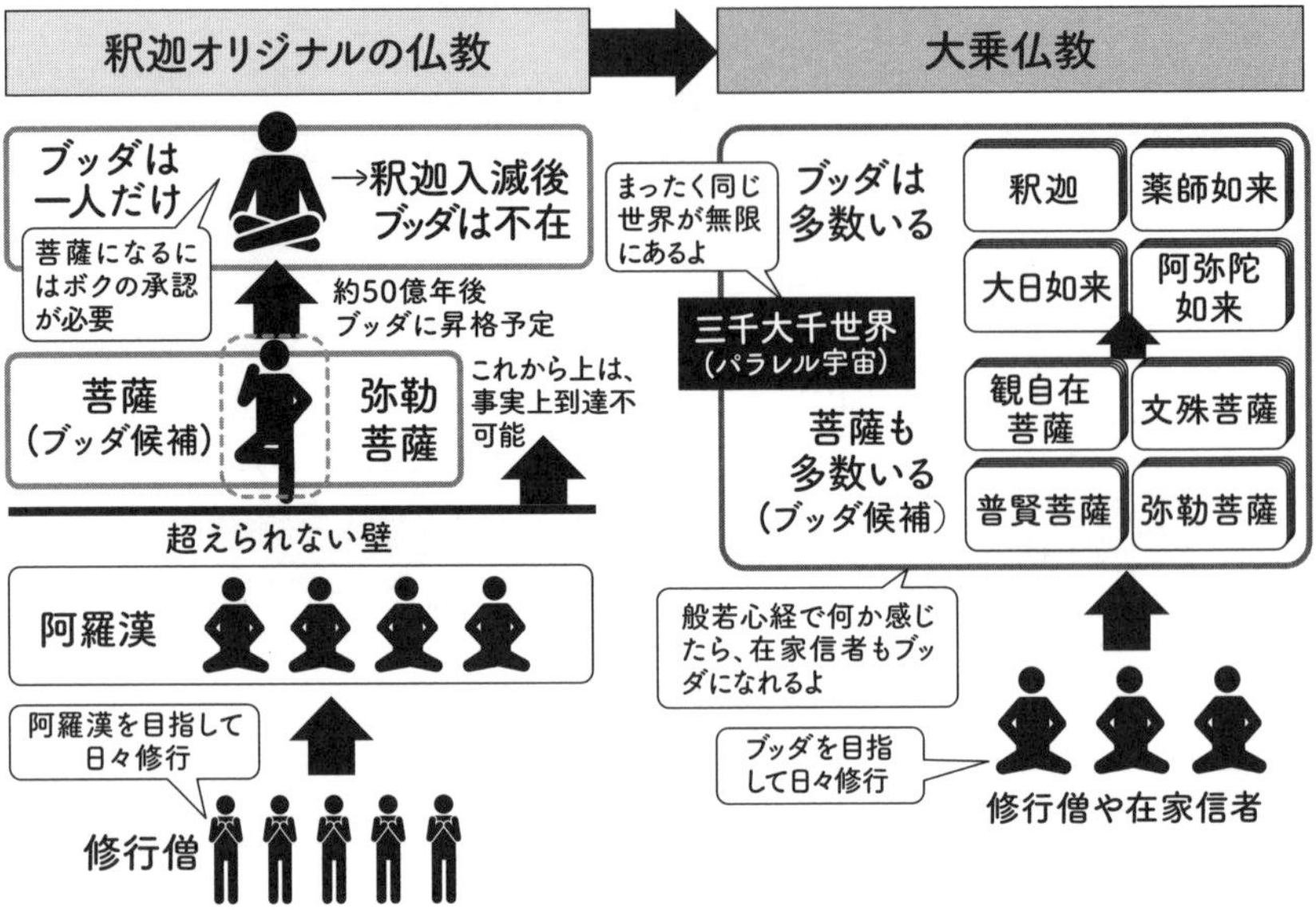
釈迦オリジナルの仏教
大乗仏教
ブッダは一人だけ
→釈迦入滅後ブッダは不在
菩薩になるにはボクの承認が必要
約50億年後ブッダに昇格予定
菩薩（ブッダ候補）
弥勒菩薩
これから上は、事実上到達不可能
超えられない壁
阿羅漢
阿羅漢を目指して日々修行
修行僧
まったく同じ世界が無限にあるよ
ブッダは多数いる
三千大千世界（パラレル宇宙）
釈迦
薬師如来
大日如来
阿弥陀如来
観自在菩薩
文殊菩薩
普賢菩薩
弥勒菩薩
菩薩も多数いる（ブッダ候補）
般若心経で何か感じたら、在家信者もブッダになれるよ
ブッダを目指して日々修行
修行僧や在家信者

てしまうが、仏教には**「釈迦の教えと整合性があれば、正しい仏教として認めよう」**という寛容な思想がある。渡辺章悟氏は著書『般若心経　テクスト・思想・文化』で、律蔵という仏教の聖典にある釈迦の言葉**「私は汝らがブッダの言葉を各自の方言で学ぶことを正当と認める」**を引用した上で、こう述べている。**「この融通性・寛容の精神が仏教の根本を貫いている。ある経典がいったん成立しても、人々が求める願いや信仰に応じて、経典は姿を変える」**

仏教は社会状況へ柔軟に適応できるのだ。大乗仏教は他にも変わった点がある。ブッダが増えたのだ。

大乗仏教でブッダと菩薩が増えた

佐々木氏によると、釈迦の教えでは釈迦が唯一の**ブッダ**（目覚めた人）だ。将来ブッダになる候補生が**菩薩**《ぼさつ》。現在の菩薩は**弥勒**《みろく》**菩薩**で、約**50億年後**にブッダになる予定。それまで約50億年間、ブッダは不在だ。菩薩になるには、ブッダの面前で誓って承認される必要がある。しかし現在ブッダは不在。承認は取りようがない。そこで修行僧はランクが低い**阿羅漢**《あらかん》を目指して修行する。ブッダや菩薩になるのはほぼ不可能。佐々木氏は「大乗仏教はこの厳しい縛りを乗り越えるべく次々とアイデアを生み出した」と言う。

まずパラレルワールドの宇宙観を設定して「ブッダは複数いる」とした。**「ブッダは世界に一人ではない。我々が住む宇宙以外にも、まったく同じ世界は無限にある。各々の世界にブッダがいる」**というわけだ。有名な**阿弥陀如来**《あみだにょらい》、**薬師**《やくし》**如来**、**大日**《だいにち》**如来**はパラレルワールドの別宇宙にいるブッダだ。（如来はブッダという意味）。**観自在**《かんじざい》**菩薩**、**文殊**《もんじゅ》**菩薩**、**普賢**《ふげん》**菩薩**も別宇宙にいる菩薩だ。こうして大乗仏教がパラレルワールド宇宙の世界観を持つシステムを考え出したおかげで、さまざまな如来や菩薩が生まれた。また渡辺氏は前掲書で、まったく同じ世界が千の三乗あることから、これを**三千大千世界**という、と述べている。

般若心経は、釈迦の一番弟子・舎利子《しゃりし》が、パラレルワールドの別宇宙から来た観自在菩薩と対話する舞台設定になっている。そして観自在菩薩が大乗仏教の主張をひと通り語った後、傍らで瞑想していた釈迦が目覚めて「まさにその通りだ！」と太鼓判を押す、という物語構成になっている。

大乗仏教は菩薩になる新たな方法も編み出した。従来は菩薩になるにはブッダの承認が必要だったが、大乗仏教では「般若心経で心に何か感じたら、それは過去、どこかの世界でブッダに会った証拠です。だから在家信者でも菩薩になれます」と解釈を変えたのだ。こうして大乗仏教は**菩薩道**（ブッダになる道）も再編成した。さらに日々の行動も大きく変わった。

釈迦の仏教では「苦しみの原因は煩悩。煩悩を消すために出家・修行して涅槃を目指そう」と考えた。徹底した**自力救済**の思想だ。利他的な行為も行うが、これは自分が悟りを得て自分の煩悩を消した後に行うものだった。つまり「まず、自分が修行して悟る→その後、他人を助ける利他行動をする」ということだ。

大乗仏教は善行を積むことを重視する。人を救うために人に尽くし続ける。それが自分の心の安らぎにつながる、と考える。つまり「利他の行為をする→自分が悟る」ということだ。

こうして紀元前後から紀元100年にかけてインドで生まれた初期大乗仏教の経典を総称して、**般若経**と呼ぶ。現在残っている般若経の経典は40以上。最大の経典「**大般若経**」は600巻・500万字もある。この膨大な般若経の教えを、262文字に凝縮した簡易版が**般若心経**だ。超コンパクトだが、中身は大般若経と同じ。だから日本では最も読まれている。般若心経は古代インドで生まれて、中国に輸入され、多くの人によって古代インド語から漢文に翻訳された。中でも日本で最も読まれているのが「西遊記」で有名な三蔵法師のモデル**玄奘**《げんじょう》三蔵が翻訳したもの。この玄奘が漢訳した般若心経が7〜8世紀に日本へ入ってきたのだ。

心の平穏をもたらす「空」の思想

我が家の近所に桜並木がある。4月には美しい満開の桜が目を楽しませてくれる。しかし1週間も経つと桜はすべて散り、縮れて茶色に変色した花びらが路上に固まり、雨で流されて消える。この桜は、般若心経の中で最も大事な「**空の思想**」を体現している。

ビジネスで成功し、大邸宅に住んで毎日贅沢な生活をする人も、いつかすべてを手放し、死を迎えて身体は滅びる。桜も成功した自分も一見存在しているように見えるが、移ろい続ける不確かな存在だ。桜や私の肉体を構成する物質は、かつて別の物質だった。今、たまたま桜や自分を構成しているだけだ。こう考えると桜も私という実体も、永遠の存在でなく、はかなく不確かで移ろい続ける存在である。

般若心経ではこのことを「**色即是空**《しきそくぜくう》。**空即是色**《くうそくぜしき》」という有名な言葉で表現している。「色」とはあらゆる物質のこと。つまりこの言葉は「モノや形（色）は移ろうもの（空）だ。そして移ろうもの（空）こそがモノ（色）だ」ということだ。

「すべては空。実体はない」と心から納得すれば、そもそもすべてが存在しないモノになり、苦しみも執着もこだわりもなくなる。苦を克服する修行さえこだわる必要はない。こうして目の前のモノゴトへの執着を捨て、智慧を得るこだわりからも自由になり、心のわだかまりも捨てれば、逆に心の平穏（涅槃）が得られる。モノゴトは常に移ろい続ける。今の苦しみは続かない。最悪の状況でも、いつかよいこともある。だから苦しんでいても、その苦しみにこだわり続けないことだ。逆に今のよいことも、永遠に続かない。絶好調だったけれど、あるとき突然、悪くなることも多い。あらゆるものは、移ろってゆく。これが空の思想だ。

こうして大乗仏教は、より多くの人を救うために釈迦オリジナルの仏教を新解釈によってバージョンアップさせた。ただ佐々木氏は「どちらが正しく、どちらがまちがっているという話ではありません」と述べている。釈迦の教えは厳密で隙がないが「救い」の要素はない。一方、大乗仏教は釈迦の厳密な因果のシステムを「空」の概念で無化したので漠然となったが夢や希望を持たせた、と佐々木氏は両者を比較している。

また般若心経（般若経）は、さまざまな大乗仏教の経典のひとつに過ぎない。大乗仏教には他にも華厳経《けごんきょう》、維摩経《ゆいまきょう》、法華経《ほけきょう》など、いろいろな経典がある。

日本人を含む東アジアの人たちが「世のため人のため」と考えるのは、大乗仏教の影響が大きい。大乗仏教の変遷を理解して、般若心経が生まれた過程を学べば、このことがよくわかるのである。

Point

大乗仏教は釈迦の仏教を大衆向けにバージョンアップすることで広がった

西洋哲学
政治・経済・社会学
東洋思想
歴史・アート・文学
サイエンス
数学・エンジニアリング

Book

44

『十七条憲法』

「理想国家」の建設を高らかに宣言した十七条憲法

『法華義疏(抄)・十七条憲法』瀧藤尊教他[訳] 中公クラシックス

聖徳太子

574年－622年。飛鳥時代の皇族・政治家。用明天皇の第二皇子で、母は欽明天皇の皇女・穴穂部間人皇女。「聖徳太子」は後世の尊称で、本名は厩戸皇子とされる。叔母の推古天皇の下、蘇我馬子と協調して政治を行い、遣隋使を派遣するなど中国大陸の隋から進んだ文化や制度を取り入れ。冠位十二階や十七条憲法を定めるなど天皇を中心とした中央集権国家体制の確立を図った。

日本が歴史的にかなりヤバい状況だったのが、6世紀末に始まった飛鳥時代だ。

当時、大陸に強大な統一国家・隋《ずい》が誕生して、周辺諸国を次々と属国にしていた。その直前まで日本はバラバラな数十の部族社会で、やっとそれらを統一した**大和朝廷**が治めていた。しかし国家の体はなしておらず、隋の属国になるかが大問題。さらに大陸伝来の仏教を受け入れるか否かで、大和朝廷は真っ二つに割れていた。

こんな日本を救ったのが、大和朝廷にいた聖徳太子だ。彼が強《したた》かな思考で日本の国家戦略を描いて日本の礎をつくったおかげで、日本は隋の属国になることなく、その後も1500年間、大陸で強大な中華帝国が次々生まれても独立を守り通している。さらに彼の仕事は、今の日本人に大きな影響を与えている。

そこで聖徳太子が制定した「十七条憲法」を紹介したい。その前に、聖徳太子の業績を紹介しよう。

聖徳太子は後世の尊称だ。正式な名前は**厩戸豊聡耳皇子**《うまやとのとよとみみのみこ》(略して**厩戸皇子**《うまやどのおうじ》)。593年、第33代推古天皇の**摂政**《せっしょう》に就任。今風にいえば総理大臣だ。弱冠19歳で、難題山積の日本の舵取りを任された。

そんな聖徳太子が行ったのが、**超大国・隋との対等外交**である。**小野妹子**《おののいもこ》に天皇の国書を持たせて、隋のトップ煬帝《ようだい》のもとへ派遣した。この国書の冒頭は、こう始まる。

「日出づる処の天子、書を日没する処の天子に致す。恙《つつが》なきや」

現代風に訳すと「日が昇る国の天子（大和朝廷の天皇）が、日が没する国の天子（隋の煬帝）に、お便りしますよ。お元気ですか〜？」。訳者の一人・田村晃祐氏は、本書の冒頭でこの文書を解説している。

当時のアジア情勢を考えると、これは常識外れの外交文書なのだ。隋にとって天子は煬帝のみ。他国トップは格下の王。しかしこの国書は大和朝廷と隋の両トップを「対等の天子」と宣言。しかも「恙なきや」というタメ口だ。暴君として有名な煬帝に対等外交を宣言しに行かされた小野妹子は「殺されるかも……」と覚悟していただろう。事実、煬帝は激怒したらしい。日本は**東夷**《とうい》と蔑まれた異民族の地と思われていた。しかし小野妹子は無事帰国。隋は翌年、日本に使者を派遣した。隋は朝鮮半島の高句麗と対立中だったので、聖徳太子は「煬帝は日本との対立は避ける」と読んだのだろう。見事である。

さらに聖徳太子は国内の政治・行政体制を整えた。まず**仏教の布教**。彼は自ら「仏教が日常生活でいかに役立つか」を研究し、主な仏教経典の注釈書を書いたり、自身も仏教を信奉して仏教布教に尽力した。

さらに**冠位十二階**《かんいじゅうにかい》を制定した。役人の世襲制は廃し、12段階の冠位を決めて個人ごとに等級をつける形にした。日本ではこのシステムが継承され続け、現在の国家公務員の人事制度に至っている。

聖徳太子は統一国家の仕組みを整え、普遍的国家への脱皮を図った、すぐれた戦略思考を持つ政治家・思想家だったのだ（なお、これらは朝廷の最高実力者・蘇我馬子《そがのうまこ》の業績とする説もある）。

十七条憲法「和を以て貴し」の誤解

聖徳太子が604年に制定した十七条憲法は、今の日本にも大きな影響を与えている。大陸の仏教や儒教を学んだ聖徳太子が、国家を治める重要職務にあたる者の心得を17項目にまとめたものである。

十七条憲法（604年制定）各条項のポイント

第１条	和を以て互いを尊重し、上下が睦（むつ）まじく議論を尽くせば、何でもできる
第２条	極悪人は稀である。拠り所は仏教だ。三宝（仏／法／僧）を敬い、教えられれば、どんな人も道理に従うものだ
第３条	天皇の詔には、必ず従おう
第４条	人民を治める根本は礼法。上に礼なくば、下は礼が乱れ犯罪が起こる。上に礼があれば国は自ずから治まる
第５条	賄賂はダメ。役人は私利私欲なく、人民の訴訟を裁け
第６条	他人の善は表彰し、他人の悪は必ず正せ。詐（いつわ）る者は国家を滅ぼす。媚びる者は世を乱す
第７条	職務配置に乱れは禁物。適任者を得れば治まる。よこしまな者だと乱れる。まず官職を定め、適任者を決めよ
第８条	公務は忙しいものだ。早朝出勤し、夕は遅く退出せよ
第９条	信頼が人の道（義）の根本。信頼があれば、何でもできる。信頼がなければ、すべて失敗する
第10条	恨みを持つな。怒るな。お互い平凡な人間、どちらが正しいかはわからない。むしろ自分の過失を反省せよ
第11条	表彰も罰も、必ず正当であるようにせよ。この頃は逆に功績あるものを賞せず、罪のない者を罰している
第12条	地方長官が勝手に税を取り立てるのはＮＧ。国に君主は一人。人民の主君は天皇で、役人は天皇の臣下だ
第13条	官職にある者は互いに職掌を知り、相手が休んだときに代行できるようにせよ。自分は無関係と拒むのはＮＧ
第14条	役人は他人に嫉妬するな。嫉妬は際限がない。すぐれた者を妬んでしまうと、聖人・賢人を活かせなくなる
第15条	私心を去り公に尽くすのが臣たる者の務め。私心が公務を邪魔する。これが1条で上下の協調を述べた理由だ
第16条	人民を使役するには時期を選べ。春から秋は農繁期だからＮＧ。農耕しないと食事できない。閑な冬がいい
第17条	重要事項は間違いの可能性を考え、一人で決めず、必ず多くの人たちと議論せよ

十七条憲法というと『**和を以て貴しとす**』でしょ。全体のためには少々のことは我慢しなきゃね」と言う人がいるが、これは誤読だ。第一条をかみ砕くと、こんな内容だ。「**和をもって協力しよう。いさかいはダメだよ。人それぞれに考えがあり、すべてを知る者なんて少数だ。それがわからないから争いごとが起こる。上下の者が睦《むつ》まじく論じ合えば、ものごとは自ずから道理にかなうし、どんなことも成し遂げられるよ**」

「議論するな」とは言っていない。逆に「勝ち負けの議論はNG。でも全体でいい結論を導き出すために、上下関係なく相手の立場を尊重し、大いに対話しようね」と言っている。最後の第十七条も「**重要なことは一人で決めずに、自分が間違う可能性も考えて、必ず多くの人たちと議論しよう。そうすればものごとは道理にかなうようになる**」と念押しする。このように十七条憲法を貫く精神は、「私たちは完全ではない。誤りを犯しやすい凡夫（平凡な存在）だ」という仏教的人間観である。ここが相手の意見の否定から入る弁証法的対話がベースである欧米人との違いだ。実は、日本人は無意識に十七条憲法の影響を受けているのである。

ところで歴史学者の大山誠一氏は「聖徳太子は架空の人物。没後100年後の『日本書紀』を書いた人たちの創作」と主張している。この説には、仏教学者の石井公成氏、歴史学者の倉本一宏氏、東野治之氏など、多くの学者が反論している。

聖徳太子は戦時中「危機を救った偉人」として国威発揚に利用された。しかし、仮に聖徳太子が実在しない人物だとしても、これらの偉業が実際に行われ、現代に大きな影響を与えているのは紛れもない事実だ。

Point

聖徳太子の強かな国家戦略が、現代・日本につながる基礎を築いた

Book

45

『古事記』

ほとんどの日本人が知らない「日本成立の歴史」

『新版 古事記 現代語訳付き』中村啓信［訳注］角川ソフィア文庫

天武天皇

?年－686年。日本の第40代天皇（在位：673年－686年）。天智天皇の死後、672年に壬申の乱で大友皇子（弘文天皇）を倒し、翌年に即位した。「天皇」を称号とし、「日本」を国号とした最初の天皇。飛鳥浄御原令の制定、新しい都（藤原京）の造営、『日本書紀』と『古事記』の編纂は、天武天皇が始め、死後に完成した事業である。古事記を編纂した太安万侶は飛鳥時代から奈良時代にかけての貴族。

古事記はわが国の成り立ちを書いた本だ。戦前の日本では必読書だったが、現代では古事記を読んだことがない日本人のほうが圧倒的に多い。それには、現代の私たちに隠されてきた日本の歴史が関係している。古事記の内容に入る前に、なぜ古事記がつくられたかを押さえよう。

天武天皇の一大国家戦略プロジェクト

古事記は、聖徳太子の時代から約100年経過した712年にできあがった。現存する最古の歴史書だ。古事記の冒頭に、制作の意図が書かれている。681年、**40代天武《てんむ》天皇**は記憶力抜群の側近・**稗田阿礼《ひえだのあれ》**を呼び出してこう伝えた。「国内にはさまざまな氏族がいるが、彼らの歴史書や言い伝えは間違いが多い。正しい歴史は国家の骨格だ。間違いを直さないとあとで何が真実かわからなくなる。正しい歴史を調べた上で選び直して、後世に伝えたい。これから話すからちゃんと覚えてくれ」

こうして古事記プロジェクトが始まったが、数年後に天武天皇の崩御で中断。その後、第43代元明天皇が古事記プロジェクトを再開。阿礼が覚えた内容を博識の学者・太安万侶《おおのやすまろ》が書き取り、712年、完成した古事記は元明天皇へ献上された。……と、ここまでが表向きの話だ。

実は古事記プロジェクトは、何重にも戦略的に考え抜かれている。まず当時の状況を整理しよう。

天武天皇は**壬申《じんしん》の乱**（672年）という古代日本最大の内乱を戦った末に、甥の大友皇子《おおとものおうじ》を追い落として、翌673年に天皇に就任した。しかし、お家騒動で天皇家の権威はガタ落ち。権威回復が急務だった。そこで大和朝廷は「天皇家を権威づけしよう」と考えて、古事記プロジェクトを始めたのだ。

さらに深い理由がある。当時、地方には有力な氏族が多くいた。大和朝廷は日本を統一したが、氏族たちへの支配力は強くなかった。当時、地方にいた有力氏族たちは「豊かな自然に神が宿る」と考えて、バラバラに神々を祀って信仰していた。そこで大和朝廷の幹部は、こう考えた。

「『天皇家の祖先は、日本をつくった神々。だから天皇が日本を統治している』という物語の歴史書をつくり、氏族たちの神話や伝承も取り込んで体系化すれば、天皇家の権威を高めて、氏族も配下にできるぞ」

つまり、古事記で天皇家支配を正当化できる。本書の訳者・中村啓信氏は、解説でこう述べている。

「『古事記』には天皇の正統性が描かれ、それが天皇の世界を根拠づけるということにもなりうるが、それを皇別・神別などに組み込まれた氏族たちに追認と合意を要求するところに『古事記』の本性はある」

今風にたとえると、有力氏族たちに「お金と手間暇かけて、天皇家という最高級ブランドをつくります。あなた方も仲間に入りましょうよ。今なら、いい感じのサブブランドになれますよ」と声をかけたのだ。氏族たちの同意を得て古事記を編纂することで、天皇を頂点に日本民族のアイデンティティを統一しようと図ったのである。こうして日本という国のアイデンティティの原点ができたのだ。

また古事記は、神道成立にも関わっている。神道では伊勢神宮が大きな位置を占める。この伊勢神宮に祀られているのが、古事記に登場する天照大神《あまてらすおおみかみ》だ。東大名誉教授の宗教学者・島薗進氏は、著書『教養としての神道』（東洋経済新報社）でこう述べている。

「古神道を継承しながら、伊勢神宮が形成される7世紀頃には、それぞれの地域で豪族の祀っていた神々を信仰する勢力が存在していたと考えられる。（中略）国家の各地に位置する神々がアマテラス（天照大神）と朝廷のもとで一つの神祇体系として全体を構成するという形がつくられた」

では、なぜこんなに手間と時間をかけて、古事記をつくる必要があったのか？

かつて「自然には神が宿る」と考えていた日本人の信仰は、日々の生活に根づいていた。しかし体系的ではなく、神の名前も立派な社殿もなかった。そんな中、6世紀に突然、大陸から仏教が伝来した。

日本人は初めて緻密なロジックで構築された「宗教」という概念と仏教思想の奥深さを知り、日本の土着宗教もバージョンアップして体系化する必要に迫られた。そこで古事記編纂の過程で地域の信仰を体系的に整理することを通じて、長い期間をかけて「神道」として民衆の生活に浸透させていったのだ。

古事記にはさまざまな現代語訳がある。おすすめは『新版 古事記 現代語訳付き』（中村啓信［訳］角川ソフィア文庫）だ。現代語訳に加えオリジナルの漢文と訓読文もあり、現代の私たちも楽しみながら古事記を堪能できる。著者の中村啓信氏は古事記学会・代表理事も務めた文学者だ。

古事記の世界観

古事記が大和朝廷の目線で描かれているとわかれば、理解は一気に進む。まず古事記は「この世は、上から下に向かって次の3つの国に分かれている」という世界観でできている。
❶**高天原**《たかあまのはら》**：**天上にあり、天皇家の祖先である「天つ神《あまつかみ》」という神々が住む神の国。イザナギの子である天照大神が支配する

古事記の主な登場人物と相関図

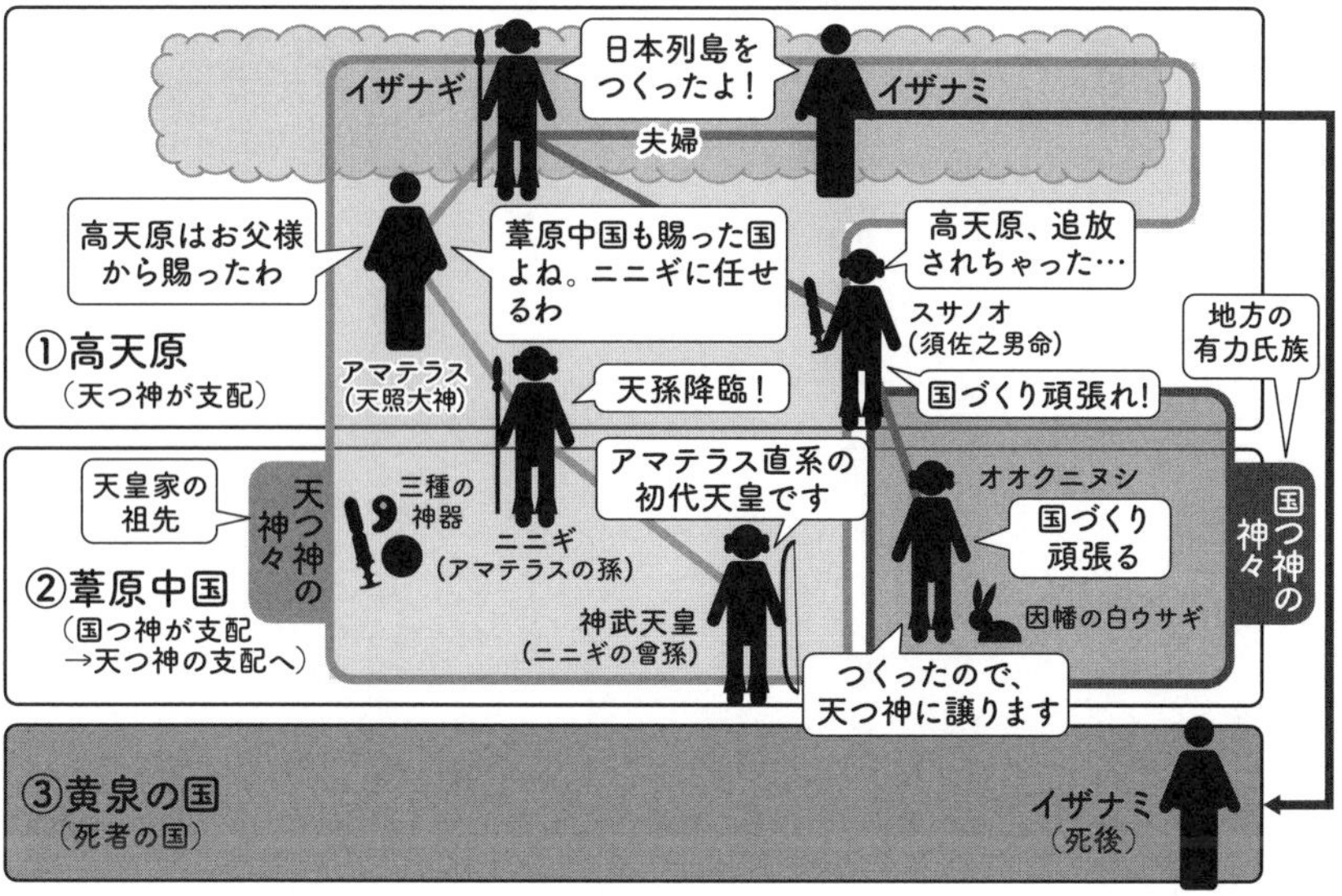

❷葦原中国《あしはらのなかつくに》：真ん中にあり「国《くに》つ神《かみ》」という神々と人間が住む。この国つ神が地方の氏族にあたる

❸黄泉《よみ》の国：死者の世界（他に根之堅州国《ねのかたすくに》や常世国《とこよのくに》も）

こんな世界観の中で展開される**古事記の基本ストーリーは、天つ神（大和朝廷）と国つ神（地方の氏族）の対立**だ。天つ神の命令で、国つ神が葦原中国を国づくりする。完成した時点で国つ神が天つ神に国を譲り、天つ神が葦原中国に天下りして、天つ神の直系の天皇家が地方を平定していく……という形で物語が進行する。こうして古事記は「**天皇家は、神々の時代までたどれる由緒正しい血統ですよ**」と示したのだ。

古事記は数百人もの魅力的な人物が次々登場し、波瀾万丈の物語が続く。物語も面白く、語り継がれることを狙っていることがよくわかる。ここでは物語のハイライトを紹介しよう。

古事記の超ダイジェスト

混沌とした世界は次第に天と地に分かれ、次々と神々が誕生。イザナギとイザナミという男女の神が生まれ、2人は8つの島を生んだ。これらが大八島国《おおやしまくに》。日本列島だ。

その後2人の神はいろいろあった末に、死んだイザナミは黄泉の国に行った。残ったイザナギは、男の神なのになぜかアマテラス、ツクヨミ、スサノオを生む。アマテラスは、父イザナギに統治を委ねられた高天原を治める。スサノオは暴れん坊で、姉のアマテラスをさんざん困らせた挙げ句、葦原中国《あしはらのなかつくに》に落とされる。

時代は過ぎ、舞台は葦原中国に住む国つ神の話になる。オオクニヌシは祖先のスサノオに会って、葦原中国の国づくりを任され、見事国づくりを完成させる。しかしその途端、アマテラスは「そういえば、葦原中国ってお父様から賜った国だったわね。天つ神が統治すべきだわ」と考えて、オオクニヌシに使者を派遣し、「国を譲りなさい!」と迫る。その後駆け引きが続き、結局オオクニヌシは国を譲る決心をする。

そしてアマテラスの命を受け、孫・ニニギが三種の神器と家来神を従え、高天原から葦原中国へ降臨。ニニギの曾孫が、初代の神武天皇だ。この後、代々の天皇が葦原中国（私たちの世界）を平定していく。

「古事記」と「日本書紀」の違い

古事記と並行して日本書紀という歴史書も編纂された。2冊をあわせて「記紀《きき》」と呼ぶ。
この2冊の基本ストーリーはほぼ似た内容なのだが、目的がまったく違うのだ。
【古事記】国内向けで、氏族への大和朝廷の統治正当化が狙いだ。33代推古天皇までの歴史が書かれており神話が3分の1を占める。国内向けなので、日本化された漢文だ。大和朝廷を手こずらせた敵の国つ神（オオクニヌシなど）も魅力的な人物として描くなど、統一国家をつくる際の敗者への細やかな配慮もある。
【日本書紀】海外向けで、古事記の8年後に完成。狙いは、日本の正統性の主張だ。618年、大陸で統一国家・隋を滅ぼし、大帝国・唐が誕生した。そこで唐に対して「中国は日本よりも歴史が長い大帝国ですが、歴代王朝が次々変わってますよね。日本の天皇家は万世一系、神の世から続いていますよ」と見える化し、権威を示すために編纂された。唐に見せるのが目的なので神話は8分の1に削り、出雲の国など敗者の記述もカット。天皇の系譜、聖徳太子、十七条憲法などは詳しく記述。多くの皇族・役人・学者が編纂に関わり、純粋な漢文で書かれている。日本の正統性を示す目的なので、大和朝廷中心の記述だ。だから古事記は面白いが、日本書紀は事実の列挙でやや退屈な内容である。

私たち現代日本人の多くが、こんな話をほとんど知らないのは、歴史的な事情があるからだ。明治になり「日本は万世一系の天皇が統治する国家」という国体思想で統治すると決まり、記紀は国家神道の聖典として学校の授業で学ぶことになった。日本が軍国主義の道を歩み始めると、記紀にある神話の信憑性を批判すれば不敬罪として逮捕され、批判する書籍は発禁処分になった。

戦後は一転、「戦前教育が軍国主義を助長した」という反省で、記紀は危険思想扱いになった。教科書からも民衆の生活からも記紀は消滅。だから戦後教育を受けた私たちの多くは、記紀を知らない。自由に議論できるようになったのは最近のことだ。このような経緯も踏まえ、私たちが日本のアイデンティティがいかに生まれて現代に受け継がれてきたかを知るためにも、古事記は日本人にとって基本的な教養書なのである。

Point

日本人の基本的教養書「古事記」の背景を学び、日本の成り立ちを理解せよ

Book

46

『正法眼蔵』

悟りを得ても、迷いは消えない

『正法眼蔵（一〜八）』増谷文雄［全訳注］講談社学術文庫

道元

1200 年 - 1253 年。鎌倉時代初期の禅僧。日本における曹洞宗の開祖。比叡山および三井寺で学び、のち建仁寺で栄西の高弟明全に師事して禅を修める。1223 年明全とともに入宋し、1227 年に帰国。建仁寺に住んで著作と学問に専心した。1243 年越前に移り、永平寺を開創。主著である『正法眼蔵』は、和辻哲郎やスティーブ・ジョブズら後世にわたって影響を与えている

「私は悟りを得ました。迷いは一切ありません。心は明鏡《めいきょう》止水《しすい》の境地です」

こんな人は、本当は悟りを得ていない。中途半端に自分が悟ったつもりになっているのである。

では、悟りとはどんな状態なのか？　本書には、その答えがロジカルに書かれている。

本書の著者・道元は鎌倉時代の１２００年生まれ。曹洞宗の開祖だ。父は内大臣（朝廷の最高幹部）で貴族の出身。当時の貴族はみな政治家になったが、道元は幼くして両親が亡くなり13歳で出家。修行を始めて、大きな疑問にぶつかった。「**仏教は本来みな生まれながらにして仏の心を持っている、と教えている。ではなぜ仏になるために厳しい修行が必要なのか？**」。この素朴な道元の疑問に、誰一人答えられない。

納得しない道元は答えを求めて、23歳で宋に渡った。当時、仏教先進国・宋で学んだ日本の僧侶は仏典や仏像を持ち帰るのが常識。しかし道元は悟りという知恵だけを得て、27歳のとき、手ぶらで帰国した。

そして書き始めたのが**『正法眼蔵《しょうぼうげんぞう》』**だ。題名は「正しい釈迦の教えをまとめた知恵」という意味。本書は**宗教書というよりも、むしろ哲学書だ**。６００年後の西洋哲学、たとえば**ニーチェの超人思想やハイデガーの存在と時間の概念**などの思想も先取りしていて、難解な部分も多い。

ページ数も膨大だ。さまざまな現代訳がある正法眼蔵の中でも入手しやすいのは、仏教学者・増谷文雄氏訳の『正法眼蔵（一〜八）』（講談社学術文庫）。本書は正法眼蔵全94巻を収め、計3412ページもある。

そこで本書の全体像をつかむには、入門書が役立つ。おすすめは『道元禅入門』（田里亦無［著］産業能率大学出版部）と、その入門編『禅で生きぬけ』（田里亦無［著］コスモ教育出版）。残念ながら2冊とも絶版で、いまや貴重な本だ。田里氏は『道元禅入門』で「（正法眼蔵の最初の巻である）『**現成**《げんじょう》**公案**《こうあん》』こそが、道元禅の核心。他の巻はこれの展開」と述べている。そこで田里氏の2冊を手引きに使いながら、正法眼蔵を読み解いていこう。田里氏は『禅で生きぬけ』で道元の原体験を紹介している。

悟りとは「身心脱落」

「仏教の本場で修行するぞ」と、意気揚々と中国に渡った道元は、３つのショックを受けた。

【ショック❶】自分は修行がわかっていなかった：中国に到着し、最初の３カ月間は船内で寝泊まりしていた道元は、日本産の椎茸を買いに来た禅寺の老僧と出会った。道元は老僧を招き、お茶を出して語り合った。夕刻に「食事の支度があるので……」と帰ろうとする老僧に、道元は「ここにお泊まりください。お寺には代わりの人がいますよね。食事の支度なんてせず、座禅したり本を読んだりしたほうが修行になるのでは？」と言うと、老僧はこう答えた。**「あなたは修行のなんたるかを、まだご存じないようですねぇ」**。道元は深く恥じ入った。仏教の本場・中国では日常生活自体が修行だったのである。

【ショック❷】語録を読むだけではダメだった：数カ月後、宋の禅寺で古人の語録を読む道元に、ある僧が尋ねた。「語録を読んで何か役に立つの？」「日本に帰って人々を導くためです」「それが何の役に立つの？」「人々を幸福にするためです」「で、結局それが何の役に立つの？」道元は答えに窮した。「知識を仕入れるだけでは役に立たない」と悟った道元は、語録を読むのはやめて座禅に打ち込むことにした。

【ショック❸】身心脱落《しんじんだつらく》：その2年後、道元は禅師として名高い天童山景徳寺の如浄《にょじょう》のもとに入門。ある日の早朝座禅。居眠りしている修行僧に対して如浄は「禅の修行はすべからく**身心脱落**なるべし」と一喝した。この一言で、道元は悟りを開いたのである。

道元はなぜ身心脱落の一言で悟りを開いたのか。道元はもともと「**仏教は本来みな生まれながらにして仏の心を持っている、と教えている。ではなぜ仏になるために厳しい修行が必要なのか？**」という疑問を持っていたが、この疑問が間違っていたのだ。ヒントは、現成公案の次の一節にある。

【原文】**仏道をならふといふは、自己をならふ也。**
自己をならふといふは、自己をわするるなり。
自己をわするるといふは、万法《ばんぼう》に証せらるるなり。

あえて大胆にひらたく解説すると、こうなる。

仏道をならうことは、自分のことをよく知ることです。
自分のことを知るには、エゴやこだわりから解放されることです。
エゴやこだわりから解放されると、あらゆるモノゴトの道理と一体となることができます。

人間はすでに悟っている。モノゴトの道理も、ちゃんと自分の目や耳などの五感から入っている。しかし、それらが認識できていない。その原因は、自分を囲んでいるエゴやこだわりの殻が邪魔しているからだ。

悟りの第一歩は「自己をわするる」

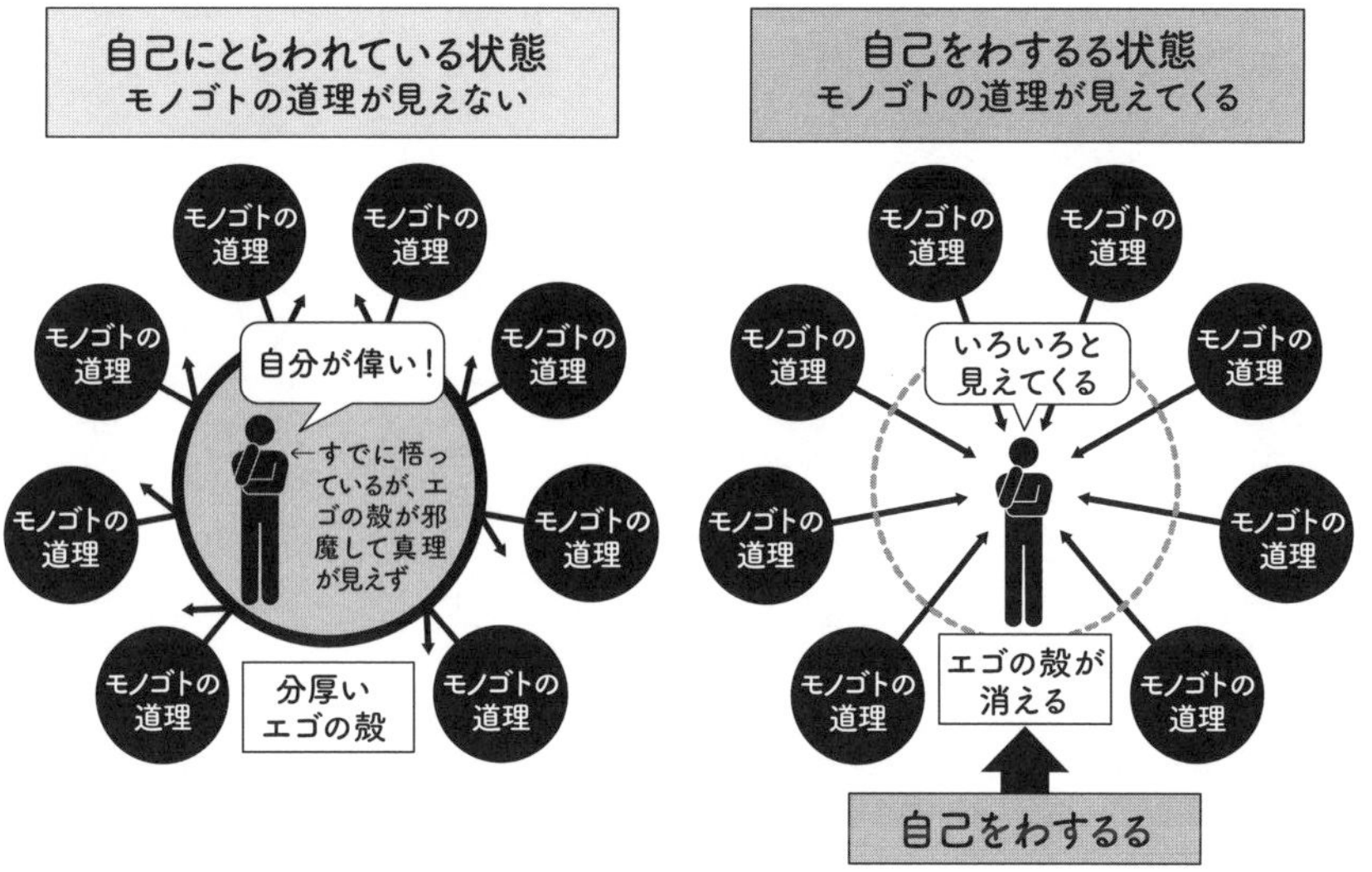
自己にとらわれている状態
モノゴトの道理が見えない
自分が偉い！
←すでに悟っているが、エゴの殻が邪魔して真理が見えず
分厚いエゴの殻
モノゴトの道理
自己をわするる状態
モノゴトの道理が見えてくる
いろいろと見えてくる
エゴの殻が消える
自己をわするる

「**自己をわするる**」ことでエゴやこだわりの殻が消えれば、モノゴトの道理が見えてくる。この殻はエゴやこだわりを抱える人間だけが持つ。仏になる修行とは「自己をわするる」ことでこの殻を消すことだ。

人間以外の万物はエゴの殻がないので、渾然一体となり、互いに関わり合う。春に桜が咲き、夏に木々が緑になり、秋に紅葉するのも、自然の相互作用の結果だ。人間もその中に溶け込めば、真理に沿って生きられる。そうならないのはエゴの殻が邪魔をして、モノゴトの道理が見えないからだ。そのエゴを捨てるのが、身心脱落。そして自然と集まってくるモノゴトの真理と一体となり、行動すればいい。

これを「**一如《いちにょ》を行《ぎょう》ず**」という。**一如**とは「一つの如し（一つに溶け込む）」という意味だ。赤ん坊はこれが完成している。犬が好きな赤ん坊は犬になって「ワンワン」と言い、嬉しいと笑い、悲しいと泣く。周囲と一如だ。ニーチェが Book8 『ツァラトゥストラはこう言った』で提唱した**超人思想**の第3段階「**幼子**のように夢中になりやりたいことに取り組む段階」だが、大人になると殻ができて周囲と一如でなくなる。
小さな我を忘れ、全世界の大きな我に従う。「無になる」のだ。道元哲学の出発点は、身心脱落＝「わするる」でモノゴトの道理をつかむことなのだ。

「わするる」の真意

「忘れればいいのなら、学ぶこと自体も必要ないってことですね。道元も本を捨てたんでしょ」と受け取るのは大間違いだ。田里氏は著書『禅で生きぬけ』で「道元禅のポイントは『習って、忘るる』である」と述べた上で、これは固定観念を脱して壁を打破し新境地を開くためだとし、将棋の大山康晴名人と日本画家の東山魁夷の例を挙げている。

大山名人には20代の頃、兵隊になり数年間将棋が指せない空白期間があった。周囲には5～6年戦地暮らしをした棋士たちも多かった。戦場の修羅場を経験した彼らは帰還後、猛スピードで昇段を続けたという。

風景画家・東山魁夷も兵隊に取られ、爆弾を抱えて戦車に肉弾突撃する練習を繰り返しやらされた。絵を描く望みどころか、生きる望みも絶たれた。そんな日々の中で見た熊本城からの見慣れた眺めは、平野の緑が輝き、森の樹々は充実したたたずまい。涙が落ちるほど感動した。「なぜこれを描かなかったのか」。歓喜と悔恨がこみ上げ、「再び絵筆をとれるときが来たら今の気持ちで描こう」と誓った。彼は、技法や構図にとらわれていたのだ。終戦後、その感動を絵筆に託して、東山魁夷のすばらしい世界が開かれたのである。

学んで覚えただけでは、実際には役に立たない。懸命に習い、その上で「忘るる」ことが、名人や達人への道なのである。これが道元の言う**「自己をならふといふは、自己をわするるなり」**の真意である。

ここまでは、私たちがいかに世界を認識するかという話だ。道元はさらに、これを行動につなげていく。

「今、ここ」を全力で生きろ!

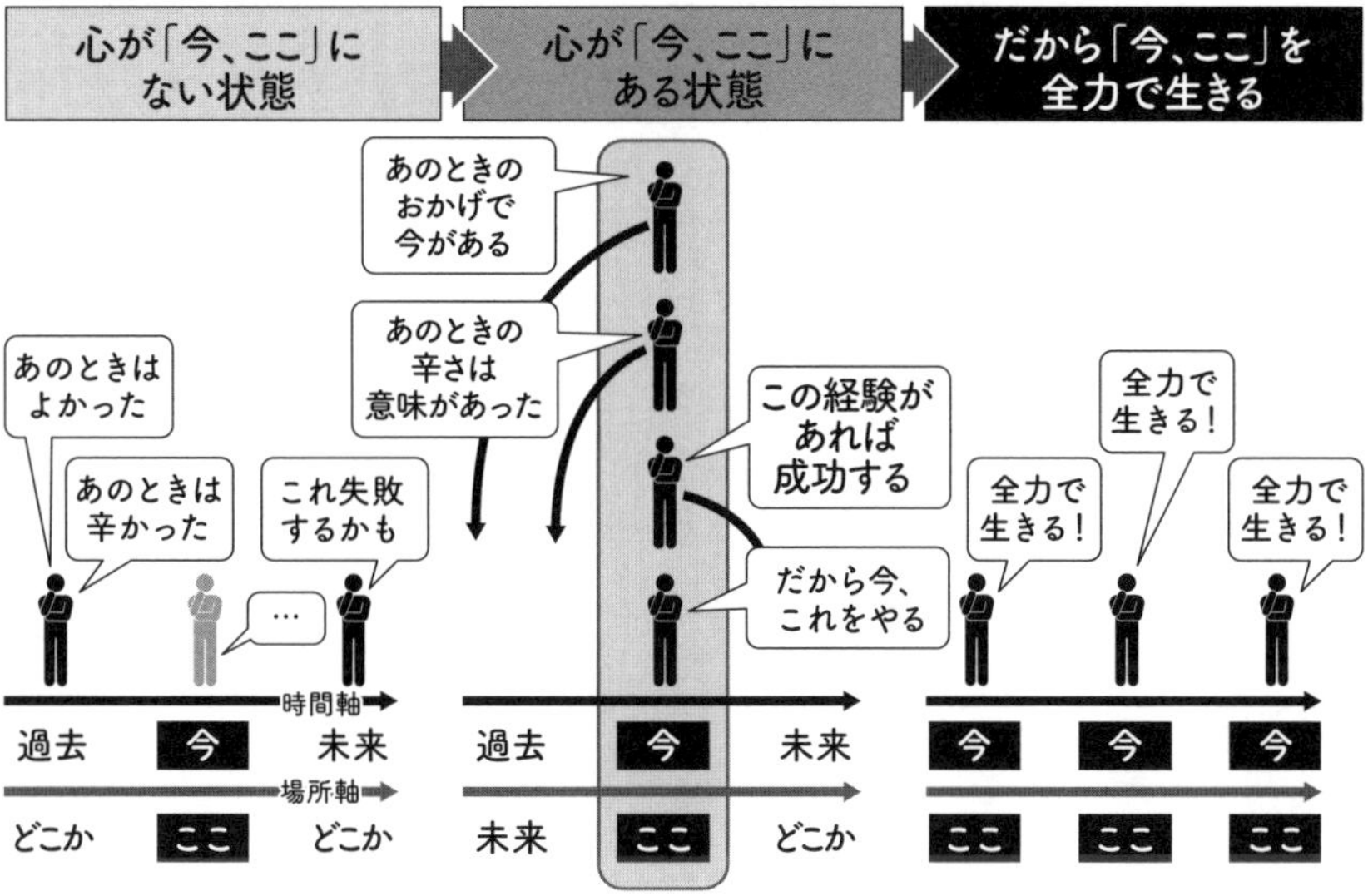

「今、ここ」に集中する

「10年前、あそこであんな失言をしなければ、今ごろ成功していたのに……」

「この仕事は難題山積みで大変だ。失敗したら責任問題だなぁ。逃げる方法も考えておこう」

私たちは過去や未来を心配しがちだ。心が「今」でなく過去や未来にある。では、どうすればいいのか？

『日本経済新聞』の「私の履歴書」で、俳優の山崎努さんが新人時代に黒澤明監督の映画『天国と地獄』のオーディションを受けたときのことを書いている。黒澤監督の「この役、やる気ある？」という問いに迷っている山崎さんを見て、黒澤監督は苦笑してこう言った。**「あのね、映画作りは、自動販売機にコインを入れてジュースを買うようなわけにはいかないんだよ。毎日毎日、目の前にある仕事を一生懸命やる。そうするといつの間にか終わっているんだ」**

また映画出演後、山﨑努さんが黒澤監督に「**ご自分の昔の作品を観《み》返して後悔することはありませんか**」と訊《き》いたとき、黒澤監督から一蹴されたという。「**ないね。どうして後悔するの？　そのとき一生懸命やったんだからそれでいいじゃないか**」

黒澤監督は、常に心が「今、ここ」にあり、今を全力で生き抜いている。

過去や未来を心配するとき、心は過去や未来にある。しかし私たちは「今、ここ」だけに影響を与えられる。過ぎ去った過去はいくら考えても変えられないし、未来はまだ来ない。常に「今、ここ」を中心に「あの辛い経験で、自分は気づきを得た」と過去を捉え、「将来のために、これをやる」と考えれば、自分の能力を最大限に発揮できる。つまり、**「今、ここ」と一如になるのだ**。山﨑努さんは「私の履歴書」で、ご自身の出世作となった『天国と地獄』の演技を振り返っている。「**とにかくヘタ。せりふ、動き、表情、何より演技プランが稚拙、なってない。今やり直したらもっとマシに、もっとうまくできるのだがと目を覆う。だが、あの若造の憎悪、混乱、恐怖、つまり青臭さはもう今はない。あれはあの25歳のときのもの。あのときでしかできなかったもの。「あれでいい」とするしかない、ということなのだ**」

今、ここでしかできないことを全力でやる。そうして初めて私たちの能力は最大限に発揮できる。

Book12『存在と時間』のハイデガー流にいえば、「本来的な自己に向かって投企せよ」ということだ。ただ道元の場合は、ハイデガーの死の先駆といったような抑うつ的で個人が孤立化した発想は薄い。周囲との一如を目指す陽性の思想である。

悟りを得ても、迷いは消えない理由

私たちは「悟りが得られれば、迷いは消える」と思いがちだが、これは幻想だ。「迷いが消滅した真実の世界」などない。道元も「悟りをひらけば、迷いが消える」とは考えなかった。

迷いと悟りは、そもそもまったくの別物。悟りを得た人は「迷っている現実こそが、本来の世界」と覚悟を決め、目の前の現実に立ち向かう。ビジネスでも、迷いこそがビッグチャンスだ。つまり**「迷いから逃げない」**という意味で、迷いがないのである。

1964年、東京オリンピックの来場客のためにホテルニューオータニが急ピッチで建設された。着工から1年での完成が必達目標。しかし各部屋の浴室工事は1年6カ月かかる見込みだ。従来工法では対応できない。関係者は大いに悩んだ。そして東洋陶器（現TOTO）と日立化成工業（現ハウステック）は、新たにユニットバス工法を編み出した。工場で浴室部品を成形して工事現場で組み立てる方法で、浴室工事は3カ月で完成できるようになり、ホテルは納期に無事完成。いまやユニットバスの普及率は90％だ。

「1年で完成」という無理難題が、ユニットバスという膨大な市場を生み出した。このようにビジネスは矛盾の連続だが、迷いが大きいほど大きなビジネスの種が育つ。「現成公案」にはこんな一節がある。

【原文】迷を大悟《だいご》するは諸仏なり、悟に大迷《だいめい》なるは衆生なり。

わかりやすく解説すると、こうなる。

迷いの真の姿を見極めて悟ることができるのが仏。悟りのことばかり考えて迷うのは凡人。

「迷いをなくして悟ろう」と懸命に考えても徒労に終わる。迷いから逃げる人もいるが、何の解決にもならない。迷いは迷いとして正面から向き合い、取り組み、悩み続けて解決していくことが必要なのだ。

悟りの世界が、言葉では伝わらない理由

身心脱落でエゴを捨て無となり、「今、ここ」に集中し、ひとつのことに打ち込めば、人間の脳細胞がフ

ルに動き始めて全能力を発揮できる。結果は考えない。道元流に言えば、結果は天が決める。身と心が一丸となり、仕事に溶け込み、仕事そのものになりきって完全燃焼するのだ。

このことは、大山名人、東山魁夷、黒澤監督のように悟った人には、異分野でも感覚的にすぐに伝わる。しかし体験したことがない人にはなかなか伝わらない。田里氏は『禅で生きぬけ』で「砂糖の甘みはなめなければわからない。それをなめたことのない者に、その甘みを話して、わからせようとしても駄目だ」と述べている。言葉で説明しても伝わらないのだ。田里氏は、10代目二子山親方の言葉も紹介している。

「どんなスポーツにも〝死点〟がある。稽古を始めて、しばらくすると非常に苦しい時期がある。〈もうこれ以上耐えられない〉と思う時が〝死点〟だ。勝負の世界は、この死点を多く越えた者が勝つ」

この話で思い出すのが、私がIBMでマーケティング・プロフェッショナル認定試験に挑戦したときのこと。自信満々だったが3回続けて落ち、心が折れかけた。審査コメントを見ると、ある審査員がたった1行、**「永井は、戦略をシンプルに単純化する力がない」**。これを読んだ瞬間、私は「そういうことか！」とストンと腹落ちした。私が考えた戦略はテクニック重視かつ複雑で、シンプルな首尾一貫性がなかった。この死点を乗り越えて合格した結果、今の私がある。一方、認定試験で1〜2回不合格になると再挑戦しない同僚は多かった。多くの人は死点に出会うと、そこから逃げる。だから死点を越えた世界があることを知らない。

またマーケティングを学ぶ人に「戦略のカギはシンプルに単純化すること」と言っても、多くの人には理解してもらえない。しかし死点を越える経験をした人は、異分野でも不思議と伝わることが多い。

悟りの世界も、同じなのかもしれない。

道元が『正法眼蔵』で伝えたいことをあえて単純化すると、次の2ステップになる。

❶「身心脱落（わするる＝エゴを捨てる）」で、モノゴトの道理を知る

❷そして全力で今に集中し、まわりと一体化して全力で打ち込み、一如になる

そのために、どうすればいいのか？

道元は身心脱落するためには**「只管打坐《しかんたざ》」**だと言っている。ただただ座禅をするのだ。

「座禅はムリ」と思うかもしれないが、宋に到着した道元が夕食の支度に帰った老僧から学んだように、生活のあらゆる行為が修行だ。これを**行住坐臥《ぎょうじゅうざが》**という。『正法眼蔵』「洗面」の巻では、洗面や歯磨きの方法が記述されている。洗面も修行なのだ。「すべてが座禅であり修行だ」という道元の思想をよく表しているといえる。

ビジネスパーソンは、今の仕事が修行だ。たとえばコピー取り、同僚との会話や会議。メールやチャットの返事。一つひとつの作業を全力で考え、取り組む。これがビジネスパーソンの修行だ。**どこかで時間を取って行うのが修行ではない。今・ここで行うのが修行なのだ。そして自分と仕事が一体化すれば、私たちは全能力を発揮できる。**自分の能力を全開にするポイントは、「大きな成果をあげよう」というエゴを捨て、澄んだ気持ちで、目の前の課題と一体となり、ひたすら取り組み続けることなのだ。

冒頭で「『正法眼蔵』のポイントは現成公案だ」と紹介したが、正法眼蔵は実に奥深い。40年以上かけて正法眼蔵を読み続けて「まだ理解できない」という曹洞宗の住職もいる。あなたもぜひ挑戦してみてほしい。

Point

あなたが今・ここでやっていることが、そのまま修行である

Book

47 『歎異抄』

悪人の私たちは、なぜ極楽へ往生できるのか

金子大栄［校注］岩波文庫

親鸞

1173年－1263年。鎌倉時代前半から中期にかけての日本の仏教家。浄土真宗の宗祖。比叡山にのぼり、20年間学行につとめたが、29歳のときに法然の門に入り、専修念仏の人となる。念仏教団禁圧により越後に流罪となる。その後、関東での布教を経て京都に戻り、著述と門弟の指導に努めた。『歎異鈔』は晩年の親鸞の言行を弟子の唯円らが記したものとされる。

あなたは悪人だろうか？　善人だろうか？

鎌倉時代の浄土真宗の開祖・**親鸞**の言葉で救われた、と語るのが作家・五木寛之氏だ。五木氏は終戦時、北朝鮮の平壌《ピョンヤン》で難民同然の状況にあった。まもなくソ連兵が進駐。第一線のソ連兵は囚人兵が多く乱暴だった。彼らは日本人が避難する倉庫に自動小銃を抱えて押しかけて「女を出せ！」と言った。

そのときの様子を、五木氏は著書『私の親鸞』（新潮選書）で書いている。

「誰も抵抗できない、どうしようもない状況でどうするかというと、日本人同士で話し合い、誰に出てもらうかを決めるしかないのです。（中略）人身御供として何人かの女性がソ連兵に提供される。（中略）そうやって犠牲になった女性が朝方になって収容所に帰ってきます。中にはそのまま戻って来ない人もいましたが、まるでボロ雑巾みたいになって帰ってくる女の人もいた」

また収容所では伝染病が流行り、赤ん坊はすぐ死んでしまうので「現地の人に子どもを預けたい」という母親もいた。そこで現地の闇市で、五木氏は子どもを斡旋したりもした。「優しい人間的な人は生き残れませんでした。エゴと執着の塊りのような悪人だけが、他人を蹴落として生き延びたのです」と言う五木氏は、

帰国後は過酷な体験を封印、心に重いものを常に抱えていた。30歳のとき、親鸞の教えに出会い、「自分のような人間でも生きていくことができる、生きていく資格があるんだ」と救われたという。

親鸞はまさに、こんな人たちを救いたいと考えたのだ。

親鸞は平安末期の1173年に生まれた。平氏と源氏が争う内戦の時代だ。大飢饉、平氏の南都（奈良）の焼き討ち、京を襲った直下型大地震で多くの人が死に、悪人にならないと生き残れない。親鸞は「人はなぜ苦しみ争うのか」と考えながら育った。比叡山延暦寺で厳しい修行を続けたが答えは見つからない。1201年、親鸞は**法然**《ほうねん》に出会い入門した。2人とも「今の仏教では厳しい修行をしないと成仏できない。民衆には厳しい修行はムリ。仏教はそんな民衆を救うものであるべきだ」と考えていた。

師匠の法然も厳しい修行をしてさまざまな仏教の経典を研究した末、「念仏して阿弥陀仏《あみだぶつ》という他力にすがれば、厳しい修行をせずに極楽浄土に往生できる」という**他力思想**を民衆に広げていた。

親鸞は法然の他力思想をさらに徹底し、後述する**絶対他力**という思想を打ち立てた。

親鸞の死後、親鸞の思想を弟子の唯円《ゆいえん》がまとめたのが『**歎異抄**《たんにしょう》』だ。歎異抄にはさまざまな解説本や現代語訳があるが、ここでは明治から昭和にかけて活躍した仏教思想家・金子大栄氏が注をつけた岩波文庫版をもとに紹介する。また五木氏による『私訳　歎異抄』（PHP文庫）は原文にとらわれず親鸞思想の本質を描き出した名文の現代語訳で、味がある。宗教家・高森顕徹氏による『歎異抄をひらく』（1万年堂出版）の解説もわかりやすい。これらの本を参考にして紹介していこう。

なぜ悪人が救われるのか？

歎異抄という題名には、弟子である唯円の「**親鸞の教えが異なって伝わる状況を歎く**《なげ》」という思いが込められている。親鸞の教えは、従来の日本における仏教の常識を180度転換する革新的な思想だった上に、レトリックを多用していたので誤解されやすかったのだ。高森氏は『歎異抄をひらく』で、浄土真宗中興の祖・蓮如《れんにょ》が「歎異抄は理解が浅い人は誤読する可能性あり」と500年前に門外不出の秘本として封印したのでほとんど知られていなかったが、明治の末から知られるようになったことを紹介している。そんな親鸞の教えで誤解されやすい最たるものが、第3章の有名な次の一節だ。

「善人《ぜんにん》なをもて往生をとぐ、いはんや悪人《あくにん》をや」

なんと「善人が往生できるのだから、悪人が往生できるのは言うまでもない」というのである。

誰でも「親鸞さん、これって逆でしょ?」と思ってしまうだろう。しかしこれぞ誤解なのである。

ここで言う悪人は犯罪者ではない。当時は生き物を殺生する漁師や猟師、商人も悪人と呼ばれていた。彼らは「殺生し世の中からお金を巻き上げている自分は地獄行きだ……」と思っていた。しかし冒頭で見たように、人間は生きる上で悪をなさざるを得ない。善悪の絶対的な基準もない。ウクライナ戦争でロシア兵を殺すウクライナ兵は、ウクライナ国内では英雄だがロシアでは極悪人だ。善人と悪人は区別できるのか?

歎異抄の結文にこんな文章がある。**「聖人のおほせには、善悪のふたつ、総じてもて存知せざるなり」**

これは「親鸞がおっしゃるには、何が善で何が悪なのかはわからないという」ということだ。

親鸞でも何が善か悪かは判断できないのだから、私たち凡人にわかりようもない。むしろ「自分は善人」と信じ込んでいる人のほうがよほど怖い。不祥事を起こした有名人が、いわゆる善人たちからSNS上で「反省した証拠を見せろ」「責任を取って死ね」と罵声を浴びて、自死に追い込まれることもある。

親鸞はこう考えた。**「自分も含めて、すべての人は悪人。人間は徹底して悪いものだ」**

五木氏がご自身の体験を吐露したように、私たちは状況次第でどんな恐ろしいことでもやる。親鸞はそういう人間が持つ本質的な悪を、徹底して考え抜いた。かくいう親鸞は一度も「自分は悟りを開いた」と言わなかったという。自分自身も悪人と認識していたのだろう。

親鸞は「善人＝自分で修行して煩悩を消し去り悟りを開ける人」「悪人＝それができない人」と考え、「悪人＝煩悩を消し去れない人を救いたい」と考えた。その上で「自力には一切頼らずに、阿弥陀仏の他力を頼って深く信じ切る者こそが往生する」という絶対他力の思想を打ち立てたのである。

阿弥陀仏は「すべての人間は煩悩の塊であり悪人」と知り抜き、「そんな悪人でも必ず救う」と誓っている。そんな阿弥陀仏は、善人だって救う。だからこそ煩悩に悩む私たち悪人も救ってくれる。

これが「善人なをもて往生をとぐ、いはんや悪人をや」の意味なのだ。

実はこの言葉、親鸞が活動していた当時も正しく理解されなかった。その結果、「阿弥陀仏の働きは絶対だから、悪いことをしてもOK。悪を怖れず、好き勝手やっても極楽に往生できる」と言う連中が現れた。

「さすがにそんな連中、極楽往生はムリでしょ」と思いがちだが、歎異抄の13章にはなんと「**間違っているのは、そんな連中は極楽往生なんてムリ、と言うほうだ**」とある。「え？　どういうこと？」と混乱してしまうが、これは親鸞思想の理解が浅いからだ。歎異抄13章に、親鸞と弟子の唯円のこんな会話がある。

「私の言う通りにするか」「必ずおおせの通りにします」「では1000人殺してみよ。さすれば浄土への往生は間違いなし」「1人でも殺すのはムリです」「言う通りにすると言ったではないか」

親鸞はこう続けた。「わかっただろう。何事も自分の意思でできれば、1000人殺せと言われたら本当に1000人殺せるかもしれない。それができないのは、あなたが善人だからではない。自分の意思でもない。人は状況によって1000人殺すこともあり得る。つまり自分の心が善なら往生し、悪なら往生できないなどと、自分で判断はできない。人は自分の善の意思で善人になっているわけではない。自分の悪の意志で悪人になっているわけでもない。阿弥陀仏はそのことを前提に、善悪関わりなく救うと約束したのだ」

つまり悪を怖れず好き勝手にやっても極楽に往生できる。阿弥陀仏は実に懐が深いのだ。一方で親鸞はこう付け加えている。

これは「極楽往生できるからと言って、わざわざ毒を飲むことをすすめるのは愚かなことだ」という意味だ（以上、会話の訳は五木寛之著『私訳 歎異抄』を参考に記述している）。

悪の意思がなくても、悪を犯すのが人間だ。親鸞はそんな人間に徹底して寄り添ったのである。だから親鸞を知った五木氏は「自分のような人間でも、生きていく資格がある」と救われたのだ。

修行は一切不要。むしろ邪魔。ひたすら阿弥陀仏を信じ、「南無阿弥陀仏」という念仏だけをひたすら唱えなさい、というのが親鸞の思想だ。「南無阿弥陀仏」とは「阿弥陀様にお任せします」という意味だ。

「では、自分の努力はどうなるの？」とも思ってしまう。一般的に「**他力本願**は自分で努力せず他人任せ。**自力本願**は他人任せにせず自分が努力する。自力本願があるべき姿だ」と思われている。

しかし**親鸞のいう他力本願の「他力」とは「阿弥陀仏の慈悲の働き」のことだ。**人間の力（自力）はたかが知れている。阿弥陀仏の慈悲にすがらずに、自分で修行して高め続けられる人は修行を続ければいい。親鸞は決してこの道は否定していない。親鸞が考え続けたのは、これができなくて落ちこぼれた人たちをいかに救うか、なのである。

ここで疑問が出てくる。仏教の祖・釈迦は厳しい修行を求めた。なぜ親鸞は「ただ阿弥陀仏を信じて念仏を唱えれば救われる」となったのか？　それは時間をかけて新しい世界観がつくり出されたからだ。

阿弥陀仏が人々を救う仕組み

この経緯を宗教学者・中村圭志氏の著書『教養としてよむ世界の教典』（三省堂）に基づき見ていこう。

ここまで「極楽浄土へ往生」という言葉を使ってきた。浄土とはユートピアのこと。この浄土への往生を願うのが**浄土信仰**だ。大乗仏教が生まれた頃、インドでは多くの浄土信仰が生まれた。それぞれの浄土には特定のブッダや菩薩が住んでいる。この浄土信仰が中国に伝わった。そして**中国で断トツの人気だったのが阿弥陀仏の極楽浄土**だった。阿弥陀の極楽浄土は「阿弥陀経」「無量寿経」「観無量寿経」という3つの経典に書かれている。これらの経典によると、ブッダである阿弥陀仏はブッダになる前に法蔵菩薩と名乗っていたときに、こんな誓いを立てていた。

「私は人々を必ずや仏道へと導く。これができなければ、ブッダにならなくても結構です」

その後、法蔵菩薩は阿弥陀仏となって、万人を極楽往生に招き救っている。極楽浄土では衆生（生き物）は苦を背負わず、楽しみだけがある。この極楽浄土で修行すれば成仏できる。

さらに中国浄土信仰を大成した**善導**《ぜんどう》は一心に「南無阿弥陀仏」と念仏を唱えれば信者が死ぬときに阿弥陀が迎えに来て、極楽浄土へ往生できるとした。人々の最終目的地は涅槃（不安と苦悩のない境地）。極楽浄土まで行けば、成仏して涅槃に行くのは容易だ。たとえると中高一貫校で中学（極楽浄土）に合格すれば、高校（涅槃）にはストレートで入れる。

これを示したのが次ページの図だ。釈迦の仏教で涅槃に行くのは、ロケットで他の恒星に行くようなものだ。最も近い恒星でも、光の速度で何年〜何十年もかかるほど遠い。ロケットでも数万年かかる。しかし浄土信仰なら極楽浄土を経由して簡単に涅槃に行ける。ワープ航法で空間を曲げて瞬時に遠くの恒星に行くの

「釈迦の仏教」と「浄土信仰」の違い

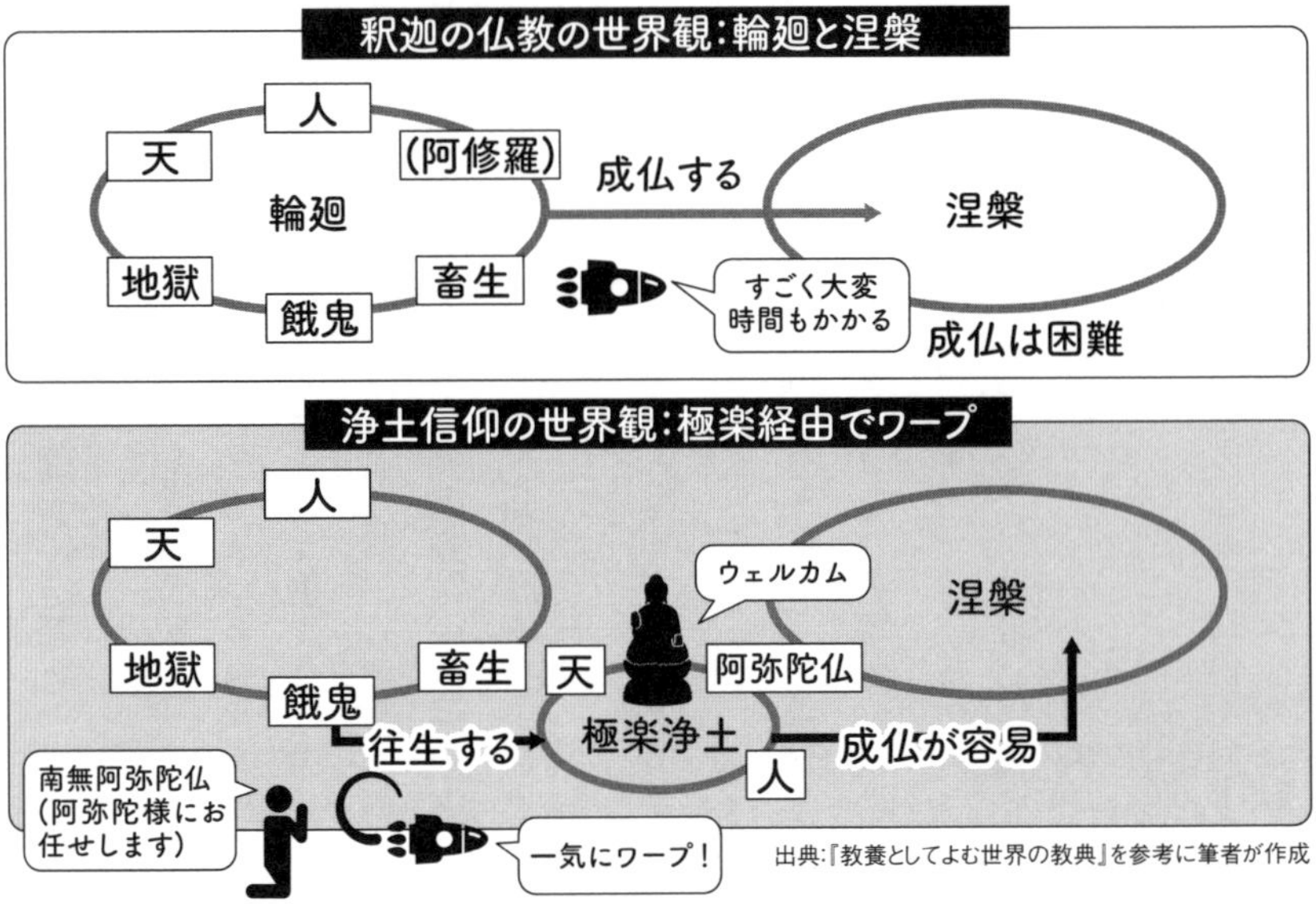

出典：『教養としてよむ世界の教典』を参考に筆者が作成

と同じだ。

極楽浄土に着けば、涅槃に行くのは簡単。浄土思想では、無限の光と寿命を持つ阿弥陀仏がこの仕組みで未来永劫あらゆる人間を救い続けていると考えている。法然はこの善導の経典を読んでヒントを得て、日本で浄土宗を始めたのだ。

さて、法然の浄土宗、親鸞の浄土真宗、Book46『正法眼蔵』の道元が開祖の曹洞宗、さらにBook48『立正安国論』の日蓮が開祖の日蓮宗などの鎌倉時代に生まれた新仏教は、総称して**鎌倉仏教**と呼ばれる。

日本で仏教が初めて民衆に広がったのは、この鎌倉時代だ。

鎌倉時代より前の日本の仏教は、上流階級専用。もともと大乗仏教はインドで「民衆を救おう」と考えて生まれたが、日本では朝廷が国策として大乗仏教を導入し、まず貴族が信者となった。しかし平安末期に「仏教の教えがすたれ、破滅的な世になる」という末法思想が蔓延。内戦・天変地異・飢饉で死が身近になり、生き残るのに必死な時代になった。これらの課題を克服するために、次々と鎌倉仏教が生まれた。

法然と親鸞は上流階級向けの仏教を、理論立てて民衆向けにつくり変えたのだ。私たちはあまり意識しないが、人が亡くなると「ナムアミダブツ」と日本人が口にするのも、法然と親鸞の教えの影響だ。

親鸞思想には負の側面もある。政治学者の中島岳志氏は著書『親鸞と日本主義』（新潮選書）で、明治末期から昭和にかけて親鸞の絶対他力の思想が、阿弥陀如来の「他力」を天皇の「大御心」と読み替えて国体思想を受容したことで、極端な国粋主義につながり、ただ「日本は滅びず」と信じ「祖国日本」と唱えれば永遠の幸福が得られると考えた思想構造を描いている。その上で中島氏は、親鸞思想は悩み苦しむ人にやさしく人生の指針であり続けているが、危険な方向に絡め取られる要素が含まれていることに警鐘を鳴らす。

このように800年前の法然と親鸞の思想は、現代の日本人にも実に大きな影響を与えている。だから現代でも『歎異抄』は広く読まれているのだ。機会があれば、ぜひ一読してほしい。

Point

善人か悪人かは運不運。だから悪人こそが救われる

Book 48

『立正安国論』

『日蓮「立正安国論」全訳注』佐藤弘夫［訳］講談社学術文庫

流罪や弾圧にも屈せず、権力者や他宗と闘った日蓮

日蓮

1222年－1282年。鎌倉時代の仏教の僧。鎌倉仏教のひとつである日蓮宗（法華宗）の宗祖。伝統的仏教の教理に疑問を抱き、鎌倉、比叡山などで諸教義を学んだ。その後「法華経」を通じ、真の仏教を知りうるという確信に基づいて「南無妙法蓮華経」という題目を唱えた。 浄土宗、禅などを批判したため迫害を受けたほか、鎌倉での宗教活動を理由に伊豆や佐渡に流罪となったが、主張を曲げることはなかった。

日蓮は1222年生まれ。日蓮宗の開祖であり、鎌倉仏教の中でも異色の思想家だ。親鸞や道元などの他宗は個人の変革を考えたが、日蓮は個人よりも社会の変革を考え、時の権力者たちに積極的に働きかけた。結果、権力者を批判し続けて何度も流罪になったり、他宗を批判して命を狙われたり、弾圧されたりして命を落とす弟子も多かったが、日蓮は断固として主張を曲げなかった。そこで鎌倉仏教の名著の最後に、日蓮の代表作『立正安国論《りっしょうあんこくろん》』を紹介したい。本書には多くの現代訳や解説本があるが、おすすめは日本思想史研究者の東北大学教授・佐藤弘夫氏による『日蓮「立正安国論」全訳注』（講談社学術文庫）だ。

日蓮思想は、日本社会に深く影響を与えている。佐藤氏は解説で、戦前は日蓮主義が「神聖国家を樹立し、天皇のもとに世界を統一しよう」という大きなパワーとなり、戦後は一転、日蓮を信仰する創価学会が「平和の党」を掲げる公明党を創設したことを紹介している。本書はこれらの思想的な基盤なのだ。

佐藤氏はあとがきで「『立正安国論』は日蓮の代表的著作というだけでなく、日本仏教を代表する書物のひとつ」とも述べている。しかし多くの日本人は、日蓮思想が現代の日本にどんな影響を与えているかを知らない。そこでまず、日蓮がなぜこの思想に至ったか、佐藤氏の解説からポイントを紹介していこう。

民衆は来世でなく現世で救われるべき

日蓮は比叡山延暦寺で天台宗を学び、修行を重ねたが、納得いかないことがあった。天台宗は「あらゆる人は仏だ。自分は仏だと覚醒した瞬間、周囲も即座に永遠の浄土と化す」と説く。しかし現実には、当時の社会は大地震や天変地異で飢饉が続き、街中に死体があふれる中を餓死寸前の人々が徘徊する地獄の状況。日蓮は「現実は仏教の教えとはまったく違う。なぜこうなる?」と怒りがわいてきた。

日蓮が二十数年間の修行の末にたどり着いた結論は「**世界と民衆を救うのは法華経だけ**。すべての人々を法華経に帰依させれば、国家を救える」。

そして「他宗は釈迦の教えを歪めている」として、当時の主な他宗をすべて徹底的に非難した。

日蓮は今の庶民の生活や生命を重視し、民衆ファースト思想を徹底して「民衆は来世ではなく現世で救われるべきだ。今の社会を変革しなければ!」と考えたのだ。

では、日蓮が信じた法華経とは何なのか?

法華経は、紀元1~3世紀にインドで生まれた大乗仏教の経典だ。正式名は「妙法蓮華経」である。ちなみに「南無妙法蓮華経」とは、「妙法蓮華経に帰依します」という意味だ。

法華経については、サンスクリット語の原典を日本語訳した仏教思想研究家・植木雅俊氏による著書『NHK「100分de名著」ブックス 法華経 誰でもブッダになれる』(NHK出版)がわかりやすい。そこで本書からポイントを紹介しよう。

仏教の原点は紀元前4~5世紀の釈迦の教えだ。その100年後、仏教教団は釈迦の教えを守る**上座部仏教**と、大衆の救いを目指す大衆部《だいしゅ》に分かれ、後者から**大乗仏教**が生まれた。まず Book 43『般若心経』で

釈迦の仏教、上座部仏教、般若経、維摩経、法華経の関係

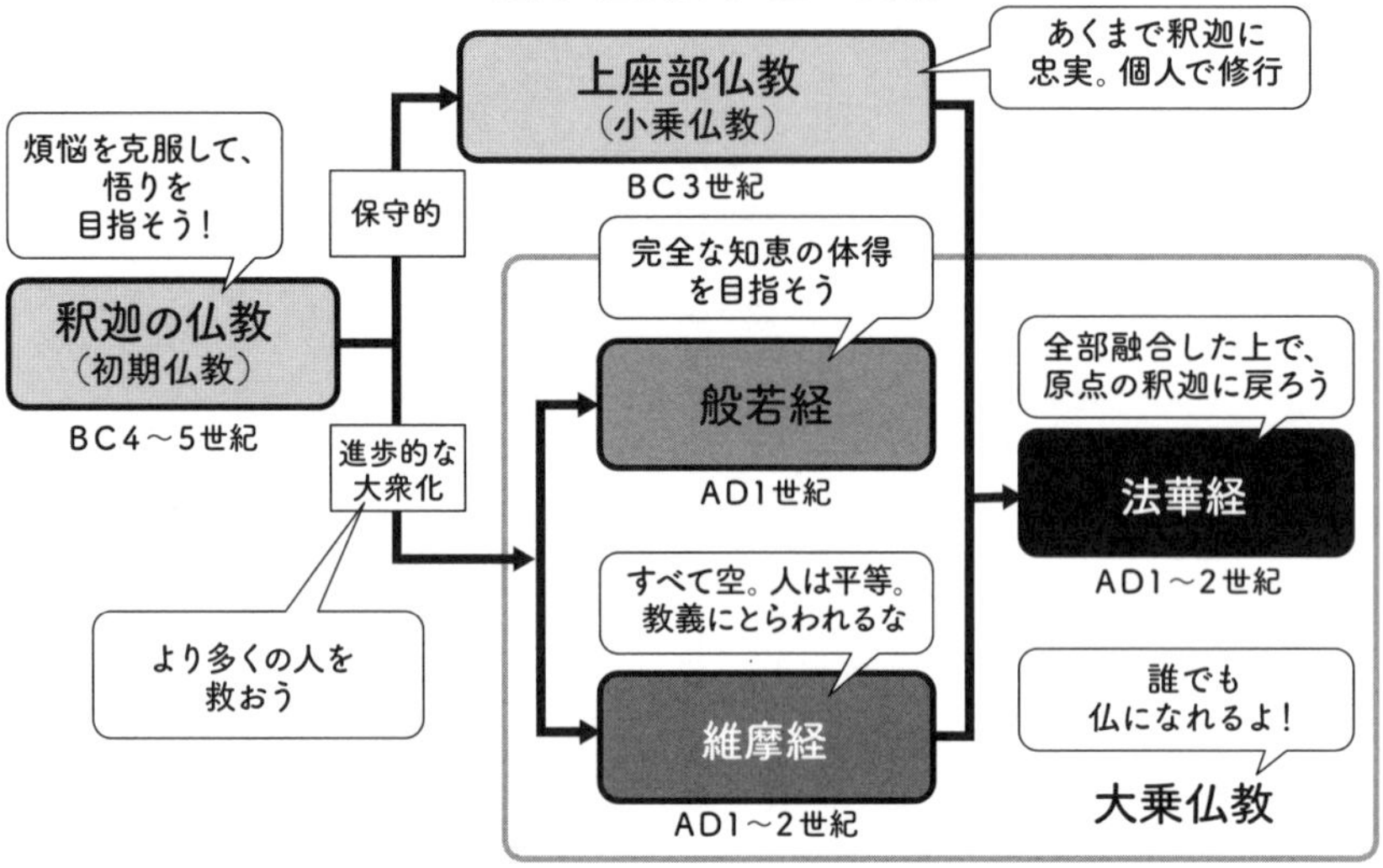
煩悩を克服して、悟りを目指そう！
釈迦の仏教
（初期仏教）
BC4～5世紀
保守的
進歩的な大衆化
より多くの人を救おう
上座部仏教
（小乗仏教）
BC3世紀
あくまで釈迦に忠実。個人で修行
完全な知恵の体得を目指そう
般若経
AD1世紀
すべて空。人は平等。教義にとらわれるな
維摩経
AD1～2世紀
全部融合した上で、原点の釈迦に戻ろう
法華経
AD1～2世紀
誰でも仏になれるよ！
大乗仏教

紹介した**般若経**、そして「すべては空で人は平等。教義にとらわれるな」と説く**維摩経**《ゆいまきょう》が成立。大乗仏教の各宗派は、上座部仏教の出家者を「自分のことしか考えない小さな乗り物＝**小乗仏教**」と揶揄した。

こんな中で「バラバラでなくすべて融合し、原点の釈迦の仏教に還り、すべての人を平等に救おう」と主張して成立したのが法華経だ。「バラバラなのにすべて融合して釈迦に戻るなんて、ムリでしょ？」と思ってしまうが、法華経は見事なロジックを組み上げた。そのひとつが**久遠実成**《くおんじつじょう》という思想だ。

久遠実成とは「**釈迦は人間として姿を現すはるか遠い昔に悟っており、さまざまな仏に形を変えて衆生に法を説いてきた。さまざまな如来はすべて釈迦の生まれ変わりだ**」という考え方だ。Book43『般若心経』で紹介したように大乗仏教はパラレルワールドの宇宙観で**阿弥陀如来**、**薬師如来**、**大日如来**などの仏をつくった。法華経はこれらの仏を釈迦の生まれ変わりに統一したのだ。植木氏は著書『法華経 誰でもブッダになれる』でこう述べている。

「『法華経』がやろうとしているのは、あくまでも仏教が現実や人間から離れることを戒めることです」法華経は多くの経典と整合性を保ち、釈迦の原点に戻った。だから法華経を学んだ日蓮は「**法華経こそ正しい釈迦の教え**」と信じ、釈迦の教えから逸脱する他宗が許せなかったのだ。そして日蓮は行動を起こした。

「日蓮＝愛国者」のイメージが定着した理由

日蓮は鎌倉で布教を始めたが、その時期に天変地異、異常気象、疫病、飢饉などの災害が起こった。日蓮は仏典を徹底的に調べて原因を探り「災害が続く根本原因は正法（正しい教え）がすたれ、悪法が流布している仏教界にある」と結論づけ、「悪法の筆頭が法然の他力思想だ」として、こう考えた。

「悲惨な社会から目を逸らし、極楽浄土の往生を考えるだけではダメだ。釈迦を無視するのは論外。法然の教えは、幕府に訴えて禁止しなければ。さもないといずれ日本は外国から侵略され、内乱も起きるぞ」

そして日蓮39歳のとき、鎌倉幕府に提案した意見書が、本書『立正安国論』なのだ。

この意見書は鎌倉幕府の最高実力者である前執権・北条時頼に提出されたが、黙殺された。逆に日蓮の批判に他宗信者は猛反発。日蓮の住まいは焼き討ちされ、翌年日蓮は伊豆へ流罪。のちに流罪は赦免されたが、弾圧はその後も続き、1271年には再び佐渡島へ流罪。しかし日蓮は弾圧の中で信仰体系を完成させ、布教で信者を増やしていった。弾圧に屈さなかった理由は、仏教の経典「涅槃経《ねはんぎょう》」の言葉をもとにこう考えたからだ。「正しい教えを軽んじる行為をあばき責任追及することが、仏法者としての神聖な責任」だから日蓮はリスクを顧みず『立正安国論』を提出し、流罪されても殺されかけても考えを曲げなかったのだ。

では、『立正安国論』には何が書かれているのか。

本書は、客を権力者の北条時頼、主人を日蓮になぞらえて、客と主人との会話で物語が進む。

2人は「仏法がちゃんとしていないと、国は治まらない」という考えを共有し、客は「仏教全体の繁栄が必要」と考えている。ダイジェストにすると、こんな流れだ。

客は「天変地異が続き、阿弥陀仏に祈っても、座禅をしても効かない。なぜだ？」と問う。

主人は「仏の教えを無視して悪法に墜ちたので、善神も聖人もこの国を見捨てたからだ」と答え、さまざまな仏教の経典を挙げて「多くの人々が、正しい教えを受け入れていない」と言い切る。

客が「皆、真面目に修行している。悪法とは何だ？」と問い詰めると、主人は「易行道（楽な方法）で極楽浄土へ往生しようと主張する法然の教えだ。難行道（厳しい教え）を捨て雑行しても、往生できるわけない。即刻禁止すべし。法然は、中国の善導和尚の影響を受けている。善導は仏教経典のうち、浄土三部だけ選び、それ以外の仏教経典は棄てた。自分は釈迦の子として法華経に仕える身だ。法華経には『大乗仏教の経典を軽んじ偽る罪は何よりも重く、阿鼻叫喚地獄に落ちる』とある。これは大罪だ」と答える。

客が納得すると、主人は「ひどい世の中ですが、まだ仏教経典にある七難中、五難しか起こっていない。まだ二難残っている。外国の侵略と内乱だ。もっとひどいことになる。正しい教えに戻るべきです」

以上が本書の内容だ。予言のうち「外国の侵略」は14年後の**蒙古襲来**で、「内乱」は**北条時輔の乱**で現実化。そして日蓮は蒙古を祈祷で打ち破ろうとした。これで日蓮の愛国者というイメージが高まった。

戦前の「国体思想」から戦後の「平和論」へ

訳者の佐藤氏によると、明治時代、日蓮信仰は国家主義的な活動を推進する政治家や軍人に幅広く支持された。宗教家の田中智学《ちがく》と本多日生《にっしょう》は**「政教一致を旗印に掲げて神聖国家を樹立し、天皇のもとに世界を統**

一しよう」と主張する運動「**日蓮主義**」を起こし、戦前の日本で大きなパワーを持った。

また軍事思想家・石原莞爾は『最終戦争論』（中公文庫）でこう述べている。「日蓮聖人は将来に対する重大な予言をしております。日本を中心として世界に未曾有の大戦争が必ず起る。そのとき（中略）日本の国体を中心とする世界統一が実現するのだ。こういう予言をして亡くなられた」

戦前の日蓮信仰は、**天皇を中心とする国体思想と強く結びついた**のである。

戦後は一変して、**平和論に転換**した。日蓮正宗の法華講（在家信者の信徒組織）である創価学会を支持母体に「平和の党」を看板とした公明党は「生命・生活・生存を最大限に尊重する人間主義を貫く」という理念を掲げた。戦後の新宗教も半数以上が日蓮系だ。立正佼成会、創価学会などの教団は信者数100万人を超える。これら戦前の日蓮主義も、戦後の日蓮系新宗教も、その聖典は『立正安国論』だ。

佐藤氏は本書の解説でこう述べている。「見逃してならないのは、日蓮の思想が国家主義的な活動に援用される一方、日本山妙法寺の反公害闘争や日蓮系新宗教の反戦運動など、反権力的色彩の強い運動にも深い関わりをもったことである。近代の日本において、日蓮の思想と立正安国の論理は、一見正反対とも思われる方向を志向する諸活動に、等しくその正当化の根拠を与え続けてきた」

国家のあり方を憂いて行動する日蓮の思想は、社会変革志向だ。その影響は現代社会にも深く根づいている。日蓮思想を実践し、日本に大きな影響を与える組織の行動原理を理解する上で、本書は役立つのだ。

Point

日蓮の変換志向は、近・現代の日本社会に大きな影響を与えている

Book

49 『五輪書』

「勝つ技術」のエッセンスを凝縮した、世界的ベストセラー

鎌田茂雄［訳注］講談社学術文庫

宮本武蔵

1584年－1645年。江戸時代初期の剣術家、兵法家、芸術家。若い頃より諸国をめぐって武者修行に励み、二刀流を案出して二天一流剣法の祖となった。佐々木小次郎や吉岡一門との試合をはじめ生涯60回あまりの勝負に一度も負けたことがないと伝えられる。晩年は肥後藩主・細川忠利に仕えた。水墨画にも長じ、代表作の「枯木鳴鵙図」のほか、十数点の水墨画の遺品がある。

剣豪・宮本武蔵が書いた本書は、世界的ベストセラーだ。英語、フランス語、ドイツ語、スペイン語、中国語に訳され、米国アマゾン上のさまざまな版の『五輪書（Five Rings）』は、すべて書評数1000件以上。松井秀喜やブルース・リーなど一流の勝負師の愛読書であり、ビジネスパーソンにも広く読まれている。米国空軍の戦略家ジョン・ボイドは、本書をヒントに圧倒的スピードで敵に勝つ意思決定方法OODA《ウーダ》ループを編み出した。本書が愛読される理由は、**普遍的かつ現実的な「勝つ技術」**が凝縮されているからだ。

武蔵は13歳の初勝負で勝利。29歳まで六十数回を戦って不敗。真剣による命のやり取りは敗北＝死だ。武蔵は極限の戦いを通して徹底したリアリストとなった。そして29歳になった武蔵は考えた。

「自分が勝ってきたのはたまたま運がよかったのであって、まだ兵法を極めていないのでは？」

その後の武蔵はさらに深く兵法を極めるべく朝鍛夕錬《ちょうたんせきれん》。兵法の道にかなうようになったのが50歳。そして60歳になった武蔵は2年間かけて本書を書き上げた。

本書には合理的思考を徹底し、武蔵が導き出した「勝つ方法」が具体的・実践的に書かれている。

武蔵は生涯孤独な浪人と思われがちだが、これは吉川英治の小説『宮本武蔵』で広がった虚像だ。実際の

武蔵は書、水墨画、茶の湯などの諸芸をたしなみ、禅僧や知識人と交流した。譜代大名に迎えられ、家臣に剣術を指導し、養子の伊織が藩の家老になるなど、広い視野と見識を持つ人物だった。本書からはそんな武蔵の人物像もうかがい知ることができる。五輪書にはさまざまな現代訳があるが、ここでは仏教学者である鎌田茂雄氏が訳注をつけた『五輪書』(講談社学術文庫)を紹介しよう。本書は5部構成だ。①**【地の巻】**兵法の全体像、②**【水の巻】**剣術の鍛錬方法、③**【火の巻】**戦いに勝つ方法、④**【風の巻】**他流派との比較、⑤**【空の巻】**自然に敵に勝つ真実の道、となっている。早速、本書のポイントを見ていこう。

【地の巻】兵法の全体像

営業のオダさんの得意技は、肉弾戦。顧客とサシで酒を飲んで仲良くなり、懐に入る。しかしコロナ禍を経てこの技は使えなくなった。しかし「自分の得意技はコレ」と考えるオダさんは、やり方を変えない。相変わらず得意先の担当者を飲みに誘っては断られ、迷惑をかけていることに気づかない。

武蔵は「**武士が兵法をおこなう道はどんなことにおいても人に勝つということが根本**」と言っている。オダさんが「サシで飲んで懐に入る」という得意技にこだわるのは未熟な証拠。得意技で勝てなければ、勝てる武器や技を使うべきだ。

武蔵は二刀流で有名だが、佐々木小次郎との戦いでは二刀流にこだわらず、長い木刀を使った。なぜか。小次郎は「物干竿」と呼ばれる長さ90cmの長刀で、相手の刀が届く外から斬り込むのが得意技。二刀流では切っ先が届かない。そこで武蔵は130cm弱の長い木刀を自作。物干竿の外側から打ち込む戦略を立てた。大きな木刀が当たれば、小次郎は戦闘不能だ。実際に小次郎との勝負は一撃で終わった。

また勝敗は微妙なタイミングで決まる。これを武蔵は拍子と呼ぶ。剣の勝負では、敵の拍子が狂う崩れ目が出てくる。その崩れる拍子をつき、立ち直れないように確実に追い討ちをかける。戦いでは、この敵の拍子を知る者が勝つ。ビジネスも同じで、拍子＝タイミングの大切さを心得て見極めた者が勝つ。たとえば、

・客先との商談で、話の流れを見極め、本題に入る一瞬のタイミング
・部下や上司との面談で、相手の心の準備状況を見極めて、話題を切り出すタイミング

などである。このように五輪書は、あらゆる勝負事の手引きとなるのだ。

【水の巻】剣術の鍛錬方法

「水の巻」は剣術鍛錬法だ。ここではさまざまな方法が具体的に紹介されているが、武蔵は冒頭でこう述べる。**「この書物をただ見るだけでは、兵法の真髄《しんずい》をきわめることはできない」**

「いきなりハシゴ外し？」と思ってしまうが、違う。**「知識を得る」と「使いこなす」の間には大きなギャップがある。**私も人材育成の仕事で、座学だけでは現実のビジネスに役立たないことを痛感している。

そこで私は、理論や方法論はオンライン動画ですぐ自習・復習できるようにした上で、手を動かし業務で実践するワークショップを重視している。最初は苦労するが気づきを得る経験を重ね、仕事で活用する経験を続けていくと急速に力が向上する。こうして型を身につけることが大事だが、一方で武蔵はこうも言う。

「きまった形にとらわれることが悪いのである。よくよく工夫すべきことである」

型は手段だ。型にこだわると型にはまり、動きは鈍くなる。ビジネスでも理論や方法論は単なる手段だ。手段にこだわりすぎると、本来の目的を見失う。型を身につけて、目的に合わせて型を崩すことも大事だ。

これを繰り返して、日々鍛錬していくことが必要なのだ。武蔵はこう言っている。

「千日の稽古を鍛といい、万日の稽古を錬というのである」

千日は約3年間。万日は約30年間だ。これだけ積み重ねた末に、達人になるのだ。

【火の巻】戦いに勝つ方法

火の巻は、命がけの勝負に勝つ方法だ。1人で10人に、千人で万人に確実に勝つ方法が書かれている。

武蔵はまず場所取りの大切さを挙げる。太陽や灯りを背にする、後ろに空間をあける、敵を見下す高い場所で構える……など具体的だ。「少しでも有利な位置取りを活かして勝つ」という実践的な発想である。

ビジネスでも自社が有利な位置にいることが重要だ。この理論が**経営学者マイケル・ポーター**が名著『**競争の戦略**』（ダイヤモンド社）で提唱した「**5つの力**」だ。業界関係者を「**同業者**」「**売り手**」「**買い手**」「**新規参入者**」「**代替品**」の5つに分け、各々の力関係を分析し業界の競争状況を把握、自社が有利になる戦略を策定する方法だ（詳細は『競争の戦略』を参照してほしい）。

武蔵は戦う方法も具体的に紹介する。まず「**枕をおさえる**」。真の兵法の達人は、先手を打って出鼻を挫き、敵を自在に引きずり回す。後手に回ると挽回は難しい。このためにはどうするか？　武蔵はこう言う。

「『敵になる』というのは、わが身を敵の身になりかわって、考えることをいうのである」

徹底的に相手の立場で考え抜くのだ。たとえば家に立てこもる盗人は「非常に強い敵」と考えがちだが、盗人の身で考えると「周囲は敵ばかり……。どうしよう」とビクビクしているものだ。そこを狙う。

ビジネスも同じだ。私は商談で相手の情報を徹底的に集め、相手の考えを把握して、準備する。準備したことが相手の期待を上回れば商談成功。逆に準備せず「出たとこ勝負」の人もいるが、実にもったいない。

さらに武蔵は戦いを仕掛ける心得について、こう言っている。

「山海の心というのは、敵とわれとがたたかう間に、同じことを度々くり返すことは悪いというのである」

野球で打者が「カーブ」と思えば直球、「直球」と思えばカーブを投げれば、まず打たれない。ビジネスでも、広告の世界では「同じ広告を続けると効果は徐々に薄れる」という鉄則がある。そこでメッセージや訴求ポイントを微妙に変え、ターゲット顧客の心に刺さり続けるように工夫する。

【風の巻】他流派と『五輪書』の教えの比較

風の巻では、他流派と自分の教えを比較している。より正しい道を伝えるためだ。武蔵は「太刀の長さ・強さ・速さ・形や構えにこだわる」「目つきや足遣いにこだわる」「身体の使い方にこだわる」といったさまざまな流派を挙げて「すべてNG」と一刀両断。**これらは細かい手段にこだわりすぎる**と言う。先に述べたように武蔵は「武士が兵法をおこなう道はどんなことにおいても人に勝つということが根本」と考える。目的は勝つこと。他はすべて手段。小次郎に勝つために長木刀を使ったように、正しい心で偏りなく技を使いこなすことが大切なのだ。

「我が流派には、門外不出の極意・秘伝・奥儀がある」という流派も多いが、これもNG。現実の真剣勝負では、表の技（公開された技）と裏の技（極意・秘伝・奥儀）の使い分けなどムリだと肌身で熟知する武蔵には、他流派の教えは現実を知らぬ理想論だ。実際に武蔵は、兵法を学ぶ人のスキルに合わせて剣術をわかりやすく教えたという。モノゴトの道理は敵と実際に打ち合って、初めてわかる。武蔵の教えには隠すような奥儀はない。だから武蔵は、自分が考える兵法の方法論を『五輪書』であますことなくまとめたのだ。

ビジネスも目的は勝つことであり、秘密の奥儀などない。勝つために自分のスキルにあわせて基本を習得し、ビジネスの実務を通して学ぶのが王道だ。戦い方もいろいろある。最適な手段を選べばいい。

【空の巻】自然に敵に勝つ真実の道

空の巻は短い。迷いなく、鍛錬を徹底した先に開ける自在な境地「空」について書かれている。

武蔵の「空」は、Book43『般若心経』にある「空」とは違う。般若心経の「空」は「あらゆるモノは実体がなく空っぽな存在」という宇宙の法則だ。『五輪書』の「空」とは**「形を知ることができないもの」**のこと。いくら鍛錬して「自分ではわかった」と思っても、人の心は曇っていてわかっていないことも多い。

自分がわからない世界があることを知り、少しの心の曇りもなく兵法の道を歩むこと。こうして正しい心を道とし、正しく明らかに大局をつかみ、一切の迷いがなくなった「空」こそが、兵法の究極なのだ。

武蔵はこう言っている。**「兵法の道を朝鍛夕錬することによって空の境地に到達できるのである」**

『五輪書』は「勝つ技術」に特化し、徹底して現実的に書かれた本だ。

新渡戸稲造がBook50『武士道』で書いた「義」「勇」といった精神的な記述は、五輪書には一切ない。

『五輪書』は数多くの命のやり取りをした現実主義者・武蔵だからこそ書けたのだろう。

ビジネスも、リアルな勝負だ。だからこそ本書は、現実的な指南書として役立つ。

秘伝も奥儀もない。現実に即して具体的な勝つ方法を実践する。この積み重ねが勝負でモノをいう。

ぜひあなたも本書を読んで、勝負の勘所をつかんでほしい。

Point

千日の稽古を鍛といい、万日の稽古を錬という。勝つために鍛錬を怠るな

Book 50

『武士道』

日本人の深層意識に今も根づいている「武士道」

矢内原忠雄[訳] 岩波文庫

新渡戸稲造

1862年－1933年。日本の教育者・思想家。農業経済学・農学の研究も行い、札幌農学校在学中に出会ったキリスト教から多大な影響を受ける。米国に留学し、米国のキリスト教に対応する日本の精神文化は「武士道」であると主張。著書『武士道』は流麗な英文で書かれ、長年読まれている。国際連盟事務次長を務めたほか、日本銀行券の五千円券の肖像としても知られる。東京女子大学初代学長。

本書は1899年、新渡戸稲造が書き上げて英語で刊行された世界的ベストセラーだ。セオドア・ルーズヴェルト大統領も本書を読んで感銘を受け、友人に配ったという。

日本人は無意識に武士道的な行動をとっている。サッカーの海外試合で、日本人サポーターは試合後に自主的に会場を清掃したりする。「ゴミを残して帰るのは恥ずかしいこと」という日本人にとって当たり前の行動だが、これを海外メディアは驚いて報道する。これも元をたどれば武士道精神に行き着く。

しかし「では、武士道について教えてください」と尋ねられても、多くの日本人は答えられないだろう。その武士道精神を体系的・総括的にまとめたのが本書なのだ。

新渡戸が本書を書いたきっかけは、ベルギーの法学の大家・ラブレーからこんな質問を受けたことだ。「日本の学校には宗教教育がないのですか。では日本人は、どうやって道徳教育を授けるのですか？」

そういえば学校で道徳教育を受けたことがない……と新渡戸は答えに詰まった。その後、「少年時代に教えられた武士道が、自分たちの道徳心を育んできた」と気がつき、本書を書き上げた。

新渡戸は1862年、岩手県生まれ。西洋に憧れ英語の才もあった。米国に渡りジョンズ・ホプキンス大学、ドイツ留学で農業を学んだ。国際連盟の初代事務次長にも就任し、5000円札の肖像にもなった。

本書にはさまざまな翻訳版がある。おすすめは東京大学総長を務めた矢内原忠雄氏が翻訳した『武士道』（岩波文庫）。文語体の格調高い訳文を楽しめる。早速、本書のポイントを紹介しよう。

武士道の価値観は「義、勇、仁、礼、そして名誉」

新渡戸は「武士道が自覚されたのは12世紀末に源頼朝が天下を制覇した頃。封建時代の成立と同じタイミング」とし、それから数百年間をかけて進化した武士道の価値観には、次の5要素があるという。

❶**義**：義は武士道では価値観の中心だ。損得勘定抜きに「**何が正しく、何が悪いか**」で判断し、悪いことは絶対許さない。道理に従って考え、ためらわず決断する。忠臣蔵の赤穂浪士たちは命を顧みず、主君・浅野内匠頭《たくみのかみ》の仇・吉良上野介《こうずけのすけ》を討った。後に彼らが「四十七人の義士」として賞賛されたのも、武士道では「義」が最上の価値だったからだ。

❷**勇**：勇とは、義のために行動することだ。不正を正すのが勇だ。勇猛果敢に危険へと飛び込むのは勇ではない。それは「犬死」と蔑まれた。ポイントは「**義＝正しいもの」のために行われるかどうか**。水戸光圀《みつくに》公はこう言った。「戦場での討ち死は誰でもできる。生きるべき時には生き、（義のために）死ぬべき時だけに死ぬことこそが、真の勇気だ」

❸**仁**：**慈悲の心**のこと。**天下を治める者が必ず持つべき徳**だ。米沢藩藩主・上杉鷹山は「**国家人民のための君主であり、君主のための国家人民ではない**」と宣言し、財政破綻した米沢藩を立て直した。

❹**礼**：礼はうわべの作法ではない。**他を思いやる心が外に出たもの**だ。ただ日本人が礼のつもりで行動したことでも、外国人に伝わらないことはよくある。これがわかれば礼もわかる。以下は本書が紹介する例だ。

【つまらないモノですが……】米国人は「これはいい品物です」と贈り物をする。日本人は「つまらないモノですが……」と贈り物をする。これは米国人からすると「つまらないモノはもらっても困る……」となる。米国人の真意は「これはいい品物です。悪い品物だと、あなたへの侮辱ですから」。モノが中心だ。日本人の真意は「どんないい品物も、立派なあなたには相応しくない。あなたに相応しいと言えば、あなたへの侮辱です」。相手が中心だ。相手を尊重する点で両者は同じなのだ。日本人にとって礼とは、相手と感情を一体化し、相手の気持ちを思いやる心なのである。

【悲しいときに笑う】新渡戸は「日本人の友人を最も悲しい時に訪問すると、彼は泣き腫らした顔に笑顔を浮かべ迎えるだろう」と述べている。現代でも災害で甚大な被害を受けた日本人が穏やかに笑うニュースをよく見かける。同じことは海外の災害地では見かけない。新渡戸は「苦しい時の日本人の笑顔は、心のバランスを回復しようという努力を隠す幕」と述べている。こんな日本人を見て「日本人は鈍感か？」と思う外国人もいるが実は逆で、心が敏感で激しやすく感じやすいので、常に自制する必要があるからだ。

❺名誉：名誉の大切さを叩き込まれた武士は「笑われるぞ」「恥ずかしくないのか」と言われて育った。武士にとって恥ずかしめられるのは最大の恐怖。**名誉と恥を怖れる心は表裏一体**。だからサッカー会場でもゴミを片づける。しかしこれが過ぎると「恥をかかされる」とキレる。この歯止めのために武士は**堪忍と忍耐**の感覚を培った。新渡戸は西郷隆盛の「人を相手にせずに常に天を相手にするよう心がけよう。天を相手にして自分の誠意を尽し、人を咎めずに自分の真心が足りないことを反省しよう」という言葉を紹介している。名誉獲得を追求し続けた武士は、「名誉を得るためには命は安いもの」と考え、生命より大事なことが起これば一命を棄てることもいとわなかった。その命の犠牲を払っても惜しくないものが、**忠義**である。

義理と人情が衝突すると「忠義」を選んだ武士

新渡戸は「忠誠が何より重要だったのは世界の中で武士道の掟のみ」と述べた上で、こんな例を挙げる。平安時代、京の都から追放された朝廷の重臣・菅原道真《すがわらのみちざね》に関する話だ。

道真の敵は、道真の若君を探していた。かつての道真の家臣・武部源蔵の寺子屋に匿われていると探り出し、源蔵に「若君の首を引き渡せ」と厳命。源蔵が困っていると、若君に似た子どもが母親同伴で寺子屋に入門してきた。しかも母子は息子が若君と似ていることを知っており、その息子は命を捧げる決意をしていた。引き渡し当日。検視の役人・松王丸が首の受け取りにやってきた。源蔵が心配していると、松王丸は静かに首を眺め、事務的に「間違いなし」。源蔵はひと安心した。

検視役の松王丸は道真の恩を受けていたが、やむを得ない事情で道真の敵に仕えていた。若君の首を渡すのは、道真への不忠。若君の首を渡さないのも、今の主君への不忠。そこで一計を案じた。寺子屋に来たあの母は松王丸の妻だった。松王丸は帰宅し、妻に呼びかけた。**「喜べ。倅《せがれ》はお役に立ったぞ」**「惨《むご》い！　両親が相談して、罪もない我が子を犠牲にするなんて……」と思うかもしれない。しかし息子は承知の上で、自ら進んで犠牲になったのだ。新渡戸は本書で次のように分析している。

西洋の個人主義では「父と子、夫と妻は、利害は別々。相互に負う義務は少ない」と考える。

武士道では「一族と家族の一人ひとりの利害は一体」と考え、**義務と人情が衝突するとためらわず忠義（義務）を選ぶ**。明治期の日本人なら松王丸に共感しただろう。現代の私たちがこの話を惨いと感じるのは、現代の日本に個人主義が浸透した結果かもしれない。

しかし武士は主君の奴隷ではない。良心を失った主君に自分の良心を犠牲にして仕える者を、武士道は

「佞臣《ねいしん》」「寵臣《ちょうしん》」と呼び低く評価した。主人と自分の意見が違う場合、取るべき忠義の道は主君の非を正すことだった。この武士道があれば、昨今の日本企業の不祥事は減るのだろう。

切腹は自殺か？

切腹は武士にとって名誉に関わる複雑な問題を死で解決する方法だ。洋の東西を問わず「腹部には魂と愛情が宿る」と考えられてきた。切腹は自分の腹を曝け出し、潔白を証明する手段だ。新渡戸は「**私はわが霊魂の宿るところを開き、あなたにその状態をご覧に入れる。汚れているか潔白か、あなた自身の目でお確めください**」と表現している。その上で新渡戸は、「ソクラテスの死は自殺か?」と問うている。

Book I『ソクラテスの弁明』で紹介したように、死刑判決を受けたソクラテスは通常の処刑のような国家の強制はなかったのに、自ら毒杯をあおった。自殺が単に「自分で死ぬこと」ならば切腹もソクラテスの死も自殺だが、自殺を嫌悪した弟子のプラトンは師を自殺者と呼ばなかった。名誉を重んじる点で武士の切腹もソクラテスの死も同じ。冷静な心と沈着な振る舞いを極めた者でなければ、これらは実行できない。

さて、大衆の娯楽や芝居、寄席、浄瑠璃、小説などの主な題材は武士の物語だった。大衆は忠臣蔵や武蔵坊弁慶などの話に夢中となり、武士の生き様に心を燃やした。こうして人口の1割を占める武士の価値観だった武士道は大衆へと広がり、武士道は宗教と同じレベルで日本人の道徳となったのだ。

新渡戸は桜とバラのたとえで、日本人と欧州人の国民性を比較している。桜は野生の花だ。香りは淡くさぎよく散る。バラは派手な色で甘美さの下にトゲを隠し、執拗に生命にしがみつき、枝の上で朽ちる。

新渡戸は両者の比較で、死を怖れない武士道の精神を示したのだ。一方で武士道の短所も指摘している。

❶**哲学的思考の弱さ**：武士道教育は、剣術・馬術・書道などの行動を重視し、形而上学的な思考訓練をおろ

そかにした。現代の日本でも、科学的研究分野で世界的研究者が出ているが、哲学分野では出ていない

❷**感情に過ぎ、激しやすい**：これは名誉を重んじるためである

❸**尊大なプライド**：これも病的に名誉を重んじてきた結果である

❷と❸は現代の私たちも戒めるべきだ。かつて日本はこれで破綻した。

1932年、満州を支配する日本に対して米国を中心に各国が経済封鎖。日本は追い詰められ、米国との戦争を検討し始めた。この状況を作家・猪瀬直樹氏は著書『昭和16年夏の敗戦』（中公文庫）で描いた。若手精鋭のシミュレーション結果は「緒戦優勢、しかし物量戦で日本は徐々に劣勢になり、やがてソ連が参戦。日本は3～4年で負ける」。しかし日本はBook 61『昭和史 1926-1945』で紹介するように国民感情に火がつき無謀な戦争を始めた。結果はほぼシミュレーション通り。感情と名誉に論理が負けたのだ。

新渡戸自身も1932年にオフレコで軍国主義を批判する発言が新聞に取り上げられ炎上した。翌年、日本は国際連盟脱退を表明。その年、新渡戸は逝去。失意の晩年だった。そして新渡戸は本書でこう述べる。

「武士道は一の独立せる倫理の掟《おきて》としては消ゆるかも知れない、しかしその力は地上より滅びないであろう。（中略）その象徴《シンボル》とする花のごとく、四方の風に散りたる後もなおその香気をもって人生を豊富にし、人類を祝福するであろう」

武士道はまだ日本人の深層意識に根づいている。ぜひ本書からその光と影の両面を学んでほしい。

Point

『武士道』は私たちが気づかない日本人の内面を教えてくれる

Book 51

『論語と算盤』

ドラッカーが賞賛した「世界初のマネジメント実践者」

『現代語訳 論語と算盤』守屋淳［訳］ちくま新書

渋沢栄一

1840年－1931年。日本の実業家。江戸時代末期に農民から武士（一橋家）に取り立てられ、のちに主君・徳川慶喜の将軍就任にともない幕臣となり、明治政府では官僚も務めた。第一国立銀行（現・みずほ銀行）や東京商法会議所（現・東京商工会議所）、東京証券取引所といった多種多様な企業や経済団体の設立・経営に関わり、そのうち企業は470社におよび、「日本資本主義の父」と称される。

経営学者ピーター・ドラッカーは著書『マネジメント 課題、責任、実践』（ダイヤモンド社）で、こう述べている。「プロフェッショナルとしてのマネジメントの必要性を世界で最初に理解したのが渋沢だった。明治期の日本の経済的な躍進は、渋沢の経営思想と行動力によるところが大きかった」

幕末に生まれ、日本郵船、東京電力、東京ガス、JRなど470社を設立した渋沢栄一は、**「日本資本主義の父」**と称された。当時の日本は世界の弱小国。そんな日本が発展した原動力は民間企業の成長だ。本書はその中心にいた栄一のさまざまな講演の口述をまとめた一冊だ。本書は漢文調で書かれているため、さまざまな現代語訳がある。ここでは『現代語訳 論語と算盤』（守屋淳［訳］ちくま新書）を紹介したい。

資本主義の矛盾が露呈して行き詰まる現代に、栄一の言葉はヒントを与えてくれる。訳者の守屋氏は、冒頭でこう述べている。「**彼は今から百年以上前に、『資本主義』や『実業』が内包していた問題点を見抜き、その中和剤をシステムのなかに織り込もうとした**」。早速、本書のハイライトを見ていこう。

栄一曰く、**論語は武士道、算盤は商人感覚だ。**両者は江戸時代までまったく別モノだった。武士は「お金儲けは卑しい」と蔑み、商人は時代劇で悪代官に「お主も悪よのぅ」と言われてほくそ笑む越後屋のように金儲け第一で道徳は軽視した。江戸時代の儒教教育は武士だけで、農民や商人は対象外だったのだ。

栄一は幼い頃から論語を学び、商人と武士の論理を理解した上で、こう考えた。「武士道の道徳（論語）も商人の才覚（算盤）も素晴らしいが、それぞれ欠点もあり相矛盾する点もある。日本を発展させるにはお互いのよい点を学びあい、組み合わせる必要がある。**和魂洋才ならぬ士魂商才**だ」

『論語』からマネジメントの本質を学んだ家康

論語は古い学問と思われがちだが、そんなことはない。栄一は徳川幕府が15代続いたのは家康が論語を学んだからだ、と述べている。家康は儒教学者を採用し、学問を現実に応用する努力をしたのだ。栄一は、家康が残した「神君遺訓《しんくんいくん》」も論語とよく符合すると指摘し、「人の一生は重荷を負うて遠き道を行くがごとし」「堪忍は無事長久の基、怒りは敵と思え」といった遺訓を挙げている。

組織を治めるには、こうして極端に走らずに中庸を失わず、常に穏やかな志を持つことが必要だ。

家康は論語からマネジメントの本質を学び、15代続く幕府の礎を築いた。栄一はこのように述べている。

「欧米の新しい学説も、既に東洋で数千年前にいっていることを上手く替えただけのものが多い」

論語に基づきビジネスの学びをまとめた本書には、栄一の哲学が詰まっている。ひとつ紹介しよう。

【己を知る】栄一は「進むべきときは進むが、止まったほうがいいときは止まり、退いたほうがいいときは退く」という孔子の言葉を、「**蟹は、甲羅に似せて穴を掘る**」と言い換えて戒める。蟹には甲羅より大きい穴は不要だ。栄一も61歳のときに大蔵大臣就任を打診されたが「実業界で穴を掘っている。今さら穴を這い出せない」と固辞した。「この道でやる」と決めたら脇目もふらず道をまっすぐ進むべきだ。焦点を

渋沢栄一の合本主義

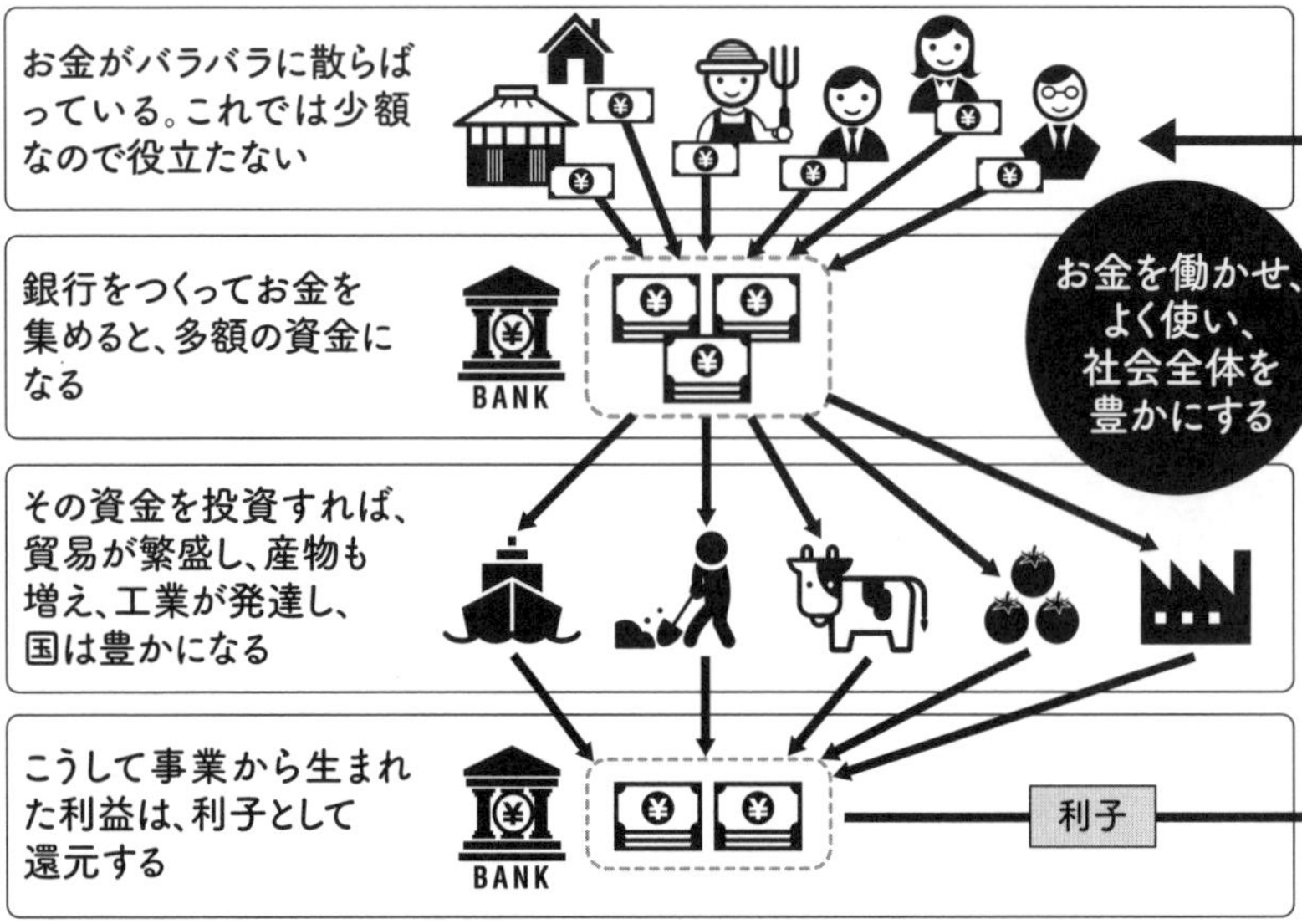
お金がバラバラに散らばっている。これでは少額なので役立たない
銀行をつくってお金を集めると、多額の資金になる
BANK
お金を働かせ、よく使い、社会全体を豊かにする
その資金を投資すれば、貿易が繁盛し、産物も増え、工業が発達し、国は豊かになる
こうして事業から生まれた利益は、利子として還元する
BANK
利子

絞らないとできることもできない。経営学者マイケル・ポーター流に言えば「**やらないことを決めるのが戦略**」だ。一方、ときには新たな挑戦も大事だ。身の丈を忘れず、常に挑戦し続けるバランス感覚が大事である。

守屋氏はあとがきで三菱財閥創始者・岩崎弥太郎と栄一のやり取りを紹介している。岩崎は栄一に「2人で事業を経営すれば日本の実業界は思い通りだ」と提案したが、栄一には「富を独占しよう」という話に聞こえた。「国を富ましたい」と願う栄一にとって、富は分散させるべきもの。もの別れに終わった。

資本主義は「資本の力で富を独占する」となりがちだ。栄一は**合本主義**で国を富ませ人々を幸せにしたいと考えた。合本主義は資本主義と違う。分散したお金は本来の力を出せない。お金を集めて、さまざまな事業への投資で国を豊かにし、利益を還元すれば人々も豊かになる。こうしてお金を働かせ、社会を豊かにするのが合本主義だ。この仕組みには近代的な民間銀行が必要なので、栄一は第一国立銀行

（現みずほ銀行）を設立。右ページ図は第一国立銀行の理念を参考に、この思想を描いたものだ。

栄一は論語の弊害も指摘している。幕府で教育を担当した儒教学者は、論語の「人民は政策に従わせればよく、理由を知らせる必要はない」に従って民衆教育を放置した結果、民衆は「上の命令を聞き、仕事をサボらなければOK」というじけた根性が染みついた。上司の顔色ばかり伺う会社員には、耳が痛い。

栄一は「欧米では倫理の学問が盛んだが、出発点は宗教」と指摘し、こう述べている。**「日本の商業に携わる者すべてに、『信用こそすべてのもと。わずか一つの信用も、その力はすべてに匹敵する』ということを理解させ、経済界の基盤を固めていくことこそ、もっとも急いで取り組まなければならない事柄なのだ」**

社会の豊かさを重視する栄一の思想は、現代にも引き継がれている。京セラや第二電電（KDDI）を創業した稲盛和夫氏は「利他の心」を説いた。多くの創業者は株式上場で持ち株を売って巨万の富を手にするが、稲盛氏は京セラの株式上場で「これは悪魔のささやきではないか」と考え、持ち株を一切売らず、後にこう語った。「半導体が勃興していくには、ある人間が必要だった。たまたまそれが『稲盛和夫』だっただけ。ほかの存在が『稲盛和夫』と同じ才能を持っていれば、その人が代行していてもよかったはずだ」

稲盛哲学は仏教の「空」の思想に基づいたものだが、栄一の思想と相通じるものを感じる。

欧米流資本主義が暴走した結果、格差が広がり、地球環境は危機に瀕している。資本主義に代わる思想が必要な現代こそ、「社会全体が豊かになること」を目指す渋沢栄一の合本主義は注目されるべきだろう。

Point

100年前に提唱された「合本主義」は、ポスト資本主義を考える上で役立つ

Book

52

『日本的霊性』

鎌倉時代に覚醒した日本人の宗教意識を、現代人は自覚していない

『日本的霊性 完全版』角川ソフィア文庫

鈴木大拙

1870年－1966年。日本の仏教学者、文学博士。英語教師となるが、上京して東京専門学校（早稲田大学）、東京帝国大学に学ぶ。この頃から本格的に坐禅に取り組み始める。1897年に渡米し、12年間を過ごす。帰国後、学習院教授、大谷大学教授などを歴任。日本と欧米を行き来しつつ、仏教の研究と普及に精力を注いだ。禅についての著作を英語で著し、約100冊のうち23冊が英文で書かれた。

太平洋戦争末期の日本は軍国主義一色。国を挙げて「日本精神で断固勝ち抜く」と戦っていた。

本書はそんな昭和19年（1944年）初夏の刊行。著者の鈴木大拙《だいせつ》はこう考えた。「この戦争は負ける。日本精神という理念だけで突っ走った結果だ。日本人の世界観は深さも広さもなかった」

そしてこう提唱した。「日本人は『日本精神』といった表層的な理想ではなく、私たちの心の拠り所になっている**無意識レベルの宗教意識**（＝日本的霊性）を見極めて、覚醒すべきである」

大拙は本書で、私たち日本人の無意識レベルにある宗教意識を示そうとしたのだ。1870年生まれの大拙は、数多くの著書を英語で刊行し、世界に禅を知らしめた、世界的に著名な仏教学者である。

多くの日本人は普段自覚していないが、無意識レベルで強い宗教意識をもつ。葬式で手を合わせて拝むのも日本人の宗教意識によるもの。本書は日本人の無意識レベルにある宗教意識を明らかにしてくれる。

武士と農民の生活に根を下ろした宗教

大拙は「日本人に宗教意識が広がったのは鎌倉時代だ」と述べている。それまでの日本人には「自然に神

が宿る」というアニミズム（精霊崇拝）はあったが、深い宗教意識は持っていなかった。

　飛鳥時代に仏教が大陸から伝わったが、奈良・平安時代に至っても仏教は貴族だけのもので民衆には広がらなかった。民族の深い宗教意識は民族がある程度の文化レベルに達し、民衆の生活に根を下ろさない限り根づかない。鎌倉時代以前の文化はそのレベルに達していなかった。たとえば奈良時代末期に編まれた『万葉集』は豊かな感情や情緒がストレートに表現されているが、大拙は「悲しみや苦しみを深く掘り下げて考える表現がない」という。平安時代の源氏物語も繊細かつ女性的な作品として世界的に評価されているが、大拙はこれも「思想面では学ぶべきものはない」としてこう述べている。**『源氏物語』のような文学的作品は世界にないというが、こんなもので日本精神が、それが何であるにしても、代表されては情けない」**

　これが変わったのが鎌倉時代だ。武士が台頭し鎌倉仏教も生まれて、仏教が一気に民衆に降りてきた。

　大拙は特に大きな変化として、次の2つを挙げる。

【禅思想】日々死に直面する武士に、生きる心構えを目覚めさせた
【浄土思想】農民に「ひたすら念仏を唱えれば極楽浄土に行ける」というBook 47『歎異抄』で紹介した浄土思想が広がっていった

　こうして武士の生活に禅宗が、農民を中心とする民衆の生活に浄土思想が、それぞれ根を下ろした。

　大拙はこれを**日本的霊性的自覚**と呼ぶ。しかし、仏教思想が日本的霊性を生んだわけではない。

　大拙はこう述べている。「**始めに日本民族の中に日本的霊性が存在して居て、その霊性がたまたま仏教的なものに逢著して、自分のうちから、その本来具有底を顕現したということに考えたいのである**」

　日本人はもともと日本的霊性を持っていたが、それは無意識に押し込まれて冬眠状態だった。禅思想と浄土思想によって、日本的霊性が覚醒した、というのだ。では日本的霊性とはどのようなものなのか。

無分別智で、全体を捉える

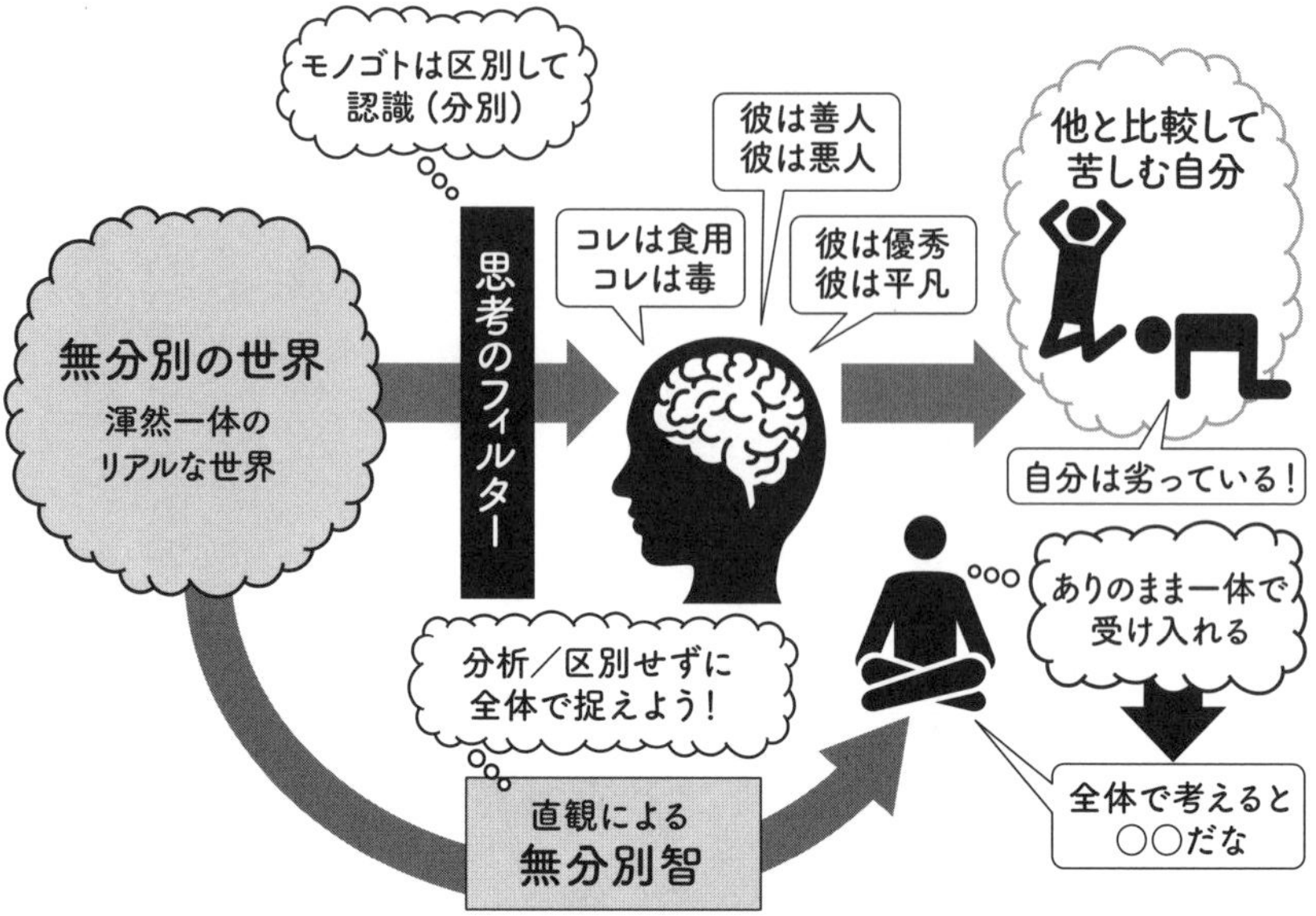
モノゴトは区別して
認識（分別）
思考のフィルター
彼は善人
彼は悪人
コレは食用
コレは毒
彼は優秀
彼は平凡
他と比較して
苦しむ自分
無分別の世界
渾然一体の
リアルな世界
自分は劣っている！
ありのまま一体で
受け入れる
分析／区別せずに
全体で捉えよう！
直観による
無分別智
全体で考えると
○○だな

「無分別智」で世界を捉える

人が苦しむのは、比較するからだ。たとえば「アイツは成功しているのに、自分はダメだなぁ」。こうして比較するのは、私たちが「思考のフィルター」を通してモノゴトを区別して認識するからだ。

リアルな世界は、社会も自然も万物が渾然一体となっている。渾然一体の世界を、人間は思考のフィルターを通して「山と川」「食用と毒」「善人と悪人」「彼は優秀、彼は平凡」と分類・区別して認識する。

人間が生きる上で、思考のフィルターは必須能力だ。「これは食べられるか、毒か」と区別・認識しないと、食事すらできない。一方でモノゴトを区別し、そこに感情が入り込むと、心が苦しくなりモノゴトの本質が見えなくなる。

世界を渾然一体のまま区別せず受け入れると、モノゴトの本質が見えてくる。ここで重要なのが**無分別**という概念。世間では無分別は「思慮がない」と否定的な意味で使われるが、仏教では違う意味になる。

『岩波仏教辞典』では「無分別」を「主体と客体を区別し対象を言葉や概念によって分析的に把握しようとしないこと。この無分別による智慧を『無分別智』あるいは『根本智』と呼ぶ」と説明している。

渾然一体のリアルな世界は、**無分別の世界**だ。この無分別の世界を思考のフィルターを介さず、直観的に把握するのが**無分別智**だ。たとえば「無我夢中」の状態。面白い小説に無我夢中で没頭して気がついたら読み終えていたとか、家が火事になったとき、あとで気がついたら普段は持ち上げられない重い荷物を無我夢中で担ぎ出していた、というとき、人は思考のフィルターを介さずに直観的に考えている。

だが、普段の状態ではこれは難しい。わずかでも思考のフィルターを介すると分別の世界に戻る。そこで禅思想と浄土思想では、無分別智により全体をひとつとして捉えようとする。

【禅思想】思考や分析はせず、直観的に世の中を捉えようとする。Book 46『正法眼蔵』で紹介したように、道元は「自己をわするる」ことでモノゴトの道理が見えてきて、真理と一体となり一如を行ずることができると考えて「**身心脱落せよ**」と言った。

【浄土思想】浄土思想では善人と悪人を分けない。Book 47『歎異抄』で紹介したように法然と親鸞は「自分も含めてみな悪人。悪人だからこそ阿弥陀様はすべて救ってくださる」と考えた。これも無分別智だ。だから浄土思想では、阿弥陀仏に感謝しない。感謝する時点で「阿弥陀仏vs.自分」と分かれる。浄土思想は「阿弥陀仏に祈るのも阿弥陀仏の働き」と考える。阿弥陀仏に祈る時点で、阿弥陀仏と一体化している。

親鸞も在家生活を送り、無名の一百姓として他の百姓とともに静かに念仏生活を生きた。晩年の親鸞は「人為を加えなくても、一切の存在は自ずから真理にかなっている」という**自然法爾**《じねんほうに》の思想に即し、あるがままに仏の大悲に身を任せた。親鸞が達した境地は、まさに無分別の分別だ。

大拙は、そんな浄土思想を体現する日本人として、**妙好人**《みょうこうにん》を紹介している。

理想の宗教的境地「妙好人」

日本の職人のイメージは「一心不乱に仕事に励み、仕事と一体となって手を抜かない。『俺が俺が』という自己顕示欲はなく、日々を生きている」といった感じだろう。妙好人とは、この職人の姿だ。

妙好人とは浄土系信者で、特に信仰に厚く徳行に富んでいる人のこと。無名で学問のない人でありながら、信心の境地ではすぐれて高い境地に達している、まさに市井に生きる人である。本書で大拙は妙好人として、島根県大田市にいた浅原才市(1850~1932年)を紹介している。

舟大工をしていた才市は熱心な浄土真宗の信仰者だ。50歳で履物屋に転職して下駄づくりをしていた。仕事の合間に、ふと心に浮かぶ感想を書きつけていた歌は膨大な数に上る。法悦三昧、念仏三昧の中で仕事をしていたが、仕事を怠ることは絶対になかったという。才市の歌をいくつか紹介しよう。

歓喜の御縁にあふときは、
ときも、ところも、ゆわず《言は》において、
わしも歓喜で、あなたもくわんぎ、
これがたのしみ、なむあみだぶつ。

時も場所も関係なく、常に歓喜に包まれ楽しみながら阿弥陀仏とともに生きている様子が伝わってくる。

わしが阿弥陀になるぢやない、
阿弥陀の方からわしになる。

なむあみだぶつ。

この歌では阿弥陀仏と才市が一体化し、「才市＝南無阿弥陀仏」になっている。大拙はこう書いている。

「才市が下駄を削って居るのではなくして、南無阿弥陀仏が下駄を削って居るのである」

才市の境地が、日本人の宗教意識の最高境地だ。日本人には、このような宗教意識が脈々と流れている。

大拙は1949年刊行の新版の序でこう述べている。「その頃は軍閥の圧力でむやみに押えつけられて居たので、これではならぬ、日本の将来はそのようなものであってはならぬと考えた。（中略）日本的霊性なるものを見つけて、それで世界における日本の真の姿を映し出すことの必要を痛感した」

戦争末期の日本は「大和魂・日本的精神」という理念にこだわって戦争に邁進し、日本的霊性が自覚されない状況だった。大拙は危機感を感じ、戦後に生きる日本人に向けてメッセージを書いたのだ。

本書刊行から80年近く経ったが、いまだ日本人は日本的霊性を自覚していると言い難い。最近は新興宗教による霊感商法問題で「宗教はいかがわしい」とむしろ敬遠している。その一方で、現代の日本人も大拙が本書で描いた日本的霊性を無意識に持っている。たとえば妙好人の姿は、現場で無心にものづくりに取り組む日本の技術者が体現している。私たちが日本的霊性についてより深く考え、日本人の精神構造について思考を深めることが、漠然とした「日本精神」という理念で戦争に邁進した戦前の愚の再来を防ぐことにもつながるはずだ。自分たちの価値観を再発見するためにも、ぜひ本書を一読してほしい。

Point

今、必要なのは「日本的霊性」を認識し「日本人とは何か」を自覚すること

西洋哲学
政治・経済・社会学
東洋思想
歴史・アート・文学
サイエンス
数学・エンジニアリング

Book

53 『日本の思想』

なぜ日本は、過去から学ばないのか?

岩波新書

丸山眞男

1914年-1996年。日本の政治学者、思想史家。東京大学名誉教授、日本学士院会員。専攻は日本政治思想史。戦時中、近世儒学を研究し、荻生徂徠の思想に近代意識の芽を見出す。論文『超国家主義の論理と心理』では、日本型ファシズムと天皇制国家の無責任体系を指摘。戦後民主主義思想を主導する一方で、平和に向けて積極的に行動した。著書に『日本政治思想史研究』『現代政治の思想と行動』など。

頑固に主張していたことを、コロッと180度変える人がときどきいる。日本人はこんな人に似ている。

幕末に「尊皇攘夷」を叫び、開国すると挙国一致で夷狄《いてき》と呼んでいた欧米から学ぶ。太平洋戦争では「鬼畜米英」と戦い、敗戦すると米国流民主主義に大転換して経済成長に邁進。日本は大変革期に直面すると、よく言えば柔軟、悪く言えば無節操に考え方を180度転換する。本書にはその理由が書かれている。本書はこんな一節で始まる。「外国人の日本研究者から、日本の『インテレクチュアル・ヒストリィ』を通観した書物はないかとよくきかれるが、そのたびに私ははなはだ困惑の思いをさせられる」

この問いへの答えが、日本が柔軟に考えを変えられる理由である。カギは、**日本の思想構造**だ。

著者の丸山眞男《まさお》は1914年生まれの政治学者・思想史家だ。日本思想の根本的構造を明らかにした本書は丸山が1957~59年に発表した論文や講演録をまとめた一冊で、日本の思想界に大きな影響を与えた。私たち日本人が持つ独特の思考パターンとその活かし方が学べるのだ。早速、本書のポイントを見ていこう。欧米にはギリシャ哲学とキリスト教を源流とする思想が脈々と流れ、現代思想につながっている。しかし日本には歴史を通して受け継がれてきた、一貫性を持つ思想が存在しない。日本は海外の思想を都度取り入れてつくり変え、独自の思想を生み出してきた。道元の禅思想、法然・親鸞の絶対他力の浄土思想はその例だ。ただ、個々の独自思想はあるが、中核となる大きな思想の流れはない。

丸山はこう述べている。「一言でいうと実もふたもないことになってしまうが、（中略）自己を歴史的に位置づけるような中核あるいは座標軸に当る思想的伝統はわが国には形成されなかった、ということだ」

日本は最新の海外思想を貪欲に取り込み消化し、まるで以前から熟知する思想のように器用に使いこなして、不要になった思想は次々と物置に入れる。そして必要に応じて物置から古い思想を取り出し、再利用する。そして中核思想を形成しなかった。これにはよい面と悪い面がある。まずよい面を見ていこう。

日本人の「思想的雑居性」

【明治維新】開国した日本は実に変わり身が早かった。数百年間続いた武家文化をあっさり捨て、欧米から貪欲に学び、天皇を頂点とする集権国家を急速に整備した。たとえば渋沢栄一は幕臣としてパリ万博を視察し、欧米の先進文化に驚嘆。パリ滞在中、他の幕臣とともに武士の魂であるちょんまげを切り、西洋風短髪＋スーツ姿に変わった。この変わり身の早さのおかげで、新しい統一国家が猛スピードで形成された。

【戦後の民主主義】１９４５年、日本は太平洋戦争で敗戦。ＧＨＱ（連合国軍最高司令官総司令部）が東京に置かれ、米国流の民主主義思想が広まった。すると今度は、欧米社会が何百年もかけて議論してつくり上げた民主主義を、戦後数年で「もうそんなのはわかっているよ」という雰囲気で取り入れた。

日本は中核思想がないので、思想へのこだわりも少ない。だから大変革期に直面しても、まったく異質な思想に対する抵抗が驚くほど少ない。新しい考え方がスムーズに受け入れられて消化され、浸透するのだ。

新しい思想でも、まるで自分たちが以前から知っている思想であるかのように器用に使いこなす。渋沢栄一は📖Book51『論語と算盤』で「欧米各国から新しい学説が入ってくる。しかし（中略）すでに東洋で数千年前にいっていることと同一のものを、ただ言葉のいい回しを上手に替えているにすぎないと思われるものも多い」と述べている。斬新な思想でも物置の膨大なストックから似たモノを探し出し、比較した上で理解してスムーズに自分の中に取り込むのだ。

しかし、こう言う人もいるかもしれない。「でも日本には、神道という伝統的な思想があるよね」

実はこの神道のおかげで、海外思想を柔軟に受け入れられるのだ。たとえば平安時代に仏教が広がると、**神仏習合**《しんぶつしゅうごう》という神道と仏教の融合現象が起こり、「伊勢神宮の天照大神は、仏教の大日如来《だいにちにょらい》が日本列島に現れたものだ」という解釈が広まった。

丸山は、神道は他の宗教とは異なって絶対者や開祖が存在しない、と指摘した上でこう述べている。

『神道』はいわば縦にのっぺらぼうにのびた布筒のように、その時代時代に有力な宗教と『習合』してその教義内容を埋めて来た。この神道の『無限抱擁』性と**思想的雑居性**が、さきにのべた日本の思想的『伝統』を集約的に表現していることはいうまでもなかろう」

思想的雑居性とは多くの思想が雑居する状態だ。私たちがお盆に先祖供養をし、キリスト生誕のクリスマスを祝い、初詣で神社に行くのもこのおかげだ。海外から見ると実に奇妙だが、日本人には違和感がない。

思想の本質が問われると破綻する

悪い面もある。思想的雑居性とは、思想が無節操で首尾一貫していないことだ。新しい思想は器用に取り入れても、思想の本質的理解が甘い。本質が問われる究極の状況になると、最悪破綻してしまう。

かつて「日本の原発は世界一安全」と言われたが、東日本大震災では福島第一原発が大事故を起こした。「原発を守るとはどういうことか」という基本設計思想の詰めが甘いまま、「津波で全電源喪失の可能性あり」という報告が出ても経営陣は放置。本質が問われる大地震という事態を迎えた途端、大混乱した。

丸山は本書で戦前の「**国体思想**」を取り上げ、この構造を分析している。

明治政府は発足時、「全国民が共有できる思想はないか?」と考えた。海外から次々入ってくる膨大な思想をそのまま受け入れると、国民の思想は統一できない。そこで全国民が共有できる天皇に注目。天皇が統治する中央集権国家の建設を目指した。その基本が国体思想だ。国体とは「**日本は万世一系の天皇が統治する国家**」という考え方だ。この国体思想が発展して「**世界を一つの家のように統一して支配する**」という**八《はっ》紘《こう》一《いち》宇《う》**の考え方が生まれ、海外侵略を正当化するスローガンになった。

時は移って、太平洋戦争末期。敗戦を避けられない状況で、米国を中心とする連合国のポツダム宣言を受諾するかを御前会議で議論した際、「国体は維持できるのか?」が問題になった。このとき「国体とは何か」で議論が紛糾。最後に天皇陛下のご聖断で受諾の方針が決定した。丸山はこう述べている。

「ここで驚くべきことは、(中略)彼等にとってそのように決定的な意味をもち、また事実あれほど効果的に国民統合の『原理』として作用して来た実体が究極的に何を意味するかについて、日本帝国の最高首脳部においてもついに一致した見解がえられず、『聖断』によって収拾されたということである」

しかもこの後、「天皇の意図に反してでも国体の本義を守ることが本当の忠節」という軍部反対派が戦争継続のクーデターを起こしかけた。もし成功したら終戦時期を逃し、最悪、日本滅亡の可能性もあった。

日本には徹底的に考え抜いた思想の中核がない。皮を剥き続けると、まるでタマネギのように何もない現実が露呈する。思想の中核がないから、逆に破綻後の変わり身も早い。丸山はこう続けている。

「この窮地をきりぬけると、つい昨日まで『独伊も学んで未だ足らざる』真の全体国家と喧伝されたのに、いまや忽ち五カ条の御誓文から八百万神の神集いの『伝統』まで『思い出』されて、日本の國體《こくたい》は本来、民主主義であり、八紘為宇の皇道とは本来 universal brotherhood を意味する（極東軍事裁判における鵜沢博士の説明）ものと急転した」

つまり「日本は国体思想に基づく理想的な全体主義国家だ。八紘一宇でアジア各国を日本にしよう」と盛り上がっていたが、負けた途端、物置から新たな状況に合う過去の思想を探し出して、「日本の国体思想はそもそも民主主義思想だ。八紘一宇も世界はみな兄弟という意味だった」と大転換したのだ。まさに冒頭の「コロッと主張を180度変える人」だ。中核思想がないので、破綻するとこうして辻褄をうまくあわせて新たな思想に乗り換える。そして破綻しても反省せず、失敗からも学ばない。この繰り返しだ。

「反省しない日本人」は、私もビジネスで常に実感してきたので、丸山氏の指摘は心から納得できる。ビジネスでバラ色の事業戦略をぶち上げたけれど、失敗することはよくある。問題はこの後である。

米国企業はこの後、必ずレビュー（反省会）を行って、何が悪かったか、どうすれば同じ失敗を繰り返さないかを話し合い、記録する。私もIBM社員時代に、米国人たちとよくこの手の反省会を行った。

日本企業はこの反省会をしない。人知れずチームは解散。また新たにバラ色の事業戦略を立てる。「失敗を総括しましょう」と提案しても、「犯人探しはよくない」「時間のムダ」と却下される。結果、**貴重な失敗の学びが活かされず、似た失敗を繰り返す**。一方で米国スタイルは、失敗の学びで戦略が進化する。

太平洋戦争でも、米軍は戦いのたびに学びを次の戦いに反映させ、戦略を進化させ続けた。

日本軍は失敗を共有も反省もせず、同じパターンの負け戦を繰り返して被害が拡大した。

これも日本の思考スタイルによる弊害だ。丸山は本書の「あとがき」でこう述べている。

「私は『日本の思想』でともかくも試みたことは、日本にいろいろな個別的思想の座標軸の役割を果すような思想的伝統が形成されなかったという問題と、およそ千年をへだてる昔から現代にいたるまで世界の重要な思想的産物は、ほとんど日本思想史のなかにストックとしてあるという事実とを、同じ過程としてとらえ、そこから出て来るさまざまの思想史的問題の構造連関をできるだけ明らかにしようとするにあった」

日本が失敗から学べない原因は日本の思想にあるのだが、これは過去にとらわれず新たなことに挑戦できるよい面もある。**過去を学ばないことと、過去にとらわれず大胆な挑戦ができることは、コインの裏表**だ。黒船来航から明治維新まで15年かかった。日本は変わるまで時間がかかるが、変われば迅速だ。日本が低迷する今こそ、過去を捨てて斬新な挑戦をする絶好のチャンス。さらに日本人はイノベーションを起こしやすい。イノベーションの本質は、既存知と既存知の新結合だ。日本では思想の新結合を起こしやすいのだ。

さらに日本人が過去から学べるようになると、大きな力を発揮できる。仮説検証思考が組織に根づいているセブン－イレブンでは、バイトの高校生でも「何が売れるか?」と仮説を立てて店舗で商品を発注して、実売結果を検証できる仕組みがある。大成功したセブンカフェは1980年代から30年間かけて何回も失敗した末に生まれた商品だ。トヨタでも「失敗やミスは改善のチャンス」という文化が根づいている。セブンもトヨタも「失敗から学ぶ仕組み」をつくり上げて、世界で戦える競争力を築き上げている。

日本人の思考パターンを理解すればいろいろな打ち手が可能だ。そのためにも本書は一読の価値がある。

Point

「日本の思考」を理解して、強みを活かして弱みを克服せよ

西洋哲学
政治・経済・社会学
東洋思想
歴史・アート・文学
サイエンス
数学・エンジニアリング

Book

54 『ガンディー獄中からの手紙』

森本達雄［訳］岩波文庫

非暴力は、なぜ暴力に勝てるのか？

ガンディー

1869年－1948年。インドの宗教家、政治指導者。南アフリカで弁護士をする傍らで公民権運動に参加し、帰国後はインドの英国からの独立運動を指揮した。民衆暴動やゲリラ戦の形をとらず、「非暴力、不服従」を提唱した。その平和主義的手法はマーティン・ルーサー・キング・ジュニアなど世界の指導者や活動家に影響を与えた。計5回ノーベル平和賞の候補になったが、受賞には至っていない。

ガンディーといえば「非暴力主義」。誤解されがちだが、非暴力主義は、実に強い思想なのだ。植民地インドは、西洋社会ではあり得ない発想「非暴力主義」で大英帝国から独立したのである。世界ではその後、多くの独立運動家がガンディー思想の影響を受けた。さらにガンディー思想は21世紀の経済モデルも先取りしている。ガンディーから学べることは実に多いのだ。しかし、私たちの多くはガンディーの実像をよく知らない。もったいないことだ。そこで紹介したいのが、本書である。

ガンディーは独立運動を通じて大英帝国の理不尽な法律に対して徹底抗戦したため、投獄された。そんなガンディーが刑務所から**アーシュラム**（**修道場**）にいる弟子たちに毎週送り続けた手紙をまとめたのが、ガンディー思想が詰まった本書だ。そんなガンディーの非暴力主義を象徴するのが「塩の行進」である。

非暴力主義を象徴した「塩の行進」

塩の行進は、ガンディーが「海岸まで歩いて、塩をつくろう」と言い出して始まった。

1930年、大英帝国はインドの独立運動を弾圧していた。ガンディーはその10年前に独立運動を率いていたが、住民が警官22名を焼き殺したことに衝撃を受け「こんな暴力が起こるならインドは独立してはいけない」と独立運動から身を引いた。その後、若い独立派が登場し、再びインド国内で独立機運が高まった。一方でガンディーは「あるべき独立運動の姿は何か？」を考え抜いた。その結論が「塩」だったのだ。塩は暑いインドでは必需品。海岸ならどこでも塩は採れる。しかし、その塩に英国は税金をかけていた。「自然の贈り物に外国が税金をかけている。オカシイよね」という話は、植民地支配や侵略の歴史といった難しい話をしなくても、誰でも「そりゃそうだ」と理解できる。

3月12日、炎天下の中で78人の同志とともに「塩の行進」が始まった。各地で塩の問題を語り、行進は26日間続き、目的地で数千名の集団に。彼らは海岸の至るところにある塩の塊を拾い集めた。これは大英帝国の製塩法違反で反逆行為。警官隊が鉄の棍棒で襲撃する中、群衆は抵抗せずに塩を拾い続けた。

このガンディーの思想を「**アヒンサー**」という。ヒンディー語で「非暴力」という意味だ。

アヒンサーは古代インド起源の宗教（ヒンドゥー教、仏教、ジャイナ教）の教義だ。ガンディーはアヒンサーの思想を進化させ独立運動の基本思想にした。これは単なる暴力の否定ではない。

鉄の棍棒で殴られるのは痛いが、殴られてもこちらは一切手を出さず、塩を拾い続ける。暴力を使う警察はそんな群衆にむしろ恐怖すら感じている。暴力を使うほうが恐怖にとらわれ、精神が弱いのだ。逆に非暴力のほうは、強い意志と勇気が必要だ。そして殴る人間の心の痛みが、殴られる人間の身体的痛みを上回るとき、殴る側の人間の心の中に何かが生まれる。ガンディーは「暴力で手に入れた勝利は、勝利ではない」と考えた。弾圧された側が暴力を使うと、相手と同じ低いレベルに墜ちる。だから暴力は使わない。**本当の敵は外部ではなく、失うことを怖れる自分の内部にいる。**自分の内なる敵（怖れや怒り）に勝ち、殴る相手を赦し、愛を持って相手に接し相手を変え、相手とともに歩いて行くべきだ、と考えたのだ。

このようにアヒンサーは弱者の思想ではない。積極的で強い思想だ。ガンディーは「**アヒンサーとは愛**」と述べている。殴る相手を殴り返しても、怒りと憎しみの連鎖が生まれるだけ。いいことは何もない。

「問題は英国ではなく、近代文明の思想」と考えたガンディーは、戦いの思想を変えた。だから塩の行進に参加した数千人もの群衆は、殴られても無抵抗だった。塩の行進はアヒンサーの実践行動だったのである。

破壊や暴力は、本来の人類のやり方ではない。非暴力こそ人類に託された最大の力で、自己犠牲により人間の良心を呼び覚まし、振り上げた拳を下ろさせる積極的な行為だとガンディーは考えた。このあたりは Book 38『歴史の終わり』のフクヤマが指摘した「命を賭けて戦う」という西洋思想と比較すると面白い。

アヒンサーの思想は、米国公民権運動のキング牧師、チベット仏教指導者ダライ・ラマ14世、アパルトヘイトと闘った南アフリカのネルソン・マンデラにも影響を与えた。一方でガンディーはこう述べている。

「**アヒンサーはあくまでも手段。目的は真理です**」。では、ガンディーが考えた真理とはなにか?

現代の日本人は政治と宗教の癒着を嫌う。戦前の国家神道が政治と結びつき、軍国主義になった反省があるためだ。一方でガンディーは「**政治と宗教は不可分**」と考えた。「インドでは宗教が人々の生活をすべて包みこんでいる。政治と宗教は分けられない」と考えたためだ。

インド国民の多くはヒンドゥー教徒だが、イスラム教徒も多く、他宗教の教徒も多い。ガンディー以前にも独立運動の指導者がいたが、ヒンドゥー教とイスラム教徒の対立を乗り越えられず、失敗していた。

ガンディーは多くの宗教を徹底的に学び、気がついた。「すべての宗教は『唯一なる真理』への異なる道だ」。各宗教は一見主張が異なるが、よく調べるとどの宗教も表現の方法が違うだけで、根っ子に「**唯一なる真理**」がある。ガンディーはこう述べている。「真摯な努力を重ねていけば、一見異なる真実に見えるものが、結局

ガンディーの宗教思想

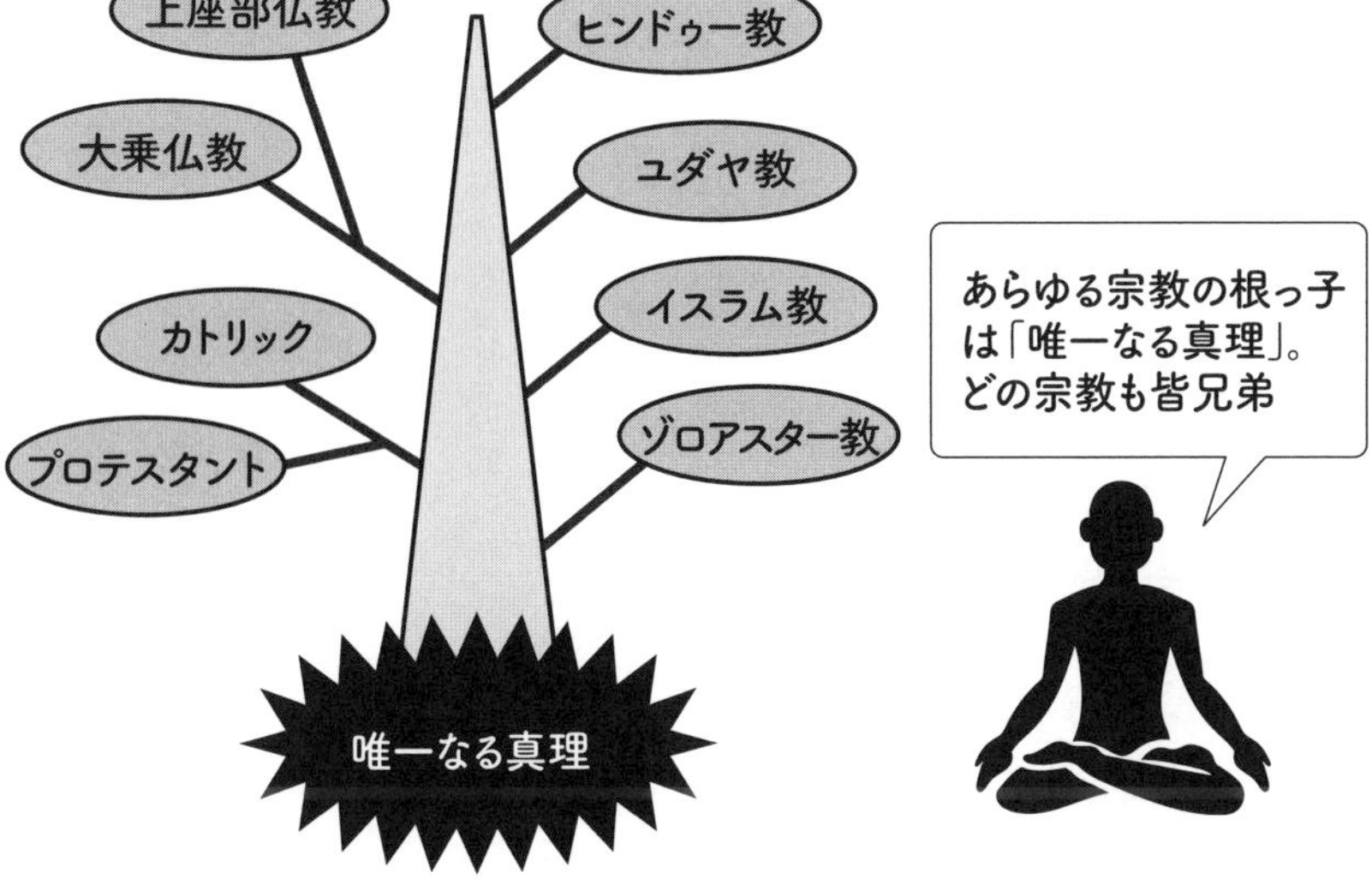

は、同じ樹に繁茂する見かけの違った無数の木の葉のようなものであることがわかるでしょう」

すべての宗教は「唯一なる真理」という根を共有する、形の異なる葉だ。根が同じ宗教の対立は不毛だし、寿命が有限の人間は神の世界を知りえない。人間がつくった宗教はどれも不完全だから、多少の過ちはお互いさま。大目に見るべきだ。どの宗教も目指すべきは「唯一なる真理」への献身なのだ。こうしてガンディーはあらゆる宗教を包む思想を確立し、独立運動へとインドをひとつにまとめたのだ。

ガンディーはなぜ質素だったのか？

ガンディーには財産がほとんどなかった。所有物は衣と草履、眼鏡と入れ歯、杖、糸車、懐中時計、携帯用便器、鉛筆と古い封筒を開いた用紙、ヒンドゥー教聖典1冊、乳を取る雌ヤギ1匹、日本人からもらった「見ざる言わざる聞かざる」の三猿の像だけ。これは不盗と無所有の思想に基づいている。

【不盗】「盗むな」という精神。ガンディーは「私たちは多かれ少なかれ盗みの罪を犯しているのです」と述べている。自分に必要な量だけを受け取るべきであり、不必要なモノは一切受け取ってはダメなのだ。しかし、多くの人は自分の本当の必要量を知らず、必要以上のものを受け取ろうとする。私も買い物で「不足したら困る」と考えてつい多めに買うし、「お金はできるだけほしい」と考えるので、耳が痛い。皆がこうして行動すると本来必要な人にモノが行き渡らない。これが「盗み」である。ガンディーはこう述べている。「この世界の悲惨な貧困は、多くのばあい、不盗の原理の不履行に起因しているのです」

【無所有】 私たちは将来を考えてモノをためようとするが、ガンディーは「神は（中略）わたしたちが必要とするすべてのものを与えてくださることを確信していなければなりません」と言う。富者が不要なモノを浪費するから、貧者数百万人が食べ物を得られず餓死する。富者が富を分け与えれば皆が満足に暮らせる。だが現実には百万長者はより豊かな者を見て億万長者を目指す。キリがない。「足るを知る」という**知足精神**を広げるべきなのだ。ガンディーは、自ら「不盗」「無所有」の精神を実践していたのである。

21世紀を先取りした「欲望の削減」

これらは経済学の常識とは真逆だ。ケインズは「政府は需給ギャップを埋めるためにお金を使え」と言い、フリードマンは「ビジネスの社会的責任は利潤増大」と言った。ガンディーは逆に「**言葉のほんとうの意味における文明は、需要と生産を増やすことではなく、慎重かつ果敢に、欲望を削減することです**」と言う。

経済学の大前提は、成長だ。しかし自然界には無限に成長するモノは存在しない。経済も同じ。成長は必ず止まる。限界は地球の許容量で決まる。だが、その地球が悲鳴を上げている。そこで21世紀の経済学者は持続可能な経済を模索している。オックスフォード大学の経済学者ケイト・ラワースは著書『ドーナツ経済学が世界を救う』（河出書房新社）で、地球環境を維持し、全人類の生活を維持できる経済モデルを提唱する。必要なのは、成長の思想から、経済を維持し全員で富を分配する思想への転換だ。「欲望の削減」を提唱するガンディーの思想は、この21世紀の経済モデルを先取りしている。

一方で同じインド出身の経済・倫理学者アルマティア・センは Book 39『正義のアイデア』で「我々はガンディー（中略）のようになる必要はない。（中略）我々の自由をどう使うかを決めるのは究極的には我々自身である」とも述べている。ガンディーの思想にも批判があることは知るべきだろう。

Book 7『精神現象学』で紹介したように、西洋思想は「否定の否定」による弁証法的進化が基本だ。ガンディーの思想は、真正面から否定せず包み込む。また宗教のあり方も、西洋思想では「違いは何か」から議論を始めがちだが、ガンディーは共通点から考える。これらは東洋思想に共通する要素だ。

ガンディーは「ひとつのインド」の独立を目指したが宗教的な争いは根深く、結果はヒンドゥー教徒多数のインドと、イスラム教徒多数のパキスタンの分離独立となった。イスラム教徒に譲歩したガンディーは「ヒンドゥー教徒への裏切り」と怒ったテロリストの暴力に倒れた。誠に残念だが、その業績は偉大だ。

現代では社会格差、暴力、自然破壊といったさまざまな問題が生まれている。100年近く前にこれらの問題に取り組んだガンディーの思想は、現代社会に深い示唆を与えてくれる。ぜひ一読してほしい。

Point

アヒンサー（非暴力）の思想は、現代社会にこそ必要だ

Book 55

『抗日遊撃戦争論』

毛沢東思想から、現代中国の根底にある考えが見えてくる

小野信爾／藤田敬一／吉田富夫［訳］中公文庫

毛沢東

1893年－1976年。中華人民共和国の政治家。中国共産党の創立党員の一人で、長征と日中戦争を経て党内の指導権を獲得。日中戦争後の国共内戦では蔣介石率いる中華民国国民政府を台湾に追放し、中華人民共和国の建国を宣言した。1949年から1976年まで同国の最高指導者として君臨したが、党・国家の官僚化を批判して文化大革命を発動、過激な運動を展開し、多くの犠牲者を生んだ。

中国は不思議な国だ。中国共産党独裁で、国民の選挙はない。「表現の自由」もなく、発言や報道は検閲され、不適切だと中国共産党の一存で即削除。そんな状況を、中国人民は受け入れているようにも見える。そんな中国の理解は、現代では必須だ。そこで現代中国を理解するための3冊を紹介したい。この3冊で現代中国の姿が浮かび上がってくる。1冊目は、建国の父・毛沢東《もうたくとう》の論文を収録した本書だ。

組織は創始者の思いが組織文化に刻み込まれ、末長く受け継がれる。たとえば会社では創業者だ。現代の中国は、毛沢東が創始者だ。毛沢東思想は、中国の国家思想の底流に脈々と流れている。毛沢東は多くの著書を残している。その中でも本書は、毛沢東思想が窺える3本の論文を収めている。

『湖南《こなん》省農民運動視察報告』（1927年）

『抗日遊撃戦争の戦略問題』（1938年）

『文芸講話 延安《えんあん》の文芸座談会における講演』（1942年）

「農民運動」「抗日戦争」「文芸座談会」と、一見すると論文のテーマはバラバラだが、これらの底流に流れる毛沢東の思想は見事に首尾一貫している。早速、各論文のポイントを見ていこう。

『湖南省農民運動視察報告』(1927年)

当時の中国共産党では毛沢東は無名。しかし故郷の湖南省で農民1万人を動かし、地主への闘争活動を指導し、手応えを感じていた。当時の中国共産党員は数が少なく、農民は膨大にいた。毛沢東はこう考えた。

「農民こそが革命の原動力になる」

そこで湖南省の農民活動を調査報告書にまとめたのがこの論文だ。

毛沢東が最重視したのは、人口の7割を占める貧農だ。当時、地主などの旧勢力打倒の急先鋒は、貧農の大軍だったのだ。「貧農なくして革命はない」という洞察が、毛沢東の活動の源流だ。

当時の農村部は悪徳地主や官僚が支配し、不正や汚職が起こっていた。農民は立ち上がり、彼らを徹底攻撃した。その方法は暴力的だ。地主の家に土足で押し入って捕らえ、罪状を殴り書きした高さ1mの三角帽子を被らせ、村を引き回し「思い知ったか!」と罵声を浴びせる。罪が重いと監獄に監禁、場合により銃殺。

「行き過ぎでは……」という意見もあったが、毛沢東はこう言い切っている。

「行き過ぎという非難は、間違っている」。毛沢東は、悪徳地主や官僚は農民を踏みつけたために農民の大反撃を受けたのであり、農民は何ら不当な処罰はしていない、とした上でこう言う。

「革命は、暴動であり、一つの階級が他の階級を打倒する激烈な行動である。(中略)率直にいえば、農村では、どの村でも、短期間の恐怖現象をつくりださねばならない」

毛沢東思想の根底には、この「**暴力を肯定した革命**」という考え方がある。後述する**文化大革命**でも、著名人、知識人、文化人たちが拘束されて、三角帽子を被らされ街中を引き回される場面が再現された。

『抗日遊撃戦争の戦略問題』(1938年)

1937年、旧日本軍が中国大陸への侵略を始めた。その翌年、日本軍と戦う戦略を書いたのが本論文だ。農民から革命のエネルギーを引き出す方法を編み出した毛沢東は「中国共産党軍は農村の力を使い日本軍と戦う」という結論に行き着いたのだ。これは大局観を持ち、冷徹に計算し尽くした戦略思考の産物だ。

本論文は「中国は大きくて弱い国」という現状認識で始まり、「日本は小さくて強い国」と続く。強い日本が少ない兵力で、弱くて占領地域が広い中国を占領しようと攻めているのが、この戦争の本質だ。日本軍が中国を占領しようとすると、空白地がたくさんできる。空白地で中国からゲリラ戦を仕掛ければ戦いは長期化し、持久戦になる。数が少ない日本軍は持久戦で徐々に劣勢になる。さらに日本軍は地域の中国人民から支持を得られないが、中国軍は住民の支持を得られる。これで戦略が描ける。**中国共産党軍は、まず各地の農村に本拠地を多数建設。人民の支持を得て遊撃隊を育て、日本軍にゲリラ戦を仕掛け続け体力を消耗させる。**この毛沢東の戦略によって日本軍は消耗し、敗れた。

『文芸講話　延安の文芸座談会における講演』(1942年)

現代では中国共産党が全情報を検閲し、人民は受け入れている。本論文はその源流とも言える。戦争中、毛沢東が文学や芸術関係者に語った講話をまとめたものだ。中国語で文芸とは広く文学や芸術一般を指す。講話は、中国人民を解放する戦いには「文化戦線」と「軍事戦線」の2つがある、という話から始まる。敵に勝つには武器の軍隊だけでなく、味方を団結させる文化の軍隊が必要で、両者が一致団結しないと日本に勝てないと指摘し、文学者や芸術家は人民の立場に立ち、敵の残虐さや欺瞞《ぎまん》性を暴き立てて、一致団結するように人民を励ますべきだと続ける。そこでクリエーターたちは、まずマルクス・レーニン主義を学び、文学や芸術がいかに大衆に奉仕するかを考え続けるべきであって、海外直輸入の文学や芸術は「**救いがたく有害**」とした上でこう述べている。「まず、思想的な整頓をおこない、プロレタリアートと非プロレタリアートのあいだの思想闘争を繰りひろげなければなりません」

毛沢東が提唱するマルクス・レーニン思想は、次の Book 56『現代中国の父 鄧小平』で紹介するように、現代中国では大きく変わった。しかし「中国共産党が目指す世界を実現するために、妨げとなる海外直輸入の文学や芸術は、救いがたく有害」という方針は今も同じに見える。

その後、中国はどうなったのか。旧日本軍の侵略前は、中国共産党は国民党との内戦を戦っていた。当時の共産党軍は圧倒的劣勢。しかし日本軍が攻めてきたので両軍は協力して日本軍と戦った。1945年に日本軍が中国大陸から撤退すると、両軍は再び戦った。1937年には兵力4万人だった共産党軍は、1945年には100万人に増え、国民党軍と互角になっていた。抗日戦争で農民の支持を広げた毛沢東の戦略の結果だ。共産党軍は国民党軍を台湾へ追い出し、1949年、毛沢東は天安門広場で**中華人民共和国**の建国を宣言。こうして毛沢東の天才的な戦略思考と指導により中国は統一され、現代中国の礎が築かれた。

ちなみに**中国人民解放軍**は国家の軍隊ではない。中国共産党下で抗日戦争や国民党との内戦を戦った共産党軍が「人民解放軍」と名前を変えた軍隊だ。中国人民解放軍は、中国共産党の指導下にある。

暴君と化す毛沢東

一方、その後の毛沢東は、暴君と化す。代表的なものを紹介しよう。

【百花《ひゃっか》斉放《せいほう》百《ひゃっ》家《か》争鳴《そうめい》】 1956年、「**春秋戦国時代の諸子百家のように自由闊達な言論活動をすれば国は豊**

かになる」と考えた毛沢東は、知識人に「**自由に発言しようよ。共産党への批判も大歓迎**」と呼びかけた。当初、知識人は消極的だったが「**何を言っても罪には問わない**」という方針を出すと、多くの知識人が発言を始めた。しかし共産党や毛沢東への批判があまりにも激しく、毛沢東は方針を撤回して、批判した知識人をなんと全員粛清した。その後、毛沢東批判は一切なくなった。こうなると、誰もが毛沢東に耳触りのいい話しかしなくなる。こうして毛沢東暴走の準備が整った。

【大躍進政策】1958年、毛沢東は「**15年で英国に追いつき追い越すぞ**」という野心的な国家目標を立てた。**大躍進政策**である。「**鉄と農作物を増産し核武装して先進国の仲間入りだ。人海戦術で乗り切ろう**」となったが、当時の中国には鉄をつくる技術もノウハウも皆無。それでも「**鉄をつくれ**」という方針なので、農村の至るところに原始的な溶鉱炉ができたが、燃料や原材料のくず鉄がない。そこで森林を大量伐採して燃料にし、鉄の原料として農耕具や炊事道具を投入。使いものにならない粗悪品の鉄が大量にできた。一方で農業生産拡大のために「**田畑を荒らすスズメは撲滅**」という方針が出て、スズメを大量駆除。しかしスズメが捕食していたイナゴなどの害虫が大量発生。鉄の増産で田畑は荒れ、農機具もなく、農業生産は一気に落ち込んだ。ムリな計画で経済は大混乱。2000万人（一説には5000万人）の餓死者が出た。核武装はできたものの惨憺たる結果に、毛沢東は失敗の責任を取って国家主席を辞任した。

【文化大革命】後を継いだ劉少奇《りゅうしょうき》と鄧小平《とうしょうへい》が経済の立て直しに奔走し、中国経済は回復し始めたが、毛沢東は面白くない。「社会主義を修正して、資本主義化してない？」。そこで「奴らを失脚させて復権しよう」と考えて仕掛けた権力闘争が**文化大革命**だ。まず青少年にこう呼びかけた。「中国革命は、修正主義者によりいまや失敗の危機だ。修正主義者を打倒しよう」。この毛沢東の呼びかけに熱狂的に応えた青少年たちは**紅衛兵**《こうえいへい》と呼ばれた。毛沢東の側近たちの工作で運動は中国全土に拡大。紅衛兵たちは「**四旧**（**旧思想、**

旧文化、旧風俗、旧習慣）の打破」を掲げ、あらゆるモノを破壊した。中国共産党幹部、知識人や著名人など紅衛兵が「反革命分子」と認定した人たちは三角帽を被らされたまま引き回されたり処刑されたりし、貴重な文化財も壊された。毛沢東は絶対的権力を確立したが、文化大革命は1976年に毛沢東が亡くなるまで続き、死者2000万人にも及ぶと言われている。

訳者の吉田富夫氏は解説で「毛沢東が二〇世紀を代表する巨人の一人であることは誰しも認めるところでしょうが、その評価は、いまなお定まっていません」と述べている。清朝末期から100年間続いた外国の干渉と国内分裂に終止符を打ち、現代中国の骨格を築いた点で秦の始皇帝に比す人もいるが、晩年に文化大革命などを起こした権力欲の塊の暴君と見る人もいる。この両面をあわせ持つのが毛沢東だ。毛沢東は1964年に日本社会党の佐々木更三委員長と会見した際、過去の戦争を謝罪されると、こう返したという。「申しわけないなどということは、ありません。日本軍国主義は中国に大きな利益をもたらしました。中国人民に政権を奪取させたのですから。あなたがた皇軍がなかったとしたら、わたしたちは政権を奪取することができませんでした」（『毛沢東 外交路線を語る』（太田勝洪［編訳］現代評論社）。

大局観を持つ毛沢東らしい逸話である。その毛沢東の後を継ぎ、カオスとなった中国を立て直して現代中国の発展の礎を築いたのは、次のBook 56『現代中国の父 鄧小平』で紹介する鄧小平だ。

現代中国を理解する第一歩として、本書は理解しておきたい。

Point

毛沢東思想は、現代中国にも脈々と受け継がれている

Book 56

『現代中国の父 鄧小平』

『現代中国の父 鄧小平（上・下）』エズラ・F・ヴォーゲル［著］益尾知佐子他［訳］日本経済新聞出版

高度成長を実現した中国共産党のロジック

鄧小平

1904年－1997年。中華人民共和国の政治家。1978年から1989年まで同国の最高指導者。3度の失脚を経験するが、江青ら四人組を追放後に復活。改革開放、一人っ子政策などで毛沢東時代の政策を転換し、驚異的な経済発展に導くと同時に、現代の中華人民共和国の路線を築いた。89年の「天安門事件」などの民主化要求には弾圧策をとった。本書の著者であるエズラ・F・ヴォーゲルは米国の社会学者。

中国という国の本質は、中国を支配する中国共産党の論理と価値観を理解しないとわからない。そこでおすすめしたいのが本書だ。毛沢東の後を継いで中国を変革して立て直し、世界第2位の経済大国の基礎づくりをした鄧小平《とうしょうへい》について書かれた、上下巻1200ページに及ぶ大著である。

著者のヴォーゲルは、日本と中国の台頭をテーマに長年研究を続けた社会学者だ。1979年には高度経済成長を実現した日本を詳細に調査して『ジャパン・アズ・ナンバーワン』を発表、話題になった。

本書は膨大な聞き取り調査と文献を駆使し、10年かけて執筆され、2011年に刊行された超大作だ。ヴォーゲルは本書でこう述べている。「鄧が導いた構造的変容は、二〇〇〇年以上前の漢の時代に中華帝国が出現して以来の最も根本的な変化であった」。また、これまで中国では天安門事件に関する出版は禁じられてきたが、本書の中国大陸版では天安門事件の詳細な記述がほぼ削除されずに刊行され、半年で60万部売れた。現代中国への軌跡を理解する上で、本書は必読書なのだ。早速、本書のポイントを見てみよう。

1904年生まれの鄧小平は、1924年、設立3年目の小さな中国共産党に入党した。鄧はキャリアを重ね、1952年から中央政府副総理に着任。毛沢東が「中央政府に届ける文書は、鄧の審査を受けよ」と指示するほど信頼が厚かった。鄧は毛沢東と周恩来というトップの間近で、国の課題がいかに判断されるかを学んだ。しかし鄧は中国共産党内の政治抗争や疑り深い毛の意向で、3度もの失脚を経験している。

1度目の失脚は、20代後半。地方の書記を解任されたが、数カ月で復帰した。

2度目の失脚は、文化大革命。家族全員が迫害され、息子の一人は重度の障害を負って寝たきりに。

3度目の失脚は、鄧が71歳のとき。その年、毛沢東が亡くなり、中国共産党内の権力闘争で鄧小平を失脚に追い込んだ四人組（江青・張春橋・姚文元・王洪文）が逮捕され、1977年1月、鄧は復活した。

ついに鄧は最高責任者に就任して、病める中国を10年間かけて大変革し、その後の中国の爆発的成長を生み出した。では鄧小平思想とは、どのようなものだったのか？

鄧小平思想の基本「民主集中制」と「実事求是」

鄧は毛沢東に翻弄されたが、偉大な毛を深く尊敬していた。失脚中、「恐怖政治は毛沢東個人の問題でなく、権力が一人に集中したシステム上の欠陥。暴走を防ごう」と考え、復帰後に何をすべきかを検討していた。党内では毛は崇拝されていたので、鄧は毛を否定することは徹底的に避けた。

鄧が考えたのが**民主集中制による合意**だ。一人のカリスマ指導者で決めずに、優秀な指導者たちが知恵を出し合って議論し、正解を見つける統治形態だ。代表的な施策をいくつか紹介しよう。

【幹部による20回の海外視察】 1975年、鄧はフランスへ5日間旅をして痛感した。「中国も自分の認識も、圧倒的に遅れすぎている」。政権を掌握した1978年からは、多くの高級幹部にも計50カ国に海外視察に行かせた。結果、彼らも「中国、遅れすぎてて、ヤバいですね」と認めるようになり、改革に力を入れるようになった。こと細かに指示せずに、まず幹部自らが改革の必要性を痛感するようにさせたのだ。

【実事求是《じつじきゅうぜ》】「**事実に基づいて真実を追究する**」という意味だ。毛沢東時代は現場の事実が報告されず、ムリな政策が押し進められた。まさに「システムの欠陥」で、現場からトップへの指示系統が目詰まりしていた。そこで鄧小平は「毛沢東思想の本質は、実事求是。上から下まで、実事求是を徹底しよう」と言い続けた。毛を否定することなく、組織全体でいわば仮説検証思考を徹底しよう、ということだ。

【議論するな。とにかく前に進め】機能不全を起こした組織は、保守派が抵抗勢力となって改革が進まないことが多い。そこで鄧は「議論するな。試してみよ。うまくいけば広めろ」という改革の基本手法を繰り返し言い続けた。その成果のひとつが**経済特区**だ。当初、広東から隣の香港へ脱出する若者が多いことが問題になった。香港が繁栄し、中国側が貧しいためだ。中国側の生活改善が必要である。そこで香港同様、広東を海外に開放し、独立国のような自治権を与え、経済特区として発展させる実験を行った。結果、輸出が30年間で１００倍以上に増えた中、広東の輸出は3分の1以上を占めた。この経験を他の地域に広めた。本書ではこう書いている。「ある地域で実験がうまくいった場合、それをより広い地域に推し広げるという考え方は、党伝統の知恵になっていった」

【中央工作会議】高官たちのぶっちゃけトーク会議だ。過ちを率直に語らせ、新しい施策を考える。たとえば大躍進政策や文化大革命の悲惨な体験をリアルに語って、そうした問題をいかに解決するのか、腹を割って話し合うのだ。そして誰もが言うのを避けてきた過ちを公に認め、よい国づくりをする方法を探る。これはホンダの「**ワイガヤ**」という合宿に近い。ワイガヤでは具体的なテーマについて数日間泊まりがけで、延々と本音でワイワイガヤガヤ話し合って本質的な問題を浮かび上がらせ、創造的な解決策を創造する。

鄧の施策は、経営学視点で眺めると実にオーソドックスだ。鄧がすごいのは、これをマルクス・レーニン主義と毛沢東思想が絶対だった中国共産党の中で、見事にこれらの思想と両立させて実践したことだ。

鄧はこのために周到に準備した。まず「やってみて、うまくいったものがより真実に近い」（党内では「実践は真理を検証する唯一の基準」と表現）というプラグマティズム的な思想を、党内に静かに浸透させた。皆がこれに同意すれば、マルクス主義も毛沢東主義も、実践を踏まえて再解釈して、必要なら修正し進化させていくべきものに変わる。そして結果が悪いと「やり方を変えよう」と考えるようになる。

党内で絶対だった毛沢東については、幹部と根回しを徹底してその業績判断は先送りし、演説でこう述べた。

「［毛沢東の］傑出した指導がなければ、［われわれは］今も勝利を得られていなかっただろう。……毛主席は無謬でもなければ、完全無欠でもない……いずれかの適切な時点でそれらは整理され、そこから教訓を学ばなければならない……しかしなにも今、それを急いでやる必要はない」

こうして鄧はマルクス・レーニン主義も毛沢東思想も否定せず、経済主体で変革を進めたのである。

鄧の施策は、西側の価値観と相容れない部分もある。その中核が**中国共産党の一党支配体制**だ。

「中国共産党の支配は神聖にして侵すべからず。我々が唱える民主主義は、中国共産党による指導体制の下での民主主義だ。『何を言ってもやってもいい』というのは、我々が考える民主主義とは相容れない」

この考えを、鄧は絶対に譲らなかった。西洋流民主主義では、選挙の結果次第で、政権与党が変わるが、中華人民共和国では、中国共産党の一党支配が絶対だ。国そのものが、国民党との激しい内戦を制し、中国共産党が建国した国家である、ということが大前提だからだ。

そして自由を求める国民との衝突が、鄧の就任から11年経った1989年の天安門事件で起こる。

非難されても「天安門事件の判断は正しい」と考えた

1989年、ソ連や東欧の民主化運動により、共産党政権は次々と倒され民主化していった。中国では4月から天安門広場で自由を求める学生たちがデモを開始。84歳の鄧は、東欧の共産国がデモ隊に寛大に対応した結果、逆に共産党の権威が失墜し政権が崩壊する様子を見て、**「断固たる措置が必要」**と考えていた。

5月中旬にはソ連のゴルバチョフが訪中。鄧は天安門広場からデモ隊を一掃しようとしたが、120万人に達した広場の学生は動かなかった。中国政府はゴルバチョフの歓迎式典を天安門広場で行えないばかりか、デモの様子が世界に報道され、中国共産党の面目は丸潰れ。ここで鄧は軍隊を送り込む覚悟を固めた。

6月4日、天安門広場に軍隊が侵攻した。中国政府の公式発表では200人以上が死亡。最も信頼性が高いと思われる海外研究者の推計では、300～2600人のデモ参加者が殺害された。

のちに鄧はいくら批判されても、自分の判断が正しかったことを一度も疑わなかった。結果、天安門事件以降は、中国人民は中国共産党に対して反対意見を言わなくなった。

私は、この鄧の考え方を読み解くヒントはアリストテレスが Book 22 『政治学』で述べた「理想の政治体制は最善の徳を持つ王が治める王制だが、いずれ底知れない腐敗が起こる。民主制は腐敗に歯止めが利き腐敗レベルは最少。少数支配の寡頭制はその中間」にあると考える。王制で統治した毛沢東時代は、最悪の腐敗が起こった。一方で膨大な国土と10億人の人民を抱える中国を民主制で運営すると、まだ中国人民に民主主義思想が十分に根づいていないので大混乱が起こる。そこで鄧は、**中国共産党一党支配による民主集中制**、アリストテレス流に言うと**「寡頭制による支配」**で中国を発展させることを選んだのではないだろうか。

しかし、寡頭制は民主制よりも腐敗リスクが大きい。この問題を考えてみよう。

本書によると、鄧は指導者の定年制がないことが組織の致命的欠陥と考え、最後の仕事として**強制定年制**を決めた。高齢幹部が自動的に若手指導者に職を譲る仕組みだ。この集団指導体制と定年制は、鄧の後任の江沢民《こうたくみん》、胡錦濤《こきんとう》へと受け継がれた。しかし2012年に就任した習近平は、「任期10年」の国家主席の制限を撤廃し、2022年には国家主席に3選されて在位10年を超え、終身国家主席となる可能性も出てきた。

今後、鄧が懸念したシステムの欠陥が表面化し、暴走する可能性が高まっている。

さらに根深いのが汚職の問題だ。盤石な中国共産党の統治は、汚職が起きやすい。実際に党幹部は、正規の給料以外で収入を得る方法を見つけているという。工事や認可では金品が供与され、幹部は昇進を決める上司に上納する。習は「反腐敗」という名目で汚職追放運動を行って政敵を排除してきたが、構造的に発生する汚職は根絶できない。それでも民衆が中国共産党支配に従うのは、中国が経済成長を続けて国家が豊かになったからだ。著者のヴォーゲルは、本書のコンパクトな解説本である『鄧小平』（エズラ・F・ヴォーゲル／橋爪大三郎［著］講談社現代新書）で、こう述べている。

「今後、高度成長から低成長の時代に入ると、むずかしい問題がいっぱい出ると思うんですね」

永遠に成長し続けるものはない。中国経済の成長は一段落しつつある。鄧が基本設計した仕組みは、40年を経て制度疲労を起こしている。そんな中国の本質を理解する上で、本書は必ず役に立つはずだ。

Point

鄧小平が設計した中国の仕組みは今、制度疲労を起こし、「暴走」する恐れがある

Book 57

『普遍的価値を求める 中国現代思想の新潮流』

中島隆博／王前［監訳］法政大学出版局

現代の中国で起こっている悩ましい「現実」の正体

許紀霖

1957年ー。華東師範大学教授。中国現代思想文化研究所副所長、中国歴史学会理事、香港『二十一世紀』雑誌編集委員などを務める。主に20世紀中国思想史と知識人研究および上海都市文化研究を行っている。ハーバード大学、台湾中央研究院、フランス社会科学高等研究院、東京大学、ベルリン自由大学などで客員教授を歴任。著書『中国知識人十論』は2005年、中国国家図書館文津図書賞を受賞。

中国には多くの現代思想家がいるが、日本ではあまり知られていない。本書は2020年刊行の貴重な中国現代思想の邦訳本だ。著者の許《きょ》紀《き》霖《りん》は、中国国内で珍しいリベラリストの思想家だ。

「中国にリベラリスト!?」と驚くが、許はある研究会でこう言っている。「中国では、学術的な視点からであれば、あらゆる問題を議論することが可能です。しかし、それを政治的問題として論じることはできません。もし、あなたが（中略）中国の政治制度を批判しようというなら、それはお断りだということなのです」

本書は、現代中国が抱える悩みを教えてくれる。キーワードは、本書のタイトル**「普遍的価値」**だ。『広辞苑』で「普遍的」を調べると「ある範囲におけるすべてのものにあてはまるさま」とある。許は本書で**中国・東アジア・世界にあてはまる普遍的な価値と秩序をいかに再建するか**を探求し続けている。

許は「**今日の世界が普遍性を失ったのが、世界的な危機の根本原因の一つ**」と考えている。現実に現代では「何が善で何が悪か」という基本的な点で人々が一致せず、争いが起きている。これは哲学者ガブリエルがBook 21『なぜ世界は存在しないのか』で論じたのと同じ問題意識だが、普遍性は難しいテーマだ。

ナチス・ドイツは「ドイツ民族の栄光」を掲げて欧州を制覇しようとした。戦前の日本も天皇制秩序を拡張する「大東亜共栄圏」という思想でアジアを制覇しようとした。ナチスも戦前の日本も、普遍性がない独りよがりな思想を広めようとしたが、破綻した。では、普遍性はどうあるべきなのか？　早速、本書のポイントを紹介していこう。

「東アジア共同体」の提唱

現在、東アジアでは緊張と戦争の予感が高まっている。「普遍的な思想を共有する東アジア共同体をつくれば多くの問題が解決できる」と提唱する許は、かつて東アジアには3つの帝国秩序があったと述べている。

❶**古代朝貢体制による中華帝国の秩序**：中華帝国が周辺国の首長を**冊封体制**《さくほう》で任命して君臣関係を結び、外側の諸国が**朝貢制度**《ちょうこう》で貢物を差し出す、中華帝国が中心の階層構造だった。

❷**20世紀前半、日本による大東亜共栄圏の秩序**：日露戦争でロシアに勝ち強国となった日本は「アジアを白色人種の統治から解放し、天皇中心の理想郷を実現する」と考え、大東亜共栄圏の秩序をつくろうとした。

❸**第二次世界大戦後、米国とソ連による冷戦秩序**：ソ連を中心とする中国・北朝鮮の社会主義陣営と、米国・日本・韓国・台湾の自由世界陣営が対立。１９７０年代は中ソが対立、日中・中韓が接近して友好を深めた。

そして今、日米と中国の対立によるポスト冷戦秩序が始まっている。

歴史上、東アジアを統一する帝国は存在しなかった。帝国秩序に替わる新たな東アジア構想が必要だ。しかし、現在の東アジアでは「自国の利益は絶対に損なわない」と考えるナショナリズムが高まり、領土問題でも「国益は断固死守」と譲らない。許は「まさに、20世紀前半の欧州と同じである」と指摘する。

農耕民族である東アジアでは分割できない海は誰のものでもなく、ともに共有し享受するものだった。しかし西洋では、大航海時代に海洋民族のスペイン・ポルトガルが「海は陸の延長」と考え、海は国家が主権を持つものとなった。そこで許は「考えを変えて『海については共に享受する』という観点で紛争を解決すれば、『時代遅れ』の私たち農耕民族の智慧が、『先進的な』西洋の海洋民族が定めたルールに対して、逆にまったく新しい方策を提供できる」と提唱。鄧小平が尖閣諸島の問題解決のために「棚上げにして共同開発」と提案した事例を挙げている（残念ながらその後諸々の経緯で尖閣諸島は紛争地域となった）。

このように新しい東アジア共同体のために必要なのは従来の発想の転換である。具体的には次の3つだ。

【脱帝国化】どこかひとつの帝国による秩序ではなく、共同体の秩序に

【脱階層化】階層的な支配秩序でなく、水平化した平等秩序に

【脱中心化】ひとつの中心が治める秩序でなく、複数の中心が相互に作用する秩序に

「ムリムリ」と思うかもしれないが、許は先例を挙げる。**ＥＵ**（**欧州共同体**）だ。80年前まで激しく戦った欧州各国は、超国家的な運命共同体・ＥＵになった。ＥＵの存在は、次の3つの柱に依存している。

①外部の他者と内部の他者の存在：共同体のアイデンティティには、他者の存在が必要だ。ＥＵでは**外部の他者**はキリスト教社会の欧州と宗教的・政治的に衝突してきたイスラームだ。**内部の他者**は常に欧州の政治面・文化面の盟友だった米国だ。突出した米国の存在は、欧州各国のアイデンティティを強めている。

②共通の宗教と哲学：欧州は、キリスト教、ギリシャ・ローマ文明、近代啓蒙思想の価値観を共有する。

③共通の歴史的記憶と成長経験：欧州にはローマ帝国以来の共通の記憶と、2度の大戦の悲惨な記憶がある。第二次大戦後、教訓を得たドイツは反省し、欧州諸国と和解。欧州各国はＥＵ創設に邁進した。

同じことを東アジアができない理由はない。では、東アジアの状況はどうか？

①内部の他者と外部の他者の存在：東アジアでは、外部の他者は西洋だ。内部の他者はお互いの東アジア諸

国。それぞれ異なる文化を持ち、衝突もしてきた。

②共通の宗教と哲学：本書では台湾の学者・高明士の「東アジアには、**⑴漢字、⑵儒教、⑶大乗仏教、⑷律令**（明治期の日本から中国・韓国の近代化過程で広がった近代啓蒙思想）、**⑸科学技術**（医学、算術、天文、暦法、陰陽学など）という共通資産がある」という指摘を紹介している。

③共通の歴史的記憶と成長経験：東アジアでは20世紀の日本の侵略戦争がトラウマとして残り、分断と対立を生み出している。欧州のように共通の歴史的認識と日本の戦争に対する深い反省を本音で共有することで、はじめて日中・日韓でドイツとフランスのような最終的和解が実現できる。

こうして眺めると、東アジア共同体の課題は多いが、これらは決して乗り越えられない壁ではない。しかし、ひとつ課題がある。東アジア各国では、国民国家意識が強すぎて、東アジア意識が弱すぎることだ。東アジアの知識人の連帯感も、欧州と比べてはるかに弱い。だが、東アジアは隣人同士だ。国は個人の家のように引っ越せない。お互い和解しない限り、緊張は増す一方だ。戦争になると皆が不幸だ。国家の壁を克服し、東アジアの連帯感を強化していくべきなのである。では、いかに共同体を構築するのか？

そこで許が提唱するのが、**「新天下主義」**という普遍的な価値観だ。

「新天下主義」とは何か？

許は、中華文明には伝統的に**「天下主義」**という思想があると言う。中華文明が育んだ「天下」とは、**民族や国家固有のものを超えた、全人類共通の普遍的な文明秩序**だった。国家は単なる権力秩序にすぎない。国家が滅びても、人々が「天が見ている。悪いことはしない」と考え、地獄絵図の状況にならなければ、こんな秩序も「天下」のあり方のひとつだ。この天下主義という開放的で包容力のある普遍的思想のおかげで、中華文明は5000年を経ても衰えなかった。外来の文明に対して「私のもの」「あなたのもの」は問題にせずに、価値の善し悪しのみに関心を持って絶えず取り入れ、自分の伝統にしてきた。Book 56『現代中国の父 鄧小平』で紹介した鄧小平も「実践は真理を検証する唯一の基準」という方針を徹底、海外の知識を取り込み、改革開放を進めた。

突き詰めると文明とは「何がよいか」という問いへの答えだ。我々だけでなく、全人類にとってよいことが普遍的な文明の条件。そこには「我々」「他者」の区別はない。普遍的な人類の価値だけがある。

もともと中華文明は、キリスト教や古代ギリシャ・ローマ文明と同様、全人類の普遍的な関心が出発点だったが、過去の中華帝国の王朝は、周辺地域に高度な宗教や文明をもたらしつつ、ときに暴力的な征服や奴隷使役も押しつけていた。現代ではこんなやり方は通用しない。天下主義はバージョンアップすべきだ。

そこで許が提唱するのが**「新天下主義」**だ。中華中心の階層的な秩序や、支配・隷従はやめる。民族と国家の平等と独立を互いに尊重し、多様性を認める平和な秩序をつくる。古人が語った**「天下は天下の人々のための天下」**という考えを実践して、新天下主義を東アジア共同体で共有する普遍的価値観とする。

しかし、こう思う人も多いだろう。「今の共産党一党独裁の中国で、本当にそんなことが可能なの？」

まさにその通りで、許は「現在の中国は変わる必要がある」とも述べている。

アイデンティティを喪失した現代中国の現実

「これは中国の内政であり、外国人がとやかく言うのは許さない」

「これは中国の主権と核心的利益であり、他国の干渉を許すことはできない」

中国政府の報道官がたびたびこう発言するのはよく見られる光景だ。許は「これではダメだ」と言う。

国際社会は普遍的価値に基づいてコミュニケーションしているのに、中国は普遍的価値を語れず、ぎこちなく「中国は特殊」と自己弁護している。中国のことしか考えないこの姿勢は、伝統的な中国の天下主義をすっかり忘れている。中国は世界で普遍的に受け入れられる価値観に基づいて、発言すべきなのだ。

古代中華帝国に多くの諸国から人が訪れた理由は、武力を恐れたからではなく、先進文明と制度に惹きつけられたからだ。そうした文明の吸引力こそがソフトパワーだ。「世界のため」という普遍的な天下主義思想を持っていたかつての中華帝国は、至るところで同盟を結び、周辺国と長期的な安定を維持していた。

今の中国は「世界のため」という天下意識がなく、「中国のため」という国家意識しか持たない帝国だ。自国の利益を頑なに主張するほど、周辺国は警戒する。許は、こうなった理由は20世紀初頭に中華文明が解体した後、**中国が価値や文化を見失ったからだ**、としてこう述べている。

「（中国は）富強という技術面では満点を獲得し、ずる賢さを学んだが、文明の価値という面では不合格である。（中略）伝統中国の天下主義の言説さえ、きれいさっぱり忘れてしまった」「中国とは何か、『中華文明』とは何か、という最も基本的な自己のアイデンティティは、現在もなお深い霧の中にある」

中国は強く豊かになったが文明の中身は空っぽなので、空白を埋めるために外敵が必要になる。敵がいないとつくり出し「絶対的な敵vs.弱い我々」という構図を示し、人民の愛国意識に訴え、民族と国家のアイデンティティを確立する。結果、周辺国の緊張が高まる悪循環。これが中国国内で反日運動が起こる構造だ。

西洋社会と外交・政治・文化面で衝突すると、まともに価値論で議論できず、「**これは中国の主権と内政の問題**」という乱暴な言葉で対応する姿勢は、中国のアイデンティティ・クライシスを証明している。

許は「五千年の歴史を持つ文明大国は、一世紀半もがいた後に、文明的内実が空洞化した『純主権』国家に変貌してしまった」と嘆く。中国の目標がグローバルに影響力を持つ文明大国の再建であるなら、普遍的な文明を出発点として、一言一句・一挙手一投足まで言行一致させ、グローバル社会で堂々と普遍的対話をすべきであり、「これは中国の主権。他人はとやかく言うな」という決まり文句に逃げていてはならない。

巻末では許と監訳者の中島隆博氏が2019年に行った対談が掲載されている。許はこう述べている。

「……今日の中国は方向を失ってしまったような感じがします。これは中国のエリート層が共有している認識だと思います。(中略)これは改革開放が始まって四十年経って、初めての状態だと思うのです」

本書が指摘する閉塞感は、中国で広く共有されているものでもある。では、中国は変われるのか?

監訳者の中島氏の専門は中国哲学だ。私はあるセミナーで、中島氏のこんな言葉を聞いたことがある。「今の中国で『現体制が未来永劫続く』と考えている人はいません。歴史的にそういう国だからです」

共産党独裁が続く中国も、いつか変わる。大躍進政策や文化大革命も見直された結果、中国は大きく成長した。数千年の歴史を持つ中国には、破綻しても復元して正常化する不思議な力がある。長い目で見れば中国も必ず変わっていくのだ。許から日本の読者への言葉もあるので、最後に紹介したい。

「中国人として生きていくには、品格というか、忍耐強い、強靱な精神がないといけません。ですから日本の読者に対しても中国を見る場合、もっと忍耐強く付き合っていただきたいのです」

本書には中国国内における中国の将来に関する議論や自由の認識についても、論文が掲載されている。中国の実像を知り、よりよい未来の世界をつくっていくためにも、本書はぜひ一読してほしい一冊だ。

Point

アイデンティティ・クライシスに直面する現代中国の問題を理解せよ

歴史・アート・文学

Chapter4

人文学である歴史・アート・文学は、
深い教養の源泉になる。
本章では、歴史・アート・文学を理解する
16冊を紹介する。

Book
58

『歴史とは何か』

歴史とは「過去の事実の集まり」ではない

清水幾太郎［訳］岩波新書

E. H. カー

1892年－1982年。英国の歴史家、国際政治学者、外交官。ケンブリッジ大学を卒業後、イギリス外務省に勤務。退職後、ウェールズ大学アベリストウィス校の国際関係論の学部長に就任。第二次世界大戦中は英国情報省の職員および『タイムズ』紙の記者として活動。戦後は親ソ的な立場が災いし、一時的に英国の学界とは距離を置く。ロシア革命史の研究をライフワークとした。

「歴史に学べ」とよく言われるが、そもそも歴史とは何なのか、説明できるだろうか。

「歴史って過去の事実の集まりでしょ」と思うかもしれない。実はこれ、19世紀までの歴史学の考え方だ。

60年前に刊行された本書は、今も歴史学の教科書として世界中で愛読されている必読書だ。

本書では冒頭で「**ルビコン河を渡る**」という言葉を取り上げている。「もう後戻りできない。最後までやるのみ」という意味だ。紀元前49年1月10日、シーザーがルビコン河を渡った歴史上の事実に基づいている。

しかし、過去にルビコン河を渡った人は何百万人もいるのに、それらは一切歴史に記録されていない。

では、なぜシーザーが紀元前49年1月10日に渡った事実だけが「歴史的事実」になるのか？

本書はその答えを示した上で、「歴史をいかに学べばよいか」を教えてくれるのだ。

著者のE・H・カーは1892年英国生まれ。英国外務省に外交官として20年間勤務後、学界入りした歴史研究者だ。本書は1961年1～3月にカーがケンブリッジ大学で行った連続講義の内容をもとに同年秋に出版された。日本では社会学者で思想家の清水幾太郎氏が、刊行翌年の1962年に翻訳している。

早速、本書のポイントを紹介しよう。

歴史とは「事実の集まり」ではない。
「歴史家が選んだ事実」である

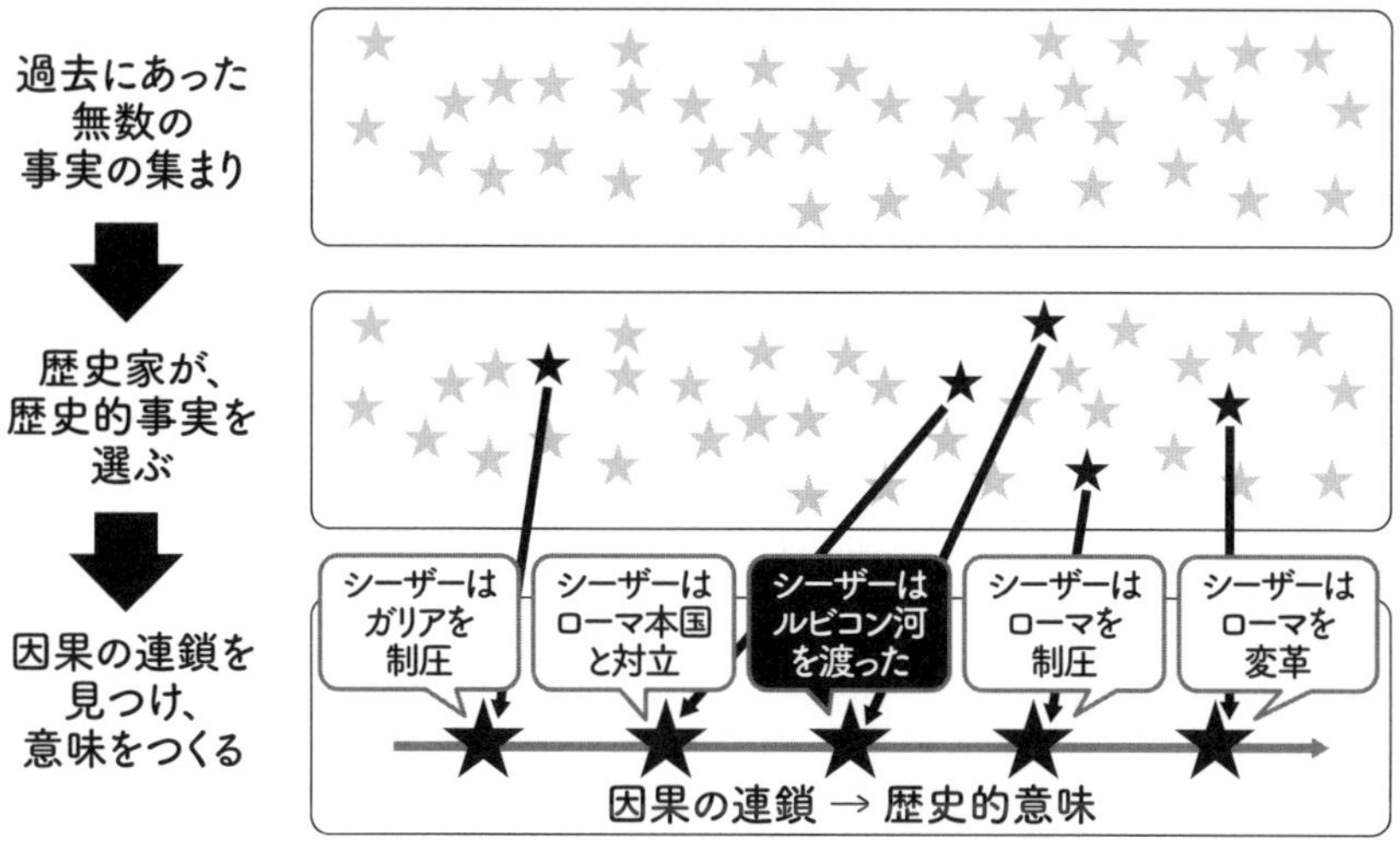
過去にあった無数の事実の集まり
歴史家が、歴史的事実を選ぶ
因果の連鎖を見つけ、意味をつくる
シーザーはガリアを制圧
シーザーはローマ本国と対立
シーザーはルビコン河を渡った
シーザーはローマを制圧
シーザーはローマを変革
因果の連鎖 → 歴史的意味

シーザーのルビコン渡河が歴史になる理由

シーザーがルビコン河を渡ったのは、どんな状況だったのか？

古代ローマの将軍シーザーは、属州（ローマが支配する地域）であるガリアの総督としてガリア全土を服従させた。しかしローマの指導者たちはシーザーを恐れて両者は対立。シーザーはローマの指導者らと戦う覚悟を決めた。

ルビコン河は、シーザーが治める属州ガリアとローマ本国の境界だった。当時のローマでは、属州軍が軍備を解かずにルビコン河を渡るのは、本国への反逆行為と見なされた。しかしシーザーは「賽《さい》は投げられた」と軍に檄を飛ばしてルビコン河を渡り、ローマ本国に突入して内戦を制圧。さまざまな改革を断行して帝政ローマの基礎を築いた。

このように「シーザーがルビコン河を渡った」ことを、歴史家が歴史的事実として選んだのである。他の人がルビコン河を渡った無数の事実は、歴史家にとっては意味がない。カーは本書でこのように述べている。

「歴史家が、自分の目的にとって有意味な事実を涯しない事実の大海から選び出すのと全く同じように、彼は、歴史的に有意味な因果の連鎖を、いや、それだけを多数の原因結果の多くの連鎖の中から取り出すのです。そして、歴史的意味の規準とは、彼の考えている合理的な説明および解釈の型の中へ事実を嵌め込む彼の能力ということなのです」

以上をわかりやすく示したのが前ページの図だ。過去には無数の「事実」があるが、これだけでは歴史にはならない。**歴史家は無数の事実から意味がある歴史的事実を選び出して、それらの歴史的事実の因果関係を見つけ、その因果の連鎖から歴史的な意味をつくる**のだ。

19世紀までの歴史学ではこのように考えずに「歴史とは事実の集まり。歴史家の仕事は本当の事実を示すことだけ」と考えられていた。しかし現実には、事実の捉え方は人によってさまざまだ。

版画家のナンシー関による『記憶スケッチアカデミー』（カタログハウス）という名著がある。老若男女さまざまな人が「ペコちゃん」「カエル」「金太郎」といったお題を与えられ、記憶だけを頼りに描く「記憶スケッチ」の作品集である。たとえば「エビ」というお題では、多様なエビが楽しめる。棒状のエビ。怪獣のようにこちらを振り向く怪しいエビ。丸顔の可愛いエビ。プラナリアのような不条理なエビ。団子状のエビなどなど。「エビ」というひとつのシンプルな事実でも、人によってさまざまな解釈が可能だ。まして歴史が完全に客観的であることは、ありえない。人によって必ず主観が入る。カーはこう述べている。

「第一に、歴史上の事実は純粋な形式で存在するものでなく、また、存在し得ないものでありますから、決して『純粋』に私たちへ現われて来るものではないということ、つまり、いつも記録者の心を通して屈折して来るものだということです」

歴史の評価は、歴史的・社会的環境の影響を受ける

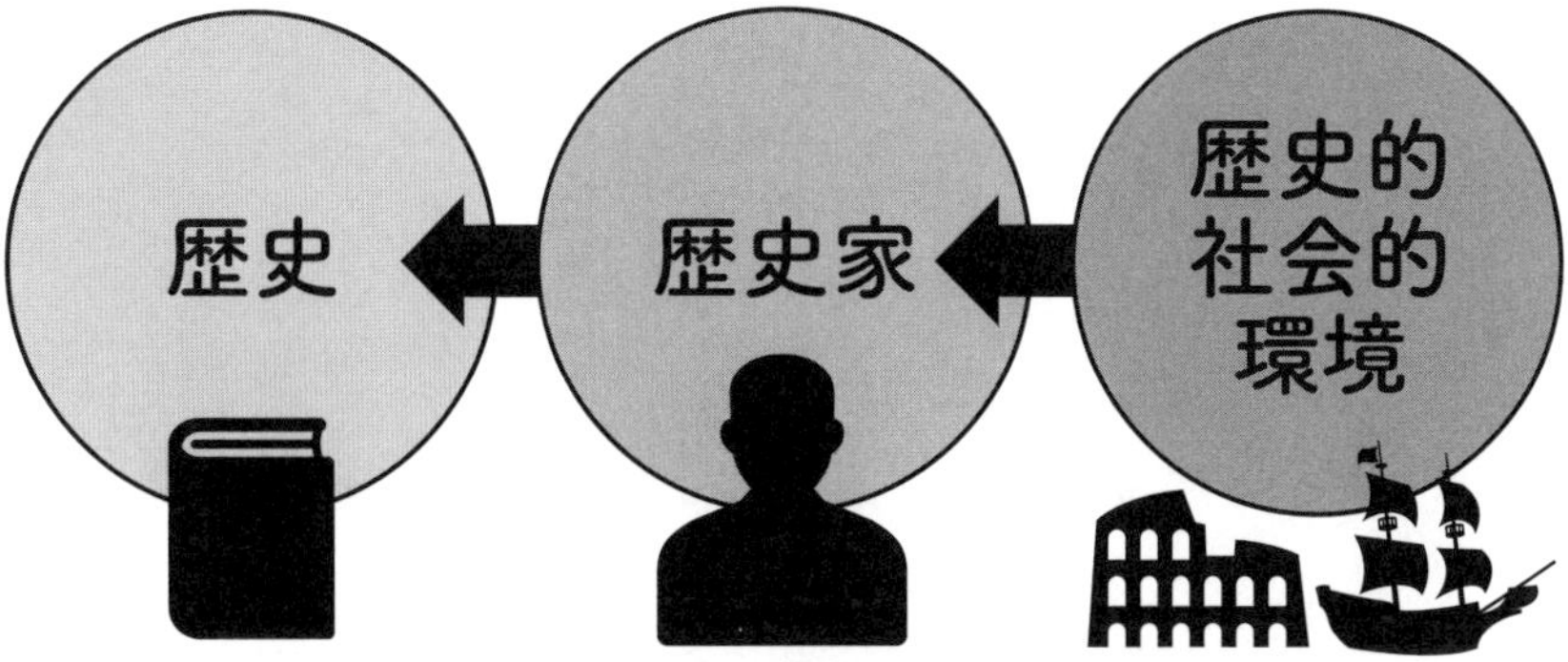

**歴史を学ぶには、まず歴史家を知り、
さらに歴史家の歴史的・社会的環境を知るべし**

歴史とは、歴史家が膨大な事実の中から歴史的事実を選び、解釈して再構成したものなのである。

エズラ・F・ヴォーゲルは Book 56『現代中国の父 鄧小平』で、膨大な調査をもとに鄧小平を中心とした現代中国の変革を描いた。しかもすべての記述に根拠を示し、注が1792項目にも及ぶこの歴史書にしても、ヴォーゲルという記録者の心を通して屈折した状態で書かれている。そこで重要になるのが、歴史家を理解することだ。

2022年に逝去したソ連最後の最高指導者・ゴルバチョフは、欧米諸国では「20世紀後半の最大の政治家」と高く評価されている。1980年代のソ連国内でも最も人気がある政治家だった。しかし現代のロシアでは「ソ連崩壊をもたらした人物」として批判的な見方が多いことをご存じだろうか。

歴史に対する評価は、必ず歴史的環境や社会的環境の影響を受ける。カーはこのように述べている。

「『歴史を研究する前に、歴史家を研究して下さい。』

今は、これに附け加えて、次のように申さねばなりません。『歴史家を研究する前に、歴史家の歴史的および社会的環境を研究して下さい。』歴史家は個人であると同時に歴史および社会の産物なのです」

ゴルバチョフの評価は、欧米とロシアという異なる社会環境では異なるし、同じロシア（ソ連）であっても時代が変わると異なる。歴史を学ぶときはそんな点も頭に入れておくことで、より深く学べるのだ。

ここでひとつ疑問がある。歴史には主観によるさまざまなバイアスがある。バイアスだらけなのが、歴史書の宿命だ。では、歴史を学ぶとき、客観性はどのように考えればいいのか？

歴史とは「現代と過去の対話」である

歴史家が歴史的事実を選択するとき、過去の膨大な事実が棄てられている。

しかし後に、過去の膨大な事実の中から、新たな事実が再発見されることもある。

たとえば712年に完成した Book 45『古事記』は、天皇中心の体系に各地の氏族を組み入れることが目的だったので、当初は一般には広がらなかった。1798年、江戸時代に本居宣長が『古事記伝』を書いて一般に注目されるようになり、古事記伝は国学思想体系を確立。明治時代を迎えると『古事記』は国家神道の聖典となった。1000年も前の忘れられた事実が、新たに再発見されたのだ。カーはこう述べている。

「歴史が過去と未来との間に一貫した関係を打ち樹てる時にのみ、歴史は意味と客観性とを持つことになるのです」

丸山眞男が Book 53『日本の思想』で述べたように、明治時代に『古事記』が受け入れられたのは、海外から膨大な思想が入る中で、全日本国民が共有できる思想が必要になり、「万世一系の天皇の統治」という思想の裏づけのために歴史的事実として再発見されたからだ。しかし、そんな事実も日本の敗戦とともに忘れられた。カーはこう述べている。「歴史における客観性（中略）というのは、事実の客観性ではなく、単に関係の客観性、つまり、事実と解釈との間の、過去と現在と未来との間の関係の客観性なのです」

つまり**歴史的事実は、常に現代の視点で選ばれ、解釈される**。

明治政府にとって『古事記』という過去の事実を選ぶことは重要だったが、戦後の政府にとっては否定すべきものになった。その時代によって、過去の事実と現代、その先に見据える未来の関係は変わるのだ。

カーは本書第1章の最後で、有名な次の言葉を残している。

「歴史とは歴史家と事実との間の相互作用の不断の過程であり、現在と過去との間の尽きることを知らぬ対話なのであります」

つまり**歴史とは現代と過去の対話**なのだ。歴史から学ぶことで、私たちは先人の過ちを避けて、よりよく生きることができる。ではどうすればいいのか？　訳者の清水幾太郎氏は本書のはしがきでこう述べている。

「過去を見る眼が新しくならない限り、現代の新しさは本当に摑めないであろう」

本章では、最初に次の Book 59『文明の生態史観』からさまざまな歴史書の名著を7冊紹介する。

私たちが問題意識を持ってこれらの歴史書から学び、現在の視点でどんな意味があるのかを再解釈し続けることが、新たな未来を築くことにつながっていく。これが歴史を学ぶ意味なのである。

Point

歴史を学ぶとは、現代の視点で「過去」と対話することである

Book

59

『文明の生態史観』

ロシア、中国、中東で民主化が進まない歴史的理由

中公文庫

梅棹忠夫

1920年－2010年。日本の生態学者、民族学者、情報学者、未来学者。国立民族学博物館名誉教授、京都大学名誉教授。1963年に発表した『情報産業論』はセンセーションを巻き起こし、「情報産業」という言葉を初めて用いた。アフガニスタン、東南アジアなどを実地踏査し、世界を第1地域と第2地域とからなるとした『文明の生態史観序説』を発表。著書『知的生産の技術』はベストセラーになった。

本書は１９６７年に刊行された、世界の文明と歴史を壮大な視点で俯瞰する名著である。

ＳＦ作家の巨匠・小松左京氏は、１９８５年の第31刷でこんな推薦文を寄せた。「（本書は）戦後提出された最も重要な『世界史モデル』の一つであろう。それは、これまで東と西、アジア対ヨーロッパという、慣習的な座標軸の中に捉えられてきた世界史に革命的といっていいほどの新しい視野をもたらした」

著述家・松岡正剛氏に至っては、本書の帯で実にストレートな推薦の言葉を寄せている。

「この本は名著だ。（中略）読んだことがない者は、何がなんでも一読した方がいい」

文化人類学者の谷泰氏は本書の解説の中で、戦後の日本では「人類史は発展・進化する歴史」というマルクスの発展段階論を下敷きに日本を一歩遅れた段階に位置づけて歴史理論を展開していたが、本書が提唱しているのは「全地球的歴史のながれの中において、ひずみのない姿の下にみようとする、戦後提出されたもっとも重要な人類史モデルの一つ」と述べている。この理論がわかると、21世紀の現代においてロシア、中国、中東の民主化が停滞して、専制主義政権が台頭している原因も見えてくるのだ。

著者の梅棹《うめさお》忠夫氏は１９２０年生まれ。日本における文化人類学の先駆者として、世界のさまざまな地域

ユーラシア大陸を「第1地域」と「第2地域」に分ける

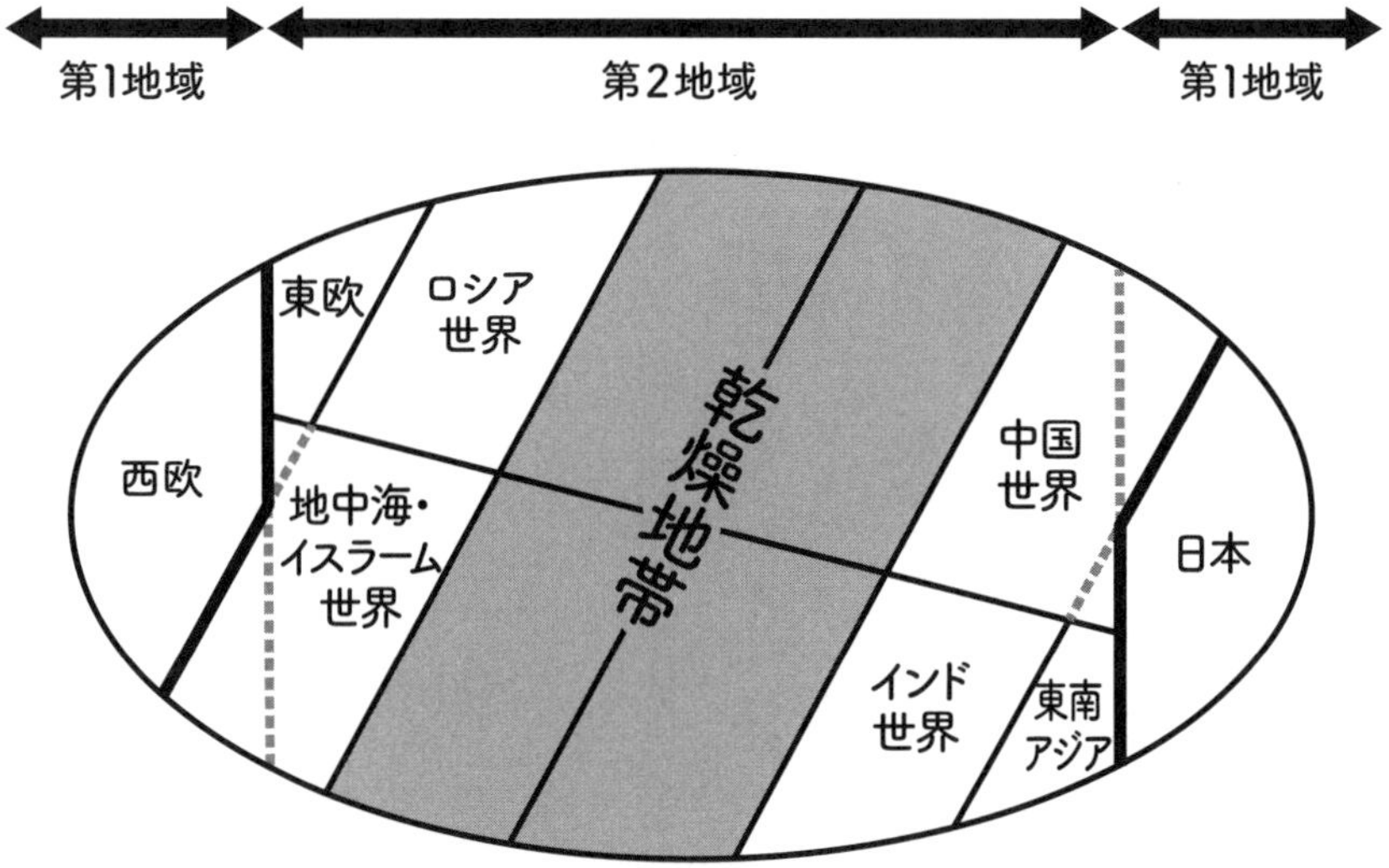

出典:『文明の生態史観』を参考に筆者が作成

に調査・探検に出かけた生態学者・民族学者であり、国立民族学博物館長も務めた。1969年刊行の『知的生産の技術』(岩波書店)は、時代を超えたベストセラーになった。1986年に両目を失明したが(原因不明)、その後も多くの著書を口述筆記で残した。

もともと自然科学が専門だった梅棹氏は、1955年にインドやパキスタンを半年間旅行して比較文明論に関心を持つようになり、さまざまな論文で理論を発表した。本書はそれらの論文をピックアップしてまとめた一冊で、フランス語、イタリア語、英語、ドイツ語、中国語にも翻訳されている。

ユーラシア大陸の2つの地域

人類の歴史は主にユーラシア大陸を中心に進んできた。そこで本書はユーラシア大陸を**第1地域**と**第2地域**に分けて分析している。

【第1地域】 ユーラシア大陸の東西の両端にある西洋地域と日本だ。この地域は現代でこそ近代文明と高度な教育があって生活水準も高いが、古代は辺境地帯だった。日本は倭《わ》と呼ばれ、中国王朝の冊封体制の中にいた。その後、大和朝廷が統一した日本は隣の大帝国・隋や唐に追いつくために彼らの律令国家体制を模倣した。西欧もローマ時代は「ガリア」と呼ばれる辺境地域だった。そこで、たとえばフランク王国（現代のフランス）はローマ帝国を模倣した。

【第2地域】 ユーラシア大陸で、第1地域以外の地域（インド・中国・ロシア・イスラム諸国など）だ。第2地域は現代では近代化が遅れ、貧困も広がり民主化も進んでいない。しかし、もとは人類文明発祥の地だった。古代文明（メソポタミア文明〈中東〉、ナイル文明〈エジプト〉、インダス文明〈インド西部〉、黄河文明〈中華〉）は、第2地域の乾燥地帯の周辺にある大河川地帯で生まれ、さらにその後、第2地域では中世にかけて次々といくつもの大帝国が現れた。ではなぜ、かつて第2地域は進んでいたのに、現代では遅れているのか。

乾燥地帯が「第2地域」を停滞させた

梅棹氏は「前提条件が違っていたからだ」と述べている。

カギを握るのは、ユーラシア大陸のど真ん中を横切る巨大な**乾燥地帯**の存在だ。第2地域に現れたさまざまな大帝国は、巨大な乾燥地帯の真ん中から現れた猛烈な破壊力を持つ暴力的な遊牧民たちにより次々と破壊され、征服された。騎馬民族は定住せず、馬を操って常に移動を繰り返し、機動力が抜群。彼らは食料生産に労働力を割かなければならない農耕民族に対して、圧倒的な破壊力を持っていた。

そのために第2地域は常に遊牧民の脅威にさらされてきた。梅棹氏はこの乾燥地帯を「**悪魔の巣**」と呼んでいる。その最たるものがモンゴル帝国（元）だ。モンゴル帝国は、東は中国から西は東欧まで、ユーラシア大陸の大半を制覇した。他にも匈奴《きょうど》、フン族、突厥《とっけつ》、ツングースなどの遊牧民族が大陸を暴れ回った。梅棹氏はこう述べている。「たいへん単純化してしまったようだが、第二地域の特殊性は、けっきょくこれだ

「第1地域」と「第2地域」の歴史

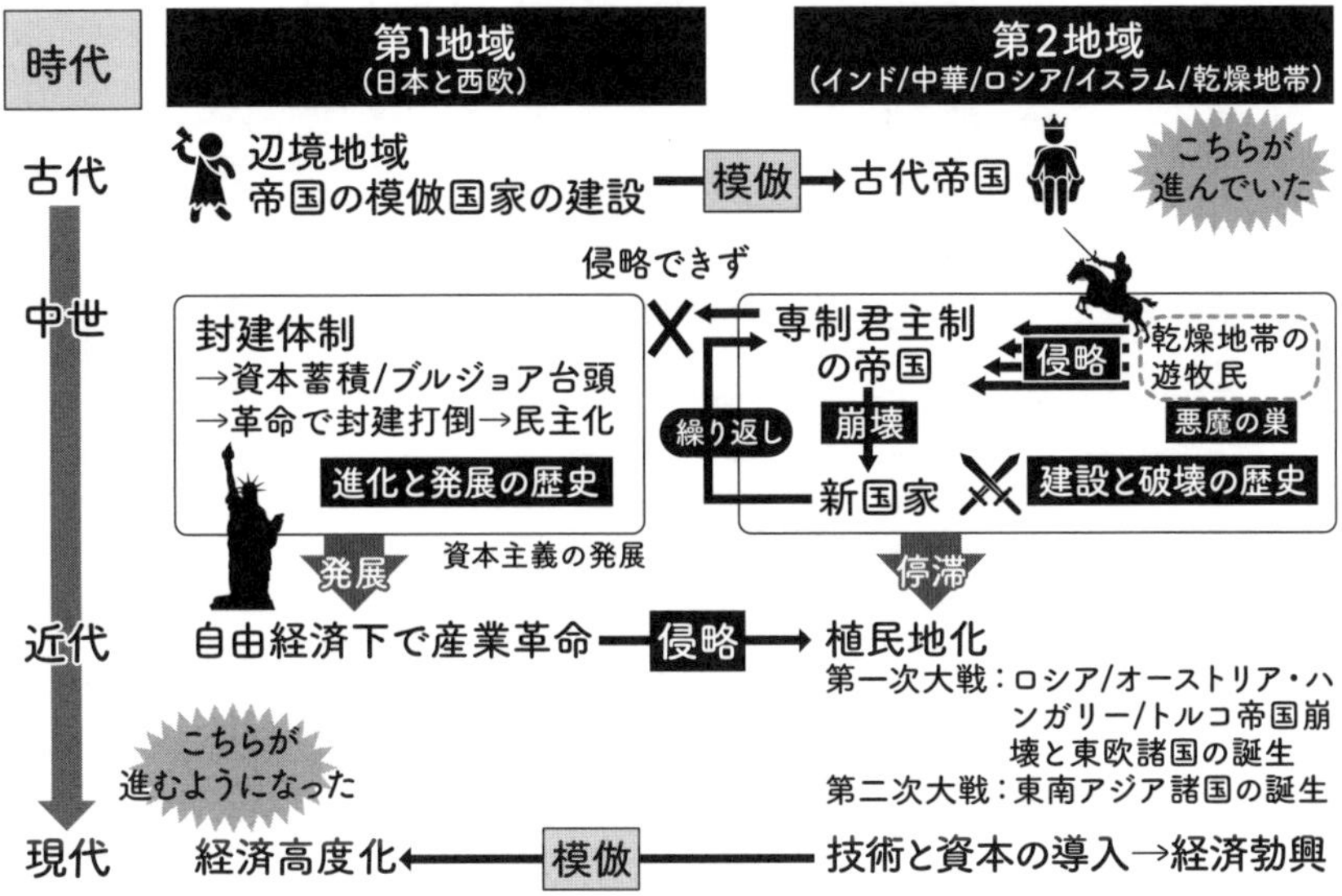

とおもう。建設と破壊のたえざるくりかえし。そこでは、一時はりっぱな社会をつくることができても、その内部矛盾がたまってあたらしい革命的展開にいたるまで成熟することができない。もともと、そういう条件の土地なのだった」

第2地域は文明発祥の地だったが、乾燥地帯という破壊の源を抱えていた。加えて第2地域の大帝国には広大な領土に多種多様な民族がいるので、**専制君主体制によるトップダウン、つまり権力の集中で支配した。**このため内部闘争が激しく、権力も腐敗した。この結果、第2地域は発展しなかった。

第1地域は幸いなことに乾燥地帯から地理的に離れ、彼らが征服に来るまでに軍備を整えられた。日本にモンゴル帝国（蒙古）が初襲来したのは1274年。すでに鎌倉幕府が成立し武力を備えていた。ドイツ騎士団も、東プロイセンでモンゴル帝国のチンギス汗《はん》、クビライ汗の軍隊を迎え撃った。

加えて第1地域は温暖で雨量も適度、土地の生産性も高く、農耕に適した条件に恵まれていた。おかげで第1地域は中世から近代にかけて封建体制に移行できた。封建体制というと「古いのでは?」と思いがちだが、梅棹氏は「**封建体制がブルジョア**（**お金持ち**）**を養成した**」と述べている。

封建制では、大名や諸侯が認めれば商人・農民・市民でも私有財産を持つことができた。日本では鎌倉時代に幕府が権力を掌握。幕府が各地の大名に土地を与え、自治を任せる体制が明治維新まで続いた。西欧でも国王が諸侯に土地を与え自治を認めていた。こうして成功した者は資本家となり、お金持ちになった。

西欧ではそうして豊かになった市民たちが市民革命を起こした。そして封建制を打倒し、自由や権利の概念を生み出した。日本では明治維新により封建制が倒された。そして第1地域は18~19世紀に産業革命により経済的に発展すると、今度は第2地域を侵略して植民地化するようになった。梅棹氏はこの世界観をシンプルな図にまとめている。第2地域の文明圏には中国世界、インド世界、ロシア世界、地中海・イスラーム世界があり、その周辺にこれら文明圏に属さないが大きな影響を受ける東南アジアと東欧がある。

近世になって遊牧民族の暴力はほぼ鎮圧され、第一次世界大戦が終わるとロシア、オーストリア・ハンガリー、トルコの3大帝国は崩壊。東欧諸国（ポーランド、チェコスロバキア、ユーゴスラビア、ルーマニア、ブルガリア）が生まれた。第二次大戦が終わると、今度は東南アジア諸国が独立した。

そして戦後は逆に、第2地域が第1地域から技術や資本を導入し、経済成長をする時代になっている。

梅棹氏はこう述べている。「こまかい点をみてゆけば、いくらでもボロがでる。しかし、ごくおおまかなところは、ほぼ、こういう図式で了解がつく」

もし日本が鎖国をしなかったら……

梅棹氏は「もし日本が鎖国をしなかったら、どうなったか?」も考察している。

大航海時代の16～17世紀、ポルトガル、オランダ、英国、フランスはアジアに進出。当時は日本からも御朱印船が出て、東南アジア諸国と盛んに貿易を行い、東南アジアの各地には日本人町もあった。

西欧諸国は日本と同様に各地に居留地をつくり、次第に領土を広げて、植民地として経営していった。

しかし日本はこの時期、梅棹氏の言い方をすると「鎖国という妙なことをやってしまった」ので、各地の日本人町は消えてしまった。梅棹氏はこう述べている。「鎖国のために、東南アジアに対する日本の侵略と植民地化のうごきは、二〇〇年以上おくれることになってしまった。（中略）鎖国なんかして、おしいことをした、といっているのではない。日本という国は、歴史のすじがきからいうと、東南アジアにとっては、しょせんイギリス、フランス、オランダなどとおなじ役わりをはたすような国なのだ、ということである」

つまり文明史的に、**欧州各国が周辺に与えた影響と同じ役回りを、日本は果たしている**ということだ。

21世紀の現代では、第2地域は経済面で発展する。一方で、四大帝国の民主化はインドは進んでいるが、アラブ諸国、ロシア、中国は進んでおらず、むしろ専制主義に戻りつつある。この動きも梅棹モデルを基に考えると理解できる。環境などの自然的要因で根づいた民族意識は、数千年かけて形成されてきた。数十年程度の近代化で変わるのは難しいのだろう。第1地域が中世から近代の数百年間で徐々に発展したように、第2地域の意識が変わるのにも、数世代を経た100～200年のレンジが必要なのかも知れない。

Point

人類の歴史は数千年かけて自然環境が形成してきた

Book

60

『マッキンダーの地政学』

なぜ西側諸国は、ウクライナを全力で支援するのか?

曽村保信[訳] 原書房

H・J・マッキンダー

1861年－1947年。英国の地理学者、政治家。オックスフォード大学で法律を学び、さらに地理学に転じた。オックスフォード大学地理学院初代院長、ロンドン大学政治経済学院院長等を歴任。提唱した「ハートランド理論」は地政学の基礎的な理論づけとなった。事実上の現代地政学の開祖といえる。政治家としての顔も持ち、1910年に下院で当選してから1922年まで議席を保持した。

2022年2月、ロシアのウクライナ侵攻に西側諸国は一斉に反発。経済制裁で世界は大混乱に陥った。しかし「東欧の一国で起こった紛争で、なぜ世界中が大騒ぎするの?」と思った人もいるかもしれない。しかし、ウクライナは、世界的に見て超重要地域なのだ。**地政学**を学べばその理由が理解でき、大国が隠し持つ本音も読み取れるようになる。

さらに投資家は、地政学を解読してリスクヘッジする。2023年「投資の神様」バフェットは、台湾にある世界最大の半導体メーカーTSMCの持ち株をすべて売却した。収益性が高く売りたくなかったそうだが、台湾の地政学的リスクを判断した結果だという。

『広辞苑』によると、地政学とは「**政治現象と地理的条件との関係を研究する学問**」だ。国家は引っ越せない。地政学は、この地理的な制約条件がいかに国家の政治に関係するかを研究する。

本書は地政学のバイブルだ。著者のマッキンダーは1861年英国生まれ。地理学研究者だった彼は、政界に出て第一次世界大戦中は英国の戦いを政治家として支援。そして1919年に執筆したのが本書だ。

1985年に刊行された邦訳版の訳者・曽《そ》村保信《むらやすのぶ》氏は解説で「現在いわゆる地政学とよばれているものは、

「シー・パワー」と「ランド・パワー」

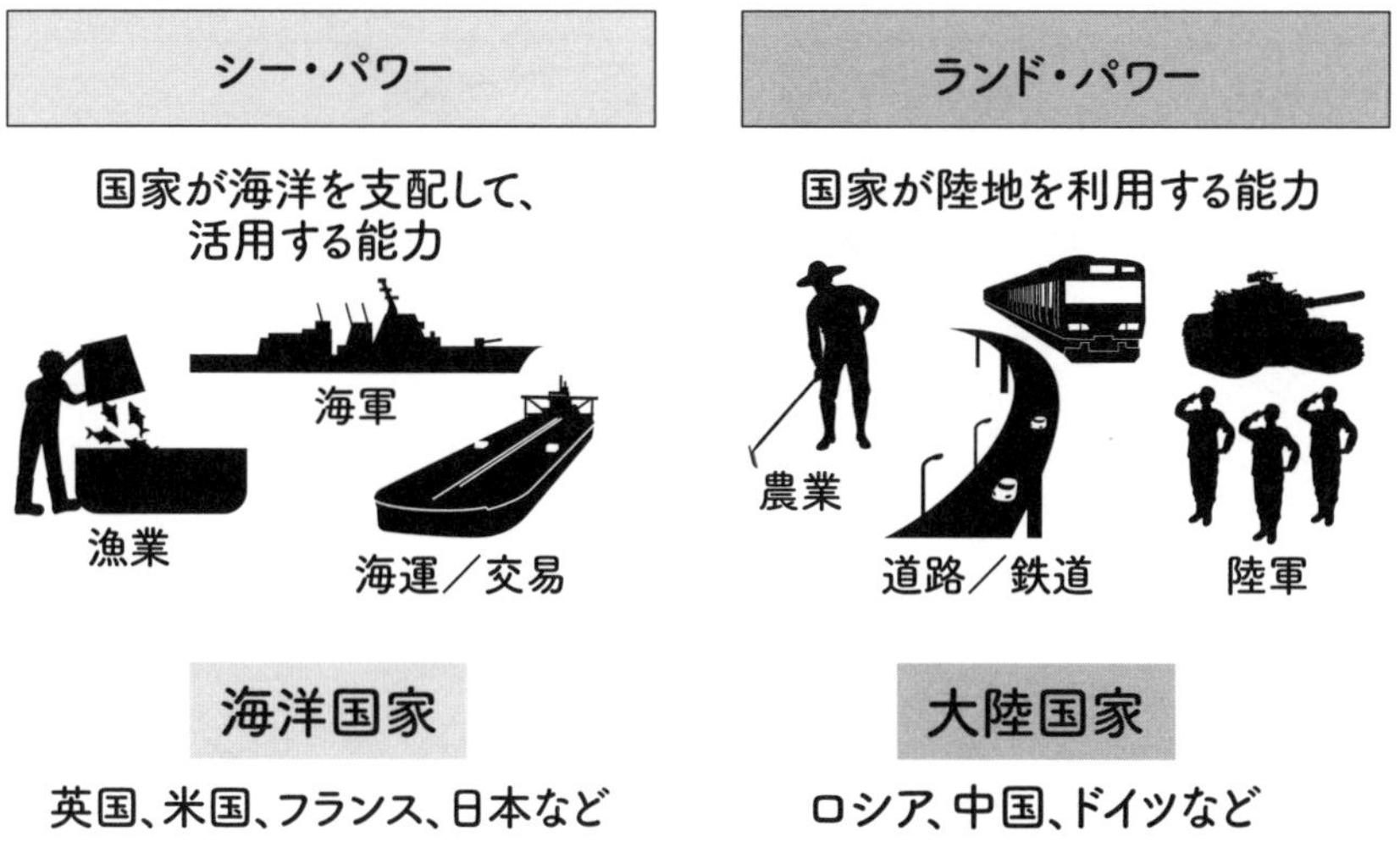

事実上マッキンダーによって始められたとみてさしつかえない」「マッキンダーの所説のなかには、（中略）およそ二〇世紀の国際政治学のあらゆる基本的命題がすでに含まれている」と述べている。早速、本書のポイントを見ていこう。

「世界島」を支配する者は、世界を制する

本書では、次の有名な言葉が出てくる。

「東欧を支配する者はハートランドを制し、ハートランドを支配する者は世界島を制し、世界島を支配する者は世界を制する」

このハートランドや世界島の概念がマッキンダー地政学のカギだ。順番に説明しよう。

地政学では**シー・パワー**や**ランド・パワー**という言葉が出てくる。シー・パワーとは海洋を支配する能力だ。海洋国家の日本はシー・パワー大国だ。ランド・パワーとは陸地を利用する能力。ロシアや中国は大陸国家であり、ランド・パワー大国だ。

さらにマッキンダーは**世界島**という概念を提唱し

「ハートランドを支配する者は世界島を制する」

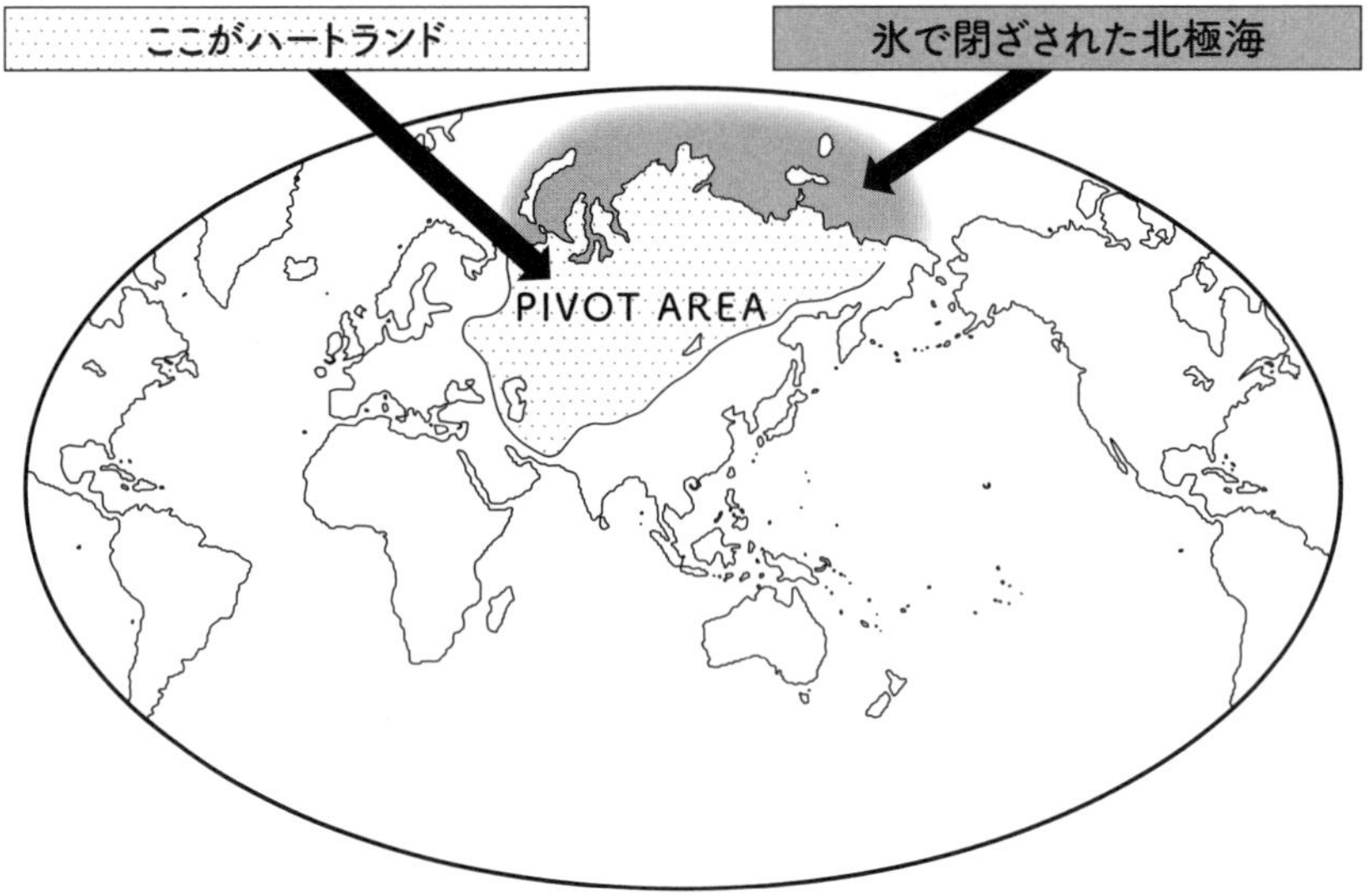

出典:『マッキンダーの地政学』を参考に筆者が作成

た。世界島とは陸続きであるヨーロッパ、アジア、アフリカの3大陸の総称で、現在世界人口の75%が世界島にいる。北米と南米はパナマ地域でわずかにつながっているだけで事実上は別々の島だ。こうして地球を俯瞰すると、世界島が世界を支配している。**世界にとっての脅威は世界島を単一勢力が支配することだ。**マッキンダーはこう述べている。

「われわれは、いつの日か巨大な大陸が唯一の勢力の支配下におちいり、これが無敵のシー・パワーの基地となる可能性を度外視してもさしつかえないだろうか？（中略）これは戦略上の観点からみるとき、世界全体の自由にとって、まさに最大の、究極的な脅威だといわなければなるまい」

この世界島を支配するのが、ハートランドだ。

上の図はマッキンダーの地政学で有名な図だ。ハートランドは「PIVOT AREA（中心領域）」と書かれた部分。北極海沿岸から南にかけて、アジアの半分と欧州の4分の1を含む領域だ。北極海側は氷で閉ざされており海からの交通は不可能で、外部の

世界を人口比率で分けてみる

注：1919年時点の人口に基づく

「世界島を支配する者は世界を制する」

出典:『マッキンダーの地政学』を参考に筆者が作成

シー・パワーの攻撃は困難だ。マッキンダーはこの地域を大陸の**心臓地帯**（**ハートランド**）と名づけた。

ハートランドは大草原だ。歴史上、ハートランドの遊牧民族たちは、周辺の国家を侵略し続けてきた。7〜13世紀、西アジア・北アフリカ・南ヨーロッパを支配したサラセン帝国は、北のハートランドの勢力により滅ぼされた。このハートランドは梅棹忠夫が Book59『文明の生態史観』で「乾燥地帯」別名「悪魔の巣」と呼ぶ、侵略を繰り返してきた地域だ。

マッキンダーはこう述べている。「英国やフランス等の国民国家の成立、ベネチアの海上勢力の勃興、また中世における法王庁の権威の確立などは、みんな一つの事件に起因している。それはつまりハートランドから来襲した強敵にたいして、海岸の諸民族が一致して反撃をくわえた、ということである」

そしてロシアの台頭でハートランドの状況は一変する。マッキンダーはこう述べている。

「遊牧民族や騎馬民族などが彼らの帝国を永く維持できなかったのは、要するに十分なマン・パワーに欠けていたためである。（中略）ロシアの時代になってはじめて、真に脅威的なマン・パワーの持ち主がハートランドの住人になったことを知ったようなわけだった」

ロシア革命でソビエト連邦が誕生して米国と並ぶ超大国になり、ソ連崩壊でロシアの経済規模は大きく縮小した。しかし**現在もロシアはハートランドを制し、核も持つ。**だからロシアは世界の強国なのだ。

ハートランドには悩みもある。港がないことだ。北極海側は氷で閉ざされている。ロシアの長年の念願は不凍港の獲得だった。日露戦争のきっかけとなったロシアの南下も、不凍港の確保が目的だ。

東欧はハートランドと海の両方に接する。東欧はシーパワーが攻めてくる入口であり、ハートランドがシー・パワーを獲得し、海に出る出口でもある。だから**「東欧を支配する者はハートランドを制する」**のだ。

ウクライナはロシアと国境を接し、黒海にも接する。ロシアがウクライナを制すれば、海の出入り口を確保して、ハートランドをほぼ完全に制圧できる。西側諸国は、このウクライナ占領がかつての超大国・ソ連の再来につながる可能性を怖れている。その後、ロシアが世界島を制し、世界を制する可能性もある。だから西側諸国はウクライナを全力で支援する。**ウクライナは地政学的に世界の最重要地域**なのだ。

一方でマッキンダーは本書で、母国・英国についてこう述べている。「およそ過去三世紀の英国の歴史を学べば、シー・パワーのすべての特徴がわかるといっても、けっして過言ではないだろう」

英国の対岸にある欧州大陸からは、英国のシー・パワーを打破する試みが何回も行われたが、ドーバー海峡に守られた英国は攻撃をすべてはねつけた。1805年のナポレオン戦争でフランスに勝利すると、英国のシー・パワーに対抗できる国家はなくなり、19～20世紀初頭の英国は世界の植民地を支配下に置いた。

その後、シー・パワーを持つ英国は欧州大陸を包囲し、欧州内部の政治には深く関与しなかった。

マッキンダーは、海洋国家・英国の国益のためにシー・パワーを活かし、ハートランドの覇者が現れない施策を取ることを提言した。だから英国は欧州でドイツやロシアなどの強国が台頭すると、その時点の欧州第2位の国家と連携して強国に干渉し、強国の力を弱める施策を取ってきた。

このように地政学では、地理的な視点で歴史から学び、そこから国家間の競争パターンを読み解いて、国家間の競争で有利な立場を獲得する。以上がマッキンダー地政学の概略だ。ただ、本書は100年以上前の本なので、最新地政学の知見が得られない。そこで補足のために、2017年刊行のジェイムズ・スタヴリディス著『海の地政学』（早川書房）から現代の地政学も学んでいこう。

注目のエリアは「北極海」と「南シナ海」

スタヴリディスは「第二次世界大戦以降、米海軍でもっとも頭脳明晰でありもっとも優れた戦略家」と言われ、NATO最高司令官も務めた米国海軍の戦略を知り尽くす人物だ。若くして修士号と博士号を取得。退役後は母校校長も務め、共著の小説『2034 米中戦争』（二見書房）は世界的ベストセラーだ。

陸運・空運・海運といった物流のうち、経済の生命線は原油・食料・原材料などの必需品を運び、コストが最も低い海運が握る。そこで世界の海運を守っている米国海軍が考える世界の海の問題を、地政学的な視点で読み解いたのが本書なのだ。ここでは本書から彼が指摘する要注目ポイントを紹介しよう。

❶北極海

地球温暖化で、氷に閉ざされた北極海は変わりつつある。スタヴリディスはこう述べている。「二〇四〇年には一年中通航が可能になり、さらに一〇年後には北極を覆う氷はなくなるだろう」

これはとてつもない変化を生む。ロシアが北極海航路を開発すれば、アフリカ喜望峰経由だったアジアと欧州の往復時間は4割節約できる。しかも他の公海と違って海賊がいない安全な海だ。さらに北極海は海洋資源が豊富だ。皮肉なことに地球温暖化によって、北極海は人類に未曾有の機会をもたらすのだ。

一方で、北極海に接するNATO加盟4カ国（米国、カナダ、ノルウェー、グリーンランドが自治領のデンマーク）とロシアの利害が北極海を巡って対立して、安全保障上の大きな争いが起こる可能性もある。

地球温暖化ガスも懸念材料だ。地球温暖化は「約一〇〇〇ギガトンの二酸化炭素が放出されたときに臨界点に達する」と言われるが、北極圏の気温が2度上がって永久凍土が溶けると、二酸化炭素で1700〜1800ギガトン分のメタンガスが放出される。パリ協定で締結されたCO_2排出量をすぐ上回る量だ。

本書では触れていないが、マッキンダーの地政学で「ハートランドが世界島を支配できる」理由は、氷に覆われた北極海からシー・パワーが進入できないことだった。この条件がなくなり、さらにロシアが不凍港を求めて南下政策を取る必要もなくなる。その結果、ロシアが海洋国家に変貌する可能性も出てくる。

つまり、何が起こるかわからない。地政学的に考えると、将来的に北極海は赤丸要チェックの地域だ。

❷南シナ海

1949年の建国以来、中国は「中国は1つ」「台湾は中国の一部」と主張し続けてきた。そしてスタヴリディスはこう述べる。「（台湾は）南シナ海という大きな瓶の栓のように働き、朝鮮半島、日本、中国、さらには南のすべての国との海上交通路を横切る位置にある」

中国が周辺国への影響力を強める上で、台湾は地政学的に超重要な位置にある。だから他国からいくら「力ずくで台湾を奪うのは容認できない」と言われても、中国は「利益の核心」と主張して絶対に譲らない。

近年の中国は急速に海軍力を高め、実力行使で台湾を奪う力もつけている。前述の投資家・バフェットはこのリスクを嫌い、2023年に台湾の半導体メーカーTSMCの株を売却した。

さらに中国は、南シナ海に巨大な人工島を建設し、南シナ海全域が自国領土であるかのように行動している。そこで、米国は対抗するために**「航行の自由」**作戦を展開している。「中国の主張は絶対に認めない」と強く意思表示するため、事前通告なく空母などでその海域を航行するのだ。

中国は500年前から数千年前の領域を根拠に、南シナ海の領有権を主張している。そんな主張が通れば、公海はますます狭くなる。だから「航行の自由」作戦が必要になるのだ。

このように国際政治は、感情や情緒ではなく、冷徹な利害関係で動く。そのベースとなるのが地政学なのだ。地政学がわかると国際政治のロジックを読み解くことができ、ビジネスチャンスを獲得できる。

2016年に安倍晋三首相（当時）が提唱した**「自由で開かれたインド太平洋」**という外交方針も、地政学的ビジョンだ。一帯一路戦略を進める中国へ対抗するため「自由、開放性、多様性、包摂性、法の支配の尊重」という理念に賛同する環太平洋地域の自由主義諸国が束になり、より大きな網を被せる戦略だ。

この国家戦略の地政学的な狙いを理解すれば、ビジネスで追い風に乗ることができる。たとえば若い人口と豊富な資源を持つアフリカは日本の重点投資地域だが、アフリカは法整備が遅れている。そこで日本政府の支援を得てここでスタートアップを起業し、日本では不可能な挑戦をする人もいる。

このようにビジネスパーソンも地政学的な視点を持てば、見えなかった大国の狙いが見えるようになり、ビジネスで先手を打てるようになる。教養として地政学を学ぶ際に、この2冊はぜひ参考にしてほしい。

Point

大国の思惑を読み解いて、したたかにビジネスの先手を打て

Book 61

『昭和史 1926-1945』

平凡社ライブラリー

戦争に邁進した末に破滅した「日本の負の歴史」から学べ

半藤一利

1930年－2021年。日本のジャーナリスト、戦史研究家、作家。東京大学文学部卒業後、文藝春秋入社。『週刊文春』『文藝春秋』編集長、取締役などを経て作家に。近現代史、特に昭和史に関し人物論・史論を、対談・座談も含め多く刊行している。『漱石先生ぞな、もし』で新田次郎文学賞、『ノモンハンの夏』で山本七平賞、『昭和史 1926-1945』『昭和史 戦後篇』で毎日出版文化賞特別賞を受賞。

昭和20年（1945年）8月15日、日本は太平洋戦争で負けて、310万人もの命が失われた。

あなたは、なぜ日本が戦争したのか、説明できるだろうか。

「日本軍が国民を戦争に引きずり込んだからだ」と思ったとしたら、一面しか見ていない。日本国民は熱狂して戦争を始め、破滅したのだ。その日本人の悪い面は、現代の日本人も反省せずに抱えたままだ。

よく「歴史から学べ」と言われるが、歴史を学ぶには「具体的に何を改めるべきか？」という目的意識が必要だ。本書は私たちが目的意識を持って日本の負の歴史を学ぶきっかけになる一冊だ。

本書は戦史研究家・作家の半藤《はんどう》一利氏が、「昭和史のシの字も知らない私たち世代のために授業してほしい」という編集者の依頼で、月1〜2回、各90分の授業を9カ月続けた内容をまとめたものだ。文庫版で全548ページの大著だが、口語体でわかりやすい。本書で半藤氏が語ったストーリーに沿ってポイントを絞って紹介しよう。

半藤氏は近代日本の歴史を、大局的に40年刻みで示している。近代日本の出発点は1865年。それまで攘夷の方針だった京都の朝廷が「開国しよう」と考えを変え、日本は開国に向けて動き出した。そして近代化の完成が40年後の１９０５年。世界5大強国と称された帝政ロシアに**日露戦争**でかろうじて勝った年だ。しかしこれで「日本は世界の堂々たる強国」といい気になった。その40年後の１９４５年、日本は敗戦で滅びた。この滅びの後半20年間が、本書のテーマ「昭和史前半」なのだ。

昭和史を理解するカギは**満州**だ。日露戦争前、帝政ロシアは満州（中国の東北地方）に強引に乗り込み、中国から奪った。ロシア南下を恐れた日本は、自衛のために日露戦争を戦って勝ち、南満州鉄道の経営権と炭鉱の採掘権を獲得。さらに鉄道の安全を守るために軍隊が駐屯する権利も得た。

満州は、日本にとって3つの大きな意味があった。①ロシアの南下を抑える国防線、②資源がない日本の資源供給地、③人口増加が問題だった狭い日本の移民先。

満州に駐屯する日本陸軍の軍隊は**関東軍**《かんとうぐん》と呼ばれ、最終的には70万人にまで肥大していく。陸軍は満州で日本の権益を拡大するために、さまざまな活動を展開したのである。

満州の権益拡大に邁進する陸軍

「満州を支配したい」と考えていた関東軍は、当時満州を支配していた中国の軍閥《ぐんばつ》（軍事勢力）である**張作霖**《ちょうさくりん》と手を組んだ。当初は両者ともうまくやっていたが、次第に力をつけた張作霖は関東軍の言うことを聞かなくなった。関東軍は「張作霖は邪魔だ。消そう」と考え、張作霖が乗った列車を爆破して殺した。しかし「列車の爆破は、関東軍の謀略じゃないの？」と疑われてしまう。

状況を察した天皇と天皇の側近である元老・西園寺公望《さいおんじきんもち》は、田中義一首相に「徹底的に調べよ。犯人が日本人なら厳罰に処せ」と厳命。しかし田中首相は陸軍出身。組織的犯行を企画・実行した陸軍は身内である。

さらに爆殺事件の首謀者は陸軍内で「軍法会議にかけられたらすべてバラします」と開き直っていた。弱気な田中首相は「問い詰めたら陸軍は崩壊するぞ。でもそんなことできないよなぁ」と悩んで進退がきわまり、事件追及を放り出して内閣総辞職を選んだ。実に無責任である。

実はこのとき、天皇は田中首相に「辞めたらどうか？」と迫った。しかし立憲君主制である明治憲法では天皇が総理大臣に「辞めろ」と言うのはＮＧ。天皇は重臣に諭され、その後内閣が決めたことは一切ノーと言わない**「君臨すれども統治せず」**の立場を守るようになり、**「沈黙する天皇」**が生まれた。

海軍側では、後述する**統帥権干犯《かんぱん》**問題が起こった。きっかけは日米英三国が「軍事費節約のために艦船の数を減らそう」と合意して始まった軍縮条約の交渉だ。日本海軍は艦船を対米英7割弱の比率にすることで合意し、内閣も了承して軍縮条約は調印された。

しかしその後「7割弱という屈辱的な条件なんて絶対反対！」と噛みついたのが、一連の交渉に関わらなかった海軍の中央機関・**軍令部**だ。

「我々軍令部は、天皇が持つ統帥権（軍隊の指揮権）をサポートするのが役目。軍令部の承認なく内閣が勝手に決めたのは、天皇の統帥権をないがしろにしている！」と主張。すでに調印済の条約自体は引っくり返らなかったが、その後の海軍は強硬派が要職を占めるようになり、**「軍の問題はすべて統帥権に関わる問題。首相だろうと口出しすると、統帥権干犯である」**という考え方が確立してしまった。

この「沈黙する天皇」と「統帥権干犯問題」で、日本はリーダーシップ不在の国家になってしまった。そしてリーダー不在の状態が軍の無責任な暴走を生み出し、日本はとんでもない方向に向かっていく。

これと同じような、リーダー不在で無責任という構造は、現代の日本の組織でもよく見られる。

軍国主義国家・日本ができるまで

当時陸軍には天才的軍人・石原莞爾《かんじ》がいた。陸軍は石原の「**満州を日本の国力・軍事力育成の大基盤にすべし**」という構想をもとに動き始める。しかし満州は中国の一部で、いきなり植民地にするのはムリ。そこでまず親日政権を樹立し、皇帝を置いて独立国にして、その後に領有する方針が立てられた。

さらに陸軍は張作霖爆殺などの陰謀失敗は、マスコミが反対して国民が「陸軍はケシカラン」と思ったのが原因と反省し、マスコミをうまく使う方針を立てた。マスコミ対策は陸軍参謀本部の仕事になり、新聞や普及中のラジオ、NHKへの働きかけが強まった。そしてちょうどマスコミも満州に注目し始めていた。

マスコミは「**満州は日本の生命線である**」というキャッチフレーズで国民を煽《あお》る。「いまや日本は世界の強国だ。植民地を広げよう」と盛り上がった日本人は、満州の植民地化へと一気に傾いていった。

こんな世の動きに乗じて、またもや陸軍は陰謀をでっち上げた。関東軍は満州鉄道の安全を守るために駐屯している。そこで満州鉄道を自作自演で爆破、中国のせいにして関東軍を合法的に動かそうとしたのだ。

しかし、この計画は天皇や元老の西園寺にバレた。2人に叱られた陸軍大臣は関東軍に作戦中止を伝えた。しかし関東軍司令部は言うことを聞かない。奉天《ほうてん》郊外の柳条湖《りゅうじょうこ》付近で鉄道を爆破し、すぐに関東軍は「敵の攻撃だ！」と動き出し、満州にいる中国軍を攻撃した。**満州事変**である。

当然ながらこの事件は内閣で大問題になった。外務大臣が陸軍大臣に「事件を拡大しないように」と厳重抗議。すると陸軍大臣は「あの……。実はもう朝鮮にいる日本軍が国境を越えて援軍に入っています」と説明。すると若槻禮次郎《わかつきれいじろう》首相がなんと「すでに入ったのなら、仕方ないよね」と言ってしまい、さらにあろうことか「軍を放っておけないから、軍費を出そう」。若槻首相は天皇に「閣議で全員一致で決定して、満州に越境した軍にも予算をつけました。ご承認ください」と奏上。ノーと言わない方針の天皇は、承認した。

この関東軍の動きを、日本国内の大手新聞は一斉に好意的に報道。号外や臨時ニュースを連発した。普及していたラジオの契約数は一気に拡大。マスコミは軍の動きを全面的にバックアップ。世論を先取りして満州の戦いを報じ、大衆は熱狂した。もはやマスコミは軍の宣伝機関と化した。こうなるともう止まらない。

1932年3月満州国建設。関東軍司令部の面々が東京に帰ってくると、万歳、万歳の出迎えを受けた。英雄扱いだ。本来、日本軍の軍隊は大元帥である天皇の命令がないと動かせない。彼らは天皇陛下の命令を無視して動いた重罪人で、陸軍刑法に基づいて裁けば死刑だ。しかし皆、昇進して出世街道を歩み始めた。

まさに「勝てば官軍」。ゴネ得だ。道理も何もあったもんじゃない。著者の半藤氏はこう述べている。

「昭和がダメになったのは、この瞬間だというのが、私の思いであります」

日本が満州を占領して独立国をつくるのは、1928年に各国が締結した不戦条約違反で、国際的にとうてい許されない。2022年にロシアはウクライナを攻撃し、占領地を共和国として独立承認して、世界から非難された。まったく同じことを日本も満州でやったのだ。米国の国務長官(外務大臣に相当)も衝撃を受け、「もはや日本は信ずるに足りない。これは侵略戦争だ」と厳重抗議した。

こうして日本は徐々に世界から孤立。軍国体制が日本人の生活に根づき、軍歌が歌われ、子どもたちの間で戦争ごっこが流行るようになった。新聞が売れて、国民も喜ぶ。そして新聞はますます戦争を煽る。

1936年2月26日、**二・二六事件**という大規模クーデターが起こった。青年将校1483人の決起部隊により、政府重臣3人が殺された。激怒した天皇は「絶対鎮圧すべし」という方針を出した。計画もずさんでクーデターは失敗したが、事件の後、軍部はこう言って政・財・言論界を脅迫するようになった。

「そんな反対意見を言うと、軍で血の気の多い若い連中がまたテロを起こすかもしれませんよ」

テロの脅しは強烈で、この後の日本は、ほぼ軍の意のままになる。その後、現役軍人でないと陸軍大臣や海軍大臣になれない仕組みもつくられた。これで陸軍と海軍の意に沿わない内閣は、陸軍・海軍大臣を任命できなくなり、内閣を組閣できなくなった。ついに軍は内閣の生死を左右する伝家の宝刀を握ったのだ。

さらには、治安維持法、国家総動員法、言論出版集会結社等臨時取締法、軍機保護法、不穏文書臨時取締法などの法令で、あらゆる言論活動はがんじがらめになり、統制はさらに厳しくなった。

たった数年で、日本はあっという間に軍国主義の国家に一変。そして日独伊三国同盟の締結、米国や諸外国による石油禁輸などの経済封鎖、米国との外交交渉の破綻を経て、日本は太平洋戦争へと突入した。

緒戦の大勝利は、悲惨な戦いに変わった

１９４１年12月8日、真珠湾奇襲攻撃で大戦果をあげて戦争が始まると、多くの知識人が万歳三唱した。

評論家の本多《ほんだ》顕彰《あきら》は**「対米英宣戦が布告されて、からっとした気持ちです」**

文芸評論家の小林秀雄は**「大戦争がちょうどいい時にはじまってくれたという気持ちなのだ。戦争は思想のいろいろな無駄なものを一挙になくしてくれた」**

作家の横光利一は**「戦いはついに始まった。そして大勝した。先祖を神だと信じた民族が勝ったのだ。自分は不思議以上のものを感じた。出るものが出たのだ。それはもっとも自然なことだ」**

日本の国民は大勝利に沸いて有頂天。その後も日本軍の勝利が続く。日本の航空部隊は、シンガポール拠点の英国新鋭戦艦2隻を撃沈。台湾の日本軍航空部隊は、フィリピンの米軍基地を攻撃して航空部隊を完全撃破。陸軍はマレー半島に上陸してシンガポールを攻略。しかし、こんなに勝つと思ってなかった日本の軍部は勝った後にどうするか決めていなかった。**「南方の資源を押さえておけば、ドイツが欧州で勝って、講**

和に持ち込める」と楽観的に考えて、最終的な戦略目標を決めずに戦争を始めたのだ。

日本の国力は米国の10分の1。長期戦では圧倒的不利だと事前にわかっていた。しかし「長期戦はしたくない」が「長期戦にはならないだろう」になり、ついには「長期戦にはならない」と決めつけ、第2段・第3段の作戦は考えていなかった。そこで日本軍は場当たり的に、「米国の反撃を防ぐにはハワイ占領だ」と考えた。

しかし一気にハワイ占領はムリ。まずは敵空母を叩くべくミッドウェー作戦が開始された。しかし米軍はこの時期の日本の暗号をほぼ解読していた。ミッドウェー作戦は大敗北。まともな戦いはここで終わった。

その後、日本軍が肉体で米軍の鉄と弾丸にぶつかり、いわば殺戮のような悲惨な状況が次々展開された。ガダルカナル島の争奪戦では、戦死8200人、戦病死1万1000人（多くは餓死）の一方的な敗戦。米軍による激しい攻撃で、太平洋の島々を護る守備隊は次々と玉砕した。司令官が「50日で落とせる」と豪語して始めたインパール作戦も大敗北。死傷者5万人（餓死者含む）にのぼった。

ついに米軍はサイパン島に迫った。ここが落ちるとB29が日本本土を空襲できる。陸軍参謀本部の作戦課長は「絶対に落ちない」と豪語したが、米軍の圧倒的な艦砲射撃と物量作戦でサイパンは3週間で陥落。

そして、航空機に爆弾を積んで体当たり攻撃をする**特別攻撃隊**（**特攻**）が始まった。この特攻ほど卑劣な作戦はない。軍令部がすべてを綿密にお膳立てしておきながら、特攻を命令する責任を負うことからは逃げて「志願制」にしたのだ。著者の半藤氏はこう述べている。**「しかしながらそこにはまったく、海軍リーダーたちの自信も責任もないのです。モラルのかけらもないと言えるのではないでしょうか。彼らは命令しないのです。そういう作戦を敢えて行ない、以後、『志願による』という形式はずっと守られます」**

コロナ禍で飲食店に営業自粛を求めた日本政府や自治体の対応と、不気味なほど似た構図である。

B29の空襲で日本は焦土と化し、多くの人が死んだ。1945年には、戦える戦力もほぼ皆無となった。威勢よくタンカを切って無謀な戦争を始めた軍部中心の内閣は、行き詰まると次々と総辞職して逃亡。

1945年4月、天皇から「もうおまえしかいない」と頼まれて鈴木貫太郎内閣が成立。鈴木は当時78歳。二・二六事件で重傷を負った天皇の重臣だ。天皇の御聖断で、日本政府は終戦に向けて動き出した。

8月14日、日本は連合国（米・英・中・ソ）から示された日本の降伏を勧告する**ポツダム宣言の受諾**を連合国側に通知。翌8月15日に日本国民に発表された。しかし直前の8月9日、ソ連が日本に宣戦布告し、満州に侵攻した。ソ連軍は、8月17日に武器を投じて無抵抗の関東軍を一方的に攻めた。1週間の戦争に一般民衆も巻き込まれ8万人が戦死。さらにシベリアに捕虜として送られた57万人中、10万人が亡くなった。

昭和史の「5つの教訓」

310万人の死者を生んだ昭和史を一気に見てきた。半藤氏は、昭和史の教訓として5点挙げている。

❶国民的熱狂をつくってはいけない：日本が戦争に突入したのは国民が熱狂し、熱狂が権威を持ったからだ。感情に流されて国家や組織の方針が決まるようになると悲惨な結果を招く。理性を忘れてはならない。

❷最大の危機で日本人は抽象的な観念論を好み、現実を見ず、望ましい目標を設定する：戦争するか否かの重要判断も、こうだった。希望的観測で動く現象は、現代の日本の組織でも実によく目にする。

❸日本型タコツボ社会の小集団主義の弊害：陸軍では参謀本部作戦課が全方針を決定し、現場の状況を無視した。現代でも経営幹部が現場の状況を顧みず非現実的で滅茶苦茶な方針を出すことは少なくない。

❹国際社会の常識をまったく理解していない：戦争は降伏文書の調印で終わる。日本が東京湾に浮かぶ戦艦ミズーリ上で降伏文書に調印したのは9月2日。だからソ連は8月15日以降も攻撃した。日本はこの国際

半藤一利の「40年史観」

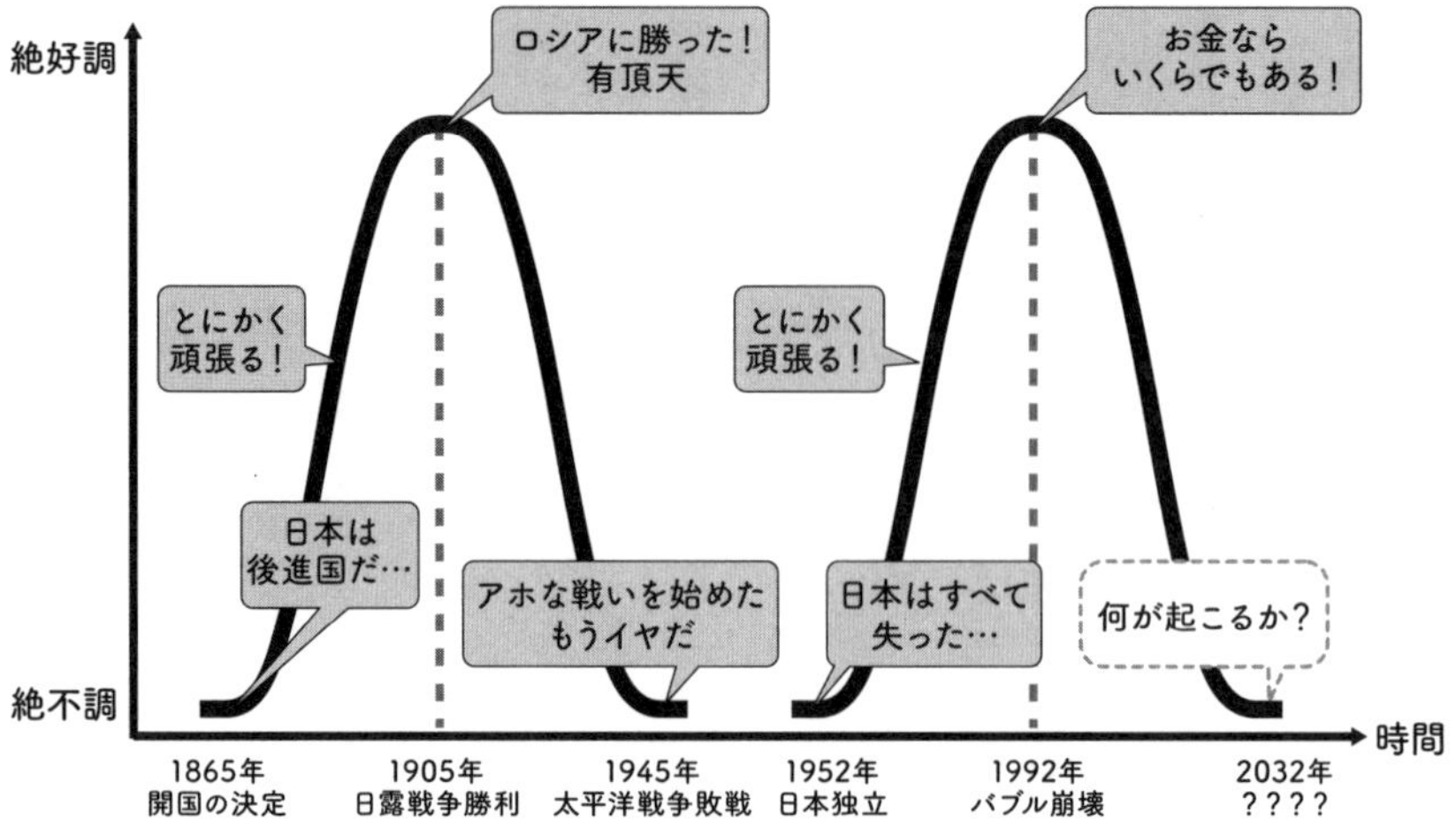

常識も知らずに8月17日に武装解除して、8万人が死んだ。

❺何かことが起こると対症療法的な対応に終始し、すぐに成果を求める短兵急な発想：ここまで述べた通りだ。

半藤氏はこう嘆いている。「**ひとことで言えば、**（中略）**日本をリードしてきた人びとは、なんと根拠《こんきょ》なき自己過信に陥っていたことか、ということでしょうか**」

丸山眞男が Book 53『日本の思想』で指摘した「過去を学ばない日本人」の悪い面がこれでもかというほど発揮されたのが、昭和史だ。日本人は悲惨な結果を招いた5つの教訓から真剣に学ぶべきである。

ところであなたは、さらに悲惨な結果が起こる可能性が高かったことをご存じだろうか。

半藤氏は「**よくぞあのくそ暑かった夏に降服によって戦争を終結できたものよ、との感を深くするのです**」と述べた上で、こんな事実を紹介している。

日本占領の統治政策を研究した米国は、米・英・中・ソ連の4カ国が日本に進駐して、日本を四分割して統治する計画をほぼ決定しかけていたのである。

【米軍31万5000人で統治】↓関東・中部・近畿、**【英軍16万5000人で統治】**↓中国・九州、**【中国軍13万人で統治】**↓四国・近畿（近畿は米中の共同管理）、**【ソ連軍21万人で統治】**↓北海道・東北

想像するだけでもゾッとするこの計画が成文化されたのは、昭和20年8月15日。前日の14日に日本が降服し、わずか1日の差でこの計画は消えた。半藤氏はこう述べている。「**ほんとうにあの時に敗けることができてよかったと心から思わないわけにいきません。それにしても何とアホな戦争をしたものか。この長い授業の最後には、この一語のみがあるというほかはないのです。ほかの結論はありません**」

半藤氏は、戦後の日本の歴史についても語っている。2017年刊行の著書『歴史に「何を」学ぶのか』（ちくまプリマー新書）で、日本占領が解かれて独立した1952年からバブル崩壊の1992年が戦後の成長の40年間で、1992年からの40年間が没落の40年間、とした上で、こう述べている。「**わたくしの四十年史観から言うと、あと十五年でこの国は没落することになる。**（中略）**人びとが、悲惨な記憶を忘却し尽すのが、だいたい四十年なのです**」。閉塞感がある日本で、不気味なほど現実性がある予言だ。

2032年の破綻を回避するためにも、私たちは歴史を学ぶべきだ。

Point

昭和史から5つの教訓を真剣に学び、2032年の破綻を回避せよ

Book
62

『アメリカの世紀と日本 黒船から安倍政権まで』

山岡由美［訳］みすず書房

日本が抱える問題の原因は「日本占領期」につくられた

ケネス・B・パイル

1936年－。米国の歴史学者、政治学者。専門は、日本政治史。ハーバード大学歴史学部卒業後、ジョンズ・ホプキンス大学で博士号取得（日本近代史）。1961年から64年にかけて東京のスタンフォード大学日本研究センターにて研究を行う。ワシントン大学歴史学部教授、同大学ヘンリー・M・ジャクソン国際研究所名誉教授。著書に『新世代の国家像』『日本への疑問』などがある。

1945年日本は焦土と化し、米国に占領された。日本は戦争放棄をうたった憲法第9条をつくった。敗戦から10年後、日本は歴史に残る高度経済成長を始め、1985年には世界最大の自動車生産国の座を米国から奪取した。そして最近は日本の軍備強化が議論されている。これらはすべて互いに関連し合っている。本書はこれらの関連性を、日本の米国との対立と従属の歴史から読み解く一冊である。

2018年刊行の本書は必ずしも広く読まれてはいないが、現代日本が抱える諸問題について多くの人が知らない根本原因を丁寧に書いており、私たちが新しい目線で社会を見る視点を提供してくれる。Book 56『現代中国の父 鄧小平』と『ジャパン・アズ・ナンバーワン』（阪急コミュニケーションズ）の著者ヴォーゲルは「日米関係を語る上で今後欠くことのできない書物」と推薦の言葉を寄せている。

著者のパイルは、日本研究を専門とする米国の歴史・政治学者だ。訳者の山岡氏は「ここでなされる指摘はまことに的確だが、日本の抱える葛藤の大きな原因が米国の政策にあるとしても、それに向き合うべきは、やはり私たち自身だ」と述べている。早速、本書のポイントを絞って紹介していこう。

日本と米国の歴史

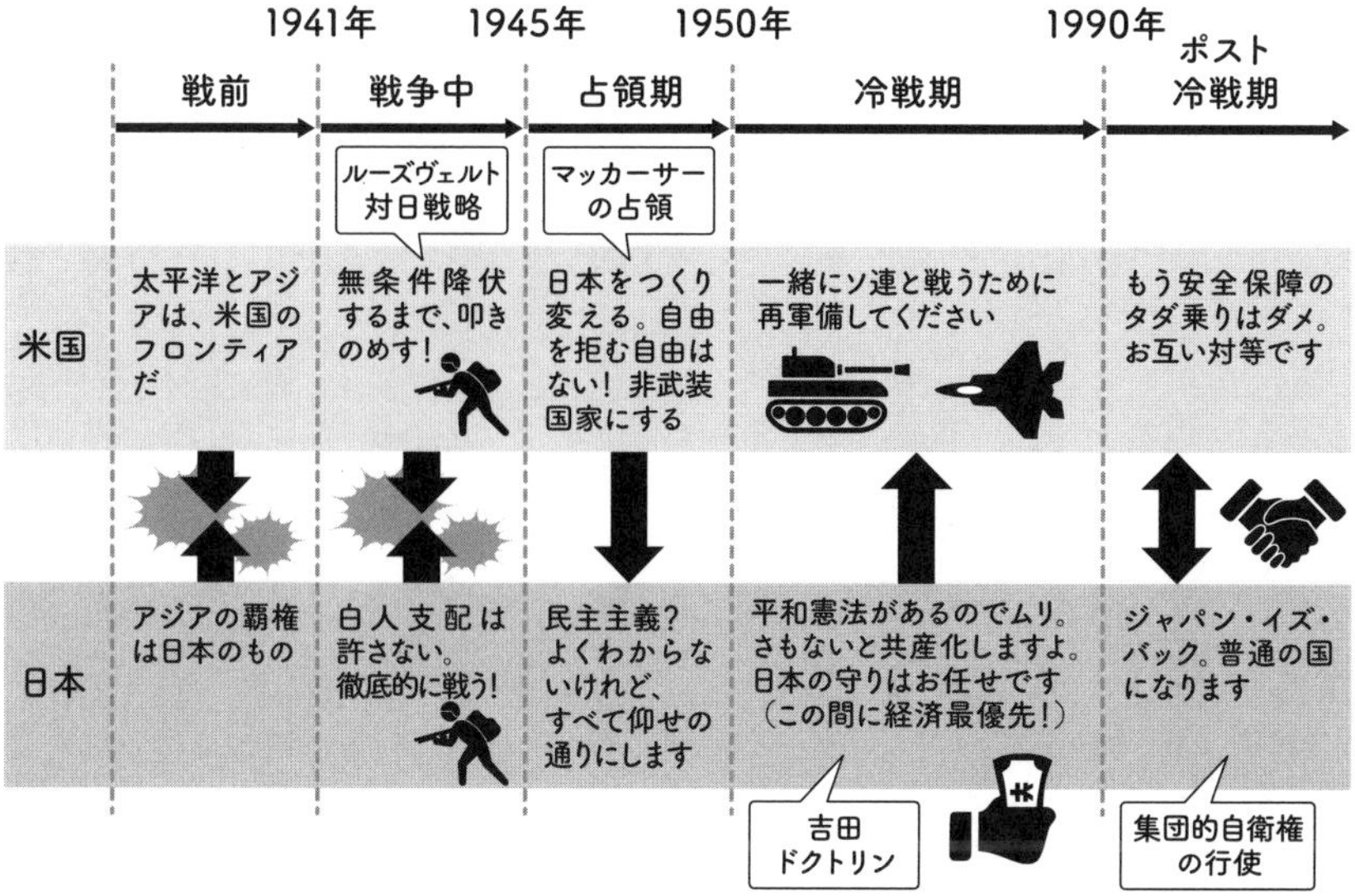
1941年
1945年
1950年
1990年
戦前
戦争中
占領期
冷戦期
ポスト冷戦期
ルーズヴェルト対日戦略
マッカーサーの占領
米国
太平洋とアジアは、米国のフロンティアだ
無条件降伏するまで、叩きのめす！
日本をつくり変える。自由を拒む自由はない！ 非武装国家にする
一緒にソ連と戦うために再軍備してください
もう安全保障のタダ乗りはダメ。お互い対等です
日本
アジアの覇権は日本のもの
白人支配は許さない。徹底的に戦う！
民主主義？ よくわからないけれど、すべて仰せの通りにします
平和憲法があるのでムリ。さもないと共産化しますよ。日本の守りはお任せです（この間に経済最優先！）
ジャパン・イズ・バック。普通の国になります
吉田ドクトリン
集団的自衛権の行使

『荒野の七人』『シェーン』『駅馬車』……米国の開拓時代を描いた西部劇は、映画では人気コンテンツだ。18世紀、北米大西洋岸で始まった開拓は、米国大陸を東から西に進み続けて太平洋岸に到達した19世紀末に終了。そして米国人は新たな開拓地として太平洋に目をつけ、1898〜99年の18カ月間でハワイ、グアム、フィリピン、サモアが米国領土となった。

同時期、太平洋の対岸に成長著しい国があった。日露戦争で国際的な地位が一気に向上した日本である。

太平洋の両岸で成長する2つの新興国・日本と米国が衝突するのは、時間の問題だった。

1941年12月、太平洋戦争が勃発。開戦の日、ルーズヴェルト大統領は演説で日本軍が真珠湾を奇襲攻撃したことをあげて国民に卑劣な攻撃への復讐を呼びかけ、全面勝利のため戦い抜くことを訴えた。それまで戦争参加に批判的だった米国国民は、対日戦争へと一枚岩になった。さらに1943年、ルー

ズヴェルトは「**無条件降伏を勝ち取るまで戦う。日本を永久武装解除し、指導者を裁き、統治機構を再設計し、人々を再教育する**」という方針を出した。このルーズヴェルトの**無条件降伏政策が、戦後の日本を形づくる出発点**となった。1945年8月14日、万策尽きた日本は無条件降伏を受諾。日本は戦争に完敗した。

わずか6日で書き上げられた「日本国憲法」

8月末、マッカーサー率いる占領軍が日本に進駐した。マッカーサーは、大きな使命感を持っていた。

Book 25『コモン・センス』で紹介したように、米国は英国からの自由を求めて独立宣言をして生まれた国だ。「自由を追求するために独立した」という原体験がある米国は、「自由民主主義の追求は普遍性がある。米国は選ばれし国。歴史で果たすべき役割がある」という信念を持っていた。彼らは「軍国主義にヤミ落ちした日本を民主主義国家につくり変えるのが、米国の使命」と考えたのだ。

米国は今でも中東など世界中で同じことをしている。ある意味「大きなお節介」なのだが、この米国流のお節介の初実験が日本占領だったのだ。著者のパイルはこう書いている。

「マッカーサーは（中略）、大陸をまたぎ、太平洋岸まで米国を拡張させた原理をアジアまで持ち込むことを自らの使命と考えていた。代議政治や法の支配、個人の自由、（中略）などの原理を広めるという使命である」

米国人は「米国は、一直線で進化・発展する歴史の最先端にいる」と考えていた。すべて米国の基準でモノゴトを見る米国人にとって、当時の日本の近代システムはすべて出来損ないなので、見下していた。

それは帰国後のマッカーサーが米国国内で語ったこんな言葉にも表れている。「アングロ・サクソンが科学・芸術・宗教・文化において人間でいえば45歳だとすれば、日本人は12歳の少年でしょう」

しかし、占領軍には日本の歴史や言語を知る者はほぼ皆無。「世界最先端の米国のやり方を速攻で移植すればＯＫ」と考え、長い歴史を持つ日本をつくり変えようとしたのだ。「世界最先端の米国流を教えてやる」というお節介の姿勢は米国人の悪いクセだ。米国人との付き合いが長い私もたまに感じることがある。

日本に進駐した占領軍は、次々と改革を進めていった。代表的なものを紹介しよう。

【追放（パージ）】戦前の軍国主義国家・日本帝国を支えた軍人・政治家・企業幹部・公務員などの有力者たち22万人を公職から一斉に問答無用で追放した。おかげで戦後を支える主力世代が一気に若返った。

【東京裁判】日本軍の戦争犯罪人を裁く法廷だ。問題は判事11人全員が戦勝国から来たこと。裁判官が起訴人なのはケンカ当事者がケンカを裁くのと同じ。今も東京裁判の不偏不党性、公平性、公正性があやふやな点は論争の的だ。判事11人のうち３人は厳しい反対意見書を書き、そのうちの一人、インドのパル判事は「アジアでの西欧帝国主義の影響を無視するのは偽善」「米国の都市空爆と原爆投下は人道への甚だしい犯罪」と述べた。

【新憲法】憲法は人民主体でつくるものだ。当初マッカーサーは、幣原《しではら》首相に憲法修正案の作成を任せたが、満足のいく出来ではなかった。苛立ったマッカーサーは側近に憲法草案をつくらせた。占領軍職員20名のグループは、**わずか6日間で草案を書き上げた。**草案はほぼそのまま日本語訳され、衆議院に送られ、投票総数４２９票中、賛成４２１票で可決。１９４７年5月3日に施行され、改正されずに現在に至っている。新憲法は、**戦争放棄を謳った第9条**のほかにも、当時の米国憲法にも存在しない新たな権利（女性の平等権、団体行動権、学問の自由、健康で文化的な最低限度の生活を営む権利など）が盛り込まれた。マッカーサーは「歴史上最も自由主義的な憲法」と自画自賛した。

著者のパイルはこう述べている。「米占領軍が行ったことは、近代以降、外国によってなされた他国の国家再建の中で最も僭越な行為だった。（中略）米国の無遠慮ぶりは尋常ではない。だが米国人は、よい結果が出たのだから無条件降伏政策は正当化できるとして、日本の占領と民主化という成果を誇っている」

この占領軍のパターンが、その後のアジアや中東などへの米国による外国介入の原型となった。

「吉田ドクトリン」の誕生と終焉

終戦から数年後、アジアの情勢は大きく変わった。米国とソ連の冷戦が始まったのだ。1949年には、中国共産党が中華人民共和国の成立を宣言。翌年6月には朝鮮戦争が勃発。このとき、米国はやっと気づいた。**「実は日本って、地政学的にものすごく重要な場所にあるじゃないか！」**

ソ連・朝鮮半島・中国と国境を接する日本が共産主義国の防波堤となれば、米国の利益になる。

日本の改革熱が一気に冷めた米国は日本にこう言った。**「憲法第9条を書き換えて再軍備しなさい」**

ここで登場したのが、**吉田茂首相**である。米国にこう言い放ったのだ。

「ほぉ。再軍備ですかぁ。でも日本には、たしかあなた方がつくった平和憲法がありますからなぁ。しかも日本は、あなた方に徹底的に爆撃されて焼け野原。金もない。再軍備でお金をかけるとなれば、もっと貧乏になりますなぁ。社会不安が起きてソ連につけ込まれて、日本が共産主義国家になっても、俺は知らんよ」

吉田首相は、米国にとって日本には大きな戦略的価値があることを見抜いていたのである。

1950年6月、米国国務長官のダレスが交渉のために来日すると、吉田首相は日本社会党を説得し、ダレス滞在中に再軍備反対のデモまで行わせた。著者のパイルはこう述べている。「戦後日本の指導者のうち、降伏からの数十年間にわたる日本の国際的役割の土台を定めたのは、他でもない吉田だった。吉田はしたたかな人物である。明治近代国家の父祖以来、これほど老獪な政治指導者は、日本には存在しなかった」

吉田首相は、憲法第9条を最強の盾にしたのだ。吉田首相には、こんな発言も残っている。「いずれ（中略）

「再軍備する時」が自然に来るだろう。それまでは当分アメリカに「日本の防衛を」やらせて置け。米国から文句が出れば憲法がちゃんとした理由になる。その憲法を改正しようと考える政治家は馬鹿野郎だ」

この**「吉田ドクトリン」**はその後数十年間、日本の基本政策となり、戦後の日米関係の鋳型になった。日米同盟維持には最小限の譲歩。憲法を持ち出して消極的姿勢を正当化し、日本の義務を縮小するのだ。

軍事にお金を使わないので、日本は急速な経済再建が可能になり、吉田首相のような保守政治家が国内政治で実権を掌握するようになった。その後、吉田茂の薫陶を受けた首相たちも、忠実に吉田ドクトリンを実行していく。池田勇人首相は所得倍増政策を実施し、佐藤栄作首相は非核三原則を発表した。

デメリットもあった。何十年も対米依存が続き、安全保障基盤を顧みず悠長に構える国になってしまった。日本は経済的な繁栄の見返りに、日米同盟で米国の軍事衛星国（属国）となり、国民の誇りと自尊心が抑圧されてしまった。1970年、小説家・三島由紀夫が陸上自衛隊市ヶ谷駐屯地で割腹自殺をしたのもこの時期である。日本人の「腐敗した精神」の復活を試みた三島の行動は、多くの日本人に衝撃を与えた。

一方で、**吉田ドクトリンのおかげで日本は高度経済成長を始め、欧米にキャッチアップし始めた。**1985年、日本の自動車産業は世界最大規模になった。日本の輸出量は1955年から87年で114倍に増加。1981年に109億ドルだった対外純資産は、10年後の1990年には3830億ドル。日本は世界最大の債権国になった。しかし吉田ドクトリンは、1989年のベルリンの壁崩壊とともに終焉を迎える。

「戦後」を脱しつつある日本

1990年、イラクによるクウェート侵略に反撃すべく、国連決議に基づき多国籍軍が編成された。日本は憲法第9条を盾に参加しなかった。すると米国は「石油を中東に頼る経済大国なのにただ乗りは無責任」

と激しく非難。冷戦は終わり、米国にはまったく遠慮がない。現金なもので、米国下院は「在日米軍の駐留経費を全額負担しなければ兵員を引き上げる」という法案を可決、脅しをかけた。日本は多国籍軍に130億ドルを拠出したが「小切手外交」とバカにされる始末。湾岸戦争は日本戦後史の転換点だった。しかし吉田ドクトリンは日本のさまざまな制度に深く根づいていて、容易に覆すのが難しく、試行錯誤が続いた。

2013年、安倍晋三首相は、演説の中で「日本は戻ってきた（ジャパン・イズ・バック）」と、国際政治で新たに積極的な役割を担うことを宣言した。「戦後レジームからの脱却」と「独立の回復」を目指すと繰り返し語った安倍首相のもとで、行き詰まっていた**集団的自衛権**の議論は打開され、閣議決定で憲法第9条の憲法解釈を変えることで集団的自衛権の行使が可能となり、国際的な安全保障体制の中に日本を位置づけることが可能になった。日米同盟も、米国が日本を支配する形から、共通目的を掲げる対等性と互恵性が強い形に変わった。さらに安倍氏はインドや米国を「自由で開かれたインド太平洋」というコンセプトに引き入れ、権威主義的な中国に対抗する民主主義連合を結成した。

民主主義を命令された日本

一方で、米国の当初の狙い通りに、民主主義と自由が日本に定着しているとは言い難い。選挙への関心は低く、民主主義の基本である日本国憲法の内容を知る人は少ない。憲法改正の関心も高まらない。これらの根本原因は、占領軍が日本人に民主主義を強制した結果である。

著者のパイルは、Book 26『自由論』の著者ジョン・スチュアート・ミルの言葉を紹介している。ミルは「民主主義の価値観を他国に伝えることを意図した介入には反対」と言った上でこう述べている。

「自由の維持に必要な徳はその国の人々によって培わなければならない。こうした感情や徳を大きく伸ばす最大の機会は、己の努力によって自由になるため苦難に満ちた戦いを続けている最中に訪れる。（中略）もしその自由な制度が近隣国の侵入によって創設されるならば、この国家の自決は奪われている」

まさに占領軍が日本国民に対して行ったことだ。占領軍は**「自由に民主的にやりなさい。でも日本国民には拒む自由はありません」**と言って、自由と民主主義を強制したのだ。子どもに問題を与え、自分で考えさせずに答えだけ教え続けると、自分で答えを出せなくなる。同様に、多くの日本人はいまだに民主主義や自由の概念がわからない。自分の個人の権利を主張せず、個人の権利侵害にも鈍感だ。

パイルは「民主主義は勝ち取るものである」と述べている。憲法も日本人が自国の歴史を踏まえ、時間をかけて議論すべきだった。しかし占領軍が速攻でつくった。自分たちが話し合ってつくった憲法ではないので、憲法改正論議もどこか他人事。ちなみに日本国憲法は「改正されたことのない憲法として世界最古の憲法」だ。

日本は民主主義国家だが、このような経緯があって民主主義や自由の思想を完全に日本化するのにまだ手こずっており、悪戦苦闘中だ。占領期に端を発する問題は根深く、いまだに日本では多くの課題が残っている。それらの現実を理解し、日本に自由民主主義思想を根づかせるためにも、本書は大いに参考になるはずだ。

Point

日本は戦後レジームから脱して、自由民主主義思想が根づく途上である

Book 63

『銃・病原菌・鉄』

欧州諸国は、なぜ世界を征服したのか？

『銃・病原菌・鉄（上・下）』倉骨彰［訳］草思社

ジャレド・ダイアモンド

1937年－。米国の進化生物学者、生理学者、生物地理学者。ケンブリッジ大学で生理学の博士号を取得。分子生理学の研究を続けながら、並行して進化生物学・生物地理学の研究も進めた。ニューギニアなどでのフィールドワークを通じた現地の人々との交流から人類の発展に興味を持ち、その研究の成果の一部が『銃・病原菌・鉄』として結実。ピュリッツァー賞を受賞した。

著者のダイアモンドはニューギニアでのフィールドワーク中、ニューギニア人のヤリから質問を受けた。

「あなたがた白人は、たくさんのものを発達させてニューギニアに持ち込んだが、私たちニューギニア人には自分たちのものといえるものがほとんどない。それはなぜだろうか？」

単純だが、人類史上の謎の核心を突く質問だ。

「欧州の技術が進んでいたから」「欧州人が優秀だったから」という答えは間違いである。

本書の冒頭、ダイアモンドはこう述べている。「人種的差異を根拠とする説明は、たんにおぞましいだけでなく、誤っている。人種間の知性のちがいが技術のちがいに比例することを示す明確な証明は何もない。（中略）アボリジニやニューギニア人のように、最近まで原始的な技術しか持たなかった人びとも、機会さえあたえられれば工業技術をマスターすることはできるのだ」

そしてニューギニア人と33年間の野外研究生活をした経験で、ニューギニア人のほうがむしろ知的だと述べている。ニューギニアの厳しい自然環境では、臨機応変に対応できる頭のよさが生き残る条件なのだ。

1997年刊行の本書は、ダイアモンドがこのヤリの問いに対して25年かけてたどり着いた自分なりの答

欧州諸国が世界を征服した理由

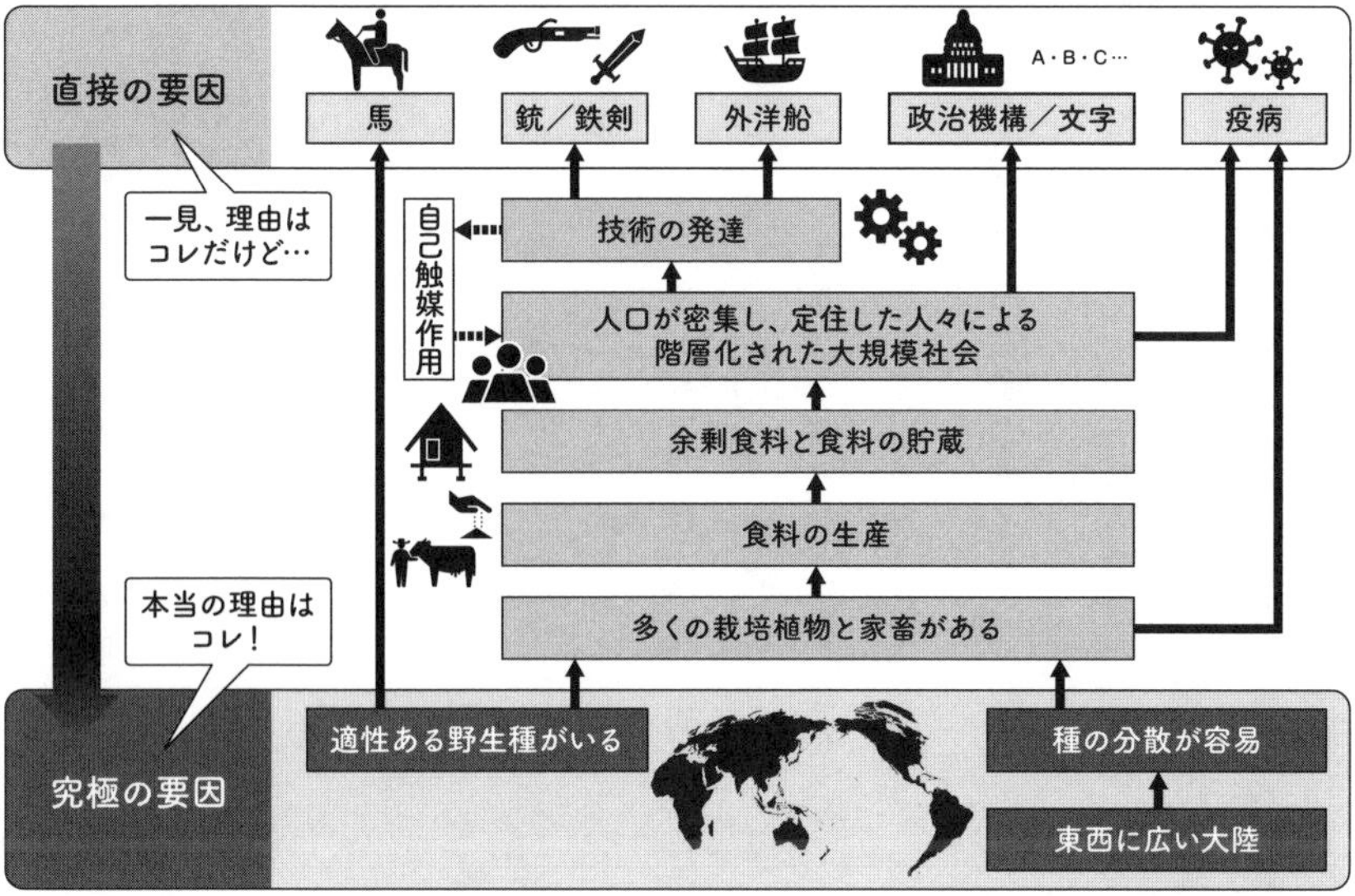

出典:『銃・病原菌・鉄』を参考に筆者が作成

えをまとめた、上下巻600ページを超える大著だ。膨大な調査に基づき人類史の因果関係を解明し、仮説を提示した本書は、まるで推理小説だ。ある疑問が解けると次の疑問が現れる。本書は米国でピュリッツァー賞一般ノンフィクション部門賞を受賞した知的な娯楽書だ。

壮大な歴史書の本書から、私たちは「**人類の発展には何が影響するのか**」という本質を学べるのだ。

ダイアモンドは1937年生まれ。カリフォルニア大学ロサンゼルス校社会学部地理学科教授を務める進化生物学者だ。分子生物学、遺伝子学、生物地理学、環境地理学、考古学、人類学、言語学などの知識を駆使して壮大な人類史の謎に挑んでいる。上の図は謎解きの全体像だ。早速、本書のハイライトを紹介しよう。

欧州諸国は世界中で先住民を征服した。象徴的な戦いが、1532年に南米ペルーの高原でインカ帝国の皇帝アタワルパとスペインの征服王ピサロが出会った場面。アタワルパは数百万の臣民を抱え、兵士8万で護られていた。結果は総勢168人のピサロが圧勝。ピサロはアタワルパを捕虜にし、莫大な身代金を得た後、アタワルパを処刑した。この戦いを分析してみよう。

分析❶武器の差：アタワルパ軍の武器は棍棒《こんぼう》。騎兵60名と歩兵106名からなるピサロ軍は銃・槍・短剣で武装し、鉄製の甲冑で身を守り、馬を使ってスピードで圧倒。ピサロは圧倒的に有利な武器で戦った。

分析❷伝染病：南アメリカ先住民の間では、スペイン人が持ち込んだ天然痘が大流行。スペイン人は天然痘の免疫があったが、免疫がまったくない多くの先住民は死んだ。

分析❸政治体制：ピサロがペルーに到着できたのはスペイン国家の集権的な政治機構で船の建造資金や乗組員を集めた結果。インカ帝国の政治機構は絶対君主アタワルパだけが頼り。彼が捕虜になると崩壊した。

分析❹文字：アタワルパは偵察員の「彼らは戦士と言えない。兵士200人で楽勝」という報告を鵜呑みにして甘く見ていた。ピサロはスペインに伝わる書物と先住民との戦争で成功した戦略から学んで戦った。

ピサロが圧勝した要因は、武器（銃や鉄剣、馬）、伝染病（病原菌）、政治体制、文字の差だ。つまり本書のタイトル『銃・病原菌・鉄』が直接的な要因だ。しかしこれでは、冒頭のヤリへの答えになっていない。なぜこれらの要因がアメリカ大陸ではなく、欧州で生まれたのか？　本書はこの疑問を解明していく。

カギは食料生産のタイミングの差

最終氷期が終わった1万3000年前。世界の各大陸にいた人類は、狩猟採集生活をしていた。その後、現在まで続く温暖な気候の完新世が始まると、各大陸の人類は異なる発展を始めた。そのカギは**狩猟採集生活から食糧生産に移行したタイミング**だ。狩猟採集生活は、食料を採り尽くすと移動する。定住できず、集団の人数は少なかった。食料生産ができれば、定住して同じ面積で10～100倍の人口を養える。

大型家畜（牛・豚・馬など）を飼い、畑を耕せば食糧も増産できる。家畜の糞を肥料に使えば収穫量も上がる。家畜の肉も食べられるし、大型家畜は移動手段になる。食料生産者より多い人数が養えるようになると、技術開発や政治のプロが生まれ、技術を発達させて銃や鉄剣などの武器や、新大陸に航行する外洋船、政治機構や文字を生み出した。つまり食料生産のタイミングの差が、軍事力の差につながったのだ。

一方で農耕生活は、疾病も生み出した。農耕生活で家畜との共同生活が始まり、動物由来の病原菌が人間に感染するようになって、変異を繰り返した病原菌が人間同士で感染するようになった。よく知られる疫病の登場はここ数千年のことだ。天然痘は紀元前1600年頃、おたふく風邪は紀元前400年頃、ハンセン病は紀元前200年頃、ポリオ（小児麻痺）は1840年、エイズは1959年だ。疫病が流行ると人は免疫を獲得して感染しなくなるが、免疫がない新大陸の人には命取りになる。こうしてユーラシア大陸の人類は世界で最初に食料生産を始め、技術を発展させて強い軍事力を得、疾病の免疫力も獲得して他大陸を制覇したのだ。では、なぜユーラシア大陸では、いち早く食料生産を始められたのか？

ユーラシア大陸の恵まれた条件

世界で独自に食料生産を始めたのはメソポタミア（現在の中東）や中国、アンデスなどの5地域だ。中でも世界初の食料生産は、農作物として育成できる野生種が豊富にあったメソポタミア地域で始まった。ある研究では数千種のイネ科植物（稲、小麦、大麦、ライ麦、トウモロコシなど）のうち、大きな種子を持つ「理想の最優良種」56種中の32種がメソポタミア地域にあった。他地域ではこれらはほとんどなかった。

もうひとつの要因は、家畜だ。野生動物の家畜化は難しい。野生動物を飼い慣らすだけでは家畜にならない。家畜の条件は人間が品種改良できることだが、次の5条件をすべて満たす必要がある。

❶餌の問題：草食哺乳類は体重の10倍の餌が必要。肉食哺乳類は100倍の餌がいるので効率が悪い

❷成長速度：ゴリラや象は成長に15年かかるので効率が悪い。1〜2年で大きく育つ豚や牛は効率がいい

❸繁殖上の問題：チーターのように人前で交尾しない繊細な動物だと、繁殖できない

❹気性の問題：大型哺乳類は人を殺せるので気性が穏やかでないと危険。熊はおいしくても家畜化できない

❺序列ある集団の形成：群れをつくる動物は序列が明確なので、人間が頂点に立てば支配できる

このため20世紀までに家畜化された大型哺乳類は、牛・馬・豚・羊・山羊・ラクダなど14種だけだ。

ユーラシア大陸には、14種中13種の野生祖先種が生息していた。特にメソポタミアには13種中7種が生息していた。しかし他地域は条件が厳しく、南北アメリカ大陸もオーストラリア大陸も家畜化候補の動物はほぼ皆無。**メソポタミアは、栽培化や家畜化に適した動植物がいたおかげで、さほど時間と手間をかけずに早い時期に食料生産に移行できた。**このメソポタミアの植物栽培や家畜が、ユーラシア大陸に広がったのだ。

ではなぜメソポタミアが恵まれていて、食料生産や技術がユーラシア大陸で広がったのか？

究極の要因はユーラシア大陸の「東西の広さ」

ユーラシア大陸は世界最大の陸地だ。気候も生態系も多様なので、他大陸よりも多様な大型哺乳類に恵まれた。さらに大陸の中でも東西に一番長く、山岳や生態系などの障害も少ないので、メソポタミアで生まれた食料生産システムは急速に周辺へ広がった。農作物は、日照時間・雨量・季節の変化などの気候が同じならば他の地域でも育つ。**同じ緯度なら気候はほぼ同じなので、農作物は東西に伝わりやすい。**メソポタミア周辺は山岳などの自然の障害も少ない。だからメソポタミアの農作物の種は急速に分散し、欧州まで広がった。アメリカ大陸でも各地で食料生産が始まったが、大陸が南北に長いので気候条件は激変する上に、南北

動植物は東西には伝わりやすいが、南北には伝わりにくい

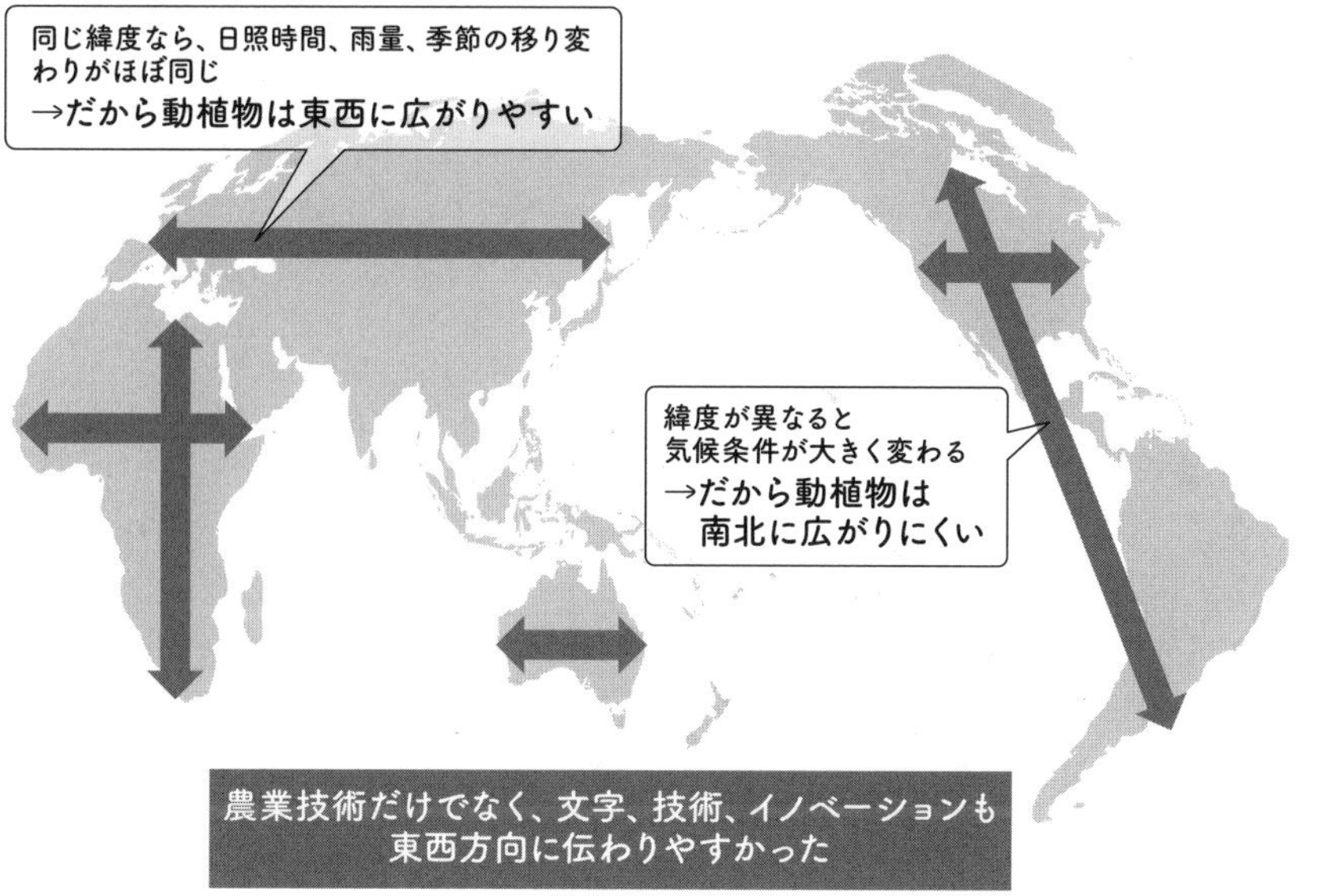
同じ緯度なら、日照時間、雨量、季節の移り変わりがほぼ同じ
→だから動植物は東西に広がりやすい
緯度が異なると気候条件が大きく変わる
→だから動植物は南北に広がりにくい
農業技術だけでなく、文字、技術、イノベーションも東西方向に伝わりやすかった

をつなぐパナマ付近は狭い。大陸内に山岳地帯も多いので、食料生産システムは広がらなかった。

ユーラシア大陸では技術や発明も食料生産とともに広がった。紀元前3000年にメソポタミアで生まれた車輪はすぐ東西に広がり、ユーラシア大陸の大半で見られるようになった。車輪は先史時代のメキシコでも独自に発明されたが、南米アンデス地方に伝わらなかった。さらにユーラシア大陸は人も多く、さまざまなアイデアが生まれ、技術が進化したため、さらに豊かな社会となり、人口が増える好循環で技術進化が加速した。ではそんなユーラシア大陸の中で、なぜ欧州が世界を制覇したのか？

なぜ欧州だったのか？

中国もメソポタミアと同じ頃に食料生産を始めた。中国にも多様な作物・家畜・技術があり、世界最多の人口も抱えていた。鋳鉄・磁針・火薬・製紙技術・印刷術などの技術も中国で生まれた。15世紀初頭には鄭和《ていわ》の南海遠征で、アフリカ東岸まで乗組

海岸線から見た欧州と中国の違い

欧州は
海岸線が入り組んでいる

独自の言語、独自の民族、独自の政府
→各国が競争、競い合って発展

中国は
海岸線がなめらか

大陸内の結びつきが強く政治的統一
→一人の支配者が発展を止めることも

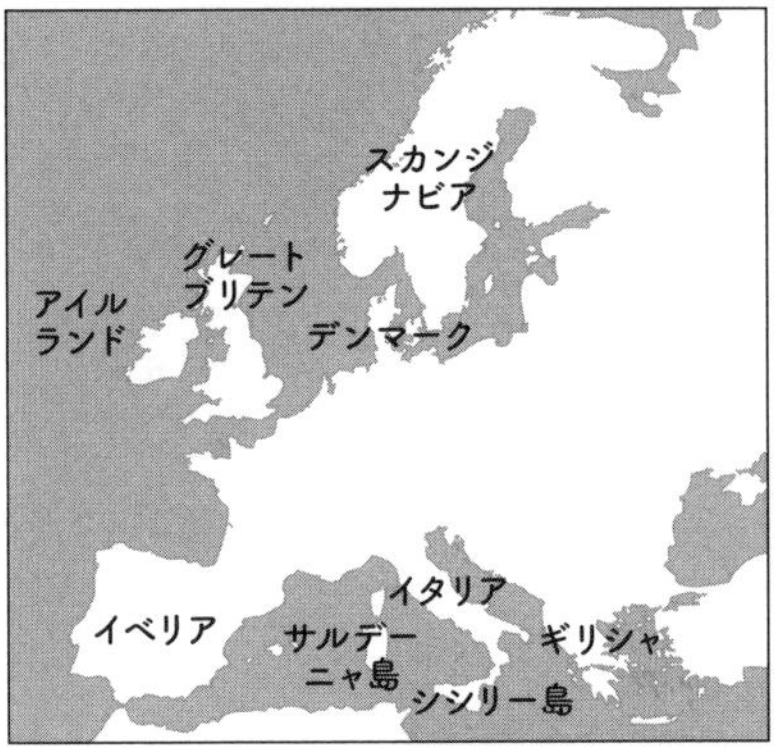

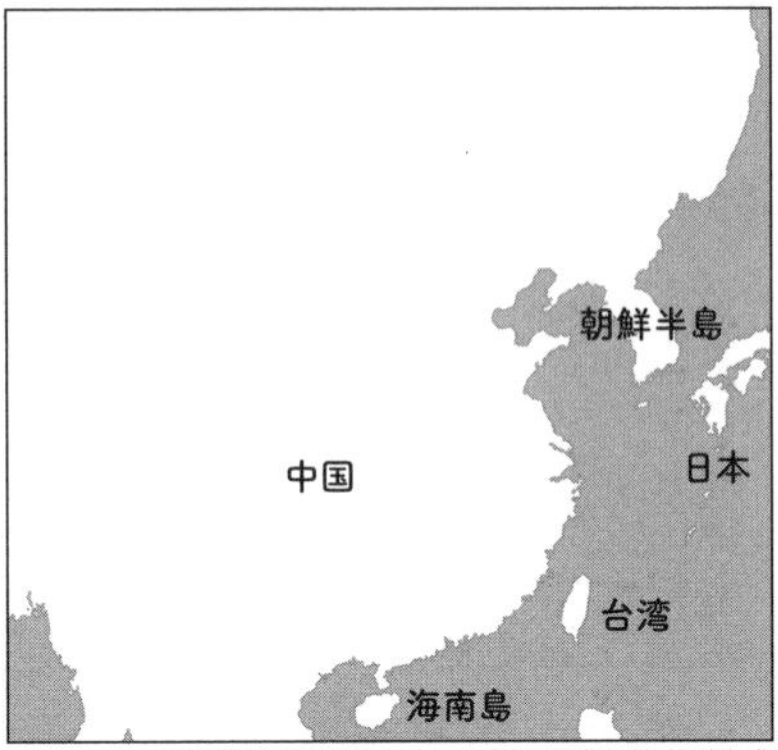

出典:『銃・病原菌・鉄(上・下)』を参考に筆者が作成

員総数2万8000人、数百隻からなる大船団を送っていた。欧州はまだ大航海時代の初期。なぜ中国は世界を制覇できなかったのか。ダイアモンドは**「謎を解くカギは船団の派遣中止」**と述べている。

鄭和の船団は、中国宮廷内の権力闘争により中止された。敵対派が政権を握り造船所は解体、外用航海も禁じられた。他にも水力紡績の開発を禁じて14世紀に始まりかけていた産業革命を後退させ、世界最先端の時計技術も葬り去るなど、15世紀末以降の中国は、あらゆる機械や技術から手を引いてしまった。

イノベーションは草の根で始まる。中国は紀元前221年に政治的に統一されたが、絶対権力者の意志ですべてが決まりイノベーションの芽が摘まれることが多かった。逆に欧州では多くの権力者が乱立していた。鄭和と同時期に船団派遣を考えたコロンブスは、ポルトガル国王、メディナ・シドニア公、メディナセリ公という君主3人に断られた末、4番目のスペイン国王が支援を了承した。欧州が政治的に統一されていなかったおかげで競争が生まれ、競い合って発展したのだ。ダイアモンドは**この違いは地理的な違い**だ、と説明する。欧州の海岸線は5つの半島や島々が入り組み、各地域は独自言語を話し、独自の民族と政府がある。逆に中国の海岸線はなだらかで大きな半島は朝鮮半島のみ。自然の障壁もなく、大きな川もある。地域内の結びつきが強く、農耕技術や文化が生まれて発展し、政治的に国家統一された。しかし支配者一人の判断で草の根イノベーションの芽が摘まれることがあった。1960〜70年代の文化大革命でも同じことが起こった。中国の政治的な動きを地理的特性から考察した指摘は興味深い。

つまりヤリへの答えは、ひと言でいえば「各大陸の人々の違いでなく、各大陸の環境の違いだ」となる。

レヴィ＝ストロースは Book18 『野生の思考』で、19世紀までの「歴史は野蛮人から文化人への進化の過程」という考え方を、「社会にはさまざまな構造がある」と示した構造主義で塗り替えた。

本書はこの構造主義的な価値観に基づき、人類史を徹底的に科学的に考えた歴史観を示している。

本書を読むと、科学として成立し得ないように思える歴史でも、科学的考察は可能だとわかる。まず事実に基づき仮説を立て、その仮説を別の時代や地域の事象に当てはめ、妥当性を検証する。新たに生まれた疑問に対しても同じ作業を行う。本書はこの膨大な作業の繰り返しで構成されている。こうしてできあがった本書もひとつの仮説だが、高い説得力を持っている。

骨太な歴史観に基づき緻密な科学的考察を重ね、壮大な人類史を描いた意欲作に、ぜひ挑戦してほしい。

Point

欧州による世界統一は「人種の違い」でなく「大陸の環境の違い」が生んだ

Book
64

『文明の衝突』

現代の戦争は、異なる文明の「境界」で起こる

鈴木主税［訳］集英社

サミュエル・ハンチントン

1927年－2008年。米国の国際政治学者。ハーバード大学教授。研究領域は政軍関係論、比較政治学、国際政治学などに及び、軍事的プロフェッショナリズム、冷戦後の世界秩序での文明の衝突などの研究業績を残している。リアリズム理論家の代表的人物。国家安全保障会議のコーディネーターを務めた。西側諸国とイスラム世界との対立を予見した本書はベストセラーとなった。

世界で紛争が起こるメカニズムを理解できれば、ある程度紛争を予見できる。これは現代のビジネスでは大事なことだ。本書を読めば、世界で起こる紛争の根っ子にある原因が解読できるようになる。

本書が書かれたきっかけは、フクヤマが1992年に刊行したBook 38『歴史の終わり』だ。フクヤマはベルリンの壁崩壊を見て「**人間社会の歴史のゴールは自由民主主義の実現**」と考え、『歴史の終わり』を書いた。この裏には「**自由民主主義の西欧文明は、普遍的な文明**」という欧米の根強い考え方がある。

そこでハンチントンは1993年に国際政治経済関連の雑誌『フォーリン・アフェアーズ』に論文「文明の衝突？」を寄稿し、「**むしろこれから異なる文明の衝突が始まる**」と反論した。この論文をもとに1996年に刊行されたのが本書だ。ハンチントンはハーバード大学の国際政治学者であり、なんとフランシス・フクヤマの指導教官でもある。

本書の刊行から四半世紀が経った。本書の刊行後、米国同時多発テロ、アフガン紛争、イラク戦争、最近ではウクライナ紛争なども起こり、世の中はおおむね本書の予見通りに動いている。

ハンチントンは世界を文明で分類した

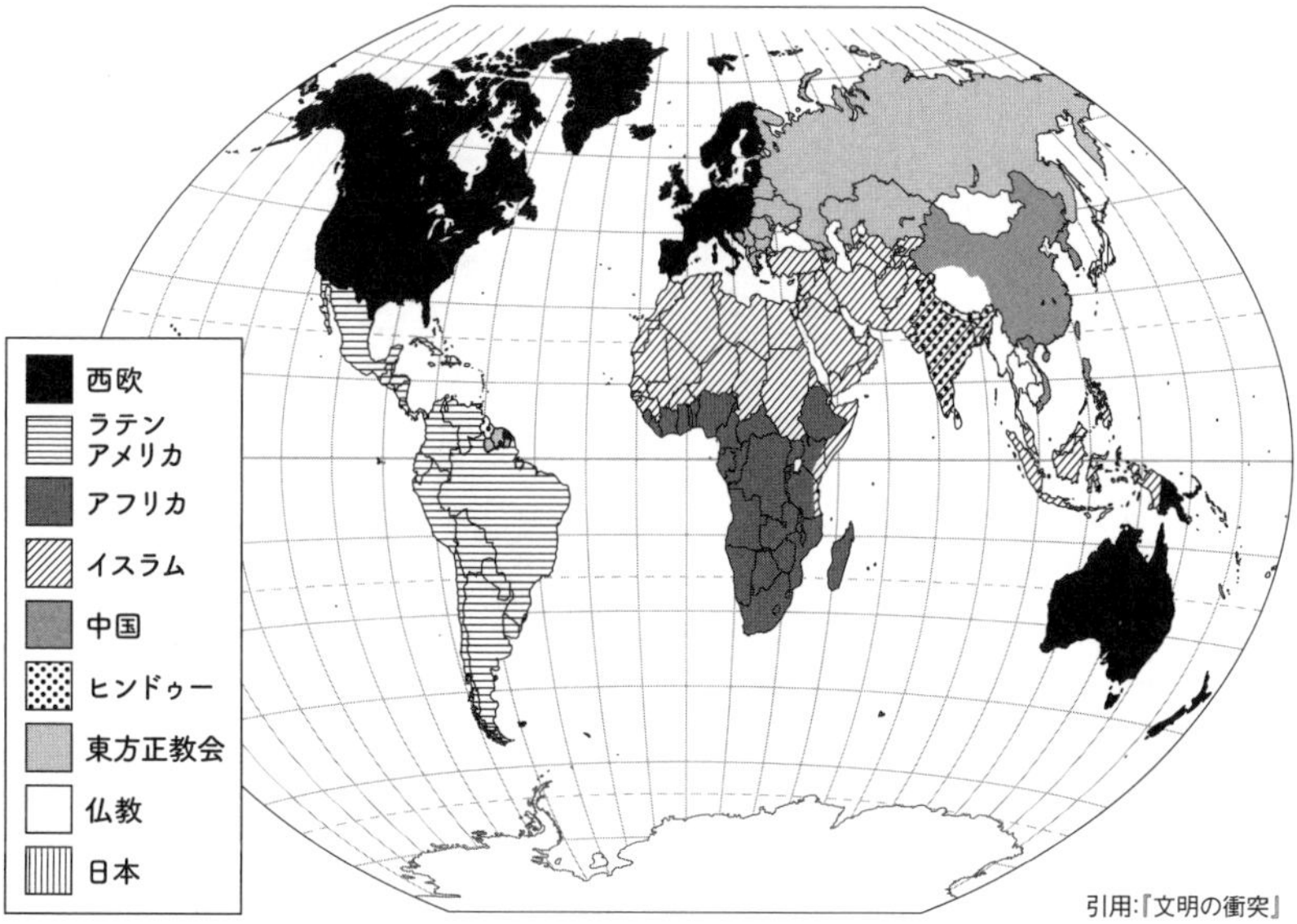

引用:『文明の衝突』

世界は7つの主要文明に分かれる

世界を理解するには世界構造をザックリ理解する視点が必要だ。20世紀以降、世界はこうなっている。

【植民地時代：1920年】西欧文明が他文明まで領土を拡大して植民地化し、世界は「西欧（植民地含む）」「西欧以外の地域」に二極化した。

【冷戦時代：1960年】世界は米国中心の「民主主義社会グループ」、ソ連中心の「共産主義グループ」、両者に属さない「第三世界」の3つに分かれた。

【冷戦後：1990年以降】共産主義国家が崩壊し、世界の違いは政治・イデオロギーから文化・文明に変わり、世界は次の7~8の主要文明に分かれた（いずれも宗教と深く結びついている）。

❶西欧文明（**カトリックおよびプロテスタント**）：8~9世紀に欧州で現れた

❷中華文明（**儒教・道教**）：中国大陸で数千年の歴史を持つ文明。東南アジアなどと共通の文化を持つ

❸**日本文明**（**日本型仏教**）：中華文明に属さない独立した文明。2〜5世紀に中国文明から派生した

❹**ヒンドゥー文明**（**ヒンドゥー教**）：紀元前20世紀以降、ヒンドゥー教はインド亜大陸では文化の中心だった。この文化は現代のインドに引き継がれている

❺**イスラム文明**（**イスラム教**）：7世紀にアラビア半島に生まれ、急速に世界へと拡大していった

❻**東方正教会文明**（**東方正教会**）：東ローマ帝国（ビザンチン帝国）由来の文明。ロシアが入る（後述）

❼**ラテンアメリカ文明**（**カトリック**）：南米の土着文化が西欧文明のカトリック文化と混じり合った文明

アフリカ文明について著者のハンチントンは、本書刊行の1996年時点で「主要な文明研究者のほとんどは明確なアフリカ文明というものを認めていない」とする一方で、「アフリカ人としてのアイデンティティもしだいに発達しつつある」と述べている。また**仏教文明**はチベットなどで見られる一方、中国や日本では文化に組み込まれていることから「主要な宗教であっても、主要文明の基盤ではなかった」としている。

ただ日本人には、世界を文明で区別する世界観は、正直いまひとつピンとこない。これには理由がある。改めて7つの文明を見てほしい。日本以外の文明は、1つの文明に国が複数ある。西欧文明には米国と欧州各国が含まれ、同一文明の複数の国が1つの文化を共有する。しかし日本文明に含まれる国家は日本だけ。日本文明を共有する国は他にないので、「国家で文明を共有する」ということに実感がわかないのだ。

しかし、世界を7〜8つの主要文明に分ければ、20世紀末以降の世界は、格段に理解しやすくなる。

「宗教の違い」が文明の違いを生む

これらの文明を理解するカギが「**宗教**」だ。宗教というと私たちはつい「何か怪しげ……」と思いがちだが、宗教復興は世界的な現象だ。現代社会では農村の絆を断って都会に出る人々が増えて、都市化が進んだ。

しかし、まわりが見知らぬ人ばかりだと、自分を見失ってしまう。本来の宗教の役目は、「自分って何？」という人たちに答えを用意すること。だから現代の主要文明の区分も、宗教に基づいている。

「でも、宗教で文明を分類するのって、どんな意味があるの？」と思うかもしれない。わかりやすい例が、欧州とトルコ（イスラム文明の中核国だったオスマン帝国を祖とする国家）の「つかず離れず」の関係だ。

欧州には、軍事同盟の**NATO**（米国と欧州諸国が加盟）と、経済同盟の**EU**（**欧州連合**）がある。

冷戦時代、欧州各国はソ連の拡張に対抗するためにトルコのNATO加盟を認めた。しかし、EUについては欧州各国は「イスラム国家のトルコは加盟させたくない」と意思表明している。NATOは軍事同盟なので価値観が異なる相手でもやむを得ずに組んだが、EUはカトリック・プロテスタント中心の西欧文明の連合なので、イスラム文明国家はお断りなのだ。

ハンチントンは、西欧文明がイスラムを心底恐れるのは、彼らが西欧文明を過去2回も危機に陥れた唯一の文明だからだという。7〜8世紀、イスラム教徒がアラビア半島を出て各地へ進出すると、現在のスペインがあるイベリア半島は、2世紀もの間イスラム教徒に支配された。1529年にはオスマントルコ帝国がウィーンを包囲。第一次大戦が1918年に終了し、100年前にやっと西欧文明はオスマントルコの領土を統治できた。それまで1000年以上もの期間、西欧文明にとってイスラムは大きな脅威だったのである。

フォルトライン（断層の境界）戦争

次ページの図は、スカンジナビア半島から地中海までの欧州地域で西欧文明の東の境界を示したものだ。西側が西欧文明の地域、東側が東方正教会文明とイスラム文明の地域だ。この境界線は500年間同じ位置にある。この地図を見れば、**欧州で紛争が頻発するウクライナ、ボスニア、セルビアといった国家のど真ん**

中に境界線が通っていることがわかる。これらの国は主要文明の境界線があるため、紛争が絶えないのだ。ウクライナ紛争も、ウクライナ国内が西欧文明と東方正教会文明に分かれているために起こったのだ。

東方正教会は、日本人には馴染みがないので説明が必要だ。キリスト教には３つの大きな流れがある。カトリック、プロテスタント、東方正教会だ。キリスト教は、４世紀末にローマ帝国の国教となって広がったが、その後のローマ帝国は東ローマ帝国と西ローマ帝国に分離した。そして西のローマ・カトリック教会から１０５４年に分裂し、東ローマ帝国（ビザンチン帝国）の教会として成立したのが東方正教会である。ロシア文明はこの東方正教会の流れを受け継ぐ文明なのだ。

冷戦終結後は、多くの紛争が文明の境界線上で起こるようになった。異なる文明間で、相手を認めずに正面衝突するので、紛争は激しくエスカレートしがちで、最後は戦争になる。お互いに疲れ果てて一時休戦し

引用:『文明の衝突』

ても、時間が経って元気になるとまた戦い始める。だからなかなか終わらない。このような紛争を、ハンチントンは**フォルトライン戦争**と呼ぶ。フォルト（fault）は「（地層の）断層」、ライン（line）は「線」という意味だ。まさに主要文明の境界線に生まれた、文明の断層で起こる紛争である。

フォルトライン戦争は、周囲の同じ文明諸国に波及し、エスカレートしがちだ。些細なことで始まった、まったく家柄が違う夫婦のケンカを、お互いの親が知って大騒動になり、さらに祖父母にも飛び火し、しまいには両家の一大お家騒動に発展するようなものだ。こうなると、誰も手がつけられない。

西欧の落日とイスラム・中国の台頭

世界レベルで見ると、文明の衝突はどうなっていくのか？　ハンチントンはこう述べている。

「マクロのレベルで見れば、最も激しい対立は『西欧とその他の国々』のあいだのもので、そのなかでも激しい紛争は、イスラムやアジア社会と西欧のあいだで起こっている。**今後、危険な衝突が起こるとすれば、それは西欧の傲慢さ、イスラムの不寛容、そして中国文明固有の独断などが相互に作用して起きる**だろう」

冒頭で紹介したように、西欧文明は「**自由民主主義は、普遍的で価値ある思想**」と固く信じ、非西欧文明の諸国にそれを教えようとしている。しかし「**普遍的な文明」という概念は、西欧文明に固有の産物**だ。

西欧は19世紀に「**未開発国を指導するのは、西欧の義務**」と考えて植民地を拡大した。しかし現実には「普遍的な文明」という思想は、非西欧文明からほとんど支持されていない。西欧人がよかれと考え「自由民主主義を広げよう」と言っても、非西欧人はそれを西欧の邪悪な帝国主義と見なし、脅威に感じる。

Book 18『野生の思考』で紹介したように、「西洋社会に人間のすべてがある」というサルトルの主張が「人間社会にはさまざまな構造がある」と提唱した著者のレヴィ＝ストロースによって論破され、構造主義の起点となった。冷戦後の世界をこの構造主義の視点で捉えたのが、ハンチントンなのだ。

近年はイスラム文明が台頭している。多くのイスラム諸国は1970年代の石油ショックで富と影響力を一気に拡大した。しかし、私たちはイスラム文明のことを、いまひとつ理解できていない。

イスラム教徒は、預言者ムハンマドを通じた神の啓示を信じる人々の集団だ。イスラム文明には「**イスラム共同体**」を意味する「**ウンマ**」という言葉がある。イスラム教徒は、ウンマに忠誠・献身を誓えば天国に行ける。だから常にウンマは絶対で最優先だ。イスラム文明では「国民国家」という概念はウンマより優先順位が低い。そして現状、イスラム諸国はバラバラだ。

本来はイスラムの中核国が、イスラム全体のアイデンティティに責任を持ってウンマの政治的・宗教的リーダーシップを果たすべきだ。第一次大戦前はオスマン帝国がこの任を果たしていた。しかし第一次世界大戦でオスマン帝国が終焉し、イスラムの中核国が消滅。今はイスラム世界の内外で対立が広がっている。

一方でアジアでは中国が台頭している。本書が刊行された1996年当時と比べて中国は大きく成長し、いまや世界第2位の経済大国だが、ハンチントンは中国がアジアの覇者になり、日本も含めてアジア諸国はアメリカではなく中国にすり寄る、と述べている。これには異論がある人も多いだろう。

では文明の衝突の時代に、私たちはどうすればよいのか？　ハンチントンはこう述べている。「**文化の共存に必須であるとして求められるのは、ほとんどの文明に共通な部分を追求することである。多文明的な世界にあって建設的な進路は、普遍主義を放棄して多様性を受け入れ、共通性を追求することである**」

この提言は Book 21『なぜ世界は存在しないのか』の著者・マルクス・ガブリエルが提唱する「**共通した一つの真実を考え抜いた上で、個人の考えも受け入れよう**」という提言と重なる。そして本書はこんな言葉で締めくくられている。**「来るべき時代には文明の衝突こそが世界平和にとって最大の脅威であり、文明にもとづいた国際秩序こそが世界戦争を防ぐ最も確実な安全装置なのである」**

刊行から四半世紀が経った現代において見ると、本書には間違いもある。たとえば「ロシアとウクライナは同じ文明だから、血なまぐさい戦いはない」とある。本書に対して「世界を文明で分けるのは単純化しすぎ」という批判もある。一方で20世紀末以降、歴史の大きな流れは、概ね本書の指摘通りに推移している。

ハンチントンは日本語版序文で「日本は自国の利益のみを顧慮して行動することもでき、他国と同じ文化を共有することから生ずる義務に縛られることがない。その意味で、日本は他の国々がもちえない行動の自由をほしいままにできる」と述べている。**日本にしがらみがないという指摘は日本人には新しい視点だ。**

同時にこうも予見する。「中国が大国として発展しつづければ、中国を東アジアの覇権国として、アメリカを世界の覇権国として処遇しなければならないという問題にぶつからざるをえない。これをうまくやってのけるかどうかが、東アジアと世界の平和を維持するうえで決定的な要因になるだろう」

本書は、現実的な予見の書として読むべきなのだろう。

私たちが「私とあなたの文明は、お互いに異質」というレンズで世の中を見られるようになれば、無用な衝突は減らすことができる。そのことを学ぶ上でも、本書は一読の価値があるはずだ。

Point

世界文明を構造的に眺めて、世界の出来事を読み解く力をつけよ

Book 65

『サピエンス全史』

人類の「妄想力」が爆発的な進化を生み出した

『サピエンス全史（上・下）』柴田裕之［訳］河出書房新社

ユヴァル・ノア・ハラリ

1976年－。イスラエルの歴史学者。オックスフォード大学で中世史、軍事史を専攻して博士号を取得し、エルサレムのヘブライ大学歴史学部の終身雇用教授。軍事史や中世騎士文化についての著書がある。オンライン上での無料講義も行い、多くの受講者を獲得している。『サピエンス全史』は世界的なベストセラーとなったほか、『ホモ・デウス』『21Lessons』などの著作がある。

次ページ図は見慣れた人類進化の系統図だが、間違っている。私たちは「人類は猿との共通祖先から、さまざまな種を経てホモ・サピエンスへと進化した」と考えがちだが、1万年前まで地球上にはいくつかのヒトの種が存在していたという。しかし現在残っているのは、ホモ・サピエンスだけだ。なぜか？

本書は壮大な知の体系を総動員して人類進化を解明する一冊だ。48カ国で刊行、全世界で2300万部、米国アマゾン書評数は13万件超というベストセラーだ。Book 63『銃・病原菌・鉄』の著者ダイアモンドやビル・ゲイツも推薦している。日本語版は2016年刊行。日本国内でも累計100万部を超えた。

著者のハラリは1976年イスラエル生まれ。ヘブライ大学でマクロ歴史学を研究する歴史学教授だ。

ホモ・サピエンスが地球を支配したのは、7万年前の**認知革命**、1万年前の**農業革命**、そして500年前の**科学革命**のおかげ、というのが本書の結論だ。早速、本書のポイントを見ていこう。

「認知革命」がサピエンスを地上最強の動物に進化させた

動物は共通祖先を持つ属で分類される。ライオン、虎、ヒョウ、ジャガーは外見がまったく違う種だが、

人類進化の図は間違っていた

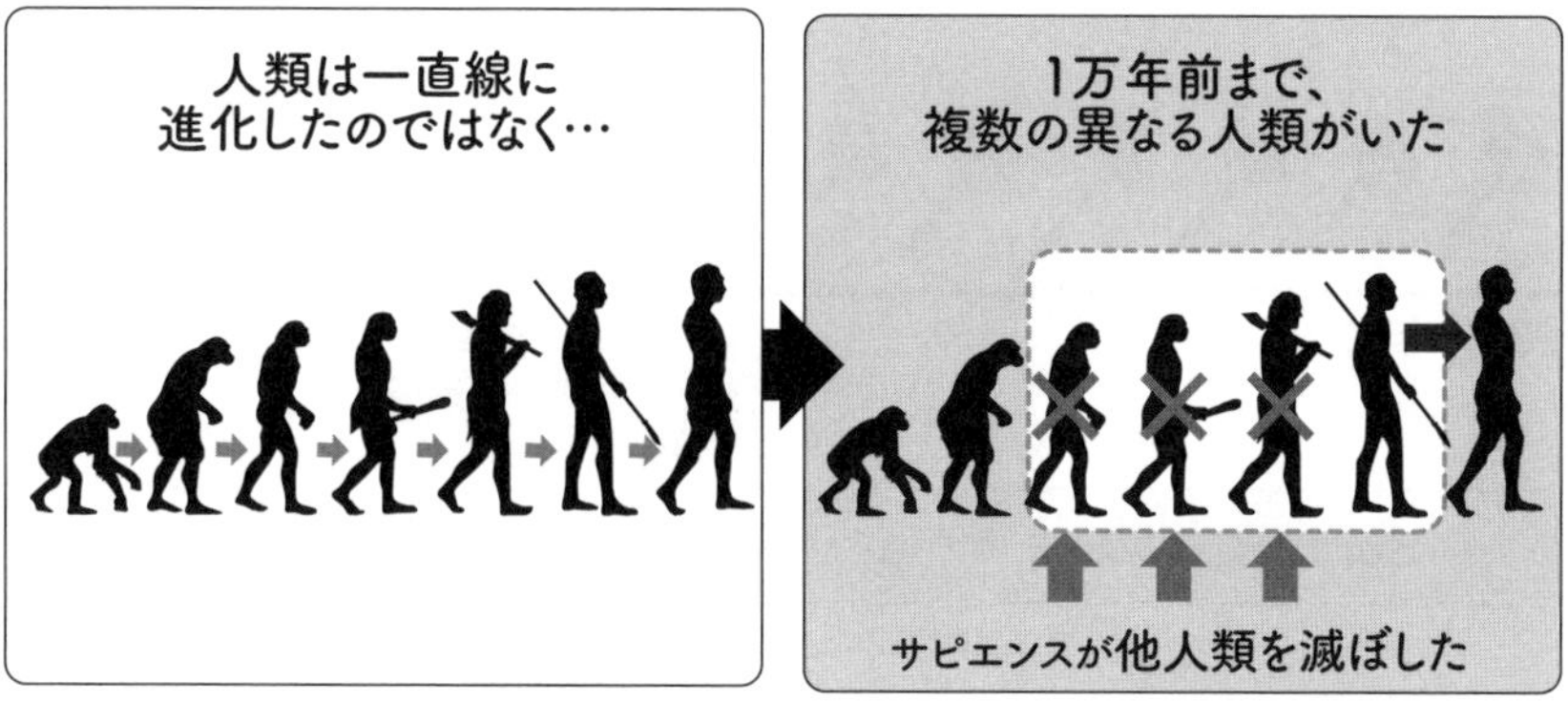
人類は一直線に
進化したのではなく…
1万年前まで、
複数の異なる人類がいた
サピエンスが他人類を滅ぼした

共通祖先から進化した**ヒョウ属**だ。人類も猿と共通祖先から進化した**ヒト属**（**ホモ属**）で、さまざまな**種**がいた。たとえば……

・**ホモ・サピエンス**（**賢いヒト**）：約15万年前に東アフリカで生まれた。私たち現代の人類である

・**ホモ・ネアンデルターレンシス**（**ネアンデルタール人**）：ホモ・サピエンスより大柄でたくましく脳も大きい

・**ホモ・エレクトス**（**直立したヒト**）：アジアの東側に住み、２００万年近く生き延びた

・**ホモ・フローレシエンシス**：フローレス島に住み、身長は最大１ｍ、体重25キロ。石器で象を狩っていた

これら人類は猿より脳が大きく、石器を使いこなし、約30万年前から火も使う。私たちは「これらの武器で人類は地上最強の動物になった」と考えがちだが、実は２００万年にわたって人類は弱い動物で、捕食者を常に恐れていた。ホモ・サピエンス（以下、サピエンス）は特に弱く、当初は圧倒的な体格のネ

認知革命の後、サピエンスは猛スピードで進化を始めた

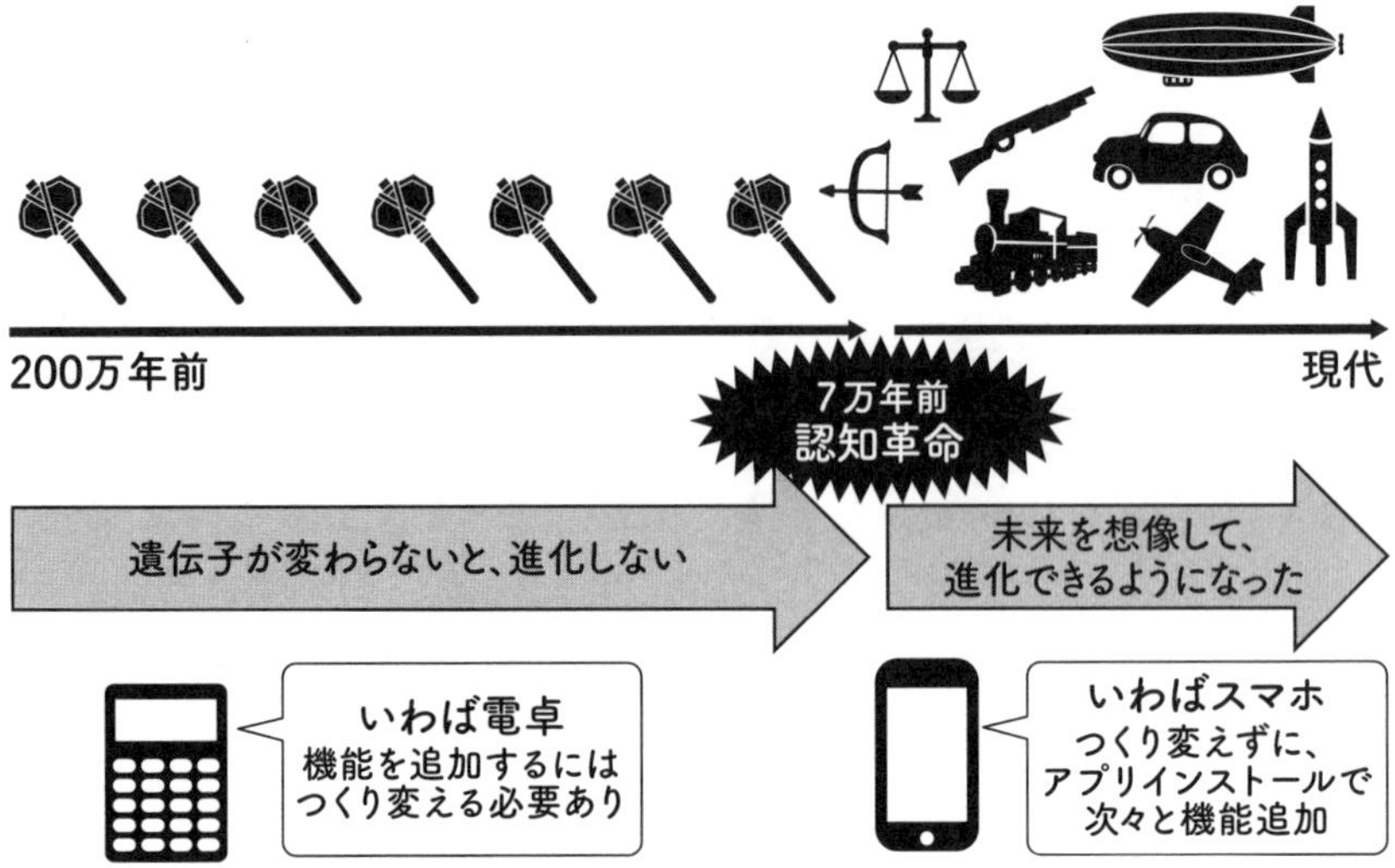
200万年前
現代
7万年前
認知革命
遺伝子が変わらないと、進化しない
未来を想像して、
進化できるようになった
いわば電卓
機能を追加するには
つくり変える必要あり
いわばスマホ
つくり変えずに、
アプリインストールで
次々と機能追加

アンデルタール人との戦いで負け続けた。しかし7万年前、サピエンスはまったく新しい能力を獲得して他人類を滅ぼし、他の動物も圧倒し、地上最強の動物となった。その能力とは「**リアルに存在しないモノを認知する能力**」。認知革命だ。こんなことが可能になった。「**我々には神様がついている。敵は悪魔。殲滅しよう**」

こうして1つの目標を共有し、100人の集団が団結するようになった。サピエンス以外だとこうなる。

「**神様ってどこ? 私は家族や身内しか信じないよ**」

これでは集団の上限はせいぜい20人だ。ネアンデルタール人はサピエンスと1対1で戦えば圧勝だが、20名でサピエンス100人と戦えば瞬殺だ。

こうして「存在しないモノを認知する能力」がサピエンスの武器となった。伝説・神話・宗教など「存在しないモノ」を人々が認知して共有できる。実際は虚構なのだが、その虚構を集団が信じれば、膨大な数の人々が1つの意思を持つように動ける。

認知革命前は、新技術や生活パターンは遺伝子の突然変異で生まれた。200万年前の遺伝子の突然変異で人類が登場し、石器を使い始めた。しかし7万年前まで人類は同じ石器を使い続けた。7万年前の認知革命で、人類は遺伝子を突然変異させなくても創意工夫で道具を進化できるようになったのだ。これは図のように、電卓とスマホでたとえるとわかりやすい。計算機能しかない電卓に機能追加するには、回路をつくり変える必要がある。7万年前まで人類の脳は電卓と同じで、新しい生活パターンは遺伝子を変えないと生まれなかった。スマホは、アプリのインストールで新機能を追加できる。認知革命後の人類の脳はスマホと同じで、遺伝子をつくり変えなくても「こんな道具が欲しい」と未来を妄想して、新たな道具を次々とつくるようになったのだ。

「農業革命」は個人を不幸にしたが、サピエンスを一気に増やした

1万年前に氷河期が終わると、サピエンスは農業を始めて、進化を加速し始めた。それが第2の革命「**農業革命**」だ。

私たちは「狩猟採集生活から農業社会に移行して暮らしは豊かになった」と思いがちだが、実は人々の生活は悪化した。現代で最も過酷な環境で暮らす狩猟採集民でも、平均週35~45時間働けば集団は食べていける。古代の肥沃な地域に暮らす狩猟採集民は、より短い時間で暮らしに必要な食料を得られただろう。狩猟採集生活はさまざまな食料をバランスよく取るので、飢えたり栄養不良になったりせず、背は高く健康だった。

逆に農業生活では、朝から晩まで農作物の世話で手間がかかる。不自然な姿勢の農作業で、ヘルニアや関節炎などの疾患に悩まされ、天候不順になると飢餓になる。栽培した植物しか食べないので栄養も偏る。

実は農業生活でいいことは少ないのである。

「農業革命って、いいことないじゃん」と思うかもしれないが、「種全体が何を得たか？」という視点で見

ると、まったく違う世界が見える。同じ面積の土地からはるかに多くの食物が得られて、サピエンスという種は指数関数的に人数を増やし、人口爆発を起こした。**農業革命によりサピエンスは種として強くなった**のだ。

サピエンスは小集団から巨大社会になり、生産に関わらないエリート層が生まれ、巨大社会を統合する秩序を生み出し、種としてさらに強くなった。秩序とは具体的には、経済面では**貨幣**、政治面では**帝国主義**、精神面では**宗教**である。特に貨幣について、ハラリはこう述べている。

「これまで考案されたもののうちで、貨幣は最も普遍的で、最も効率的な相互信頼の制度なのだ」

私たちは見ず知らずの人間同士でも硬貨（単なる金属の塊）や紙幣（単なる紙っぺら）を信頼し協力する。これも7万年前に生み出された「存在しないモノを認知して信頼する」という認知革命の産物である。

無知から生まれた「科学革命」

西暦1500年頃、人類は第3の革命「**科学革命**」を起こして、その影響力を一気に拡大した。

1525年にサルヴィアーティがつくった世界地図には、ヨーロッパ大陸の左側にアメリカ大陸が描かれているが、海岸線の奥の地域は空白になっている。「**この先に何があるか、よくわからない**」からだ。

1492年、コロンブスは「欧州から船で西に進めば、東アジアに到着する」と考え、新大陸に上陸した。彼は「東アジアの島々に着いた」と信じていた。

1499〜1504年、イタリア人航海士のアメリゴ・ヴェスプッチは数度の新大陸の探検に参加。「**コロンブスが発見した新しい土地はアジアの島々でなく、聖書にはない一つの大陸らしい**」という書簡を刊行した。1509年、ヴァルトゼーミュラーは「アメリゴがこの大陸を発見した」と勘違いして、この大陸に「アメリカ」と名づけた地図をつくった。彼の主張に基づいてつくられたのが先の地図である。

当時の中世欧州の人たちの気持ちになってみてほしい。この地図には聖書に書いていない別の真実がある。当時の人々は猛烈に「この空白に何があるのかを知りたい」と思うようになった。

これは当時の人々が科学に目覚めた象徴的な出来事のひとつだ。ハラリは科学革命の発端は、無知の革命である、という。**「自分は知らない」ことを受け入れることができれば、観察結果を収集して新しい知識を獲得することで、新たな力やテクノロジーを獲得できる。**これが「科学革命」の本質だ。

しかし科学の発展には、ヒト・モノ・カネといった資源の投入が必要だ。

資本主義が産声をあげ、産業革命が始まり、科学と産業と軍事テクノロジーが結びつくようになると、科学は本格的に発展を始めた。新たなテクノロジーを手に入れれば、国家は戦争で勝てる。資本家は新事業を興して富を増やせる。こうして科学は帝国主義と資本主義と手を組んで、一気に進化を加速させた。

そして人類は核兵器を生み出し、月に到達した。今日、地球上のサピエンスは70億人。総重量は3億トン。家畜の総重量は7億トン。合計10億トン。野生動物の総重量は1億トン以下。人類は地球を制圧したのだ。

現代は平和になった。中世までは戦争や暴力、死は身近にあった。現代社会では「誰かが攻めてきて皆殺しにされるかも……」と心配する人はほぼいない。むしろ「人生100年時代をどう過ごすか」が心配事になった。さらに、平和を愛する政治家たちが地球を治めている。ロシアがウクライナを侵略すると、各国トップが一斉に責める時代である。将来はわからない。しかし少なくともこの数十年間、全体的にとりあえず真の平和を実現している。……さて、めでたしめでたし、なのだろうか？

ハラリは、本書の終盤でこう問いかける。**「私たちは以前より幸せになっただろうか？」**

「豊かに暮らし、寿命は延びて健康になった。世界も平和。間違いなく幸せだ」と答える人は、多いかもしれない。ハラリは、これは人間中心の考え方だ、とした上で、「地球上の生物」という視点から見るとまったく違う世界が見えることを次のように紹介している。

サピエンスは他人類と、膨大な数の動植物を絶滅させた。7億トンの家畜は、人間に食べられるために機械化された製造ラインの一部。毎年約500億匹が殺されている。最近の研究では、哺乳類や鳥類にも心理的欲求や欲望があり、満たされないと傷ついていることがわかっている。

では、人間自身はどうか？　貧しくても愛情深く献身的な家族や仲間に恵まれた人と、超豪邸に住む孤独な富裕層のどちらが幸せか？　幸福は「モノの豊かさ」では決まらない。むしろ周囲の状況と自分の期待度との比較で決まる。中世の農民は何カ月も身体を洗わず衣服も着替えなかった。それが当たり前だったから満足していた。現代は毎日風呂に入り、服を着替えるのが当たり前。それができないとストレスを感じる。

ハラリは、不老不死の実現すらも、激しい不満につながりかねないと言う。今は裕福な人も貧しい人も、死は平等で免れない。将来、貧しい人は死を免れず、金持ちは永遠に若いまま生き続けたら、死を免れない人たちは激しい怒りがわくだろう。

ハラリは答えを示していない。代わりにこう述べている。「学者たちが幸福の歴史を研究し始めたのは、ほんの数年前のこと（中略）確たる結論を出し、始まったばかりの議論に終止符を打つのは、あまりにも時期尚早だ。異なる探究方法をできるだけ多く見出し、適切な問いを投げかけることが重要だ」

超ホモ・サピエンスの時代

そしてハラリは、人類の未来の姿についても考察している。

世界中の研究室で、科学者たちが遺伝子工学を使って生き物を操作している。サピエンスのゲノム（遺伝子情報）はマウスのゲノムと比べて16％多いだけだ。となると「**もっとすぐれたサピエンスをつくり出そう**」

という考えが現実になる。ハラリによると、サピエンスの認知革命は、脳内の小さな突然変異がきっかけだ。再び小さな変化を人為的に起こし、まったく異なる新たな意識を脳内に生み出し、**超ホモ・サピエンス**を生み出せる可能性がある。ハラリは、本書をこう締めくくっている。

「私たちが自分の欲望を操作できるようになる日は近いかもしれないので、ひょっとすると、私たちが直面している真の疑問は、『私たちは何になりたいのか?』ではなく、『私たちは何を望みたいのか?』かもしれない。この疑問に思わず頭を抱えない人は、おそらくまだ、それについて十分考えていないのだろう」

本書でハラリは楽観的な未来を描いた。しかし本書刊行から9年後の2023年10月、彼の母国イスラエルはハマスとの紛争で苦難に見舞われた。彼はインタビューで、「あなたは『人類は進化する。戦争はもう起こらないのではないか』と語っていましたが……」という問いにこう答えている。

「私はそういった言葉をまったく違う時代に書きました。平和を満喫していた時代のことです。それ以来、状況は本当に悪化しました。パンデミック、ウクライナ侵攻、そしてハマスの攻撃です」

そしてこう続ける。「広島と長崎以来、初めて核兵器が戦闘に使用されるかもしれないのです。なぜならこの地域には、核戦力を持つ国がいくつかあるからです。ある種の〝絶対的正義〟を求めてはなりません」

現代がきわめてもろい現実の上に立っていることを、実感させられる言葉である。

「私たちは何を望みたいのか?」というハラリの重い問いかけを、改めて私たちは考えるべきだろう。

Point

人類史を理解し、「私たちは何を望みたいのか?」を考えよ

西洋哲学
政治・経済・社会学
東洋思想
歴史・アート・文学
サイエンス
数学・エンジニアリング

Book 66

『アート・スピリット』

「創造する」とは、どういうことか？

野中邦子［訳］国書刊行会

ロバート・ヘンライ

1865年－1929年。米国の画家。20世紀初頭、都市のリアルな現実を描くムーブメントをつくり出した、新しい芸術をめざす美術家集団「ジ・エイト」のメンバーとして活躍。美術学校の教師としての名声も高く、教え子にエドワード・ホッパー、マン・レイなどがいた。1923年、講義や書簡をまとめた『アート・スピリット』を刊行。以後、若き芸術家のバイブルとして、現在も版を重ねている。

創造力は、ビジネスも人生も豊かにする。創造力は「個人のセンス次第」と思われがちだが、実は学ぶことができる。1923年刊行の本書は、芸術家を目指す若者に愛読されてきた定番の教科書である。本書は**「創造の本質」**を教えてくれるので、ビジネスパーソンが読んでも学びが多い。

1980年代に活躍して31歳で早世したストリートアートの先駆者キース・ヘリングは、「この本はぼくの人生をすっかり変えてしまった」と述べ、人気テレビドラマ『ツイン・ピークス』などを手がけた映画監督デイヴィッド・リンチは、本書を「アート・ライフの規範を定めるバイブル」と称した。実業家にも強烈なインパクトを与えてきた。後述するTwitter（現・X）創業者のジャック・ドーシーもその一人だ。

著者のヘンライは米国の油絵画家で、美術学校の教師だ。本書はヘンライの23年分のノートと書簡をもとに構成された彼の教えの総集編だ。本書からは「芸術家を志す若者に**『芸術の魂（アート・スピリット）＝芸術はこういうものだ』**ということを伝えたい！」というヘンライ先生の熱い想いがヒシヒシと伝わる。

前述のドーシーは、2013年に開催されたスタートアップスクールでの講演に本書を携えて登壇。本書の一部分を読み上げ、それに解説をつけるという講演を行った。講演の様子はYouTubeで公開されている。

「創造する」とは、どういうことか？

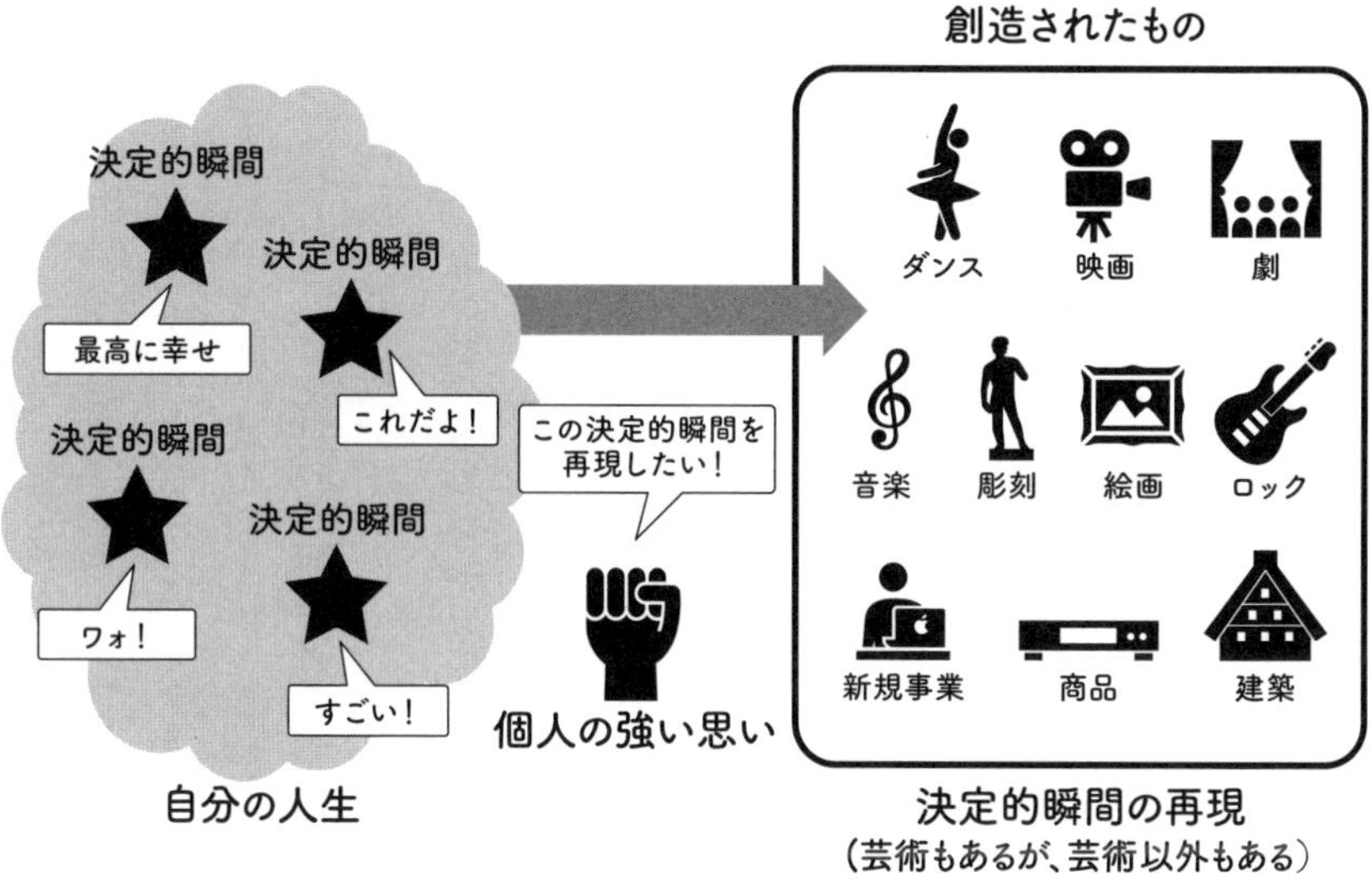

起業家の卵たちに語りかけるこの講演で、ドーシーが最後に引用したのが本書にある次の一節だ。

「自分自身にとって大事なものだけを絵に描くべきである。外からの要求に応えるだけではいけない。世間は自分たちが何を望んでいるかを自覚しておらず、われわれが何を与えられるかも知らない」

そしてドーシーはこんな解説をした。

「大事なのは『自分自身のために作る』ことだ。そうして伝染力が宿り、人々を強力に惹き付けるんだ」

このように、本書にはビジネスパーソンにも役立つ**創造の本質**が書かれている。早速、本書のポイントを紹介していこう。

「創造する」とはどういうことか？

ヘンライは本書の冒頭で、こう書いている。

「われわれの人生には、いくつかの**決定的な瞬間**がある。（中略）それは最高に幸せになれる瞬間だ。（中略）人が見たものを、なんらかの記号によって再現できないものだろうか。そんな希望のなかから、芸術は生まれた」

私たちの人生にはさまざまな決定的瞬間がある。早朝の静寂な空気の中で燃えるように真っ赤に染まる夜明け前の空を見たとき。仲間との熱い絆を感じたとき。そんな瞬間を体験した人は「**この瞬間を、何らかの形で再現したい**」と強く思い始めて、絵画や彫刻、あるいはダンスや劇、音楽などで再現する。これが芸術なのだ。しかしこの「決定的瞬間の再現欲」は芸術に留まらない。ヘンライはこう述べている。

「問題は、その人間にどうしてもいうべきことがあるかどうか、である。表現したいことが芸術かそうでないか、絵かそれとも別のものかは、その人間にとってどうでもよいことだ。普遍的な表現にする価値があるかどうかだけを気にかけるべきなのだ」

「芸術を、絵画や彫刻、音楽や詩だけに限定する考え方には共感できない。素材として何を用いるかはまったくの偶然であり、あらゆる人間のなかに芸術家がいるという考え方が広まってほしいと思う」

ドーシーが「Twitterを創ろう」と思った決定的瞬間は、ユーザー同士で直接メッセージのやり取りができるインスタント・メッセージを初めて見たこと。彼は「同時に多人数で簡単に共有できないか？」と考えた。超優秀なプログラマーだったドーシーは、わずか2週間でTwitterのプロトタイプをつくり上げた。

ドーシーが決定的瞬間を再現しようとしてつくったのは、芸術ではない。プロトタイプだ。こう考えると本書に書かれた「**創造する意味**」**は普遍的**であることがわかるだろう。

大事なのは自分自身の欲求だ。ヘンライはこう述べている。

「私は一つだけ確信している。**あくまで一貫性を保ち、何かを表現したいという強烈な欲求が必要**だということである。積極的な目的がなければ、手段はたんに手段のための練習にしかならない」

芸術もビジネスも、「これを表現したい」「実現したい」という強烈な衝動が原動力だ。

「展覧会用にとりあえずつくりました」という作品や、「仕事なのでとりあえずやりました」という気持ちで取り組むビジネスは、人の心に響かず、たいしたものにはならない。ヘンライはこう述べている。

「真の芸術は表面ではなく、人の内面のずっと深いところに届く。一般に潜在意識と呼ばれる領域である。人は、それがなぜかを知らないまま、なんらかの行動を起こし、何かに影響される」

自分にとって最高の教師は「自分」である

美術学校の教師でもあるヘンライは、「え？」と思うようなことも書いている。

「自分で自分を教育せよ。私に教わろうと思うな――私をせいぜい利用し、私に利用されるな」

（ヘンライ先生、教師の立場で「教わるな」って言っちゃっていいんですか？）と思ってしまうが、実際にはヘンライは、本書で実に懇切丁寧に生徒の作品へアドバイスをしている。しかし、必ず「あくまで個人的な見解。すべては自分自身で決めることだ」と付け加えるのを忘れない。ヘンライはこう続ける。

「自分の作品をじっくり眺め、その作品が語るのは、きみの内部から出てきた声であることを理解せよ」

私自身、このことを実際に体験してきたので紹介したい。私は大学を卒業して日本ＩＢＭに新卒入社したが、20代の頃は「プロの写真家になりたい」という想いを捨てきれなかった。会社員を続ける傍ら「20代のうちに、銀座の写真ギャラリーで個展を行う」という目標を立てて、仕事がオフの週末に写真を撮り、会社の帰りにカフェに立ち寄り、仕上がった自分の写真作品を1時間くらいかけて見直す、という作業をやり続けた。これは簡単なようで、意外と難しい。自分の作品には、自分なりの強い思い入れがあるからだ。

強い思い入れは大事だが、現実にはその思い入れに表現が伴わない未熟な作品も多い。自分一人でこの違いを見極めて未熟な作品を除外するのは、思い入れが強いだけに難しい。しかし自分の中で自分と対話を続けるうちに、自分の思い入れを客観視して、自分の未熟な作品からも学べるようになっていった。

こうして作品を見直し続けて、銀座の有名写真ギャラリーの審査を通過し、1989年、27歳のときに初の写真展を開催できた。当時は昭和のバブル絶頂期。残業が多く、多忙な外資系IT企業に勤める傍ら写真活動をしていたので、周囲は「永井はよくわからん不思議なヤツ」と呆れていたが、20代後半にこれを徹底的にやったことが、現在はビジネスや執筆でも活きている。こんな状況を、ヘンライは的確に説明している。

「導き手になるのは自分だけである。(中略)この世で最も偉大な芸術家でさえ、行く先は教えてくれない。なぜなら、かつてない新しい道だからである。知るべきこと、進むべき道は、自分で手探りするしかない」

「自分で自分を教育するのは容易なことではない。(中略)できるかぎり深く、自分自身と付き合うことだ。自分に問いかけよう。そのうち、なんらかの答えが返ってくるだろう」

私は自分の未熟な作品と徹底的に対話を続けて、知らぬ間に自分で自分を教育する方法を身につけることができたのだ。その後、30代後半から始めたマーケティングも経営戦略も、50代から始めた人材育成もすべて独学だ。本を読み、自分に問いかけて考え続け、自分で自分を教育してきた。

本書を読んで、私はヘンライ先生が「それでいい」とにこやかに頷いているように感じた。

では、自分で自分を教育するためにはどうすればいいのか? ヘンライはこう述べている。

「自己教育とは、自分自身をよく知ることである。(中略)自分が本当は何を好むのかを見つけるべきである」

「自分に備わった能力をとことんまで使うこと。使って、使って、使いこなし、さらにそれ自体を成長させること」

「自分は何が心地よいと感じるか？」を知ることが出発点だ。そして自分が夢中になることを見つけ、自分の能力を使い倒す。その先に、流行に左右されない自分だけのオリジナリティが確立できる。

本書を読んで私は「そうだ！」「その通り！」と頷くことばかりだった。ライフワークの写真も、会社員時代の仕事も、本の執筆も、結果としてまさにヘンライの教えに沿ったものなのだ。

ヘンライの思想を知らなかった当時の拙著『時間がなくても有名ギャラリーで写真展を開催する方法』（日本写真企画）を見返すと、ヘンライの教えと共通部分が多いことも、興味深い発見だった。

たとえばヘンライは「画家は画家で生計を立てるのはあきらめて、他の手段で金を稼げ」と述べている。理由は「絵を描くときには純粋な自由さがある。世間に評価され、生計を立てられる優雅な生活を送れる画家もいる。しかし、その人は何らかの意味で純粋な自由が妨げられているかもしれないからだ」という。

私も前掲書で、本業でプロフェッショナルとしての力量を磨き続ける傍らで、オフの時間に写真を通じて自己表現に取り組む「プロフェッショナル・サンデー・フォトグラファー」という生き方を提唱している。

100年前のヘンライの思想に、私は知らない間に間接的な影響を受けていたのかもしれない。

あなたがこれまでやってきた、あるいはこれからやろうとしている仕事の意味や、人生のさまざまな活動を改めて整理する上で、本書は必ずや役に立つ一冊だろう。

Point

自分の最高の教師は「自分」である。自分自身に問いかけよ

Book
67

『風姿花伝』

「勝つため」に考え抜かれた、強《したた》かなビジネス戦略

『風姿花伝・三道 現代語訳付き』竹本幹夫［訳注］角川ソフィア文庫

世阿弥

1363年？－1443年？ 室町時代初期の大和猿楽結崎座の猿楽師。大和四座の人気スターであった観阿弥の長男として生まれた。観阿弥とともに猿楽を大成し、多くの書を残す。『風姿花伝』もそのひとつ。世阿弥の作品とされるものには、『高砂』『井筒』『実盛』など50曲近くがあり、現在も能舞台で上演されている。観阿弥、世阿弥の能は「観世流」として現代に受け継がれている。

Book 66 『アート・スピリット』でヘンライは「芸術家は自由を守るために別の生計を持て」と言った。逆に能を大成させた世阿弥《ぜあみ》は、芸術とビジネスの両立を徹底して考え続けた現実主義者だ。

本書はそんな世阿弥が、世界最古の舞台芸術・能の奥儀をまとめた一冊である。

「初心忘るべからず」「秘すれば花」は、世阿弥の言葉だ。私たちは知らぬ間に本書の影響を受けている。そして本書から学べることは実に多い。**私たちが生きるための指針**や、**ビジネスで勝つ戦略**が満載だ。

能のルーツは、奈良時代に中国から伝来した**散楽**《さんがく》という大衆芸能だ。散楽は平安〜鎌倉時代に日本の芸能と融合し、**猿楽**《さるがく》となった。大和国《やまとのくに》（現在の奈良県）で、猿楽の一派である大和猿楽を率いていた世阿弥とその父・観阿弥《かんあみ》は、既存のさまざまな芸能を取り込んで猿楽を発展させ、「能」という芸術に昇華した。経済学者シュンペーターは「既存知同士の新結合がイノベーションだ」と言ったが、**能はまさに観阿弥・世阿弥父子によるイノベーションの産物**である。

当時、猿楽の各流派は熾烈なバトルを繰り広げていた。**立合**《たちあい》といって各流派が同じ舞台に立ち、勝ち残れば優遇される。人々を感動させる演技ができるかが勝敗を分けた。勝ち残れないと一座は解散だ。一座の棟

梁だった世阿弥は経営者として大きな責任を背負っていた。そこで一族繁栄の「秘伝の書」として残したのが『風姿花伝《ふうしかでん》』だ。本書は厳しく管理されて代々子孫にだけ受け継がれ、明治時代まで存在が知られていなかった。1909年に歴史学者・吉田東伍《とうご》が学会で発表して存在が知られるようになり、私たちも読めるようになった。本書の外国語訳も国外で高く評価されている。

「時分の花」と「まことの花」

本書の題名の一部「**花**」は、本書で一貫するキーワードだ。桜は「春が来た……」と新鮮な気持ちにさせてくれる。四季折々に咲く花も、季節の新鮮な感動を与えてくれる。**「花」は「新鮮さ」「珍しさ」「面白さ」の象徴**だ。花は散るから美しい。もし桜が散らずに四季を通じて咲き続けていたら、私たちは桜にあまり新鮮さを感じなくなる。能も同じだ。同じ演技を続けると、観客は新鮮さも面白さも感じなくなる。

世阿弥は「能の感動」を「花が咲くのを見た感動」にたとえた。花を感じれば、観客は新鮮で珍しく面白いと感じる。そして花には「**時分《じぶん》の花**」と「**まことの花**」がある。

【時分の花】自然の花と同じでそのとき限り。やがて散る。世阿弥は鬼夜叉《おにやしゃ》と呼ばれた12歳のときは大変な美少年で、時の将軍・足利義満の寵愛《ちょうあい》を受けていた。しかし、そんな美しさも声変わりをして大人の体格になる17~18歳には失われた。「時分の花」はすぐに散る。はかない一時的なものだ。

【まことの花】まことの花ならば、咲くも散らせるも思いのまま。「珍しさ」が花の本質。常に珍しさを発揮すればまことの花を保てる。あらゆる演目を稽古することが、まことの花の種になる。

本書の解説で、能楽研究者の訳者・竹本幹夫氏はこう述べている。「世阿弥は『花伝』を通じ、いかに花を咲かせるか、常に舞台で成功を約束する『まことの花』をいかに獲得するかを最大の課題としてきた」

世阿弥は本書で「まことの花」を一貫して追求している。「まことの花」が舞台の成功を保証し、ライバルに勝つカギだ。世阿弥は能ビジネスの成功にこだわる経営者であり勝負師だった。現代のビジネスでも、同じことを続けたら顧客は飽きる。常に挑戦し、新しいモノを生み出し続けることがカギ。そして「まことの花」を咲かせる姿勢が、**「初心忘るべからず」**だ。

「人生の7ステージ」と「3つの初心」

ただ、この言葉は誤解されている。「常に謙虚であれ」という意味ではない。世阿弥は能楽者の人生で**「初心に返るべき段階が3つある」**として、人生の7段階を示している。

【7歳】能の稽古を開始する年齢。干渉せずに好きにやらせ、能になじませる

【12〜13歳】演技に自覚が出てくる。稚児《ちご》の姿なので、何をやっても魅力的。ただ絶世の美少年だった世阿弥もその場限りの「時分の花」。この時期の芸だけで一生の芸の善し悪しは判断できない

【17〜18歳】声変わりで少年期の魅力を失い、少年期のやり方がまったく通用しなくなる、苦悩の青春時代だ。ともするとやる気も失せる。ここが人生の分かれ目。ひたすら稽古を続けることだ

【24〜25歳】一生の芸が確定する最初の段階。声も体格も安定。客は新人の魅力に新鮮さを感じるが、これもその場限りの「時分の花」。自分の真の実力を自覚し、謙虚に精進することだ。このときが**第一の初心**

【34〜35歳】芸の絶頂期。「まことの花」ならば、それなりに天下に認められている。しかし40歳以降は芸が下がるのが厳しい現実。過去を振り返り、将来のあり方を考えるべき時期だ。これが**第二の初心**

【44〜45歳】この頃になると容姿の魅力は失われ、花は失せていく。次世代育成が主な役割になる。この年頃まで失せない芸の魅力があれば「まことの花」だ

人生の7段階と、節目の3つの初心

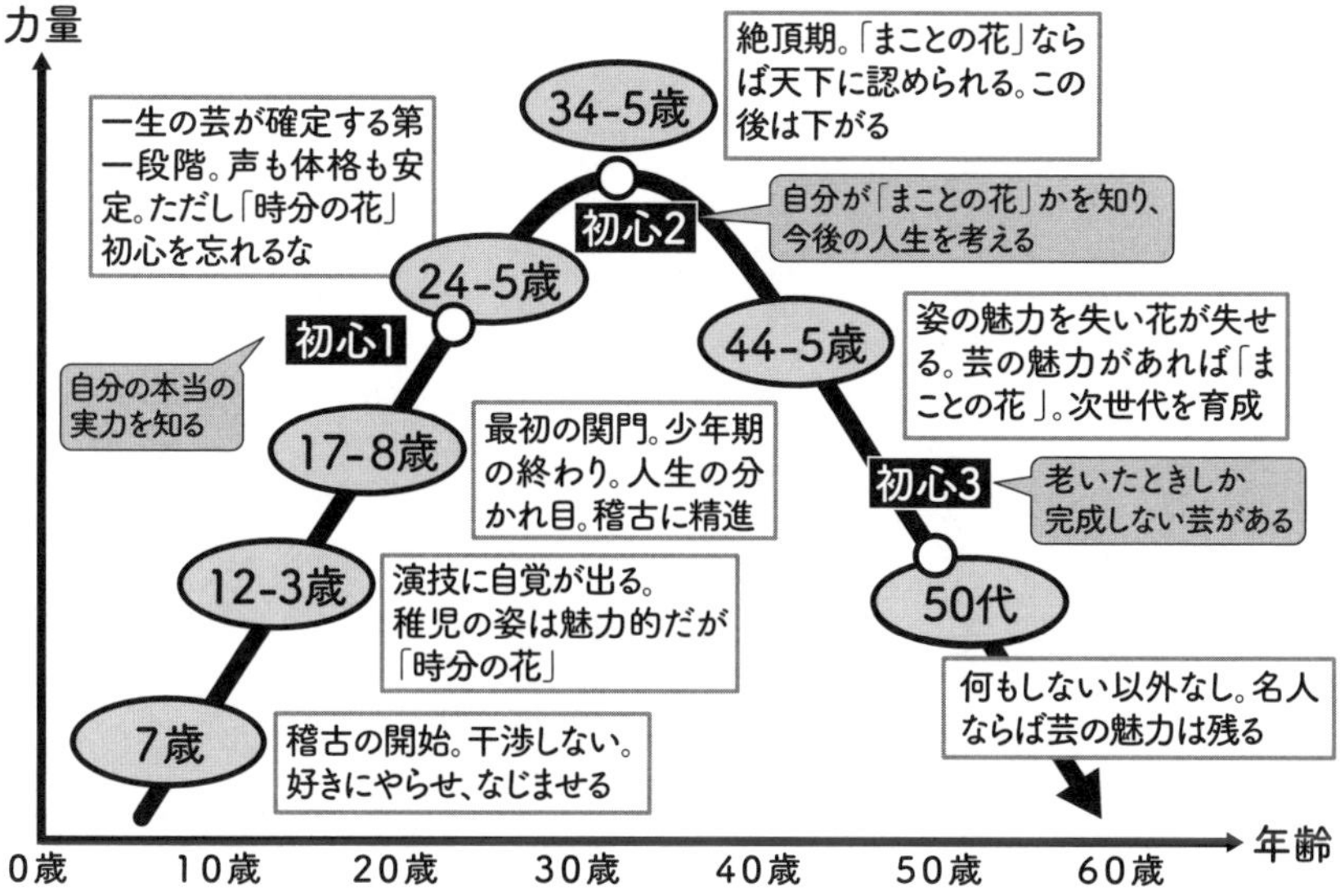
力量
年齢
0歳
10歳
20歳
30歳
40歳
50歳
60歳
7歳
稽古の開始。干渉しない。好きにやらせ、なじませる
12-3歳
演技に自覚が出る。稚児の姿は魅力的だが「時分の花」
17-8歳
最初の関門。少年期の終わり。人生の分かれ目。稽古に精進
初心1
自分の本当の実力を知る
24-5歳
一生の芸が確定する第一段階。声も体格も安定。ただし「時分の花」初心を忘れるな
34-5歳
絶頂期。「まことの花」ならば天下に認められる。この後は下がる
初心2
自分が「まことの花」かを知り、今後の人生を考える
44-5歳
姿の魅力を失い花が失せる。芸の魅力があれば「まことの花」。次世代を育成
初心3
老いたときしか完成しない芸がある
50代
何もしない以外なし。名人ならば芸の魅力は残る

【50代】演じられる演目は減るが、名人ならば芸の魅力は残り、老いて完成する芸もある。父・観阿弥が52歳で亡くなる15日前に演じた能は、枯れていたが華やかで観客は絶賛した。老いたら老いたときの**初心**がある

人生をシステムで捉え、容姿が変わる節目で初心に戻れというのが「初心忘るべからず」の本意だ。現代では年齢は異なるが、人生の節目でリセットして初心に戻る上でこの考え方は役に立つはずだ。

マーケティング戦略を実践した世阿弥

舞台の客には玄人も初心者もいる。玄人のために技巧を凝らすと、初心者はわからない。初心者にわかりやすく演じると玄人は不満。ジレンマだ。そこで常に成功を考えた世阿弥の答えは、実にシンプルだ。**「多くの観客に愛され親しまれることで、一座が成り立つ。だからすべての客を感動させることが大事」**

では、どうするか。能に詳しい上流の観客は、最高の役者であれば満足するので、それほど問題はない。

問題は、能を知らない遠国の田舎の庶民が観客の場合。高尚な芸を披露しても、まずウケない。そこで大事なポイントが、時と場所に応じて観客が「すばらしい」と感動する能を演じ分けることだ。父・観阿弥は、どんな山里の辺鄙《へんぴ》な土地の興行でも土地の特色を重視して能を演じ、観客の心を受け止めてきた。

芸術とビジネスの両立を考え抜き、いかなる状況でも喝采を博して成功を収めることを目指した世阿弥がたどり着いたこの思想は、まさに現代の最新マーケティング理論の考え方と同じである。

アレンバーグ・バス研究所のバイロン・シャープ教授は、著書『ブランディングの科学』(朝日新聞出版)で「ターゲットを絞り込め」という伝統的マーケティング思想に対し、**「マス・マーケティングこそ重要。マス市場を細やかなマーケティング施策で攻めて、幅広くプレファランス(顧客の選好)を獲得せよ」**と提唱する。すべての顧客の満足のためにきめ細かく能を演じ分けた世阿弥は、バイロン・シャープ流のマス・マーケティングの実践者だったのである。そして成功のキーワードが「秘すれば花」だ。

「秘すれば花」は、ビジネス戦略だ

「秘すれば花」は「要は目立つなってことだよね」と誤解されていることが多い。

本当の意味は「**秘伝にするか否かが、花があるか否かの分かれ目**」ということだ。

マジックショーで、マジックのたびにマジシャンがドヤ顔で「実はコレ、こんな仕掛けです」と解説したら、興醒めだ。仕掛けがわからないからマジックショーは「花」がある。これが「秘すれば花」の意味だ。

実際には、マジックの仕掛けはわかってしまうと大したことがないものが多い。秘伝も同じで、明かされると大したことがないものも多い。しかし秘伝にすることで観客の心の中に感動(=花)が生まれるのだ。

世阿弥は「**秘事の存在自体を知らせてはならない**」とまで戒める。秘すればこその花であり、秘密にしなかったら、花ではない。この思想は Book49『五輪書』で「わが兵法に秘伝はない」と言った武蔵の真逆だ。敵を斬る結果を求めた武蔵と、芸として客の存在を考えた世阿弥の違いだろう。

世阿弥の「秘すれば花」は、勝負に勝つためのビジネス戦略そのものでもある。

成功するタイミングを見極める

勝負をかけるタイミングもある。打つ手がすべてうまくいく上昇期を意味する**男時**《おどき》と、何をやってもうまくいかない下降期を意味する**女時**《めどき》だ（当時の表現のママ）。男時・女時は交互にやって来て、タイミングもさまざま。ひとつの舞台、3日間の興行、去年と今年という単位で入れ替わる。女時に全力で仕掛けても必ず失敗する。万事控えめにして力を蓄え、男時に全力で自信作をぶつけるのだ。世阿弥はこう述べている。

「三日間で三度の申楽《さるがく》興行があるような時は、最初の一日などは、力を温存して適当にやり、三日の中でここ一番の大切な日だと思われる時、よい能で自分の得意な作品を選んで、力の限りを尽くして演じるがよい」

「常に客を満足させよ」と考えずに「負け試合をつくれ」というところに、世阿弥のすごみを感じる。

ビジネスでも潮目の見極めがカギだ。レッドオーシャン市場にいるときは体力温存。自社の強みが活き、誰もいなくて成長できるブルーオーシャン市場を見つけたときに全力を出す。タイミングが肝心なのだ。

世阿弥の思想は、現代のビジネスにも立派に通用する。本書でその思想の深みを実体験してほしい。

Point

初心を忘れず、花を秘し、「まことの花」を咲かせるべし

Book
68

『茶の本』

『新版　茶の本　ビギナーズ　日本の思想』大久保喬樹［訳］角川ソフィア文庫

「茶道」には日本の文化が結集されている

岡倉天心

1863年－1913年。日本の思想家、東洋美術研究家。米国の東洋美術史家であるフェノロサに師事。東京美術学校開設に尽力し、のち校長となる。日本美術院を創立し、明治日本画家の指導者として活躍。その後ボストン美術館中国・日本美術部長。英文による著書を出版し、日本文化の優秀性を主張するとともに日本の役割を強調した。著書に『東洋の理想』『日本の覚醒』など。

「茶道を学べば、日本文化が学べるよ」と言われると、多くの日本人はこう思うだろう。

「茶道なんて習ったことないし、茶の湯の席も経験したことないんですけど……」

しかし、私たちは知らぬ間に茶道の影響を受けている。本書の著者・岡倉天心はこう述べている。

「私たち日本人の住居、習慣、衣服や料理、陶磁器、漆器、絵画、そして文学にいたるまで、すべて茶道の影響を受けていないものはない」

本書は「茶道」という切り口で日本人の美意識を解き明かした、明治時代の美術運動家・岡倉天心の代表作だ。原著は英語で執筆され、1906年に米国で刊行された。

この7年前の1899年、新渡戸稲造がBook 50『武士道』を刊行して、大きな話題になった。当時の日本は1895年の日清戦争で中国（当時は清）に、1905年の日露戦争で大国ロシアに連勝してまさに日の出の勢い。世界の人々は「強い日本」という国家を「武士道」を通じて知り始めていた。

当時、米国ボストン美術館で日本美術品の調査購入などをしていた天心は、これが不満だった。

「西洋の皆さんは、日本が戦争（日露戦争）に勝った途端、『日本は文明国になった』といって『死の術』の武士道をもてはやしている。でも『生の術』である日本の茶道の文化はまったく知らない」

そうして刊行された本書は世界的に注目されたが、国を挙げて近代化・西欧化に邁進中の当時の日本では、ともすると「今さら日本文化？　時代遅れでしょ」と見なされていたようだ。

しかし現代では、西欧型の物質主義的な近代社会の限界があらわになり、環境破壊や自然との共生が大きな課題だ。こうした状況で本書を読み直すと、天心の思想は社会や芸術のあり方を100年間先取りしていたことがわかる。私たちが本書から学べる点は多いのだ。

天心は幕末の1863年、横浜で生まれた。「国際化に向けて英語は必須になる」と考えた貿易商の父の影響で、天心は幼い頃から英語を母国語のように学び、漢学・仏教・日本画など伝統的日本文化も身につけた。わずか14歳で東京大学に第一期生として学んだ後、文部省で美術行政に携わった。さらに東京美術学校（現在の東京藝術大学）の設立に奔走して初代校長になり、日本美術の振興を図った。このように天心自身はアーティストではなく、アーティストを支える立場だった。その後、東洋美術の源流を訪ねて中国やインドを旅行し、米国ボストン美術館にも勤務した。

ちなみに岡倉天心は、次に紹介する Book69『「いき」の構造』の著者である九鬼周造と浅からぬ因縁がある。詳しくは『「いき」の構造』で詳しく紹介したい。

茶道を理解するカギは「道教と禅」

天心によると、茶は中国南方が原産だ。早い時期から「疲れを癒やす」「気分を爽快にする」といった効能が評価されてきた。4～5世紀には揚子江流域の人々の好みの飲料となった。11～12世紀の宋の時代には、抹茶が流行。禅の僧侶たちは道教の思想を取り入れつつお茶の細かい作法をつくり、達磨《だるま》の像の前に集まって一碗の抹茶を順に飲む、といった禅の作法が生み出された。茶の文化はこうして洗練されていった。

しかし13世紀にモンゴル民族が中国大陸に侵攻すると、抹茶の作法や茶の文化は大陸からすべて消滅した。この遊牧民の猛威は、まさに梅棹忠夫が Book59『文明の生態史観』で書いた通りだ。

宋で禅を学んだ栄西禅師が持ち帰った茶は、日本で発展した。天心はこう述べている。

「茶の理想の頂点はこの日本の茶の湯にこそ見出される。1281年のモンゴル襲来を見事に阻んだことによって、日本は、中国本国では異民族支配によって無残に断絶してしまった宋の文化を継承することができたのである。（中略） 茶道は姿を変えた道教なのである」

こうした茶道の歴史からわかるのは「茶道を理解するカギは道教と禅」ということだ。道教は Book41『老子』、禅は Book46『正法眼蔵』で紹介したが、茶の視点で道教と禅を整理するとこうなる。

【道教＝虚の思想】 道教の祖である老子は「**真に本質的なものは虚のうちにしかない**」と言う。たとえば器の本質は「からっぽの空間」だ。水差しの本質は「水を入れる空間」、部屋の本質は「壁と屋根で囲まれた空間」だ。からっぽだから中に入れるモノ次第で万能になる。この「虚＝からっぽ」が、日本文化の基本原理である。後ほど紹介する俵屋宗達が描いた風神雷神図のような芸術作品も、あえて余白（虚）をつくり、鑑賞者が自分流に解釈する余地を残している。柔術は無抵抗（虚）によって体格に勝る相手の力を利用して投げ飛ばす。自分がからっぽ（虚）で他人を自由に受け入れる人は、どんな状況にも対処できる。

【禅】 禅では日常生活そのものが修行だ。日々のありふれた暮らしの中に宗教的な重要性を認める。禅寺では、位が高い禅僧ほど庭の草むしりや料理の支度などの勤めをキッチリ行う。些細なことを完璧に果たすことが、禅の修行の一部なのだ。現代風に言えば、ビジネスパーソンがコピー取りやメールの一言一句を疎《おろそ》かにしない、ということだ。禅では小さなことの中に、宇宙全体に等しい可能性があると考え、細々とした作業の中に偉大さを見出す。茶道の理念も、この禅の考え方に由来している。

道教と禅の思想を具体化した茶室

最初に独立した茶室をつくったのは、16世紀に茶の湯を完成させた千宗易《せんのそうえき》（利休）だ。石と煉瓦を使って何百年も耐える完全な建築物をつくっていた西洋の建築家から見ると、木と漆喰《しっくい》でつくられた簡素な茶室の建築思想はまったく別物だ。しかし、こうしてつくられた茶室は、道教と禅思想の結晶である。茶室は別名「すきや」とも呼ばれる。この言葉には「好き家」「空き屋」「数寄屋」という3通りの漢字が当てられる。これらの意味を読み解けば、茶室の本質が理解できる。

【好き家＝茶人の好み】天心は「茶室のために茶人があるのではなくて、茶人のために茶室は作られる」と述べている。茶室はあくまで茶人のためにある。後世に受け継がれることを想定しない、かりそめのものなのだ。永遠とは物質の中ではなく、精神の中にある。物質で飾らない簡素な茶室はその現れだ。

【空き家＝からっぽな建物】西欧の建築の室内は、まるで美術館のように絵や彫刻などの装飾品で飾り立てられることが多い。一方で茶室は道教の「虚」の思想に基づいている。客がいない茶室はまさに「からっぽ」の空間。茶会があるたびに、茶会の季節や場に応じて掛け軸や花を変えて室内をセットする。茶室は客と主人が一期一会の出会いをする場だからこそ、その場にあわせて変化させる。

【数寄屋＝非対称】西洋建築では、左右対称の建築物が多い。これは「対称性があるものが美しい完成形」と考えるからだ。しかし対称なものはその時点で完成され、その後の発展はない。一方で道教や禅では「万物はすべて移り変わり流転し、完成することはない」と考える。そこで天心はこう述べている。「禅の思想が広まっていくにつれ、極東の美術では、あえて対称性が避けられるようになっていった。対称性は完全ばかりか、くりかえしのあらわれであり、こうした均質的なデザインは、生き生きと想像力を働かせるには致命的であるとみなされるようになった」

このように**茶室は、道教や禅の思想を建築という目に見える形に具体化したもの**だ。荘厳な西洋建築と比べて日本の茶室は、一見すると「紙と木でできたおもちゃ細工のようにちゃちな家」で弱々しい。しかし道教や禅の思想がその原点にある。本書の訳者・大久保喬樹《たかき》氏はこう述べている。

「この（筆者注：天心の）主張は、やがて、ブルーノ・タウトやフランク・ロイド・ライトらの現代建築家にひきつがれて、二十世紀建築文化に大きな影響をおよぼすようになる」

天心は「自然環境との一体化」という発想を、茨城県・五浦につくった自分の住居でも実現した。それが住居から十数歩離れた波打ち際の岩の上に建てられた離れの「六角堂」である。

このように「自然環境と一体化した建築」という発想は、いまや現代建築の新潮流となっている。

芸術は鑑賞者との共同制作

数年前、都内のとあるフレンチレストランで食事したときのこと。近くの席にいた、著名なある女性社長が、レストランの壁に掛かっていた絵について大声で話す声が聞こえてきた。

「私、これに似た１００万円の絵を持っているわ」

その社長にとってその絵は芸術作品ではなく「１００万円のモノ」と認識されているようだ。この体験は「芸術作品といかに向き合うか？」ということを私に教えてくれた。

天心は道教の「**琴馴《ことな》らし**」という逸話を紹介している。古代中国で、龍門という谷間に「森の王」ともいうべき一本の桐の木が立っていた。ある仙人がこの木から琴をつくった。しかしこの琴はとても強情で、数

東洋的な芸術観では、鑑賞者との共同制作で芸術が生まれる

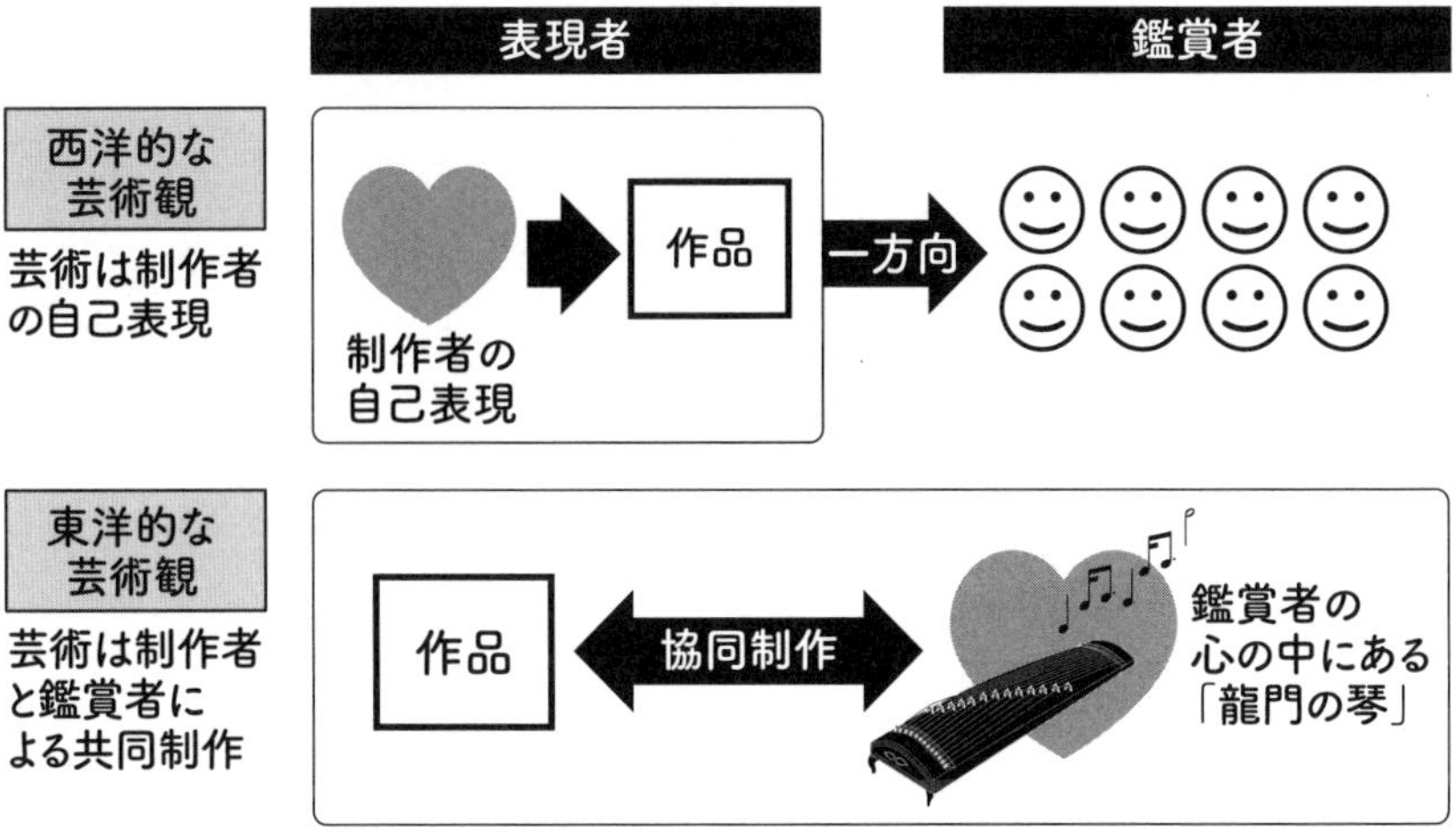

多くの奏者が挑戦したが、不愉快な音しか出てこない。

そんな琴を持っていた皇帝のもとに、伯牙《はくが》という琴弾きの名人が登場した。

伯牙はやさしい手でそっと琴を撫で、静かに弦に触れた。そしておもむろに自然や巡る季節、高い山や水の流れを歌い始めた途端、桐の木の記憶ことごとくが一斉に目覚め、龍門の琴は音色を奏で始めた。春のそよ風が木々を揺らし、若々しい急流は谷を躍り下り、夏の声が甦った。伯牙が調子を変えて愛の歌を歌い始めると、森はもの思いに沈む若者のように打ち震え、伯牙が戦いの歌を歌うと、きしむ鋼の音や踏み鳴らす蹄の音が奏された。恍惚《こうこつ》として聞き入っていた皇帝が技の秘密を尋ねると、伯牙は答えた。

「ほかの者たちは、自分自身のことしか歌おうとしなかったから失敗したのです。私は何について歌うかは琴にまかせました。そして、そうするうちに、琴が伯牙なのか、伯牙が琴なのかほんとうにはわか

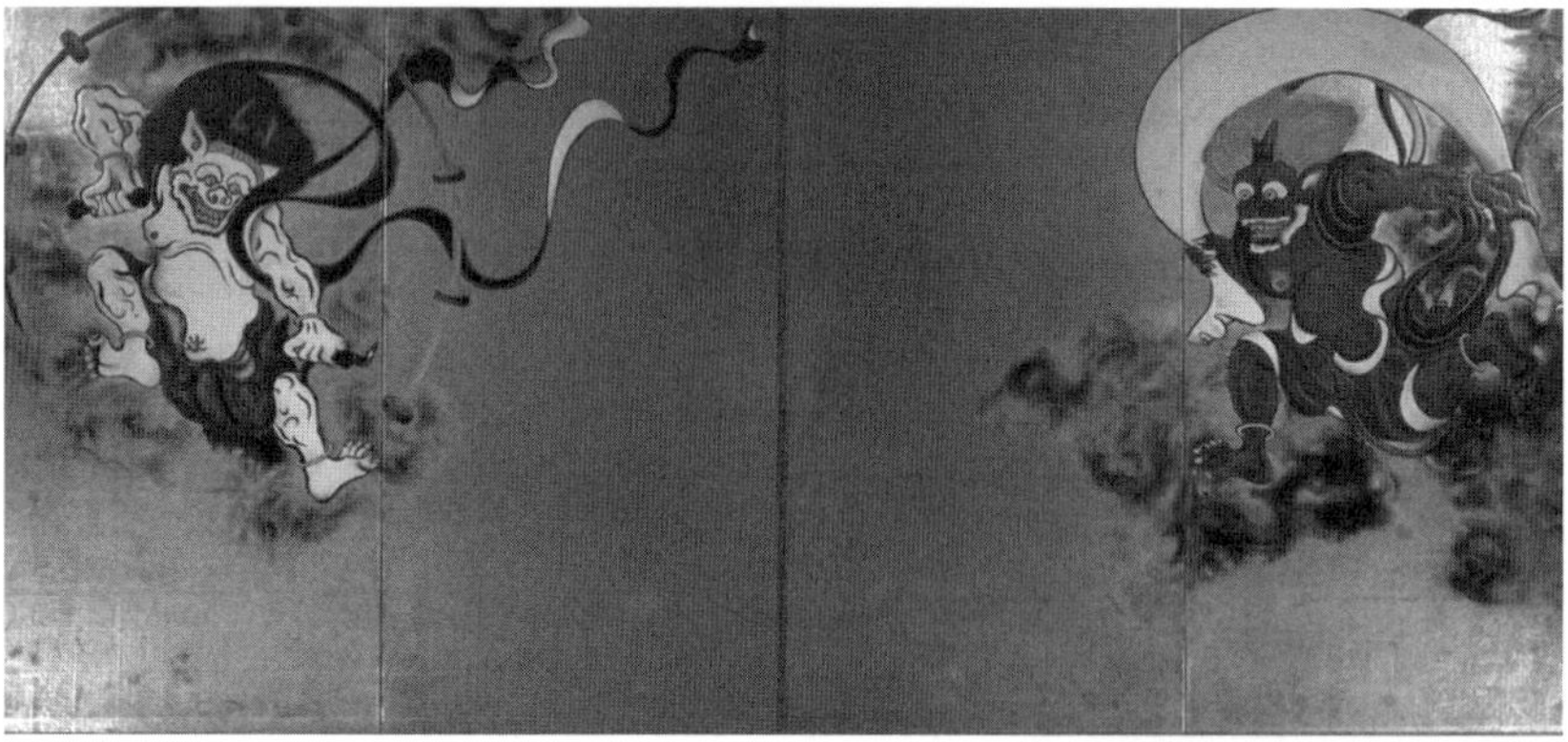

俵屋宗達作「風神雷神図」

らなくなってしまったのです」

　これは芸術鑑賞のポイントを示している。

　天心はこう述べている。

「傑作というものは、私たちのうちに潜む最上の感情を奏でる交響楽なのである。つまり真の芸術とは伯牙であり、鑑賞者である私たちは龍門の琴なのだ。美の魔術的な指に触れられて、私たちの心の秘密の琴線は目覚め、呼びかけにこたえてうち震え、ぞくぞくする」

西洋の近代的な芸術観では、**芸術は制作者の自己表現**だ。本書の17年後に書かれた Book66『アート・スピリット』で、ヘンライは「自分の人生の決定的瞬間を再現すべく創造したものが芸術である」と述べている。鑑賞者は、決定的瞬間の再現である芸術を鑑賞する。

　天心が述べた**東洋的な芸術観**では、**芸術は制作者と鑑賞者による共同制作**だ。ここで私が連想するのが、俵屋宗達作「風神雷神図」だ。金屏風の両端に墨で描かれた雲に風神と雷神が乗っている。おかげで私たちは何も描かれていない金屏風の背景に、無限の空間の奥行きを感じ取る。この作品は宗達と私たちの共同制作で成り立っている。現代の日本のマンガにも、この作品のように作者と読み手の共同制作で奥行きを感じさせる作図をよく見かける。

このように**芸術鑑賞で必要なのは、心と心の共感であり、謙譲の心**だ。作者は自分のメッセージをどう伝えるかを考え抜き、鑑賞する側も作者の言いたいことを受け止める姿勢が必要なのである。

しかし残念ながら、現代ではこのような姿勢が失われつつある。天心はこう述べている。

「現代のような民主主義の時代において、人々は、自分自身の感情などは無視して、世間で一番とされているものばかりを追い求める。彼らが欲しがるのは、洗練されたものではなくて、値段の高いものであり、美しいものではなくて、流行のものなのだ」

天心の嘆きは「100万円の絵」としか表現できない、アートが投資対象となった現代を予見している。本来の芸術作品の価値は「100万円」といった金銭価値ではなく、**制作者と鑑賞者の心の共感**なのだ。


誰もが西欧文明に追いつくことを目指していた20世紀初頭、自然との融和という日本の根底に流れる美意識を掘り起こし、世界に向けて英語で発信した天心の文化論と芸術論は、偉大な業績だ。

「人間が自然を支配する」という考え方で発展してきた西欧文明は、地球規模の環境破壊を生み出した。日本文化の真髄を紹介する本書には、その処方箋のヒントが書かれていると言ってもいいだろう。

ぜひ一杯のお茶でも飲みながら、本書のページをめくってほしい。

Point

「道教」と「禅」の思想に基づいた日本ならではの美意識は未来にも通用する

Book

69

『「いき」の構造』

『「いき」の構造 ビギナーズ 日本の思想』大久保喬樹［編］角川ソフィア文庫

「粋でカッコいい大人」になる方法

九鬼周造

1888年－1941年。日本の哲学者。東京帝国大学哲学科を卒業後、大学院を経てヨーロッパへ留学し、リッケルト、ハイデガー、ベルクソンらに実存哲学を学ぶ。帰国後、京都帝国大学教授となり哲学史を担当。その哲学の特徴は解釈学的、現象学的方法を用いて実存哲学の新展開を試み、日本固有の精神構造や美意識を分析した点にある。著書に『偶然性の問題』『西洋近世哲学史稿』など。

「カッコいい人」を時折見かける。カギは容姿でなく、振る舞いだ。本書はそのポイントを教えてくれる。

著者の九鬼《くき》周造は1888年生まれの哲学者だ。欧州留学でフッサールから現象学を、ハイデガーから実存哲学を学んだ。サルトルは若い頃、九鬼との交流で現象学や実存哲学を知ったという。帰国後は京都帝国大学教授に就任。初めて日本国内で現象学や実存主義を紹介した。

こう書くと「お堅い哲学者」を想像するが、ご本人は女性関係が激しかった。妻同伴で欧州に留学し、夜な夜なパリの社交界に出入りして朝帰り。多くの女性と恋愛遊戯を楽しんだ。帰国後、妻を東京において京都に単身赴任。「祇園《ぎおん》から大学に通っている」と噂が立つほどだった。さすがに妻との関係は冷えて離縁。祇園の芸妓だった中西きくえと暮らし、生涯を終えた。この周造の生き様には、生い立ちが関係している。

父の九鬼隆一は文部少輔《しょうゆう》（次官）などを歴任し、男爵の爵位まで授けられた超大物で、威圧的な人物だった。母・波津子は京都花柳界の出身で、祇園で芸者をしていたとき父・隆一が見初め、妻に迎えた。波津子は駐米公使として赴任した隆一に同伴したが、周造を身ごもり体調を崩した。そのとき父・隆一を訪ねてきたのが、隆一の部下だったBook68『茶の本』の岡倉天心。隆一は天心に「日本まで身重の波津子に同伴してくれ」と頼んだが、1カ月の船旅で天心と波津子は恋に落ちた。波津子は家を出て2人の関係は10年以上続いた。最後に波津子は隆一に離縁され、精神病院に強制収容。30年以上過ごした末に没した。悲惨な結末だ。幼児の頃に母と家を出た周造は、幼い頃から天心を「伯父さま」と呼んでなじみ、「実の父ではないか？」とも思ったという。しかし成長して事情を知ると、天心に複雑な感情を抱くようになる。

そんな周造が欧州留学中、「日本の『いき』という言葉や美意識は日本独特のものでは？」と考え、西洋哲学の手法で「いき」の構造を解明したのが本書だ。だから本書は哲学書であり、一見取っつきにくいが、こんな周造の人生を知ると、理解が進む。本書の編者・大久保喬樹氏は解説でこう述べている。「つまり九鬼にとっての『いき』の原型はこの母の記憶であり、『いき』の意味を解明し、その価値を説くとは、花柳界の出身であるという宿命を終生負った母の存在を理解し、意義づけることにほかならなかったのです」

本書を理解するには、九鬼周造という人物を理解することが何より近道なのである。

『「いき」の構造』には、オリジナル文章に忠実な岩波文庫版と、現代語訳の角川ソフィア文庫版がある。読み比べたが後者の現代語訳がわかりやすいので、角川ソフィア文庫版で本書のポイントを紹介しよう。

「いき」の内部構造

「いき」には**媚態《びたい》、意気地《いくじ》、諦めという3つの要素**がある。『広辞苑』によると「媚態」は「男にこびるなまめかしい女の態度」とある。この「媚態」の要素があるのは、「いき」が吉原などの遊里の世界で男女関係の駆け引きテクニックとして生まれたという経緯があるからだ。この男女関係は、夫婦のような安定した関係ではない。お互いをよく知らない不安定な状態で、異性をモノにする策略を仕掛け合う関係だ。今風に言えば、合コンの出会いやナンパが近いだろう。3つの要素について、詳しく見ていこう。

❶**媚態**：恋愛の最初の段階は、異性の気を惹き、相手に「この後、どうなる？」とワクワクさせることがカギだ。媚態には常にこの不安定な緊張関係がある。では、相思相愛になるとどうなるか。仲の良い夫婦はお互い考えることを察し合えるし、一緒にいると心地よさも感じる。その反面、緊張感は消滅する。**媚態は異性の征服が目的だ**。**目的が達成されると媚態も消える**。だから媚態には「**つかず、離れず**」という絶妙な距離感が必要だ。周造はこう述べる。「それ故に、自他の緊張した関係を持続させること、すなわち、どうなるかわからないという不安定さを維持することが媚態の本領であり、恋の醍醐味なのである」。周造の底知れぬ恋愛遍歴の奥深さをうかがわせる一節だが、この緊張した距離感は、異性に限らない。過度に仲間内でベタベタしたり組織の派閥に入ったりせず、かといって一匹狼でもない、さらりとした絶妙な距離感を保つ大人の態度に、私たちは「いき」を感じたりする。

❷**意気地**：周造は「武士は食わねど高楊枝」という武士道の理想主義が転じ、「宵越しの銭は持たぬ」という江戸っ子気質になったと紹介した上で、「吉原の遊女は野暮な客に対しては金持ちであろうと『吉原の恥、吉原の名折れ』とはねつけた」と述べている。相手の気はひくが、品格・誇りは守り通したのだ。言いなりにならぬ意気地が、媚態で必要な不安定さの維持につながり、媚態を強化する。ビジネスでもプライドを捨てて売上が大きい客の言いなりになるのは「いき」ではない。お客を選ぶのが、健全なビジネスだ。

❸**諦め**：遊里という男女の出会いの場は、特殊環境だ。恋の成就は難しく、苦しむ。そこで「諦め」が必要になる。執着心を捨て、無関心に徹し、嫉妬しない。背景には「**運命を静かに受け入れる**」**という仏教の世界観**がある。恋愛に執着しないことが、媚態で必要な不安定の維持につながり媚態を強化する。「いき」では「**あっさり、すっきり、スマート**」で垢抜けていることが必要なのだ。

周造は江戸時代の人情本『春色辰巳園《しゅんしょくたつみのその》』のセリフを紹介している。「さぞ意気な年増になるだろうと思う

「いき」は媚態・意気地・諦めの三位一体

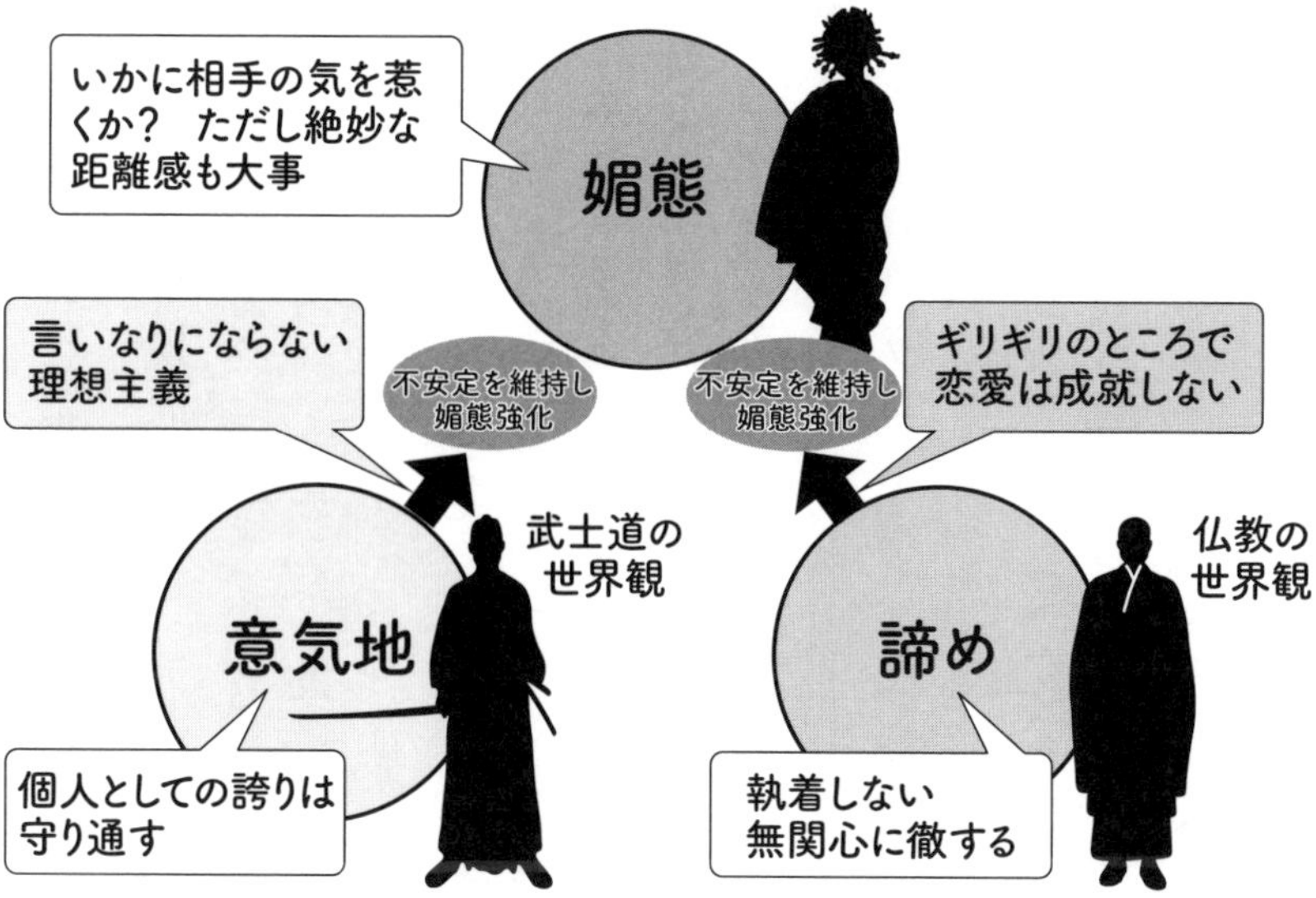
いかに相手の気を惹くか？　ただし絶妙な距離感も大事
媚態
言いなりにならない理想主義
不安定を維持し媚態強化
不安定を維持し媚態強化
ギリギリのところで恋愛は成就しない
武士道の世界観
仏教の世界観
意気地
諦め
個人としての誇りは守り通す
執着しない無関心に徹する

と今から楽しみだわ」

その上で周造は「『いき』な人は『垢の抜けたる苦労人』でなければならない」と述べている。私たちは心の葛藤を微塵も見せず、相手を気遣い、にこやかに笑う人に「いき」を感じたりする。

周造はこう述べている。「かろやかな微笑の裏に隠された真剣な、熱い涙のほのかな痕跡を認めることができて初めて『いき』の真実を理解することができたといえるのである」

媚態・意気地・諦めは、**三位一体の関係**だ。意気地と諦めにより媚態が補強され、「いき」が完成する。周造はひと言でまとめている。「『いき』を定義するなら、垢抜けて（諦め）、張りのある（意気地）、色っぽさ（媚態）ということができないだろうか」

あえて表現すると、どんな相手にも絶妙な距離感を保ち、言いなりにならず、モノゴトに執着もせず、高い誇りと品格を持ち続ける。それが「いき」な人だ。

そして周造は「いき」のあり方を考察していく。

「いき」の身体的表現と芸術的表現

「いき」な仕草や身体的表現とは、どんなものか。「いき」のポイントは「つかず離れずの不安定な姿勢」と「やり過ぎない抑制と節度ある緊張感」だ。過度にオープンにしないのが「いき」なのだ。周造はこのポイントを押さえつつ、「いき」のツボを披露する。このあたりは花柳界や社交界で鍛え上げた周造節が全開だ。

- **湯上がり姿**：直前まで裸体でいた気配を漂わせ、浴衣を無造作に着こなすのは媚態の本質。浮世絵にも多い絵柄だ。一方でミロのビーナスのような全裸は、手で隠してはいるが見えすぎて、野暮
- **薄物をまとう**：襦袢《じゅばん》は中身をうっすら見せつつ、薄物で遮断する。まさにシースルーだ
- **目は流し目**：目を動かし、異性に媚びを流し送る。横目、上目、伏目もある
- **化粧**：基本は薄化粧が「いき」。厚化粧は野暮
- **着こなし**：着物の後ろ襟を引き下げ、襟足を見せる**「抜《ぬ》き衣紋《えもん》」**が「いき」
- **素足**：着物で全身を包み、足だけ露出するのが「いき」。パリのストリップのように全裸で靴だけは露骨

周造先生の経験の豊富さを感じさせ、説得力がある。さらに周造は「いき」の芸術表現にも言及する。「いきなデザインだね」と言うように、芸術的表現にも「いき」がある。絵画・彫刻・詩のような写実的な芸術は、先の身体的表現が浮世絵などでそのまま表現される。一方で、模様・建築・音楽のような抽象的な芸術にも「いき」がある。ここでは**媚態の「二元性」や意気地と諦めがポイント**になる。

- **平行線**：永遠に交わらない平行線は「つかず離れず」という二元性の視覚的表現だ。かつて遊女も縞物を着たという。横縞よりも、左右が並び、垂直に走り、平行線を意識しやすい縦縞のほうが「いき」だ
- **色**：雑多な色の組み合わせはNG。派手な色は野暮。周造はこう述べている。「要するに、『いき』な色と

は、いわば華やかな体験の後に残る消極的な残像ともいうべきものである」

具体的には、**灰色、褐色**（**茶色**）、**青色の三系統**だという。灰色は色気がないものの「諦め」の色を表現するのに最適。褐色は色調の華やかさがある一方で明度が減少するので、諦めを知る媚態、垢抜けした色気を表現する「いき」として好まれる。暗がりの濃くなる中で消えていく青系統の色も「いき」な色だ。このあたりのニュアンスは、「いき」なプレゼン資料をつくる際に参考になる。

原色を多用するチャートをよく見かけるが、野暮に見える。情報が発散してわかりにくい。そこで私はグレー単色で濃淡を変えたり、強調点を褐色や濃青系の色で表現したりしている。これだけでも好感度が高く、わかりやすい「いき」なチャートになる。本書を読むとその理由がスッキリと理解できる。

周造は本書をこう締めくくっている。「運命によって『諦め』を受け入れた『媚態』が『意気地』によって自由を生き抜くのが『いき』ということである。（中略）『いき』の根本的意味は、その構造を私たち日本民族の存在証明として受け取って初めて、本当に会得され、理解されるのである」

「いき」は日本人の民族性に深く根づいている。「いき」の概念を学ぶと、自分の理想を守り、安易に譲らず、誇りを持ち続ける一方、ガツガツして執着せず、常に絶妙な距離感を保つことが、日本人として「いき」で大人の態度なのだ、ということがわかる。本書を読んで、「いき」な大人でありたいものだ。

Point

垢抜けて（諦め）、張りのある（意気地）、色っぽさ（媚態）

Book

70

『ピアノ音楽の巨匠たち』

ピアニストの系譜がわかれば、クラシック音楽は理解できる

後藤泰子［訳］シンコーミュージック・エンタテイメント

ハロルド・C・ショーンバーグ

1915年－2003年。米国の音楽評論家、ジャーナリスト。主に『ニューヨーク・タイムズ』で執筆し、1960年から1980年まで主筆として活躍。音楽評論家として初のピュリツァー賞（批評部門）の受賞者となる。『偉大な指揮者たち』『大作曲家の生涯』など音楽に関する多数の著書を残した。

私が合唱団員としてモーツァルトの交響曲「レクイエム」の合唱練習をしていたときのこと。毎回の練習でオーケストラを呼ぶのはムリ。しかし驚いたことに、伴奏のピアニストがピアノ1台で、オーケストラが奏でる交響曲を再現できるのである。実はピアノは、すべての楽器の音を再現できる唯一の万能楽器なのだ。

西洋音楽の作曲技法は、クラシック音楽で確立されたハーモニー、メロディ、形式などの方法論に基づいている。ロック、ジャズ、ポップなどで活躍するミュージシャンの多くは、クラシック音楽で技法や表現方法を学んでいる。つまりクラシック音楽には、私たちが普段聴く西洋音楽の基本のすべてが入っている。

19世紀中頃まで、クラシック音楽の偉大な作曲家は例外なく偉大なピアニストだった。前述の通り唯一の万能楽器が、ピアノだったからである。つまり、**ピアノ音楽の発展を理解すれば、クラシック音楽が理解できる。**そこで本書を紹介したい。歴史上の名ピアニストの演奏の様子から技法や個性までを描いた500ページを超える歴史的名著だ。

著者のショーンバーグは、音楽評論家として初めてピュリツァー賞を受賞したジャーナリストだ。彼は本書を執筆するために、19世紀末以降の録音が残っているピアニストの録音を聴き、それ以前の録音がないピ

アニストは伝記・評論・逸話・手紙・風評・楽譜などの資料や物証を活用して演奏の様子をつかんだという。原著は1963年、増補改訂版は1987年に刊行された。絶版が続いていた邦訳版は2015年に増補改訂版が刊行された。桐朋学園大学教授・西原稔氏は「書物の重量感とそこに記されたピアノ音楽と演奏家についてのきわめて濃密な内容に圧倒された。（中略）この書物の意義はきわめて高い」と述べている。

本書には膨大な数のピアニストが登場するが、ここではその中から**ショパン**と**リスト**を紹介したい。この2人は音楽が現代のビジネスモデルに大変革した時期に登場したピアニストである。

対照的なこの2人は、ピアノが現在のピアノとほぼ同じ形となり、欧州の家庭で普通に置かれるようになった1830年代から活躍した。その前まではパトロン（貴族）が音楽家を支えていたが、ピアノが大衆化したこの時代からは、ピアノ人口が増え、中産階級の人々がすばらしいピアノ演奏を聴きたがるようになり、お金を払って演奏会に行くようになった。そんなクラシック音楽が大衆化して現代と同じビジネスモデルになった時期に登場したのが、個性を重視するロマン主義ピアニストであり、その代表格がショパンとリストなのだ。

ショパン（1810〜1849年）

ポーランドのワルシャワで5年ごとに開催される「ショパン国際ピアノコンクール」は、世界で最も権威のある、世界最古の国際ピアノコンクールで、課題曲はすべてショパンの作品だ。

19世紀初頭、ショパンは音楽界の革命児で、その大胆なリズムは異質だった。シューマンは「天才」、口うるさいことで有名なメンデルスゾーンも「完璧なヴィルトゥオーゾ（超絶技巧派）」と絶賛した。

ポーランドで生まれ育ったショパンは、1831年に21歳でパリに来るまで、欧州で流行の音楽とは無縁だった。しかし21歳になるまで故郷・ポーランドの民族的要素を自己流で発展させた。さらにバッハとモーツァルトに強く惹かれ、2人の音楽から徹底的に学び、独力でピアニストとして彼らの技法を自分の音楽と演奏で表現して、ピアノの新流派をつくり出した。つまりショパンは、ポーランド民族音楽とクラシック音楽を融合させ、新世代音楽を創造したイノベーターだった。ショパンは、ポーランド民族が世界に誇るポーランドの魂なのだ。

そんなショパンは神経質で、公開演奏は大嫌い。サロン以外では滅多に弾かなかった。彼のピアニストとしての名声は約30回の限られた演奏会によるものだ。

彼は楽譜出版の収入が多く、上流階級のピアノ教師として売れっ子だった。教えるだけで十分な収入があったのだ。これも当時の音楽大衆化の恩恵だろう。

ショパンは、パリでリストと知り合った。

本書にこんな逸話がある。ある夜会でリストがショパン作曲のノクターン（夜想曲）を、派手な装飾をつけて弾いた。ショパンが譜面通りに弾くか、そうでなければ弾くなと言うと、気分を害したリストは「自分で弾いてみてください」。ショパンが弾くと、リストは彼を抱きしめて謝った。「君のような人の作品は勝手にいじくってはならないのだな」。では、そんなリストはどんな音楽家なのか。

リスト（1811～1886年）

リストのリサイタルを描いた風刺画がある。リストが弾くと淑女たちは身につけていた宝石類をステージに投げ入れ、恍惚となり、金切り声をあげて失神する様子が描かれている。さながらひと昔前のロックコンサートである。著者のショーンバーグは、リストは美貌と名声で一生女性たちを卒倒させ続け、音楽的才能にも恵まれていた、と述べている。天は二物を与えたのだ。著者はこう述べている。「ピアノのテクニックを完全に解放しきったピアニストはショパンであったかもしれないが、その結果をヨーロッパ中に広めたのはリストだった。二人のうち、ショパンのほうが優れたピアニストだったと言えよう。しかし彼は、聴衆を狂気に駆り立てる強さ、力、スマートさ、それにセックスアピールに欠けていた」

ショパンはアーティストだったが、リストはアーティストに加え、希代のエンターテイナーだったのだ。彼は天才的テクニックを持つ演奏家だった。複雑な曲も一度聴けば、楽譜なしで即座に弾けた。たいていの曲は、初めて弾くときがベスト。彼にはピアノ演奏は簡単すぎて、2度目の演奏では自分の満足のために何かをつけ足さずにいられなかった。ショパンのノクターンに装飾をつけて弾いたのもそのためだ。

リストは名曲も数多く作曲した。リストの時代までは、偉大なピアニストは作曲家でもあったが、リスト以降、いくつかの例外を除き偉大な作曲家と偉大なピアニストを兼ねた人物はいない。この時代から音楽の大衆化が進み、演奏だけでビジネスとして成立するようになり、作曲家とピアニストの分業化が始まった。

本書で紹介されている偉大なピアニストの中から、2人だけ紹介した。本書では時代順に膨大な数のピアニストが紹介されている。その流れを読めばクラシック音楽の発展がよくわかる。音楽芸術に興味がある人は、ぜひ押さえておくべき一冊だ。

Point

作曲家と演奏家は一体化していたが、音楽の普及とともに分業が進んでいった

Book 71 I

『ディスタンクシオン』

芸術作品に感動するのは、社会構造のおかげである

『ディスタンクシオン〈普及版〉I／II』石井洋二郎［訳］藤原書店

ピエール・ブルデュー

1930年－2002年。フランスの社会学者、哲学者。コレージュ・ド・フランス名誉教授。哲学から文学理論、社会学、人類学まで研究分野は幅広い。雑誌『社会科学研究学報』を主宰し、出版社レゾン・ダジールを創設するなど、学際的共同研究を国際的に展開。新自由主義に反対するグローバルな動員を呼びかけた知識人の一人でもある。著作は数多く、『再生産』『社会学の社会学』などがある。

ここまでアートの制作者視点で書かれた5冊を紹介したが、鑑賞者視点で書かれたのが本書である。

さらに本書は、この社会の中で自分がどこにいるのかを気づかせるヒントを与えてくれる。

著者のブルデューは、1930年フランス生まれの社会学者だ。日本以上に階級社会のフランスでは、階級は職業で区別される。訳者の石井洋二郎氏は解説で、**上流階級**は実業家や企業の上級管理職、教授や芸術家。**中流階級**は職人や一般管理職。**庶民階級**は農業や工場労働者であることを紹介している。

庶民階級出身で勉強ができたブルデューは親元を離れて高校に進み、フランスの最高学府グランゼコールの最難関校に進学。そこには上流階級しかおらず、庶民出身の自分は異質。この階級格差への怒りのようなものがその後の研究を進める原動力となった。

そのブルデュー社会学の集大成が、1963〜68年にかけて1217人に行った調査に基づいて書かれた1979年刊行の本書。I／II巻で1000ページ超の大著だ。本書はベストセラーになり、国際社会学会は「20世紀の最も重要な社会学書10冊」のうちの1冊に選出した。ただ、本書は難解だ。そこで第II巻の巻末にある石井氏の解説も参照しつつ、本書のポイントを紹介していこう。

あなたの趣味は、自分が選んだものではない

あなたは何らかの趣味をお持ちだろう。自分では何かのきっかけでその趣味を選んだと思っているかもしれない。しかし本書の冒頭、ブルデューはこう言ってその思い込みを否定する。「芸術作品との出会いというのは、普通人々がそこに見たがるようなあの稲妻の一撃といった側面などまったくもってはいない」

彼は、**アートを見て感動するのは育った環境のおかげだ**、という。育った環境でアートに込められた意味（コード）を読み解く素養が培われるのであって、この素養がなければアートを見ても何も感じない。

ブルデューは老婆のゴツゴツした手の写真を用意し、人々にその写真を見せ、どう思うかを尋ねてみた。貧しい階層の人々は「この人は働きづめだったに違いない。この哀れな女性の手を見ると心が動くよ」上流階級は「美しい写真ですね。まさしく労働の象徴。フロベールの年とった召使女を思いだしますね」

職業や階層で、解釈がまったく違ったのである。ブルデューは『眼』とは歴史の産物であり、それは教育によって再生産される」と述べている。私たちは家庭や学校で学んだ結果として、感覚や判断力、好き嫌いなどの性向を培っている。こうした個人ごとの好みの傾向や習性を**ハビトゥス**と呼ぶ。

ハビトゥスは、生まれ育った環境で身体に染みついた習慣や性癖だ。それは驚いたときの反応や、箸の使い方といった日々の仕草に、無意識にあらわれる。このハビトゥスは家庭と学校で培われる。

家庭でピアノを習う子どもは、音楽の素養を学ぶだけでなく「遊びを我慢し、何かを努力して身につける」という過程を身をもって経験する。これが将来の財産となる。さらに私たちは学校でもさまざまなことを学び、体験し、ハビトゥスを身につける。ハビトゥスによって私たちは趣味を選び、仕事を選ぶのだ。

しかし社会全体で見ると、逆に**人々はハビトゥスで分類・等級づけされ、階級ができている**。社会で分散

していた同じハビトゥスを持った人たちが、ハビトゥスにより社会の1カ所に固まっていくのである。たとえばジャズ愛好家はジャズの、合唱好きは合唱団のコミュニティをつくる。社会の階級も同じだ。医学部の学生の親は医者が多い。21世紀の日本の首相を見ても、小泉純一郎、安倍晋三、福田康夫、麻生太郎、鳩山由紀夫、岸田文雄は二世・三世の政治家だ。彼らも各自のハビトゥスにより、医学部や政界というコミュニティに集まっている。こうした人々の集まりを**場**と呼ぶ。

「場」で繰り広げられる象徴闘争

場には同じ関心や習性を持つ個人が自律的に集まっている。合唱団のような趣味の集まりも、医学部、政界、さらに音楽界、社交界、財界なども場だ。そして私たちは場の中でどちらが正統かを巡る争い＝**象徴闘争**を行っている。この正統性を巡る象徴闘争は「どちらが上か」を巡る**卓越化**の闘いだ。

身近にも卓越化の闘いが多くある。ママ友コミュニティでは、にこやかな会話の裏で「この夏は別荘で過ごすわ」「ご主人、どこにお勤め?」といったマウンティング合戦が行われていたりする。SNS上でも、自分の愛車や海外旅行先の写真をアップし合っている。

私が好きなカメラ愛好者の集まりでも「まだライカ使ってるんだ? 僕もライカを使い倒してきたけど、もう面倒だから最近はコンデジ一辺倒だね」とこじらせたマウントのとり方をする人がいる。

サッカーの熱狂的ファンであるフーリガンは、争いで何十人もの死者を出したりする。

つまり**階級闘争では「私のハビトゥスが上」と正統性をアピールしている**。本書の原題は「卓越化」を意味するフランス語"la distinction"。その発音が、本書の邦題『ディスタンクシオン』だ。

ブルデューはこう述べている。「趣味（すなわち顕在化した選好）とは、避けることのできないひとつの差異

職業／階級と趣味は、密接に関連している

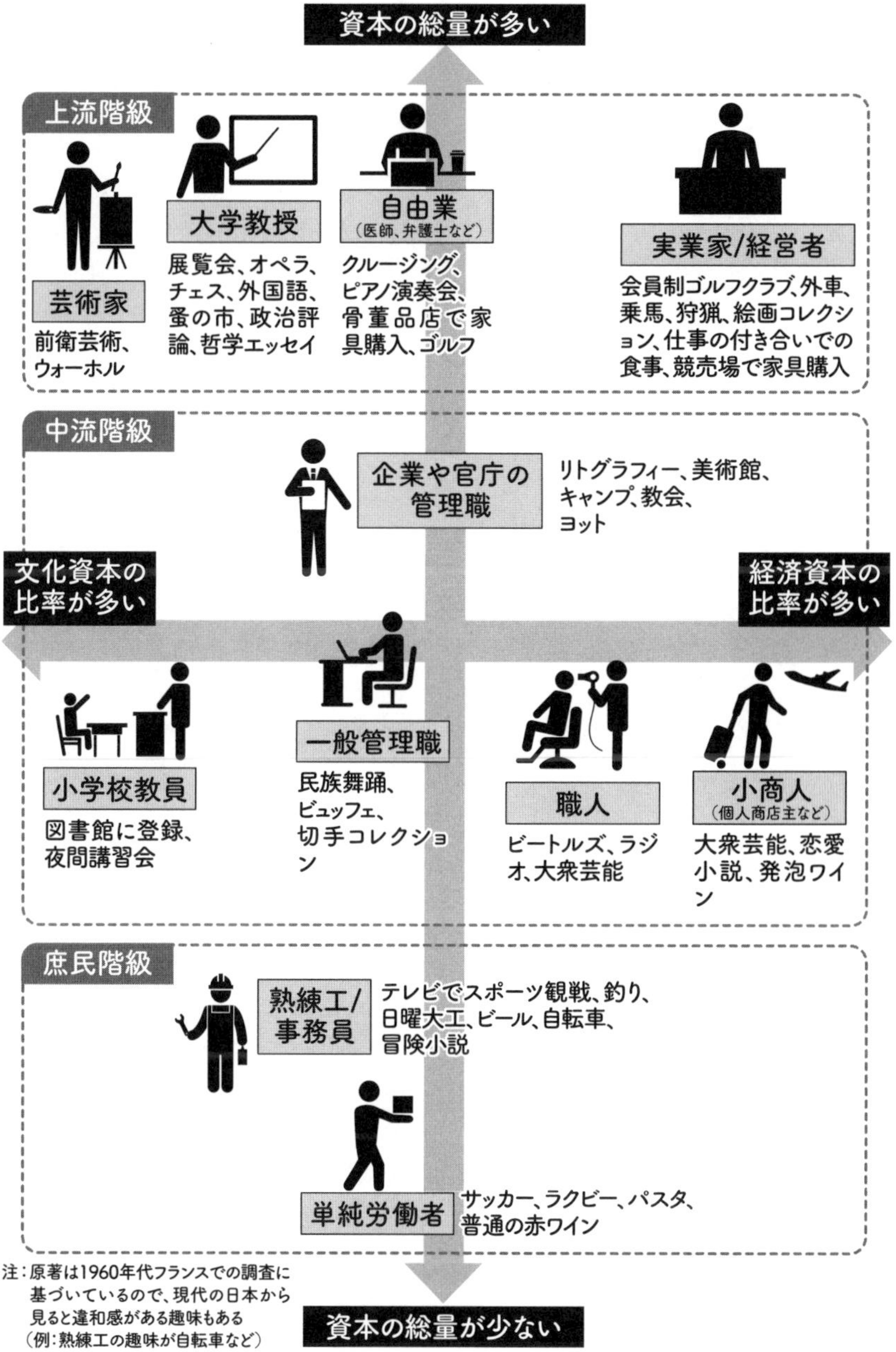

注：原著は1960年代フランスでの調査に基づいているので、現代の日本から見ると違和感がある趣味もある（例：熟練工の趣味が自転車など）

の実際上の肯定である。（中略）そして趣味 goûts とはおそらく、何よりもまず嫌悪 dégoûts なのだ。つまり他の趣味、他人の趣味にたいする、厭《いと》わしさや内臓的な耐えがたさの反応（中略）なのである」

つまり自分の正統性をアピールし、相手をさりげなく貶め、常に自分を卓越化すべく闘っているのだ。

ブルデューは膨大な調査によって、こうした複数の場を横に拡げて、社会全体を前ページ図のように見える化した。縦軸は「資本の総量」だ。資本総量が多い上流階級は上、中流階級は真ん中、庶民階級は下になる。横軸は「資本の内訳」だ。資本総量の中で文化資本の比率が多いと左、経済資本が多いと右になる。

そして職業をマップしている。上流階級で経済資本が多い実業家は右上、文化資本が多い芸術家や教授は左上だ。ブルデューはこの図で階級や場によって好みや趣味が変わり、集団内部で次世代メンバーが再生産されることを鮮やかに描いたのだ。この図からは**経済的豊かさ（経済資本）**だけでなく**文化的な豊かさ（文化資本）**も大事だとわかる。これを詳しく見ていこう。

文化資本の卓越化を図る芸術作品

資本とは、社会的に交換価値を持ち、それを元手に増やせるモノだ。たとえば経済資本は、事業に投資すれば増やせるし、より多くのモノを購入できる。ブルデューは「文化資本も同じだ」と考えた。読書習慣という文化資本があれば知識が増える。教養があれば尊敬が集まる。ただ文化資本が経済資本と違う点は、経済資本は個人間で引き継げるが、**知識や教養などの文化資本は個人の努力で蓄積する必要がある**ことだ。

この文化資本のことがわかれば、芸術作品の価値をブルデュー流に理解できるようになる。

たとえば、私は現代アートや茶器はサッパリわからないが、それらに価値を認めて大金を払う人もいる。ブルデューはこう述べている。「芸術作品は、それがコード化される際のコードを所有している者にとってしか意味をもたないし、興味を引き起こさない」

「しかし作品の理解や評価は、それを見る側の意図（中略）にもやはり依拠しているのだし、また作品を見る者がこれらの規範に適応してゆく能力、したがって鑑賞者自身の芸術的素養にも、同時に依存している」

つまり**「芸術作品の価値は、芸術的素養があって理解できる人だけにしかわからない」**ということだ。

だから芸術作品を持てば、自分の文化資本の卓越性を見える化できる。たとえば私の知り合いの経営者には茶道を始める人が多い。茶道の道具は高価だし、その道具を選び、茶の湯の席で品評し合うには目利き力も必要だ。文化資本が高くないと、茶道は楽しめない。また物質である芸術作品は、世界に1つだけ。自分が所有すると他人は所有できない。そこで芸術作品は文化資本として機能しつつ、2つの利益を保証する。

【卓越化利益】その芸術作品を独占することで、場の中で自分を卓越化できる

【正統性利益】「自分はこんな芸術品を目利きできる」という証明になり、正統性を保証できる

芸術作品の所有が難しいほど、これら2つの利益が増える。2016年、起業家の前澤友作氏は米国の人気アーティストであるバスキアの作品を5700万ドル（当時のレートで62・4億円）で落札し、アートの世界で知名度とステータスを高めた。卓越化利益と正統性利益を手に入れたのである。

純粋に芸術作品を考える人は「お金にモノを言わせただけでしょ。アートに商業主義が入るのはちょっと嫌だなぁ」といった異論があるかもしれないが、これは社会学的に芸術作品を捉えたひとつの見解である。

さらに本書では、こんな階級社会で生きる私たちの姿もリアルに描き出している。

「学歴資本」と「相続文化資本」

本書に興味がある人には、2021年公開の映画『あのこは貴族』がオススメだ。門脇麦が演じる主人公

の華子は東京生まれで医者の家庭で育った20代後半の女性。もう一人の水原希子が演じる美紀は猛勉強して地方から慶應義塾大学に入学したが学費が続かず、夜の世界で働くも中退。華子と友人の逸子が美紀と出会い、3人で話す場面がある。華子が美紀に「これ、おひなさま展のチケット。母がお友達と見てきなさいって」と渡して、会話が始まる。

逸子「三井家のおひなさまが展示されるんです。私も母に誘われたことがあるんですけど興味なくて……」

美紀（不思議そうに）「お母さんと美術館に行くの？」

逸子「はい。（横に座っている華子を見て）……行くよね」　華子「うん」

美紀「私は母と出かけたりしないなぁ。おひなさまだって、飾ってくれたのは小学生までだったし……」

美紀の答えに、今度は華子と逸子が驚く。「ウチではいまだに飾っていますよ」

華子と逸子は上流階級、美紀は庶民階級なのだ。外見に大きな違いはないが、わずかな振る舞いが違う。フォークを落としたとき、美紀はすぐフォークを拾おうと探すが、華子は自然に手を挙げてボーイを呼ぶ。「高級ホテルのカフェ」という場での振る舞いが身に染みついている華子を見て、美紀は華子が違う世界の人間だと一瞬で悟る。この一場面は文化資本がいかにつくられるかを見事に描き出している。

文化資本は、主に**相続文化資本**と**学歴資本**でつくられる。このうち相続文化資本は家庭で培われる。幼い頃から母と美術館に行くのが当たり前だった華子と逸子は、本物を見る目をハビトゥスとして自然に養っていて、今も芸術作品であるおひなさまを飾るのは当たり前。美紀にはその世界がわからない。

一方で学歴資本は学校で培われる。美紀が猛勉強して慶應義塾大学に入ったのはまさにそうだ。しかし相続文化資本が少ない庶民階級が学歴資本を得るには、キャッチアップのために多大な努力が必要だ。

相続文化資本がある上流階級は、ピアノを習うなどして「我慢して何か習得する」というハビトゥスを自然に身につけて、勉強にお金をかければ学歴資本は容易に得られる。ブルデューはこう述べている。

「学歴資本が同等の場合には、出身階層の差異が、さまざまの重要な差異につながってゆく」

つまり**同じ学歴資本ならば、相続文化資本が高いほうが有利**だ。努力して慶應義塾大学に入った美紀は、実家の仕送りが途絶えたため夜の世界で働き、大学を除籍された。こんなことは華子や逸子ならあり得ない。

「夢も希望もないなぁ。人生、生まれや育ち次第ってことでしょ」と思うかもしれないが、この残酷な現実を知った上で、自分はどうするかを考えることが必要なのだ。

『あのこは貴族』では、自分を見失っていた美紀が自分の道を見つけて歩き始める様子が描かれる。ブルデュー自身も庶民階級出身だ。社会構造という不自由な前提条件の中でどう振る舞うかは、自由なのだ。

心理学者アイエンガーは著書『選択の科学』(文藝春秋)で、厳しい戒律や教義のあるシーク教徒が「おかげで力が与えられている。自分が自分の人生を決めている」と考えることを紹介している。アイエンガー自身、高校生の頃から全盲だ。未来は何も決まっていない。与えられた条件の中で、私たちは自由なのだ。

何ひとつ不自由がない華子も、実はすべてがお膳立てされ「本当の自分」がない現実に気づく。そこから彼女の歩みが始まる。この映画の登場人物はすべて自分の育った環境に翻弄され、自分の生き方を模索し続けている。そして悪い人は一人もいない。そんな社会構造の仕組みを理解する上で、本書は役立つはずだ。

Point

残酷な社会構造を理解した上で、自分らしい生き方を模索し続けよ

西洋哲学
政治・経済・社会学
東洋思想
歴史・アート・文学
サイエンス
数学・エンジニアリング

Book 72

『ファウスト』

「生きる意味」を考えさせられる極上のエンターテインメント

『ファウスト 悲劇第一部・悲劇第二部』手塚富雄［訳］中公文庫

ゲーテ

1749年－1832年。ドイツの詩人、劇作家、小説家、自然科学者、博学者、政治家。大学で法律を学んだが、哲学者ヘルダーとの出会いを契機に文学に目ざめる。ドイツを代表する文豪で、小説『若きウェルテルの悩み』『ヴィルヘルム・マイスターの修業時代』、叙事詩『ヘルマンとドロテーア』など広い分野で作品を残した。『ファウスト』は20代から死の直前まで書き継がれたライフワークである。

「ファウスト」はドイツの文豪ゲーテが60年間をかけて完成させた、邦訳版で上下巻1000ページ超という壮大な戯曲だ。しかし難解な記述が多く、多くの人は途中で本書を投げ出して読むのを諦めるようだ。

実は本書は**「人が生きるとはどういうことか？」**という重いテーマを面白おかしい芝居に仕立て上げた、極上のエンターテインメントだ。副題に「悲劇」とあるが、太宰治の絶筆小説『グッド・バイ』のようなコメディタッチのシニカルな作品にイメージは近いかもしれない。

本書の解釈には、正解はない。訳者の手塚富雄氏は解説でこう述べている。「『ファウスト』のおもしろさやすぐれた芸術性は読むに従ってわかることで、別に説明はいらない。（中略）解釈書は多いが、全体にわたって定説があるわけではなく、けっきょくこれをどう読むかは読者一人一人の責任にゆだねられるのである」

つまり本書は、眉間《みけん》にしわを寄せてわからない部分をじっくり解釈しながら読み進める作品ではない。

「難しい部分は飛ばし読み。気になる部分はじっくり読む」くらいの気軽な感覚で、面白おかしく楽しみながら読んだほうが、自分なりに本書の本質をつかめるように思える。そして読者の数だけ、解釈がある。

ここでは最小限の物語を追いつつ、私なりの解釈を紹介していきたい。なお本書は1808年に刊行された悲劇第一部と、ゲーテの死から1年経った1833年に刊行された悲劇第二部による二部構成だ。

物語の前提を見ておこう。主人公ファウストはあらゆる学問を究めて名声も得た老学者だが、結局「何もわからない」とわかっただけ。「研究に生涯を捧げた自分の人生は何だったのだ?」と絶望していた。そこに悪魔メフィストが登場。メフィストはあらゆる快楽を提供する代わりに「もし心から満足したら、死後に魂を譲る」という賭けを持ちかけ、ファウストは同意する。そしてメフィストはファウストを満足させるべく、まるで下僕《げぼく》のように頑張る。つまり「ファウストを満足させようと頑張るメフィスト」対「向上心が強すぎて満足できないファウスト」という対立構図が、本書の基本パターンなのだ。そして向上心が強い努力家ファウストは、望んでいないのに周囲の人を次々と不幸に突き落とし、自分を責める場面が続く。

悲劇第一部「メフィストの賭けとグレートヒェン」

本書の冒頭は、主(神)と悪魔メフィストの雑談から始まる。不器用に努力し続けるファウストを温かく見守る主に、メフィストはこんな賭けをもちかける。

メフィスト「旦那のおゆるしさえありゃ、あいつをわたしの道へそろりそろりと引きこんでやりますよ」

主「あれが地上に生きているあいだは、おまえがあれをどうしようと、咎めはしない。**人間は努力するかぎり迷うものだ**」

主と悪魔の賭けなんて不謹慎な気がしないでもないが、こうしてファウストをネタに主との賭けが成立。「**人間は努力するかぎり迷うものだ**」という主の言葉は、ファウストが出会う試練を予見している。

そして深く絶望している老学者ファウストのもとにメフィストが現れ、「この世では奴隷のようにあなたの言いなりになりますから、あなたの魂を下さい」と提案し、ファウストは「死後なんてどうでもいい。もし私が心から満足して、その瞬間『とまれ。おまえは実に美しいから』と言ったら魂をあげるよ」と了承する。こうして「現世では、メフィストはファウストのどんな望みでも叶える。ファウストも自分が満足できるように精一杯の努力をする。そしてファウストが心から満足した瞬間、ファウストは魂をメフィストに譲り渡す」という契約書に血判が押され、まさに**「悪魔に魂を売る契約」**が成立する。

メフィストの秘薬で、老人ファウストは見違えるような若者に生まれ変わる。この秘薬には秘密があった。どんな女性も絶世の美女に見えるのだ。そしてファウストはグレートヒェンという少女と出会う。

ファウストは14歳のグレートヒェンと出会った瞬間に惚れてしまい、メフィストの魔術でグレートヒェンと相思相愛になった。彼女はファウストとの逢瀬を楽しむために母親に睡眠薬を飲ませるが、睡眠薬の量を誤ったために母親は死んでしまう。さらに彼女の兄もファウストに決闘を挑み、殺されてしまう。

殺人を犯したファウストは逃亡。メフィストとともにブロッケン山で行われた一夜の宴を過ごす。

一方でグレートヒェンはファウストの子を身ごもっていた。一夜の宴からファウストが戻ると、世界では1年間が経過していた。この間、グレートヒェンは誰も相談相手がいない中で赤子を一人で産むが、沼に捨て、嬰児《えいじ》殺しの罪で牢獄につながれ、打ち首の刑を待っていた。

悲惨なグレートヒェンの状況を知り、ファウストは良心の呵責に苦しみ、牢獄に助けに行く。グレートヒェンは愛するファウストが来て心から喜ぶが、ファウストはとにかく彼女を救い出したいという一心で「早く逃げよう」と繰り返すだけ。グレートヒェンはその様子を見て、すでに相思相愛だった頃の感情が彼にはないことを察してしまう。結局、彼の助けをすべて断り、神に身を任せて裁きを受け入れる決心をする。

ここでのファウストは良心の呵責《かしゃく》に苦しんでいるが、それは後悔の苦しみだ。グレートヒェンへの罪の意識はあまり感じられない。一方でファウストへの想いを語り続けるグレートヒェンは彼への恨みや憎しみは一切なく、自分の罪を受け入れ、神の裁きを待っている。この場面は、グレートヒェンとファウストの圧倒的な格の差というか、人物的な器の差を感じさせる。こうして悲劇第一話は終了する。

悲劇第二部「丘の上の老夫婦と、ファウストの死」

悲劇第二部は一転、ファウストがメフィストとともに活躍する大活劇が描かれる。ファウストは国家の経済再建に奔走し、絶世の美女ヘレナを追い求めて古代ギリシャ神話の世界にタイムスリップしたり、戦争で大活躍したり、海岸の埋め立て事業を大成功させたりする。100歳になったファウストはあらゆる快楽と成功を手に入れていたが、彼の心を棘《とげ》のように刺す耐えられない痛みがあった。それは彼の広大な土地の中で、丘の上にある老夫婦の古びた小屋だけが彼の所有物となっていないこと。老夫婦の小屋のおかげで、彼が成し遂げたすべての土地が見渡せない。ファウストはこうつぶやく。

「こういうふうに人間は、富んでいながら自分に欠けているものを感ずるとき、いちばん手痛く傷つけられるのだ」。こんな一見小さな不満が、多くの不幸の始まりである。「老夫婦を立ち退かせてほしい」というファウストの依頼でメフィストは老夫婦と交渉するが立ち退かないので、メフィストは彼らを殺して、小屋を焼き払ってしまう。ファウストが「殺せなんて言ってないぞ」と怒っても、もはや後の祭りである。

このように**本書のテーマは、人間の欲望と努力・向上心**だ。努力を惜しまず向上心にあふれたファウストは、努力が報われても満足せず、より高いものを常に目指し続ける。欲望と努力・向上心は正反対に見えるが、本書は向上心は欲望の裏返しであることを露わする。努力や向上心は、知らぬ間に他人を不幸のどん底に突き落とすこともあるのだ。そして物語は最終段階に向かっていく。

ファウストの館に災厄「**憂い**」を象徴した悪霊が館の鍵穴から侵入し、ファウストに息を吹きかけると、ファウストは失明してしまう。盲目になったファウストは、自分の開拓事業を急いで形にしようとして、メフィストに「人夫を集めて、鋤《すき》や鍬《くわ》を動かして工事を進めて、進捗を報告しろ」と厳命する。

しかしすでにメフィストは死霊を集めて、ファウストの墓穴を掘る指示を出していた。目が見えないファウストには、死霊が墓穴を掘る鋤や鍬の音が、人夫が自分の土地を開拓している音に聞こえていた。

彼は「何百万人もの人が自由に暮らせる土地が、今まさにつくられている」と最高の瞬間を実感しながら、「とまれ。おまえは実に美しいから」とつぶやく。ファウストはついにあの一言を口にして死ぬ。

メフィストは「どんな快楽や幸福にも満足せずにほしいモノを追いかけた男だったが、また随分とつまらない瞬間で引っ掛かったな」と小躍りして喜び、ファウストの魂を抜き取ろうとしたとき、天使の大群が降りてくる。天使たちはバラの花でメフィストを攻撃。悔しがるメフィストを尻目に、ファウストの魂を奪回。

舞台は、死後の世界の入口に移る。天使の大群は、グレートヒェンの願いで遣《つか》わされたのだ。贖罪の女たちは主に向かって、贖罪の女の一人・グレートヒェンによる「ファウストを救済してほしい」という願いを聞き届けてほしい、と願い続ける。願いは聞き届けられ、ファウストの魂は浄化されて、物語は終わる。

以上がファウストの物語だ。しかし勝手し放題で多くの罪を犯したファウストが天国に召されるという結末は、当時のカトリック世界ではとんでもないことだったようだ。死の直前に悲劇第二部を書き上げたゲーテが、「自分の死後に刊行せよ」と厳命していたのも、このためなのかもしれない。

私は彼が救済された理由を解くヒントは、冒頭で主が語った「**人間は努力するかぎり迷うものだ**」という一節にあると考える。ドイツ文学者・中野和朗氏は著書『史上最高の面白いファウスト』（文藝春秋）で、この原文“Es irrt der Mensch, solang’ er strebt.”を分析して、本来次のように訳すべきだ、と述べている。

「人間が、野心に駆られて奮闘努力すれば、必ず、罪を犯す」

この訳で考えれば、主はもともと「努力し続け向上心もあるファウストが罪を犯すのは、仕方ない」と考えていた、と読み換えることもできる。こうしてファウストを救済する発想は、Book 47『歎異抄』で紹介した「**善人なをもて往生をとぐ、いはんや悪人をや**」という浄土思想と相通じる部分がある。

「野心」は一般に悪いモノ、と思われている。では、何が野心で何が清らかな望みか、わかるだろうか。人間は悪と善の区別すらわからない。そこで親鸞は「自分も含めすべての人間は悪人。阿弥陀仏はそんな悪人でも必ず救うと誓っている。だから阿弥陀仏に一切をお任せしよう」という絶対他力思想を打ち立てた。鈴木大拙はBook 52『日本的霊性』で、浄土思想を体現して阿弥陀仏と一体となって日々を生きる**妙好人**《みょうこうにん》を紹介している。妙好人の生き方は、牢獄で聖母マリアにすべてを委ねて死後はファウストも救おうと願い続けるグレートヒェンの姿とも重なる。

本書は「より完璧でありたい」という努力と向上心がエゴチズムとなり、周囲を不幸に陥れる悲劇だが、「そんな人も救われる」という結末が描かれている。生涯をかけて向上心と欲望について考え続けたゲーテは、仏教の浄土思想に近い境地にたどり着いたのかもしれない。本書は努力・向上心と欲望という奥深いテーマを通じ、「生きる意味」を考えさせてくれるのだ。ただし、これは私の解釈だ。さまざまな解釈が可能なのが『ファウスト』である。ぜひ本書に挑戦して、あなたの解釈を楽しんでほしい。

Point

努力と向上心が人生を通じて生み出す「光と影」を見よ

Book
73
『罪と罰』

「罪とは何か?」を、時代を超えて問いかける傑作小説

『罪と罰(上・下)』米川正夫[訳]角川文庫

ドストエフスキー

1821年－1881年。ロシアの小説家、思想家。トルストイ、ツルゲーネフと並び、19世紀後半のロシア小説を代表する文豪。空想的社会主義に関係して逮捕されるが、出獄後、代表作である『罪と罰』『白痴』『悪霊』『カラマーゾフの兄弟』などを発表し、「現代の預言書」とまで呼ばれる文学を創造。その著作は世界中で読まれ、170以上の言語に翻訳され、黒澤明、湯川秀樹など日本人にも影響を与えた。

「自分という人間」は世界に一人だけのかけがえのない存在だ。だから私たちは「自分は特別の存在だ」と錯覚しがちだが、人は成長し次第にこの思い込みから脱していく。では、私たちはいかに成長するのか。

そこでぜひ読んでほしいのが、人が成長する過程を描いた文豪ドストエフスキーの代表作『罪と罰』だ。この小説は実に面白い。１０００ページ超の大作だが、読み始めると没頭してしまう。「罪とは何か?」というテーマを深く掘り下げた本作品は１８６６年にロシアで連載され、大反響を呼んだ。

主人公のラスコーリニコフも「自分は特別」という独善的思想を持ち、殺人事件を犯してしまう。読み進めると私たちも**「自分の中に棲むラスコーリニコフ」**が覚醒し、気づくと彼の行動を追体験しているのだ。

ただ、本書は有名な割に読み通した人は少ないようだ。理由のひとつは、ロシア語の人名だろう。主人公の妹アヴドーチャ・ロマーノヴナ・ラスコーリニコフは、愛称の「ドゥーニャ」以外に「ドゥーネチカ」「アヴドーチャ・ロマーノヴナ」と呼ばれる。全員こんな調子なので「この名前は誰?」と混乱するのだ。そこでおすすめしたいのは、ネット検索などで人名対照表を見つけ、確認しながら読むこと。ここを乗り切れば本書は楽しめる。

本書はさまざまな人間関係が緻密に絡み合っている。膨大な内容を限られたページでは紹介できないので、私なりに若干意訳しながら「人の成長」というテーマに絞って紹介していこう。

舞台は19世紀中頃の帝政ロシアの首都サンクトペテルブルグ。ラスコーリニコフは、大学法学部を学費滞納で中退して、屋根裏部屋に閉じこもって暮らしていた。

彼は「**人間には凡人と非凡人がいる。非凡人は道徳や法律を超越でき、必要なら人を殺してもOK**」という思想を持ち、「**自分は非凡人**」と思っていた。そこで社会で最も有害で「しらみ同然の存在」と考えた高利貸しの老婆を殺す計画を立てた。「老婆が貯めた金は社会で有益に使うべきだ」と考えたのである。

彼は殺人を実行したが、運悪く殺人現場に居合わせた老婆の妹も殺してしまう。事件後、彼は持ち出した金品を証拠隠滅のために廃棄。彼は次々と湧き出る恐怖と妄想に苦しみ、精神面の変調で身体が悲鳴を上げ、下宿の屋根裏部屋で丸3日間昏睡し続ける。そんな彼に目をつけたのが、やり手予審判事（当時のロシアで、刑事にあたる業務を担う判事）のポルフィーリイだ。

破綻している「ラスコーリニコフの思想」

物語の中盤、ラスコーリニコフはポルフィーリイと初めて対面する。ポルフィーリイが「新聞に掲載されたラスコーリニコフの論文に興味を持った」と言ったことで、ラスコーリニコフの思想が明らかにされる。

ラスコーリニコフは自分の思想を語り始める。世の中にはごく少数の非凡人と、大多数の凡人がいる。非凡人は「全人類のために必要」と考えれば、一線を踏み越えて少々の犠牲を出しても、良心が痛まない。ニュートンが自分の発見で社会を豊かにするため、妨害する数十人の生命を犠牲にする必要があると判断すれば、ニュートンはその数十人を犠牲にする権利がある。それは豊かな社会をつくるための彼の義務でもある。

常識から逸脱して新しい社会をつくる者は、犯罪者にならざるを得ない。ナポレオンも従来の法令を無視して多くの血を流すことに躊躇しなかった点で犯罪者だった。しかし新しい社会をつくった……。

そんな彼の話を興味深そうに聞いていたポルフィーリイが「凡人が妄想を起こして障害を取り除き始めたらどうするんですか？」と尋ねると、ラスコーリニコフは「凡人は深入りしません。大した危険なし。刑罰を与えれば大丈夫」と答える。さらにラスコーリニコフは「他人を殺す権利は数百万人に一人というごく少数」「馬鹿な青年は自分を英雄と妄想して障害を取り除こうという誘惑にかかりがちだが、捕まって懲役や流刑になるので、自業自得。過失を自覚して苦しむだろう」と語る。そして最後にこんな会話をする。

ポ「あの論文をお書きになった時、あなたは、自分自身を非凡人とお考えにならなかったのですか？」

ラ「大いにそうかもしれません」

このラスコーリニコフとポルフィーリイの息が詰まる対決は、物語中盤の大きな山場だ。

ラスコーリニコフの思想は一見整合性が取れているが、現実には滑稽なほど破綻している。彼は「自分は非凡人」と思い込んでいる。彼の理論では非凡人は少々の犠牲が出ても良心が痛まないが、**現実の彼は、自分の過失への罪の意識で心身が悲鳴を上げている。**このあたりは万能感を持ち、脳内で理想を描きながら、実行に踏み出した途端、現実に直面して自分の無力さに途方に暮れる現代人と相通じるものがある。

そしてラスコーリニコフは、娼婦のソーニャと出会う。

ソーニャとの対面

ソーニャの一家は、貧窮のどん底にいた。神への深い信仰心と自己犠牲精神を持つ18歳のソーニャは、自ら娼婦へと身を堕とし、自分の身体を売ることで一家を支えていた。

ソーニャの父と偶然に酒場で知り合ったラスコーリニコフは、その数日後に馬車に轢《ひ》かれ重傷を負ったソーニャの父を自宅まで送り届ける。そして父の死の間際にやってきた娼婦のソーニャと初めて対面する。「ソーニャも自分も、運命に呪われた人間だ」と感じたラスコーリニコフは、ソーニャの自宅を訪ねて話し合うようになる。そしてほどなく、彼が殺した老婆の妹はソーニャの親友だったという衝撃の事実を知る。

物語の後半、ラスコーリニコフは苦しみ抜いた末に「老婆と妹を殺したのは自分だ」とソーニャに告白。ソーニャは混乱するが、事実を受け入れると、彼を抱きしめながらこう叫んで泣き始める。

「いま世界中であなたより不幸な人は、一人もありませんわ！」

そして彼を見捨てずにどこへでもついて行くと伝えた上で、どうして人殺しなんて思い切ったことをやったのかと尋ねる。思わぬソーニャの問いかけに、ラスコーリニコフは錯乱する。「ものを盗るため」「ナポレオンになりたかった」「いや、有害なしらみを殺しただけだ」「いや違う。殺したかったから殺した。悪魔の誘惑だった」「永久に自分を殺してしまったんだ。僕はどうすればいいんだろう？」

そんなラスコーリニコフを見て、ソーニャは席を立って毅然として「**四つ辻に立って、大地に接吻し、大声で『わたしは人を殺しました！』と言いなさい**。そうすれば神さまがまたあなたに命を授けてくださいます。……苦しみを身に受けて、それで自分をあがなうんです」と告げる。

この場面では、2人の間で「罪の認識」について大きなギャップがあり、まったく噛み合っていない。

ラスコーリニコフは、ソーニャが自分の行為を許してくれると期待して自分の殺人を告白した。しかし神への深い信仰心を持つソーニャは彼を見守りつつ、彼が自分自身の罪を認識して償おうと決意するように促し、自分も一緒に罪を背負い、彼を救おうとしている。彼はそんなソーニャの考えを理解できない。

自首を決意したラスコーリニコフ

物語の終盤、ラスコーリニコフの下宿に、突然予審判事ポルフィーリイがやって来た。

ポルフィーリイは「犯人はあなただ」と告げた上で、自首を勧める。今自首すれば減刑できるという。反発するラスコーリニコフに、ポルフィーリイは「あなたは理論は考えたけど、結局うまくいかなくて恥ずかしくなった。それが結果なんですよ」と告げる。

ラスコーリニコフは自首を決意し、再びソーニャの部屋を訪れる。彼は自首する前に、彼女から十字架のネックレスをもらう約束をしていた。ソーニャが十字を切って彼の胸に十字架をかけると、彼は言った。

「これはつまり、僕が十字架の苦しみを背負うという象徴だね」

しかしソーニャは泣きながら、おどおどした震え声で願うように言った。

「せめてたった一度でも十字を切って、お祈りをしてくださいまし」

「ああ、いいとも、そんなことならいくらでも、お前の好きなだけやるよ！　それはほんとうに心からだよ」

そして彼は幾度か十字を切る。自首する段階に至っても、「心から祈ってほしい」と願うソーニャと、形だけは罪を認めても、本心で罪を認めないラスコーリニコフの間で、まだ大きなギャップがある。

だからソーニャの家を出ても、彼は心が整理できていない。「なんであの女のところに行ったんだ？」「そもそも十字架なんぞもらう必要あったのか？」と考えながら歩いているうちに、ソーニャの声が甦ってきた。

「四つ辻に立ち、大地に接吻して『わたしは人を殺しました！』と言いなさい！」

彼は夢中で広場に向かった。膝をつき、頭を抱え、土に接吻。しかし「わたしは人を殺しました！」という言葉はどうしても出なかった。振り返ると、50歩ほど離れたところで彼を見守るソーニャの姿があった。

ラスコーリニコフは警察に出頭して自首。裁判で彼は包み隠さず自供。寛大な判決が下りて、8年間の実刑でシベリアに送られた。ソーニャもシベリアに移り住み、定期的に刑務所にいるラスコーリニコフを訪問するようになった。そして彼が自分の罪を心から認めたかというと……まだ罪を認めていなかった。

本書のエピローグでも、まだ彼は「自分の罪は持ち堪えられず自首した点だけ」と考え続けている。自らを恥じた彼は、面会に訪れたソーニャにも粗暴な態度を取り続けた。ラスコーリニコフを包み込む殻は実に固く、まだ自分の罪を認識しようとしない。そして彼は病に罹《かか》って寝込み、悪夢にうなされる。それは未知の病原菌で人類が滅びる夢だった。その病原菌に罹ると「絶対正しい信念を持つのは自分だけ」と信じ込み、人類はお互いを理解できなくなり殺し合いを始める。騒動を鎮圧する軍隊も、行軍中に兵士同士で殺し合いを始める。社会は機能しなくなり、飢饉が始まり、人類は滅亡した、という夢だ。

悪夢から醒めて病から全快した彼は、急にソーニャのことが気になり始めた。

ある晴れた暖かい日。彼が河辺にある丸太に座っていると、ソーニャが現れて彼と並んで腰を下ろした。ソーニャがおずおずと手を差し伸べると、彼は彼女の手を離さず、泣きながら彼女の膝を抱きしめた。

そこで彼女はすべてを悟った。彼は甦ったのである。本書はこんな文章で締めくくられる。

「一人の人間が徐々に更新してゆく物語、徐々に更生して、一つの世界から他の世界へ移ってゆき、今までまったく知らなかった新しい現実を知る物語が、始まりかかっていたのである」

自分の罪を認めないラスコーリニコフは、苦しみ続けるという罰を与えられ続け、最後に再生したのだ。

人には自我がある。だから「自分は特別な存在だ」と思ってしまう。

しかし壁に激しく衝突しながら経験を重ねるうちに、実は自分は特別でも何でもなく、周囲の人たちのおかげで生かされている、ということに気づく。しかし、この気づきは簡単には得られない。七転八倒してもまだ得られず、最後の土壇場でかろうじて得られることもある。一生得られない人もいる。本書はこんなプロセスを、殺人事件を犯したラスコーリニコフを通して描いているのだ。

一方で、私は現代の日本でこの事件が起こったらどうなるかを考えてしまった。

2022年、安倍元首相銃撃事件が起こった。容疑者は、安倍元首相がビデオメッセージを寄せた宗教教団によって家庭が崩壊していた。復讐のため教団トップを狙ったが接触できず、安倍元首相を狙ったという。このため「容疑者の過酷な状況には共感すべきだ」と考えた一部の人たちから共感と支援が集まった。同じようにラスコーリニコフは悪徳業者を誅殺したヒーローとして祭り上げられるかもしれない。しかし殺人という罪は許されない。許されれば、ラスコーリニコフの悪夢のような状況が再現されてしまう。

屋根裏部屋で妄想にふけっていたラスコーリニコフは、スマホ画面に表示されるSNS空間に閉じこもって孤立する現代人の姿と重なって見えてしまう。必要なのは周囲の人たちとの生身のつながりであり、対話なのだろう。ラスコーリニコフも周囲の人々との関係を通じて徐々に本当の自分を取り戻していった。

本書の概要を紹介したが、小説は実際に読まないと本当の面白さがわからない。原作に挑戦してほしい。

Point

私たちは特別ではない。周囲の人たちのおかげで生かされている

Chapter5

サイエンス

教養の分野で意外と見逃されがちなのが、サイエンス分野だ。
最新科学は、哲学領域と重なる分野にも広がっている。
本章では、生物学や物理学などを理解する16冊を紹介する。

Book 74

『種の起源』

思想界に大きな影響を与えた「生物学のバイブル」

『種の起源（上・下）』渡辺政隆［訳］光文社古典新訳文庫

ダーウィン

1809年－1882年。英国の自然史学者、著述家。イングランド西部のシュルーズベリで生まれる。地元のパブリックスクール卒業後、エジンバラ大学医学部に入学したが、1年半で退学し、ケンブリッジ大学に転学。卒業後、英国海軍測量艦ビーグル号に乗り込み、5年をかけて世界を周航した。帰国後は在野の著名な自然史学者として研究と著作に従事する。1859年に『種の起源』を出版し、世界を震撼させた。

本章では最初に、生物学の名著5冊を紹介する。その1冊目がダーウィン著『種の起源』だ。

進化論について書かれた本だが、残念なことに、読まずに誤解している人が多い。

たとえば「**キリンの首は高い樹にある葉を食べようと努力して首が伸び、その子も努力して首が伸び続けた結果、進化して長くなった**」。これは大間違いである。親が努力して獲得した資質は、子どもには遺伝しない。他にも「**猿が進化して人間になった**」。本書には、そんなことはひと言も書かれていない。このように本書は誤解が多い本なのだが、生物学を学ぶ上で必読書である。

ダーウィンの進化論からはその後、生態学、地質学、古生物学、動物心理学、動物行動学、系統学などが花開いた。訳者の渡辺政隆氏も「この書を読まずして生物学を語ることはできない」と述べている。「人間を創造したのは神ではない」ということを科学的に明らかにしたダーウィンは、無意識の世界を発見した Book 10『精神分析学入門』のフロイト、社会主義思想に影響を与えた Book 28『資本論』のマルクスと並んで「20世紀の思想に大きな影響を与えた3人」ともいわれる。

母がテーブルウェアのブランド「ウェッジウッド」創業者の娘という資産家の家に生まれたダーウィンは、

家の財産を存分に活用して生涯を進化論の研究に捧げ、地道な積み上げ作業を繰り返し、現代の生物学の基礎となる進化学を確立した。

進化論を誤解する人が多い理由のひとつは、本書の一文が長く、接続詞もない文章が続いて読みにくいからだ。従来の邦訳本も原書に忠実で難解だった。そこでオススメしたいのが、読みやすくした光文社古典新訳版だが、この訳書でも上下巻800ページ超。そこで本書のハイライトを紹介していこう。

本書を理解するカギは「**種**《しゅ》」の概念だ。生物学では数多くの生物を分類するいくつかのカテゴリーがある。「種」は生殖行為で子孫を生める生物群をまとめたカテゴリーだ。チワワとブルドッグは交尾すれば子犬が生まれるので「イヌ」という1つの種だ。地球上の全生物は何百万という種に分類できる。

『種の起源』という題名通り、それらすべての種（全生物）の起源を探ったのが、本書なのだ。まずはダーウィン進化論のエッセンス「**変異、生存競争、自然淘汰**」について見ていこう。

進化論のカギ「変異、生存競争、自然淘汰」

❶変異

イチゴは我が家の大好物だ。「あまおう」「とちおとめ」など甘くて実が大きいイチゴは、東南アジアにも輸出されて人気がある。20〜30年前のイチゴは、ここまで美味しくなかった。品種改良で美味しくなったのだ。ダーウィンは本書で、園芸家が野イチゴをイチゴに変異させた方法を述べている。

「少しでも実が大きかったり、早熟だったり、甘かったりした個体を園芸家が選び出し、その種子を蒔き、実をつけた個体から最高のものを選び出して交配するということを繰り返したとたん（異なる種とのかけ合わせなども交えることで）、ここ三、四十年間にみごとなイチゴの品種が多数登場したのだ」

人間には、背が高い人もいれば低い人もいる。背が高い夫婦同士の子は、背が高くなる可能性が高い。植物も動物も同様に、個体には変異がある。人間はこの変異を利用して品種改良する。犬も品種改良によりチワワのような愛玩犬やドーベルマンのような大型犬が生まれた。見た目は違うが、元は同じ野生種だ。

自然界でも、人間がこのようにして行う品種改良と同じ現象が起こっているのだが、違いもある。

自然界では園芸家や畜産農家でなく、**生存競争**と**自然淘汰**という原理で、個体を選抜している。

❷生存競争

一見のどかな自然だが、裏で激しい生存競争が行われている。ダーウィンは庭の１ｍ×60㎝の区画を完全に除草して観察した。この区画では植物は自由に生育するはずだが、自然に生えた３５７本あった野草の苗のうち、２９５本が昆虫やナメクジに食べられた。昆虫もナメクジも生きるために頑張っており、野草の苗は彼らの食料となったのだ。ダーウィンはこう述べている。「すなわち、この世に存在するすべての生物は、個体数をせいいっぱい増加させるための闘争をしているという言い方ができる」

そんな生存競争が行われるところでは、自然淘汰が起こる。

❸自然淘汰

ライチョウは、住む場所により色が異なる。冬の高山のライチョウは白。泥炭の湿地のクロライチョウは泥炭色。草地のヌマライチョウは紫紅《しこう》色だ。住む環境に色が似るのは、天敵の鷲や鷹が見つけられない個体が生き残り、資質が受け継がれた結果だ。ダーウィンはこう述べている。

「わずかなものであれ、他の個体よりも有利な変異を備えた個体は、生き延びて同じ性質の子どもを残す可能性が大きいと考えられないだろうか。その一方で、少しでも不利な変異は確実に排除されることもまた、確かなような気がする。このように、有利な変異は保存され、不利な変異は排除される過程を、私は自然淘

生命の樹

あらゆる生物は原始生物の一族であり、人類は1本の細い枝に過ぎない

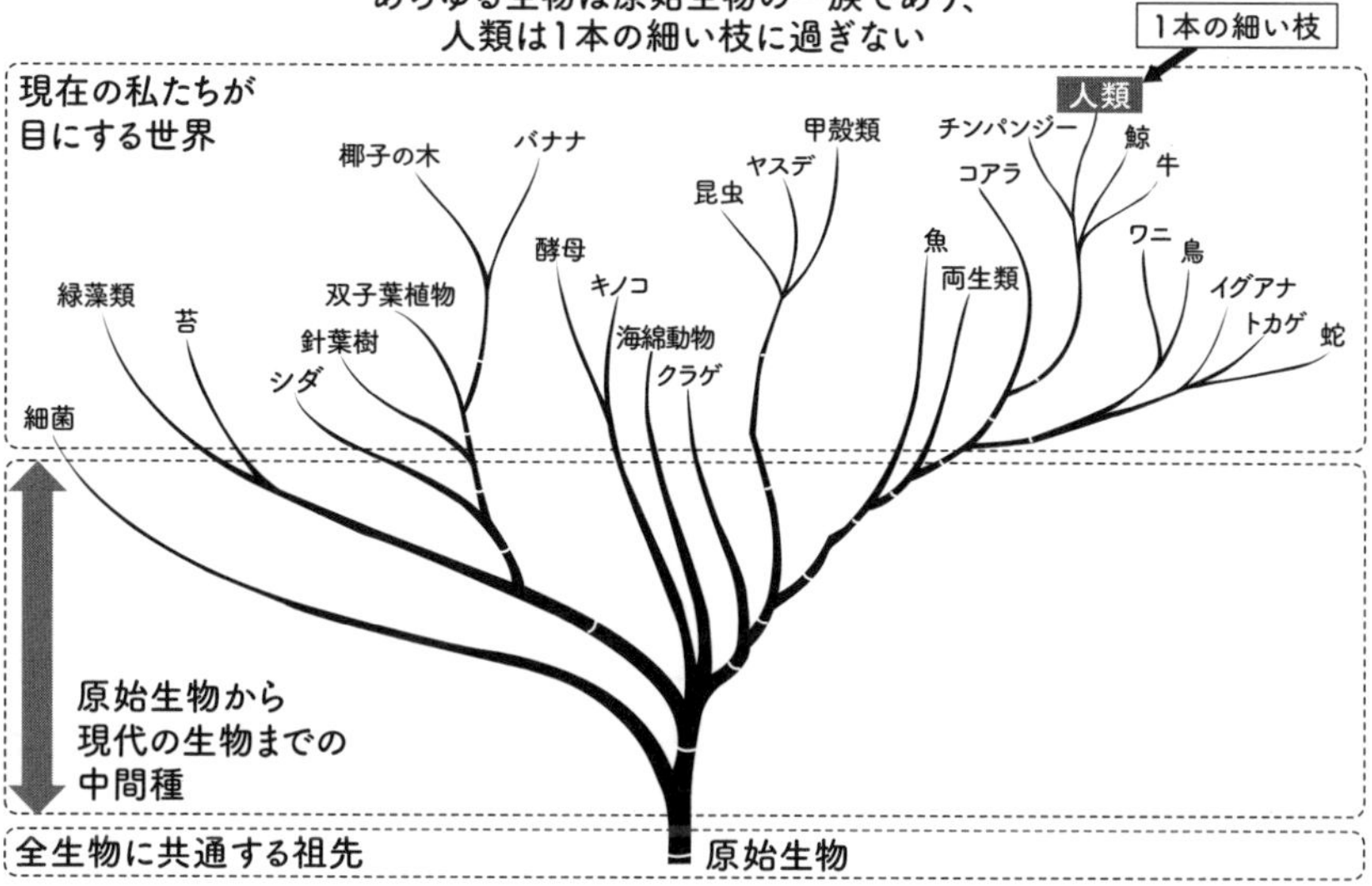

汰と呼んでいる」

キリンの場合は、たまたま首が長いキリンは生き延び、首が短いキリンは高い樹の葉を食べられず死んだ。そして首が長いキリンの遺伝子が子孫に受け継がれ、キリンは首が長く進化したのだ。

あらゆる生物の種は、環境に最適な子孫を残すことで、生き残る個体を増やすべく競争しているのだ。

人類は「生命の樹」の細い1本の枝

まったく異なる種の生物でも意外と共通点が多い。ヒトの手、モグラの手、イルカの胸びれ、コウモリの翼は、指や手のひらの骨はほぼ同じ位置にあるし、上腕と前腕の基本構造も同じだ。これは、これらの動物が共通の祖先から枝分かれしていることを示している。

ダーウィンはこう述べている。「地球上にかつて生息したすべての生物はおそらく、最初に生命が吹き込まれたある一種類の原始的な生物から由来していると判断するほかない」

地球上の生物は、数十億年という無限に近い時間をかけて「変異→生存競争→自然淘汰」を繰り返し、進化している。前ページ図のように、地球上にいるすべての生物は、1つの原始生物を祖先とする「生命の樹」から枝分かれした一族なのだ。人類も、苔や魚と同じく生命の樹の細い一本の枝に過ぎないのである。

しかし本書が刊行された19世紀当時の欧州は「神が世界と全生物をつくり、人間に支配を委ねた」というキリスト教原理主義の全盛期。「人間はサル・虫・細菌と同じ方法でつくられた」という主張は大論争を巻き起こした。状況を予想したダーウィンは、本書の後半で想定問答集を書いた。主なものを紹介しよう。

【反論❶】「中間種がいないよ。キリンの首が伸びたとしたら、首の長さが中間のキリン（中間種）もいるはず。でもそんなキリンはいないし、化石も見つかってないよね」↓答えは2つある。1つ目は「中間種は、すべて絶滅した」。似ている種ほど激しい生存競争を繰り広げ、環境に適応したほうが残る。中途半端に首が長いキリンも短期間で絶滅し、食料を確保できる長い首のキリンだけが残った。2つ目は「中間種の化石は、残りにくい」。化石ができる条件は限定されている。その上、絶滅した中間種の個体数自体も少ない。これら2つの理由で、私たちは中間種の存在に気がつかない。

【反論❷】「眼のような複雑な仕組みは、進化でつくれるの？」↓人間の眼は、実に精巧にできている。まさに「神様がつくり上げた精密機械」と思ってしまうが、これも進化論で説明できる。ナメクジのような生物プラナリアの眼は「明るいか？　暗いか？」という光を感じ取る程度の色素細胞しかなく、レンズすらないが、光を感じられることで生き延びる確率が増え、子孫を残した。カニやエビは、人間レベルではないがレンズを備えた眼を持つ。こうして膨大な時間をかけて自然淘汰を繰り返し、細かな違いが無限に蓄積され続けると、眼のような複雑で精巧な仕組みも生まれるのだ。

【反論❸】「なぜ別の大陸に同じ種がいるの？　欧州と米国は海を隔てているのに、共通の植物や動物が多

いよね。生物が共通祖先から発展したのなら説明できないよ」↓　ダーウィンは「生物は海を渡って別大陸に移動したはずだ」と考えて、さまざまな実験と思考を重ねた。①87種類の種子を海水に28日間浸したところ、64種類が発芽した。計算すると、海上を1500㎞流されても発芽できる。②小鳥の糞から採取した12種類の種子は、どれも発芽した。果実の実を食べた鳥が別の大陸に飛んで糞をすれば、鳥が種子の運搬役になる。③鳥の食べ物を貯める袋（嗉嚢《そのう》）を人工海水に30日浸して種子を取り出したところ、ほとんどが発芽した。つまり海に浮かぶ鳥の死骸が種子の運搬役になる可能性もある。④哺乳類については、氷河期がカギだ。氷河期は大陸が氷でつながるので、哺乳類は歩いて別大陸に渡ったはずだ。

こうして彼は反論には証拠を示して、科学的に反論した上で、こう述べている。「複雑な器官や本能がその複雑さをよりいっそう高めてきたのは、人間の理性にも似た超人的な手段によるものではない。それは所有者の利益となるごくわずかな変異が、数限りない段階を経て少しずつ蓄積した結果である」

他にもある「ダーウィン進化論」の誤解

これで冒頭の「**猿が進化して人間になった**」がなぜ間違いかわかるはずだ。正しくは「**今の人間と猿は、共通祖先から500万年前に分かれた**」のだ。他にも本書には多くの誤解がある。

【誤解❶】「人間は、生物の進化の頂点にいる」：のちほど Book 77『ワンダフル・ライフ』で紹介するように、進歩主義者と呼ばれる人たちは、人類の登場は必然であり、生物進化の頂点にいると考える。しかし改めて「生命の樹」の図を見てほしい。人類は原始生物から枝分かれした生命の樹の「1本の細い枝」でしかない。生物の頂点にもいないし、進化の到達点にもいない。そして人類も生物だ。長い目で見れば、今後も自然淘汰によって人間の種は分かれていく。

【誤解❷】「進化によって、生物はより複雑になる」：競争がないと生物は退化する。その代表が人間の毛穴に生息する「顔ダニ」。大きさ0・3ミリ、細胞数900個。小さなショウジョウバエでも細胞数はこの500倍ある。実にシンプルな生き物だ。こうなった理由は、競争がないからだ。地上最強である人間の顔での生活は外敵がいない。食料である人間の皮脂は豊富。超快適な環境なので、顔ダニは不使用の機能を次々手放した。夜の活動に必要なメラトニンもつくらない。寄生先の人間から拝借すればこと足りる。顔ダニは快適な環境に最適化して退化した。こんな退化も「環境に最適化する」という進化の形だ。

【誤解❸】「自然淘汰には、目的がある」：自然淘汰の前提となる変異はランダムに起きる。たまたまその環境で変異が生存や繁殖に有利ならば、自然淘汰が働き、子孫に変異が受け継がれる。偶然の産物なのだ。人類が今後どう進化するかも運任せだ。必ずしもより賢く進化するとは限らない。食糧不足で生存競争が起きれば、太りやすい人（食料摂取効率がよく、栄養を身体に蓄積できる人）が生き残るかもしれない。

【誤解❹】「自然淘汰が自然の摂理。だから優れた者が劣った者を蹴落とすのは当然」：これは大間違い。そもそもダーウィンの進化論に「優れた者、劣った者」という概念はない。この誤解の中でも悪質なのが「優生思想」。ナチスは生殖に適さない人に不妊手術を強制し、ユダヤ人絶滅も図った。優生思想は他の先進国も20世紀前半まで推進した。近年は行われなくなったが、遺伝子選抜などで復活の兆しも見える。

【誤解❺】「最も賢い者でなく、最も強い者でもなく、環境変化に対応して変化できる者が生き残る」：ダーウィンはこんなことをひと言も言ってない。1963年に米国ルイジアナ州立大学のマーケティング教授レオン・メギンソンが論文の中で「ダーウィンの『種の起源』によれば……」と書いた言葉が世界中で引用されまくったのだ。お恥ずかしいことだが、私も事情を知らずにこの言葉を引用したことがある。この場をお借りして深くお詫び申し上げたい。では、この言葉のどこが間違いなのか？「変わりたい」という努力は尊いが、進化とはまったく関係がない。キリンも努力したのではない。首が長い個体の性質が自然淘汰で引き継がれ、首が長くなったのだ。進化論は、偶然の変異が世代を経て引き継がれることがカギである。

誤解❶〜❺に共通するのは「常に良くありたい。成長したい」という人間の業だ。Book72『ファウスト』の主人公ファウストのように、努力し続けようとする人間の業がこんな誤解を生むのかもしれない。

Book28『資本論』のマルクスと盟友エンゲルスも本書の影響を受け、エンゲルスは論文『サルがヒトになることに労働はどう関与したか』を書き（遺稿から編集された著書『自然の弁証法』に収録）、マルクスは史的唯物論をつくり上げた。Book9『プラグマティズム』で紹介したように、米国でプラグマティズムが生まれた一因も「神が人を創った」というキリスト教の教えを進化論が覆したことだった。さらに哲学者スペンサーは自然淘汰説を適者生存と言い換えた上で、宇宙のあらゆる事物は進化すると考え、社会進化論を唱えた。この思想は自由競争主義と結合して社会に広がった。

このように本書は生物学を理解する上でバイブルであるとともに、20世紀の思想にも大きな影響を与えた必読書なのだ。人類は必ずしも特別な生物ではない。あくまで「生命の樹」の1本の細い枝だと認識し、もう少し謙虚に振る舞うべきだろう。

Point

人類は「生命の樹」にある、1本の細い枝に過ぎない

Book 75

『ソロモンの指環』

「動物行動学」を世界に広めた名著

日高敏隆［訳］早川書房

コンラート・ローレンツ

1903年－1989年。オーストリアの動物行動学者。ウィーン大学で医学・哲学・動物学を学び、ウィーン大学解剖学助手となる。幼いときから動物好きでハインロートらの影響のもとで動物行動学を学び、比較解剖学と動物心理学で博士号を得る。「刷りこみ」の研究者で、近代動物行動学を確立した人物のひとりとして知られる。1973年、ノーベル生理学医学賞受賞。息子は物理学者のトーマス・ローレンツ。

動物行動学者コンラート・ローレンツは、動物が大好き。幼い頃から動物に囲まれて育った。大人になっても、彼の屋敷ではカラス、オウム、ガン、サルなどの動物が放し飼いにされていた。

ただ、中には大型で危険な動物たちもいるし、屋敷には幼い長女もいる。子どもと一緒にするわけにはいかない。そこで娘を守るために庭に檻をつくって入れた。**動物ではなく娘を**、である。「妻がよく許したなぁ」と思ってしまうが、発案者は幼なじみである妻だった。彼はこれを「逆檻の原理」と呼んでいる。

ローレンツは動物たちと一緒に暮らしながら、動物たちを観察し続けた。そんな彼と動物たちの生活を描いた本書は1949年刊行。動物行動学を一般向けに書いた本として世界的ベストセラーになった。彼が描いた動物のイラストもあり、動物への深い愛情が伝わってくる。

動物行動学は、動物の行動を詳細に観察し、動物がいかに進化してきたかを解明する学問だ。彼は後に紹介する「**刷りこみ**」などの発見によって動物行動学を確立し、ノーベル生理学・医学賞を受賞した。

今では動物行動学で動物を観察する方法は一般的だが、当時の動物学研究では動物を檻に入れたり、死んだ動物を解剖したりして分析していた。人間を檻に入れたり解剖したりしても、人間のことはよく理解できない。人間を理解するには人間の日常生活の観察が必要だ。ローレンツは「**動物も自然な状態で観察するのがベスト**」と考えたのである。

タイトルの「ソロモンの指環《ゆびわ》」とは旧約聖書に出てくる逸話だ。ソロモン王は魔法の指環をつけるとあらゆる動物と話ができた。ローレンツに言わせれば「私は魔法の指環がなくても動物と話せるのでソロモン王より一枚うわて」。そして実際に動物語で会話した。このエピソードが本書のタイトルになった。本書を通じて、私たちは動物たちの生き様から人間という動物のことが学べる。

コクマルガラスの恋愛事情

ローレンツは本書でこう述べている。「私には、自分が一九二六年の夏にチョックから学んだほど多くのしかも本質的に重要なことを、ほかのどの動物からも得たことはなかったように思えるのだ」

ローレンツは馴染みの動物店でコクマルガラスのヒナを買った。ヒナは育って飛べるようになっても、ローレンツに懐いて離れない。部屋を移動すると部屋から部屋へ飛んで回る。散歩やサイクリングでもイヌのようについてくる。ひとりぼっちにすると悲しそうに「チョック」と鳴く。これが彼の名前になった。

「もっとチョックの行動を理解したい」と思ったローレンツは、チョックに14羽のコクマルガラスの仲間を与えて一緒に生活してみると、彼らのことがよくわかってきた。たとえば、オスからメスへの求愛活動だ。

巣穴をつくったオスは、好きなメスに向かって「ツィック、ツィック、ツィック」と高い声で鳴いて呼びかける。「ボクのおうち、すごいでしょ。一緒に住まない?」と一生懸命にアピールしているのである。

一方のメスのほうは素知らぬ顔。しかし何分の1秒かの間、チラッと彼を見る。「いいわね」という彼女の合図だ。まったく興味がなければ、いくら呼びかけられても彼のほうを一切見ない。そんな彼女の気持ち

コクマルガラスの三角関係

気持ちいいなぁ…
妻
夫
若い娘
アンタ、何やってんのよ！
妻
若い娘
うわッ！
夫
人間と同様に動物にも心の葛藤がある

を察して彼が近づくと、彼女は身体をかがめ独特な格好で翼と尾を振るわせる。これは求愛を受け入れる儀式のような挨拶だ。「師匠と呼ばせてください」と言いたくなるほど高度な恋愛の駆け引きである。

こうしてカップルになった夫婦は実に仲がいい。好物を見つけたオスは必ずメスに渡し、メスはヒナがねだるような可愛い仕草で受け取る。こうして多くのカップルは死ぬまで連れ添う。しかし例外もいた。あるコクマルガラスの夫婦だ。妻は左側から夫のうなじの羽毛を梳《す》いていた。これは求愛行動のひとつ。夫は気持ちよさそうに目を閉じていた。

しかし、反対の右側からも情熱的な若い娘が、夫のうなじの羽毛を梳いていた。目を閉じていた夫は最初気づかなかった。だが、「アレ？　何か変ね」と気がついた妻が若い娘に気づき、「ギャギャギャギャ！」（アンタ、何やってんのよ！）と追い立てた。

三角関係の発生である。体力がある若い娘は、妻が何回もヘトヘトになって追い立てても仕掛けてくる。そしてある朝、夫と若い娘は飛び去ってしまった。駆け落ちである。ローレンツはこう述べている。

「人間にとってと同様に、心の葛藤状態は、動物にとっても苦しいのだ」

本書ではこのように、人にたとえた表現が多い。さすがに「擬人化しすぎじゃない?」という批判も多かったようだ。ローレンツはこう述べている。「私はけっして擬人化しているわけではない。いわゆるあまりに人間的なものは、(中略)われわれにも高等動物にも共通に存在するものだ、ということを理解してもらいたい。(中略)どれほど多くの動物的な遺産が人間の中に残っているかをしめしているにすぎない」

人間も動物。決して特別な存在ではない。動物は、どれも似たり寄ったりなのである。

ガンのヒナから学んだ「刷りこみ」効果

ローレンツはハイイロガンの卵がかえる瞬間を観察していた。卵の殻から這い出した姿は醜く濡れた姿だが、乾くと羽毛に包まれた可愛いフカフカの美しいヒナに変身し、頭を支えてヨチヨチと何歩か歩く。ヒナは大きな黒い目でローレンツをじっと見つめていた。彼が何かしゃべって応えた途端、ヒナは首を下げて彼のほうに伸ばし、さえずりながら挨拶を始めた。実はこの瞬間、彼は重い義務を背負ったのである。

「よし、無事に生まれたぞ。ちょうどガチョウのヒナも3羽生まれた。あとはガチョウの母鳥に任せよう」とガチョウの腹の下にガンのヒナを押し込んで去ろうとした。するとどうなったか。彼はこう述べている。

「白いガチョウの腹の下から、問いかけるようなかぼそい声が聞こえてきた——ヴィヴィヴィヴィ?(中略)彼女はぬくぬくした羽毛の間から這いだしてきた。(中略)私はちょっと体を動かした。とたんに泣き声はやみ、ガンの子は首をのばしたまま、必死になってヴィヴィヴィヴィ……とあいさつしながら、私めがけて走ってきた。それはじつに感動的な一瞬であった」

ヒナをガチョウの腹の下に何度押し込んでも、歩くこともおぼつかないヒナは死に物狂いで彼を追いかけてきた。彼はこのヒナにマルティナと名づけ、母親代わりを務めることになった。

彼が1分でもマルティナから離れると、マルティナは激しい不安に陥り、鳴きわめく。寝るときも眠りかけたときに「ヴィヴィヴィヴィ？」。放っておくと鳴き声は大きくなり、しまいには「ピープ、ピープ」と鳴き始める。彼が「ヴィヴィヴィヴィ？」と返すとマルティナは安心して寝始めるが、1時間も経つとまた「ヴィヴィヴィヴィ？」。まるで夜泣きする赤ちゃんをあやす親である。「ヴィヴィヴィヴィ？」という鳴き声は「私はここよ、あなたはどこ？」という意味なのだ。ヒナが母親や兄弟を失うということは、野外では死を意味する。ヒナも必死だ。だから疲れ果てても助けを求め、鳴き叫ぶことに全エネルギーを傾ける。

これが「**刷りこみ**」という現象だ。マルティナは生まれた直後に「母親＝ローレンツ」と刷りこまれたのだ。ヒナのときに1羽で育てられ、同じ種類の仲間を見たことがない鳥は、自分がどの種か知らない。そこで生まれた直後の刷りこみ可能な時期に一緒に過ごした動物に、自分の愛情を向ける。この刷りこみはやり直しがきかない。ローレンツも「自分は母親じゃないんで。一旦リセット」というわけにはいかないのだ。

ハトは、オオカミよりもどう猛だった

ハトとオオカミ。どちらがどう猛だろう？　「そりゃ、オオカミでしょう」と思う人が大多数だろう。

ローレンツは種類が違うハト2羽を檻に入れ、しばらく出張していた。帰ってみると悲惨な状況だった。片方のハトは羽毛をむしられ、皮もむかれて瀕死の状態。それでももう片方のハトは攻撃し続けていた。

オオカミ同士の闘いも、最初は互いに相手を威嚇しまくる。上にのしかかり、軽く噛みついたりする。しかし形勢が決まると負けた側は頭を垂れ、急所の首筋を無防備に相手に晒す。勝者はこの状況で絶対に噛み

つかない。相手が服従して弱点を晒していると、さらに攻撃できなくなる。なぜこうなるのか？

ハトは攻撃力が弱い。闘いで劣勢になっても自然環境なら飛んで逃げられる。力を抑制する必要がないので、攻撃し始めると抑制がきかない。檻の中は逃げられないので、悲惨な状況になってしまったのだ。

オオカミのように強い武器を持つ動物は、相手を攻撃し続けると絶命させてしまう。一方でオオカミは社会性動物なので、ムダな殺傷や闘いは避けたい。そこで情けを乞う側の個体は、首筋などの急所を差し出すのだ。こうなると勝ったほうは、攻撃したくてもできなくなる。

こうした服従の身振りは、長い進化の産物だ。そしてローレンツはこう述べている。

「自分の体とは無関係に発達した武器をもつ動物が、たった一ついる。したがってこの動物が生まれつきもっている種特有の行動様式はこの武器の使いかたをまるで知らない。武器相応に強力な抑制は用意されていないのだ。この動物は人間である。彼の武器の威力はとどまるところなく増大していく」

本書が刊行された1949年は、甚大な犠牲者を生んだ第二次世界大戦の直後。原子爆弾などの強力な武器をつくり出してしまった人間は、力の抑制を本能で知る同じ社会的動物のオオカミと比べると、未熟なのかもしれない。

ローレンツは先入観にとらわれずに動物たちを観察し、動物たちから実に多くのことを学んだ。そして動物から学ぶことで、人間としてのあり方もまた、学べるのである。

Point

動物の行動から「人間のあり方」を学べ

Book

76

『利己的な遺伝子』

生物は「遺伝子」の乗り物に過ぎない

『利己的な遺伝子 40周年記念版』日高敏隆他［訳］紀伊國屋書店

リチャード・ドーキンス

1941年－。英国の進化生物学者、動物行動学者。オックスフォード大学時代、ノーベル賞を受賞した動物行動学者ニコ・ティンバーゲンに師事。その後、カリフォルニア大学バークレー校を経て、オックスフォード大学で講師を務めた。処女作『利己的な遺伝子』は世界的ベストセラーとなり、従来の生命観を180度転換した。社会生物学論争や進化論争において、刺激的かつ先導的な発言を続けている。

Book 74『種の起源』のダーウィン進化論には、実は説明できない現象があった。働きバチは仲間を守るために巣を襲う敵を針で刺すが、針で刺すと内臓が体外にもぎ取られて働きバチは死んでしまう。また働きバチはすべて不妊なのに、女王蜂や幼虫の世話をセッセと行う。こういった行動は自分という個体を犠牲にしている。その行動を促す遺伝子は残らないはずなのに、この利他的行動は代々受け継がれている。進化論では、この現象を説明できなかった。そこで登場したのが、進化生物学者ドーキンスだ。彼はこう言った。

「生物は、利己的な遺伝子の乗り物だ」「生物の利他的行動は、この利己的な遺伝子のおかげだ」

この遺伝子中心の考え方は、従来の生命観とは真逆。このため誤解を招き、当初風当たりも強かった。

しかし今ではドーキンスの**「利己的遺伝子論」**は広く受け入れられており、私たちが生命を理解する上で必須だ。1976年刊行の本書は、ドーキンスが35歳のときに自分の思想を一般向けに書いた一冊。改訂を繰り返して2016年には40周年版が出た。本書は600ページ近くの大著で、読み解くには生物学の知識も必要だが、できるだけかみ砕いて本書のハイライトを紹介していきたい。

「生物は利己的な遺伝子の乗り物」という概念は一見難しいが、30～40億年前に生命がいかに誕生したかを

遺伝子は生物を「乗り物」にして進化を続けた

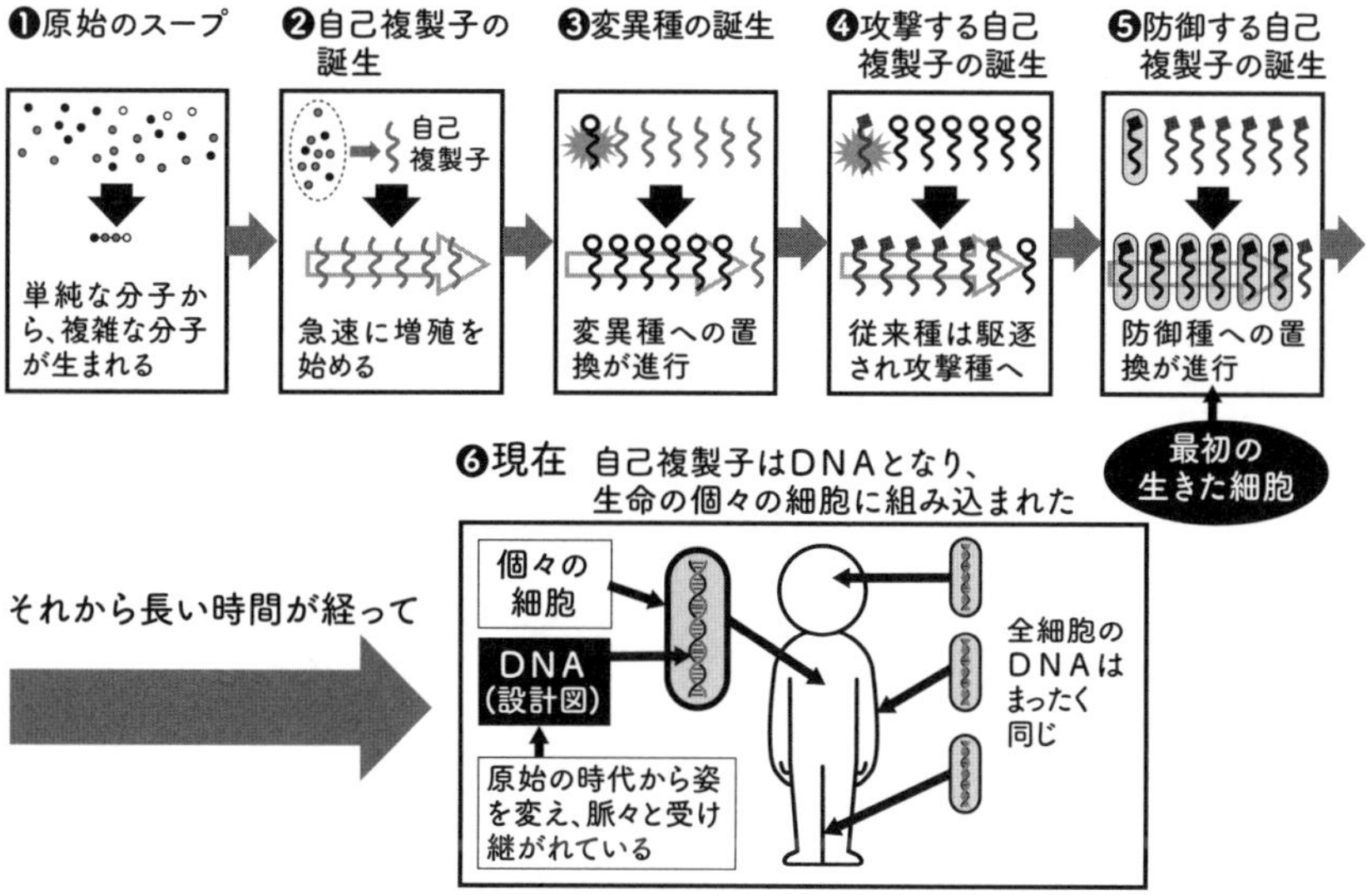
❶原始のスープ
単純な分子から、複雑な分子が生まれる
❷自己複製子の誕生
自己複製子
急速に増殖を始める
❸変異種の誕生
変異種への置換が進行
❹攻撃する自己複製子の誕生
従来種は駆逐され攻撃種へ
❺防御する自己複製子の誕生
防御種への置換が進行
最初の生きた細胞
❻現在 自己複製子はDNAとなり、生命の個々の細胞に組み込まれた
それから長い時間が経って
個々の細胞
DNA（設計図）
原始の時代から姿を変え、脈々と受け継がれている
全細胞のDNAはまったく同じ

考えるとわかる。

❶原始のスープ：生命誕生前の地球には、生命の源となる水、二酸化炭素、メタン、アンモニアなどの単純な分子があった。化学者がこれらをフラスコに入れ、原始時代の地球を再現するために紫外線（太陽光線）や電気火花（稲妻）を与えると、フラスコの底に複雑な分子・アミノ酸が合成された。アミノ酸は生命を形成するタンパク質だ。原始の地球でも、海の中で似たような現象が起こっていた。ドーキンスはこれを**原始のスープ**と呼ぶ。

❷自己複製子の誕生：原始のスープの中で、あるとき偶然、自分自身をコピーする能力を持つ特別な分子が現れた。ドーキンスはこれを**自己複製子**と呼ぶ。こんな奇跡は、数百年程度の時間ではまず起こらないが、数億年という膨大な時間があれば起こり得る。当時の地球には邪魔をする他生物はいないので、自己複製子は猛烈な勢いで増殖し始めた。

❸変異種の誕生：自己複製子はコピーで増殖するう

ちに、時折コピーミスで変異種が生まれた。変異種の中で、より複製しやすい性質を持つ変異種は、元のより複製しにくい種を急速に置き換えていった。これが初めての進化だ。このように**生物進化の本質はコピーミス**なのだ。

❹**攻撃する自己複製子の誕生**：他の種を攻撃する変異種が生まれると、従来種は急速に駆逐された。

❺**防御する自己複製子の誕生**：自己複製子は、自分の周囲を薄膜で包み、攻撃を防御するように変異した。最初の生きた細胞だ。従来の攻撃は効かなくなり、従来の種は置き換えられていった。こうして自己複製子は急速に進化し続け、形を変えていった。

❻**現在**：そして長い時間が経ち、現在に至っている。自己複製子は生物の細胞の中で**DNA**として受け継がれている。DNAは遺伝子情報が書き込まれた生物の設計図だ。こうして遺伝子は生物という乗り物を乗り換え続け、原始の地球から現代まで形を変えて脈々と受け継がれている。これが「生物は利己的な遺伝子の乗り物」という意味だ。ドーキンスはこう述べている。「私たちは、遺伝子という名の利己的な分子をやみくもに保存するべくプログラムされたロボットの乗り物――生存機械なのだ」

こうして生物という乗り物を操縦してきたのが、常に自分のコピーを残すことを最優先に活動する利己的な遺伝子なのだ。遺伝子はコピーの形で、場合によっては何億年もの時間単位を生き抜いてきているのだ。

利己的な遺伝子による「利他的行動」

冒頭で紹介したミツバチの利他的行動も、利己的な遺伝子の働きだ。ミツバチやアリのような社会（集団）をつくる昆虫を**社会性昆虫**と呼ぶ。ハチの巣の社会は、1匹の女王蜂と、その他多数の働きバチで構成され、ほぼすべてメスだ。女王蜂は栄養を摂り続けて丸々と太り、ほとんど動かず卵を産み続ける。まさに卵製造

ミツバチの姉妹の近縁度は、人間の親子よりも高い

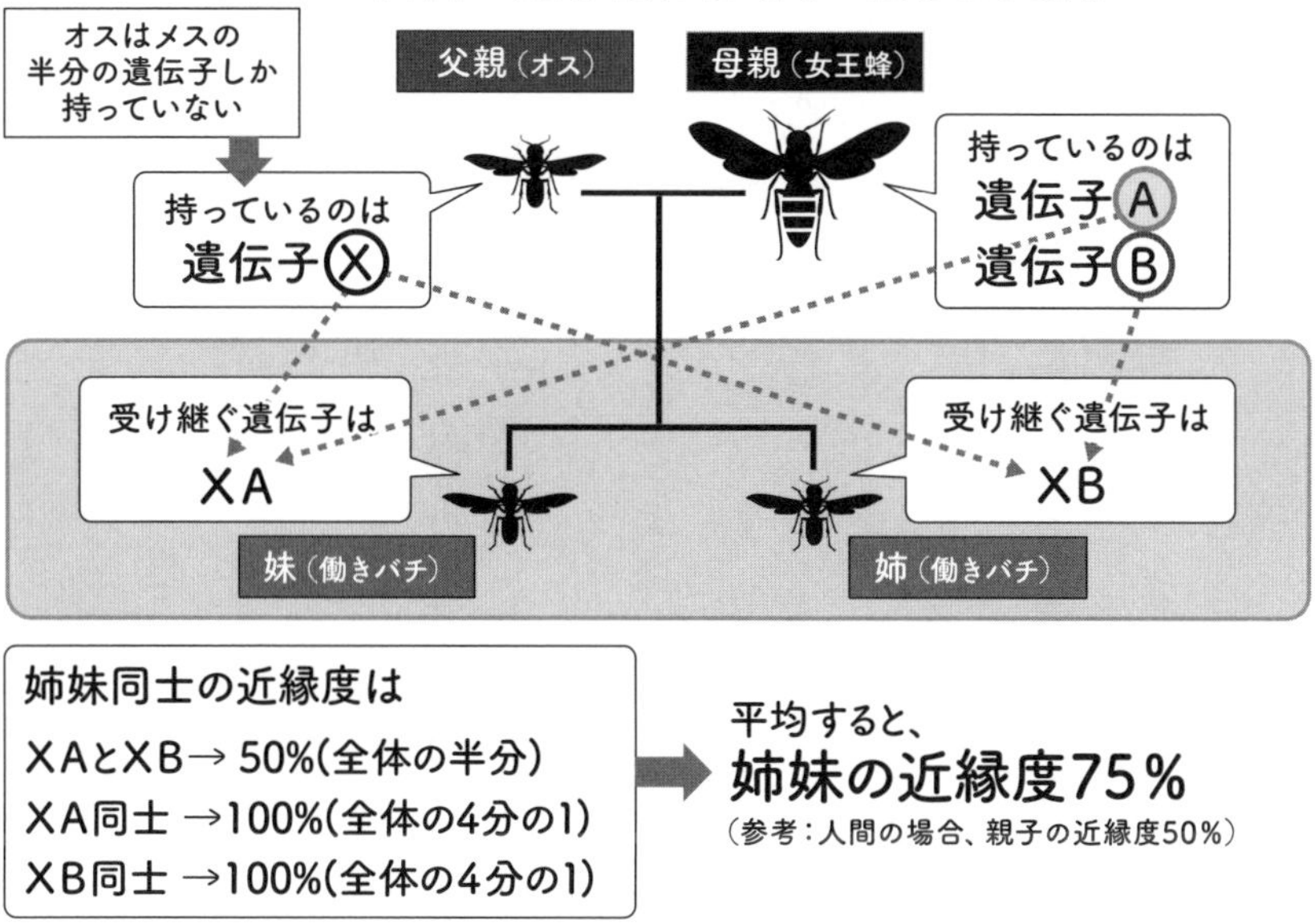
オスはメスの半分の遺伝子しか持っていない
父親（オス）
母親（女王蜂）
持っているのは遺伝子Ⓧ
持っているのは遺伝子Ⓐ遺伝子Ⓑ
受け継ぐ遺伝子はXA
受け継ぐ遺伝子はXB
妹（働きバチ）
姉（働きバチ）
姉妹同士の近縁度は
XAとXB→ 50%(全体の半分)
XA同士 →100%(全体の4分の1)
XB同士 →100%(全体の4分の1)
平均すると、
姉妹の近縁度75%
（参考：人間の場合、親子の近縁度50%）

工場。だから女王は働きバチの世話を受けている。女王蜂は「生殖」、働きバチは「生殖以外の全作業」と役割を分担して、働きバチは子づくりもせずに女王蜂と幼虫(働きバチの妹)の世話で一生を終える。「子どもをつくらずに世話だけ？ 働きバチのメリットは？」と思ってしまうが、この方法が一番効率的に遺伝子のコピーを残せるのである。その謎を解くカギが、血の濃さを意味する**近縁度**だ。

あなたは父親と母親の血を半分ずつ受け継いでいる。近縁度は母が50%、父が50%だ。祖父母は4人いるから近縁度は25%。同様にあなたの子どもは近縁度が50%で、孫が25%。近縁度が100%に近いほど自分の遺伝子に近く、遠い親戚ほど血は薄い。

人間の親は、近縁度50%の子どもの遺伝子を残すために一生懸命守って育てる。ミツバチの場合、巣の仲間たちの近縁度が異常に高い。これはハチが特異な性の決定システムと遺伝の仕組みを持つからだ。巣の中で、子を産む女王は1匹だけ。働きバチは、同じ女王蜂から生まれた姉妹同士だ。そして少

数のオスは、メスの半分の遺伝子しか持たない。そこで姉妹同士の近縁度を、前ページ図のように計算してみよう。生物は、子どもが父親と母親の遺伝子を1つずつ受け継いでいる。女王蜂（母親）が遺伝子AとBを、オス（父親）が遺伝子X（メスの半分）だけを持つとすると、子は父親からはXを受け継ぎ、母親から遺伝子AかBのいずれかを受け継ぐ。だから子の遺伝子は、XAとXBの2パターンになる。2匹の姉妹間の近縁度は、2匹ともXA、またはXBなら100％（同じ遺伝子。双子と同じ）、1匹がXAで、もう1匹がXBなら50％。平均すると姉妹は**近縁度75％**になる。

姉妹の近縁度75％は、人間の親子の近縁度50％よりずっと高い。働きバチから見ると、妹の幼虫たちは人間の子ども以上に自分に近いのである。だから自分の遺伝子を守るために幼虫たちを世話して、巣を攻撃する敵から身を挺して守る。これらの行動は、たしかにミツバチの個体レベルで見ると利他的な行動だが、遺伝子レベルで見ると、遺伝子が自分のコピーを増やすための合理的で利己的な行動なのである。

こうした性決定システムを持たない他の動物でも、利他的行動は多い。動物の血が食料のチスイコウモリは、血を吸って巣に戻ると、吸った血を仲間に分ける。自分という個体の存続を考えれば、貴重な血を分けずに自分で独占したほうがよいが、動物の血を吸える機会は意外と少なく、自分が飢える場合も多い。そこで血を分ける行動をする遺伝子を受け継いだ個体が生き残り、こうした利他的行動が定着したのである。

人間が新たに生み出した自己複製子「ミーム」

遺伝子の本質は原始のスープで生まれた「自己複製子」だ。ドーキンスは人間という種は「**人間の文化というスープ**」の中で新たな自己複製子を生み出している、とした上で、その自己複製子を「**ミーム**（**meme**）」と名づけた。gene（遺伝子）とギリシャ語のmimeme（模倣）を組み合わせた造語だ。ドーキンスは「旋律や観念、キャッチフレーズ、衣服のファッション、壺の作りかた、あるいはアーチの建造法などはいずれもミームの例である」と述べている。ブッダ、孔子、ソクラテスの言葉は今も残っている。車輪は5000年前の発明だが、今も使われている。これらもミームだ。遺伝子とミームには、こんな違いがある。

【遺伝子】生殖行為により世代から世代へ、遺伝子情報（DNA）を介して複製される。個体の単位

【ミーム】人間の脳から脳へ、言葉や文字を介して複製される。文化の単位

ミーム複製は生殖行動を伴わないので、遺伝的進化よりも格段に速く複製される。遺伝子が個体から個体へ渡り歩くように、ミームも人間の脳から脳へと渡り歩く。そして遺伝子と同様、ミームもコピー（模倣）で広がる。そして遺伝子がコピーミスによる変異で進化するように、ミームも模倣の途中で新しいアイデアを思いついた人により進化する。ブッダの原始仏教が、上座部仏教と大乗仏教に分かれ、大乗仏教からさらに禅が生まれた過程は、まさにそうだ。私たちが死後に残せるモノは遺伝子とミームだが、自分の遺伝子は一世代ごとに半減し、100年も経てば忘れ去られる。私も自分の曾祖父母の記憶はほとんどない。しかしミームは、場合によっては何百年、何千年も引き継がれる。

一方で Book 100 『CRISPR』で紹介するように人類はDNAを自由自在に書き換える力を獲得した。これまで人類は遺伝子の乗り物だったが、今後、人類は遺伝子を完全にコントロールして乗り物として乗りこなせるのか。そんな視点を身につけるためにも、本書はぜひ挑戦してほしい一冊だ。

Point

生物の利他的行動は「遺伝子のコピーを残す」ための利己的行動である

西洋哲学
政治・経済・社会学
東洋思想
歴史・アート・文学
サイエンス
数学・エンジニアリング

Book 77

『ワンダフル・ライフ』

「カンブリア紀の爆発」から学べる生物の多様化と大絶滅

渡辺政隆［訳］早川書房

スティーヴン・ジェイ・グールド

1941年－2002年。米国の古生物学者、進化生物学者、科学史家、地球科学者。1973年にハーバード大学の比較動物学教授となり、1982年からハーバード大学アリグザンダー・アガシ記念教授職を務めた。ダーウィン主義をベースにした進化論の論客で、膨大な読書量に立脚した博学の科学エッセイストとして活躍した。野球の熱狂的なファンで、多くの野球をテーマにしたエッセイも残した。

次ページのイラストは、5億数千万年前のカンブリア紀にいた生物だ。著者のグールドが「奇妙奇天烈生物」と呼ぶこれら生物の化石は、1909年にカナディアン・ロッキーの標高2400mにある**バージェス頁岩《けつがん》**と呼ばれる化石地層から発掘された。ここにはカンブリア紀の生物の化石が数多く埋まっていた。

ここから見つかった化石の動物群を、**バージェス動物群**と呼ぶ。

カンブリア紀以前、地球の生物の種類は多くなかった。カンブリア紀に生物の種類は爆発的に増え、現存する主な動物群のほぼすべてが数百万年の間に出現した。これは数億年単位で考える地質学では一瞬だ。そこでこの出来事を「**カンブリア紀の爆発**」と呼ぶ。当初、これらの化石を発見した古生物学者ウォルコットは、バージェス動物群を「現存する生物の祖先」と分類。半世紀の間、誰もこの分類に反論しなかった。

1960年代後半、これらの化石を英国の古生物学者ウィッティントンらが精査し始めた。彼らの結論は「**これらの生物の大半は、現在や過去の生物のどれにも属さない**」。この結果は、従来の生物進化の歴史観を一変させた。本書は古生物学者のグールドがこの研究とその意味を一般向けに構成し、1989年に刊行した一冊だ。彼自身はこの研究に関わっていないが、彼が本書を書いた理由は、この発見が後述する彼の主張

バージェス頁岩の「奇妙奇天烈生物」(一例)

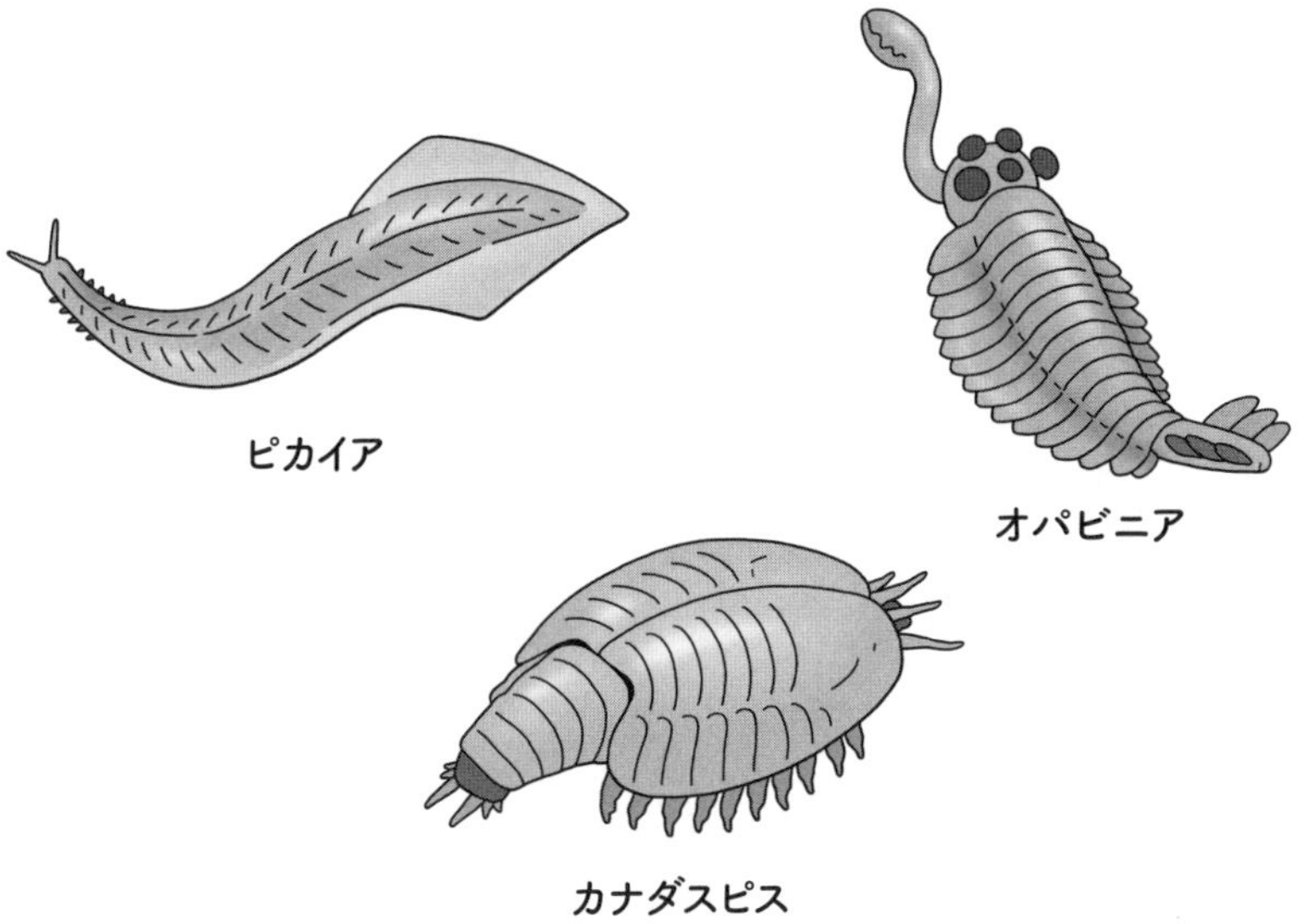

「**進化の偶発性**」を裏づける証拠だからだ。

本書はさまざまな図を使って丁寧に説明されており、自分が化石研究しているような疑似体験ができる。

化石は硬い岩石にペチャンコな状態で閉じ込められ岩の染みになっている。ここから生物を再現する。まず母石を塩酸で溶かし、化石を無傷のまま岩から分離。化石には、体内組織が薄く階層別になって立体構造が残っている。何重にもなったミクロン単位の薄い層を、針を使い注意深く剥がすと、生物の内部構造が露出され、脚・頭・内臓・外皮の構造がわかる。食べた三葉虫が消化管に見つかったりする。化石には解剖学的な特徴が見事に保存されている。

こんな状態から生物の姿を再現するのは大変な作業だ。グールドはこう述べている。「そういうことを行なうには、視覚的あるいは空間的な把握力という、ざらにはない特殊な才能が必要である」

そんな能力の持ち主だったウィッティントンは1つの生物の復元に3〜4年間かけ、途中から彼の研

生物の分類学

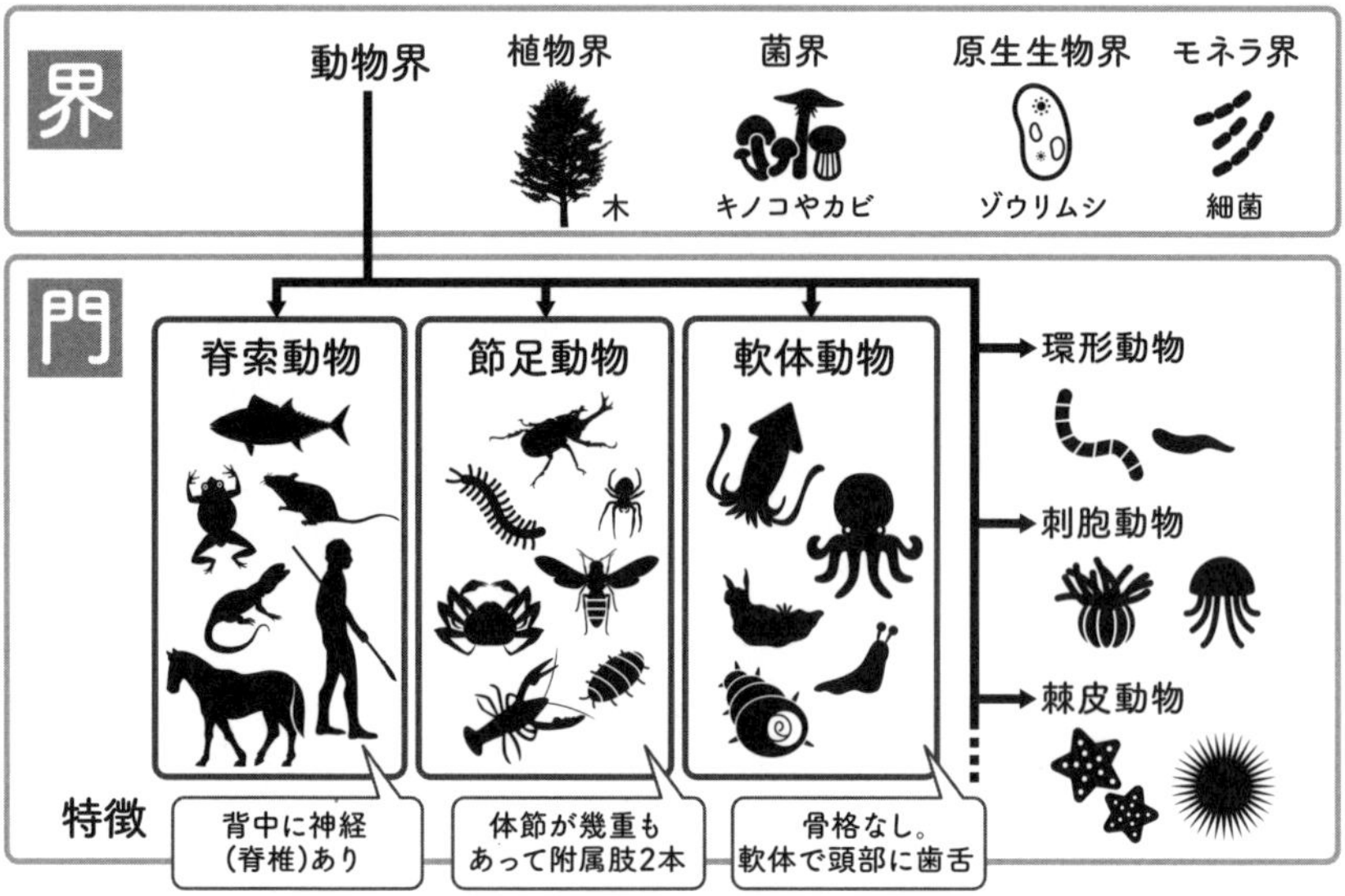

究室の研究生も加わり、多くの生物の姿を再現した。

そうして見つかったひとつが**オパビニア**（前ページ参照）だ。眼が5つ、前頭部からノズルが出て体側にビラビラの鰓（えら）を備え、消化管が体の真ん中を通る。過去も現在も地球上でこんな動物は皆無。1975年の論文で彼は控えめにこう述べた。

「オパビニア・レガリスは三葉虫様節足動物とは考えられないし、環形動物とも見なされない」

彼らの研究は、化石を最初に見つけたウォルコットの「バージェス動物群はすべて既知の動物グループに分類できる」という主張を覆した。彼らが「こんな生物はいない」と判断した根拠は、**生物の分類学**だ。

生物進化の歴史観が大きく変わった

分類学では生物を上から「界、門……」と合計7項目で分類する。ここでは界と門のみを説明しよう。

【界】一番大きな生物の括りで合計5つある

【門】界を分割した分類。動物界は門が20〜30ある

1つの門の生物は、1つの共通祖先から進化して

バージェス動物群は、生物進化の歴史観を大きく変えた

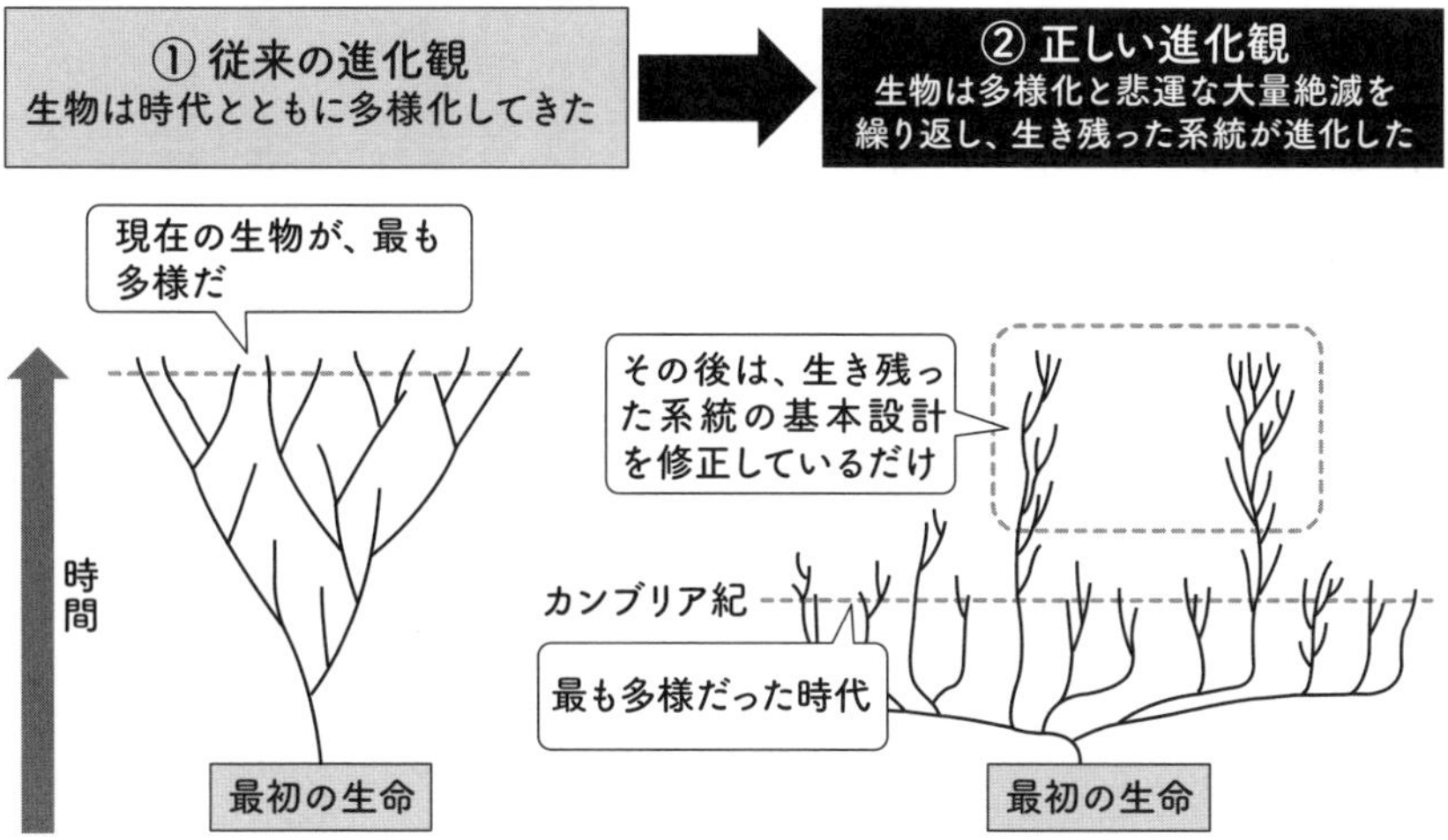
① 従来の進化観
生物は時代とともに多様化してきた
② 正しい進化観
生物は多様化と悲運な大量絶滅を繰り返し、生き残った系統が進化した
現在の生物が、最も多様だ
時間
最初の生命
その後は、生き残った系統の基本設計を修正しているだけ
カンブリア紀
最も多様だった時代
最初の生命

出典:『ワンダフル・ライフ』を参考に筆者が作成

おり、基本構造は共通だ。脊索《せきさく》動物の魚・鳥・人間は、すべて体の背側に神経が走っている。節足動物の昆虫・クモ・カニは、幾重にも重なる体節を持ち、各体節に付属肢が2本ある。基本構造の分析で既知の動物かわかる。ウィッティントンはバージェス動物群の基本構造を精査し、大半が未知の門に属していることを解明した。ただいくつかは現在繁栄する動物の祖先だった。たとえばカナダスピスという生物は、節足動物の中の甲殻類だった。

グールドはこう述べている。「ウィッティントンとその仲間たちは、二五種類あまりもの体の基本設計プランを復元した。そのうちの四つは、とてつもなく成功したグループになった。（中略）それ以外の基本設計プランは、子孫をいっさい残さずに死滅してしまった」

この発見は、生物進化の歴史観を大きく変えた。上の図をご覧いただきたい。

❶従来の進化観：「最初の生命が進化して多様化を続け、現在に至る」と考えていた。現在が最も多

様化している。最初に化石を発掘したウォルコットもこう考え、「過去のすべての生物は、現在の生物の祖先」と信じ込み、化石を精査もせずに「バージェス動物群は現存する生物の祖先」と結論づけた。

❷正しい進化観：だがバージェス動物群の多くは絶滅していた。「生物は多様化と絶滅を繰り返し、偶然残った系統が進化し、現在に至っている」が正しいのだ。そして生物が最も多様なのがカンブリア紀だった。

この発見が、なぜ私たちの歴史観を変えるのか。あなたはこんな話を聞いたことはないだろうか？

「生命は複雑な形に進化する。魚が生まれ、まもなく爬虫類が覇者になった。爬虫類は消え、哺乳類の時代になり、精神を持つ人間が登場して、さまざまなものを発明した。このように人類の誕生は、必然なのだ」

これは**進歩主義者**と呼ばれる人々の考え方である。ウォルコットも進歩主義者だった。

グールドいわく「この考え方は間違い」。これは現在から歴史を遡り「この道筋は必然」と解釈している。

さらに**進歩主義者は「進化＝進歩」と信じ込んでいる**。実際には Book 74『種の起源』で快適な環境に最適化して退化した顔ダニを紹介したように、**正しい進化論では「退化も進化のひとつの形」と考える。**

「今の状態は、さまざまな現象が偶発的に重なった結果」と考えるグールドは「生命のテープのリプレイ」という思考実験を提唱している。実際に起こったことを消去し、テープを巻き戻して過去に戻り、録画ボタンを押して同じことが記録されるか確かめるのだ。毎回同じ現象が再現されれば、起こったことは必然。結果がバラバラなら進化は偶発的なものだ。グールドは特に大きな歴史上の出来事を考察している。

【原核生物の進化】35億年前に最初の生命が誕生した。**原核生物**という単純な構造の単細胞だ。14億年前、原核生物は**真核生物**に進化。細胞内にミトコンドリアなどの複雑な構造を持つ単細胞になった。この進化は21億年かかった。次にテープを記録した際に200億年かかったとすると、真核生物の誕生は今から

165億年後だ。50億年後には太陽が寿命を終えて爆発するので、人類は誕生しようがない。

【最初の多細胞動物群】 カンブリア紀の数千万年前、地球には最古の多細胞動物「**エディアカラ動物群**」がいた。殻や骨格がなく、柔組織のみでできている生物だ。最近の研究では、エディアカラ動物群は何らかの理由で途絶え、彼らの系統を受け継ぐ動物はいないとわかっている。もし何らかの理由で彼らが進化し続けていたら、カンブリア紀の生物群はまったく異なっていた。カンブリア紀の生物群を受け継ぐ人類もいない。

【哺乳類の進化】 哺乳類は1億数千万年前に登場し、恐竜時代は片隅で生きる小動物だった。恐竜時代は6500万年前の隕石衝突で終わった。隕石の軌道が偶然わずかに変わって、この衝突がなければ恐竜時代が続き、人類も現れなかった。

【カンブリア紀】 実はここまで説明してきたカンブリア紀も運命の大きな分かれ目だった。最初のイラストにあるピカイアという生物は、脊椎動物の元祖で私たちの祖先だ。もしピカイアが他と一緒に絶滅していたら、人間も魚もサルもいない。ピカイアが生き延びたのも偶然だ。

人類がいるのは、膨大な奇跡が積み重なった結果だ。本書の冒頭でグールドは本書の狙いを述べている。「本書は歴史の本質について論じる本であり、偶発性というテーマと生命テープのリプレイというメタファーに照らすと、人類が進化する可能性は圧倒的に小さかったことを論じるための本である」

このような偶然に支配される科学的な歴史観を疑似体験する上でも、本書はおすすめしたい一冊だ。

Point

「人類が最もすぐれた種」という考えの間違いに気づけ

Book 78

『意識はいつ生まれるのか』

物体である脳に、どのように意識が宿るのか？

花本知子［訳］亜紀書房

ジュリオ・トノーニ　マルチェッロ・マッスィミーニ

ジュリオ・トノーニ：1960年－。米国の精神科医、神経科学者。イタリアのピサ大学で精神医学の学位を取得。睡眠の調節に関する研究で神経科学の学位を取得。ウィスコンシン大学精神医学科教授などを務める。睡眠と意識についての世界的権威。共著者のマルチェッロ・マッスィミーニは医師、神経生理学者。ミラノ大学教員、リエージュ大学昏睡研究グループ客員教授。ウィスコンシン大学などで研究を行う。

どこで意識が生まれるのか、科学ではまだわかっていない。「神経細胞（ニューロン）でしょ」と思いがちだが、ニューロンは情報処理と伝達をするだけ。神経科学者たちは脳が情報処理をする物理的な仕組みは解明したが、意識の仕組みはまだ手つかずだ。

1.5kgの物質である脳で、非物質の意識が生まれている。意識の本質を問うことは、私たち自身の存在を問うことである。この意識の正体を追ったのが本書だ。著者の神経科学者トノーニは**統合情報理論**（**φ《ファイ》理論**）を提唱する意識研究の世界的権威。もう一人の著者マッスィミーニは神経生理学者だ。本書は意識を理解する最適な入門書だ。早速、本書のポイントを紹介しよう。

「意識」という視点で脳を研究すると、多くの謎に直面する。代表的なものを挙げてみよう。

❶**意識と睡眠の謎**：睡眠中の脳は休んでいない。睡眠時にニューロンが発する電気信号は覚醒時と同じくらい活発だ。なぜこの状態で意識が低下するのか？　そして**意識のある・なしはどうすれば判断できるのか？**

❷**小脳の謎**：ニューロン数は小脳が800億個、大脳が200億個だ。ニューロンが意識を生むのなら小脳で意識が生まれるはずだが、小脳のガンで小脳を全摘出しても意識にほぼ影響はない（ただし後述する後遺

症が出る)。大脳が損傷すると知覚や意識などが失われる。**なぜ小脳のニューロンは意識を生まないのか?**

❸感覚器官の謎:私たちは火傷しかけると瞬時に手を引っ込める。しかし研究では視覚や触覚などの**感覚器官が受けた刺激が意識にのぼるのに最短でも0・3秒かかる**。なぜ意識を生じるのに時間がかかるのか?

❹哲学ゾンビの謎:殴られたドラえもんは「痛い」と叫ぶが、殴られると「痛い」と叫ぶよう設計されており、痛みは感じていないかもしれない。哲学者チャーマーズは、人と反応が同じでも意識がない存在を**哲学ゾンビ**と名づけた。ドラえもんは哲学ゾンビかもしれない。**哲学ゾンビと意識を持つ者は区別できるのか?**

これらの謎を解くために著者のトノーニが提唱したのが、「**統合情報理論**」である。

無数のニューロンが統合されて「意識」が生まれる

温泉に入ると身体の血流、温泉の香り、湿気、今日は休みだ、などの膨大な情報で「気持ちいい」と感じる。このように**私たちの意識は、膨大で多様な情報を、すべて1つに統合して生まれる**。これが統合情報理論の基本だ。やや乱暴に単純化すると、統合情報理論では「**膨大な数のニューロンが複雑につながり、そのつながりが1つに統合されて意識が生まれる**」と考える。膨大な数のニューロンにはさまざまな情報がある。温泉に入って、ニューロンのネットワークが互いにつながり1つにまとまり、「気持ちいい」という意識が生まれている。より正確に説明すると、意識が生まれるには次の2つの要件が必要になる。

【情報の多様性】膨大でそれぞれが互いに異なる、多様な情報から選べる

【情報の統合】それらの多様な情報が、お互いにつながって統合される

「多様で膨大な情報があり、かつそれらが統合されていれば、そのシステムは意識がある」のだ。

著者らは意識レベルを数値化するφ《ファイ》という単位を提唱している。φは**多様な情報を統合する能力**を表して

いる。φが大きいほど意識は強い（φは複雑な数式だが、一般向けの本書では数式は割愛されている）。現在の機械やＡＩが意識を持つのかを統合情報理論で検証すると、次のようになる。

【現代のデジカメ】１億画素超もあるデジカメは「情報の多様性」は大きいが、各画素の情報はバラバラで１つに統合されていない。「情報の統合」はゼロ。だから**デジカメには意識がない**。

【現代のＡＩ】今のＡＩの基本原理は、膨大な数の模範解答を学習しておき、質問に一番近いモノを選んで答える仕組みだ。「情報の多様性」はあるが、「情報の統合」はゼロ。だから**ＡＩには意識がない**。

この統合情報理論を使えば、先に述べた多くの意識の謎が説明できるのだ。

❶意識と睡眠の謎：統合情報理論が正しければ、特定ニューロンが何か感じたら、意識があればニューロンのネットワークで他のニューロンも反応する。外部から特定ニューロンを刺激し、他のニューロンの反応を測定すれば意識の存在がわかる。そこで著者らは脳の活動を検出・記録する**ＴＭＳ脳波計**をつくった。被験者の頭に脳波センサーを数十個つけ、活性化した場所が見えるようにしておく。またニューロンは強い磁気刺激で活性化するので**ＴＭＳ（経《けい》頭《とう》蓋《がい》磁気刺激法）**という仕組みで強い磁場を発生する装置を使い、特定ニューロンに刺激を与え、大脳内でいかに反響するかを脳波計で測定した。図は実験結果だ。

【覚醒時】特定ニューロンの刺激でニューロンの複雑なネットワークが生まれ、複雑なエコーが長く続いた。

【睡眠時】特定ニューロンを刺激しても、他のニューロンへは広がらない。睡眠中にニューロンが活発なのに意識がないのは、ニューロンのネットワークが停止しているからだ。数十人の実験結果は同じだった。

こうして著者らは、世界で初めて意識の有無を見える化したのである。

❷小脳の謎：小脳を摘出してもなぜ意識があるのか。ピアノ初心者は簡単な曲を弾くだけで頭が一杯だが、プロのピアニストは考えずに曲を弾ける。これは小脳のおかげだ。歩く・話す・泳ぐなどが無意識にでき

統合情報理論の実験結果

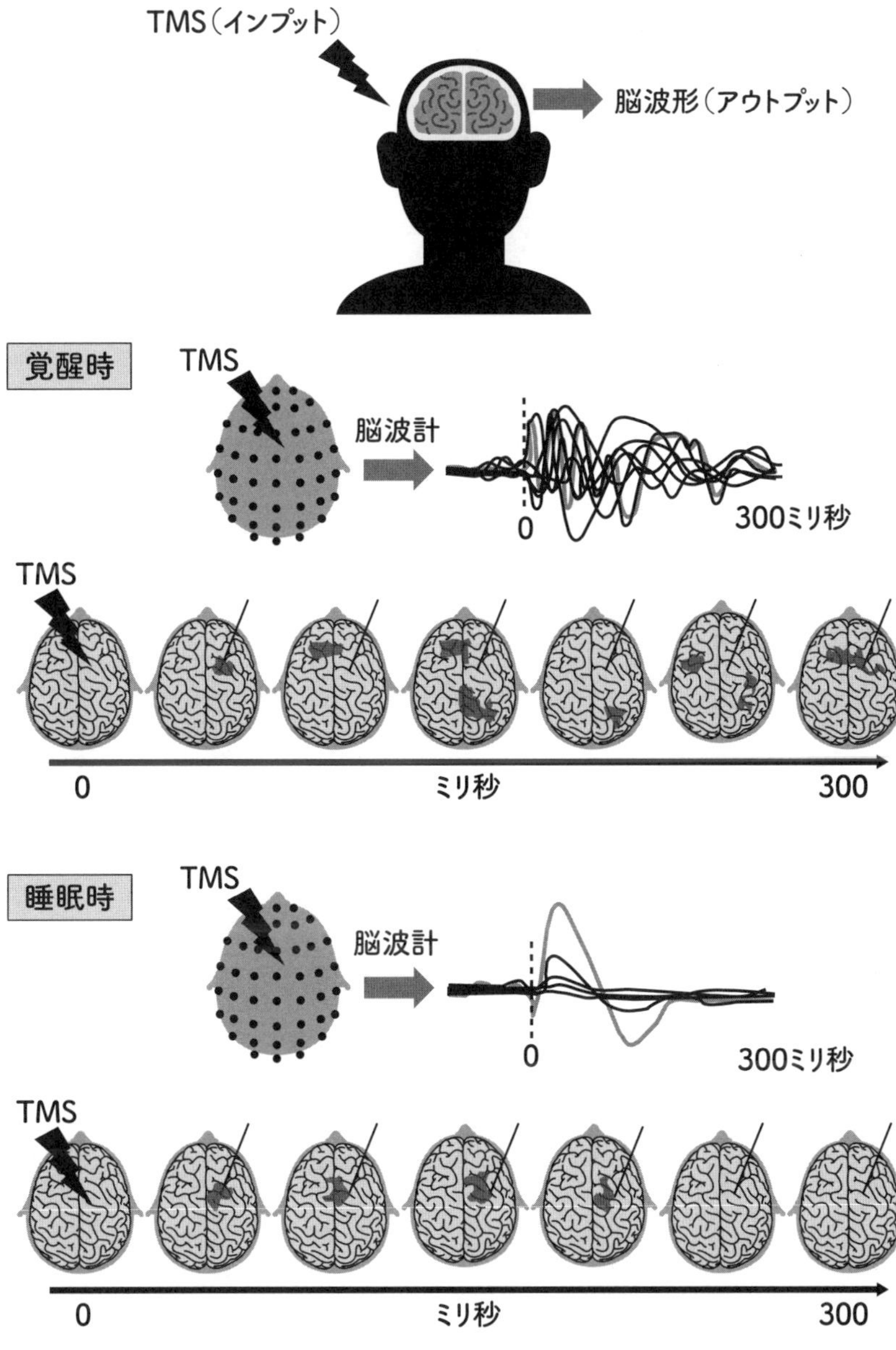

出典：『意識はいつ生まれるのか』を基に筆者が作成

るのも小脳のおかげ。小脳は決まった動作を正確・高速に行えるように情報を高速処理する小型コンピュータだ。小脳と大脳ではニューロンのつながり方が違う。小脳ではニューロンが整列して並び、ニューロン同士がつながっていない。独立した画素が並ぶデジカメと同じで「情報の統合」がない。だから小脳を摘出しても意識は残る。しかし無意識にできていた動作は考えないとできなくなり、歩くのにも苦労する。

❸感覚器官の謎：なぜ意識が生まれるまで0・3秒かかるのか。温泉で「気持ちいい」と意識するには、「いい香り」「温かい」「快適」「仕事じゃない」「プールではない」などの各ニューロンが持つ膨大な情報が複雑につながり、統合される必要がある。ニューロンは、ニューロン間をつなげるシナプス経由で隣のニューロンに信号を伝えている。このときに**神経伝達物質**が放出されて電流が生まれて、隣のニューロンに信号が伝わる。このつながりがいくつものニューロンで繰り返されることで意識が生まれる。だから時間がかかるのだ。火傷の瞬間に手を引くのは、この意識のプロセスをすべてスキップして無意識に行うからだ。

❹哲学ゾンビの謎：哲学ゾンビと意識ある者は区別できるか。この問いに統合情報理論はまだ答えていない。統合情報理論はまだ検証中の理論なのだ。著者らは、こう述べている。「われわれは、どんな実験もどんな観察も『これでいよいよだめかもしれない』と思いながら行っている」。こうして謙虚に自分の理論を実験で検証する態度は、正しい科学者の姿勢だ。

統合情報理論は「意識が生じるシステムは、どんな物理的な性質を持つのか」を解明した理論なので、意識の謎がすべて解明されるわけではないが、これまで不明だった意識の正体を説明する有力な理論なのだ。

意識と無意識の間に明確な境界はない。意識がほとんどない状態から朦朧とした状態になり、徐々にはっきりする。ϕはそれを数値化する。こう考えると動物にも意識がある可能性もある。Book 75『ソロモンの指環』にあるハイイロガンのヒナを知ると、動物にも感情がありそうだ。特にイルカは複雑な社会生活を営み、脳の大きさも人間並みだという。著者らはこう述べている。「イルカの意識レベルがわれわれのものと同等である、と特定される日が来るかもしれない。しかも、イルカのほうが少し上だったりして」

ハラリが Book 65『サピエンス全史』で指摘したように、現代は動物に意識がない前提で家畜を大量屠殺している。動物も意識を持つとわかれば、人類の倫理観は見直しを迫られるかもしれない。

本書は最後に**「私たちには、自由意志はあるのか？」**と問いかける。統合情報理論では私たちの意識は個々のニューロンが持つ情報で生まれる。実は「自分には自由な意志がある」というのは幻想で、まわりの状況で選ばされただけなのかもしれない。社会学者ブルデューも Book 71『ディスタンクシオン』で、人は生まれ育った環境で趣味を選ばされていることを明らかにした。Book 21『なぜ世界は存在しないのか』の哲学者ガブリエルも、著書『全体主義の克服』（集英社新書）でこう述べている。「わたしの考え方に最も近い自然科学者は（中略）トノーニです。（中略）『意識の統合情報理論』（中略）は本当に卓越した仕事だと言わなければなりません。トノーニはわたしの議論すべてを完全に理解しています」。科学、社会学、現代哲学の知見が一致するのは、興味深い。

意識の解明は、ダーウィンの進化論と同じレベルで人類社会に大きなインパクトを与え得るのだ。本書はその最先端の研究を知るきっかけになる一冊である。

Point

「意識」の科学的研究は、社会や哲学にも影響を及ぼしている

Book

79

『沈黙の春』

環境汚染を世界で初めて告発した「環境問題のバイブル」

青樹簗一［訳］新潮文庫

レイチェル・カーソン

1907年－1964年。米国の生物学者。ジョンズ・ホプキンス大学大学院で生物学を学ぶ。米国内務省魚類野生生物局の水産生物学者として自然科学を研究した。農薬として使う化学物質の危険性を告発した『沈黙の春』は大きな反響を呼び、のちのアースディや1972年の国連人間環境会議のきっかけとなった。環境問題そのものに人々の目を向けさせ、環境保護運動の始まりとなった。

現代では農薬などの環境汚染はよく知られている。「無農薬野菜しか食べない」という人も多い。しかし、1960年代までは農薬の害は知られていなかった。その実態を指摘したのが、1962年に刊行され、世界が環境汚染に関心を持つきっかけをつくった「環境問題のバイブル」として知られる本書だ。

カーソンは大学院で動物学を専攻後、米国の漁業局に勤める傍らで海洋生物のエッセイを書いていた。45歳のときに文筆業に専念し、サイエンスライターとして名声を確立した。その後、環境問題に危機感を持ち、本書をまとめたが、執筆中にガンの宣告を受け、刊行2年後の1964年に亡くなった。1999年、『TIME』誌の「20世紀の最も重要な人物100人」では、その一人に選ばれている。本書は当時米国で起こったさまざまな現象を取り上げ、科学的に考察している。早速、本書のハイライトを紹介しよう。

「生物濃縮」で毒性が桁違いに高まる仕組み

カリフォルニア州のある湖で蚊によく似たブユが発生した。無害だが、住民にはわずらわしいので、殺虫剤DDDを7000万分の1に希釈して散布。ブユはほぼ全滅したが、まもなく復活。そこで数年間散布を

生物濃縮で桁外れの高濃度になる仕組み

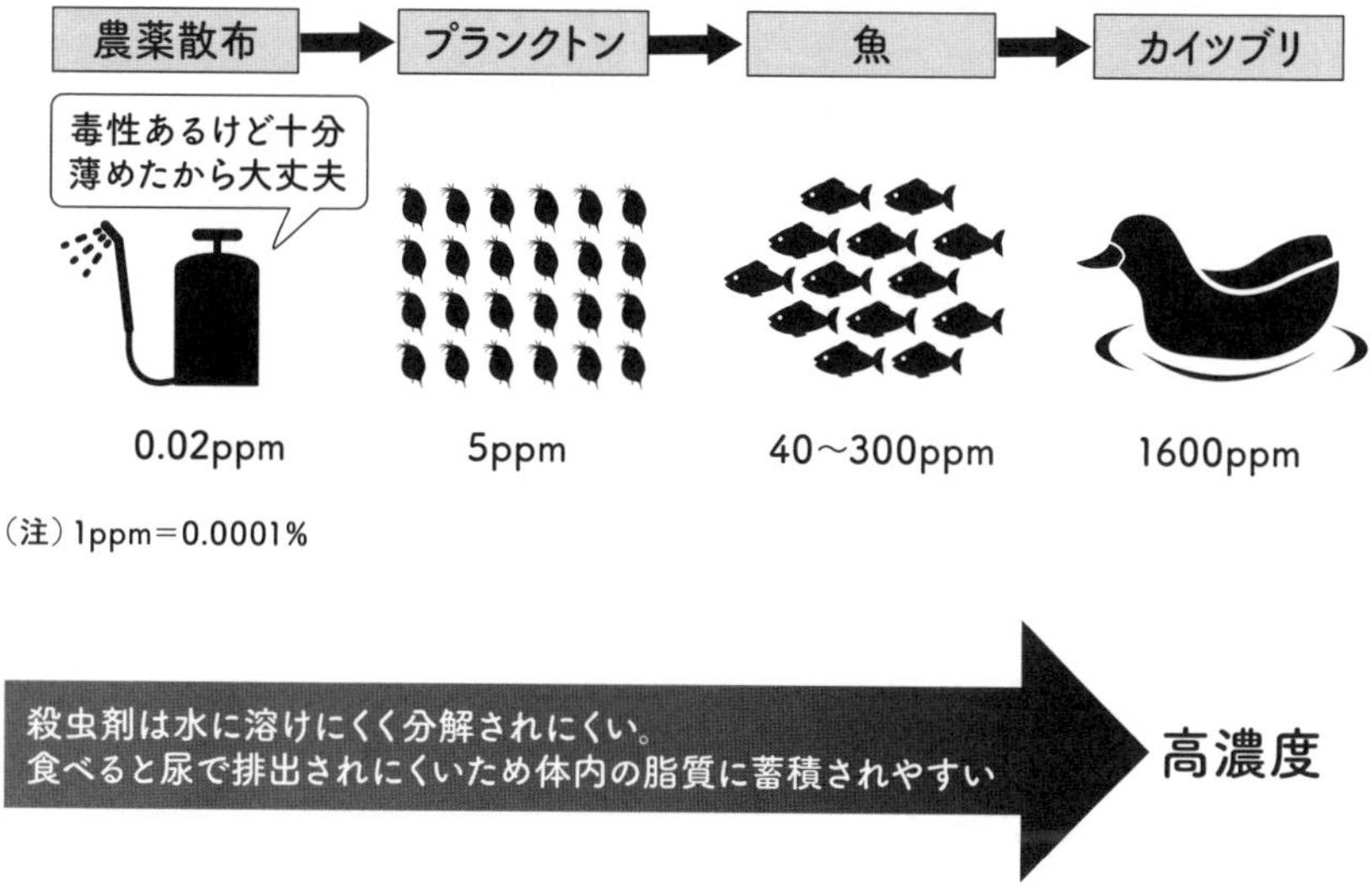
農薬散布
プランクトン
魚
カイツブリ
毒性あるけど十分
薄めたから大丈夫
0.02ppm
5ppm
40～300ppm
1600ppm
（注）1ppm＝0.0001%
殺虫剤は水に溶けにくく分解されにくい。
食べると尿で排出されにくいため体内の脂質に蓄積されやすい
高濃度

続けると、湖に棲むカイツブリという水鳥が死に始めた。カイツブリの脂肪組織からは１６００ｐｐｍという異常に濃縮したＤＤＤが検出された。しかし散布したＤＤＤは濃度わずか０・０２ｐｐｍ。**生物濃縮**の仕組みで８万倍に濃縮したのだ。生物濃縮とは**薄い毒性が食物連鎖で濃縮される仕組みだ。**

殺虫剤を散布すると、湖のプランクトンの体内で殺虫剤が濃縮され、プランクトンを食べた魚の体内でさらに濃縮され、魚を食べるカイツブリでさらに高濃度になる。食べたモノは通常、尿で排出されるが、殺虫剤は排出されず、体内の脂質に蓄積されやすいのだ。撒いた殺虫剤は雨で流されると効果が続かないので、水に溶けにくく分解しにくいようにつくられている。だから体内からも排出されにくい。

生物濃縮はさまざまな環境で起こる。山や畑に殺虫剤を撒くと「土壌の微生物→ミミズ→昆虫→鳥や小動物→大型動物」の順で生物濃縮が起こる。人間は食物連鎖の頂点にいて、**最高濃度の食物を食べている**。生物濃縮は本書で広く知られるようになった。

私が農業体験をしたときのこと。農薬を使っていないという畑は土がフカフカで、穴を掘る昆虫もいてとても賑やか。採れたて野菜も甘く美味しかった。土壌には見えない無数のバクテリアや菌類がいて、植物や動物の残骸を腐敗させ、もとの無機物に還元している。虫も植物の残骸を砕き土に変え、ミミズは土を耕し水はけのよい豊かな土壌にする。殺虫剤はこれらすべてを殺す。特定の害虫のみ殺す都合のいい殺虫剤はない。強い毒性を持つ殺虫剤は、他の生物にも毒だ。そして殺虫剤が撒かれた畑は、生物がいない静かな畑になる。

カーソンはＤＤＴをはじめ、数多くの農薬の特徴とその害を、本書で紹介している。

また殺虫剤は、使えば使うほど効かなくなる。ダーウィンが提唱した**自然淘汰**のおかげだ。殺虫剤で、殺虫剤に弱い害虫の個体は一掃されるが、タフで殺虫剤に抵抗力がある個体は生き残る。その子孫も、殺虫剤に強い性質を受け継ぎ、害虫には殺虫剤が効かなくなる。より強い殺虫剤を開発して対抗しても、同じ繰返し。こうして世代交代により数年で耐性ができる。数日～数週間で世代交代する昆虫のスピードに、人間はまったく敵わない。莫大な犠牲を払って殺虫剤を撒いても、殺虫剤の効果は薄れるのだ。

カーソンは「**生物学的な解決方法**」を提唱している。殺虫剤の無差別爆撃ではなく、害虫を餌とする天敵を放ったり、害虫を不妊化した個体を放つ方法だ。低コストで成果があがっていることも紹介している。

本書刊行後、人体への影響が少なく、身体に残留しにくい殺虫剤が開発されるようになった。一方でカーソンへの風当たりは強かった。特に農業会社や化学会社は猛反対。化学メーカーのモンサントは『The Desolate Year（不毛の年）』という本を刊行し、「害虫駆除をしないと飢餓が起こる」と警告。さらに環境問題は政治問題になった。ケネディ大統領は本書の事例調査を指示、のちに米国では農薬のＤＤＴは使用禁止になり、他国も追従した。しかし、それだけでは問題は解決しなかった。

その後「多くの人が死んだマラリアを撲滅した立役者はＤＤＴだったのに、ＤＤＴ使用禁止でマラリアと闘う貴重な武器が失われた」という意見も出て、WHO（世界保健機関）は2006年、マラリア制圧のために屋内使用に限定してDDTを活用することを勧告した。このため「カーソンのせいでDDTが禁止された」という声も出た。しかしカーソンは「DDTをやめろ」とは言っていない。彼女は著書でこう述べている。

「化学合成殺虫剤の使用は厳禁だ、などと言うつもりはない。毒のある、生物学的に悪影響を及ぼす化学薬品を、だれそれかまわずやたらと使わせているのはよくない、と言いたいのだ」

実際、殺虫剤を使用禁止にすると伝染病が蔓延する。必要なのは賢く使いこなすことだ。カーソンが存命していたら、むしろDDT使用禁止には反対したかもしれない。環境問題は複雑な利害関係が絡み、さまざまな主張が錯綜する。長年反対派と闘ってきたカーソンは、彼らの意見を判断する基準を示している。

「結局、事実を報告する人の信頼度ということが、きめ手になろう。（中略）いちばん手におえないのは中央政府や州政府関係の防除専門家で、生物学者の報告する事実を頭から否定し、野生生物がいためつけられている証拠などない、と言い張る（化学薬品製造会社にいたっては、あらためて言うまでもない）」

私たちが世の中にある多様な意見を判断する際にも、相手の立場を理解した上で判断したいものだ。

現代の環境運動に、本書が果たした役割は実に大きいが、間違った理解も多い。「あらゆる汚染物質で生物濃縮が起こる」という主張もそのひとつ。正しくは本書の通り**生物濃縮は身体から排出されにくい物質で起こる。**環境問題に関心がある人にとって、その原点を正しく理解するためにも、本書は必読書なのだ。

Point

「環境問題」は仕組みと構造を正しく理解し、判断せよ

Book 80

『ロウソクの科学』

子どもたちの科学への関心を掻き立てた天才科学者

三石巌［訳］角川文庫

ファラデー

1791年－1867年。英国の化学者・物理学者。電磁気学および電気化学の分野での貢献で知られる。直流電流を流した電気伝導体の周囲の磁場を研究し、物理学における電磁場の基礎理論を確立。科学史上最高の実験主義者と呼ばれている。一般向けの講演も数多く行い、1827年から1860年まで19回、少年少女向けにクリスマス・レクチャーを行い、「ロウソクの科学」をテーマに講演した。

私が理系に進んだきっかけは、小学校の理科の実験で毎回ワクワクしていたことだ。たとえば消毒薬のオキシドール（過酸化水素水）を二酸化マンガンに垂らすと酸素が発生したりするあの実験だ。そのうち古い10円玉に醬油をつけるとピカピカになるのを発見したりして、夢中になった。

結局、科学の楽しみとはこのワクワク感だ。気がつくと私は科学が大好きになり、理系に進んでいた。

150年以上前、このワクワク感を世界に広げた歴史的名著が本書である。

著者のファラデーは、当時の〝英国版でんじろう先生〟だ。多くの発見をした偉大な科学者だが、科学の本質を面白く説明できる能力もあった。そんな彼が1860年に英国王立研究所のクリスマス・レクチャーで行った講演をまとめたのが本書である。使ったのは、当時あらゆる家庭にあった普通のロウソクだ。

本書の冒頭でファラデーはこう述べている。「この宇宙をまんべんなく支配するもろもろの法則のうちで、ロウソクが見せてくれる現象にかかわりをもたないものは一つもないといってよいくらいです」

本書は**世界中の子どもに科学の面白さに目覚めるきっかけを与え、多くの科学者を生み出した。**

ノーベル化学賞を受賞した吉野彰博士も本書の帯で「私を科学者にした原点」という言葉を寄せている。

ロウソクが燃える仕組み

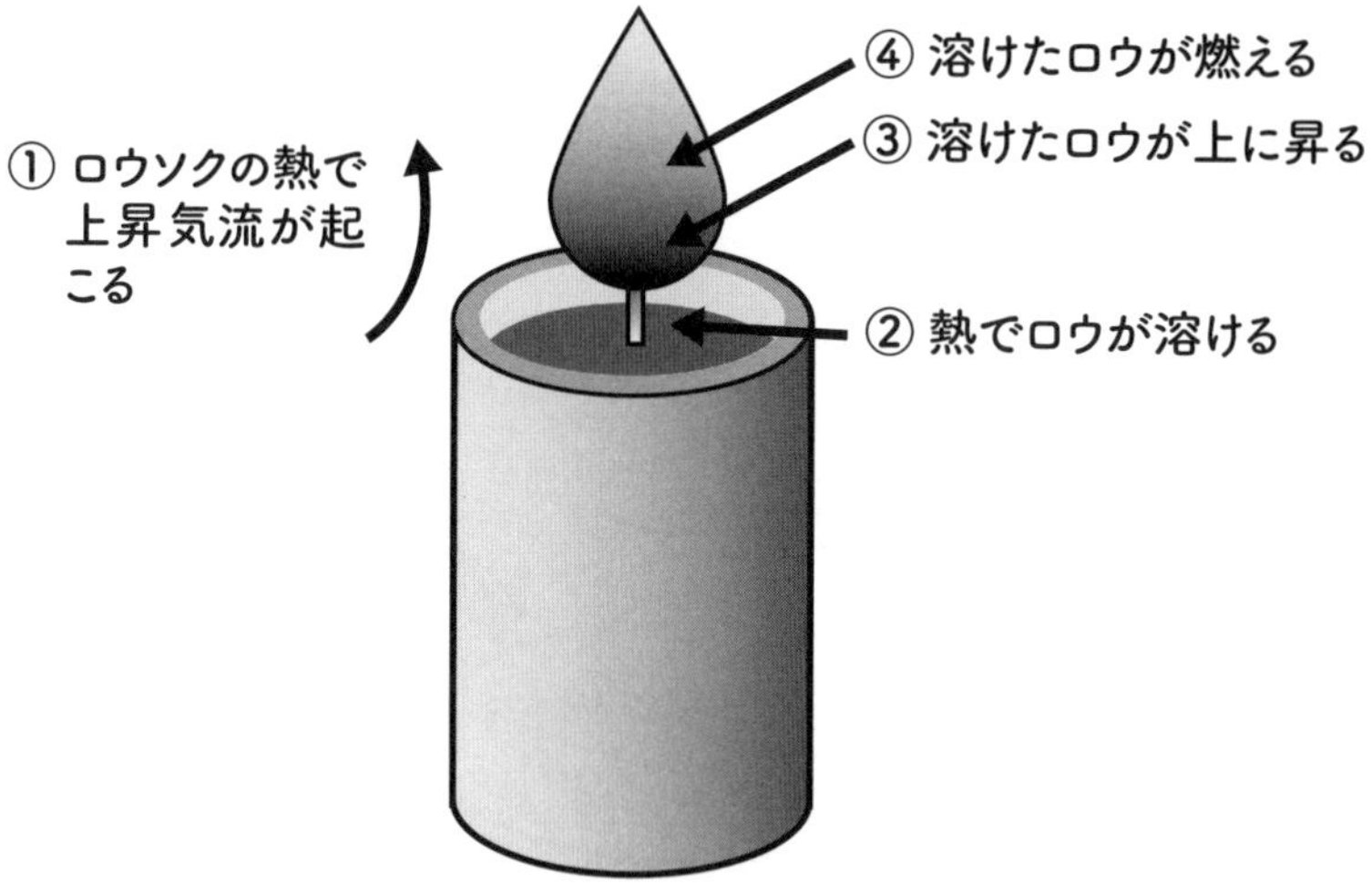
① ロウソクの熱で上昇気流が起こる
④ 溶けたロウが燃える
③ 溶けたロウが上に昇る
② 熱でロウが溶ける

ただ意外なことに、本書は正確に理解して読もうとすると難しい。理由は文章主体で最小限のイラストだけだからだ。面白い雰囲気は伝わるが、実験で何をしているのかがいまひとつわからない。ノーベル化学賞を受賞した白川英樹博士も「学生の頃に何回か完読に挑戦したが果たせなかった」という。

そこで実験の様子を写真で紹介した副読本と併読すれば、理解が格段に進む。おすすめは『「ロウソクの科学」が教えてくれること』（尾嶋好美［編訳］白川英樹［監修］ＳＢクリエイティブ）だ。さらにYouTubeで「ロウソクの科学」で検索すれば、多くの再現実験の動画を見ることもできる。「頭で知っていること」と「実験で体験すること」は違う。ぜひ科学実験を疑似体験してみてほしい。ファラデーは多くの実験をしているが、ここでは図を使って一部再現してみよう。

ロウソクは、芯となる木綿糸の周囲をロウが固めている。この構造は実によくできている。この単純な構造で、ロウソクは明るい光を長時間放ち続ける。

毛細管現象の実験

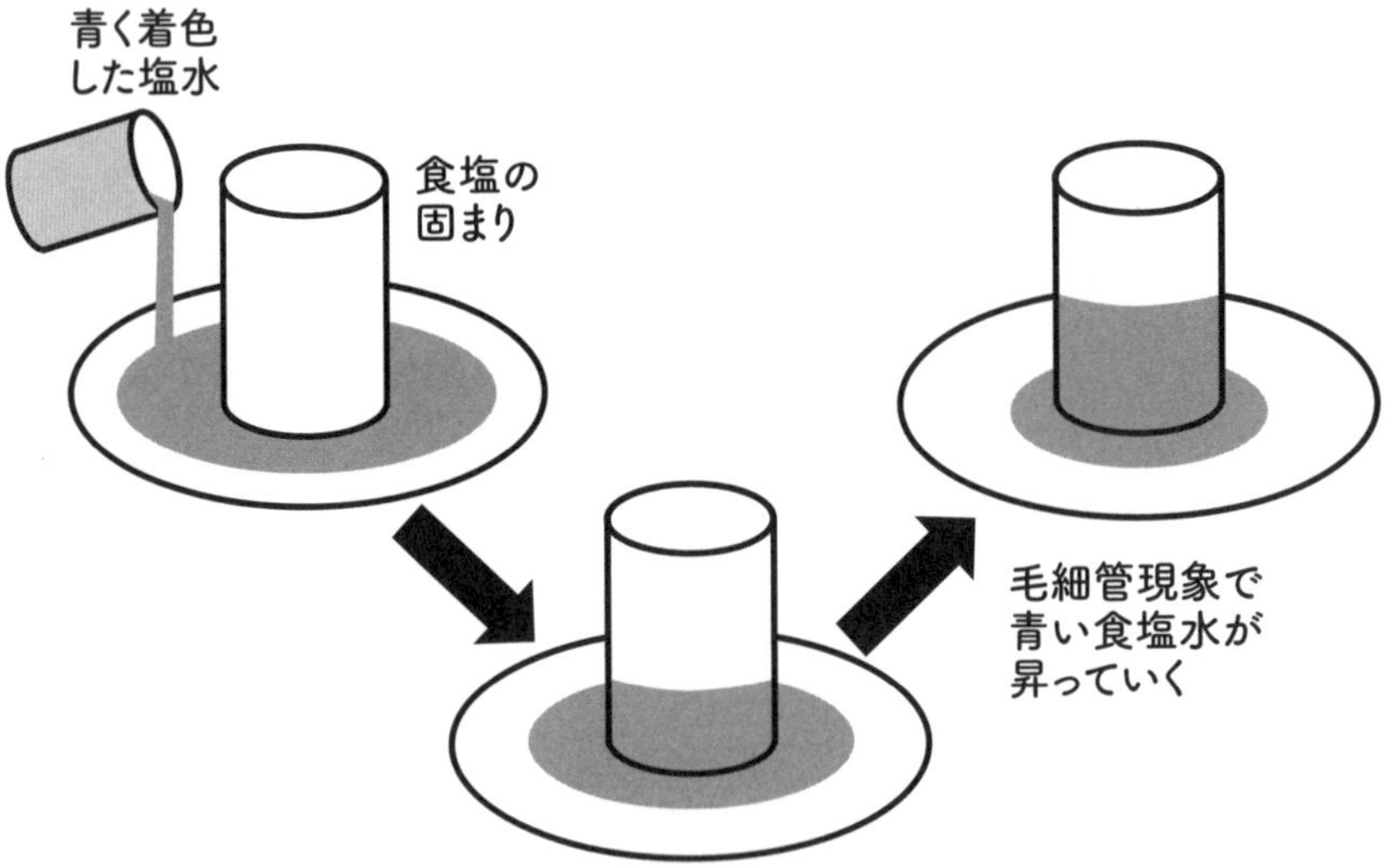

芯に火をつけると熱が発生し、暖められた軽い空気が昇り上昇気流が起こる。そして火の熱でロウが溶け、上昇気流で周辺のロウは冷えて土手ができ、ロウの液体がくぼみに溜まる。溶けたロウはくぼみから芯を伝わり上に昇り、ロウの液体を燃料にしてロウソクが燃える。ここで疑問が出てくる。なぜ、くぼみにあるロウの液体は重力に逆らって昇るのか？

毛細管現象と火の中で起きていること

私たちが風呂から上がって濡れた身体をバスタオルで拭くと身体が乾く。身体の水分がバスタオルの毛細に吸い取られているのだ。これを**毛細管現象**という。細い管状の物体の中を液体が昇る現象のことだ。乾いたタオルをバスタブの縁にかけておくと、タオルがグッショリ濡れるのも毛細管現象だ。ロウの液体も、この毛細管現象で木綿糸の芯を昇っている。

ファラデーは皿の上に食塩の固まりを盛り、塩水を青く着色して皿に注ぐ実験で、毛細管現象を見せた。青い食塩水は、塩の固まりに吸収されて上に昇っ

ロウソクからロウの蒸気を採取する

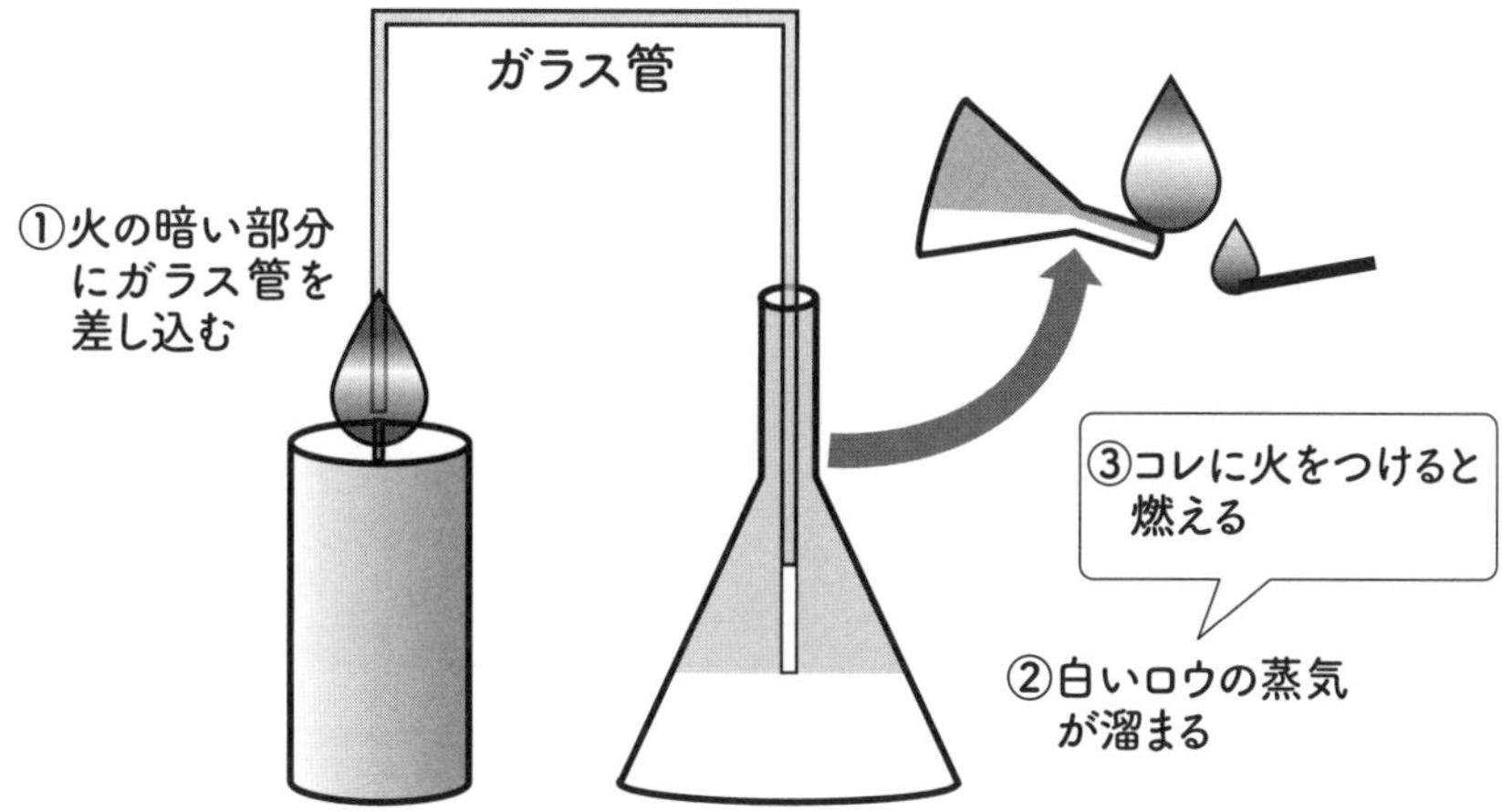
ガラス管
①火の暗い部分にガラス管を差し込む
③コレに火をつけると燃える
②白いロウの蒸気が溜まる

ていく。実にわかりやすく見える化している。

ここでまたひとつ疑問が出てくる。ロウソクが燃えると徐々に高さが低くなる。消滅しているのだ。ロウソクの火の中で何が起きているのか?

このことを理解するには、火の中で発生している物質を採取することだ。そこでファラデーは火の中心にある暗い部分にガラス管を差し込み、そこから出る気体をフラスコに集めてみた。するとフラスコの底に白い気体が溜まった。この白い気体に火をつけると、ボッと燃えた。

この白い気体は、ロウの蒸気だ。固体のロウが熱せられて液体のロウになり、さらに熱せられて蒸気になっている。ロウソクは固体や液体の状態では燃えない。蒸気のロウになって、初めて燃えるのだ。

ところでロウソクには、他の成分も入っている。実験のイラストは省略するが、ファラデーが器に氷と食塩を入れて十分に冷やした上で、ロウソクの上にかざすと、器の表面が水で濡れ始めて水滴が滴り落ちた。この水はロウソクからつくられたものだ。ア

水を電気分解すると、水素と酸素ができる

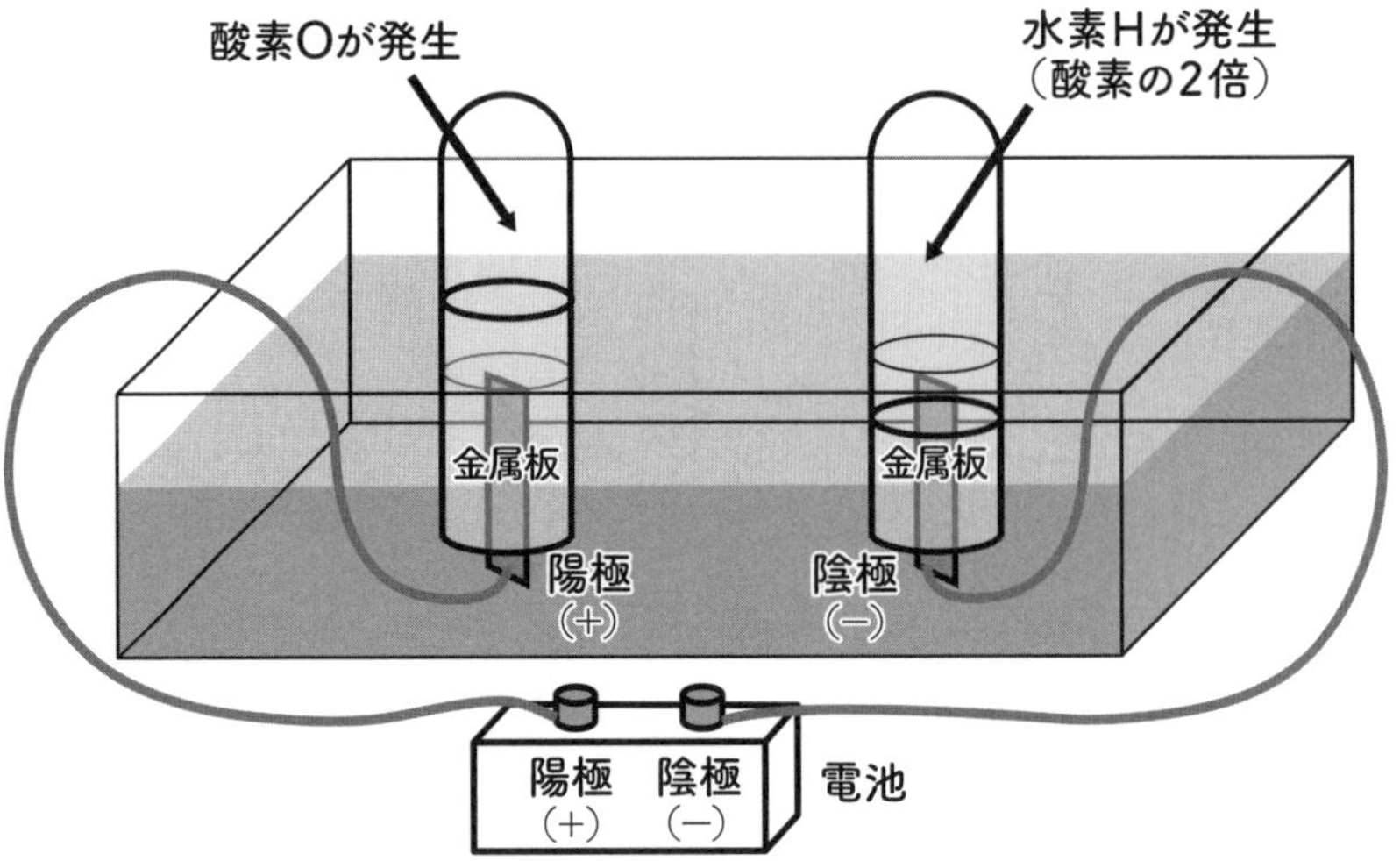

ルコールランプの火に器をかざしても、同様に水ができる。ロウソクもアルコールも、燃えると水ができるのだ。では、水には何が含まれているのだろう？

水を電気分解してみる

水を2つの成分に分けるために、ファラデーは**電気分解**という実験をした。まず水槽に水を入れ、2本のガラス管の中に金属板を入れ、それぞれを電池につなげて、電気を流した。すると金属板の表面から泡が発生し、2つのガラス管の中に気体が溜まり始めた。水が電気で分解されて、2つの気体に分かれているのだ。陰極（−）のほうがより激しく泡が出て、気体の体積は陽極（＋）の2倍になった。

陰極側の気体にマッチで火をつけると薄青い光をあげて燃えた。この気体は水素だ。量は2倍ある。一方、陽極側の気体に燃えるマッチを入れると、マッチは激しく燃え始めた。この陽極の気体は酸素である。

この実験で、水は酸素と水素からできていることがわかる。前の実験で、ロウソクの火で水滴ができたのは、ロウに含まれた水素が空気中の酸素と結合し、水になったからなのだ。ちなみに水の化学式はH_2Oだが、これは水が水素2、酸素1の割合でできていることを意味している。水を電気分解すると、水素が酸素の2倍の量になったのもこのためだ。

ファラデーの実験の一部を紹介したが、このように一本のロウソクの実験からもいろいろと学べるのだ。現代の私たちにとって、すでに知っている内容も多いかもしれない。しかし**実験で体験することで、モノゴトの本質の理解がより深まる**のだ。実際にYouTube上の現代の「ロウソクの科学」の再現実験を見ると、子どもたちも親たちも目を輝かせて夢中で実験に見入っている。リアルな科学実験を実体験することと、机上だけで勉強して知識として仕組みを知ることはまったく別のことなのだ。

150年以上前の人たちは、酸素・水素・炭素・二酸化炭素などの存在は知らなかった。ファラデーはそんな時代の子どもたちが興味をもつように、実験でわかりやすく科学の面白さを伝えたのである。

現代の日本では、再び科学立国を目指すためにさまざまな施策が行われている。しかし何よりも大切なのは、このワクワク感を、次世代を担う子どもたちに伝えることだ。そのためにも、最新科学や最新技術に多くの子どもたちが直接触れられる機会を提供することは大事である。

Point

ワクワク感を体験すれば、夢中になって科学を学び始める

Book 81

『相対性理論』

天才が副業で書いた理論は、ニュートン力学の限界を突破した

内山龍雄［訳・解説］岩波文庫

アインシュタイン

1879年－1955年。ドイツ生まれの理論物理学者。ユダヤ人。ナチス政権から逃れて米国に渡った。特殊相対性理論および一般相対性理論、ブラウン運動に関する気体論的研究などの業績で知られる。それまでの物理学の認識を根本から変え、「20世紀最高の物理学者」とも評される。光量子仮説に基づく光電効果の理論的解明によって1921年のノーベル物理学賞を受賞。

「天才科学者」というと必ず引き合いに出されるのが、**相対性理論**を提唱したアインシュタインである。

しかし1905年に相対性理論の論文を書いたとき、なんと彼はスイス特許庁の公務員だった。彼は大学の物理学部長に嫌われて大学に残れず、スイス特許庁に就職。仕事の傍ら、副業で論文を書いていた。そして26歳だった1905年に書いた相対性理論を含む3本の論文は、科学の歴史を大きく変革した。

ところで、相対性理論という1つの論文があるわけではない。相対性理論は、副業で書いた1905年の論文「特殊相対性理論」と、その10年後の論文「**一般相対性理論**」から成り立っている。

本書はこのうち「特殊相対性理論」の論文を、大阪大学名誉教授だった物理学者・内山龍雄氏が1977年に邦訳したものだ。しかしこの論文は一般向けに書かれておらず、式がたくさん出てくる。そこでおすすめは、後述する**インフレーション宇宙論**の提唱者として世界的に名高い東京大学名誉教授・佐藤勝彦氏が書いた『NHK「100分de名著」ブックス アインシュタイン 相対性理論』（NHK出版）と、『〈ニュートン別冊〉ゼロからわかる相対性理論』（ニュートンプレス）だ。この2冊をサブテキストにして、一般相対性理論も含めて、科学を大変革した相対性理論の世界を見ていこう。

光はニュートンの「速度合成の法則」が通用しない

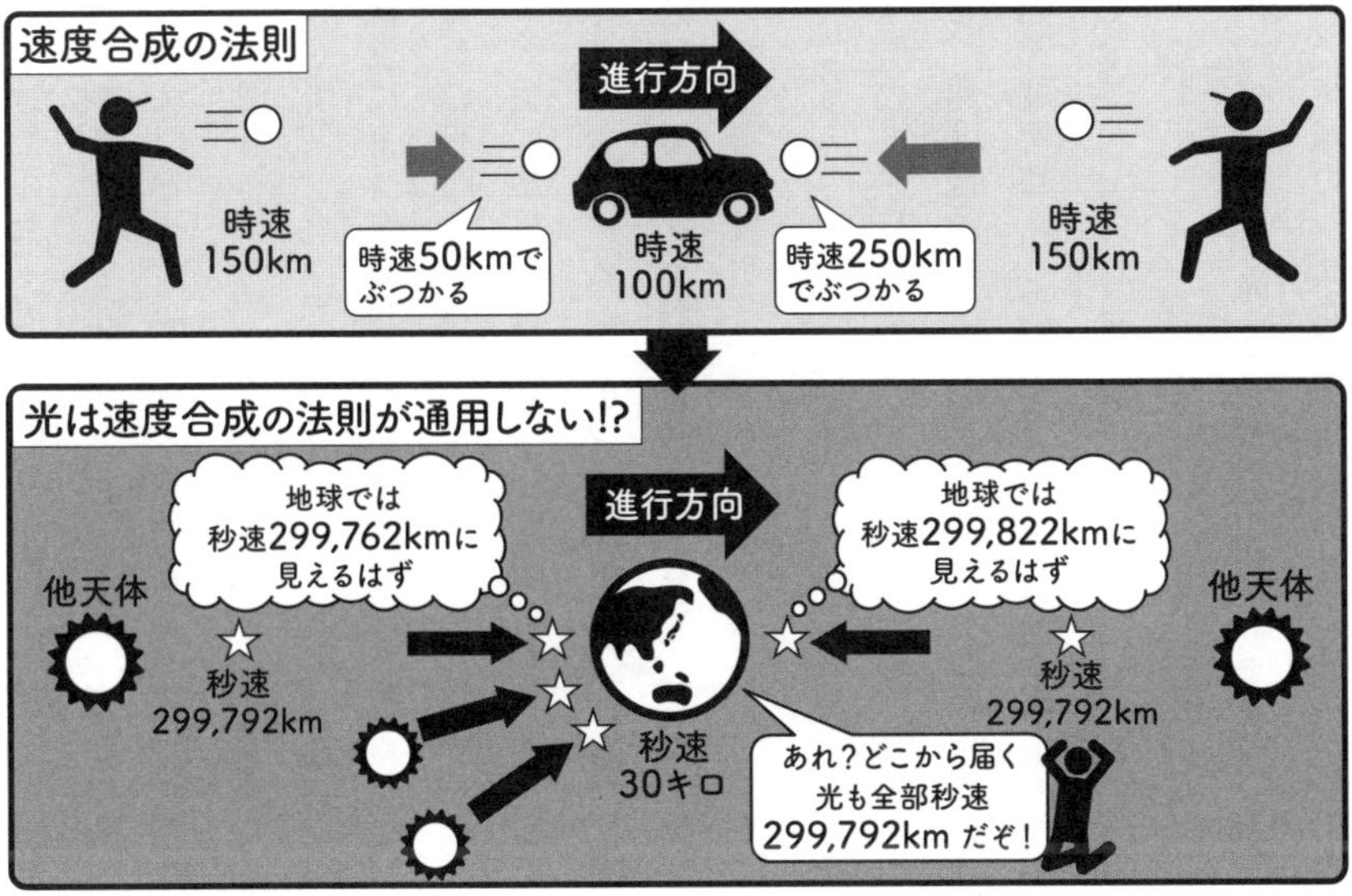

光の不思議な性質

光には、摩訶不思議な性質がある。

時速100㎞で走る車にピッチャーが正面から時速150㎞の剛球を投げると、時速250㎞でぶつかる。車の後ろから投げると、時速50㎞でぶつかる。これがニュートンの**速度合成の法則**だ。

光では、この法則が成り立たない。たとえば太陽のまわりを秒速約30㎞で回る地球には、四方八方の他天体から光が注いでいる。光速度は秒速約29万9792㎞なので、地球に届く他天体からの光の速度は、速度合成の法則で、地球の移動速度である秒速30㎞だけ違うはずだ。しかし厳密に測定すると、どの方向から届く光も、驚くべきことにすべて秒速29万9792㎞なのだ。ニュートン力学の速度合成の法則は、光には通用しない。この矛盾を解決するため物理学者はいろいろな理論を捻り出したが、どれもイマイチ。アインシュタインは特殊相対性理論でこの問題を一挙に解決し、20世紀物理学の基礎をつくり上げたのだ。では、特殊相対性理論とは何だろう?

SF映画で「宇宙旅行に行って帰ってきたら、地球では何百年も経っていた」というオチがよくある。浦島太郎にたとえて「ウラシマ効果」といわれたりする。特殊相対性理論では、まさにこの現象が起こるのだ。

ニュートン力学の限界に悩んだ当時の学者たちは、光の謎を解明しようとして、光そのものの性質を研究していた。アインシュタインはまったく違うアプローチをとった。**「光の速度は不変で、時間と空間のほうが状況によって変わるという大前提で考えたら、どうなるか?」**という思考実験を行ったのだ。

これは当時の学者にとって常識外れだった。ニュートン力学を基準に考えていた彼らは、ニュートン力学の大前提である「時間も空間も絶対であり、不変」を、固く信じ込んでいたのだ。

アインシュタインの思考実験は、**「光に近い速度で走る列車の中で光が移動する様子を、車内にいる人と車外にいる人がそれぞれ観察すると、どのように違うだろうか?」**ということを考えたものだ。

この思考実験をザックリと紹介しよう。光速度を四捨五入して秒速30万km、列車の速度を秒速24万km(光速度の80%)とする。この高速で疾走する列車の中で、進行方向に光を放ってみる。

車内の人から見ると、光は光速度の秒速30万kmで移動している。一方、車外から列車を観察する人から見ると、速度合成の法則で考えれば、この光は「列車の速度+光速度」、つまり秒速54万(24万+30万)kmという光速度を超えるスピードで進むことになってしまう。しかしこれは「光速度は一定」という前提と矛盾してしまう。どこかがおかしい。

そこでアインシュタインは「光速度は一定で、時間と空間のほうが状況によって変わる」という彼の前提を当てはめて、「光に近い速度で移動する列車の車内では、外の世界とは違って、時間の進み方が遅くなる」と考えてみた。細かい計算を省略すると、外の世界で1秒進んでも、光速度の80%で移動する列車の車内では0・6秒しか進まないと考えれば、「光速度は一定」という前提で見事に辻褄が合う。
この思考実験でわかるのは**「時間は絶対的なモノでなく、相対的に考えるべきだ」**ということだ。
光に近い速度で動くモノは、止まっているモノと比べると時間の経過が遅くなる。「なんか常識と違う。納得できない」と思うかもしれないが、思考実験でロジックを積み重ねた結果である。
計算式は省略するが、人間の乗り物で一番速い秒速20㎞の宇宙ロケットでも地球で16年間経過する間に1秒遅れる程度。日常生活の遅れは無視できるほど小さい。しかし速度が光速に近づくと時間は遅くなる。
【光速の90%】宇宙船の1年→地球の約2・3年に
【光速の99%】宇宙船の1年→地球の約7・1年に
【光速の99・99%】宇宙船の1年→地球の約71年に
まさにウラシマ効果そのものである。

速く動くモノは縮み、重くなる

さらに速く動くと、止まったモノより長さが縮み、重くなる。たとえば先の速く動く列車では、進行方向に長さが縮む。つまり時間と同様に、空間や長さも絶対的なモノではなく相対的に考えるべきなのだ。

ニュートン力学では時間や空間は絶対的なもので、その中で物体が運動すると考えられてきた。しかし光の速度に近づいた状態を考える相対性理論では「時間も空間も伸び縮みする」と考えるのだ。

さらにアインシュタインは特殊相対性理論で**「モノが動くと、重くなる」**と予言している。

計算は省略するが、光に近い速度まで出る質量100トンの宇宙船は、速度によって質量はこう変わる。

【光速の10%の宇宙船】質量は約100・5トン（約0・5%増）

【光速の99％の宇宙船】質量は約709トン（約7・1倍）
【光速の99・99999％の宇宙船】質量は約22万3600トン（約2236倍）

もし宇宙船が光の速度になったら、計算すると質量は無限大になる。しかし、これはあり得ない。つまり光速まで加速するのはムリなのだ。光の場合、光（光子）の質量はゼロ。だから光速で動ける。

しかしここで別の疑問もわく。宇宙船が光の速度に近づくほど加速のスピードが落ちるのならば、それまでに使った燃料はどこに消え、増えた質量はどこから生まれたのか？　ここでアインシュタインは「**燃料エネルギーは、質量に変わった**」と考え、エネルギーと質量の関係を次の数式で導き出した。

$E = mc^2$

Eは物質のエネルギー、mは質量、cは光速だ。計算すると、1グラムの物質は約90兆ジュール（22・5兆カロリー）のエネルギーを生む。22万トンの0℃の水を瞬時に100℃に沸騰できる莫大なエネルギーだ。

アインシュタインは、この数式を「**特殊相対性理論の最も重要な結論**」と語っている。

発表当時、「物質は、エネルギーに転じることができる」という数式は単なる理論に過ぎなかった。だが、1938年、ウランの原子核が核分裂すると質量が少し失われ、膨大なエネルギーが生まれる現象が発見された。現在の原子力発電はこの仕組みで莫大なエネルギーを生み出しているが、人類が最初にこの仕組みを実用化したのが1945年に広島と長崎に落とされた原子爆弾だったことは、実に残念なことだ。

以上が特殊相対性理論の概要だ。ただし特殊相対性理論は「物体が加速運動をしない」という特殊条件下で成立する理論だ。そこでアインシュタインはこう考えた。「この理論をもっと汎用化して、ニュートンの万有引力も完璧にカバーしたい」。そして10年後の1915〜16年に発表したのが、一般相対性理論だ。

重力は空間の曲がりが引き起こす力だった

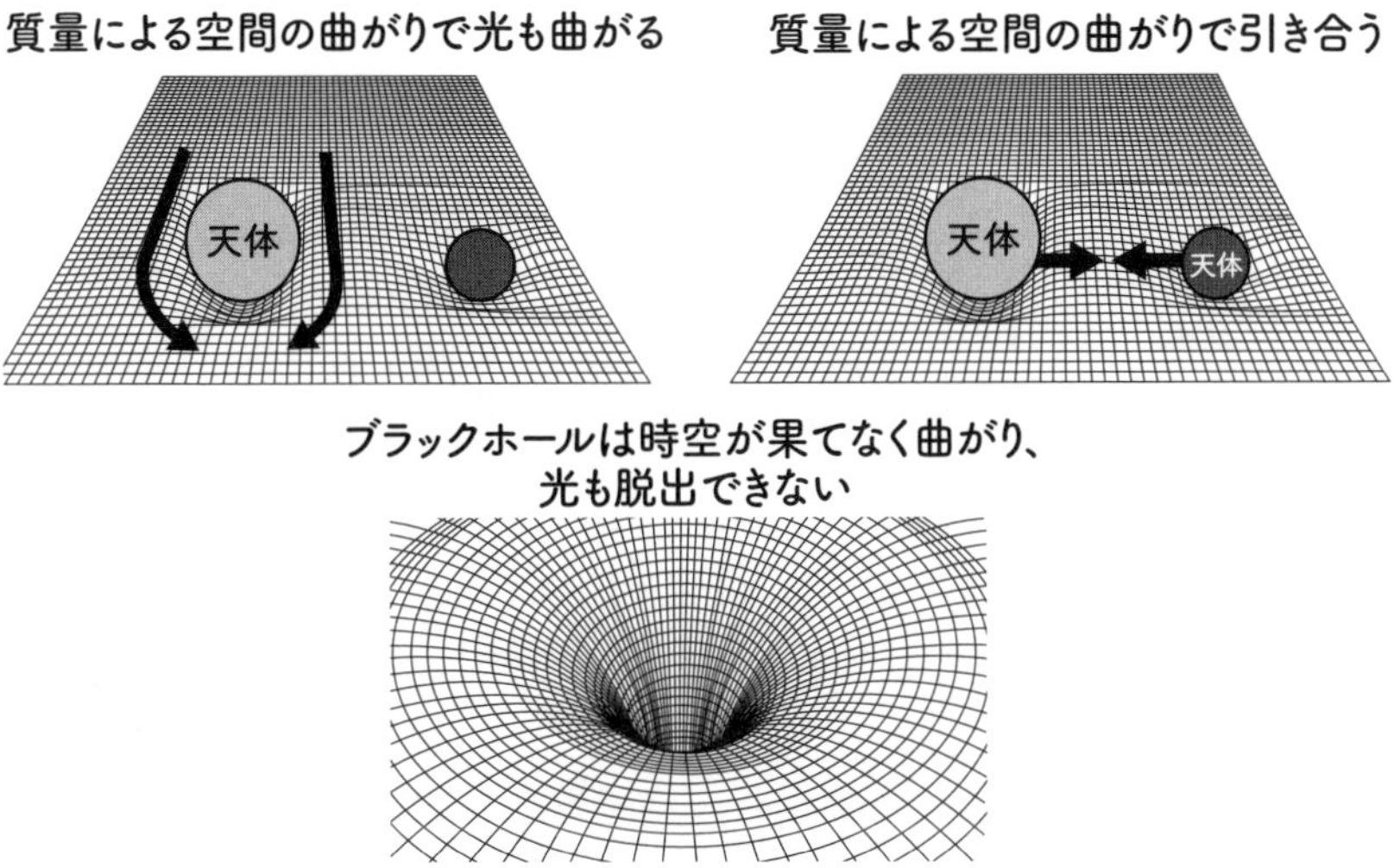
質量による空間の曲がりで光も曲がる
天体
質量による空間の曲がりで引き合う
天体
天体
ブラックホールは時空が果てなく曲がり、
光も脱出できない

出典:『相対性理論』、『NHK「100分DE名著」アインシュタイン相対性理論』(佐藤勝彦著)、『ゼロからわかる相対性理論』を参考に筆者が作成

重力で時空が歪む

トランポリンの上に重いボウリングの球を置くと平面のまわりは凹《へこ》む。もしピンポン球があると、ピンポン球はその凹みの方向に落ちる。このようにアインシュタインは**物体の質量が大きいと重力で時空間は歪む**と考えた。これを式にしたのがアインシュタインの方程式だ。この式は、Book 93『素数に憑かれた人たち』で紹介するリーマンが1850年代に提唱した歪んだ空間を表現する**リーマン幾何《きか》学《がく》**に基づいている。

太陽の質量をアインシュタインの方程式に当てはめると、太陽の周辺の時空は100万分の1だけ曲がる計算になる。時空が曲がれば、光も時空に沿って曲がるので、この理論は太陽の後ろにある星の光が曲がって地球に届けば証明できる。普段の太陽は眩しいが、日食で太陽が隠れたときはこの検証は可能だ。

この理論が提唱されて3年後の1919年5月21

相対性理論は、物理学を一気に進化させ、
20世紀物理学の基礎を築いた

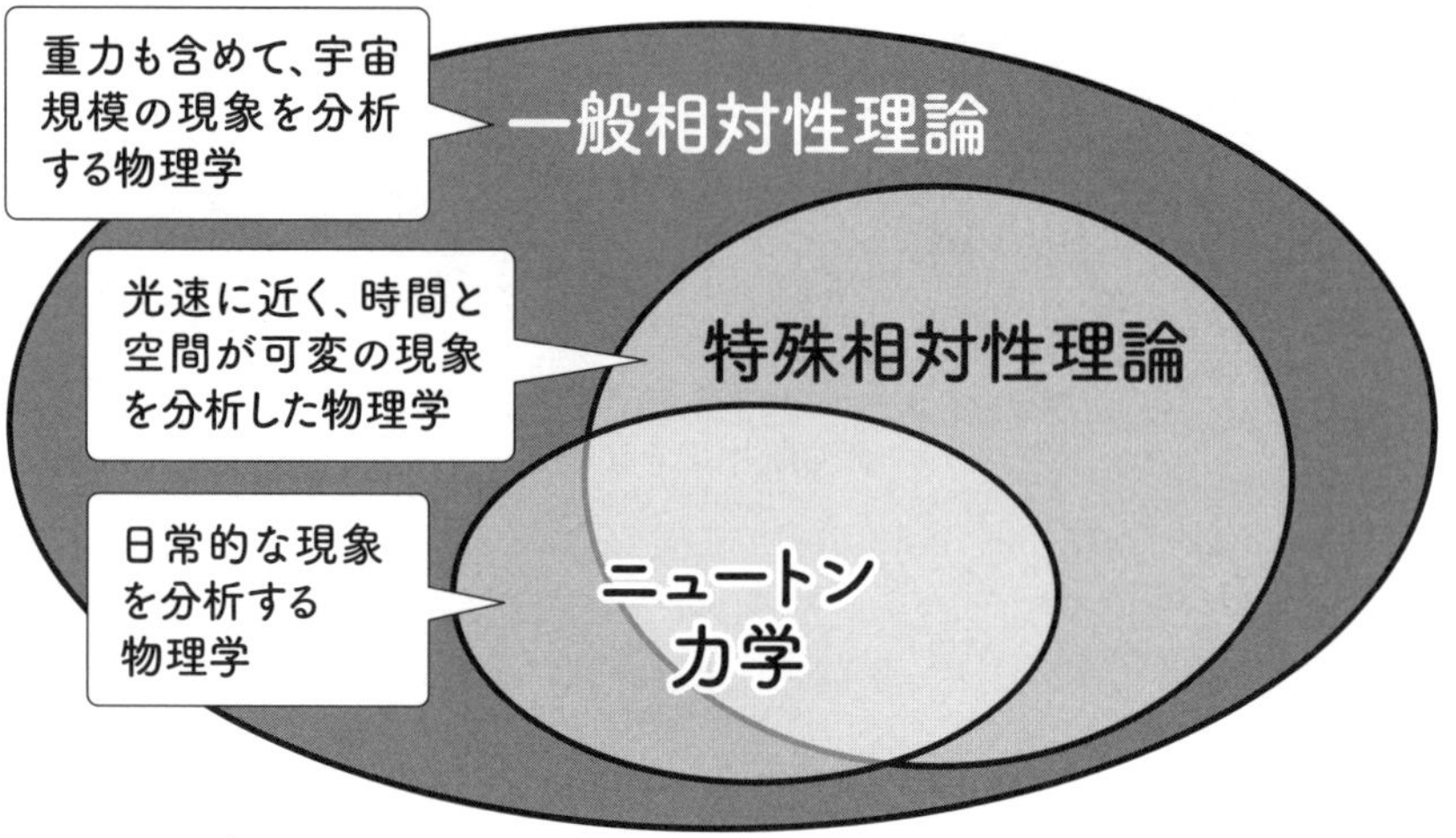
重力も含めて、宇宙規模の現象を分析する物理学
一般相対性理論
光速に近く、時間と空間が可変の現象を分析した物理学
特殊相対性理論
日常的な現象を分析する物理学
ニュートン力学

日、アフリカのギニアで皆既日食が観測された。太陽が隠れて暗くなったとき、太陽の周辺にある星の位置は実際の位置からズレていた。ズレの角度はアインシュタインの方程式と一致していた。相対性理論の正しさが証明され、彼は「ニュートン以来の天才物理学者」として世界に名を轟かせた。３年後の１９２２年、アインシュタインはノーベル物理学賞を受賞した。

しかしこのノーベル物理学賞は相対性理論ではなく、１９０５年に発表したもうひとつの論文「光量子仮説」に与えられた。ノーベル物理学賞は「人類に大きな利用価値をもたらす新発見に授与」と定義されている。相対性理論の利用価値は、１９２２年の時点でよくわからなかったのだ。

その後、相対性理論を起点に新たな世界が次々開拓された。宇宙論に限定しても、巨大な重力を持つ**ブラックホール**の存在の予言（のちに実際に観測）、**膨張する宇宙**の発見、宇宙には始まりがあるという**ビッグバン宇宙モデル**、そして宇宙が誕生した直後は素粒子のように小さかった宇宙が加速膨張を始めたという**インフレーション宇宙論**が生まれた。相対性理論は現代の宇宙物理学に多大な影響を与えているのだ。

相対性理論はあらゆるところで応用されている。一例を挙げるとグーグルマップとGPSで正確な位置がわかるのも相対性理論のおかげだ。GPSは地球を回るGPS衛星によって正確な場所を計算している。GPS衛星にはきわめて正確な原子時計が搭載されているが、実際には次のような誤差が生じてしまう。

【特殊相対性理論の効果】GPS衛星は高速移動するので、1日で120マイクロ秒遅れる

【一般相対性理論の効果】宇宙空間は地球の重力の影響が小さいので、1日で150マイクロ秒速く進む

差し引き30マイクロ秒、速く進む。距離にして10キロの誤差が出るので使いものにならない。そこでGPSでは相対性理論に基づいて、あらかじめ時間のズレを補正している。

こうして相対性理論はニュートン力学を進化させ、20世紀の物理学の基礎を築いたのだ。しかしニュートン力学が否定されたわけではない。日常生活ではニュートン力学は十分な精度で使える。光の速度や宇宙レベルの問題を考える場合に、相対性理論が必要になるのだ。

アインシュタインの理論は、エネルギー、通信、電子工学、宇宙開発などの産業を生み出した。いずれも現代のあらゆる産業の基盤である。その基礎は、アインシュタインがスイス特許庁時代の26歳のときに副業で書いた光量子仮説、および特殊相対性理論と、その後10年間かけて生み出した一般相対性理論なのである。

Point

相対性理論はニュートン力学をバージョンアップし、20世紀物理学の基礎になった

西洋哲学 政治・経済・社会学 東洋思想 歴史・アート・文学 サイエンス 数学・エンジニアリング

Book 82

『エントロピーと秩序
熱力学第二法則への招待』

米沢富美子／森弘之［訳］日経サイエンス社

エントロピーは常に増大し続けている

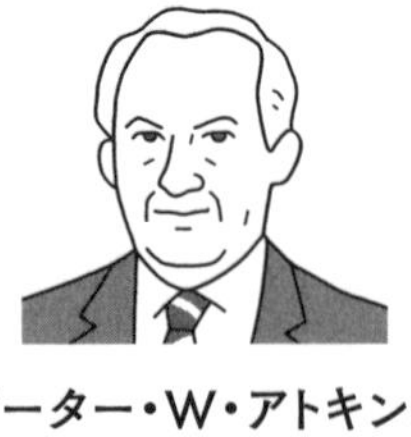

ピーター・W・アトキンス

1940年－。英国オックスフォード大学リンカーン・カレッジの化学教授。レスター大学で学び、化学の学士号を取得後、電子スピン共鳴及びその他の理論化学的様相の研究で博士号を取得。カリフォルニア大学ロサンゼルス校（UCLA）などで教鞭をとった。化学系教科書の作家としても知られる。著書に『物理化学の基礎』『分子と人間』『アトキンス物理化学入門』『化学 美しい原理と恵み』などがある。

熱力学の第二法則ほど、人生に与える本質的な影響を教えてくれる物理法則は、なかなかない。

紅茶にミルクを入れると、ミルクが徐々に広がり、ミルクティーとなる。

可愛い赤ちゃんも瑞々《みずみず》しい若者になり、100年以内に萎《しな》びた老人となって、死を迎える。

常に整理整頓している部屋も、いつか乱雑になり、数千年経つと跡形もなく消える。

あらゆる事物は例外なく、秩序ある状態から無秩序な方向に進む。これは森羅万象に共通する法則だ。

この無秩序さの程度を示すものが**エントロピー**であり、「エントロピー（無秩序さ）は常に増大し続ける」と示したのが、本書のサブタイトルでもある**熱力学第二法則**だ。私は大学の工学部でこの法則を学び、人生観が変わるような影響を受けた。しかし世の中では、熱力学第二法則を知らない人が大多数だろう。

本書はエントロピーと熱力学第二法則を、数学を使わずにわかりやすく解説した一冊だ。著者のアトキンスは英国オックスフォード大学の化学教授で教科書の著作も多い。日本語版は女性初の日本物理学会会長も務めた理論物理学者・米沢富美子氏を中心に書かれていて読みやすい。本書は1984年刊行、1992年邦訳とやや古いが、熱力学を理解する上でイチオシである。まえがきでアトキンスはこう述べている。

熱量と温度は違う

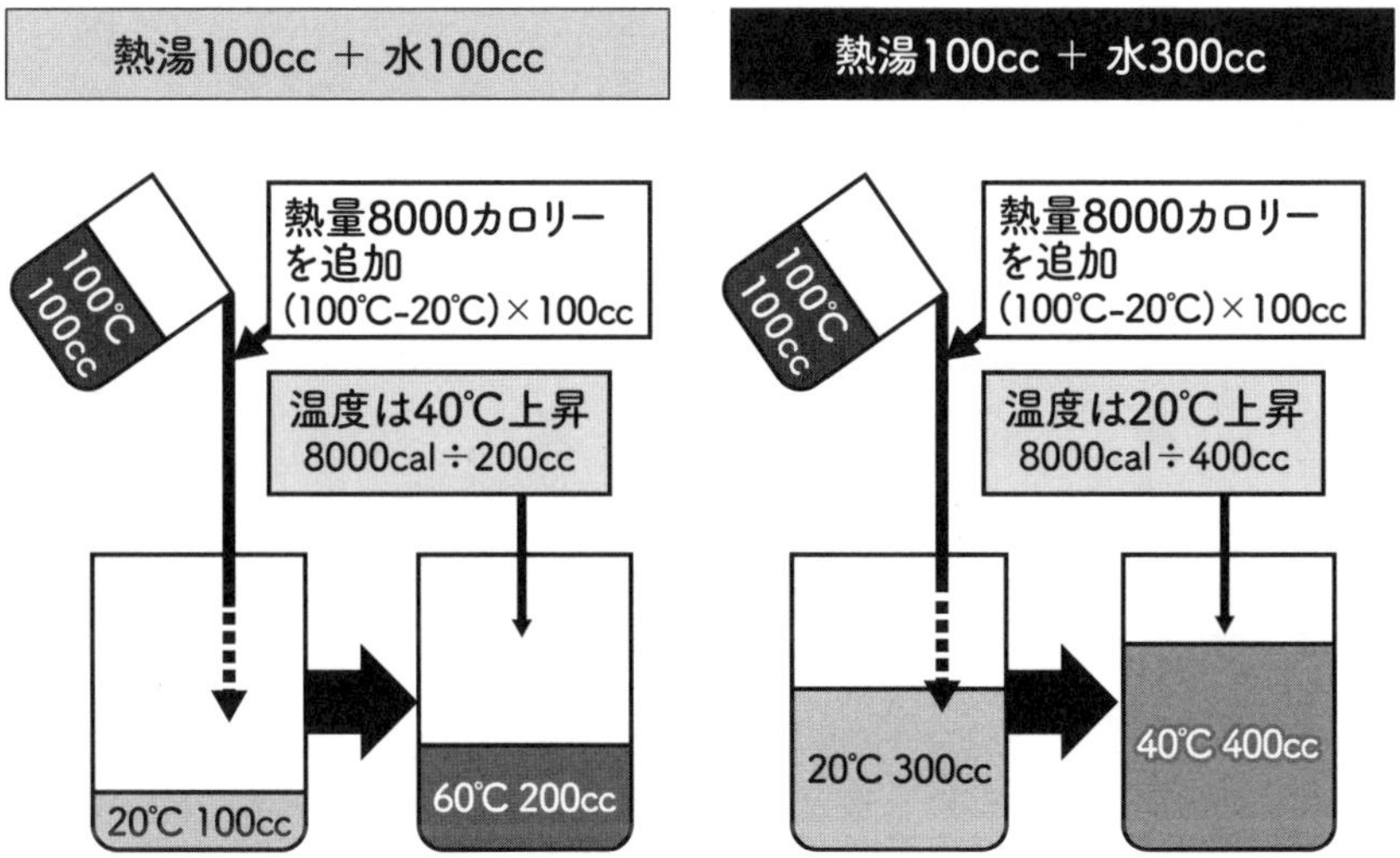

「第二法則の本質を解き明かし、その応用範囲の広さを示すのが、本書の究極の目的」

熱力学第二法則を理解する第一歩は、まずは熱力学の基本の理解だ。

「温度」と「熱」はまったくの別物

まず温度と熱の違いをかみ砕いて説明しよう。よく「熱が38℃ある」と言ったりするが、これは熱と温度を混同している。熱（熱量）と温度はまったく別物。熱力学の第一歩はこの違いの理解からだ。

１００℃の熱湯１００ccを20℃の水に加える実験をしてみる。水１ccを１℃上げる熱量は１カロリーだ。ここで水に追加される熱量は熱湯との温度差に熱湯の量を乗じた数字で、図のように８０００カロリーだ。

熱湯を水１００cc（左）に加えると、温度は40℃上がって、２００ccで60℃。水３００cc（右）に加えると、温度は20℃上がって、４００ccで40℃になる。このように、温度と熱量はまったく別物なのだ。

ではそもそも、温度や熱量の正体は何だろう？

人の集団には、数人でホットな集団もあれば、数万人の大企業でも妙に冷めた集団もある。熱量や温度は、この感じに近い。物質の状態で、分子は運動している。空気中では酸素や窒素の分子、水中では水分子が動き回り、固体では固体内の分子が振動している。分子の運動が激しい状態は分子のエネルギーも高く、温度も高い状態だ。逆に分子があまり運動しない状態は、分子のエネルギーが低く、温度も低い状態だ。熱量とはこれら分子のエネルギーの総量だ。人の集団にたとえると、個人が分子、集団のエネルギー総量が熱量、感じる熱さが温度だ。だから冷めた大企業でも、集団全体のエネルギーは数名の集団よりも大きい。

したがって同じ温度でも熱量は違う。水10ｇと水１００ｇを比べると、水１００ｇのエネルギーは10倍ある。低温度でも熱量が大きいことがある。海水の温度は低いが海水の量は莫大なので海水の熱量も莫大だ。

温度は、その物体が持つ熱エネルギーを測る目安なのだ（なおここでは、熱量の単位にカロリーを使った。カロリーならば水や熱湯の熱量の計算が簡単だからだ。現在はカロリーの代わりに熱量の国際単位系〈ＳＩ〉としてジュールが推奨されている。１カロリーは４・１８ジュールだ）。

分子の運動が見える世界

熱エネルギーは分子レベルでどうやり取りされているのか？　図のように単純化したモデルで考えよう。

❶**初期状態**：分子が４００個並んだ世界を考える。図では縦20個×横20個だ。エネルギーも単純化してエネルギーが高い「ＯＮ状態」と低い「ＯＦＦ状態」の2つある、と考える。図では黒い色がＯＮ状態だ。分かれて独立する世界を系という。このモデルは、当初系1と系2という2つの系がある。系1は分子が１００個あり、半数の50個がＯＮ。系2は残り３００個の分子があり、すべてＯＦＦの状態だ（先の実験

分子400個でできている世界（1）

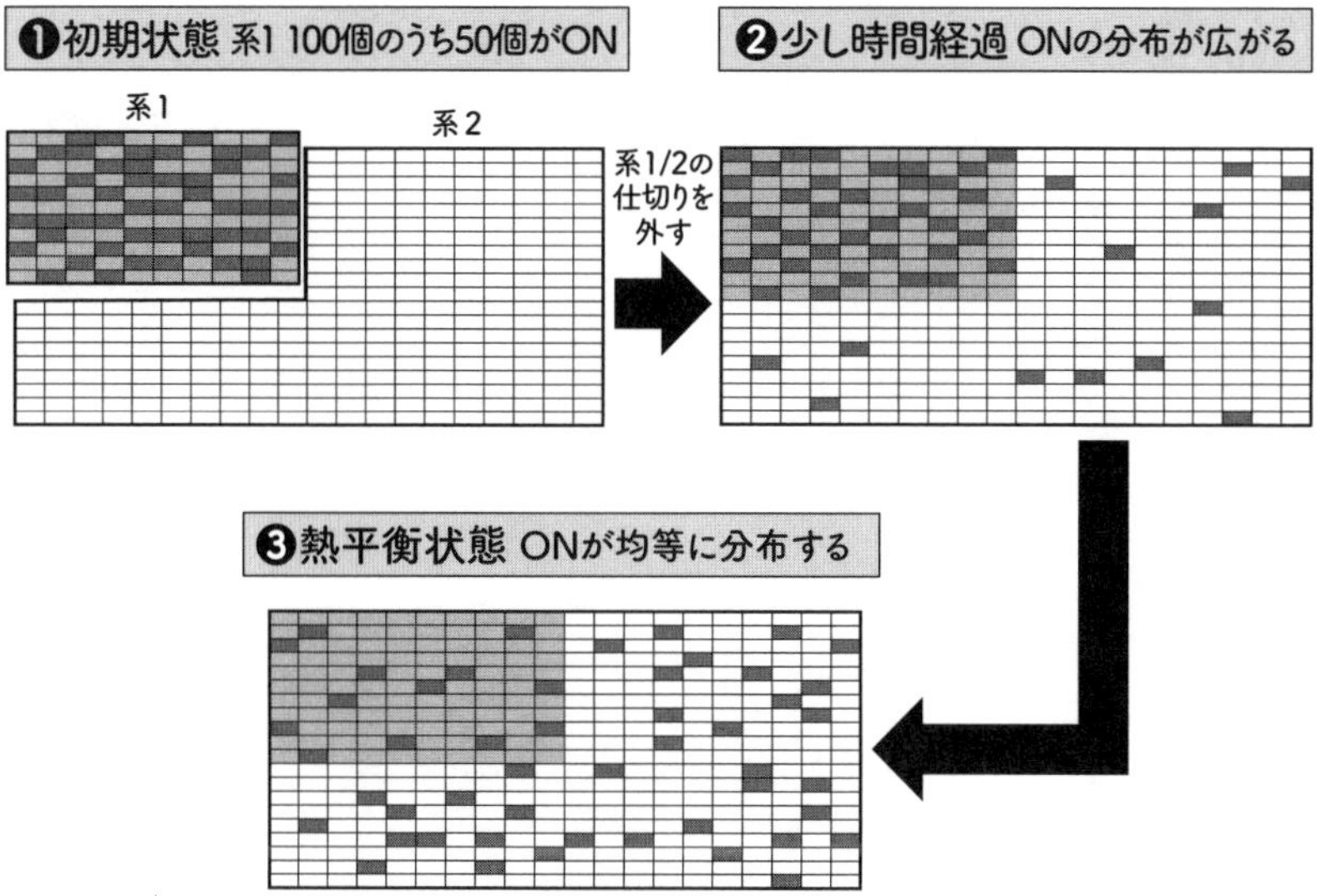
❶初期状態 系1 100個のうち50個がON
系1
系2
系1/2の仕切りを外す
❷少し時間経過 ONの分布が広がる
❸熱平衡状態 ONが均等に分布する

にたとえれば系１が熱湯１００cc、系２が水３００cc）。

❷少し時間経過：系１と系２の仕切りを外すと、激しく運動する系１のＯＮの分子は系１を飛び出し、系２の分子にぶつかり、その分子をＯＮに変え、自分はＯＦＦになる。こうして分子同士のぶつかり合いでＯＮ状態が系２に広がり、分子の運動を通じて系１から系２に熱が移動していく。

❸熱平衡状態：系１から系２への熱の移動が終わって落ち着いた状態を**熱平衡状態**という。熱平衡状態でもどの分子がＯＮかＯＦＦかは常に変化し続けているが、ＯＮ状態の分布は系１と系２で均等だ。

このように温度が違う２つの物質（系１と２）が混ざると、ある物体（系１）の分子の運動エネルギーが別の物体（系２）に伝わり、熱が移動する。

これで温度の本質もわかる。このモデルでたとえると、温度とはＯＮとＯＦＦの分子の比率なのだ。アトキンスはこう述べている。「『温度』というのは、本質的に多粒子系の熱力学的（中略）な物性なのである」

この単純なモデルからわかることは、**エネルギーは分散**するということ。熱湯と水を混ぜた60℃200ccの水が、自然に熱湯100ccと水100ccに分離することはない。跳ねるボールはいつか静止するが、静止したボールが急に跳ねることもない。熱力学的にいうと、エネルギーは分散し続けるが、自発的に元の秩序ある状態へ戻る可能性はあり得ない。宇宙レベルで見ても、エネルギーは分散し続けて元に戻らない。この「エネルギーは分散する傾向にある」のが熱力学第二法則だ。そして、無秩序さの目安がエントロピーだ。

エネルギーが分散すると、エントロピーは増加する

ウィーンにある理論物理学者ボルツマンの墓碑には、碑文にエントロピーの公式が書かれている。

S = k log W

アトキンスは「この式は、現代の世界にもたらしたインパクトという点では、アインシュタインの $E=mc^2$ という公式と一、二を争うものである」と述べている。この式でSは**エントロピー**、kは**ボルツマン定数**という常に一定値をとる定数、Wは**状態数**（系の無秩序さを測る量）、logは対数という非常に大きな数を取り扱うときに便利な関数だ。この式を覚える必要はない。ポイントは「**状態数＝系の無秩序さ**」**が大きくなるほど、エントロピーは大きくなる**ということだ。ただこの状態数という概念はイマイチわかりにくい。

そこで再び分子400個の世界で考えてみよう。

❶**初期状態**：前回同様、分子100個の系1と300個の系2がある。ただし系1の分子100個はすべてON状態だ。そして、系1と系2の仕切りを外す。

❷**1個移動**：最初に系1にあるON状態の分子1個が動き出し、系2の分子をONにすると、系1に1個の

分子400個でできている世界（2）

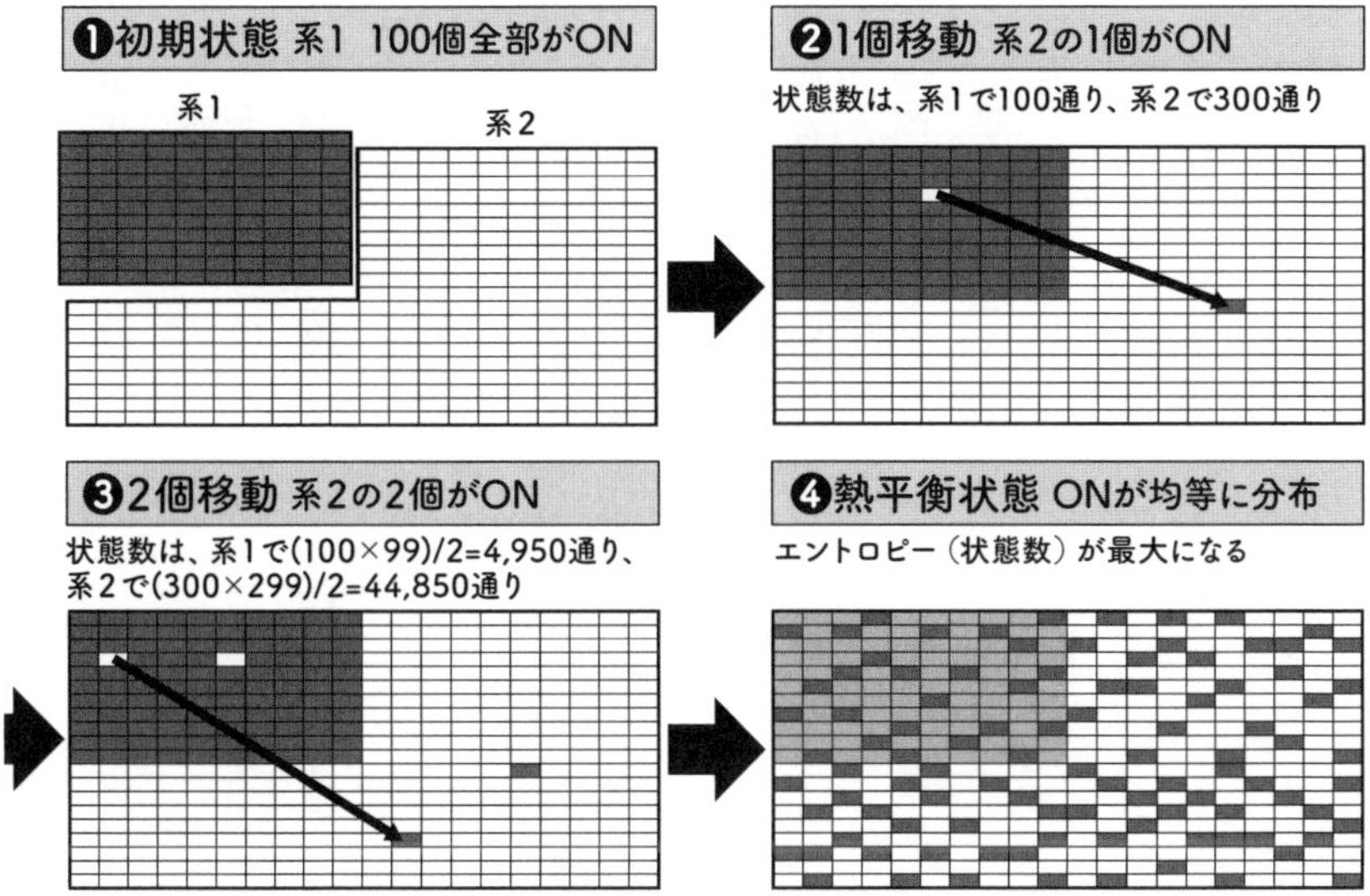
❶初期状態 系1 100個全部がON
系1
系2
❷1個移動 系2の1個がON
状態数は、系1で100通り、系2で300通り
❸2個移動 系2の2個がON
状態数は、系1で(100×99)/2=4,950通り、
系2で(300×299)/2=44,850通り
❹熱平衡状態 ONが均等に分布
エントロピー（状態数）が最大になる

ＯＦＦ状態ができる。これは１００通りの場所にできる可能性がある。また系２内でＯＮ状態になる場所は３００通りの可能性がある。このように状態数とは、とり得る可能性がある数のことだ。そしてこの後も、系１にあるＯＮ状態がさらに移動する。

❸２個移動：２個目のＯＮが系２に移動する。系１内のＯＦＦの分布は「１００×99÷２通り」なので４９５０通り、系２内のＯＮの分布は「３００×２９９÷２通り」なので４万４８５０通り。状態数は増える。

❹熱平衡状態：このようなＯＮ・ＯＦＦの移動は、系１と系２で均等にＯＮが分布するまで続く。

アトキンスはこう述べている。「つまり、『エネルギーは分散する傾向にある』ことは、『エントロピーは増加する傾向にある』というのと等価なのである」

こうして系１から系２へエネルギーが分散することで、系１と系２を合わせた全体でとり得る状態数が増えて、エントロピーが増加する。

❹の熱平衡状態でも、分子400個のONとOFFの状態は常にランダムに入れ替わり続けている。しかし統計的に見ると、この熱平衡状態から❶の初期状態のようにONが1カ所に固まることは、ほぼあり得ない。たった分子400個のモデルでも、系の変化は常に無秩序の方向に進んで二度と元に戻らないことがわかるだろう。

分子の数がさらに増えると、無秩序から秩序が生まれる可能性はさらに減る。たとえば18gの水には、約6×10の23乗もの水分子が含まれる。現実の世界では、無秩序な状態から奇跡のように秩序が生まれる可能性は、完全に無視できるほど小さい。つまり、秩序あるモノは必ず無秩序な状態になり、エントロピーは増大し続ける。こうして**宇宙全体のエントロピーは必ず増大し続ける**。熱力学第二法則のポイントは、このように**エントロピー増大の不可逆性**（変化して元に決して戻らない性質）なのだ。

しかし、ここで疑問が出てくる。生物や人間のように秩序ある存在はどのように説明できるのだろう？

秩序ある生命は「大きな無秩序」を生み出している

生命の源となるDNAは、アミノ酸が二重の鎖をつくっている。生命はDNAをコピーし続け、精緻につくられた個体が増えていく。このような生命の存在は「エントロピー増大の不可逆性」に逆行していて、むしろ秩序をつくり、エントロピーを減少させているように見える。しかしアトキンスはこう述べている。

「エントロピーが一見減少してるようにみえるのは、たんに局所的に減少しているだけであって、よくみれば世界のほかのどこかで、もっと乱れている場所が必ず見つかる」

私たちはモノを食べるために、地球を耕して破壊する。私たちの生存のために地球環境のエントロピーは増大して、カオスになる。人類がより快適な暮らしをすればするほど、エントロピーは増大し続けるのだ。

本書の最後でアトキンスはこう述べている。

「私たちは、カオスから生まれた子どもである。（中略）ただ崩壊があるのみで、カオスがくい止めようのない波となって押し寄せてきている。（中略）宇宙の内部を奥深く冷静に見つめると、このような、なんとももの寂しい真理が見えてくるが、これこそ私たちが受け入れなければならない現実なのである」

このようにあらゆる秩序あるものは、長い時間で見ると必ず徐々に崩壊していき、最後には熱平衡状態、つまりすべての変化が終わって、もう何も変化しない安定した状態になる。

「安定した状態」というと安らかな状態に思えるが、これは人間でたとえると身体活動の停止状態（死の状態）になる、ということだ。そしてこの宇宙全体も、ビッグバン直後こそエネルギーに満ちあふれ、きわめて高熱で秩序ある状態だったが、長い時間をかけてゆっくりと冷えていく長い長い過程にある。

熱力学の第二法則で宇宙のありようを知ると、日常の細かいことに流されて悩まされることが実に些細なことに思えてくる。Book 41『老子』にもあるように「宇宙の根本原理である道に従って、ムリせずにあるがまま生きよう」という気持ちにもなってくる。

熱力学の第二法則は、仏教思想の「諸行無常」という言葉にも通じる普遍的な思想なのだ。この思想を科学的に理解するためにも、一度はしっかりと熱力学第二法則を学んでおきたいものだ。

Point

すべてのモノは無秩序な状態になり、最後に安定（死）を迎える

Book 83

『カオス 新しい科学をつくる』

上田睆亮［監修］大貫昌子［訳］新潮文庫

最初のほんのわずかな違いが、まったく違う結果を生む理由

ジェイムズ・グリック

1954年－。米国の作家。ニューヨーク州生まれ。1987年、ベストセラーとなった著書の『カオス』執筆時は『ニューヨーク・タイムズ』紙の科学記者だった。『カオス』『ニュートンの海──万物の真理を求めて』はピュリツァー賞、『ファインマンさんの愉快な人生』は全米図書賞のそれぞれ最終候補作となった。著書は20以上の言語に翻訳されている。

最近は当日や翌日の天気予報はかなり正確になったが、1週間後となると怪しい。

その原因は、本書にある**カオス理論**の入口がわかれば理解できる。

カオスは「混沌」という意味なので、「**カオスって無秩序のことでしょ。天気も無秩序だよね**」と思いがちだが、これは大きな勘違いである。カオス理論の「カオス」は、単なる無秩序のことではない。

カオス理論のカオスとは、**一見無秩序に見えてもその裏に物理的な法則が潜む現象**のことなのだ。

カオス理論がわかれば、完璧と思った予想が外れる仕組みも科学的に理解できるようになる。

1960年代以降にコンピュータが普及したおかげで、カオス理論が生まれた。科学の世界では、手計算では不可能だった複雑で膨大な計算をコンピュータに任せることが可能になり、異なる分野の学者たちがほぼ同じ時期に、無秩序と思われていた現象の背後に隠されていたさまざまな真実を次々発見し始めたのだ。

本書はカオス理論がいかに生まれ、研究が進んできたかを描いた一冊だ。1987年に米国で刊行され、『ニューヨーク・タイムズ』紙で毎週発表されるベストセラー・トップ10の座を半年以上保った科学啓蒙書である。著者のグリックは、本書執筆時は『ニューヨーク・タイムズ』紙の科学記者だった。邦訳版は

天候パターンは、わずかな初期値の違いでずれが生じた

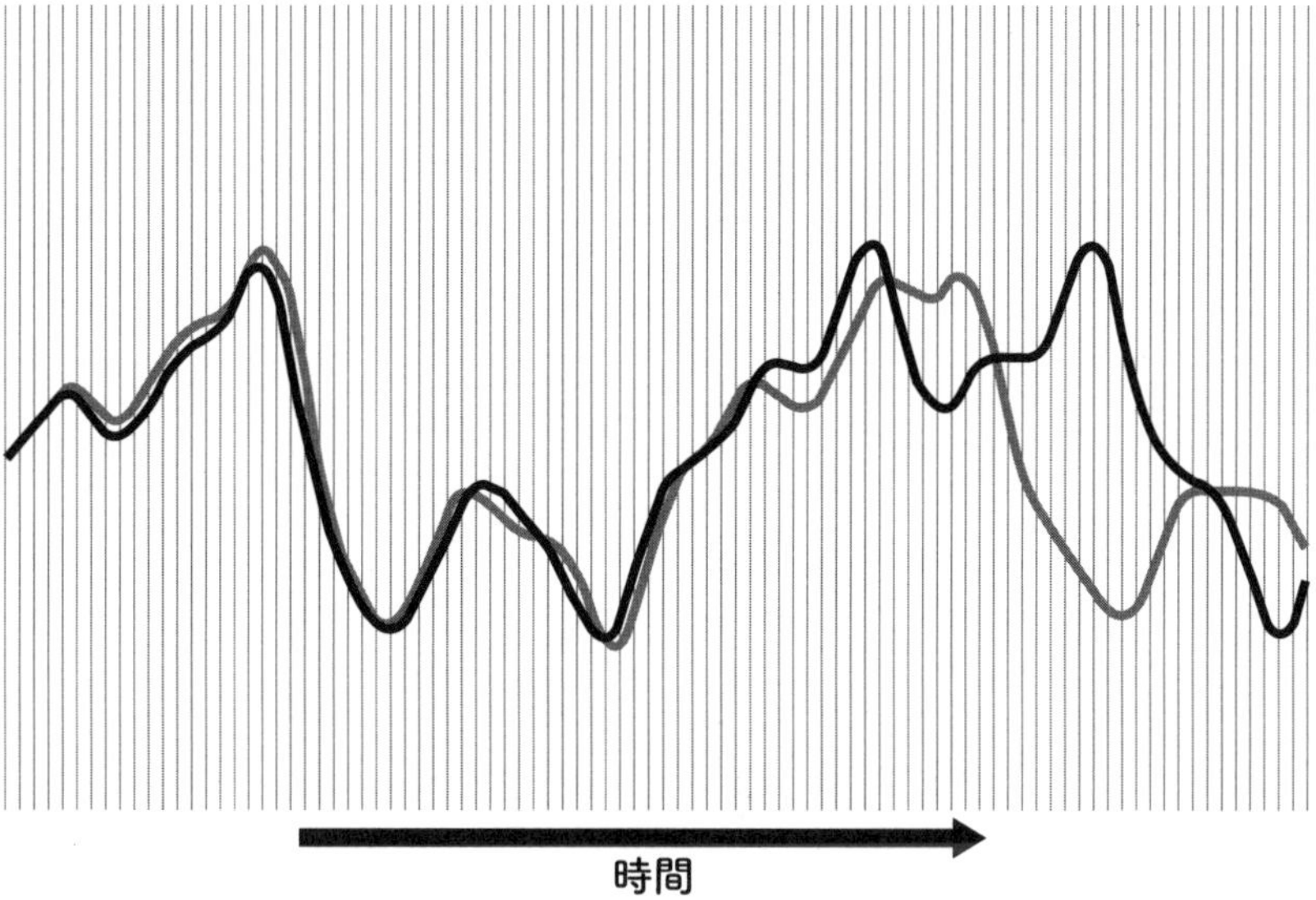

出典:『カオス　新しい科学をつくる』を基に筆者が作成

1991年刊行。監修は1961年に世界で初めて物理現象としてのカオス現象を発見した京都大学名誉教授の上田睆亮氏が担当している。本書のおかげで、多くの人がカオス理論の「**バタフライ効果**」などを知った。

500ページを超える本書はいまや古典だが、カオス理論が生まれた背景がわかる貴重な本だ。

「バタフライ効果」の発見

1961年、気象学者エドワード・ローレンツは、コンピュータを使って模擬天候実験をしていた。まず気温と気圧の関係や、気圧と風速の関係などを方程式にして12の法則をつくり、気圧や風速などの初期値をセットし、コンピュータで計算するのだ。これは「**モノの動きの法則がわかっており、初期状態がほぼわかれば、未来の動きはほぼ予測できる**」というニュートン力学の決定論的な考え方に基づいていた。当時の気象データは誤差があったが、この方法なら少々の誤差があっても大きな差はないはず

だ。

ある日、計算を終えたローレンツは、もう一度同じ初期値を入れて計算し直してみた。するとまったく違う結果になった。明らかにおかしい。よく調べると1回目は初期値0・506127で計算していたが、2回目は「1000分の1の誤差なら大丈夫」と考えて数値を丸めて0・500で計算していた。

前ページ図を見てほしい。1つ目と2つ目のピークはほぼ重なっているが、ズレが徐々に拡大し、3つ目と4つ目のピークは大きくずれている。初期値のわずかな誤差が、大きな差を生み出したのだ。ローレンツは考えた。**「この方程式は大雑把かもしれないが、現実の大気の挙動について本質をつかんでいる。現実の大気でも同じことが起こっているはずだ。初期値にわずかな誤差は必ずあるから長期予報は予測できない」**

これが「**バタフライ効果**」だ。著者によると「これは北京で今日蝶が羽を動かして空気をそよがせたとすると、来月ニューヨークでの嵐の生じ方に変化が起こる……というような考え方からきたものである」

つまり**バタフライ効果は、初期値のわずかな差が長期的に大きな変動になることで起こる。**これを**初期値敏感性**という。グリックは18世紀の哲学者・数学者のラプラスが、未来のコンピュータについて述べた言葉を紹介している。「そのような知能は、宇宙最大の物体から最も軽小な原子にいたるまで、すべてのものの運動を、同じ公式によって統一するもので、その眼中には不確実なものはいっさい存在せず、過去と同様、未来もまた判然と見えているのである」

ラプラスは間違っていた。現代のスーパーコンピュータ「富岳」は1秒間で44京回計算できる。天気予報の精度も上がったが、長期予報はまだ怪しい。これも初期値敏感性のためだ。当時の多くの科学者たちはニュートン流決定論に支配されて「未来は予測できる」と考えてきたが、1960年代頃から、どうやら決定論的な考え方は幻想だとわかり始めたのである。そしてまったく別分野でもカオス的現象が見つかった。

ロジスティック差分方程式で個体の繁殖をシミュレーションする（1）

ロジスティック差分方程式 $X_{next} = rX(1-X)$

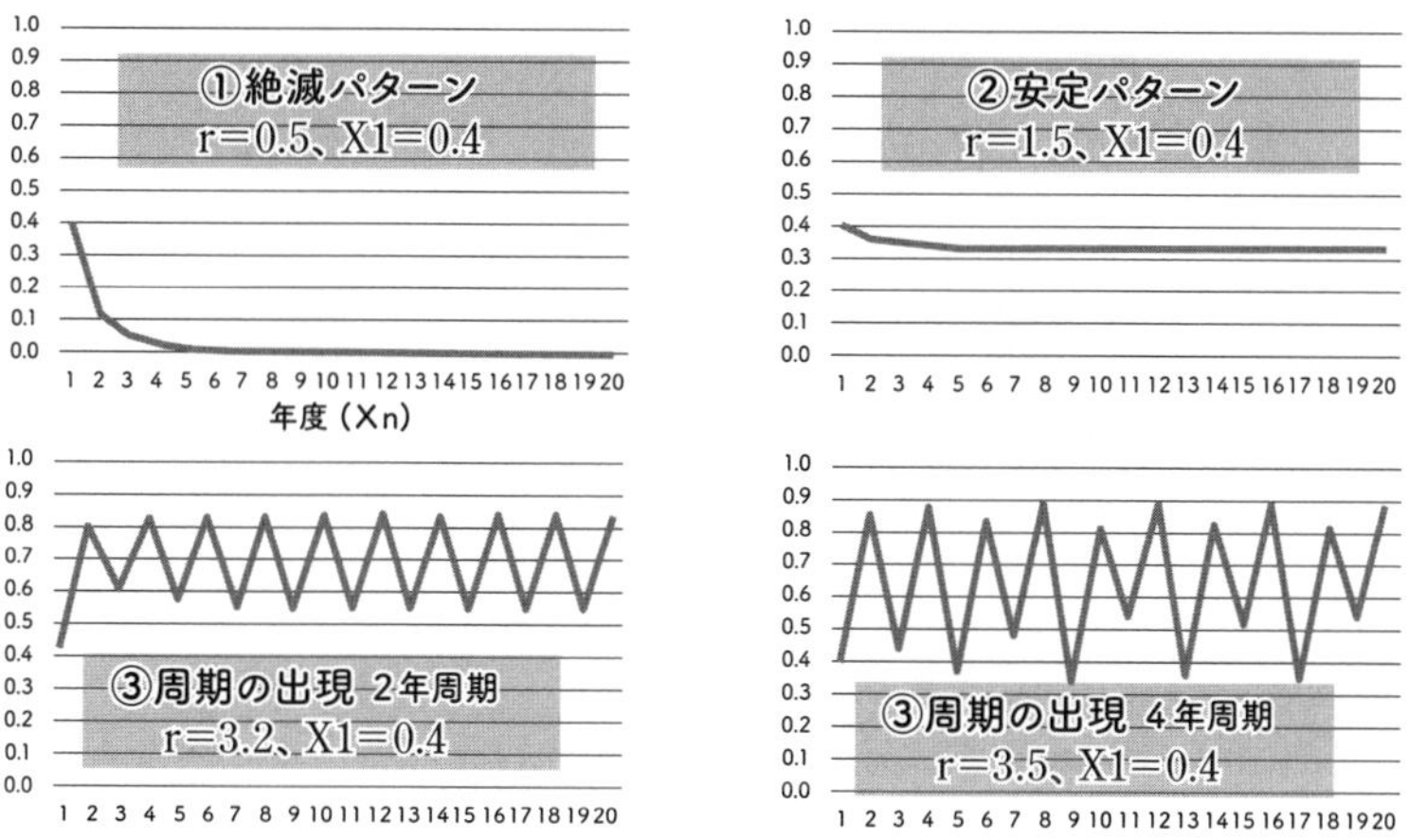

それは生態学と数学が重なった分野である。

カオスの誕生

自然界ではイナゴや蛾が周期的に大発生し、農作物を食い荒らす。この大発生には周期があり、研究が進んでいる。ある生物の来年の個体数は、今年の個体数を初期値にすると、**ロジスティック差分方程式**と呼ばれる方程式でシミュレーションできる。

$X_{next} = rX(1-X)$

この式は「**来年の個体レベルは、今年の個体レベルで決まる**」ことを表している。Xは今年の個体数レベルで0～1の間の数字になる。X nextは来年の個体数レベル。rは繁殖力を示し、数字が大きいと繁殖する（1-Xを乗じるのは、個体レベルが増えすぎると餌がなくなるので死亡率に相当する要素を入れている）。

ここでカギは繁殖力を示すrだ。rの値が変わると、こう変わる（Xの初期値はすべて0・4とする）。

❶**絶滅パターン**（**rが1以下**）：たとえば繁殖力を示すrが0・5だと、年度ごとの個体数の数値はこ

ロジスティック差分方程式で
個体の繁殖をシミュレーションする（2）

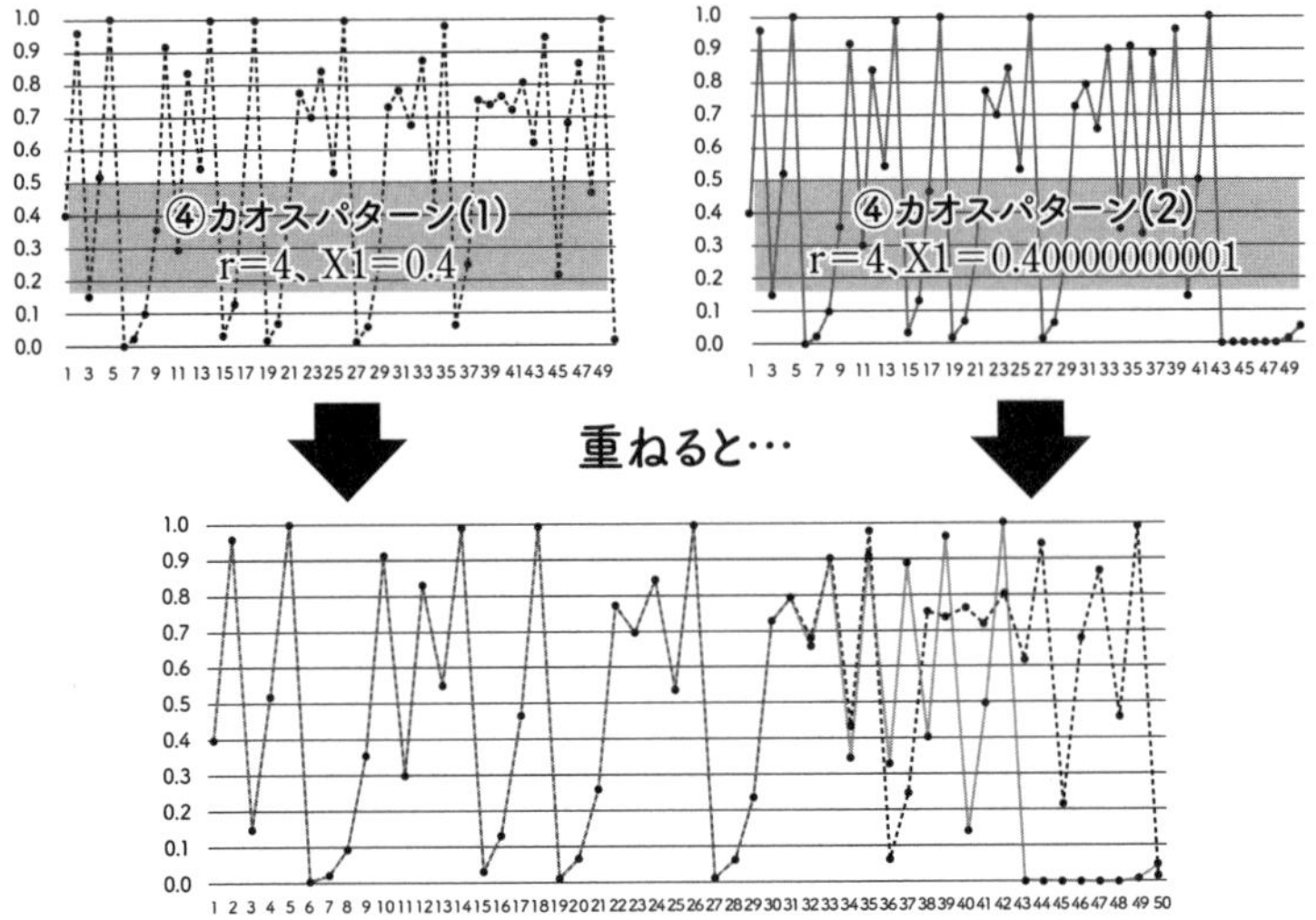

うなる。「0.400 → 0.120 → 0.053 → 0.025 → 0.012 → 0.006 → 0.003 → 0.001 → 0.001 → 0.000」。つまり繁殖力が弱すぎて、前ページ図左上のように、10年後には絶滅する。

❷安定パターン（**rが1～3**）：たとえばrが1・5だと、前ページ図右上のように10年後から0・333で安定する。rが1～3の間にあれば、個体数レベルは安定する。

❸周期の出現（**rが3～3・56995**）：r＝3・2だと、個体数レベルは2年周期で変わる。2年ごとに大量発生を繰り返すということだ。3・5だと前ページ図の右下のように4年周期になる。こうしてrが増えると8年周期、16年周期と変わる。

❹カオスパターン（**rが3.56995～4**）：rが一定値を超えると周期は消える。たとえばrが4だと上図のカオスパターン（1）になる。大事なのはこのあとだ。カオスパターン（2）は、（1）の初期値をほんのわずか（10の10乗分の1）だけ変えたもの。具体的には、1万㎞でわずか1㎜というレベ

ルの誤差だ。最初こそ（1）と同じ挙動だが、33年目から違いが現れ始め、40年目になる頃にはまったく異なる挙動になる。まさにローレンツがあの模擬天候実験で出会った初期値敏感性が出現したのである。しかもこれは、Xnext ＝ rX（1－X）という実にシンプルな式に基づいている（ここに挙げた図は紹介した値を使って、私が実際にExcelで試してみた結果である。簡単にできるので試してみてほしい）。

このように決定論的な法則で動くシンプルなシステムでも、パラメータの与え方で無秩序な動きをすることがある。これは逆の視点で見ると、**一見無秩序な挙動の裏にも、シンプルで普遍的な規則性が隠れている**ということだ。カオス理論の本質は、シンプルな法則で動くシステムでも、初期値に対する鋭敏な依存性によって、長期的な予測が不可能になることなのだ。

自己相似のパターンが続く「フラクタル理論」

カオス理論と深い関係があるのが**フラクタル理論**だ。

シダの葉は、大きな葉から分岐した小さい葉が、大きな葉と相似形のパターンになり、その小さい葉から分岐したさらに小さい葉も同じ相似形が繰り返されている。

ロマネスコというカリフラワーの一種も、同じパターンの幾何学的な円錐形の花蕾《からい》が何段階も続く。

また三陸海岸をグーグルマップで見ると、複雑で入り組んだ地形になっていて、拡大を続けても同じパターンが続いていく。このように自己相似のパターンが無限に続く幾何学的な形が**フラクタル**だ。

カオス現象を分析すると、こうしたフラクタル構造が見つかる。本書でこんな例が紹介されている。

IBM基礎研究所の研究員マンデルブロは、コンピュータ通信で使うモデムにノイズが入って誤りが生じる問題に悩む技術者の相談を受けた。ノイズは頻発する期間もあれば、消える期間もある。マンデルブロが

フラクタル構造は自然界の至るところにある

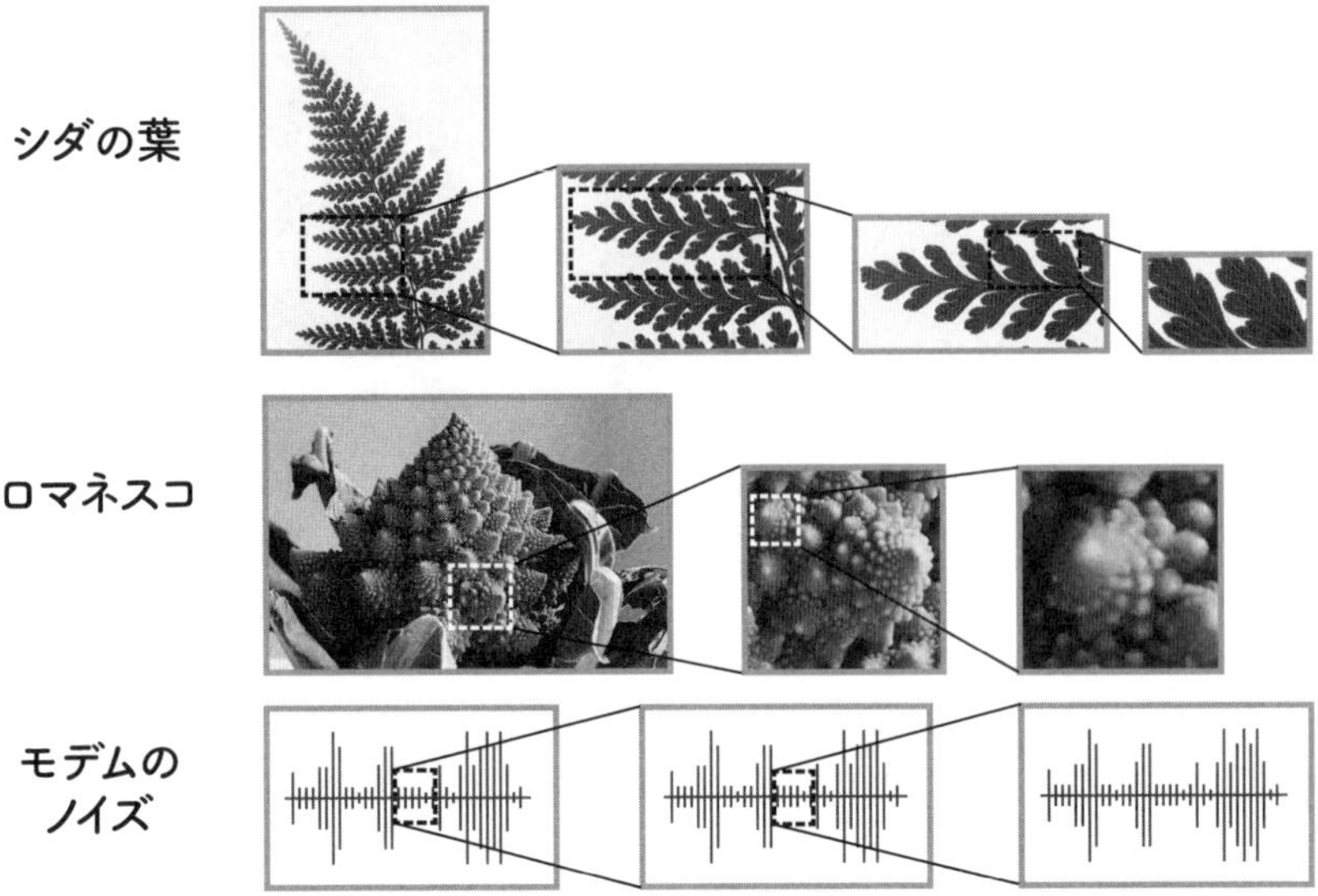

誤差が頻発する期間を拡大して見ると、その中に誤差が少ない期間があった。その期間をさらに拡大してもパターンがある。誤差のある期間と誤差のない期間の関係は、常に一定のパターンだった。**モデムのノイズにもフラクタルの構造があった**のだ。彼の説明で「どうやらノイズは消せないらしい」とわかったＩＢＭの技術者たちは、「誤りは必ずある程度はある」という前提で、冗長な情報を送って誤りを補正する仕組みで対策を取るようになった。

フラクタル構造は一見複雑だが、実はシンプルな数式で表現できる。本書では、単純な式を繰り返す規則で、シダや雪の結晶のような複雑なフラクタル構造が現れることも紹介している。人間や生物の生体組織は複雑だが、実はＤＮＡに遺伝子情報として記録されたシンプルな情報をもとにつくられている可能性もある、ということだ。

このように**一見無秩序な動きの裏に、意外とシンプルな法則が潜んでいる**。カオス理論はこんな現象を解明する上で役立つ。Book 82『エントロピーと秩序』で紹介した熱力学も同様に無秩序な動きが対象だが、熱力学は統計学で確率論的に考える。カオスは確率論的な要素は一切ない。あくまで物理法則で考える。

とはいえ、実はカオスにはまだ統一された定義がない。監修者の上田氏は解説でこう述べている。

「『その定義は?』ということになるが、(中略) 定義はいまだ確立されていない。多くの研究者がそれぞれ独自に定義をしているが、それらに共通しているのは『非線形の確定系(未来永劫まで予測される規則で表現される系)に生じる不規則(未来の状態が予測不可能)な振動現象』というのが定義といえば言えよう」

カオス理論は、発展途上の理論なのだ。本書が刊行された1980年代後半はカオス理論のブームだった。アマゾン上の本書の商品説明には、当時の説明文が記載されている。

「相対論、量子論に続く今世紀最大の発見といわれるこの考え方の秘密を、やさしく説明する」

カオス理論を相対性理論や量子論と比較するのは、率直に言うと、やや過大評価かもしれない。たしかにカオスという概念の発見は重要だったが、その後の理論面での大きな展開はない。

とはいえカオス理論は、いまやさまざまな分野で応用されている。たとえば需要予測、株価変動、景気変動、交通システム、通信技術などだ。一方、冒頭で紹介したようにカオス理論は誤解も多く、一般向けに全体像を紹介した本が少ない。その意味でも本書は貴重な一冊と言えるだろう。

Point

規則的に動くシステムでも「初期値」の違いで無秩序な動きをする

Book 84

『ホーキング、宇宙を語る』

「一般相対性理論」と「量子力学」の限界を示した一冊

林一［訳］早川書房

スティーヴン・W・ホーキング

1942年－2018年。英国の理論物理学者。一般相対性理論と関わる分野で理論的研究を前進させ、ブラックホールの特異点定理を発表し、世界的に有名になった。「車椅子の物理学者」としても知られる。学生の頃に筋萎縮性側索硬化症（ALS）を発症したが、途中で進行が弱まり、発症から50年以上にわたり研究活動を続けた。一般人向けに現代の理論的宇宙論を平易に解説する才能も持ち合わせていた。

ホーキングは「車椅子の物理学者」として広く知られている。21歳、ケンブリッジ大学院に進学したときに随意筋が麻痺して死に至るALS（筋萎縮性側索硬化症）を発症して「1〜2年の命」と宣告されたが、幸い病の進行は弱まり、その後50年以上かけて多くの研究を行った。彼は本書の冒頭でこう述べている。

「ALSにかかるというかなりの不運を別にすれば、私はほとんどすべての面で幸運だった。（中略）理論物理学を選んだ点でも、私は幸運だった。理論はすべて頭の中のことだからである」

40代前半、肺炎による気管切開手術で会話能力を奪われて意志伝達が不可能になりかけたが、視点入力と音声合成装置を備えた重度障害者用小型コンピュータを車椅子につけて、会話ができるようになった。

そんなホーキングはかなりお茶目な人で、「私と私のつながっているコンピュータの違いは、コンピュータは動いていることだ」「イエスは水の上を歩いたと言われているが、それはたいしたことではない。私は電池で走っている」というジョークが残っている。

ホーキングは2018年に他界したが、後述する**特異点定理**の論文をともに書き上げたペンローズは2020年にノーベル物理学賞を受賞した。ホーキングも存命していたら、受賞していたかもしれない。

本書は彼が宇宙の歴史や存在の意味を、平易な言葉でジョークを交えつつ説明した一冊だ。1988年に刊行され、世界で累計2500万部のベストセラーとなり、ホーキングは著名人の仲間入りを果たした。

本書に登場する数式は、かのアインシュタインの公式$E=mc^2$だけだが、それなりに歯ごたえがある。では早速、本書のポイントを紹介していこう。

「一般相対性理論」と「量子力学」の矛盾

一般相対性理論と**量子力学**は、現代物理学を飛躍的に発展させた。2つの理論を整理するとこうなる。

【一般相対性理論】数km～宇宙サイズのマクロな構造について、重力や時空間を解明した理論

【量子力学】何兆分の1mmという超極小の素粒子の世界を解明した理論

実は、この2つの理論は互いに矛盾するのだ。

量子力学では「**素粒子の世界は、予測不可能で無秩序**」と考える。しかし一般相対性理論を提唱したアインシュタインは、この「偶然に支配される」という世界が納得できずに「**神は宇宙相手にサイコロ遊びをしない**」という有名な言葉を残している。一般相対性理論には偶然に支配される要素はない。

また量子力学で扱う電磁気力という力は、本書によると、重力より100×1億×1億×1億×1億倍(1の後に0が42個続く数字)も強い。重力は一般相対性理論が扱う宇宙の世界では主役だが、量子力学が扱う素粒子の世界では力があまりにも弱すぎて、うまく扱えないのだ。

「互いに世界が違うなら使い分ければ?」と思うだろう。たしかに私たちの身のまわりでは問題は起きない。宇宙を考えるときは一般相対性理論を使えばいいし、半導体チップの設計では量子力学を使えばいい。だが、物理学を突き詰めると使い分けられない状況が現れる。きっかけは「**膨張する宇宙**」の発見である。

ホーキングとペンローズの「特異点定理」

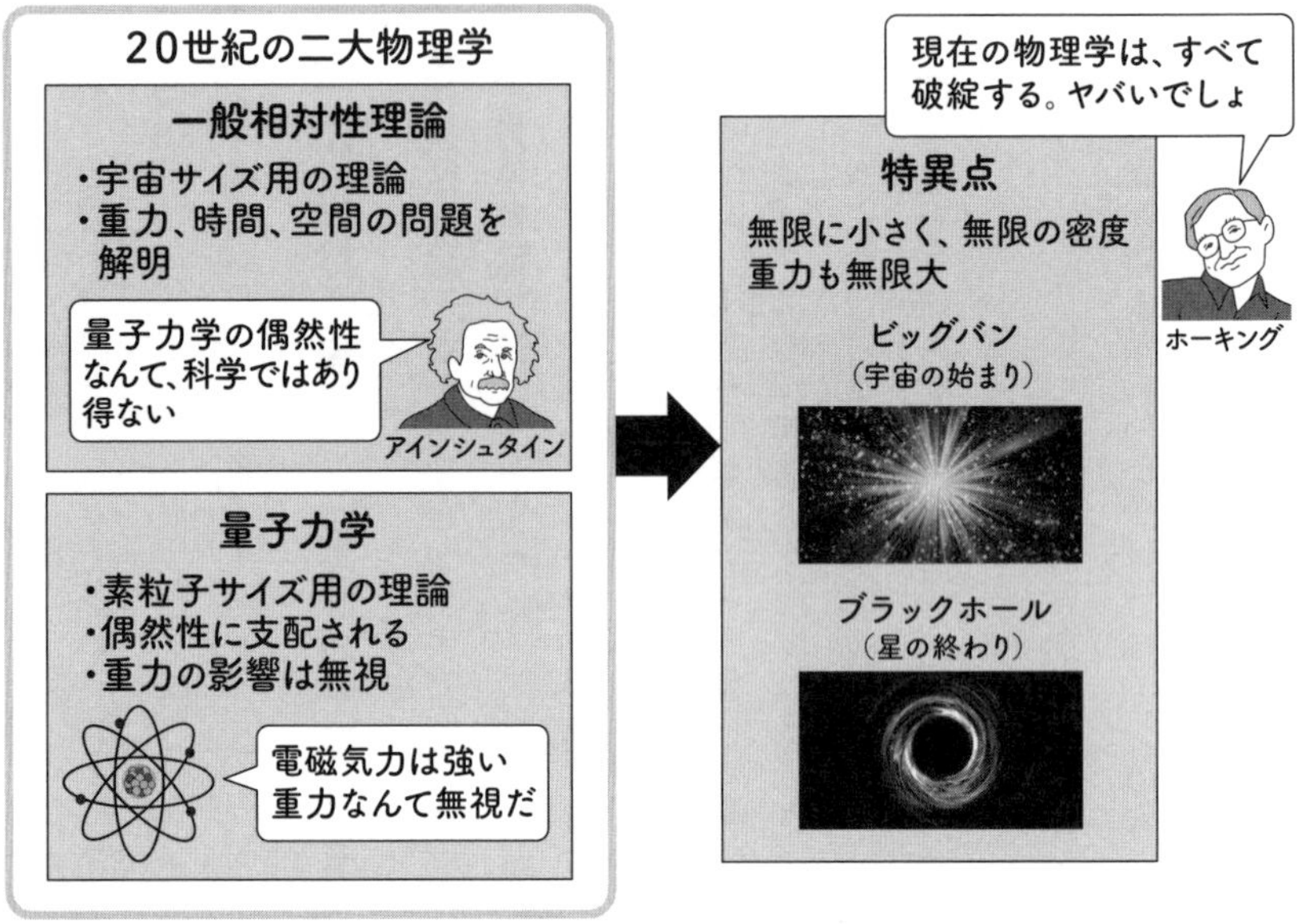
20世紀の二大物理学
一般相対性理論
・宇宙サイズ用の理論
・重力、時間、空間の問題を解明
量子力学の偶然性なんて、科学ではあり得ない
アインシュタイン
量子力学
・素粒子サイズ用の理論
・偶然性に支配される
・重力の影響は無視
電磁気力は強い
重力なんて無視だ
現在の物理学は、すべて破綻する。ヤバいでしょ
ホーキング
特異点
無限に小さく、無限の密度
重力も無限大
ビッグバン
（宇宙の始まり）
ブラックホール
（星の終わり）

膨張する宇宙からわかった「ビッグバン」

空気がキレイな山頂でくっきり見える天の川は、太陽系も含む何千億個もの恒星を含む銀河系を、銀河系の端にある地球から眺めた姿だ。宇宙にはこんな銀河がさらに何千億個もある。

宇宙は急速に膨張中である。1929年、天文学者ハッブルはすべての銀河が地球から遠ざかっていることを発見した。遠ざかる速度は地球からの距離に比例していた。宇宙全体が、風船が膨らむように膨張し、互いの恒星の位置が離れ続けている。さらに**宇宙は10億年で5〜10%のペースで膨張している**こともわかった。逆算すると、100〜200億年前は宇宙にある何千億個の銀河は1点に集中していたことになる。つまり**宇宙の始まりは、この「ビッグバン」の瞬間にあるらしい**とわかったのだ。

しかしビッグバンでは、隣り合う**何千億の銀河の距離は極小のゼロ**になり、**宇宙の密度は無限**になり、**重力も無限大**になる。一般相対性理論に基づくと、

時空間は無限に歪む。

しかし一般相対性理論は現在の宇宙サイズが前提で、ビッグバンのような極小サイズの条件は想定していない。極小世界のビッグバン環境では、量子力学が無視してきた重力の力が無限大になるので、この量子力学の出番になる。しかし今度は量子力学も使えない。つまり現在の物理学の理論は、破綻してしまうのだ。こうして理論自体が破綻する点が「**特異点**」だ。1970年、ホーキングは新たな数学テクニックを開発して物理学者ペンローズと共同で論文を執筆し、「**一般相対性理論が正しく、宇宙が観測通りならば、特異点があったはずだ**」という**特異点定理**を提唱した。この特異点は他にも存在し得る。ブラックホールだ。

ブラックホールという「特異点」

太陽のような恒星は水素が集まって生まれる。水素原子は核融合反応で結合して、ヘリウムになる過程で質量が失われ、莫大なエネルギーを生み出す。核兵器の水素爆弾と同じ仕組みだ。こうして恒星は数億〜何十億年も燃え続け、燃え尽きると冷え始めて収縮する。では、どこまで収縮するのか？

私たちの身のまわりにあるモノは、どんなに圧縮しようとしても物体内部の粒子が反発してさほど小さくならない。恒星内部でも粒子が熱を持って運動しているので、粒子同士は一定の距離以上に近づこうとせずに反発する。このとき、恒星がどの程度収縮するかを決めるのが、恒星の重力だ。重力と粒子の反発力が釣り合ったレベルで、恒星の収縮が落ち着く。重力が大きい星ほど圧縮され、小さく収縮する。この収縮は、想像を絶するレベルになる。太陽と同じレベルの質量を持つ星は、**白色矮星**《わいせい》になる。角砂糖程度の大きさで1トン程度の密度になり、半径は太陽の100分の1程度に収縮する。

質量が大きな恒星はより収縮が進み、**中性子星**になる。恒星が自分の重力で急激に収縮が加速する**重力崩**

壊が起こって、角砂糖程度の大きさで数億トンの密度になり、半径は10マイル（約16㎞）程度になる。

さらに圧縮が進むと重力場がきわめて強くなる。一般相対性理論に基づくと、光ですら脱出できないほど時空間を歪めてしまい、近づきすぎたものは何でも呑み込んでしまう――これが**ブラックホール**である。

ホーキングとペンローズは特異点定理で、ビッグバンと同じく**ブラックホールの中にも無限大の密度と無限大の時空湾曲率を持つ特異点がある**ことを明らかにした。ブラックホールの特異点でも、あらゆる物理法則が破綻する。1960年代まで一般相対性理論は万能だと思われていたが、そこに疑問を突きつけたのがこの「特異点定理」なのだ。しかもホーキングは、特異点の存在を論文で証明してしまった。

ビッグバンとブラックホールは、一般相対性理論と量子力学を無効にする究極の環境なのだ。

ただ、ブラックホールは存在を予言されてはいたが、存在が未確認だった。実際に確認されたのは最近だ。

2019年、世界で初めて5500万光年離れたおとめ座銀河団の「M87銀河」にある太陽の65億倍もの質量を持つ巨大ブラックホールの撮影に成功した。これがブラックホールの存在についての初の直接的な証拠だ。2022年には銀河系の中心にある太陽よりも400万倍重い巨大ブラックホールも撮影に成功した。

「**なぜ光を出さないブラックホールが撮影できるの？**」と思ってしまうが、ブラックホール周辺ではガスや電波が放出される。そこで地球上の8カ所の電波望遠鏡を連動させ、データを合成し画像をつくったのだ。

本書の解説で大阪大学理学部教授（当時）の池内了氏は「（宇宙創生の出発点となる）宇宙卵は、重力の働きを記述する一般相対性理論と、微視的物質の不確定性原理を本質とする量子論の結婚の上に生まれる。それを証明する『量子重力理論』は、実はまだ完成されていない」と述べている。ブラックホールを研究すれば、この新たな理論の検証ができる。だから多くの物理学者がブラックホールの研究を行っているのだ。

参考までに、映画『インターステラー』は、ここで紹介した世界が映像で表現された知的エンターテインメントだ。ブラックホール内部に入った主人公が、地球で待つ娘に特異点のデータを重力波を駆使して送る場面もある。データを解析した娘は重力問題の解を見つけ、人類を救済する。ぜひご覧いただきたい。

ホーキングは本書をこんな言葉で締めくくっている。「もしわれわれが完全な理論を発見すれば、その原理の大筋は少数の科学者だけでなく、あらゆる人にもやがて理解可能となるはずだ。（中略）それは人間の理性の究極的な勝利となるだろう――なぜならそのとき、神の心をわれわれは知るのだから」

最先端の物理学は「森羅万象の根源を解き明かす」という途方もない挑戦をしているのだ。

一方で哲学者マルクス・ガブリエルは Book 21『なぜ世界は存在しないのか』で彼をこう批判する。

「ホーキングは、世界（中略）を宇宙と同一視しています。（中略）哲学は、すでに長いこと（中略）物理学の対象領域という意味での宇宙と、わたしたち現代人が呼んでいるところの『世界』とを区別してきました。（中略）宇宙はひとつの存在論的な限定領域ですが、ホーキングはそのことに気づいていません」

一般人にはガブリエルが言うとおり「世界＝社会」だが、あらゆる物質の摂理を考え続けた物理学者ホーキングには「世界＝宇宙&素粒子」だ。「警察官の制服を着用して月の裏面に棲んでいる一角獣でさえ存在する」と言ったガブリエル流に解釈すれば、「それもホーキングの世界」と考えるべきなのかもしれない。

そんな理論物理学者の思考を理解したい人には、本書はぜひおすすめしたい一冊である。

Point

現代物理学は、ホーキング博士が突きつけた「特異点定理」を乗り越える挑戦をしている

Book 85

『エレガントな宇宙』

森羅万象は「ひも」でできている！

林一／林大［訳］草思社

ブライアン・グリーン

1963年－。米国の理論物理学者。超ひも理論研究者として知られる。ハーバード大学を卒業後、オックスフォード大学で博士号取得。コロンビア大学物理学・数学教授。超ひも理論の権威ウィッテンから「現役ひも理論研究者のなかでも指折り」という評価を受ける一方で、超ひも理論を普通の言葉でわかりやすく語れる数少ない物理学者であり、これまでに世界各地で一般向けの講演も行っている。

Book 84『ホーキング、宇宙を語る』で紹介したように、一般相対性理論と量子力学はブラックホールなどの特異点で破綻する。この矛盾を解決するために多くの物理学者が挑戦中だ。その中でも本書のテーマである**超ひも理論**は、物理理論を統一する〝エレガント（簡潔で要を得た）〟な最右翼候補だ。

著者のグリーンは、米国コロンビア大学物理学部の教授で、超ひも理論を研究する理論物理学者だ。500ページを超える本書は1999年に刊行され、欧米では科学書としては珍しくベストセラー上位を長期間維持。おかげで超ひも理論が広く知られるようになった。ただ本書は、図はあるものの文章主体なのでわかりにくい。また英語版は2003年に第2版が刊行されたが日本語版は初版のままで、最新情報が反映されていない。そこで2023年刊行の『別冊 超ひも理論 宇宙を解き明かす究極の理論』（ニュートンムック）をサブテキストに活用して、超ひも理論の奥深い世界を見ていこう。

従来の物理学は「**物質は粒子でできている**」と考えてきたが、ひも理論は「**物質はひもでできている**」と考える。次ページ図のように身近な物質を細かく分解してみよう。

①物質は分子で構成される、②分子は原子で構成される、③原子は原子核と周囲を回る電子で構成される、

物質を細かく分解すると「ひも」になる

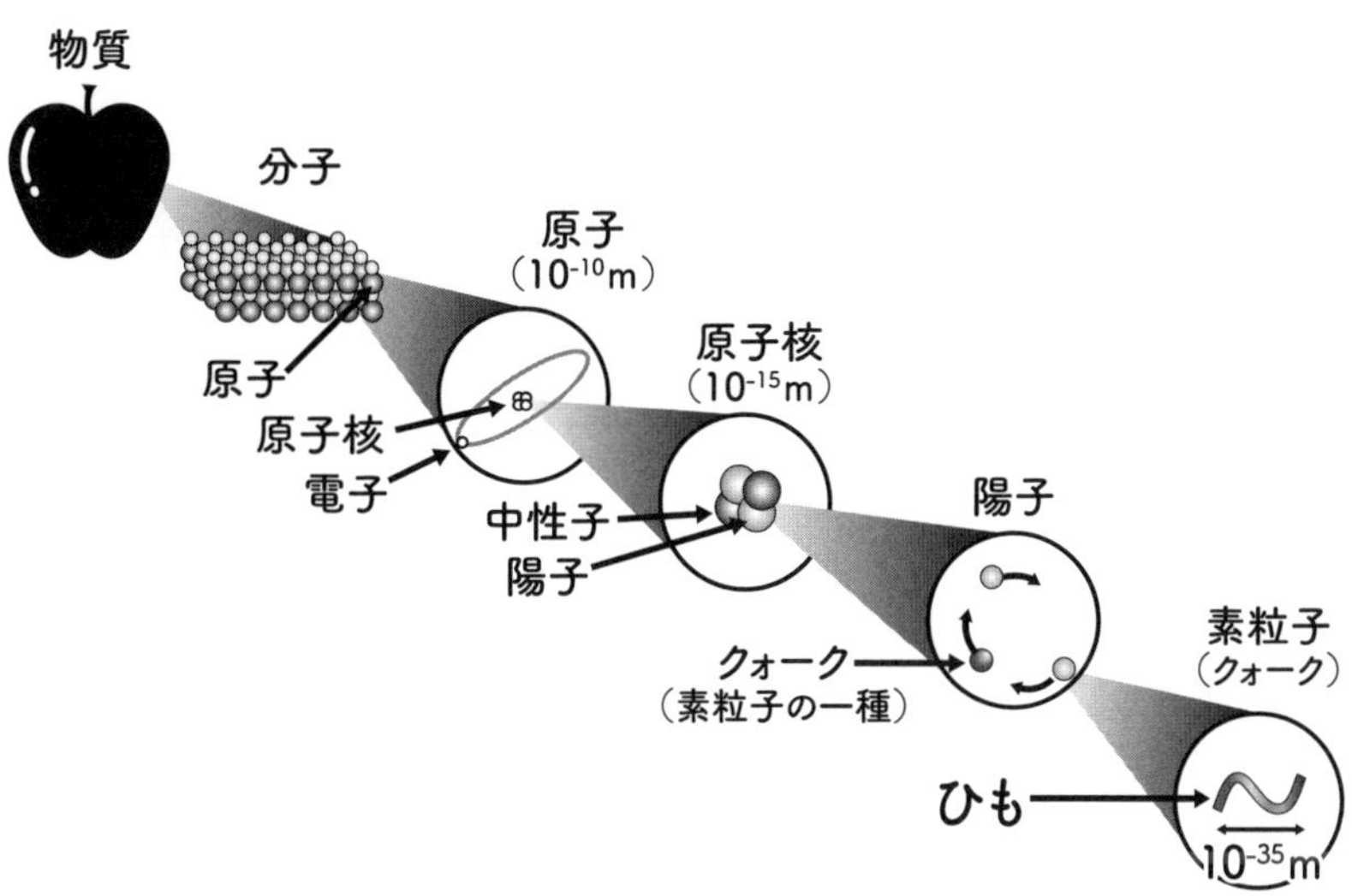

④原子核は陽子と中性子で構成される、⑤陽子や中性子は**クォーク**(素粒子の一種)で構成される。

そしてクォークは**ひも**でできている。**あらゆる物質の根源はひも**だ。ひもは1種類しかなく、バイオリンの弦のように振動している。バイオリンの弦が多様な音色を奏でるように、ひもは振動数が変わると、いろいろな種類の素粒子になる。ひもには質量がなく、振動することで質量を持つ。ひもは長さ10のマイナス35乗mだ。原子サイズ(10のマイナス10乗m)を宇宙の大きさ(10の26乗m)とすると、ひもは電柱の高さ(10m)。実に極小サイズだ。

次ページ図のように、ひもは両端がある**開いたひも**と輪ゴムのように**閉じたひも**があり、収縮や回転をして振動し、2つに分離したり融合したりする。

ひも理論はノーベル物理学賞を受賞した南部陽一郎氏が1970年に提唱した。当時多くの素粒子が発見されていたが、「素粒子がたくさんあるのは変」と考える物理学者が多かった。そこで南部氏はひも理論を提唱した。数々の実験で否定されて下火に

「ひも」はどのようにふるまうか？

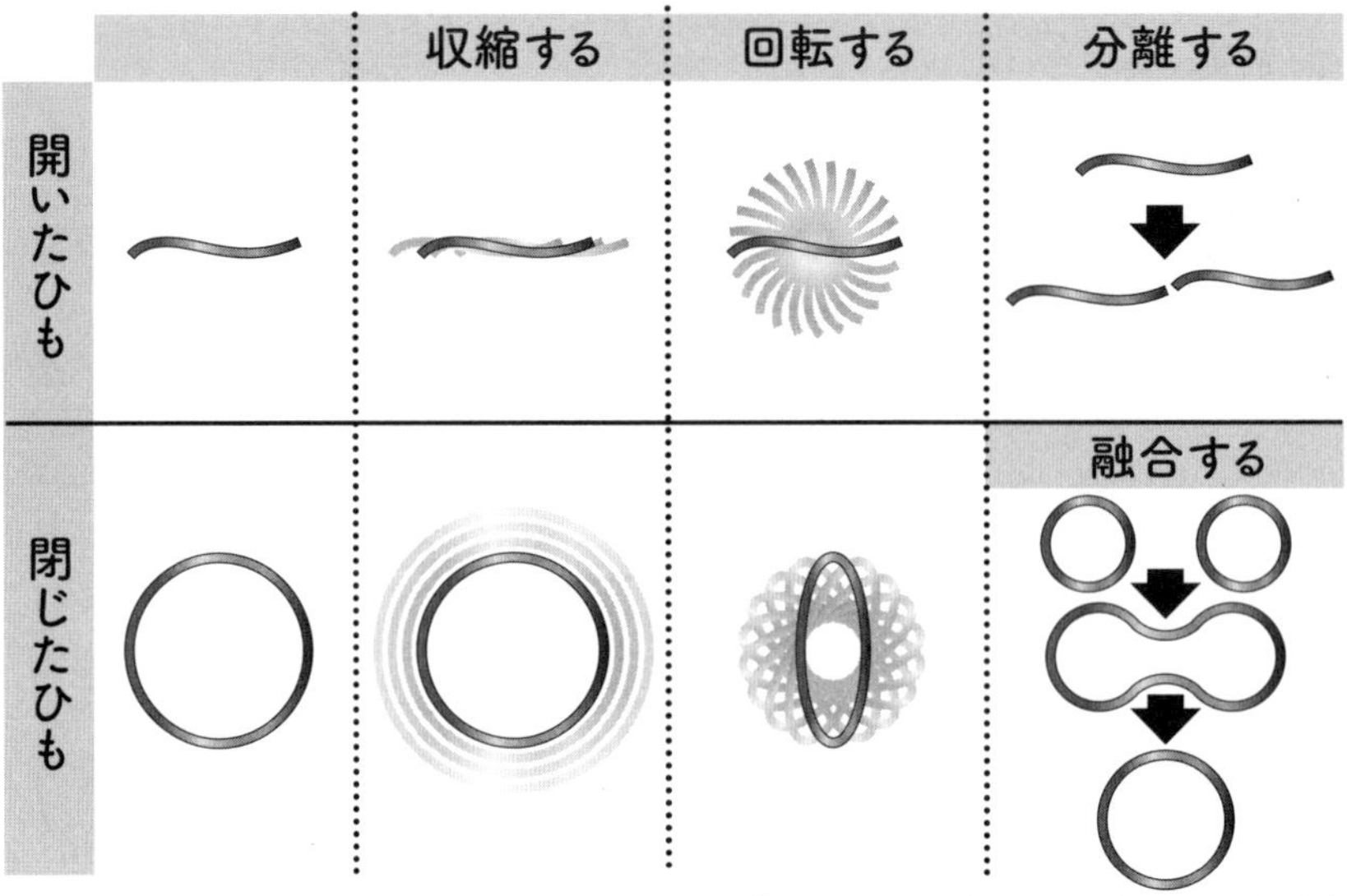

『別冊　超ひも理論』（ニュートンムック）を参考に筆者が作成

なったが、理論のシンプルさに惹かれて取り組む研究者も少数ながらいた。1980年代、ひも理論は**「超ひも理論」**になって物理学の最先端に躍り出た。

「超ひも理論」と「M理論」

2022年公開の映画『シン・ウルトラマン』では「ブレーン」「並行宇宙」「余剰次元」などの言葉が次々と出てくる。ウルトラマンや外星人（宇宙人）は、並行宇宙を自由に行き来する。この世界観は超ひも理論に基づいて、京都大学の理論物理学者・橋本幸士教授が監修を担当して構成されたという。

超ひも理論では、宇宙は10次元（空間9次元＋時間1次元）と考える。「空間は3次元でしょ。残りの6次元はどこ？」と思ってしまうが、超ひも理論は「残り6次元は**余剰次元**として畳まれている」と考える。

極小のアリになってロープを歩いていると想像してみてほしい。ロープは遠くから見ると1次元の線だが、ロープの表面を歩く極小のアリの目線では2次元の広い平面だ。1次元のロープにも、2次元の

宇宙はブレーン（膜）でできている

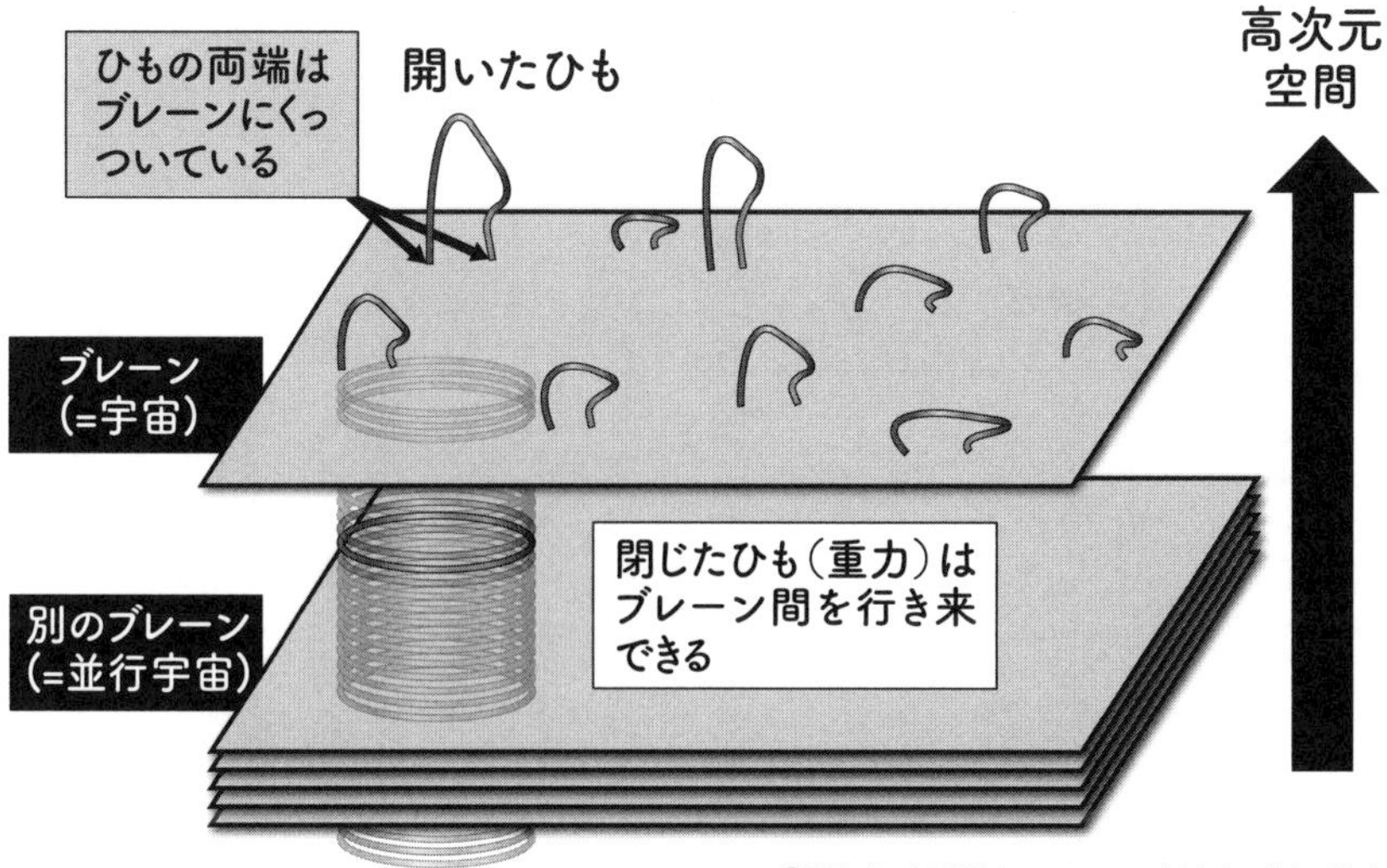
ひもの両端はブレーンにくっついている
開いたひも
高次元空間
ブレーン（=宇宙）
閉じたひも（重力）はブレーン間を行き来できる
別のブレーン（=並行宇宙）

『別冊 超ひも理論』（ニュートンムック）を参考に筆者が作成

世界がある。同様に私たちは普段わからないが、極小のひもの世界を拡大すると、空間のあらゆる点に余剰次元（6次元）が小さく収まっている、と考えるのだ。9次元で考えるのは「素粒子はひもでできている」と考えた場合、3次元空間でひもの振動を考えると理論が破綻するからだ。たとえば光子は質量ゼロだが、光子もひもなので振動する。しかし、ひもは振動すると質量を持つので矛盾する。そこでひもが9次元で振動しており、余剰次元でマイナスエネルギーが生じていると考えれば辻褄が合う。9次元空間でひもの振動を考えれば、振動のバリエーションが増え、現実の素粒子を表現できるのだ。

1995年、超ひも理論は進化した。理論物理学者ウィッテンはさらに1次元を追加して11次元とした上で「**宇宙は1枚の膜**」と考える**M理論**を提唱した。この膜を**ブレーン**と呼ぶ。開いたひもの両端はブレーンにくっつき離れない。この開いたひもが、宇宙（ブレーン）の物体だ。宇宙が1枚のトーストならば、物体（開いたひも）はトーストに塗ったジャムで宇宙から離れない。

この宇宙に並行して数多くの宇宙が存在する。**並行宇宙**だ。前ページ図ではブレーンを2次元で描いているが、私たちの宇宙は3次元のブレーンだ。並行宇宙では、1次元や9次元のブレーンの宇宙もあり得る。閉じたひも（重力）はブレーンに固定されずに、余剰次元を移動してブレーン間を行き来して、並行宇宙に行ける。重い物体が動くと生まれる重力波を使えば、別宇宙と交信できる可能性がある。そして並行宇宙の物理法則や素粒子の種類は、余剰次元の畳み方で変わる。物理法則や素粒子の種類は、別の並行宇宙ではまったく変わる。この並行宇宙の組み合わせは、10の500乗もの組み合わせがあると考えられている。

「SFの世界だ」と思ってしまうが、現代の理論物理学者はこの世界観を受け入れている。理由は、超ひも理論が一般相対性理論と量子力学の限界を超えて、物理理論を統一できる可能性があるからだ。

超ひも理論が「万物の理論」となる可能性

量子力学は「素粒子は点で大きさゼロ」と考えるが、これで計算すると質量やエネルギーが無限大になり矛盾が生じるので、「くりこみ」という方法で補正している。素粒子の世界ではこれでOKだが、重力を扱おうとすると破綻する。そこで「素粒子は粒子でなく〝ひも〟」と考えると辻褄がキレイに合う。

また特異点定理で紹介したように、一般相対性理論も量子力学も「物質は粒子」と考えているので、ビッグバンやブラックホールは、大きさゼロ・密度無限大になり、破綻する。しかし超ひも理論で考えれば、大きさはゼロではなくひもの長さになり、密度も無限大にならないので理論は破綻しない。この超ひも理論に基づき「ビッグバンでは、余剰次元を折り畳んだ状態で3つの空間次元だけ突然膨張した」「ビッグバンは2つのブレーンの衝突で起こった」「宇宙はビッグバンとビッグクランチ（収縮）を繰り返している」という説も提唱されている。いずれも仮説だが、ビッグバン前の時間が存在する可能性も出ている。著者のグリーンはこう述べている。「私たちは物理学史上はじめて、宇宙の基本的特徴の一つ一つを説明する能力を備えた枠組みを手にしている。このため、ひも理論は『万物の理論』（TOE＝Theory of Everything）、『究極理論』、『最終理論』かもしれないと評されることがある」。ちなみに**万物の理論**とは、電磁力・強い力・弱い力・重力といった4つの力をすべて網羅して説明できる理論で、現時点では存在していない。

なお、超ひも理論では、**超対称粒子**という素粒子の存在が予言されている。超対称粒子の発見で、超ひも理論を裏づけられるので、加速器で非対称粒子をつくる実験が行われている。まだ発見の報告はない。

超ひも理論はまだ仮説で未検証だが、世界中で数多くの理論物理学者が何十年も研究を続けている。本書ではM理論を提唱したウィッテンの言葉が引用されている。

「私たちは今、これまでに私たちが手にしたどんなものよりずっと深い理論を組み立てる過程にあるのだ」

超ひも理論研究者の大栗博司氏は『大栗先生の超弦理論入門』（講談社）で、ニュートンの万有引力はキャベンディッシュの精密な実験で検証されるまで100年、アインシュタインの$E=mc^2$という式もコックロフトとウォルトンによる実験で検証されるまで27年かかった例を挙げている。超ひも理論も検証に50〜100年かかるかもしれないが、検証完了時には、私たちの世界観は再び大きくアップデートされるだろう。

Point

「超ひも理論」は宇宙に対する理解を大きくアップデートする

Book 86

『時間は存在しない』

時間は「人間の主観」に過ぎない

冨永星［訳］NHK出版

カルロ・ロヴェッリ

1956年－。イタリアの理論物理学者。ボローニャ大学卒業後、パドヴァ大学大学院で博士号取得。イタリアやアメリカの大学勤務を経て、フランスのエクス＝マルセイユ大学の理論物理学研究室で、量子重力理論の研究チームを率いる。「ループ量子重力論」の提唱者の一人。『世の中ががらりと変わって見える物理の本』は世界で100万部超を売り上げ、大反響を呼んだ。

「万物の理論」の候補は、Book 85『エレガントな宇宙』で紹介した超ひも理論のほかにもある。有力候補のひとつが、本書で紹介されている**ループ量子重力論**だ。世界の論文が検索できるグーグルスカラーで検索すると、両陣営のホットな議論を確認できる。著者のロヴェッリは、ループ量子重力論の中心人物だ。

しかし超ひも理論は邦訳本が多いのに、ループ量子重力論の邦訳本はロヴェッリの著書くらいしかない。世界でホットな最新理論物理学のもうひとつの動きとして紹介したい。

「現代のホーキング」とも称されるロヴェッリはイタリアの理論物理学者だ。本書はループ量子重力論に基づいて「時間の謎」を考えた一冊だ。２０１７年にイタリアで出版、現在35カ国で刊行され、米国の『ＴＩＭＥ』誌では「この10年のノンフィクションベスト10」に選ばれている。

ループ量子重力論は、３次元空間が前提だ。超ひも理論のように「空間は11次元ある」とは考えない。ただし極小世界では時間や空間は連続ではなく粒々の状態で、空間は後述する**空間量子**でつくられていると想定し、時間も存在しないと考える。本書の題名は、このループ量子重力論の考え方を反映している。

「でも時間は存在するでしょ。今日も時間通り生活したよ」と思ってしまうが、ロヴェッリは、これは古い常識だと言う。これまでの人類の常識は劇的に変わってきた。たとえば天動説の常識は、地動説の常識に変わった。とはいえ、時間はやはり存在するように思える。なぜ「時間は存在しない」と言えるのだろう？

思考実験をしてみよう。地球から4光年（光が4年で届く距離）離れた恒星にあなたの友人がいる。あなたは超高性能の望遠鏡で友人を眺めて、こう考えている。「アイツ、今何やっているのかな？」

ロヴェッリ曰く「その質問には意味がない」。その友人の姿は、4年前の姿だ。友人はその直後、地球へと旅立ち、4光年の距離をほぼ光速に近い速度で移動し、地球に帰還しているかもしれない。

特殊相対性理論で見た通り、光速に近い速度で移動すると時間経過が極端に遅くなる。「今」のあなたは友人の4年前の姿を見ているが、友人にとってそれから4年後の「今」はすでに地球に戻っており、地球時間でいう10年後の未来にいるかもしれない。しかし、未来が「今」ということはあり得ないことだ。

ここでいま一度、落ち着いて頭を整理して考えてほしい。この2人にとって「今」とはいつだろう？

このように現代物理学では、宇宙における時間は人それぞれなのだ。ロヴェッリはこう述べている。

『宇宙の今』という言葉には意味がない

空想上の話ではない。現実に起こっている。ＧＰＳ衛星は相対性理論の効果で1日30マイクロ秒速く進むので、時間のズレを補正している。「共通時間は存在しない」のは日常生活では現実なのだ。１００年前、アインシュタインが相対性理論で明らかにした事実だが、私たちはこの事実をまだよく理解していない。

物理法則は時間経過のメカニズムは示していない

「でも物理学では時間の存在が明確だよ」と思うかもしれないが、これも間違いだ。「過去と未来」「原因と結果」を区別する物理学はない。ニュートン力学も一般相対性理論も量子力学も「過去→未来」の流れを示していない。「そんなバカな！」と思ってしまうので、確認してみよう。

ニュートン力学は、物体の動きを式で表現する。ボールを落下させる動画を撮って「未来→過去」へ逆再生すると、下から上に投げたボールの速度が徐々に落ちているように自然に見える。両者の現象をニュートン力学の方程式で記述すると、同じになる。違いは初速度の値だけ。落下の場合は初速度ゼロ、下から投げる場合はある程度の初速度を持つ。「過去→未来」も「未来→過去」も同じ方程式で、両者は可逆的なのだ。

しかし「過去→未来」への流れを示した不可逆的な物理法則が、1つだけある。Book 82**『エントロピーと秩序』**で紹介した「エントロピーは常に増大し続ける」という**熱力学第二法則**だ。紅茶にミルクを入れると、次第に混ざってミルクティーになる。動画を逆再生すると、ミルクティーが紅茶とミルクに完全分離するが、不自然なのですぐに「逆再生」とわかる。唯一、熱力学第二法則だけが「過去→未来」への不可逆的な現象だ。エントロピーが低く秩序がある状態（紅茶）が、あるきっかけに崩壊し（ミルクを入れる）、エントロピーが増える（ミルクティーになる）。人はこの過程を時間と感じる。つまり物理学的には時間の不可逆性は唯一、エントロピーだけに関係がある。このエントロピーの問題は、あとで詳しく見ていこう。

時間には最小単位がある

ループ量子重力論は、極小の量子力学の世界を考える理論だ。ループ量子重力論は量子力学の世界で当初からわかっていた3つの特性（**粒状性・不確定性・関係性**）に基づいて、時間・空間の概念を覆していく。

【粒状性】量子の世界は、すべての現象に最小単位がある。時間にも**プランク時間**（10のマイナス44乗秒）という最小単位がある。量子力学の世界の時間は連続性がなく、時間は一様に流れずにプランク時間の単位でピョンピョンと跳ぶ。さらに大きさにも**プランク長**（10のマイナス35乗m）という最小単位がある。

【不確定性】量子力学の世界では、特定の電子の場所や速度は正確に予測ができず、確率的に推測しかできない。時間や空間も同じだ。時間についても過去・現在・未来も揺れ動いていて、確定できない。

【関係性】量子は不確定性の世界だが、何かと相互作用することで不確定性は解消する。先に述べたように電子の場所は確率でしか予測できないが、その電子がブラウン管のスクリーンに当たると明るい点をつくって場所が確定する。これは時間や空間も同じで、何かと相互作用することで、時間や空間が確定する。

以上の量子の世界を踏まえて、ロヴェッリは「空間も**空間量子**という量子だ」と考える。空間量子が相互作用して結びついて、それがネットワークとなって空間を形づくっている。

たとえば宇宙空間のように、一見すると真空で何もない空間でも、その空間は空間量子で満たされている。この空間量子が相互作用することで、何らかの出来事が起こり、時間が生まれるのだ。

これが従来の相対性理論や超ひも理論と大きく異なる点だ。このように、時間の正体は複雑である。「過去→未来」へと単純に流れないし、実は存在もしていない。でも私たちは時間を認識する。なぜだろう?

「人間の知覚」が時間を生み出した

実は我々の知覚が、過去と未来を区別している。そこで秩序ある状態（低いエントロピー）から、無秩序で乱雑な状態（高いエントロピー）へと変わるエントロピーの世界で、このことを考えてみよう。

そもそも「秩序ある特殊な状態」とは何だろう?

私たちは次ページ図①の状態（上が黒いカード、下は赤いカード）を「秩序ある状態」と感じるが、図②も数字順の秩序がある。

エントロピーが高いのはどれ?

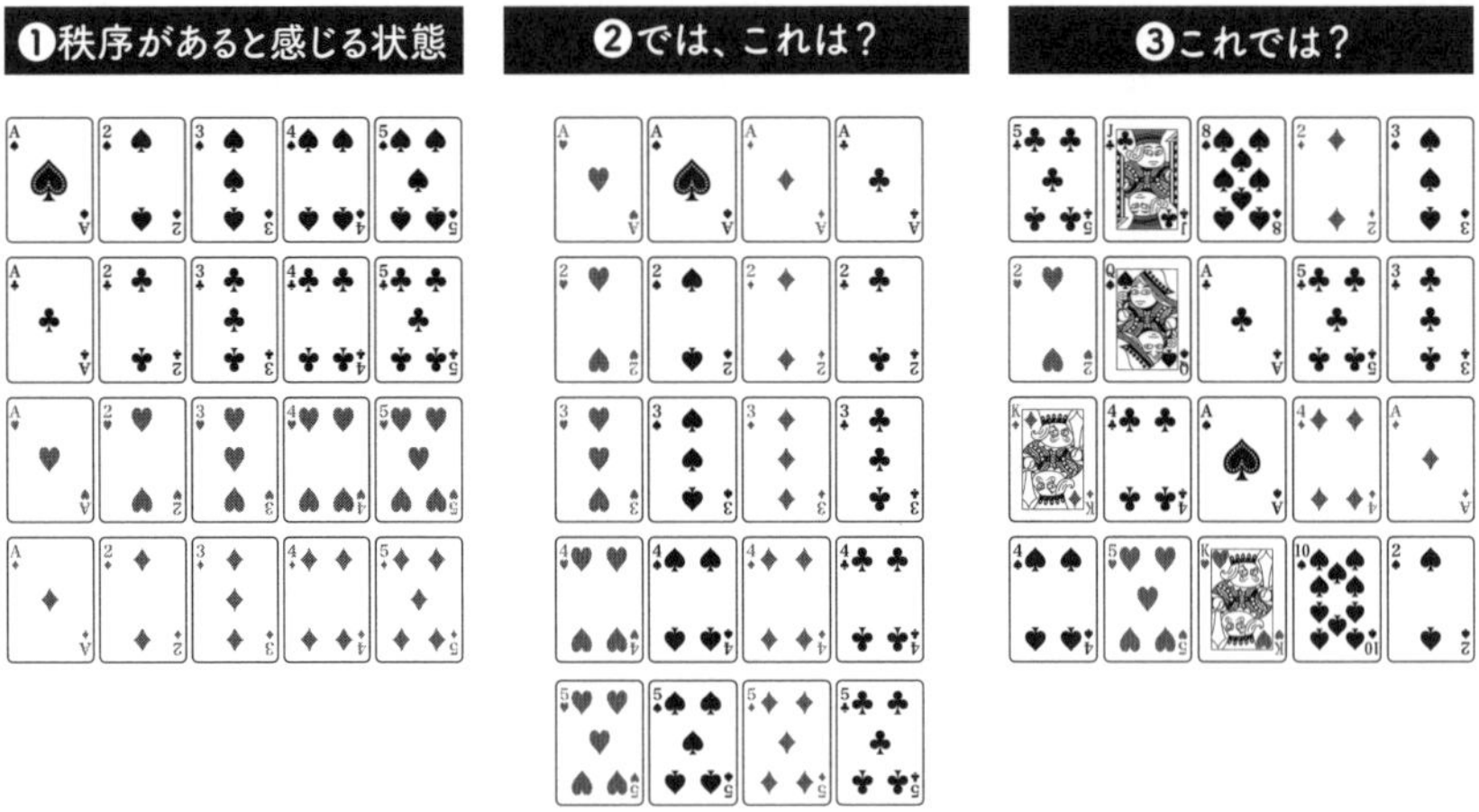

図③は秩序がない。しかし、カードの色や数字順序などの先入観を外せば、これもこの状態だけの特別な状態だ。実は、すべての配置は特殊なのだ。**「秩序ある状態」とは人の認知でしかない。物理法則でもない。**

人は個々すべてを認識し、把握する能力がない。ミルクティーも、極小世界に拡大すると紅茶の分子とミルク分子に分離しているが、人間は認識できない。人は自分が認識できるパターンを「秩序」と考える。

これは人間の認知の限界によるものだ。エントロピーとは、全体を秩序という視点で大雑把に捉えた概念なのである。この結果、人間はエントロピー増大の不可逆性を感じて、時間を認識する。これは「記憶」の働きである。過去の過程を記憶し、意味づけして、未来と結びつけている。ロヴェッリはこう述べている。

「つまり時間は、本質的に記憶と予測でできた脳の持ち主であるわたしたちヒトの、この世界との相互作用の形であり、わたしたちのアイデンティティーの源なのだ」

ここでロヴェッリは、時間という概念を語った哲学者たちの言葉を紹介している。

Book 11『現象学の理念』の著者フッサールは、「最初にやってくるのは前者（物理的な世界）であって、わたしたちの理解の度合いとはまったく無関係に前者によって定まるのが後者（意識）だ」と述べている。

Book 6『純粋理性批判』のカントは「空間も時間も知識の先験的（アプリオリ）な形式である」

Book 12『存在と時間』のハイデガーは「時間は、そこに人間存在がある限りにおいて時間化する」

さらにブッダが一切皆苦（一切はすべて苦）と言ったことも紹介している。生まれること、老い、死、忌み嫌うものとの出会い、愛するものとの別れは「苦」だ。人は持つモノを失い、記憶や予測の中で苦しむ。

「因果関係は人間の思い込みだ」と喝破した Book 5『人性論』の著者ヒュームも「人間は知覚の束である」と言っている。18世紀のヒュームの思想も、ロヴェッリの主張に近い。

理論物理学で時間の謎を突き詰めて考えると、個人のアイデンティティや意識に行き着くのだ。

ロヴェッリはこう述べている。「自分たちが時間であることを悟り始める。わたしたちはこの広がり、ニューロン同士のつながりのなかにある記憶の痕跡によって開かれた空き地なのだ」

Book 46『正法眼蔵』の道元流に言えば、過去も未来もなく、「今、ここ」しかないのだ。

理論物理学の世界が、哲学が時間をかけて議論してきた時間の概念に近づいているのは、実に興味深い。

Point

物理学では時間は存在しない。人間の認識が時間を生み出している

Book 87

『科学と仮説』

「これは科学だから真実」は、実は非科学的な考え方

伊藤邦武［訳］岩波文庫

ポアンカレ

1854年－1912年。フランスの数学者、物理学者、科学哲学者。フランス、ナンシーで、医学者の家庭に生まれる。パリ大学にて数学の博士号を取得。同大学で数学、数理物理学、天文学などの教鞭をとる。フランス科学アカデミー、アカデミー・フランセーズ会員。ポアンカレ予想の提唱者で、フラクタルやカオス理論の先駆者としても有名。多方面ですぐれた業績を残し、「最後の万能学者」とも呼ばれる。

科学で説明できない不思議な現象が報告されると、こう言って一刀両断する科学者をよく見かける。

「科学理論ではこうなっている。そんな非科学的な現象は、インチキに決まっている」

これこそ非科学的な態度だ。**科学は仮説に過ぎない**。科学理論で説明できない現象が起こったら、まずは事実の確認。そして本当にその現象が起こっていたら、見直すべきはその現象ではなく科学理論なのだ。

科学は実証後も、よく見直される。ニュートン力学は「光の速度は一定」という現象を説明できず、アインシュタインの相対性理論が登場した。科学は仮説。だから新事実が出たら科学を修正すべきなのだ。

20世紀初頭にこの科学と仮説の構造を明らかにしたのが「万能の天才」と呼ばれるポアンカレだ。

ポアンカレは1854年生まれ。位相幾何学で多くの発見をし、「三体問題」でカオス理論の原型をつくり、理論物理・天体力学・電磁気学に精通していた。

それまで「科学は絶対的な真理」と信じられていたが、科学が進化し、ニュートン力学などの矛盾が明らかになり新たな科学理論が仮説として提唱されると、人々は「仮説に過ぎない科学を信じて大丈夫か？」と考え始めた。しかし科学を無条件に信じるのも、仮説だと軽んじるのも、彼に言わせれば「理解が浅い」。

科学者は実験結果を一般化して、科学理論という仮説を立てる

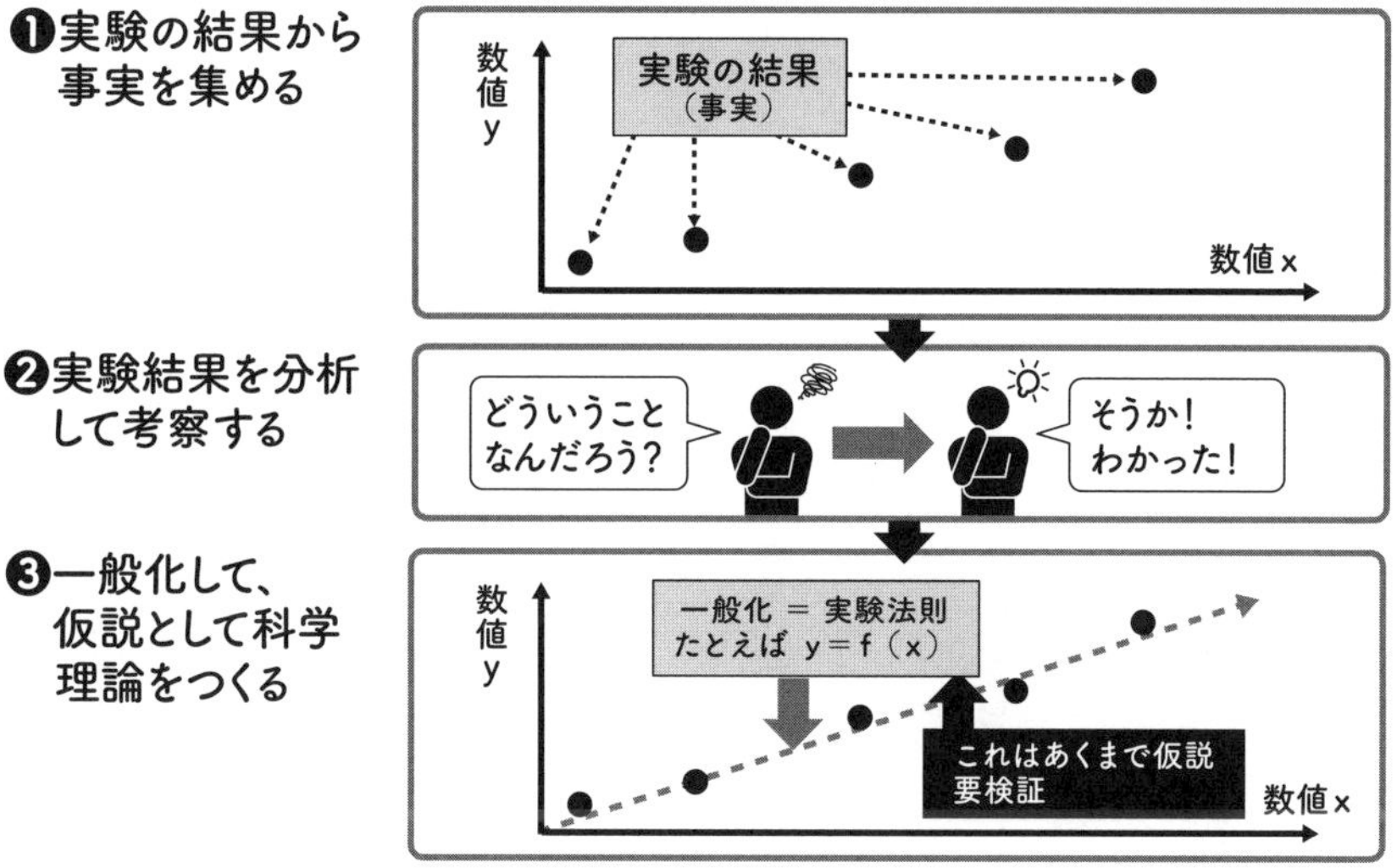

そこで科学における仮説の役割を示したのが本書なのだ。「科学は仮説」という本質がわかれば私たちの見方も変わり、思考力も高まる。

岩波文庫版『科学と仮説』には、河野伊三郎氏による旧訳版と、伊藤邦武氏による新訳版がある。読み比べると、河野訳は文体は古いが、格調高くすんなり頭に入る。伊藤訳は読みやすく、最新の知見を反映している。そこで最新の知見が得られる伊藤訳で紹介しよう。ただ本書は各分野の事例が多く、計算式もあるため意外と難解なので、科学が苦手な人は竹内薫著『99・9％は仮説』（光文社新書）を一読してから挑戦するのがおすすめだ。

科学者は、次のような流れで理論をつくる。

❶**実験結果から事実を集める**：科学者は実験で光が直線に進むことを検証したり、固体の性質を調べる。この段階の実験結果は単なる「事実の集まり」だ。

❷**結果を分析して考察する**：事実を分析し、他人が実験で同じ結果が出るような法則を導き出す。

❸一般化して仮説として科学理論をつくる：誰が実験をしても結果を予見できるようにする。たとえば式y＝f(x)で「Xを変えると結果Yはこうなる」と示す。

科学理論は仮説としてつくられる。**実験で得た事実は一般化することで初めて価値を発揮する。**しかし**一般化はあくまでも仮説**であり、絶対的な真理ではない。前ページ図の①の段階を見るとわかる。実験では、森羅万象のデータを得ていない。限定的な条件で得た結果をもとに、②で考えて、③で一般化している。そこで必要なのが**仮説の検証**だ。ポアンカレはこう述べている。「すべての一般化は一つの仮説である。（中略）ただし、仮説はつねにできるだけ早く、できるだけ何度も、検証にさらされる必要がある。そして、それが検証というテストに通らないときには、ためらうことなく捨てる必要があることはいうまでもない」

Book78『**意識はいつ生まれるのか**』でトノーニは「われわれは、どんな実験もどんな観察も『これでいいよいよだめかもしれない』と思いながら行っている」と述べた上で、彼が提唱する統合情報理論を検証し続けている。この姿勢こそが、科学者の姿だ。では、検証して仮説が間違っていたらどうなるのか。

ポアンカレはこう述べている。「自分の仮説の一つを放棄することになった物理学者は、むしろ喜びに満ちているはずである。なぜなら、彼は予期せぬ発見の機会に遭遇しているからである」

こうして事実に基づいて未知の発見をした喜びを知る人こそが、本物の科学者だ。事実に基づき類推するのが科学的な態度であって、事実を無視して理屈をつくるのは科学的態度ではない。

サイエンスライターの竹内薫氏の著書『99・9%は仮説』にこんな話がある。2005年に『ネイチャー』誌が、米国の若者にダーウィンの進化論について調査した結果はこうなった。

①進化論は検証済みの科学理論：37%、②仮説に過ぎず確定的ではない：30%、③わからない：33%

意外と受け入れられていない。米国ではダーウィンの進化論に対して「**インテリジェント・デザイン説**」（直訳すると「**知的設計説**」）が提唱されている。「**宇宙のどこかに知的設計者がいて、その設計者がDNAなどを設計し生命をつくり出した**」という説だ。「非科学的だ」と思うかもしれないが、竹内氏は著書で「この知的設計説という『大仮説』はまんざらバカにできないものだと思っています」と述べている。

実は進化論では生命の起源を検証していない。ドーキンスの著書 Book 76 『利己的な遺伝子』で紹介したように「生命は原始のスープから生まれた」という仮説はあるが、再現テストはムリなので検証不可能だ。こう考えると「インテリジェント・デザイン説は荒唐無稽」と切り捨てるのは科学的な態度ではない。科学が仮説である以上は「インテリジェント・デザイン説も一理あるよね」と考えるのが、科学の姿だ。

Book 1 『ソクラテスの弁明』で紹介したように、あらゆる学問の出発点は「不知の自覚」だ。ポアンカレが提唱した考え方は、ソクラテスが提唱した知を追求する態度そのものである。

ビジネスも同じだ。ビジネス戦略も「こうすれば成功するはず」という仮説だ。それで成功すれば、その戦略という仮説が現状に最適化している。しかし現状が永久に不変なんてあり得ない。数カ月～数年で状況はコロッと変わる。戦略（＝仮説）の前提となる現状が変われば、戦略（＝仮説）は変える必要がある。

そのためには科学が実験を通して科学理論をつくったように、ビジネス環境の変化を見定めて、新たなビジネス戦略を仮説としてつくることだ。科学の王道もビジネスの王道も、根っ子は共通している。

Point

科学とは、常に検証を続けることが求められる「仮説」である

Book
88

『科学革命の構造』

科学は突然、進化する

中山茂［訳］みすず書房

トーマス・クーン

1922年－1996年。米国の哲学者、科学者。専門は科学史及び科学哲学。米国のオハイオ州でドイツ系ユダヤ人の土木技師の家に生まれる。ハーバード大学で物理学を学び、1949年に同校で物理学博士を取得。ハーバード大学、カリフォルニア大学バークレー校、プリンストン大学などで科学史および科学哲学の教鞭をとる。米国科学史学会会長を務めた。ほかの著作に『コペルニクス革命』などがある。

画期的な科学理論は、当初強硬な反対派が登場したり無視されたりする。そして時間をかけて認められ、主流になる。16世紀にコペルニクスが提唱した地動説が完全に受け入れられるのにも、100年以上かかった。この科学の進化に注目したのが、トーマス・クーンだ。それまで主流の考えは、ポアンカレがBook 87『科学と仮説』で述べたように「科学は仮説と検証の積み重ねで進化する」だった。クーンは科学者の研究の進め方を調べるうちに「それだけではない」と気づき、本書で**パラダイム**という概念を提唱した。

1962年刊行の本書は世界で100万部以上売れ、学界やビジネス界にも影響を与えた。私たちもビジネスで古い考え方にとらわれ、革新的なアイデアを活かさずにチャンスを逃すことがよくある。本書を学ぶことで、そんな罠に陥るリスクを減らせる可能性がある。早速、本書のポイントを紹介しよう。

斬新な考え方が登場すると、人々は少数の革新派と多数の保守派に分かれる。革新派が「○○が正しい」と言うと、保守派は「あり得ない」と反対する。科学も同じことが起こる。クーンは保守派が進める科学を**通常科学**、革新派が進める科学を**科学革命**と名づけた。図はこの概念で、科学の進歩を整理したものだ。

「科学革命」でパラダイムが大きく変わり、科学は発展する

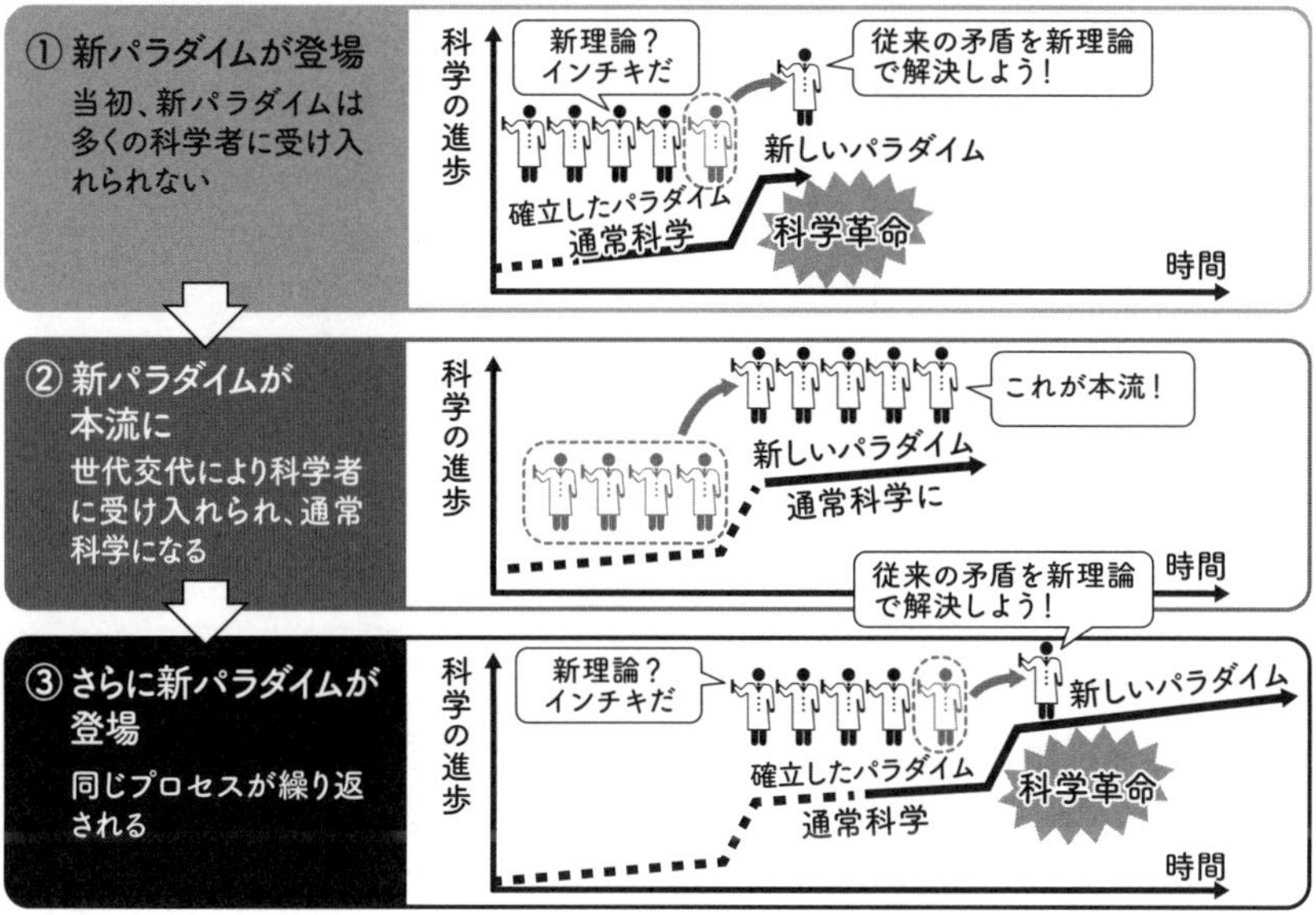

【通常科学】多くの科学者が関わり、確立済みの理論を前提に研究を進める。たとえば物質の性質を調べる物性科学は量子力学が前提だ。

【科学革命】通常科学の理論を否定する。常識を覆すので通常科学に携わる科学者は反対する。

このようにパラダイムはその時代の科学者が持つ支配的な考え方だ。そして科学革命の流れはこうなる。

❶新パラダイムが登場：通常科学が説明できない現象が現れ、新理論で矛盾を解決する少数の科学者が現れるが、多くの科学者にとって新理論は常識を根底から覆すので、なかなか認めない。

❷新パラダイムが通常科学に：徐々に新理論に適合する実験結果が増える。科学者の世代交代も進み、新パラダイムが本流になり通常科学となる。

❸再び新パラダイムが登場：さらに時間が経ち、新パラダイムが登場してプロセスが繰り返される。

このように**科学を通常科学と科学革命という2つのフェーズに分けた点が、クーンの貢献**だ。

論理思考に長けた科学者は、理論と事実で裏づけ

心理学者ブルーナーとポストマンの実験

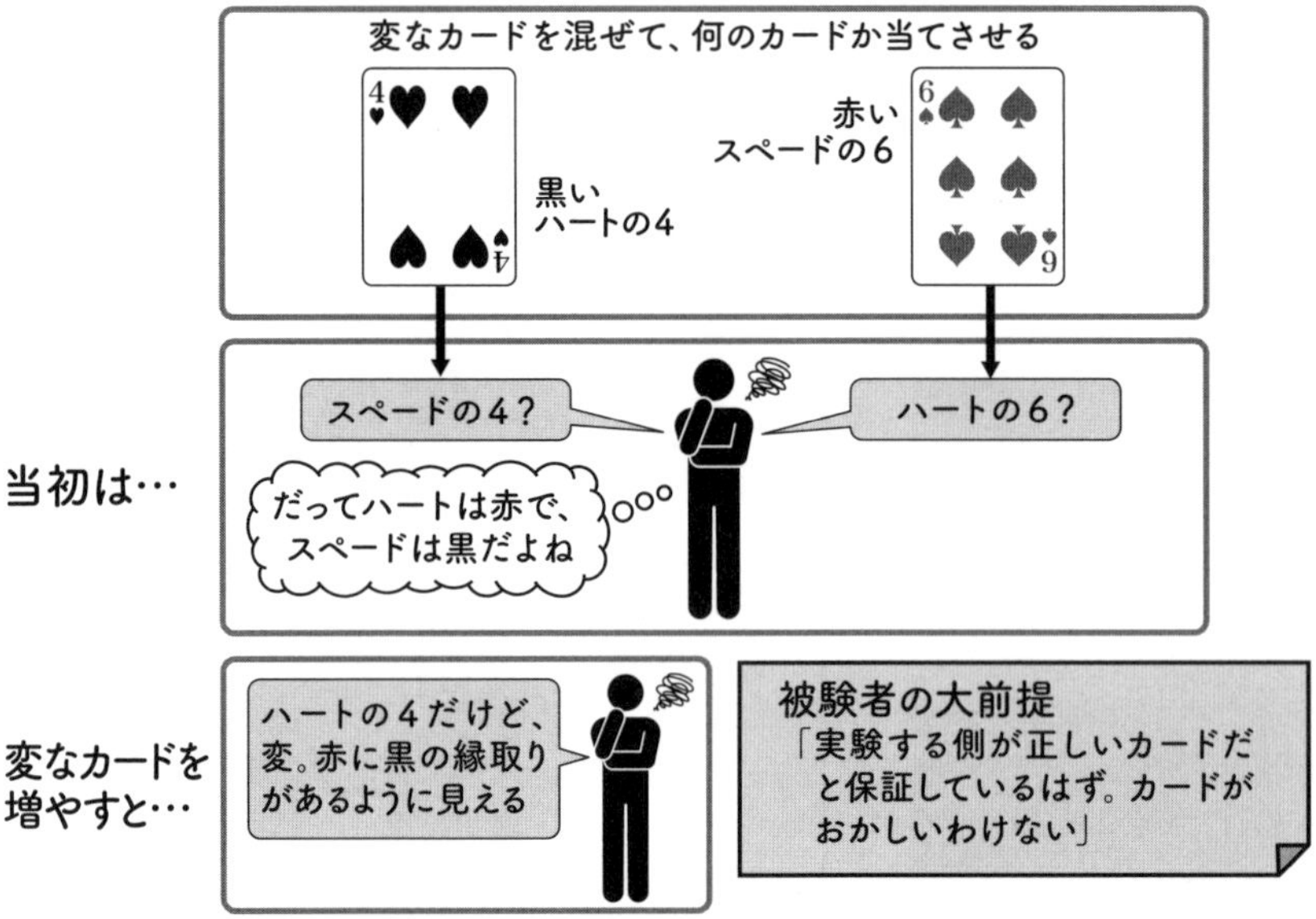
変なカードを混ぜて、何のカードか当てさせる
黒い
ハートの4
赤い
スペードの6
当初は…
スペードの4？
ハートの6？
だってハートは赤で、
スペードは黒だよね
変なカードを
増やすと…
ハートの4だけど、
変。赤に黒の縁取り
があるように見える
被験者の大前提
「実験する側が正しいカードだ
と保証しているはず。カードが
おかしいわけない」

た新パラダイムをすぐ納得してもいいはず。なぜ認めないのか。クーンはこんな実験を紹介する。

カードを一瞬見せて何のカードか当てさせる実験だが、少し工夫してあり得ない変なカード（「ハートの黒の4」や「スペードの赤の6」）を混ぜておく。すると被験者たちは変なカードを普通のカードと認識した。「ハート＝赤」「スペード＝黒」と思い込み「ハートの黒の4」を「スペードの4」と答えた。変なカードの比率を増やすと被験者は混乱し、「ハートの黒の4」を見ると「ハートの4だけどおかしい。赤に黒の縁取りがある……」。変なカードを増やすと認識を修正し正しく言い当てたが、被験者のうち3名は認識を修正できず「もう嫌」と悲鳴を上げた。

被験者は「実験する側が正しいカードと保証している」と信じてカードを疑わず、「ハート＝赤」「スペード＝黒」という常識を当てはめた。**「おかしいのは自分の知覚」と、自分の解釈を変更したのだ。**

新パラダイムに直面した科学者も「今の科学は正しいよね」と考え、自分の解釈を変えている。

かつて天文学者のパラダイムは、プトレマイオスの天動説だった。正確に恒星の位置の変化を予測できたが、惑星の位置などが合わなかった。天文学者の仕事は、理論と観測値の違いを減らすことだった。しかし星の複雑な円軌道をさらに補正すると、おそろしく複雑になり、他にも食い違いが出るという悪循環に陥った。もはやモグラ叩きだ。「なんか変……」と感じていたところに、コペルニクスの地動説が登場した。

こうして古いパラダイムの危機から新しいパラダイムへと移行するのが、科学革命だ。クーンは、**新たなパラダイム出現による科学革命で、ジャンプするように科学が一気に進化する**ことを示したのだ。

「……ということは、パラダイムって考え方を狭める悪いものなんだね」と思うかもしれないが、それは誤解だ。クーンはこう述べている。「パラダイムができて、それにもとづいて一連の特殊な型の研究が続くということは、その科学の分野における発展が成熟してきたしるしである」

パラダイムは科学の世界を見るレンズだ。パラダイムによりその分野に科学者が集まり、応用研究などが進む。ただパラダイムを絶対視せず「パラダイムは仮説」と考え、客観的に意識する姿勢が大切だ。

新しいパラダイムをつくった人は、若者か、異分野からの参入者だ。アインシュタインが歴史的な3本の論文を書いたのは26歳。レントゲンが異分野のX線が透過する現象を偶然発見したのは50歳。よく「イノベーションはよそ者・若者・バカ者が起こす」と言われる通り、**科学革命は伝統的ルールから自由な人たちが起こす**。本書からはイノベーションを起こす条件や、イノベーションを認めない理由も学べるのである。

Point

パラダイムの良い面と悪い面を理解し、イノベーションを促進せよ

Book

89

『二つの文化と科学革命』

理系と文系の間の「深くて暗い河」がもたらす大問題

松井巻之助［訳］みすず書房

C・P・スノー

1905年－1980年。英国の物理学者、小説家。英国のレスターに生まれる。ケンブリッジ大学クライスト・カレッジで物理化学を学び、同カレッジの特別研究員となる。労働省職員となり、第二次世界大戦中の科学者の研究動員に果たした功績により大英帝国勲章（CBE）を授与される。英国電力会社の重役に就任。『航行中の殺人』の出版を機に創作活動に入り、シリーズ小説『他人と同胞』も有名である。

「理系は理屈っぽくて、コミュニケーションが苦手。文系は感情表現が豊かで、コミュ力が高い」よくこう言われる。世の中には「理系夫のトリセツ」みたいな本もあって「理系の夫に共感を求めてもムダ」と書かれていたりする。一方で、「理系・文系と分けるのは日本だけ」という話もよく耳にする。

実は1950～60年代の英国でも、知識人の間では自然科学者（理系）と人文学者（文系）の間で話が通じずに、英国の国力に深刻な影響を与えるほどだったという。本書はこの断絶の問題を書いた一冊だ。

著者のスノーは1905年生まれの英国人。子どもの頃から科学好きで、ケンブリッジ大学の博士課程で科学の研究を行い、一時は世間の注目を集める発見もしたが、計算ミス発覚で発見を撤回、研究の道を外れた。一方で並行して小説を執筆。次々と発表して名声を高めた。その後、官庁や民間企業の要職や科学技術庁の次長も務め、貴族の爵位も得た、という人物だ。理系と文系の両方を深く掘り下げた人なのだ。

本書は、そんなスノーが1959年にケンブリッジ大学で行った講演録と、その4年後に行った講演録、そして1993年にケンブリッジ大学の英文学・思想史の研究者ステファン・コリーニが書いた解説という3部構成だ。本書は刊行後、英国だけでなく世界中で大きな反響を巻き起こした。スノーの指摘は、実は当時の人たちが薄々と感じていた危機だったのである。

昭和の時代に「男と女のあいだには、深くて暗い河がある」という野坂昭如の歌があったが、理系と文系の間にも深くて暗い河がある。これはテクノロジーが進化を続ける現代では、さらに深刻な問題を引き起こしている。本書からは、その問題の本質を学べるのである。

科学者（理系）と人文学者（文系）——二つの文化

科学者として研究を続ける傍ら小説を書いていたスノーには、昼は科学、夜は文学という2つの世界があった。これら2つの世界の人は同程度の知識を持ち、人種も育ちも収入も同じ。にもかかわらず会話が成立せず、交流が皆無だった。これが「**二つの文化**」である。両者はこんな感じだった。

【科学者（理系）】 実験や観察で得た事実を重視。彼らは人文学者を「先見性も知性もなく、芸術や思想がすべてと考える人たち」と思っている。一方で多くの科学者は小説・歴史・詩・劇などは読まない。

【人文学者（文系）】 人間はどうあるべきかを主観的に考える。彼らは科学者を「人間に無関心で考えが浅い楽天主義者」と思っており、文学作品を読まない科学者を見て内心「無知な専門家」と思っている。

こんな状況は、現代でもあまり変わらないようにも思える。科学者でもあるスノーは文学的知識人が「科学者は無学」とあざ笑うのをこらえられず、こう尋ねた。

「**あなたは、熱力学の第二法則について説明できますか**」。スノーによれば、これは文学的知識人に「**シェイクスピアの作品を読みましたか**」と尋ねるのと同等な初歩的質問である。

さらにスノーは初級編として、「**質量と加速度とは何か**」という質問も挙げている。日本では「質量と重さの違い」は中学1年の理科、「加速度」は高校1年の物理で習う概念だ。つまり日本で言えば「夏目漱石を読んだことがありますか?」と同じレベルの質問である。そしてスノーはこう述べている。

「このように現代の物理学の偉大な体系は進んでいて、西欧のもっとも賢明な人びとの多くは物理学にたいしていわば新石器時代の祖先なみの洞察しかもっていないのである」

文系にはなかなか厳しい指摘だ。この分離はいつ頃から始まったのか。スノーはこう述べている。

「この〝二つの文化〟は、六十年前にすでに危険な分離を始めている。(中略)実際、科学者と非科学者の分離は、今日の若い人たちの間ではかなり解消できないものとなっている。二つの文化がおたがいの話しあいを止めてから、もう三十年にもなっている」

この講演は1959年。つまり分離は1900年頃から始まり、話し合いを止めたのが1930年頃だ。

たしかに19世紀の中頃に哲学から発展著しい科学が枝分かれし始め、分離がほぼ完了したのが、アインシュタインの活躍が始まる前夜の1900年頃。1927年に量子力学の世界でハイゼンベルグが不確定性原理を示した頃から、アインシュタインが「神は宇宙相手にサイコロ遊びをしない」と言い放ち、物理学者の間でも喧々諤々の議論が始まり、部外者の非科学者にはわけがわからない世界になった。

科学が高度に専門化していき、人文学者と科学者の話し合いはますます難しくなってきていたのだ。

しかしスノーは「**こんな断絶を放置すると、英国はますます国力を失う**」と危機感をあらわにする。

1950~60年代当時の状況がわかれば、この危機感がよくわかる。その20年前の第二次世界大戦前、大英帝国は世界の陸地と人口の4分の1を配下に持つ超大国だったが、第二次大戦後、まずインドとパキスタンが独立、さらにアフリカやアジアの植民地も独立し、世界の覇権を米国とソ連に譲り、ソ連を筆頭に共産主義国家が台頭を始めていた。そして成長する米国とソ連は、文系・理系の対立は克服していたのである。

科学革命の重要さに気づいていた米国とソ連

そもそも英国は産業革命発祥の国。そんな英国が、なぜこんな状況に陥ったのか？

スノーによると当時、科学者たちは産業革命を推進したが、文学的知識人たちは反対していたという。

産業革命の英国では、手工業の職人や労働者たちが「機械を導入すると失業してしまう」と反対し、機械を叩き壊す**ラッダイト運動**を行った。スノーは、知識人、特に文学的知識人も、彼らと同様のラッダイトだと言う。産業革命は社会革命であって、国家の富を増やし、貧しい人たちを貧困から救い出したのに、古き良き英国を愛する文学的知識人たちは、社会を変える産業革命の意味を理解しようとしなかったのだ。

産業革命の原動力は、クーンが Book88 『科学革命の構造』で指摘した**科学革命**だ。科学革命こそが生活の基盤であり、社会の血液だ。文学的知識人たちが科学について新石器時代並みの知識しか持たないのは、深刻な状況だった。

成長する米国とソ連は、こんな状況を変えるべく教育に大きな投資を行った。米国では高校課程で基礎科学と基礎数学を教えていた。

ソ連では、15～18歳の全国民に科学と数学を教え、大学の専門教育でも技術を教えていた。このためソ連では技術者の数が実に多かった。ソ連の小説家たちが書く小説を読むと、彼らも高い科学的リテラシーを持つことがわかる。ロシア人たちは、科学革命の先端に立つために何をすべきかがわかっていたのだ。

スノーは英国も科学革命を進めるために、大規模な機械的資本を蓄積し、有能な科学者と技術者の育成にお金を注ぎ、アジアやアフリカなどに広げていく必要性を強調した上で、こう述べている。「莫大な資本投下と西欧がまだ用意していない科学者と語学者という人材の大量投下。しかも近い将来には仕事をするということ以外にはほとんど配当もおぼつかないし、さきになってもあまり確実でない配当を覚悟して」

こうしてスノーは科学者と人文学者の分断による国力衰退を憂いて、**教育への投資を訴えた**のである。

では、60年以上前のこの提言は、現代ではどんな意味を持っているのか？

「専門の壁」を乗り越えないと現代の問題は解決できない

第3部はスノーの講演から34年後となる1993年、ケンブリッジ大学のコリーニが書いた解説である。

コリーニは、現代では「科学」「人文学」で単純に分類できない分野が数多くあることを指摘している。では「二つの文化」という切り口は時代錯誤なのか？　コリーニはこう述べている。

「スノーの分析には、もっと奥の深い、ある意味でもっと興味深い点が埋め込まれていた。すなわち、知識がますます専門化していくことが及ぼす文化的な影響である」

コリーニの指摘通り、現代では「文系・理系」よりもさらに細かいレベルで断絶が起こっている。

たとえば原子力発電所の防災対策は、原子力工学の科学者だけで考えても不十分だ。地盤調査では地質学者の知見が必要だ。津波対策では地震研究者、人への被害は放射線被曝専門の医学者、放射能拡散対策には気象学者も必要だ。さらにテロ対策や風評被害対策では社会学者の知見も必要になる。原発防災だけ取っても、一専門家では有効な対策は立てられないし、各研究は高度に専門化している。自分の専門を離れた途端、お互いに議論できなくなることも少なくない。現代で有効な対策を立てるには、このような**専門の壁を乗り越えて、最適化した解決策を打ち出す必要がある。**

科学を超えた問題も数多く出始めている。科学が倫理的な領域に踏み込み始めているからだ。

人間を超える能力を持つＡＩの開発競争を、ＡＩ科学者と企業間の自由競争に委ねて放置してよいのか？

遺伝子工学で、ヒトのＤＮＡを編集し、よりすぐれた人間をつくり出すのは許されるのか？　**いずれも人類が問い続けてきた「人間とは何か？」という哲学や倫理学の根幹に関わる問題だ。**「技術の進化は幸福をもたらす」という単純な考え方だけで正当化するのは危うい。コリーニはこう述べている。「名士も人文学の学者も、スノー以降『科学に関する知識に欠けている』と非難されがちだが、科学の専門家が歴史や哲学の知識を欠いているというのも、少なくとも同じくらい有害なことでありうる」

この観点でも、本書で取り上げる１００冊のような、人類が積み上げた知恵を学ぶことが重要なのだ。スノーが指摘する「二つの文化」の問題は、古くて新しい課題だ。専門知識を深める一方、専門分野にとらわれず、幅広く知識を学ぶことも必要なのである。「これは役立たないから不要」と決めつけず、さまざまな分野に関心を持つ。それが将来大きな問題に出会ったときに、問題を多面的に見て解決する力につながるのだ。

日本の状況は、スノー講演が行われた１９５９年当時の英国の状況と酷似している。ＧＤＰで見た国力は30年間で大きく衰退。一方で国家を挙げて科学技術振興に力を入れるお隣の大国・中国を筆頭に、インド、東南アジアなどの新興国も科学分野で大きな力をつけている。「新興国（当時は米ソ）に学び、教育に力を入れよ」というスノーの警鐘を、まさに現代の日本も真正面から受け止めるべきだろう。

Point

科学革命のために、今こそ日本は科学教育に資本と人材を投資せよ

数学・エンジニアリング

Chapter6

サイエンスと同様に、数学とエンジニアリングも教養の分野として見逃されがちだ。しかしテクノロジーの進化は人類の未来を左右する。第6章では、数学とエンジニアリングの理解を深める11冊を紹介する。

Book

90

『数学序説』

数学とは「人を納得させる方法」である

ちくま学芸文庫

吉田洋一　赤攝也

吉田洋一：1898年－1989年。数学教育に尽力した数学者。1923年東京帝国大学理学部数学科卒業。第一高等学校、北海道大学、立教大学、埼玉大学教授などを歴任した。随筆家、俳人としても知られた。赤攝也：1926年－2019年。数学者。数学基礎論の権威として知られる。1949年、東京大学理学部数学科卒業。立教大学、東京教育大学、放送大学教授などを歴任した。

相手を納得させるのは難しいが、数学を学べば人を納得させられるようになる。本書は冒頭でパスカルの**「人を納得させるには2つの方法がある。相手が気に入るものの言い方をするか、理詰めで議論するかだ。自分は前者が苦手だが、後者の方法なら努力次第で何とかなる」**という趣旨の言葉を紹介している。

さらに数学を学べば、思考が深まる。高校数学はレベルが高いので思考を深める上で役立つのだが、途中で授業がわからなくなると挫折しがちだ。「数学教師がイヤな奴だった」という理由で数学嫌いになったりする。実にもったいない。しかし数学で挫折するのには理由があるし、解決方法もある。

私は高校で数学が得意だったので「数学がわからない」という同級生から試験前に「家庭教師をしてくれ」とよく頼まれた。2時間教えるだけで彼らは面白いように試験で高得点を取る。ポイントは数学を学ぶ仕組みだ。数学は積み木と同じで、基礎を学び、その上に新しい学びを積むことの繰り返し。だから途中でコケるとわからなくなる。試験範囲は授業3カ月分で、私は試験対策で授業のポイントを紙一枚にまとめていた。全体像を見せて「要はこう」とポイントを伝え、コケた箇所を発見して解消すれば、相手は理解する。こうして私は、なぜか無償で家庭教師をしていた。今ではこの経験が企業研修や永井経営塾で活きている。人生、何が役立つかわからない。

本書は著者らが、一般教養としての数学をやさしく説明した一冊だ。70年前の本だが、今も楽しく読める数学の超ロングセラーだ。立教大学文学部の数学講義での学生用プリントが元になっている。

著者の吉田洋一氏は数学教育に尽力した数学者だ。赤攝也《せきせつや》氏も数学基礎論の権威である。

数学は、その数学理論がなぜ生まれたのかがわかると、すんなり腹落ちすることも多い。本書は計算作業の必要がなく、いつ誰がなぜその理論を考えたかという背景も紹介しており、スムーズに頭に入る。

「高校で微分積分を学んだけどスッカリ忘れた」という人も多いだろう。微分積分も、理解できると思考が深まり、ビジネスで役立つ。そこで「微分積分は何か」がわかるレベルを目指して、本書を見ていこう。


冒頭の「理詰めで相手を納得させる」には、次の3つの規則をクリアすればいい。

❶定義：自分が使う用語の意味を定める
❷公理：真実であることが明らかで、相手も同意することを決める
❸論証：定義・公理・相手が合意した主張だけを組み合わせて、主張が正しいか否かを論証する

婚活中の相手に「**オンライン婚活もアリでしょ**」と納得させるには、こうなる。

❶定義：「婚活は、要は自分の希望に合う、結婚したい異性を探して、交際のきっかけをつくる活動だよね」
❷公理：「結婚では相性が大事。出会いを増やせば相性がいい相手と出会いやすい。オンラインなら、より多くの相手と出会えるよね」
❸論証：「だからオンライン婚活はアリ。オンラインなら出会いも増える。相性が合う相手と出会えるよ」

これが合意できれば、これを前提に新たな問題を考える。「オンライン婚活はアリ」を合意したら、次は「ど

関数と座標の関係

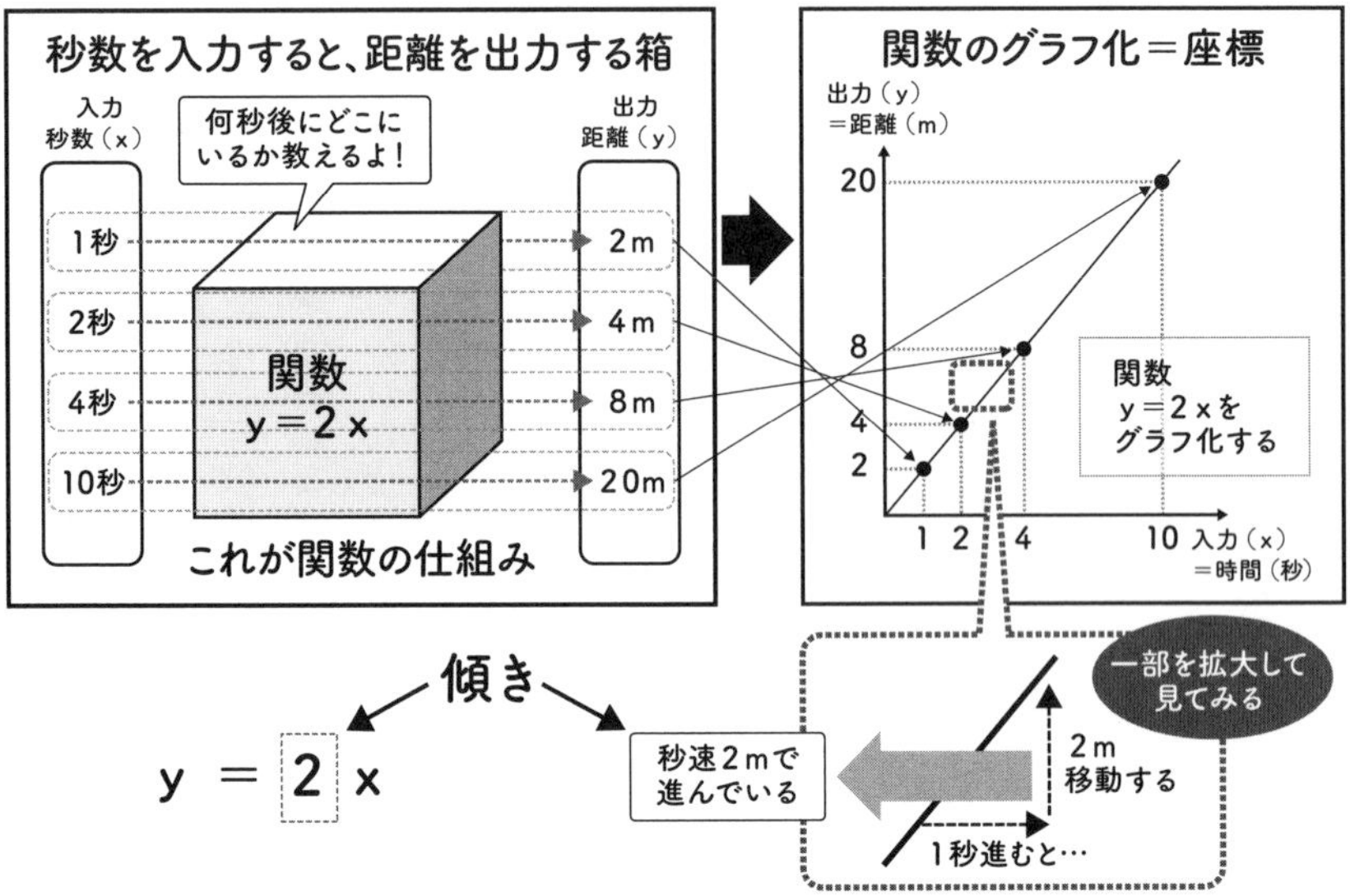

のサービスを選ぶ？」という話になる。これが「数学は積み木」という意味だ。親亀の上に子亀が乗り、さらに子亀の上に孫亀が乗る……という感じで積み上がる。だから親亀でつまずくとわからなくなる。

この3原則は古代ギリシャの幾何学で使われた方法だ。ギリシャ幾何学はその後の歴史の主役・ローマ人には引き継がれずに、ヨーロッパでは中世暗黒時代が1000年間続いた。この間、零を発見したインド人やイスラムのアラビア人が数学を発達させた。15世紀にヨーロッパは数学を取り戻し、17世紀初頭には今の数学記号（＋、－、×、÷、＝、√、＞）が固定した。そして、最高の頭脳の持ち主だった Book3『方法序説』の著者、哲学者デカルトが登場した。

関数と座標の関係

y＝f(x)という式や直線・曲線の座標は難しそうだが、実は難解ではない。図のように、秒数を入力するとその間に進む距離を考えてみよ

微分とは「瞬間の変化」である

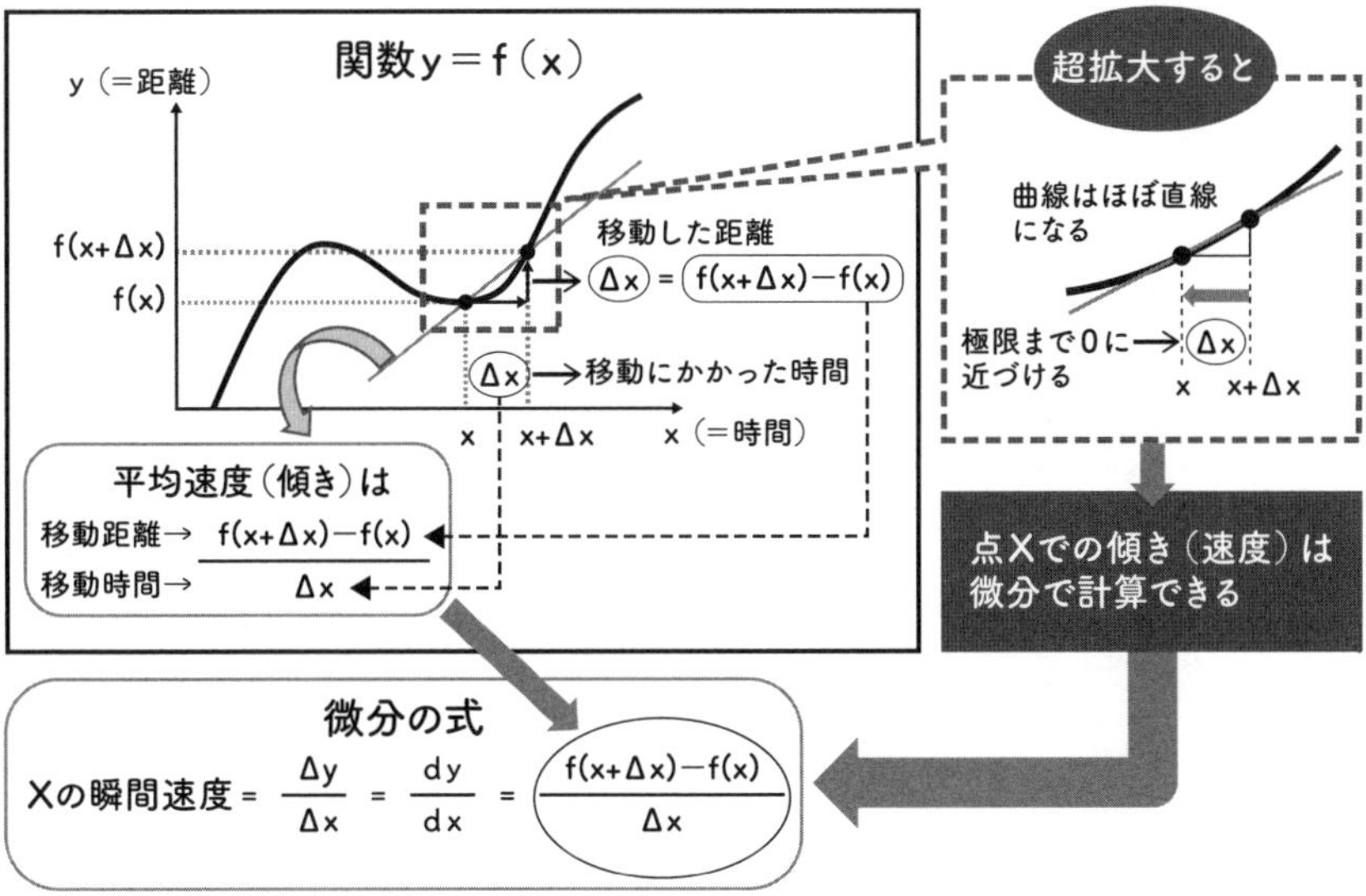

う。この箱は秒数を2倍した距離を出力する。こうして入出力の関係を紐づけるモノを数学では「数の関係」という意味で**関数**と呼び、式y = f(x)で表す。xは入力でyは出力の記号、fが関数だ（fは英語でファンクション〔function 機能・関数〕という意味だ）。

この箱の関数はy = 2xという式になる。「**入力×を2倍した数字が出力**y」という意味だ（「2x」は「2×（かける）x」という意味。数式では乗算記号「×」は省略できるルールなのだ）。

右ページ図の右上は、この関数をグラフ化したもの。その一部を拡大したのが図の右下だ。ここでは1秒で2m進むので、速度は秒速2mになる。このようにxが1つ進むとyがどれだけ進むかを示すのが**傾き**（速度）だ。関数y = 2xの傾きは図のようにxに掛け算している数字の2だ。

こうしたグラフが**座標**である。座標とは関数でxとyがどうなるか示したものだ。この関数と座標をベースに、ニュートンとライプニッツが考え出したのが微分と積分だ。

積分とは積み重ねた「総量」である

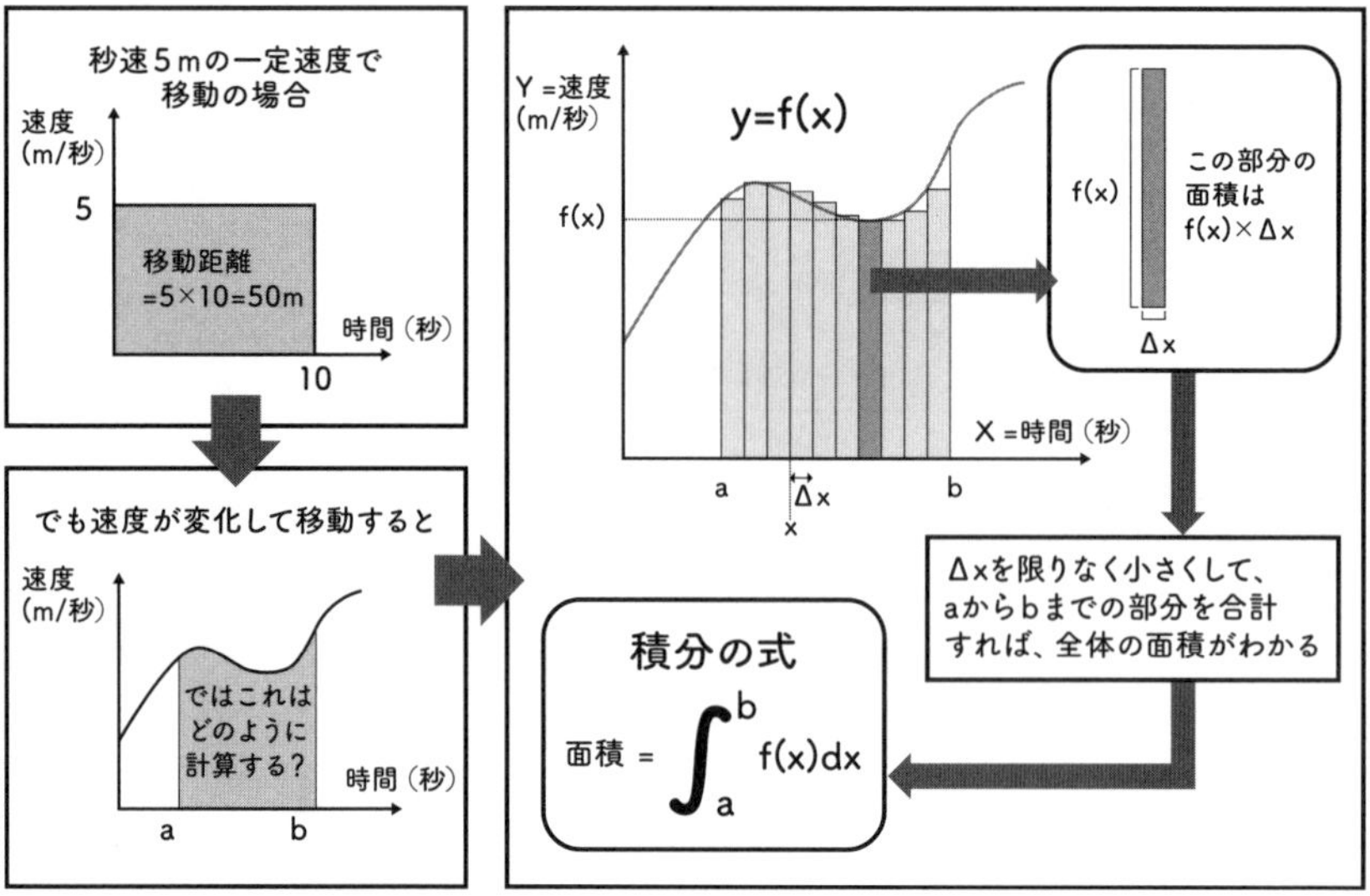

「微分」と「積分」で世の中を見る

「微分や積分とか、怖い」と思うかもしれないが、要は、**微分は今この瞬間の変化やトレンド**で、**積分は過去からの蓄積**だ。まず微分を説明しよう。

先ほどの例では速度（＝傾き）は秒速2ｍで一定だが、常に速度が一定とは限らない。速度が変わる場合、微分を使うと、ある瞬間の速度を把握できる。

前ページ図のグラフをご覧いただきたい。先の例では、線は直線だったので傾き（速度）は一定だったが、今度は線はグニャグニャなので、傾き（速度）も常に変わる。そこで時間Xという瞬間の速度を求める方法が微分なのだ。この微分を導き出す具体的な数式は図の通り。これはテストに出ないので、数式をすべて理解する必要はない。「微分は瞬間の変化を示したモノ」と感覚的にわかれば十分だ。

微分の応用範囲は広い。クルマは車輪の回転数を微分して速度を表示する。音声認識は音声波形を微分して音声の周波数を抜き出し、音声を認識する。

一方、**積分は過去から積み重ねた蓄積の「総量」だ**。これも関数とデカルト座標で導き出せる。

前ページ図の左上は、グラフの縦軸を距離でなく速度に変更し、どんな速度で移動し続けるとどれだけの距離を進むかを示したものだ。縦軸の速度と、横軸の時間の掛け算で移動距離が出るので、図の上では面積が移動距離になる。この積分を導き出す方法は図の通りだが、これもテストには出ないので式を覚える必要はない。「積分とは積み重ねた総量（面積）だ」とわかれば十分だ。

頭の中に微分や積分の発想があれば、世の中を新しい視点で見ることができる。**わずかな変化は微分の世界**だ。私は世の中を常に「微分の目線」で見るよう心がけている。今後も続きそうな小さい変化を他に先んじて見つけることが大きな武器になり、よりラクにチャンスを手にできるからだ。

過去の積み重ねは積分の世界だ。私は日々の行動は常に「積分の目線」で考えている。小さな行動が蓄積すると巨大な力になるからだ。日々のよい習慣は人格をつくり上げ、人生を切り開く。また企業や商品のブランド資産は過去の一つひとつの顧客満足を積分したものだ。ブランドは顧客満足を積分した結果なのだ。

このように数学思考を身につけて実践すれば、思考が深まる。本書の前半では、高校数学Ⅲでカバーする虚数や複素数まで紹介されている。後半はさらに抽象度が高いリーマン幾何学などの公理系の説明が続き、難易度が高くなる。まずは本書の真ん中まで読めば、本書で高校数学までひと通りおさらいできる。

Point

微分とは「瞬間の変化」、積分とは積み重ねた「総量」である

Book 91

『統計でウソをつく法』

私たちはいつのまにか統計で騙《だま》し、騙されている

高木秀玄［訳］講談社

ダレル・ハフ

1913年－2001年。米国の作家。アイオワ州立大学で学士号、博士号を取得し、社会心理学、統計学、心理テストなどを研究。作家になって著述活動に専念する前は、『ベター・ホームズ・アンド・ガーデンズ』『リバティー』などの雑誌編集者であった。フリーランサーとして、ハウツー物のすぐれた記事を多数手がけ、60本以上もの著作を執筆した。National School Bell賞を受賞。

ある会社の広告によると、同社の歯磨き粉を使う人たちは一般の人たちよりも虫歯が23％少ないという。この調査は事実に基づいているが、著者によればこれは統計のトリック。大ウソである（理由は後述）。

「統計ではこうなっている」という言葉は訴求力が大きいので、私たちはつい信用してしまう。

しかし著者によると、統計データはいくらでも捏造《ねつぞう》できる。本書のはしがきで、著者はこう述べている。

「（統計の）言葉を正しく理解して使う人と、その言葉の意味がわかる人とがそろっていなければ、結果はナンセンスな言葉の遊びにすぎないのである」

立派なビジネスパーソンでも、統計知識がないためにトンチンカンな発言をしたり、騙されたりすることは少なくない。統計を学べばこれを防げる。しかし統計学は難解な本が多い。本書は一見ふざけた書名だが、難解な統計学を「騙す方法」という視点でわかりやすく紹介した歴史的名著だ。「統計を使って騙す入門書」という体を取りながら、統計学の本質をつかめる本なのである。

米国の雑誌編集長だった著者のハフは、フリーランスとして数多くの本を執筆した。本書はその中でも、1954年の刊行以来、統計分野での世界的ロングセラー。数多くの言語に訳され150万部売れている。

「算術平均」「中央値」「最頻値」とは?

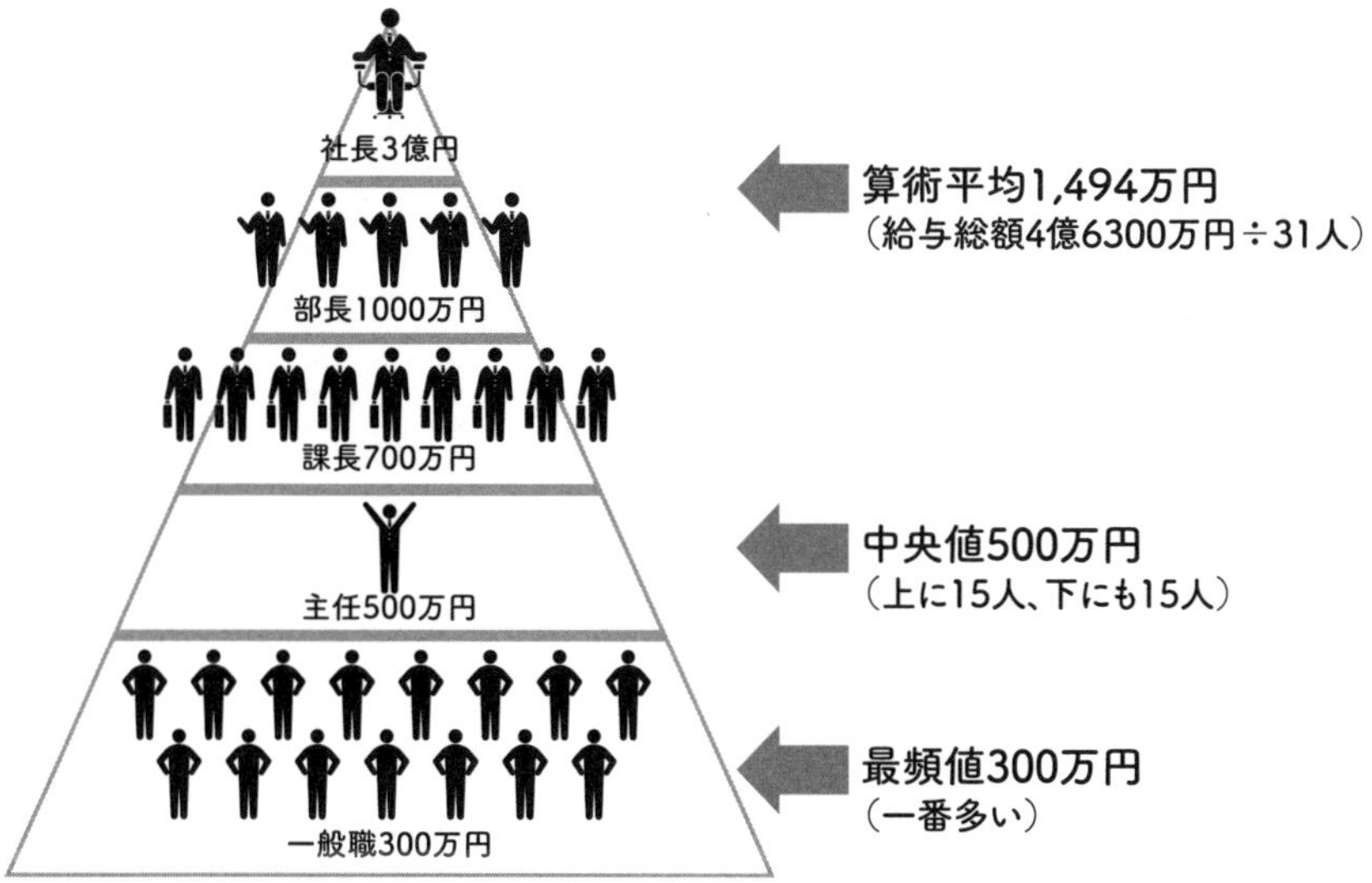

注：原著には図の通り社長の報酬も入っていますが、日本では有価証券報告書に記載される平均年収には、経営者などの役員報酬は含みません。

訳者の高木秀玄氏は、ノーベル経済学賞受賞者を多数輩出しているロンドン・スクール・オブ・エコノミックスで統計学の研究を行った際、同校の高名な統計学者から「まず本書を読んでみることだ」と言われたエピソードを紹介している。

「統計で騙す」5つのパターン

統計で騙す典型的パターンは次の通りだ。

❶平均値で騙す：「当社は社員31名。規模は小さいですが、平均年収1494万円ですよ」。こう言われると「給料がいいのか。入りたいなぁ」と思う人が多いだろう。しかし図のように、平均には**算術平均**、**中央値**、**最頻値**の3つがあり、それぞれの意味はまったく違う。実は社長の年収3億円が平均を引き上げているだけで、真ん中の人の年収でも500万円、一番人数が多い年収は300万円かもしれない。

❷サンプリングで騙す：冒頭の歯磨き粉は広告の下に小さな活字で「12人にテスト」と書いてあった。

仕組みはこうだ。まず12人に虫歯を数えさせ、6カ月間同社の歯磨き粉を使わせる。結果は「虫歯が増える」「減る」「変わらない」のどれかだ。減らなければ、「減る」結果が出るまでテストを繰り返す。硬貨投げで表が出る確率は50%だが、稀に10回投げて8回出る。これで「表の確率は80%」と言うのと同じだ。歯磨きの広告は、この仕組みを使っている。サンプル数が小さいと統計はいかようにもなる。コイン投げを1000回すれば表はほぼ50%になる。真の確率はこちらだ。テスト回数が多いほど真の結果に近づく。

ではテスト回数はどのくらい多ければいいのか？　統計の**「有意度《ゆうい》」**という考え方で、数字が本当に意味があるかがわかる。有意度とは、その数字が偶然でなく真の結果を表している確率のことだ。たとえば**有意水準5%**だと数字が正しい確率は95%、**有意水準1%**だと正しい確率は99%で「ほぼ確実」になる。サンプル数が多ければ、有意度は改善する。

❸グラフで騙す：左の図は月別の売上だが、3つとも同じである。「全体像」では売上は20億円を超えて緩く増加しているが、下の20億円以下の部分はムダ。そこで下部分を切ったのが「拡大図」だ。これで「売上が順調に拡大中！」とアピールできるが、インパクトはイマイチ弱い。そこでインパクトを強めたのが、「縦横比率の変更図」。緩い増加だったのが、一見して圧倒的な急成長に見えてしまう。立派なテレビ番組や新聞記事の図をよく見ると、このような図が意外に多い。**縦軸の数字は必ず確認する習慣をつけよう。**

❹こじつけで騙す：著者は「朝7時のドライブは、夜7時に走るよりも生き延びる可能性は4倍」と書かれた米国の雑誌記事を紹介している。理由は「夜7時のハイウェイの死亡者数は、朝7時の4倍だから」。しかしこれは単に夜にハイウェイを走る人のほうが多いからだ。単なるこじつけである。

2022年に飛行機事故で亡くなった人は、1910年の飛行機事故での死亡者数よりも多い。では、現代の飛行機は危険かというと違う。大勢の人が飛行機に乗るから死亡者数が増えた。これと同じだ。こ

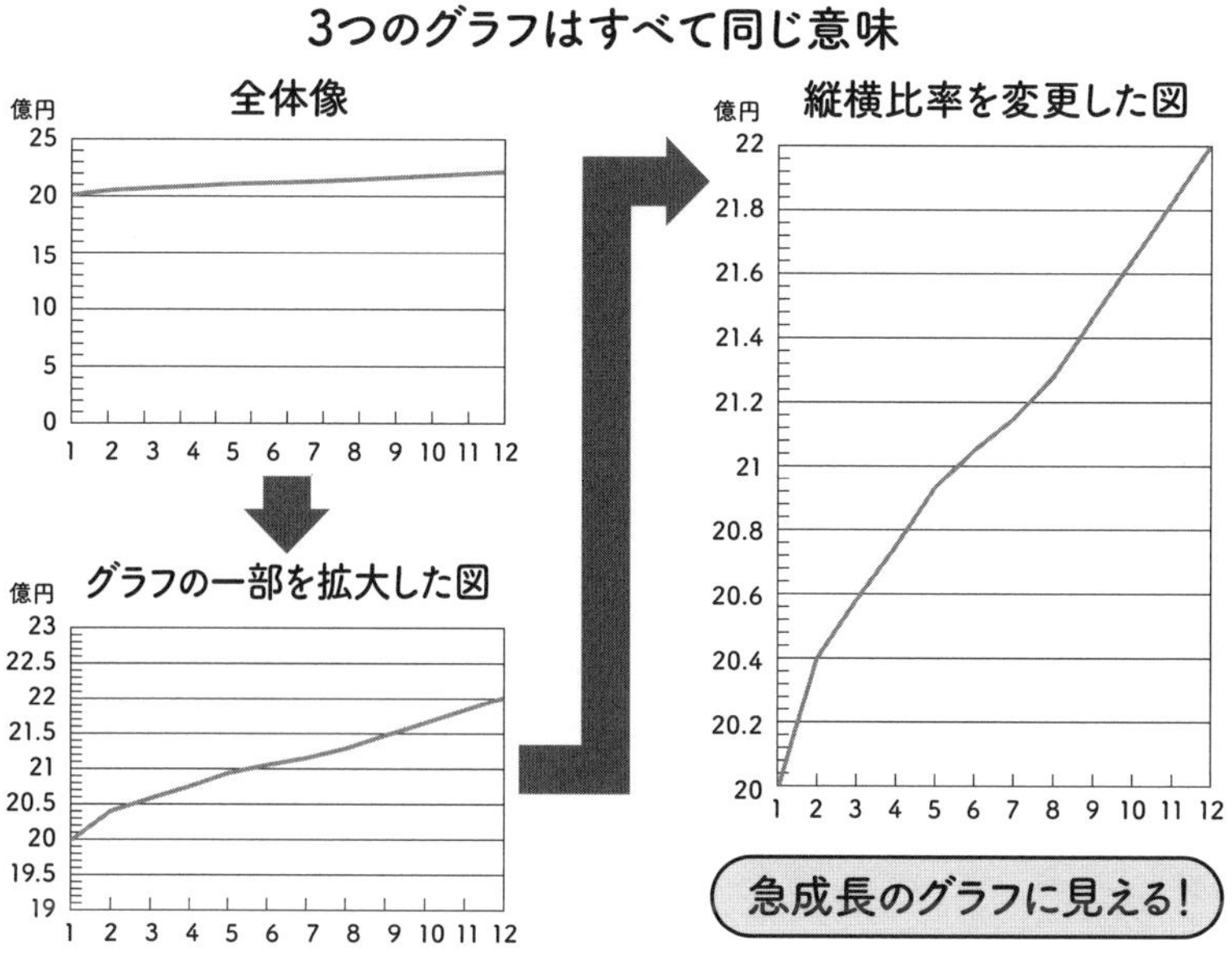

んな事例もある。米海軍によると、米海軍の死亡率は１０００人につき9人。同期間のニューヨーク市の死亡率は１０００人につき16人。米海軍は「だから海軍に入隊したほうが安全」とアピールしていた。この数字は正確だが、海軍軍人の大部分は健康な青年だ。ニューヨーク市には赤ん坊もいれば年寄りも病人もいる。両者の比較は、そもそも意味がない。

❺因果関係で騙す：南太平洋のニューヘブリデス島の住民は、「体につくシラミは、健康の原因だ」と信じて疑わない。過去数世紀の経験から、健康な者には普通にシラミがいるが、病人にはシラミがいないと彼らは気づき「だからみんなシラミをつけるべきだ」と考えたのだ。しかし実際には、熱病にかかって体温が上がった病人の体から、居心地が悪くなったシラミが去って行っただけだった。

彼らのことを私たちは決して笑えない。ある医学記事が「牛乳を飲む人たちの間で、ガンが増加中」と指摘して大騒ぎになった。牛乳を生産する米国の州やスイスなどでガンが頻繁に見られるのに対して、牛乳を飲まないスリランカでは稀にしか発見されなかった。牛乳を飲む英国女性も、当時滅多に飲まなかった日本女性よりも18倍も多くガンにかかっていた。現実には、ガンは中年以降に急にかかりやすくなる病気だ。スイスや米国の各州は寿命が長い。また調査時の英国女性の年齢は、日本女性よりも平均12歳高かった。牛乳は無関係だったのだ。

Aが変わるとBも変わる現象を**相関関係**という。しかし相関関係があるように見えて、別要素が原因であることも多い。また相関関係があっても、原因と結果の**因果関係**まではなかなかわからない。身長と体重の間には、相関関係があるが、因果関係はない。

本書は70年前に書かれているが、いまだに私たちは同じ手口で騙されている。ではどうすればいいのか。

統計に騙されないための5つの質問

著者のハフは「5つの簡単な質問で突け」という。順番に見ていこう。

❶誰がそう言っているのか?（**統計の出所に注意**）：誰がその主張で得をするのか、裏にある利害関係を見抜く。証券会社の人たちの株価予想は、たいていは強気の「上げ相場」だ。「株は下がります。しばらく買い控えましょう」と言う人はあまりいない。取引が活発なほうが証券会社は繁盛するからだ。このように自分の都合のよい方向へ相場が動くように意図的に情報を流すことを、この業界では**ポジション・トーク**という。ポジション・トークは、実にさまざまな分野で行われている。

❷どういう方法でわかったのか?（**調査方法に注意**）：統計の数字を見たら、**最初にサンプル数の大きさとどんなサンプルで調査したかを必ずチェックしよう。**私はマーケティングが専門なので、調査結果を見ると、脊髄反射でサンプル数とソースをチェックする習慣がついている。ほとんど職業病である。

❸**足りないデータはないか？**（**隠されている資料に注意**）：「平均」とあったら、それは算術平均か、中央値か、最頻値かを確認する。またパーセンテージだけが示され、元の数字がないのはウソが多い。米国で女性の大学入学を許可した頃のこと。男女共学の反対者が「ジョンズ・ホプキンス大学の女子学生の33％が教職員と結婚した」と報告した。実際には女子学生は3人で、そのうちの1人がある教授と結婚しただけだった。

❹**言っていることが違っていないか？**（**問題のすり替えに注意**）：統計で示された数字と結論がすりかわっていないかチェックする。営業部長が部下に「売上が全然上がらないのは、キミたち営業が頑張っていない何よりの証拠だ」と発破をかけることがよくあるが、売上が上がらないのは、商品力がない、顧客予算がない、当の部長の営業戦略が間違っている、などいろいろある。売上という数字と結論のすり替えである。

❺**意味があるのか？**（**どこかおかしくないか？**）：統計は私たちの頭を麻痺させる。そこで「その数字ってそもそもどうなの？」と全体の意味を見直してみるべきだ。先に紹介した「牛乳を飲むとガンになる」がまさにそうだ。「そもそもガンは年齢が上がるとなりやすいのでは？」と気づくと、ウソを見抜ける。

著者は、統計を歪曲するのはセールスマン、PR担当、ジャーナリスト、コピーライターといった人たちだという。統計リテラシーがないために、いつのまにか正しい数字をねじ曲げ、簡略化して歪めて、騙すつもりはないのに知らぬ間に「騙す側」になることもある。騙されないためにも、騙さないためにも、本書はぜひとも一読しておくべき一冊だ。

Book 94『因果推論の科学』もあわせて要チェックである。

Point

統計はまず、「出所・調査方法・足りないデータ・問題すり替え・意味」をチェックしろ

西洋哲学 政治・経済・社会学 東洋思想 歴史・アート・文学 サイエンス **数学・エンジニアリング**

Book 92

『いかにして問題をとくか』

柿内賢信［訳］丸善出版

「数学の解き方」と「ビジネスの問題解決」の本質は同じ

G・ポリア

1887年－1985年。ハンガリー出身の米国の数学者。1914年から1940年にはチューリッヒ工科大学、1940年から1953年まではスタンフォード大学の数学教授を歴任した。組み合せ論、数論、数値解析、確率論の基礎となる研究に功績がある。また、ヒューリスティクスと数学教育の分野に貢献した。多大な時間を割いて、人々が問題を解決する方法を明らかにすることにも努めた。

ビジネスの本質は「問題解決」だ。ビジネスではさまざまな問題が起こる。しかし必ず解決策がある。

本書は数学の解き方を書いた本だが、著者はこう述べている。「この本は数学の教師と学生とを目標としてかかれたものであるが、新しいことを見つけ出すことに興味をもつ人達ならば誰にでも役に立つであろう」

1945年刊行の本書は世界で読まれてきた問題解決の原理原則を教える不朽の名著だ。國學院大学教授の哲学者・高橋昌一郎氏をはじめ、多くの著名人が推薦している。

著者のポリアはチューリッヒ工科大学やスタンフォード大学で数学教授を務めた一方で、数学教育にも尽力した。「コンピュータの父」と呼ばれたフォン・ノイマンは、チューリッヒ工科大学時代にポリアの教え子だった。高橋昌一郎氏は、本書推薦の言葉でこんなエピソードを紹介している。

頭の回転が抜群に速かったノイマンは、下級生なのに最上級生のセミナーを受講していた。セミナーでポリアがある未解決の定理を紹介し、「この証明はかなり難しいだろう」と言うと、5分後にノイマンが挙手して黒板で定理の証明を書いた。その後、ポリアはノイマンの才能に恐怖を抱くようになった。高橋氏は「本書を書いた動機は、ノイマンではないかと想像している」と述べている。ノイマンのような天才は誰も解け

問題を解く方法（数学の問題）

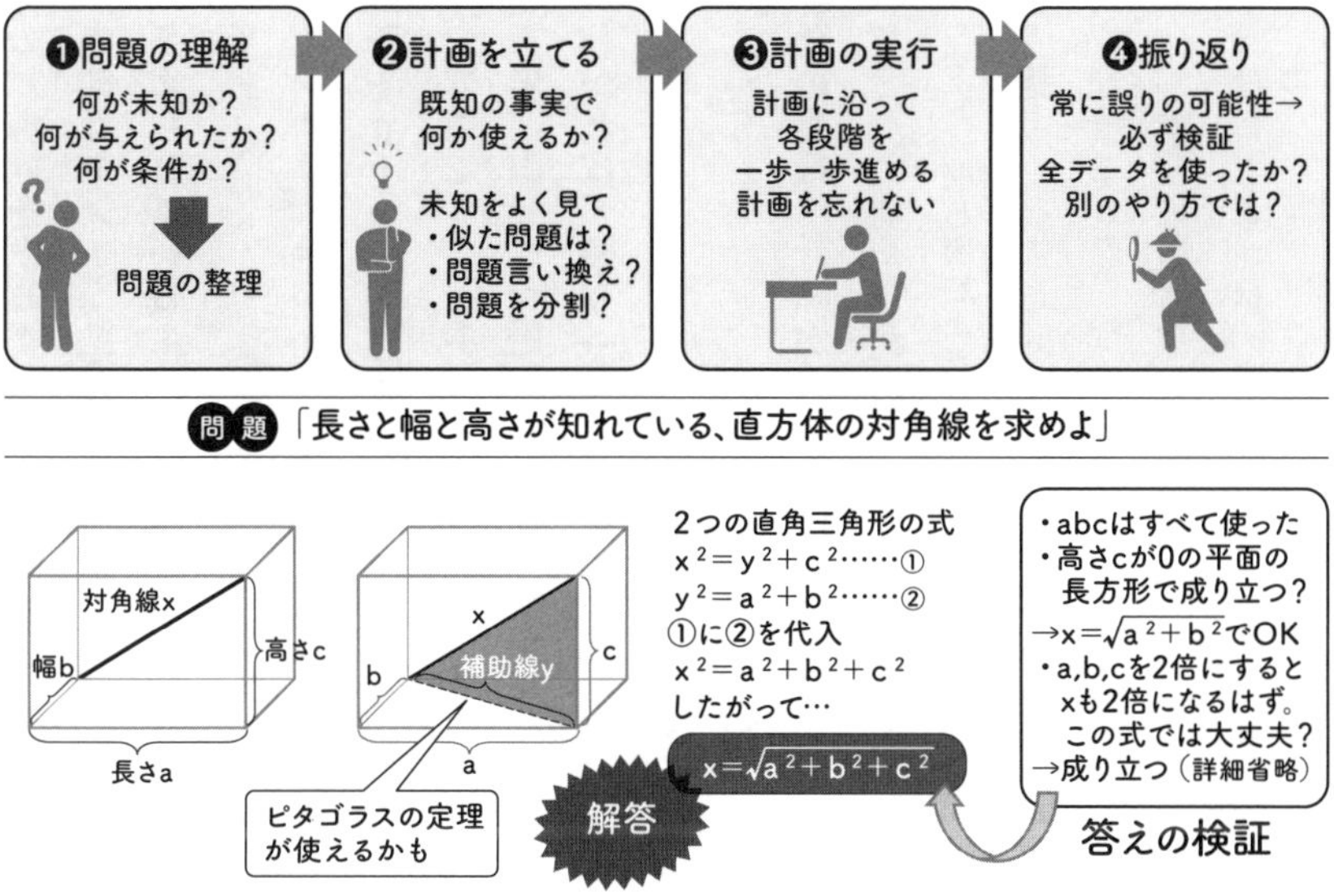
❶問題の理解
何が未知か？
何が与えられたか？
何が条件か？
問題の整理
❷計画を立てる
既知の事実で
何か使えるか？
未知をよく見て
・似た問題は？
・問題言い換え？
・問題を分割？
❸計画の実行
計画に沿って
各段階を
一歩一歩進める
計画を忘れない
❹振り返り
常に誤りの可能性→
必ず検証
全データを使ったか？
別のやり方では？
問題「長さと幅と高さが知れている、直方体の対角線を求めよ」
対角線x
幅b
高さc
長さa
x
補助線y
b
c
a
ピタゴラスの定理
が使えるかも
2つの直角三角形の式
$x^2 = y^2 + c^2$……①
$y^2 = a^2 + b^2$……②
①に②を代入
$x^2 = a^2 + b^2 + c^2$
したがって…
$x = \sqrt{a^2 + b^2 + c^2}$
解答
・abcはすべて使った
・高さcが0の平面の
長方形で成り立つ？
→$x = \sqrt{a^2 + b^2}$でOK
・a,b,cを2倍にすると
xも2倍になるはず。
この式では大丈夫？
→成り立つ（詳細省略）
答えの検証

ない問題をなぜ簡単に解けるのか、20年間考え続けた結果が本書だという。本書のカギは冒頭40ページだ。**「問題を解くリスト」**が詳細に説明されているので、ここから本書のポイントを紹介しよう。

問題を解く4ステップ【数学編】

問題を解く4ステップは、**❶問題を理解する、❷計画を立てる、❸計画の実行、❹振り返り**、だ。「当たり前」と思うなかれ。「言うは易《やす》く行うは難《かた》し」で、できている人は少ない。個別に見ていこう。

❶問題の理解：まず**問題を正しく理解する**。しかしビジネスでも、これができている人は多くない。顧客ニーズを把握せずに商品開発したり、聴き手の関心を知らずにプレゼンで言いたい放題だったり、ターゲット顧客を知らずに販促する人は、意外と多い。数学でも問題を理解せず解こうとしたりする。問題に出会ったら、まず冷静に**「未知なモノ」「与えられているモノ」「条件」**の3要素を見極める。**「長さと幅と高さが知れている、直方**

体の対角線を求めよ」という問題の場合、3要素はこうなる。

・**未知なモノ**→直方体の対角線の長さ。ここでは記号としてxとする

・**与えられているモノ**→直方体の長さ、幅、高さ。それぞれ記号として長さa、幅b、高さcとする

・**条件**→長さa、幅b、高さcが決まれば、直方体の対角線が決まる

ポイントは「**手がかりはすべて問題の中にある**」。まず問題を読み、3点を書き出し、頭を整理する。

❷**計画を立てる**：問題を解くカギは計画だ。思いつきに頼らずに、事実で考えることが大切だ。「未知なモノ」をじっくり見て、問題を少し違う形に変えたり、問題を分割して、自分が知っている過去の似た問題を思い出して利用する。この問題では未知なモノは対角線xだ。幾何学では「**直角三角形の2辺の長さがわかれば、残り一辺の長さがわかる**」という**ピタゴラスの定理**がある。「これが使えないかな」と考えながらこの図を見てほしい。補助線yを引けば、辺abyと辺cxyの直角三角形が2つできる、と気づくかもしれない。補助線yの長さがわかれば、三角形cxyでxが計算できそうだ。ここまでが計画だ。

❸**計画の実行**：計画が決まれば、計画通りに着実に実行する。たとえば図のようにピタゴラスの定理に基づいて2つの直角三角形の式をつくって計算すれば、対角線の長さがわかる（計算過程は省略。完全に理解できなくても、感じがわかればOK）。大切なことは、つい夢中になって途中で計画を忘れないことだ。

❹**振り返り**：誤りの可能性は常にあるので、必ず検証する。すべてのデータを使ったか？　結果が正しいことを試せるか？　同じ結果を別の仕方で導けるか？　先の問題の振り返りは図の通りだ（説明は割愛）。

以上が本書にある数学の問題を解く方法だ。この4ステップは、ビジネスでも応用可能だ。

本書にはビジネスの具体的な応用例はないが、次のようなビジネスの問題を考えてみよう。

問題を解く4ステップ【ビジネス編】

問題：当社サービスの市場は拡大しており、当社の顧客満足度は高いのに、シェアが低下している

「問題を解く4ステップ」に沿って見ていくと、次のようになる。

❶問題の理解：当社のサービスは市場が拡大し、当社の既存ユーザーの満足度は高くユーザー離れも最小限に抑えられている。しかし他社と比べて市場シェアが落ちている。「売上＝既存客売上＋新規客売上－離反客売上」と考えると、シェア低下の原因は新規顧客の獲得数が少ないからだ。こう考えると、未知なモノは「市場シェアの拡大方法」だ。与えられたモノは「市場は拡大中。顧客満足度は高く、既存顧客の離反は最小限。しかし新規顧客獲得数が少ない」。条件は「新規顧客獲得数を増やす方法を探すこと」になる。

❷計画を立てる：新規顧客獲得数を増やすには、マーケティング施策の見直しが必要だ。まず顧客獲得のプロセスを、①買う可能性がある潜在客へのリーチ、②潜在客への訴求、③問い合わせてきた見込客の案件締結の3段階に分けて、仮説として各段階における有効な打ち手を検討する。

①潜在客へのリーチ→広告媒体やメディアを見直し、あわせてターゲットが適切かも見直す

②潜在客への訴求→想定するターゲット顧客へのメッセージや内容が適切かを見直す

③問い合わせてきた見込客の案件締結→契約プロセスなどを見直す

❸計画の実行：ここで実行に入る。計画段階の①、②、③で考えた仮説を、実際に数パターン試行してみて、最も改善度が高い方法を探す。

❹振り返り：❶〜❸を行いつつ、常に仮説を検証して精度を高め、効果があれば打ち手を拡大する。

このように、本書の原理原則は、ビジネスの問題解決にも活用できるのだ。

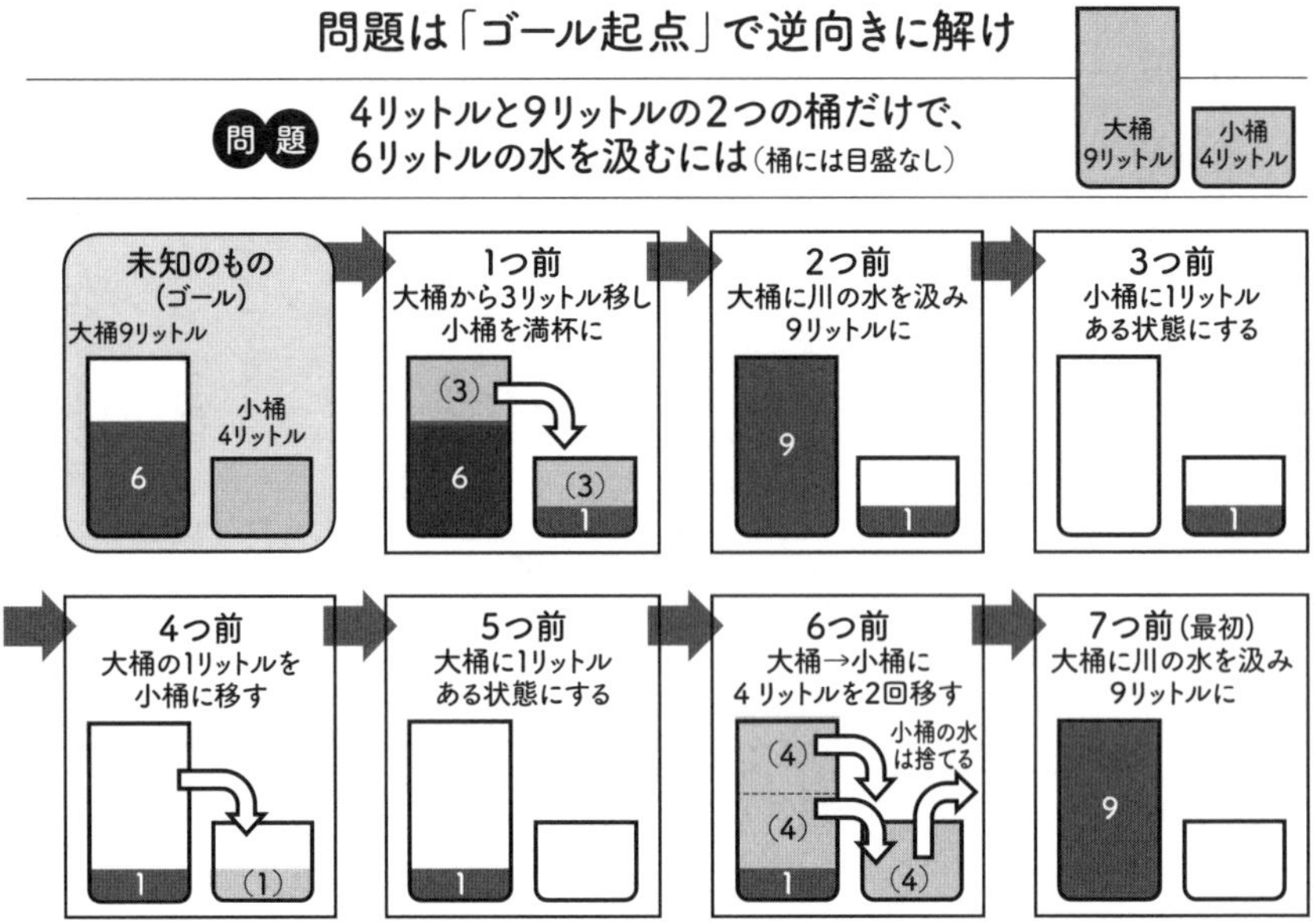

問題は「ゴール起点」で逆向きに解け
問題
4リットルと9リットルの2つの桶だけで、6リットルの水を汲むには（桶には目盛なし）
大桶 9リットル
小桶 4リットル
未知のもの（ゴール）
大桶9リットル
小桶 4リットル
6
1つ前
大桶から3リットル移し小桶を満杯に
（3）
6
（3）
1
2つ前
大桶に川の水を汲み9リットルに
9
1
3つ前
小桶に1リットルある状態にする
1
4つ前
大桶の1リットルを小桶に移す
1
（1）
5つ前
大桶に1リットルある状態にする
1
6つ前
大桶→小桶に4リットルを2回移す
小桶の水は捨てる
（4）
（4）
1
（4）
7つ前（最初）
大桶に川の水を汲み9リットルに
9

問題を解くヒント

第Ⅲ部「発見の小事典」には、問題を解くヒントが散りばめられている。ピックアップしてみよう。**【逆向きに解け】**本書にこんな問題がある。「**4リットルと9リットルの2つの桶だけで、6リットルの川の水を汲むにはどうすればいいか？**（**なお、桶には目盛はついていない**）」。目盛がない大桶（9リットル）と小桶（4リットル）の組み合わせで6リットルは測りようがないように思えるので「こんなのムリ」と諦めがちだ。しかし、上図のように「未知のもの（ゴール）」を見極め、ゴールを出発点にして「問題を解く4ステップ」に従って逆向きに考えていくことで解くことができる。

これはビジネスも同じだ。米国の経営者ハロルド・ジェニーンも、著書『プロフェッショナルマネジャー』（プレジデント社）で「本を読む時は、初めから終わりへと読む。ビジネスの経営はそれとは逆だ。終わりから始めて、そこへ到達するためにできる限りのことをするのだ」と述べている。普段の仕事でも、朝一番に退社時間から逆算して何をするか考えると、時間通り仕事を終えて定時退社できる。

【全データ、全条件を使ったか】 数学の問題は、与えられた全データや条件を使うことを前提に問題がつくられているが、現実のビジネスはデータや情報は膨大なので、すべて使おうとしても使い切れない。そこでビジネスでは条件を少し緩めて「重要な条件やデータはすべて使ったか」と考えるようにすればいい。どこかで線引きし情報収集をやめて、何を捨てるかを見極めることが大事だ。

【無意識の仕事】 どうしても解けない問題が、一晩休んだり数日間経つと、すばらしいアイデアで解決できたりする。自分の無意識が行った仕事だ。しかし考えるだけでは限界がある。問題には手を引いたほうがよい潮時があり、「枕に相談せよ」ということわざもある。同じことを、ジェームズ・W・ヤングの歴史的名著『アイデアのつくり方』(CCCメディアハウス)が指摘している。ヤングは「情報収集し、資料を咀嚼した後は何もするな。問題が無意識の心に移り問題が消化され、ふとしたときにアイデアが訪れる」と述べている。私は20代後半にこの方法を知り、30年以上この方法を実践し続けている。効果は絶大だ。

数学の解き方を身につければ、実に多くの分野で応用できる。そしてこの基本は、かの天才フォン・ノイマンの思考方法と同じである。魔法はない。問題解決の王道は、シンプルな基本にある。

Point

数学の問題解決の王道を学ぶことで、ビジネス思考力を高めろ

Book

93

『素数に憑《つ》かれた人たち』

「素数の謎を解明したい」という知の探究

松浦俊輔［訳］日経BP社

ジョン・ダービーシャー

英国出身の米国のシステム・アナリスト、小説家、サイエンスライター。英国で数学教育を受ける。リーマン予想に取り組んできた数学者の紹介を中心に、素数を知る魅力、取り組みの変遷などを、多くのエピソードを織り込みながら、非数学的な観点をベースに著述した数学ドラマ『素数に憑かれた人たち』を執筆。そのほかの著書に『代数に惹かれた数学者たち』などがある。

科学や数学の世界では、何の役に立つかわからないのに超優秀な学者たちが頭を悩ませていることが少なくない。つい「才能のムダ使い？」と思ってしまうが、これはそこに謎があるからだ。お叱りを覚悟で書くとUFOや心霊写真が人気なのと同じで、「謎がある」と言われると知りたくなるのが人の性なのだろう。後述するように、彼らの本音は「役立つか否か」なんて正直どうでもいい。「そこに謎があるから自分が解明したい」なのだ。まさにBook 1『ソクラテスの弁明』で紹介した「知の追求」の姿である。

「勝手にやれば？　そんな世界、自分は興味ない」と思ってしまうが、そんな謎の解明が世界を変えたりする。Book 81『相対性理論』で紹介したように、アインシュタインが突き止めた$E = mc^2$という式は、当初は単なる理論だったが、のちに人類に核エネルギーをもたらす大変革を実現した。

そんな科学の進歩が生まれるリアルな世界を疑似体験するには、本書がおすすめだ。

本書のテーマは**素数**。素数とは、その数字と1以外では割り切れない正の整数のこと。こんな数字である。

2、3、5、7、11、13、17、19、23、29、31、37、41、43、47、53、59、61、67、71、73、79、83……

たとえば4は2×2＝4なので、素数ではない。6は2×3＝6なので、これも素数ではない。

すべての正の整数は、素数の掛け算でできている。たとえば42は、2、3、7という素数の掛け算だ（2×3×7＝42）。このため「**素数は数字の原子**」とも言われる。

素数はランダムに出現する。出現パターンが謎なのだ。そこで偉大な数学者たちは素数の謎に挑戦してきた。中でも最大のテーマが、1859年に数学者リーマンが提唱した、次のような**リーマン予想**である。

「**ゼータ関数の自明でない零点の実数部はすべて2分の1である**」

「ヤバい。ぜんぜん意味がわからない」と焦る必要はまったくない。理系出身者でもこの文章の意味自体、わからない人が多いだろう。この**リーマン予想**は150年以上にわたって数多くの数学者たちを惹きつけてきた未解決の難問だ。そして近年、このリーマン予想は理論物理学とも深い関係があることもわかってきた。

本書はそんな素数にまつわる挑戦を描いた一冊だ。世界最高の頭脳の持ち主たちがリーマン予想に挑戦し、挫折する姿も描いている。著者のダービーシャーは作家でありジャーナリストだ。本書は高校数学まで覚えている人なら、なんとか理解できるように書かれている。微積分・指数関数・対数関数・複素数なども基礎からわかりやすく説明している（なお、以降の解説では、数学面でわからない部分もあるかもしれないが、そこは読み飛ばしても本筋をつかめるように書いている）。

素数の出現頻度を解明した「ガウスの素数定理」

のちに「19世紀最大の数学者」と称される天才ガウスはこう考えた。「素数はランダムに見えるけど、パターンがあるのでは？」そこで15歳のときにどんな素数があるか調べ始めた。電卓もスマホもない時代、気が遠くなる作業だ。たとえば9901から10000までの100個の数字で、素数は次の通りだ。

9901、9907、9923、9929、9931、9941、9949、9967、9973

ガウスの素数定理

「数値Nまでに現れる素数の数」を表すπ（N）は、
NをNの自然対数で割った数に近づいていく

式にすると…

Nまでに現れる素数の数 → $\pi(N) \sim \dfrac{N}{\log N}$ ← Nの自然対数

実際の値を見てみると…

N	LogN（対数）	$\dfrac{N}{\pi(N)}$（実際に素数が出現する数字の間隔）	誤差（％）（両者の誤差）
1,000	6.9077	5.9524	16.0490
1,000,000	13.8155	12.7392	8.4487
1,000,000,000	20.7232	19.6665	5.3731
1,000,000,000,000	27.6310	26.5901	3.9146
1,000,000,000,000,000	34.5387	33.5069	3.0795
1,000,000,000,000,000,000	41.4465	40.4204	2.5386

ガウスは手計算でここまで確認（この後は後世で確認）

100京

たしかに誤差は減少

ガウスは、15分あれば自然数を1000個ずつ調べ続け、100万近くまで確認した。おそるべき計算力だ。そしてガウスは気がついた。「あれ？　数が大きくなると、素数の出現頻度が減っているぞ」

そこでガウスが目を向けたのが**対数**だ。

ザックリ言うと、対数は大きな数字を簡単に表現した数だ。たとえば1億は1の後に0が8個並ぶ。そこでこう考えた人がいた。「1億を桁数で表現すると、8。こっちのほうが扱いやすくないか？」。これが対数だ。対数は関数でlogと書く（以下はスルーしても大丈夫だが、詳しい人のために厳密に書くと、対数には2種類ある。10進数が前提の**常用対数**と、**ネイピア数**という数字が前提の**自然対数**だ。ガウスは自然対数を使った）。

上図のように数字Nまでの素数の個数をNの対数で割ると10％程度の誤差で一致する。Nが大きくなると、誤差が縮小する。これが、ガウスが提唱した**素数定理**だ。要は、数が大きくなると素数の出現頻度が減ることを示したものだ。式は図の通り。Nが100京になると誤差は約2・54％に縮小する。

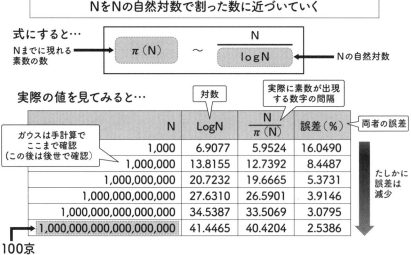

リーマン予想

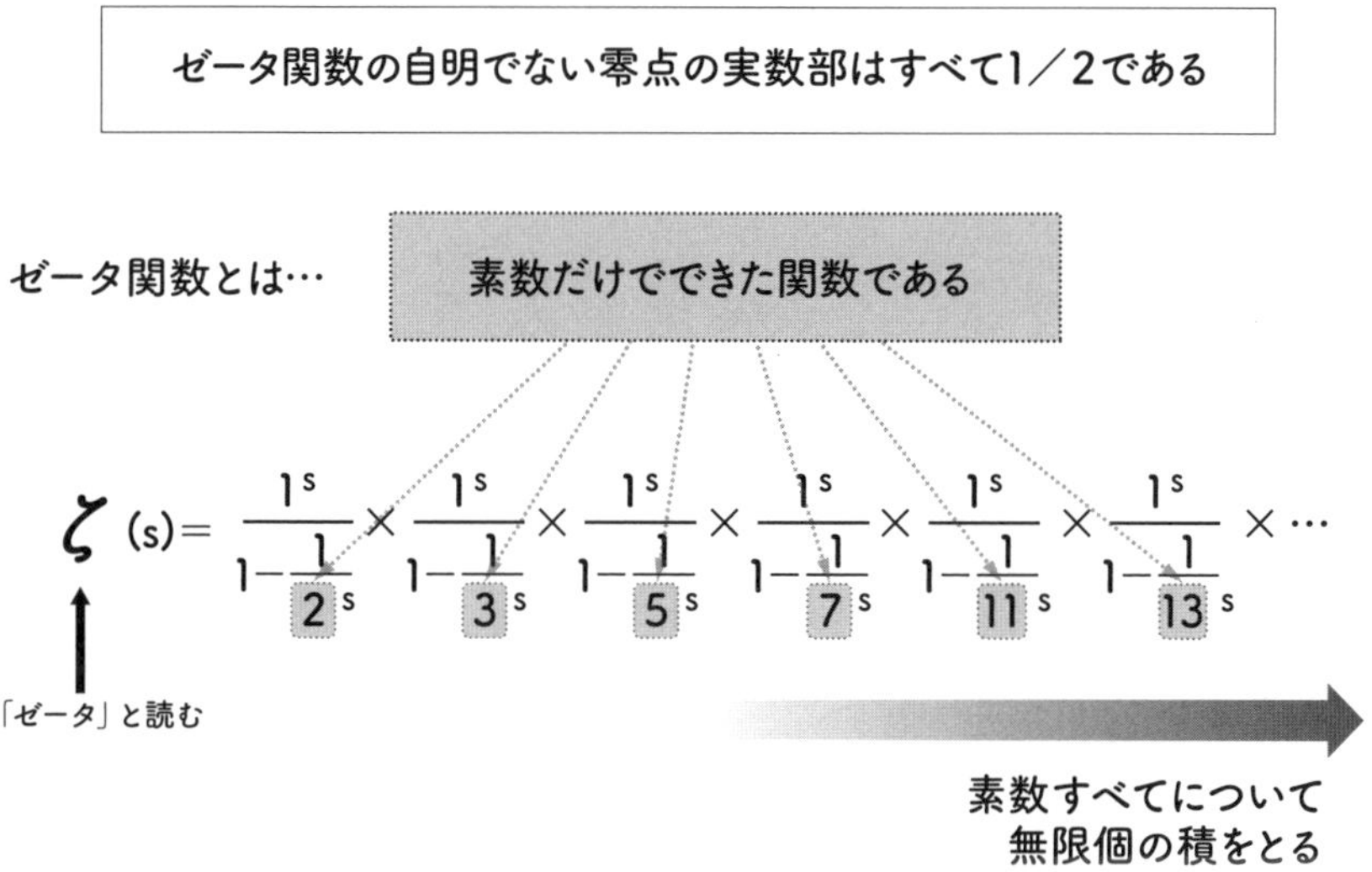
ゼータ関数の自明でない零点の実数部はすべて1／2である
ゼータ関数とは…
素数だけでできた関数である
ζ(s)= 1^s/(1−1/2^s) × 1^s/(1−1/3^s) × 1^s/(1−1/5^s) × 1^s/(1−1/7^s) × 1^s/(1−1/11^s) × 1^s/(1−1/13^s) ×…
「ゼータ」と読む
素数すべてについて
無限個の積をとる

近似値で素数の個数を出したガウスは、素数の謎に一歩近づいた。そして、さらに精度を高めたのがリーマンだ。

いまだ未解決の「リーマン予想」

リーマン予想の**「ゼータ関数の自明でない零点の実数部はすべて2分の1である」**を順に説明しよう。**ゼータ関数**とは上図の通り素数だけでできた関数で、すべての素数について無限個の積（掛け算）を行う。式の中にあるsの値で、ゼータ関数の値が決まる。**零点**とは、ゼータ関数の値が0になること。ゼータ関数の値が0になるのは、sが-2、-4、-6…などの負の偶数の場合だ。これらは式を解くとわかるので「自明な零点」だ。しかしゼータ関数の値が0になるsは他にもある。これらが**「自明でない零点」**だ。

この先は、**複素数**の理解が必要になるので、ザックリ説明しよう。複素数とは、普段私たちが使う**実数**という数字に**虚数**という想像上の数字を足した数字だ。普段の数字が音楽ならば、虚数は映像のようなもので別物の数字だ。音楽と映像は、組み合わさって映画になると、表現の世界が一気に広がる。同様に、普段使う実数に虚数が組み合わさって複素数になると、物理学や数学の世界では表現が一気に広がるのだ。

「自明でない零点」とは、sをこの複素数（実数と虚数の組み合わせ）にした場合の零点のことだ。

ここまでの言葉を使ってリーマン予想を説明すると、「ゼータ関数の値が0になる場合、sが複素数ならば、その実数部（複素数の中で、実数の部分）は2分の1になるはずです」ということである。

1903年、計算方法を発見したデンマークの数学者ヨルゲン・グラームが「自明でない零点」を15個見つけた。たしかに実数部はすべて2分の1だった。その後も計算が続けられ、「自明でない零点」は2000年末には50億個、2002年8月には1000億個見つかった。すべて実数部は2分の1だった。

「じゃぁリーマン予想は、証明終わりだよね」と思いたくなるが、**無限個のsは証明されていない。だからリーマン予想は未解決**。数学は厳密なのである。

量子力学との出会い

「リーマン予想」が提唱されて150年間、多くの科学者たちがリーマン予想に挑戦し、翻弄されてきた。

【ジョン・リトルウッドとゴッドフリー・ハロルド・ハーディ】20世紀の初頭、英国で大活躍した2人の数学者は、自信満々で「リーマン予想を証明した」と発表したが、実数部が2分の1以外の零点がある可能性を潰しきれなかった。

【アラン・チューリング】チューリングテスト（コンピュータが知能を持つか判定する方法）などのアイデアを出し、ナチスの暗号装置も解読した天才チューリングは、「リーマン予想は偽」と仮説を立てて「自明でない零点の実数部が2分の1でないものを見つければOK」と考えた。コンピュータで計算したが、コンピュータの出力は零点の実数部がすべて2分の1。まもなく謎の死を遂げた（自殺と言われている）。

そんな中で、まったく新しい展開が起こった。

1972年、米国プリンストン高等研究所で行われたティー・パーティで、数学者ヒュー・モンゴメリーは友人から著名な物理学者フリーマン・ダイソンを紹介された。ダイソンから研究テーマを聞かれたモンゴメリーが「リーマンのゼータ関数で、自明でない零点同士の差を研究している」と言って詳しく話すと、ダイソンは興奮して言った。「その式は、私が発見した原子核のエネルギー間隔の式とまったく同じだ！」

リーマン予想は原子核の世界とつながっていたのだ。これがきっかけで今はリーマン予想研究に物理学者も加わっている。

では、リーマン予想は役立つのか。この問いに著者はこう言い切る。「この点については、私はまじりっけのない、この種の問いにはまったく関心のない、純粋数学者だと言っておいた方がいいだろう」

学者の原動力は「真実かどうかわからない。だから真実を究めたい」。つまり知の探求しかないのだ。「役に立たないのなら、努力はムダでは？」と思ってしまうが、これが数学や理論物理学の宿命だ。数学や理論物理学はすぐには役に立たない。永久に役立たないかもしれない。でも、ものすごく役立つこともある。

リーマン予想には、数学や科学の奥深くも濃い世界が詰まっている。興味ある人は押さえておきたい。

Point

素数の世界を追求するリーマン予想は「理論物理学」につながった

Book

94

『因果推論の科学』

ジューディア・パール／ダナ・マッケンジー［著］夏目大［訳］文藝春秋

科学でタブーだった「因果関係」は解明されつつある

ジューディア・パール

1936年－。イスラエル出身の米国の計算機科学者、哲学者。人工知能への確率的アプローチとベイジアンネットワークを発展させたことで知られている。構造モデルに基づいた因果的かつ反事実的推論の理論を発展させた。「人工知能に基礎的貢献をした」として、ACMチューリング賞を受賞。共著者のダナ・マッケンジーは科学ライターで、プリンストン大学で数学の博士号を取得。

朝が来ると、ニワトリが鳴く。ニワトリが鳴くから、朝が来るのではない。しかし「朝が来ると、ニワトリが鳴く」という簡単な**因果関係**は、これまで数式で表現できなかった。原因は統計学だ。

１００年前に統計学が生まれて、科学は進化した。しかし統計学は、数学的に因果関係を表現する手段を持っていなかった。その結果、科学の世界では、因果関係の追求はタブーとなった。

しかしスイッチを入れると電気がつき、暑い日にアイスが売れるという因果関係は、子どもでもわかる。

このタブーを打ち破って**因果革命**ともいえる変化を起こしたのが、著者のパールと研究仲間たちだ。

コンピュータ科学者のパールはデータの因果関係を分析する**ベイジアンネットワーク**の開発者としても知られ、ＡＩ（人工知能）研究で巨人の一人に数えられる人物だ。ＡＩ研究ではコンピュータで因果関係を扱うことを目指している。パールは因果関係を数学的に表現する「因果推論」の方法を研究し続けたのだ。

私たちは日々、数々の難問にぶつかっている。そこで必要なのは、因果関係を見極めて的確に対応することである。本書にある因果推論を学べば、複雑な問題でも、より的確にその構造を見抜けるようになる。

米国で２０１８年に刊行された本書は、共著者の科学ライターであるマッケンジーにより一般向けに書かれている。ＡＩ学者で東京大学大学院教授の松尾豊氏は、邦訳版の解説でこう述べている。

「本書の内容は、極めて深い洞察に満ち、示唆に富んでいる。そして、非常に哲学的で、かつ、著者の独特の世界観が色濃く反映されている。私自身、この解説を書くということ自体が憚《はばか》られるほどである」

実際に本書は６００ページ超の大著で哲学的な洞察が多く、数式も登場するので読み通すだけで結構苦労する。そこで、数式を使わずに本書のポイントを紹介していこう。

１００年前、因果関係は統計学に殺された

科学が因果関係を扱えなかった理由は、因果関係を表現する科学的な言語がなかったからだ。

因果関係と似た言葉に**相関関係**がある。ニワトリが鳴くことと日が昇ることは強い相関関係があるが、「ニワトリが鳴くから日が昇る」という因果関係はない。このように科学の世界では**「相関関係は因果関係ではない」**ということを徹底して叩き込まれる。

パールは、科学から因果関係を排除したのは統計学の基礎を築いた19世紀英国の遺伝学者ゴルトンと、弟子のピアソンだと指摘する。ゴルトンは「才能は引き継がれるはず」と考えて、遺伝の因果関係を見つけるために身長、腕の長さ、ＩＱなどの統計データを集めて分析したが、親の才能は子どもに必ずしも引き継がれないことが判明した。たとえば父親の身長が平均１㎝高くても、息子の身長は平均０・５㎝しか高くない。背の高い親の息子はやや背が高いが、親ほど高くはなく、次第に平均値に収斂していた。

親子のデータは相関していたが「背が高い親は、子どもも背が高い。因果関係がある」とは言い切れなかったのだ。ＩＱでも同じ結果だった。その後、教え子のピアソンは相関度を数値化した相関係数という係数を発見した。こうして**「因果関係という概念は、時代遅れ。むしろ相関関係という概念のほうが、現象を正確**

に考えられるし、明快だ」という考え方に基づいて、現代の統計学がつくられた。

しかし著者のパールは「ゴルトンは間違っていた」という。ゴルトンは「因果関係があるか否か（1か0か）で考え、「因果関係があれば身長は受け継がれるはず。だがそうなっていない。だから因果関係はない」と結論づけた。しかし実際には身長はある程度は引き継がれるし、運という外部要因でも左右される。子ども時代に栄養状態がよく、運動をすれば、身長は伸びるかもしれない。因果関係では本来、確率も考慮すべきだが、ゴルトンは「因果関係はない」と断じて因果関係を殺してしまった。

弟子のピアソンは相関関係という概念を確立し、多くの分野で相関関係を数学的に使えるようにしたが、代わりに統計学から因果関係を完全に排除した。こうして科学の世界では統計データを論じる際に因果関係を考えるのはタブーとなった。こんな状況を打開したのがパールである。

因果ダイアグラムと3つのジャンクション

パールは、因果関係を考えるには原因から結果が出るまでの構造を解明するための「**因果モデル**」が必要だ、と考えた。そしてパールが因果モデルとして使用するのが、**因果ダイアグラム**である。

左ページ図の①は、裁判所の命令で隊長が隊員A・Bに命令し、隊員A・Bが囚人を銃で撃つ場合の因果ダイアグラムだ。隊員は命令に必ず従う。射撃の名手なので、各ステップが真ならば最後も必ず真（囚人は死ぬ）になる。この図で結果が生じる因果ロジックが明確にわかる。囚人が死んでいれば、因果関係をさかのぼって裁判所の命令が下ったことも推測できる。

図の②は、隊員Aが隊長命令に従わず自分の意志で撃つ場合だ。この場合、隊長から隊員Aへの矢印は削除され、隊員Aは必ず発砲して囚人は死ぬ。囚人が死んでいればそれは隊員Aの発砲のためで、命令がない

「因果ダイアグラム」で因果関係を把握する

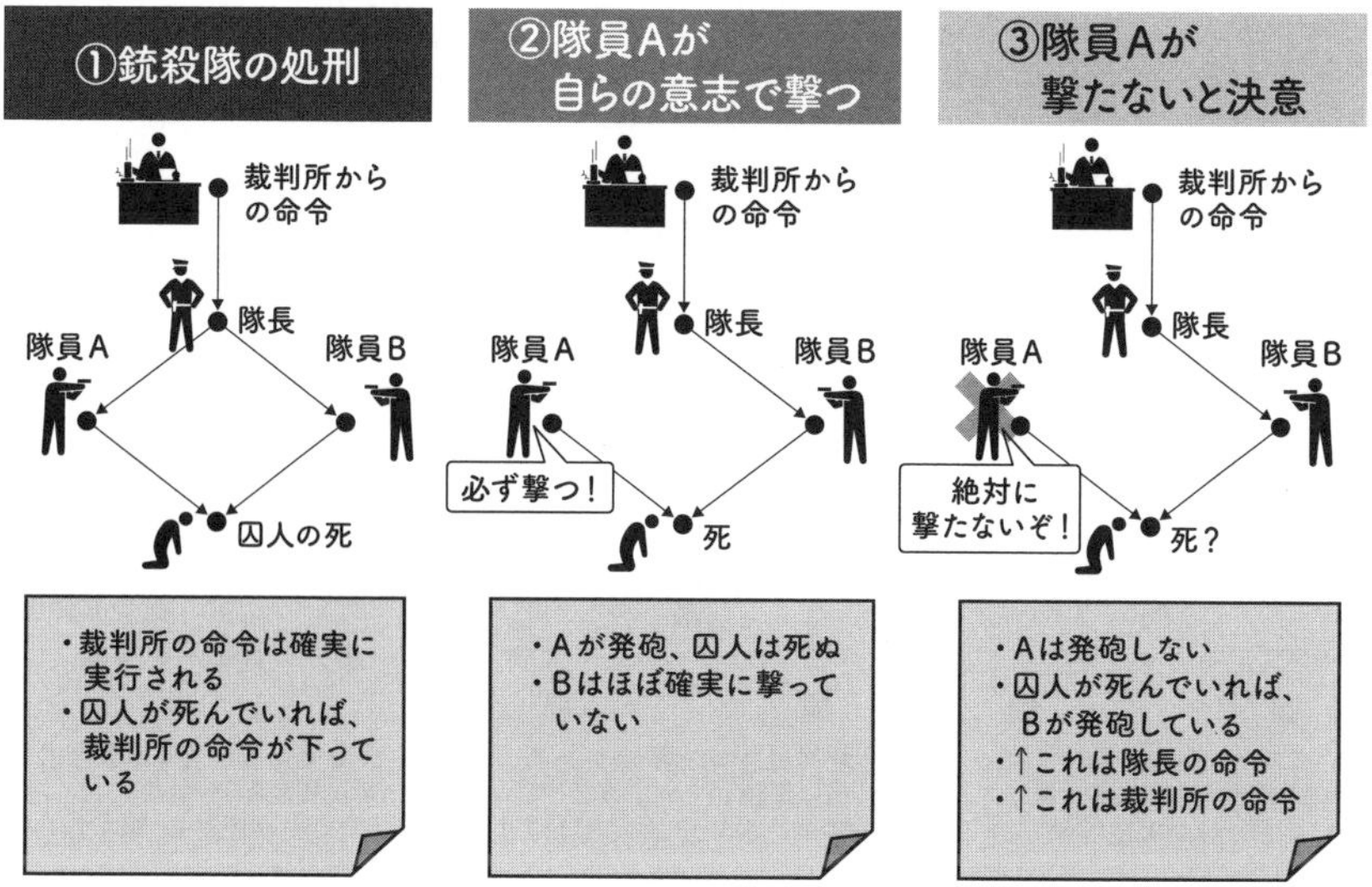
①銃殺隊の処刑
裁判所からの命令
隊長
隊員A
隊員B
囚人の死
・裁判所の命令は確実に実行される
・囚人が死んでいれば、裁判所の命令が下っている
②隊員Aが自らの意志で撃つ
裁判所からの命令
隊長
隊員A
隊員B
必ず撃つ！
死
・Aが発砲、囚人は死ぬ
・Bはほぼ確実に撃っていない
③隊員Aが撃たないと決意
裁判所からの命令
隊長
隊員A
隊員B
絶対に撃たないぞ！
死？
・Aは発砲しない
・囚人が死んでいれば、Bが発砲している
・↑これは隊長の命令
・↑これは裁判所の命令
『因果推論の科学』を参考に筆者が作成

と撃たない隊員Bではないと推測できる。

図の③は、隊員Aが撃たないと決意した場合だ。この場合、隊員Aへ向かう矢印は消えて、隊長からの合図から自由になっている。この場合、隊員Aが「撃たない」と決心しても、もし裁判所の命令があれば、隊長命令で隊員Bが銃を撃ち、囚人は死ぬ。

処刑を記録したビッグデータをいくら収集しても、こうした因果関係はわからない。しかし因果ダイアグラムがあれば推測できる。因果ダイアグラムは簡単で単純だが、因果関係を解明する上で強力な武器になる。

因果関係の見極めにはジャンクションと呼ばれる3つの基本型も必要だ。次ページ図のように3つの事象A・B・Cの関係を、ジャンクションで整理してみよう。

❶フォーク（分岐）：共通原因BからAとCが起こる場合だ。子どもの年齢が上がる（B）と靴サイズ（A）も読解力（C）も上がるが、靴サイズと読解力は関係がない。相関はあるが無関係だ。この共通原因Bを交絡《こうらく》因子という。相関関係を因果関係と混同して

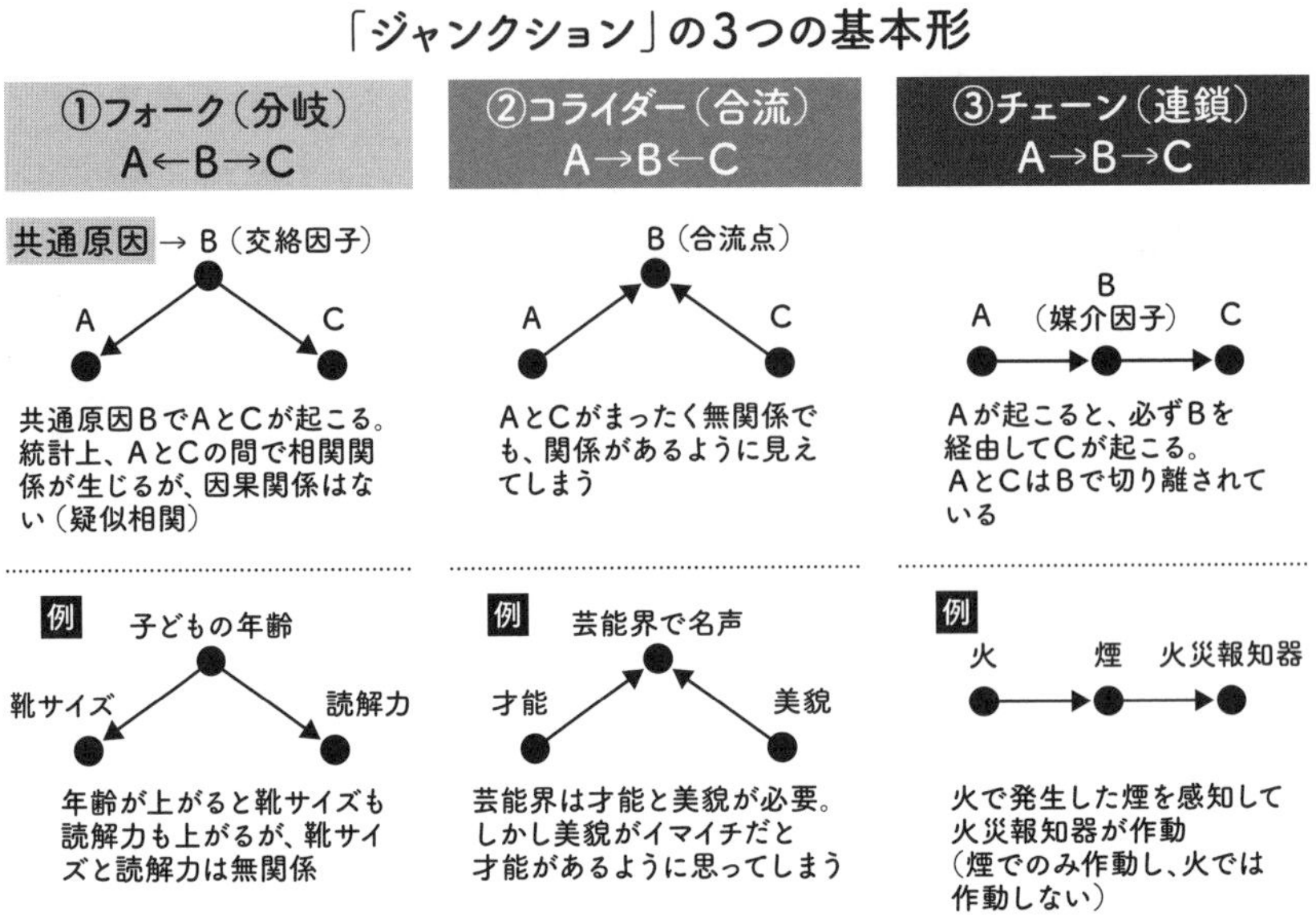
「ジャンクション」の3つの基本形
①フォーク（分岐）
A←B→C
②コライダー（合流）
A→B←C
③チェーン（連鎖）
A→B→C
共通原因→B（交絡因子）
A
C
共通原因BでAとCが起こる。統計上、AとCの間で相関関係が生じるが、因果関係はない（疑似相関）
B（合流点）
A
C
AとCがまったく無関係でも、関係があるように見えてしまう
B
A
（媒介因子）
C
Aが起こると、必ずBを経由してCが起こる。AとCはBで切り離されている
例
子どもの年齢
靴サイズ
読解力
年齢が上がると靴サイズも読解力も上がるが、靴サイズと読解力は無関係
例
芸能界で名声
才能
美貌
芸能界は才能と美貌が必要。しかし美貌がイマイチだと才能があるように思ってしまう
例
火
煙
火災報知器
火で発生した煙を感知して火災報知器が作動（煙でのみ作動し、火では作動しない）

『因果推論の科学』を参考に筆者が作成

しまうのは、このパターンが多い。

❷**コライダー**（**合流**）**：**AとCでBが起こる場合だ。AとCは無関係でも、関係があるように見えてしまう。一般人は才能と美貌の間にはまったく関係はないが、芸能界で名声を得るには美貌と才能が必要だ。だから美貌がイマイチで名声がある芸能人がいると、その人は才能があると思ってしまう。このパターンでは、後述する**コライダー・バイアス**が起こりがちだ。

❸**チェーン**（**連鎖**）**：**Aが起こると、必ずBを経由してCが起こるパターンだ。たとえば火で煙が発生すると、火災報知器が作動する。実は火災報知器は火では作動しない。煙を探知するだけだ。このようにAとCをつなげる要因を**媒介因子**という。

これら3つのジャンクションを使えば、難しい因果関係が解明できるようになる。

交絡因子を見抜く

次ページの図は1週間の運動量とコレステロール

「交絡因子」の見極め

運動すると、コレステロール値は上がる？ 下がる？

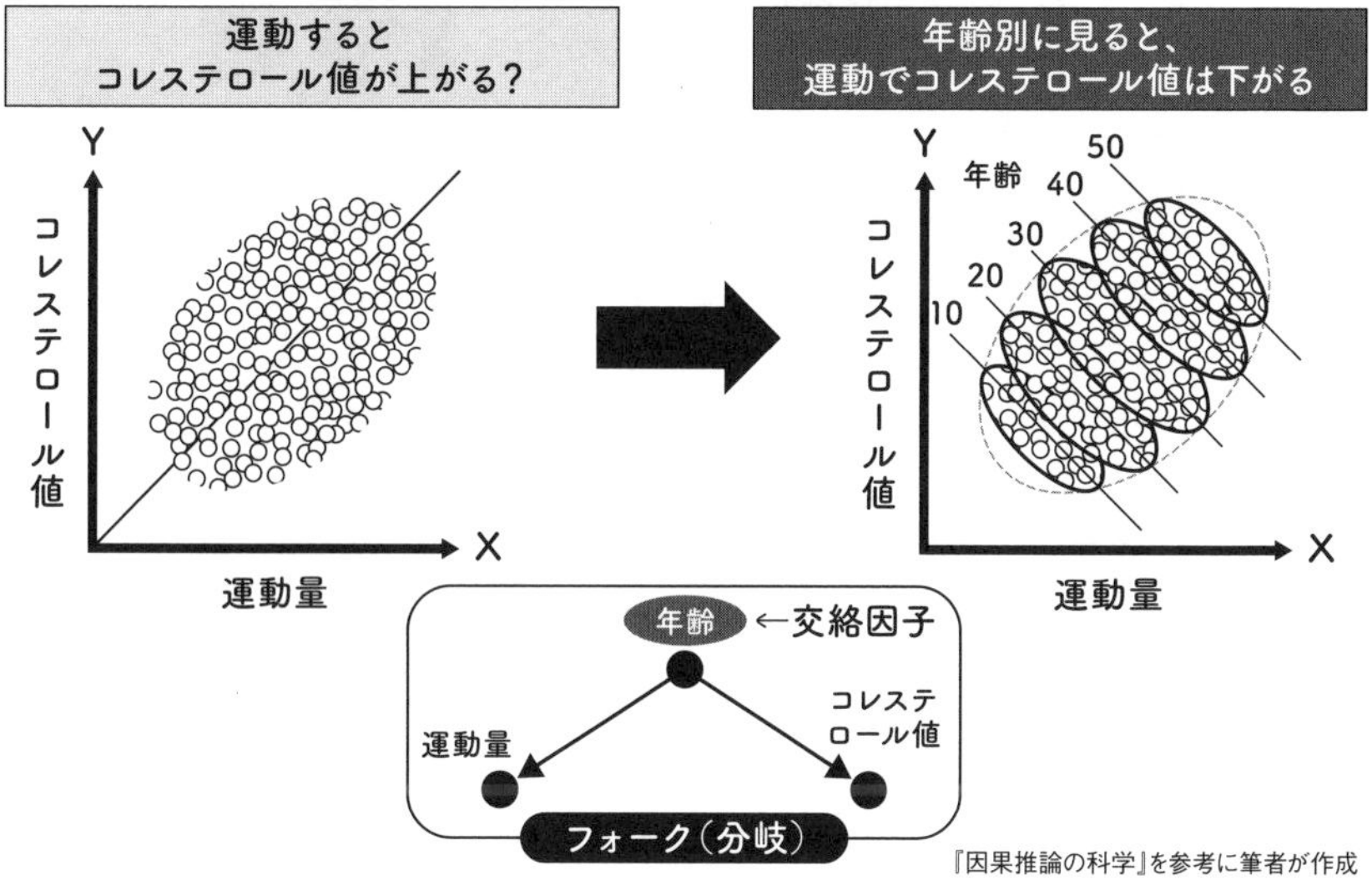

『因果推論の科学』を参考に筆者が作成

値の関係を示したもので、左側は全員の調査をひとつにまとめた図だ。この図を見ると「運動するとコレステロール値が上がるから、運動しないほうがいいな」と思ってしまう。しかしこれは明らかにオカシイ。

そこで、さらに詳細に分析したのが右側の図だ。これはデータを細分化し、年齢別に分類したものだ。こうして見ると、すべての年齢層で運動量が多いとコレステロールが下がることがわかり、年齢層が高くなるとコレステロール値と運動量が高くなることもわかる。つまり年齢が、運動量とコレステロール値を高くする交絡因子（共通原因）になっている。年齢が高い人ほど意識して運動し、かつもともとコレステロール値も高い、ということだ。このようにデータの背後にある意味を見極め、交絡因子を見つけて、因果ダイアグラムを描き、「年齢を問わず、運動はいいこと」という結論を導き出すべきなのだ。

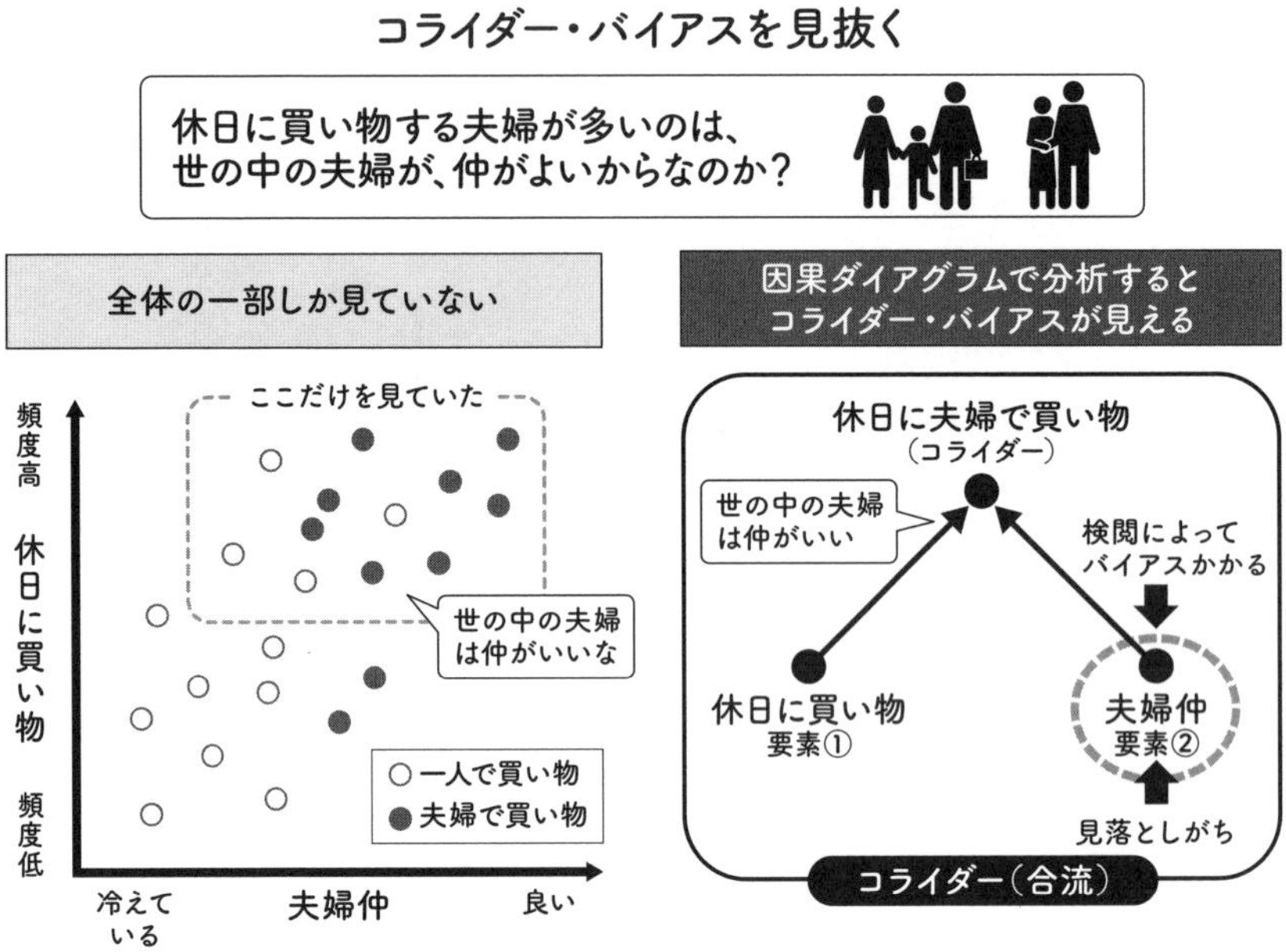

コライダー・バイアスを見抜く

うちの近所では休みの日に仲良く買い物をする夫婦が多い。「世の中の夫婦は皆、仲がいいんだな」と思っていたが、ある知人からこう言われた。

「仲がいい夫婦なんて多くないですよ。うちなんか冷え切っちゃって、一緒に買い物なんて行きません」

たしかに仲が冷えた夫婦は一緒に買い物せずに平日に買い物は一人で済ませ、休日はお互いに別行動だろう。休日に一緒に買い物する夫婦はそもそも仲がいい夫婦であり、世の中の夫婦の一部なのだ。

私の勘違いを分析したのが右の因果ダイアグラムだ。私は「休日に買い物」（要素①）という条件だけ考えた。「夫婦仲」（要素②）が良いという条件も満たして初めて一緒に買い物に行くのに、要素②を見落としていた。このように、一部だけを見て全体と判断してしまうのが、**コライダー・バイアス**だ。

複数要因で現象が起こる場合、他要因が見えなくなるとコライダー・バイアスが起こる。コライダー・

バイアスを回避するには、そのデータが選択される際に、その裏にある構造を見抜くことが必要だ。この場合は「夫婦仲」という要素があって、夫婦全体の集合から休日に一緒に買い物する集団だけが選ばれている。

本書ではコイン2枚を同時に投げる実験が紹介されている。100回実験すると、確率的に①「表・表」が約25回、②「表・裏」が約50回、③「裏・裏」が約25回出る。そこで③の「裏・裏」だけ除外して結果を書き留めると、確率的に計算すれば約75回分が記録される。こうして「裏・裏」を除外したことを知らない人がこの約75回分の記録を見ると、一方のコインが「裏」だともう一方のコインは必ず「表」になっているので「あれ？　不思議なことが起こっているぞ！」と驚くはずだ。しかしこれは単に『裏・裏』は記録しない」という検閲をかけて、コライダーの条件づけをしているだけなのだ。私たちがコライダー・バイアスに惑わされるのは、このコインゲームのようにデータを選ぶ時点で検閲をかけているからだ。

媒介因子を探し出す

1500年から1800年まで、壊血病という病気で200万人もの船乗りが命を落としたという。軍医のジェームズ・リンドが柑橘類を食べることで壊血病を予防できることを突き止め、1800年代の英国海軍では壊血病は過去の病気となった。しかし1903年と1911年に行われたスコットの南極遠征で南極点に到達した5名は全員死亡。うち2名は壊血病の可能性が高いといわれている。1世紀後、再び壊血病の被害が出たのだ。この悲劇は**媒介因子**と深い関係がある。

当時、柑橘類が壊血病を防ぐ仕組みは解明されていなかった。当初は酸味のせいだと信じられていたので、経済的理由でライムが使われた。しかしライムのビタミンCはレモンのわずか4分の1。さらに1845年の北極遠征隊員は加熱してわずかに残されたビタミンCも破壊されたライムを持参し、壊血病にかかってしまった。一方で新鮮な肉を食べていた隊員は壊血病にかからなかった。そこで新たに「壊血病の原因は、保存が適切でない肉だ」と考えられるようになり、「柑橘類が壊血病を防ぐ」という理論は捨てられてしまい、南極遠征隊は柑橘類を持参しなかった。１９３１年、アルベルト・セント＝ジェルジが壊血病を予防する栄養素ビタミンCを特定して、やっと**「柑橘類→ビタミンC→壊血病予防」**という因果関係の経路が解明された。

これは、効果には**間接効果（媒介因子を介す効果）**と**直接効果（媒介因子を介さない効果）**があるとわかれば理解できる。ビタミンCは柑橘類と壊血病を仲介する媒介因子であり、壊血病を防ぐ直接効果だった。柑橘類は間接効果だったのだ。**因果関係の見極めには、ビタミンCのように直接効果をもたらす媒介因子を探し出すことが必要**なのである。

本書で直接効果と間接効果を見分ける方法が紹介されている。ある夫婦の家の子犬は粗相する。ある日、子猫３匹を預かることになった。子猫がいると子犬は粗相しなくなり、いなくなるとまた粗相し始めた。

妻曰く「子猫が来て、群れの中の自分の立場を意識したんじゃないかしら」（子猫は直接効果）

夫曰く「子猫がいる間、子猫から離してケージに入れて監視していたからだよ」（子猫は間接効果）

これを検証するには、子猫がいない状態でケージに入れて監視すればいい。粗相をすれば、妻が言う通り子猫が直接効果。粗相しなくなれば、夫が言う通り子猫は間接効果であって、直接効果（媒介因子）はケージに入れることである可能性が高い。こうした実験で、因果関係を見極めていくのだ。

パールのおかげで因果関係を数学的に表現できるようになり、この20年間で科学が因果関係を取り扱えるようになった。ＡＩはビッグデータだけでは因果関係がわからないので、推論できない。ＡＩが因果ダイアグラムなどの因果モデルを扱えるようになれば、人間のように考えるＡＩが完成する可能性が高い。

現時点では、自分自身の意図について考え、自分の意図を因果推論の材料にできる「自己認識」の能力はどんな機械もまだ持ち合わせていない。AI研究者たちはそんな強いAIをつくろうとしている。

パールは、強いAIの開発にあたっては「自由意志とは何か」を考えざるを得ないと述べている。

西洋哲学の世界では「自由意志は存在するのか否か」は、いまだに解けない謎として残っている。

私たちは「自分は選択の自由を持っている」と信じているが、神経科学者トノーニは Book 78『意識はいつ生まれるのか』で**「私たちに自由意志はあるのか？」**と問いかけ、人間の自由意志は幻想であり、周囲の状況で選ばされている可能性を指摘する。社会学者ブルデューも Book 71『ディスタンクシオン』で、私たちはハビトゥスにより分類・階級づけされて趣味などを選択していると主張している。

パールも、人は自由意志があると思い込んでいるが、それは幻想であって、自由意志の幻想を持っているおかげで人は自分の行動が説明でき、主体的なコミュニケーションができている可能性がある、とした上でこう述べている。「AI研究者は二つの問いに答えなくてはならない。一つは自由意志とは正確にはどのようなもので、どのようにして生じているのか、という問い。もう一つは、どうすれば機械で同じことを実現できるのか、という問いだ」

パールの深い洞察に接すると、AI研究者が技術面だけを考えて研究を進めることに危うさがあることを実感する。AI研究者こそ「人間とは何か？」という哲学的な問いを深め、究めることが必要なのだろう。

Point

因果関係は解明されつつある。次の課題は、自由意志の解明である

Book

95
『通信の数学的理論』

クロード・E・シャノン／ワレン・ウィーバー［著］植松友彦［訳］ちくま学芸文庫

情報の価値の本質は「発生確率」である

クロード・E.シャノン

1916年－2001年。米国の数学者・電気工学者。ベル研究所在籍中に『通信の数学的理論』を発表し、情報理論の基礎を確立した。「情報理論の父」とも呼ばれる。情報、通信、暗号、データ圧縮、符号化など情報社会に必須の分野の先駆的研究を残した。第1回京都賞を受賞。共著者のワレン・ウィーバーはアメリカの数学者。1932年から20年以上にわたり、ロックフェラー財団の自然科学部長。

世の中には重要なことを話しているように見えて「情報量ゼロ」という人が意外と多い。

たとえば、「いいですか？　赤信号では横断歩道を渡ってはいけないんだ。あなた、わかってますか？」。

妙に説得力があるが「赤信号で渡ってはダメ」は当たり前。この人は、実は何も語っていない。まさに情報量ゼロだ。笑い話のようだが、延々と長いのに何も情報がないビジネスメールも、本質は同じである。

逆もある。「沖縄で雪が降った」という話は、大きなニュースだ。沖縄の雪が観測されたのは1977年と2016年の2回だけだ。**珍しい情報には価値がある。**これが情報の本質だ。ビジネスでも情報の価値の見極めが、成功のカギを握る。世界で初めてこの情報の価値について数学的理論を構築したのが「情報理論の父」と称された数学者クロード・シャノンだ。シャノンの情報理論を理解すれば情報の本質が理解できるようになる。しかし情報産業に携わる人でも、シャノンの情報理論を理解していない人は多い。

そこで1948年に発表したシャノンの論文に基づき、1949年に刊行された本書を紹介したい。

本書の序文で、イリノイ大学のブラハット教授とハジェク教授はこう述べている。

「シャノンの情報理論が電気通信の発展に対して与えた衝撃は巨大なものであった」

シャノンの情報理論はコンピュータ技術の基盤となり、現在の情報社会をつくり上げた。私も大学の工学部生時代に、情報工学の基本としてシャノンの情報理論を叩き込まれた。ここでは、ビジネスパーソンに押さえておいてほしいシャノンの情報理論の初歩に絞って紹介していこう。シャノンが考えたのが情報の定量化と効率がよい情報の伝達だ。シャノンは世界で初めて**情報量**という概念で、情報を数学的に定量化したのだ。

ここでは本書から、シャノンの情報理論の超基本を紹介しよう。

情報量は「発生確率」で変わる

沖縄で降る雪のように、珍しいこと、つまり確率が低いことはニュースになる。これを情報理論的に見ると**「発生確率が小さい事象は、情報量が多い」**。つまり情報量は発生確率に依存する。この考え方を数学で表現できれば情報量を数値化できる。これがシャノンの情報理論のキモだ。具体的な例で考えてみよう。

小学校の運動会を開催するか否かは、天気次第だ。しかし微妙な天気だと決行するか否かがわからない。「運動会決行」「中止」の確率は半々だ。今ならメールやウェブサイトで知らせればOKだが、ひと昔前はそんな便利なものはなかった。そこで早朝に花火を打ち上げて、運動会決行を花火の「ドン!」という音で地域一帯に知らせていた。「花火でドン→決行」「何もなし→中止」である。

これはシャノンが2進数で表現した情報理論そのものである。2進数の世界では、数字は1と0だけだ。

- **1**（**早朝にドン**）：運動会は決行
- **0**（**何もなし**）：運動会は中止

これがシャノンの情報理論の超基本だ。ポイントは2進数。**2進数を使えば、あらゆる情報をオン（1）とオフ（0）で表現できる。**コンピュータで電気信号をオンかオフにすることで、情報を取り扱えるのだ。

私たちは普段2進数を使わないので「2進数？ 難しそう」と感じるが、実はそれほど難しくない。10進数だと数字は1、2、3、4、5、6、7……になるが、2進数は1、10、11、100、101、110、111、1000……となる。1と0だけで、つまり電気信号のオンとオフだけですべての数字を表現できて計算もできる。シャノンは情報量をこんな式で表現した。この情報量の単位を、**ビット**と呼ぶ。

情報量＝－$\log_2$確率

ザックリ言うと、式の$\log_2$は「2進数の桁数」を意味する対数だ。計算方法は省略するが、計算できなくても問題ないので安心してほしい。ここまで紹介した事例の情報量は、計算するとこうなる。

運動会は、「決行」「中止」の2通りで確率は2分の1。計算すると$-\log_2(1/2)=$**1ビット**だ。

冒頭の「赤信号を渡ってはダメ」は当たり前なので確率100％。式に当てはめると$-\log_2(1)=0$ビット。つまり「赤信号は渡ってはダメ」の情報量は、計算すると本当に情報量ゼロなのである。

沖縄の雪の場合、日本の気象観測は1872年に始まり、2023年まで150年間（約5万5000日間）も続いている。このうち雪は2日だけなので確率は0・00036％。計算すると情報量は14・75ビット。計算すると、たしかに「沖縄の雪」は情報量が大きい。このように情報量が大きいのは、珍しい（発生確率が低い）情報なのだ。シャノンはこう述べている。「重要な観点は、実際のメッセージが可能なメッセージの集合の中から選ばれたものであるということである」

そこでシャノンは情報源のメッセージの集合に着目して、情報量を表現したのである。

では、具体的にいかに情報を選び、伝えればいいのか。ここで参考になるのが、初代内閣官房安全保障室長を務めた佐々淳行氏が著書『平時の指揮官 有事の指揮官』（クレスト社）で書いた、佐々氏自身が「三島由紀夫事件」において警視庁本部で指揮を執った経験である。

1970年11月25日、作家の三島由紀夫が率いた「盾の会」が、自衛隊の東部方面総監を人質にして自衛隊市ヶ谷駐屯地に立て籠もった。三島は自衛隊に憲法改正のためのクーデター決起を呼びかけたが、失敗。

このとき現場から警視庁本部に「三島が割腹し、首が千切《ちぎ》れている。生死不明」という報告が入った。これは「悪い情報は早く、聞き取りのまま、確認しようとするな」という警察の非常事態報告マニュアルに沿った報告だったが、警視庁本部は「生きているのか?」「生死不明? どうなっているんだ」と大混乱。生死不明ならば、現場検証や実況見分の前に、死なせないことが最優先。そこで本部の緊急指令は「救護措置を取れ」となった。情報量が少ない報告だったために、大混乱したのである。

その後、現場から無線報告があった。「三島由紀夫の首と胴体の距離、約1メートル……どうぞ」

佐々氏は「これこそまさに冷徹で、一言で現場を描写した、模範的な現場情報」と述べている。**曖昧でなく簡潔で、誰が聞いても絶命と判断でき、現場状況もわかる。情報量が大きい報告は役立つのだ。**

他にも本書でシャノンは、情報通信システムの基本モデル、情報を信号に変換する方法、雑音により信号にエラーが発生した場合のデータ訂正方法、通信効率を向上させるためのデータ圧縮の理論も述べている。これらは、現代の通信技術やデータ処理では不可欠な技術だ。

ビジネスで「よい情報」とは、簡潔で情報量が多いものだ。価値ある情報、つまり情報量が大きく簡潔な情報とは何かを理解する上で、シャノンの情報理論は有効なのである。

Point

ビジネスでは「簡潔で情報量が多い情報」に注目せよ

西洋哲学 政治・経済・社会学 東洋思想 歴史・アート・文学 サイエンス 数学・エンジニアリング

Book

96

『人月の神話』

ITシステムを「生焼けのオムレツ」にしないために必要なこと

『人月の神話【新装版】』滝沢徹／牧野祐子／富澤昇［訳］丸善出版

フレデリック・P・ブルックス Jr.

1931 年－2022 年。米国のソフトウェア技術者、計算機科学者。IBM のメインフレームである System/360 およびそのオペレーティングシステム OS/360 の開発者として有名。その過程を率直に描いた著書『人月の神話』と論文『銀の弾などない』は、ソフトウェア工学およびソフトウェアプロジェクト管理の世界で多くの人々に読まれ、大きな影響を与えている。

コロナ禍を経て、ＩＴは社会インフラとして広く認知された。現代のビジネスパーソンは必ず何らかの形でＩＴプロジェクトに関わっている。しかし、システムが動かなかったり、開発が難航して稼働しなかったりすることも多い。ＩＴプロジェクトがなぜこうなるのか、ＩＴ関係者にとどまらず、多くのビジネスパーソンにとって現実を知ることはいまや不可欠な時代である。

ＩＴプロジェクトが抱える問題の本質は、この数十年間あまり変わっていない。それを明らかにしたのが、世界中のＩＴエンジニアにバイブルとして読み継がれてきた、１９７５年刊行の本書である。すでに古典だが、１９９５年には20周年記念増訂版が刊行された。

１９６４年、業界で後発だったＩＢＭはシステム／３６０を開発し、圧倒的な市場シェアを獲得した。システム／３６０は当時の金額で50億ドル（現在の価値で数兆円）を投じて開発された大プロジェクト。著者のブルックスは同システムの中核ソフト・ＯＳ／３６０の開発でプロジェクトマネジャーを務め、この巨大プロジェクトを通じて得た知見をもとに本書を書いた。私はＩＢＭ大和研究所でソフトウェア製品開発マネジャーを担当したことがあり、本書の言葉は骨身に染みる。

人月の神話

「人が増えると、期間が伸びる」

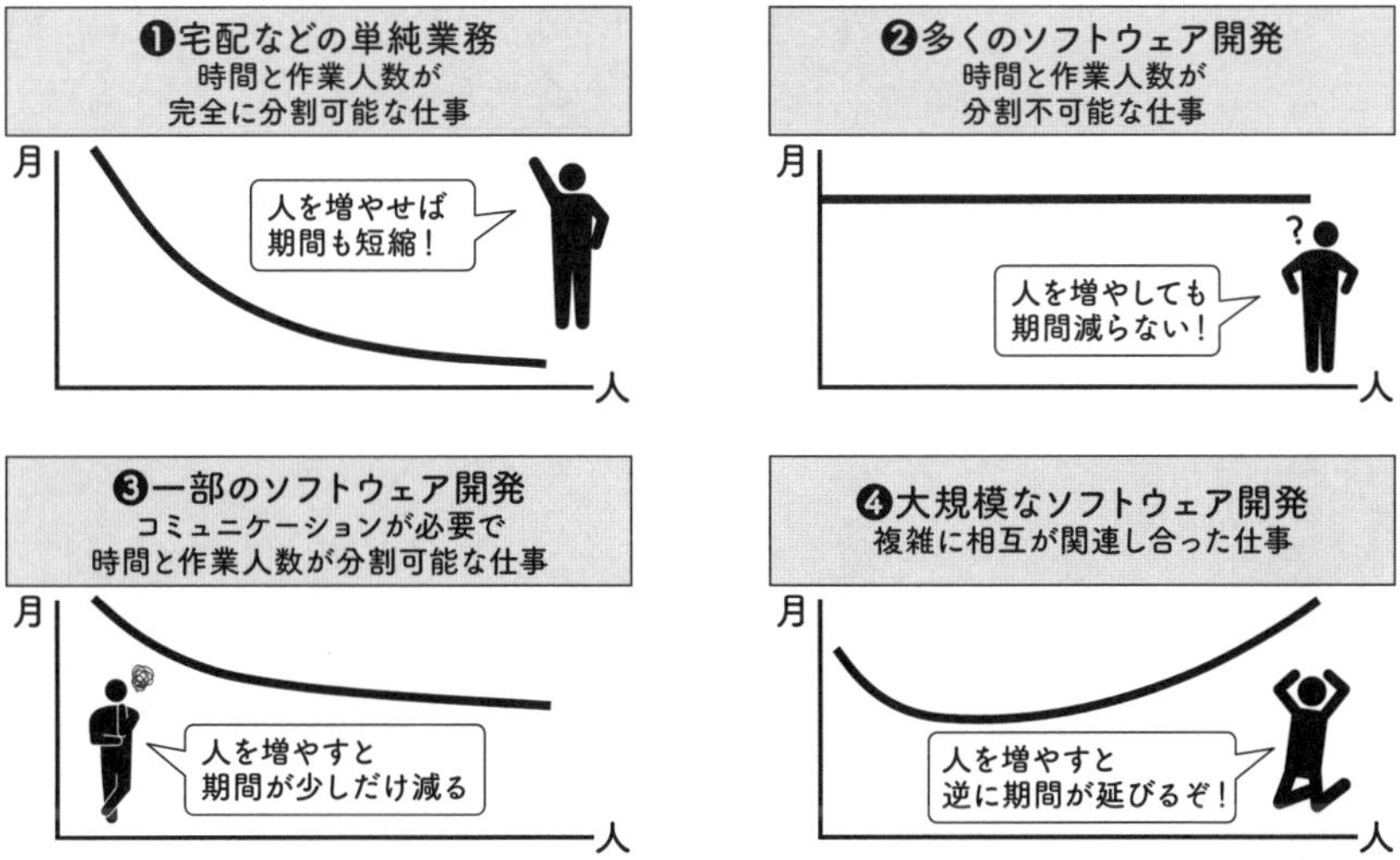
❶宅配などの単純業務
時間と作業人数が
完全に分割可能な仕事
月
人
人を増やせば
期間も短縮！
❷多くのソフトウェア開発
時間と作業人数が
分割不可能な仕事
月
人
?
人を増やしても
期間減らない！
❸一部のソフトウェア開発
コミュニケーションが必要で
時間と作業人数が分割可能な仕事
月
人
人を増やすと
期間が少しだけ減る
❹大規模なソフトウェア開発
複雑に相互が関連し合った仕事
月
人
人を増やすと
逆に期間が延びるぞ！

出典:『人月の神話』を参考に筆者が作成

想定読者はプログラマーやソフトウェア開発の管理職だが、本書では個人の創造的活動を組織の成果につなげる方法論も語られているので、現代のビジネスパーソンにも学べる点が多い。ただ1970年代のコンピュータの技術的知識がないとわからない記述も多いので、本書のエッセンスを紹介していこう。

「人月」の進捗管理が破綻する理由

ソフトウェア開発は「**人月**《にんげつ》」で作業量を見積もる。1人月は「1人で1カ月かかる作業量」だ。OS／360プロジェクトは6万人月という巨大規模。人月に比例して開発費が増えるので、人月の考え方は見積もりでは役に立つが、人月で進捗管理した途端、プロジェクトがおかしくなる。これは人月で進捗管理するとうまくいく仕事と比較すればわかる。

❶宅配便などの単純業務：宅配便の作業進捗が遅れたら、残り作業量を1人当たり配達量で割れば必要人数がわかる。作業者同士でコミュニケーションを取らずに作業できるので、人を増やせば期間

を短縮できる。

❷**多くのソフトウェア開発**：ソフトウェア開発はこの方法が使えない。各担当者の作業が密接に関連しているからだ。各担当者が分担してプログラムを書き、各プログラムをつなげてテストして、バグが出たら問題を解析し、どのプログラムで問題が起きたか特定して、修正する必要がある。各作業で密接なやり取りが必要なので、宅配便のように完全な分担ができない。各作業で必要な時間も決まっている。だから前ページ図のように、人を増やしても作業時間は変わらない。ブルックスは、「女性がどれほどたくさん動員されたところで、子供1人が生まれてくるまで十月十日かかることに変わりないのと同じだ」とたとえている。

❸**一部のソフトウェア開発**：中にはある程度の作業分担ができるソフトウェア開発もある。しかしこの場合もお互いにコミュニケーションを取る労力は必ず発生するので、人を増やしても期間はさほど減らない。

❹**大規模なソフトウェア開発**：大規模プロジェクトは密接なコミュニケーションが必要なので、途中で人を増やすとコミュニケーションに手間が取られ、逆にスケジュールが遅れる。しかし現実には「プロジェクトが遅れている」と報告を受けた経営幹部はこう指示する人が多い。「**人を追加するから遅れを取り戻そう**」。しかし人を追加するとさらに遅れる。**これが「人月で進捗を管理する」考え方の弊害だ**。チームがn人だと、コミュニケーション労力は **n(n-1)/2** に比例して増える。2人の作業と比べて、3人は労力3倍、4人は6倍、5人は10倍だ。人を増やすほど、実作業に割ける労力は減る。これがソフトウェア開発の現場で起こる現実だが、ソフトウェア開発を知らない経営幹部はこの現実が理解できない。

ブルックスはソフトウェア業界で有名な「**ブルックスの法則**」として、こう述べている。

「**遅れているソフトウェアプロジェクトへの要員追加は、さらにプロジェクトを遅らせるだけだ**」

私はさらに悲惨な話をよく耳にする。ソフトウェア開発の現場に、上からこんな話が降りて来るのだ。

「経営トップの方針で、システムのサービス開始時期が1カ月前倒しになった。お金や人員はいくら増やしていい。何とか頑張ってやってくれないか？」

これは料理に10分かかるオムレツを「5分でつくれ」と言うのと同じ。生焼けの出来損ないのオムレツができるだけだ。プロジェクトが失敗する理由の多くがコレだ。ブルックス曰く「選択肢は2つだけ」。言われた通り10分間待つか、5分でつくらせて生焼けのまま食べるかだ。当然、正解は10分間待つことだ。

本書には他にもさまざまな金言がある。いくつかピックアップしよう。

・「銀の弾はない」

「でも、テクノロジーも進化しているし、問題も解決できるのでは？」と思うかもしれない。1995年刊行の20周年記念増訂版に追加された章で、ブルックスはこう言い切っている。

「銀の弾などはどこにも見あたらない」。銀の弾は恐ろしい狼男を撃退する魔法の力を持つ。私たちもソフトウェア開発の難問を魔法のように解決する特効薬「銀の弾」を探し求めがちだが、そんなものはない。**テクノロジーがいくら進化しても、ソフトウェア固有の本質的な難しさは解消できていない。**

ソフトウェアは多くの個別課題を解決するために開発される。どのソフトウェアもまったく違うものばかりで機能の標準化なんてムリ。むしろわがままなユーザーの要望に合わせるために複雑に進化し続ける。さらにプログラム内部を熟知するのはつくった本人だけ。プログラムの仕組みは見えず、複数人での共有は難しい。これらすべてがソフトウェア固有の本質的な難しさなのだ。ただ「銀の弾」はないが、対策はある。

たとえば生産性向上ツール。プログラムが**高水準言語**で容易に書けるようになり生産性は5倍上がった。コンピュータと対話的なやり取りが可能になり、プログラマーが思考に集中できるようになった。本質的な問題は解決できないが、手間は減って生産性が向上する。これらの方法を工夫して活用するしかないのだ。

・**「プログラマーの生産性は10倍違う」**

ソフトウェアの世界には、平均的プログラマー数十人分の仕事をこなす天才プログラマーがいる。登大遊《のぼりだいゆう》氏は自ら経営するソフトイーサ代表取締役、筑波大学准教授、IPAサイバー技術研究室長を務める傍ら、2020年にNTT東日本で初の非常勤社員として入社。新型コロナで暇になったとき、わずか2週間で「シン・テレワークシステム」を1人で自発的に開発、ネットで無償提供して日本中の自治体が利用した。登さんのように、ソフトウェアの世界には「一騎当千」の猛者がいる。

ブルックスの調査では、**できるプログラマーとそうでないプログラマーは生産性が10倍違う**という。桁外れに生産性が高いプログラマーがいることは、ソフトウェアに長年関わってきた私も経験してきた。

そんな優秀なプログラマーを活かすため、ブルックスは「執刀医チーム」と呼ぶ10人程度のチームを編成することを提案している。外科手術チームで、優秀な1人の執刀医を多くのスタッフで支えるように、設計・コーディング・テストをする1人のチーフプログラマーを、スタッフ複数人で支えるのだ。

最近、トップレベルのIT人材を高収入で迎える日本企業が増えた。優秀プログラマーのケタ違いの生産性と、海外企業とのIT人材の獲得競争激化の事実を、企業がやっと認知した結果だ。

・**「破局を生み出すのは、毎日の遅れの蓄積だ」**

プロジェクトの遅れは突発的に起こらない。1日1日の小さな遅れが蓄積した結果、最後に破局に至る。対応の第一歩は、スケジュールの確定だ。ルールは1つだけ。ブルックスは「マイルストーンを具体的かつ明確で測定可能なイベントとして、ナイフの刃のような鋭さをもって定義しなければならない」と言う。

「進捗は?」と聞かれて「90%くらい」「連絡待ちです」と報告する人が多いが、これはNG。**具体的なマ**

イルストーンとは「100％完了のイベント」だ。「署名された仕様書」「100％完成のソースコード」「全テストケースに合格したデバッグ済バージョン」などだ。マイルストーンを明確にし、曖昧さを廃絶すれば進捗に曖昧な部分がなくなる。1日の遅れも許さない方法を日々着実に実践することが必要なのだ。

本書の最終章で、ブルックスはこう述べている。「創造性が個人から発するものであって工程や組織から発するものではないと考えるなら、ソフトウェアマネージャーが直面する中心的課題は、創造性と独創力を抑えるのではなく伸ばすために組織と工程をどのようにデザインするか、ということになるだろう」

日本企業がITプロジェクトで抱える課題は、まさにブルックスが言う創造性と独創力である。

日本のIT業界は「人月商売」で儲けてきた。顧客システムの規模を見積もり、必要な技術者を集めて、システム開発・保守で売上を立てる。しかし顧客企業IT部門の人員削減が始まって、常にコスト削減が求められ、多重下請け構造の中、末端のソフトウェア技術者の人件費が真っ先に削減されている。「人月商売」は創造性も独創力も求められない。この創造性なきITシステムが日本の産業界の競争力を削いでいる。

日本で成長するスタートアップ企業は、ソフトウェアで差別化を図っている。彼らがソフトウェア技術者に求めるのは、創造性と独創力。日本のITの再生はスタートアップから始まるのかもしれない。

ITプロジェクトの仕組みを知るためにも、本書から学べることは大きいのである。

Point

産業界の競争力を削いでしまうソフトウェア開発の「人月商売」から脱却せよ

Book

97

『ビーイング・デジタル』

DXが日本で進まない根本原因とは?

福岡洋一［訳］アスキー出版局

ニコラス・ネグロポンテ

1943年－。米国の計算機科学者。「デジタル革命の旗手」と言われ、マサチューセッツ工科大学（MIT）メディアラボの創設者・名誉会長として知られる。MITのほかにイエール大学、ミシガン大学、カリフォルニア大学バークレー校の客員教授として教鞭をとった。情報技術分野で日本に基礎研究機関の共同設立を呼びかけ、国際メディア基礎研究財団が発足した。

役所や銀行の窓口で待たされてストレスを感じる人は多い。原因は人手のかけ過ぎだ。書類は手書きで記入。担当者は丁寧に人手で書類を照合する。時間も労力もかかって間違いもある。デジタル化すれば時間・労力も間違いも激減して、一気に解決する。しかし従来のアナログ習慣が抜けないとコレがわからない。世の中には、デジタル時代の価値観がどうしても理解できない人が多い。

そこでおすすめしたいのが**「デジタルなあり方（ビーイング・デジタル）」**の本質が書かれた本書だ。30年前の1995年刊行だが、DXが進まない日本人が座して学ぶべき点ばかりだ。冒頭の「日本人の読者へ」で著者のネグロポンテが語る次の言葉は、本質を突いている。

「日本という国に、デジタルなあり方となじみにくい面があることは、はっきり感じている」

ネグロポンテは、人間とデジタルの関わりのあるべき姿を考え抜いたコンピュータ科学者だ。米国MIT（マサチューセッツ工科大学）でデジタル技術によるコミュニケーションを研究するメディアラボを設立、初代所長も務めた。本書の重要ポイントをピックアップして紹介しよう。

アトムとビットは世界がまったく違う

	アトム 物質の世界	ビット 情報の世界
❶物理的形状	色/大きさ/重さがあり、物理的に移動する 流通は複雑	実体はない。光速度で動く。流通は簡単
❷データ形式	文字/画像/音など いろいろ	すべてビットで表現
❸複製	困難。必ず劣化	簡単＆完璧
❹圧縮・エラー修正	不可能	可能
❺コスパ	ゆっくり改善。悪化も →節約志向	指数関数的に改善 →大量消費OK
❻価値	希少性	繰り返し利用回数

アマゾンで本を注文すると一晩かけて配送センターから届く。電子書籍だと瞬時にダウンロードされて読める。ネグロポンテはこの違いを「**アトム**（物質）と**ビット**（情報）」と表現する。アナログはアトムだ。アナログをデジタル化するメリットを知るには、両者の本質的な違いを知るのが近道だ。

❶**物理的形状**：物理的に移動するアトムは複雑な流通が必要。ビットは距離に関係なく瞬間移動する。

❷**データ形式**：アトムは映像・音声・画像・文字といったデータごとに、テレビ・ラジオ・本などの媒体が必要。ビットではあらゆるデータは1（オン）と0（オフ）だけで表現できる。

❸**複製**：アトムは複製が難しく劣化する。ビットは簡単に100%同じ複製をつくれて世界中に配信可能だ。

❹**圧縮・エラー修正**：ビットはデータ圧縮やエラー訂正が簡単にできるが、アトムは不可能。紙の本は小さくならず、破損すると修復できない。

❺**コスパ**：アトムはコスパ改善が緩やかなので節約

意識が必要だ。ビットはコスパが指数関数的に改善するので、デジタル資源（メモリーや計算能力）を大量消費しても気にする必要なし。**アナログ世代とデジタル世代で根本的に異なるのが、このコスト意識だ。**

❻価値：複製困難なアトムでは希少性に価値がある。複製容易なビットの世界は真逆。利用回数が価値になる。ビットの世界では利用を促す方法を考えるべきだ。たとえばソニーミュージックは自社アーティストの楽曲の二次創作（楽曲の改変）をYouTubeにアップすることを認めることで大ヒットにつなげている。

ビットの世界でアトム（本物）を画像や動画などでリアルに再現する動きはますます進んでいく。

ただ、アトムの世界がすべてビットの世界で置き換わるわけではない。彼はこう述べている。

「われわれはたぶん今後一〇〇〇年か二〇〇〇年の間、人間（あるいはチーズバーガーやカシミヤのセーター）を分解して送信し、それを再び復元する方法など発見できないだろう」

デジタル化を拒む企業は淘汰される

彼は本書の冒頭で、デジタルな世界では個人が個人であることが奨励され、規律よりも創造性が求められるのに対して、日本人はどの国よりも画一的で、個性を殺す教育を行い、仕事も非効率な点を挙げ、「デジタル化はそれを改めるいい機会」と述べた上で、本文でもこう指摘する。この洞察力には脱帽だ。

「日本のような国では、空間と時間への依存を脱するのに長い時間がかかるだろう。固有の文化がそうした流れへの抵抗となるからだ（中略）**上司より遅く出社したり、早く退社したりするのを憚《はばか》る風潮もある）」**

コロナ禍では、病院から保健所への感染者数の報告をファクスと手入力で実施。ミスが発生すると「デジタル化すれば省力・迅速化できる」とは考えずに、「現場の確認作業を徹底しろ」と真逆に動いた。マスコミも確認作業の怠慢を指摘。「デジタルなあり方」の理解が、悲しいほど足りていない。

さらに日本企業のDX（デジタルトランスフォーメーション）の遅れは、目を覆うばかりだ。

本来のDXは「デジタルなあり方」を前提に、経営トップ主導で会社のあり方を変える変革である。しかし日本の組織は、年功序列制で選ばれた好感度が高い「できた人物」がトップになることが多い。社内政治には詳しくても、ビットの常識はチンプンカンプン。そんなトップ主導でDX変革するのは難しい。

日本で普及しているファクスは海外では骨董品扱い。ネグロポンテも本書で「ファクスの普及は一歩後退でしかなく、情報システムの全体像の中で深刻な汚点となっている。（中略）ファックスは日本のお家芸だが（後略）」と述べている。30年前の指摘である。対応策のヒントはネグロポンテがエピローグで述べた言葉だ。「（デジタルへの移行は）新しい世代が先行世代よりもデジタル化の度合いが高くなるという点で、それはほとんど遺伝的ともいえる性質のものなのだ。いま、デジタルな未来のためのコントロール・ビットは、かつてないほど大幅に、若い世代の手に委ねられている。そのことをわたしは、何より嬉しく思う」

若いデジタル世代に任せる。これしかない。コロナ禍という極限状況でもデジタル化を拒んだ企業は、若いデジタル世代から選ばれない。早晩、市場競争で淘汰されるだろう。

20年前から「日本企業は攻めのIT投資でビジネス拡大する発想が乏しい」と言われ続けた。IBM社員だった私も攻めのIT投資を提唱し続けた。真面目に聞くがどこか他人事で、結局変わらない企業も多かった。20年来の課題である。デジタルの本質を教える30年前の本書から、日本企業が学ぶべき点は実に多い。

Point

若いデジタル世代の力で、アトムの世界からビットの世界にシフトせよ

Book
98

『テクノロジーとイノベーション』

テクノロジーは、生命を宿しているかのように進化する

有賀裕二［監修］日暮雅通［訳］みすず書房

W・ブライアン・アーサー

1945年－。米国の経済学者。北アイルランドのベルファストに生まれる。スタンフォード大学教授を経て、サンタフェ研究所招聘教授、パロアルト研究所客員研究員。複雑系理論の開拓者の一人。収穫逓増理論を定式化し、ハイテク企業の大きな成功を説明するパラダイムをもたらした。1990年に国際シュンペーター賞を受賞。著書に『収益逓増と経路依存』などがある。

テクノロジーの進化は私たちの生活を向上させてきた。しかし映画『ターミネーター』が描いた人類を絶滅に追い込む自我に目覚めたコンピュータ「スカイネット」に象徴されるように、最近はテクノロジーが暴走し、人類を破滅に追い込むのでは、という懸念も出ている。

そもそもテクノロジーの本質とは何か？　テクノロジーはどのように進化するのか？　経済学者アーサーがテクノロジーの本質を考え続けて、２００９年に刊行したのが本書だ。アーサーはこう述べている。

「この本で書いていくのは、そうした、私がようやく見つけたテクノロジーに関する議論である」

後述するように、科学とテクノロジーは似て非なるモノだ。クーンはBook 88『科学革命の構造』で科学の進化を洞察したが、アーサーは本書でテクノロジーの進化を洞察した。監修者の中央大学名誉教授・有賀裕二氏は本書について「散発的な議論に終わっていた『テクノロジー論』に新局面を切り開いた」と評している。

アーサーの結論は「**テクノロジーは生命を宿すかのように進化する。経済構造も、テクノロジーによってつくられていく**」。結論だけ見るとまさにスカイネットの世界だが、それはやや感情的に単純化しすぎだ。

本書を読むことで、私たちが最新テクノロジーに対して、いかに対応すべきかも見えてくる。アーサーはサンタフェ研究所の招聘教授であり、収穫逓増理論を提唱してハイテク企業が成功する仕組みを解き明かした複雑経営論の権威でもある。本書でアーサーは、テクノロジー進化の過程を具体的に取り上げて内部構造を詳細に分析している。

テクノロジーは「組み合わせ」で生まれる

あらゆるテクノロジーは、組み合わせでできている。Book 80『ロウソクの科学』で紹介したように、ロウソクは木綿の糸とロウというテクノロジーが結合したものだ。19世紀に生まれた最初の電話も、マイク（声を電気信号に変換）、電線（電気信号を伝達）、スピーカー（電気信号を音声に変換）といった既存テクノロジーを組み合わせてつくられた。

新しいテクノロジーは、たいてい当初はお粗末だが、さまざまなコンポーネントを複雑に組み合わせて進化していく。単純な組み合わせだった電話も、多人数で通話するために電話交換手が通話先を切り換える仕組みができ、自動交換機になり、携帯電話になり、カメラが内蔵され、現在のスマホに進化した。いまやスマホは電話機能、カメラ、GPS、Wi-Fiに加え、プロセッサー、ネット接続、メール、アプリ、決済機能、モーションセンサーといった最新テクノロジーの集合体だ。このスマホ自体も、より大きなシステムの一部である。たとえばタクシーを呼べるサービス「GO」は、スマホというテクノロジーを一部として取り込んで、アプリ、タクシーマッチングシステム、決済システム、乗車履歴システムなどと組み合わせている。

テクノロジーは、既存テクノロジーを組み合わせて新たなテクノロジーを生むことで、より複雑なテクノロジーへと進化する構造になっている。では、テクノロジーの本質とはそもそも何なのか？

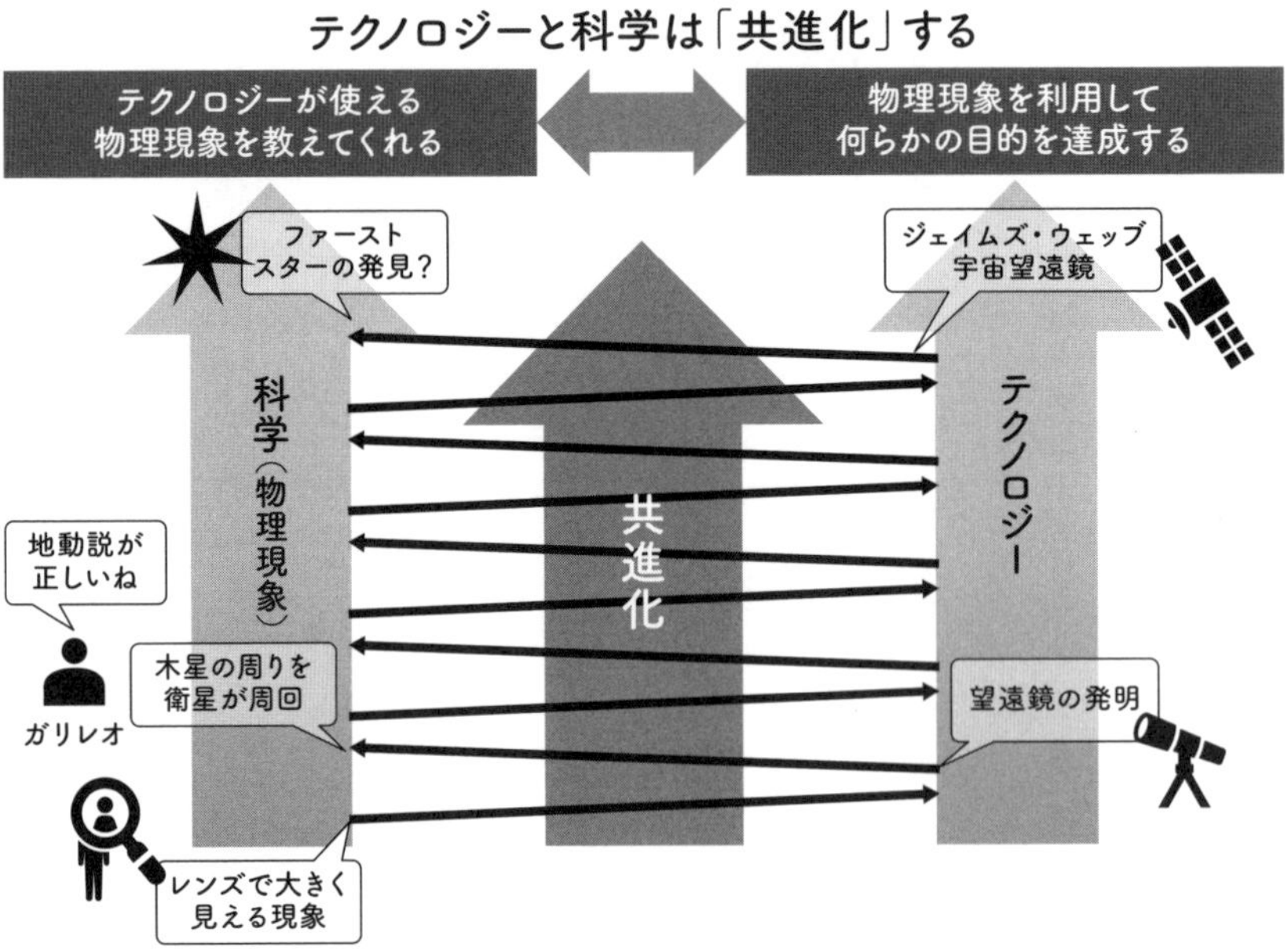
テクノロジーと科学は「共進化」する
テクノロジーが使える
物理現象を教えてくれる
物理現象を利用して
何らかの目的を達成する
ファースト
スターの発見？
ジェイムズ・ウェッブ
宇宙望遠鏡
科学（物理現象）
共進化
テクノロジー
地動説が
正しいね
木星の周りを
衛星が周回
ガリレオ
望遠鏡の発明
レンズで大きく
見える現象

共進化するテクノロジーと科学

テクノロジーは何らかの**物理現象**を利用して、特定の目的を達成する仕組みをつくり上げている。望遠鏡は2枚のレンズをかざすと遠くにあるモノが大きく見える物理現象を利用している。蒸気機関は、高熱の熱源から熱を受け取って一部を動力に変え、残りの熱を捨てる熱力学の物理現象を利用している。科学（サイエンス）は、テクノロジーがどんな物理現象を使えるのかを教えてくれるのだ。

科学自体も、テクノロジーで進化する。望遠鏡という新テクノロジーを手に入れたガリレオは、木星を4つの衛星が回っていたり、金星が月のように満ち欠けしたりする物理現象を発見して、地動説を確信した。

現代では最新テクノロジーを搭載したジェイムズ・ウェッブ宇宙望遠鏡が2021年に打ち上げられた。目的は、宇宙誕生から2億年後に輝き始めたファーストスター（最初の星）の観測。これにより宇宙科学の進化が期待されている。こうして科学とテクノロジーはお互いに共進化するのだ。

自己創出するテクノロジー進化のメカニズム

さらに大きな流れで見ると、テクノロジーは自ら進化していくように見える。アーサーはこう述べている。

「人間の活動も一くくりにして考えるなら、テクノロジーの集合体は〝自己創出〟する――それ自体から新たなテクノロジーを産出していると言える」

歴史を通して、テクノロジーは生き物のように常に世代交代し続けている。かつての主要な電子技術は真空管だったが、1950年代に登場したトランジスタによって真空管産業は衰退し、トランジスタが電子装置の主要部品となった。トランジスタにより電子機器の価格は大きく下がり、信頼性は大きく向上した。

1990年代に登場したデジタルカメラも、銀塩フィルムカメラ、写真フィルム業界、現像所を消滅させ、メモリやカラープリンタに置き換えた。今後はEV（電気自動車）の普及によって、ガソリン車の部品業者やガソリンスタンドも同じ道をたどるかもしれない。

テクノロジーは人間の発明者や開発者が生み出す。しかし、このように自己創出するテクノロジーの大きな流れは、人間の力でどうこうできるものではない。テクノロジーそのものの構造が生み出している。

新世代テクノロジーへの世代交代で、旧世代テクノロジーやその関連テクノロジーは雪崩のように崩壊して、新世代テクノロジーが占有する。こうしてテクノロジーは、**テクノロジーの進化を生み出す人間も巻き込み、進化を生み出した個々の人間の思惑を大きく超えて、世代交代を続けていく。**このように進化を続ける姿は、まさに意志を持った生命体である。

「経済構造」と「テクノロジー」は不可分である

テクノロジーの進化は、人間社会の経済構造をも変えていく。

産業革命で生まれたテクノロジーである繊維製造機械をきっかけに、繊維工場や紡績工場が生まれ、工場労働者の需要を生み出した。工場周辺に住宅が建ち、工業都市が生まれた。そして新たに生まれた労働者階級は、待遇改善を求めて労働組合を組織し、団結して政治的権力を持つようになった。このように、テクノロジーの発明は産業を生み出し、労働者や住宅といったニーズを生んで、人間社会の経済構造を変えていく。

現代でも、1970年代に金融商品のオプション価格の設定を数学的に計算できる「ブラック・ショールズ・マートンの方程式」というテクノロジーの登場で将来の資産価格を計算できるようになり、金融業界で金融工学という新しいテクノロジーが生まれ、数多くの金融商品が開発された。しかし暴走も起こった。サブプライム住宅ローン商品は、2008年の世界金融危機の引き金になり、世界経済を揺るがした。

このように**経済はテクノロジーと不可分**なのだ。アーサーはこう述べる。

「**経済とはテクノロジーの表現なのだ。**（中略）**経済構造はテクノロジーで形成され、そのテクノロジーは、言ってみれば、経済の骨格を形成するということだ**」

いまや、デジタルテクノロジーであらゆるものが相互に有機的につながって動くようになった。

一方で私たちがテクノロジーに不安を感じるのは、現代テクノロジーが新段階を迎え、自然を破壊し、人間の力で統制できなくなることを怖れているからだ。ではどうすればいいのか?

アーサーは本書の最後で、映画『スター・ウォーズ』を例に挙げている。スター・ウォーズには、2つの集団がいる。ひとつはテクノロジーの悪の象徴「デス・スター」を持つ帝国軍。人間性を排除して人間をクローンに変え、機械による支配で個性も意志の力も奪われる。もうひとつはヒーローであるルーク・スカイウォーカーやハン・ソロ。個性と意志を持つ生身の人間だ。異星人たちもさまざまな性格の持ち主で活力に満ちている。彼らはテクノロジーに飼い慣らされず、逆にテクノロジーを飼い慣らしている。これがあるべき姿だ。テクノロジーを手放す必要はない。アーサーは本書をこう締めくくっている。

「人間は挑戦を必要とし、意義を必要とし、目的を必要とし、自然との共存を必要としている。テクノロジーが人間からこれらを引き離すなら、それはある種の死をもたらす。逆にテクノロジーがこれらを高めるのなら、テクノロジーは人生を肯定する。私たちが人間であることを肯定しているのである」

本書の刊行から10年以上過ぎた今、このアーサーの一文は重い。

アーサーの分析は、シュンペーターやクーン、さらにクリステンセンらが語ってきたイノベーション論と重なる部分も多い。しかし、彼ら巨人の上に積み上げられたテクノロジーの本質に関する洞察は奥が深い。次のBook99『AI 2041』やBook100『CRISPR』で紹介するように、今、AIや遺伝子操作技術の進化は人間のあり方をも変えつつある。20世紀までの人類は、テクノロジーの野放図な進化を放置してきた。21世紀の私たちは新たなテクノロジーに対して常に「このテクノロジーは人間を肯定するモノか？人間性を排除し否定するモノか？」と問い続けていく必要があるのだろう。

Point

テクノロジーに決して支配されるな。使いこなせ

Book 99

『AI 2041』

AIが人類にもたらすのは破滅か？ 新たな希望か？

中原尚哉［訳］文藝春秋

カイフー・リー　チェン・チウファン

カイフー・リー（李開復）：1961年－。台湾生まれの米国人計算機科学者、起業家、投資家。シノベーション・ベンチャーズ創業者。Google中国の元社長。マイクロソフトに勤務し、マイクロソフト・リサーチ・アジアを北京に設立。チェン・チウファン（陳楸帆）：1981年－。中国のSF作家・脚本家・IT実業家。Googleや百度にも勤務。中国を代表するSF作家。

2023年は、初めて人類の大多数がAIの脅威に危機感を持った年だろう。飛躍的に進化したAIが世界的に大きな話題になった。人間のように自然に応答し、難関の米国公認会計士（CPA）の試験に合格するほどの実力を持つChatGPT。世界的な写真コンテストで入賞した画像生成AI。広島で行われたG7サミットでは、AIのルールづくりも議題になった。

AIはさらに加速的に進化中だ。AIの進化で人類の未来はどうなるのか？

2021年刊行の本書は、20年後の2041年にAIが実現する世界を描いた一冊だ。巷にある未来予想本とはひと味違う本格派である。著者のカイフー・リーは1961年生まれの人工知能学者。米国でコンピュータサイエンスを学び、アップルやマイクロソフトで重役、グーグル中国で社長を務めた後、中国のベンチャーキャピタルのCEOや政府のAI戦略担当顧問を務めるなど、政策や法規制にも精通し、中国IT界で大きな影響力を持つ人物だ。もう一人の著者チェン・チウファンは、百度（バイドゥ）やグーグルに勤務中にSF短編を発表して中国国内でさまざまな賞を獲得。現在は第一線のSF小説家である。

この2人が仕上げたのが本書だ。カイフー・リーが20年後までに80％の可能性で実現する技術を予測し、チェン・チウファンが10篇の短編小説に仕立て、技術的解説もつけている。AIの重要な技術的要素がすべて網羅され、物語でわかりやすく書かれている本書は、『ウォールストリート・ジャーナル』『ワシントン・ポスト』『フィナンシャル・タイムズ』がそれぞれ年間ベストブックに選出。さらにマイクロソフトのサティア・ナデラCEOやセールスフォースのマーク・ベニオフ会長兼CEOも推薦の言葉を寄せるという必読の一冊だ。600ページ近い本書は中身が濃く、内容も広範囲にわたる。さらに10篇の短編小説も読みごたえがある。ネタバレしない程度に小説も紹介しつつ、ポイントを絞って見ていこう。

AIで人間の仕事はどう変わるのか?

現在のAIは人間の仕事をすべて置き換える勢いである。未来の人間の仕事は、どうなるのか?

そんな2041年の世界を描いたのが、米国を舞台にした第8篇「大転職時代」だ。

物語の世界では、AI普及で富を獲得する超富裕層や企業と、仕事を失う労働者に社会が二極化している。冒頭では、米国が富裕層や企業から税金を徴収し、全国民に一定額を給付する**ベーシックインカム**(**BI**)を導入する場面が描かれる。しかしBI導入後、お金はもらえるようになったものの仕事を失った労働者は、ゲームやドラッグ、アルコール漬けになって社会が荒れてしまう。そこでBIを廃止し、その代わりにAIに仕事を奪われて失業した労働者に新たな技能を習得させて、転職を斡旋する未来が描かれる。

この展開は興味深い。マルクスも Book 28 『資本論』で、資本家が技術導入による効率化で労働者を削減し、相対剰余価値を搾取する構図を描いた。**テクノロジーは本質的に、エリートを豊かにする**。そこで著者らは、まずエリートから徴税するBI導入の場面を描いたのだろう。しかしそれだけでは問題は解決できず、仕事をつくり出す未来も描いている。最近日本でもBI導入を提言する政治家が増えてきたが、議論の主な争点は収入保証や財源に限られ、「働きがい」はノータッチ。現実には人間は常に仕事を通じて社会と関わってきた。本篇では、そんな問題を考察しているのだ。本篇で労働者のこんな言葉が出てくる。

「足場工事を十年、配管屋を十五年やってきた。自慢じゃないが、図面を見ただけで手が動く。機械にゃ負けねえ。(中略)でもロボットの進化がちょっとばかり早かったみたいだな」

AIは、膨大なデータの中から微妙なパターンを見抜く力にすぐれている。本書は定型作業を自動化する**RPA(ロボティック・プロセス・オートメーション)**を例に、AIが仕事を奪う様子を紹介している。

人事部で採用担当者が20名いるとする。まずRPAの支援で担当者数を10人に半減。さらにRPAに埋め込まれたAIで採用業務を学習すれば、しばらくすると採用業務を代替できるようになり、20名分の業務がすべて置き換えられる。RPAが応募者とメールでやり取りし、面接予定を組み、結果を整理し、採否を判断し、業務の希望を聞くところまで自動化できる。人間そっくりに動くバーチャルなAIで一次面接も代替できる。こうして最終的に人事業務の9割がAIで置き換えられる。

私たちは人生をかけて獲得した自分のスキルを、AIやロボットが学習してラクラクと超えていく状況に直面する時代に生きている。どうすればいいのか? **出発点はAIができないことを理解することだ。**

本書では3つのポイントを紹介している。

❶創造性:AIは創造・概念化・戦略策定ができない。自ら目標設定もできない。つまり言われたことしかできない。与えられた目的に向かって、すでにある膨大な情報を整理して決められた通りに実行するのには滅法強いが、命令するのはあくまで人間だ。さらにAIは常識で判断することも苦手だ。

❷共感:AIは共感や同情ができない。共感を踏まえた行動ややり取りもできない。相手に「自分は理解されている」と感じさせるような人間的なサービスが提供できないのだ。

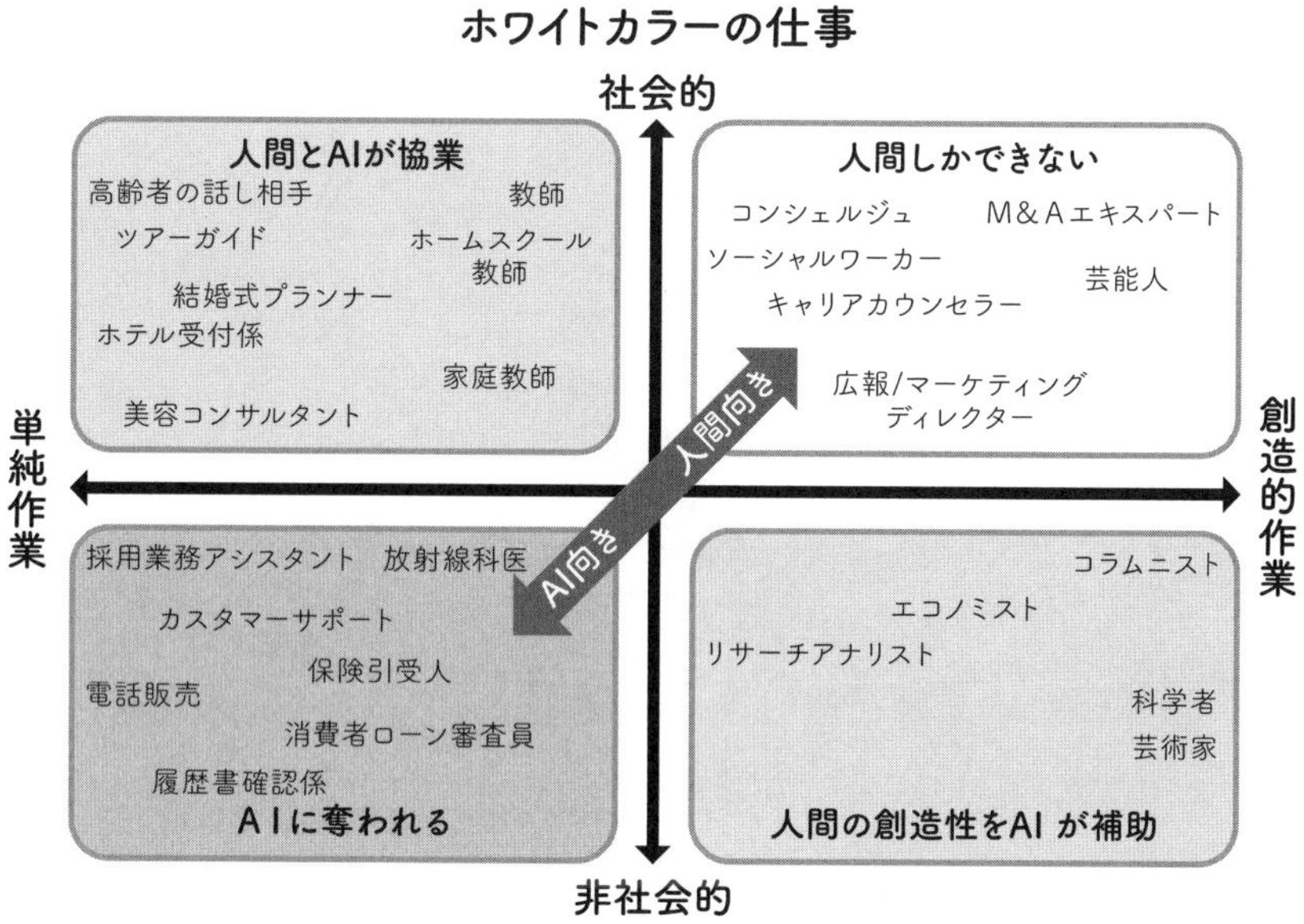

出典:『AI 2041』を参考に筆者が作成

❸**器用さ**：ＡＩは、目などの五感情報を手先の器用さと連携させるのが苦手だ。精巧な工芸品をつくるような職人技を再現するのは至難の業。さらに学習していない未知の状況には対応できない。

上図と次ページの図は、以上を踏まえ著者らがホワイトカラーとブルーカラーの仕事を整理したものだ。自分の仕事がどこで、何を目指すかを考える上で、この図は参考になる。

ヤバそうな職種の人は、早めに新しいスキルを学ぶ**再学習**が必要だ。また現在の仕事でＡＩ活用を取り入れる**再調整**も必要だ。たとえば現在のＡＩは高品質な文章が書ける。私がやっている執筆の仕事は「文章が書ける」だけだとＡＩが代替して消滅する。そこで、たとえばＡＩとの対話を通じて洞察を深めれば、アウトプットの価値を上げることができる。さらに単純業務はＡＩに任せ、人間は創造的な仕事に集中すれば、新たな世界が開ける。

ＡＩの大津波で、単純作業の職種は今後20年で根こそぎ絶滅する。膨大な数の失業者を再訓練する必

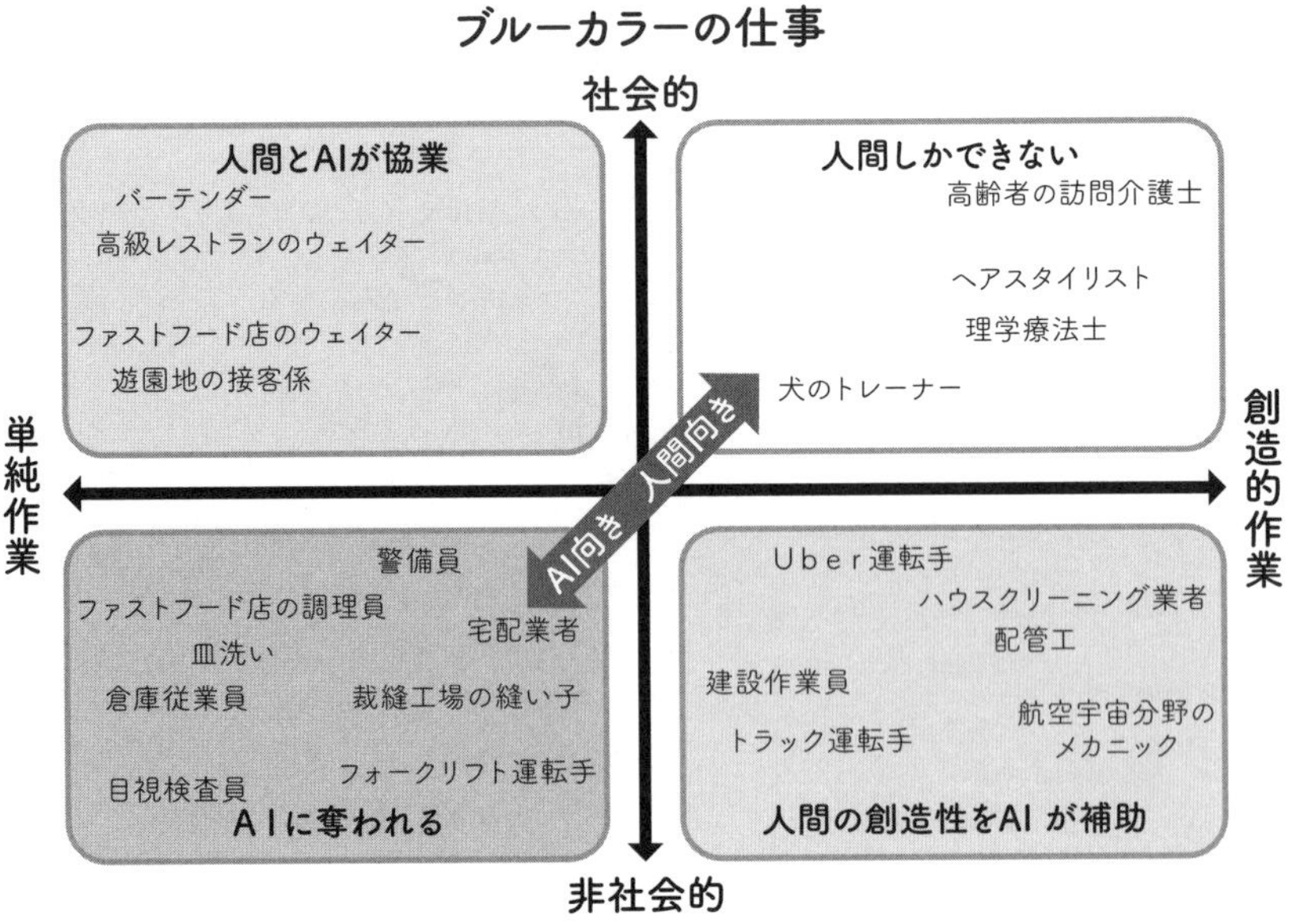

出典:『AI 2041』を参考に筆者が作成

要があるので、教育の仕組みも新たに考えていく必要がある。その先に何があるのか。著者はこう述べている。「わたしたちはＡＩがもたらす莫大な富の恩恵を受ける最初の世代だ。ゆえに社会契約を書きかえ、人間性が輝く経済につくりかえる責任がある」

この先には人間が単純労働から解放され、創造的に自由に生きる未来が待っている。**短期で見ると大きな困難、長期で見ると大きな希望**、ということだ。

ではそもそも、ＡＩはどんな仕組みで、何ができるのか？　それを掘り下げたのが第3篇だ。

「ＡＩ」の仕組みを理解する

第3篇「金雀と銀雀」では、韓国を舞台に、両親を失った双子の兄弟が登場する。2人は外見はそっくりだが、性格は正反対。キムザク（金雀）はコミュ力が高く、常に最高を目指す成長志向。ウンザク（銀雀）は内向的・アート志向でアスペルガー症候群の傾向もある。2人には幼い頃から、友人のように何でも話せるＡＩ教師が与えられ、並外れた才能を開

深層学習ニューラル・ネットワーク

深層学習ネットワークに猫の写真と猫以外の写真を見分けさせる

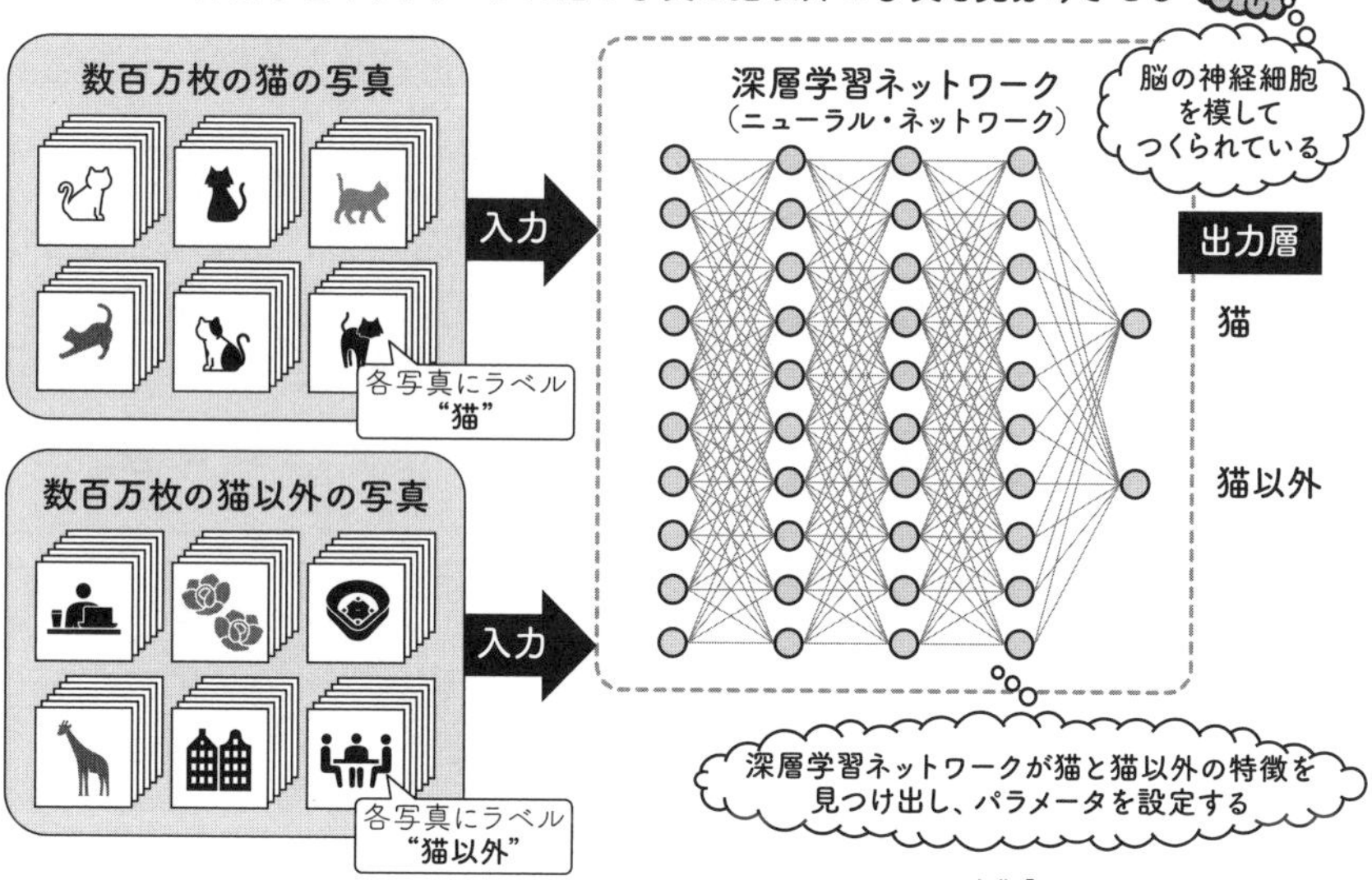

出典:『AI 2041』を参考に筆者が作成

花させていく。

本篇では子どもがAIと自然にやり取りしている。その技術の核が、第1篇にある**深層学習**と本篇の**自然言語処理**（NLP）だ。まず深層学習を紹介しよう。

深層学習は**ディープ・ラーニング**とも呼ばれており、AIの進化で最大のブレイクスルーだ。Book78『意識はいつ生まれるのか』で紹介したように、人間の脳では神経細胞（ニューロン）が網のようにつながり意識が生まれている。深層学習はソフトウェアがこれを模して、入力から出力の間に数千階層もの多層的な構造がネットワークのようにつながる人工的な**ニューラル・ネットワーク**をつくる。

図は猫の写真と猫以外の写真を、このネットワークに覚え込ませる例だ。まず数百万枚の猫の写真と猫以外の写真を用意する。各写真には「猫」「猫以外」とラベルづけし、ネットワークに入力する。出力層には「猫」「猫以外」を設定しておく。するとネットワークが数百万枚の写真から「猫」「猫以外」の特徴を見つけ出し、ネットワーク内の各階層のパラ

AIと人間の「強み」「弱み」

	人間の脳	AI(深層学習)
学習に必要なデータ量	少量	膨大
定量的最適化やマッチング（例:100万枚の写真から一致する1枚を選ぶ）	苦手	得意
定状況ごとのカスタマイズ（ユーザーごとに購入確率の高い商品を表示）	苦手	得意
抽象的概念／分析的思考／推測／常識／洞察	得意	苦手
創造性	得意	苦手

出典:『AI 2041』を参考に筆者が作成

メータを自分で設定する。こうすれば新しい画像を見せても、猫がいるか否かが判定できるようになる。

深層学習ではこうした深層学習ネットワークを、人手を介さずに自分でつくれる。アイデア自体は1967年に学術論文で発表されたが、膨大なデータ量と計算能力が必要だったので、実現できなかった。しかしいまやスマホは1969年のアポロ宇宙船の数百万倍の計算力を持ち、2020年時点のインターネット上のデータ量は1995年の1兆倍に及ぶ。圧倒的な計算力とデータ量によって深層学習が可能になり、AIは人間を凌ぐ高い能力を獲得したのだ。

上図は人間の脳とAI（深層学習）の違いを整理したもの。AIは大量データをルール通りに処理する能力は圧倒的に高いが、**抽象的概念の理解・分析・推測・洞察・創造性の分野は苦手だ。**これらは人間のほうが強い。

深層学習で、**自然言語処理**（**NLP**）も進化した。2023年に話題になったChatGPTも深層学習に基づいたNLPだ。本書では、ChatGPTのベースとなったGPT－3について紹介している。

深層学習は人間が教師となり、個別に「正解は○○」とラベルづけして教える必要がある「**教師あり学習**」だ。しかし言葉にはいろいろな表現がある。自然言語処理で人間が正解をいちいち教えていてはキリがない。そこで近年、人間が正解を教えなくてもAIが自分で教師役を務める「**自己教師あり学習**」という手法が登場した。人間によるラベルづけは不要になる。たとえば『昔々、あるところにおじいさんとおばあさんがいました』の後は、高い確率で『おじいさんは山に芝刈りに……』が続く」というように、「この文章の次には、高い確率でこの文章が来る」という構造を、AIが生データの中から読み取り、ニューラル・ネットワークの中に埋め込むのだ。この方法なら、十分な量の自然なデータと十分な処理能力さえあれば、まるで人間のように自然に応答できるようになる。GPT－3は1750億個のパラメータを持つモデルを作成したおかげで、首尾一貫した会話が可能になった。

GPT－3のように大量のデータで事前訓練して高い能力を獲得すれば、特定領域に応用するために必要な学習量は少量で済む。短時間のチューニングも可能だ。たとえば日本の「弁護士ドットコム」は、蓄積してきた100万件以上の法律相談を活かして、ChatGPTを活用した法律相談チャットを提供している。

これらはまだ出発点だ。NLPモデルのパラメータ数は、毎年10倍という途方もない速度で成長中である。著者らは「二〇年後のGPT－23は、人類が書いたものをすべて読み、制作した映像をすべて見て、独自の世界モデルを構築しているだろう」と予測している。

では、あらゆる面で人間の知能に匹敵する**汎用人型知能**（**AGI**）は登場するのか？　カイフー・リーは「少なくとも20年後までは難しい」と予想する。創造性・戦略的思考・推理・反事実的思考・感情・意識などのモデル化には深層学習のような画期的ブレイクスルーが10回以上必要だが、AIの世界では過去60年間のブレイクスルーは深層学習の1回のみ。今後20年間で10回以上のブレイクスルーはかなり難しい。

一方で、AIの進化により人間も進化できる。そこで本篇が取り上げたのが生徒一人ひとりに専任のAI教師をつける個別教育なのである。著者らは、AI時代における人間の教師の役割は、2つあるという。

❶**生徒を人間的に指導すること**：批判的思考、創造力、共感、チームワークによる成長を促すのは人間だ

❷**AI教師を制御・管理する**：目標設定を修正し、生徒ごとにAI教師を調整。生徒への深い理解が必要だ

第8篇「大転職時代」と合わせて読めば、AIを活用した新たな人間の可能性が見えてくる。このように本書の基本スタンスは常に「**AIが人類の明るい未来を開くことを示す**」ことなのだ。しかし一方で、本書はAIがもたらす困難や危険も描いている。それが第7篇だ。

「自律兵器」が人類を滅ぼす

衝撃的な動画がある。小鳥程度の殺人ドローンが自力で標的を探し、発見すると標的の人物の頭部に至近距離から爆薬を撃ち込むのだ。小さく機敏に動き、捕獲・停止・破壊は困難。大量に放たれたドローンが人々を次々殺すシーンもある。"Slaughterbots"（虐殺ボット）で動画検索すると見つかる（ただし閲覧注意）。

第7篇「人類殺戮《さつりく》計画」では、個人的な悲劇に見舞われた欧州のコンピュータ科学者が、テクノロジーを駆使して世界を相手に復讐劇を仕掛ける様子が描かれる。さまざまなテクノロジーが登場するのだが、ここではその中でも最も危険な自律兵器を取り上げる。この殺人ドローンこそが、まさにその自律兵器だ。

自律兵器とは、人の関与なしに攻撃相手の捜索・交戦決断・殺害までを完遂する兵器だ。AIとロボット技術が低価格化し、知識さえあれば誰でもこうした殺人ドローンをつくれる。部品はすべてオンラインで買えるし、技術はオープンソースで誰でもダウンロード可能だ。コストは10万円程度。殺人ドローン1万機編

隊を編成しても10億円。AIの進化で、こうして誰でもつくれる自律兵器が登場している。

自律兵器は殺人のコストを一気に下げる。自分の命を犠牲にする自爆テロとは異なり、自律兵器は攻撃側の犠牲がない。やろうと思えばすぐ使える。自律兵器が捕獲されたら即自爆するように設計すれば分析もできない。つまり誰がやったのかがわからなくなるので、責任の所在も曖昧になる。

核兵器は反撃で攻撃側も自滅するので使用は抑制され、従来型の戦争を抑制する効果があった。**自律兵器は、抑制論が成り立たない。**自律兵器の攻撃が連鎖反応を起こし、最後は核戦争を引き起こす可能性もある。

著者らは条約により自律兵器を禁止・規制する案を提唱した上で、こう述べている。

「自律兵器の増殖と人類滅亡を防ぐために、専門家と政策決定者はさまざまな解決策を検討すべきだ」

本書はこう締めくくられている。「この十篇はたんなるAIの物語ではなく、人間自身についての物語だ。人工知能と人間社会が正しく手をつないでダンスすれば、人類史上で最高の成果がもたらされるだろう」

ハイライトを絞って紹介したが、本書は他にも読みどころが実に多い。一方で本書刊行の翌2022年、AIの学習規模が拡大して臨界点を超えると、性能が急激に向上することもわかってきた。AGI登場は20年後まで難しい」という指摘は、早くもアップデートが必要かもしれない。今後の私たちは、AIとどう付き合っていくべきかを考えざるを得ない時代に生きている。学べることが多い本書は、必読の一冊だ。

Point

AIの強み・弱みを理解し、正しく対応して初めて未来はすばらしいものになる

Book 100

『CRISPR《クリスパー》』

創造主である神の技術を獲得した人類は、どこに行くのか？

櫻井祐子［訳］ 文藝春秋

ジェニファー・ダウドナ　サミュエル・スターンバーグ

ジェニファー・ダウドナ：1964年ー。米国の化学者、生物学者（分子生物学、細胞生物学）。カリフォルニア大学バークレー校教授。ハワード・ヒューズ医学研究所（HHMI）の研究者。エマニュエル・シャルパンティエとともにゲノム編集技術CRISPR-Cas9を開発し、2020年ノーベル化学賞受賞。共著者のサミュエル・スターンバーグはダウドナの研究室の博士学生。

「お2人の遺伝子を編集して病気のリスクが低い赤ちゃんを産みませんか？　簡単にできますよ」

こんな提案を持ちかけられたら、子どもの未来を真剣に考える夫婦ほど心が動くだろう。

夢物語に聞こえるが、現在の技術の組み合わせで実現可能だ。まず親の卵子と精子を体外受精して受精卵をつくる。そして夫婦の遺伝子を調整して、後述する**CRISPR**（クリスパー）をつくって受精卵に注入して母親の子宮に戻す。これだけで、自分たちが望む遺伝子を持つ子どもを自由自在につくれる。

実際に著者の一人スターンバーグはある起業家から「このビジネスを始めるにはあなたの技術が必要だ。チームに加わってほしい」と持ちかけられたという。これは深刻な問題を引き起こす可能性が高い。

ダーウィンのBook 74『種の起源』で紹介したように、生物はランダムな突然変異と自然淘汰の原理により、数十億年かけて進化してきた。また人類は家畜や農作物を品種改良してきた。品種改良の基本原則も、ダーウィンが提唱したランダムな突然変異の仕組みだ。

しかし2012年、人類は突然、あらゆる生物の遺伝子を自由自在に簡単かつ低コストで編集する方法を手に入れた。それが著者のダウドナが発見した**CRISPR－Cas9**（クリスパー・キャスナイン：以下**CR**

ISPR)。この発見により、ダウドナは2020年にノーベル化学賞を受賞した。

この技術のおかげで、人類を長年悩ませてきた難病を克服したり、食糧問題の解決などが可能になる。DNA編集で遺伝子疾患を治し、気候変動や病気に強い農作物、早く育て肉付きのいい家畜などがつくれる。

一方でこの技術は人類を破滅に追い込みかねない。カルトなテロ集団がこの技術を使って、人類を全滅させる最悪の病原菌をばら撒く可能性がある。さらに冒頭のように富裕層は遺伝子改造で新しい人類に進化する一方で、貧困層は進化できずに社会で遺伝的格差が生まれ、人類は深く分断するかもしれない。

本書はそんな技術を開発してパンドラの箱を開けて悩んだダウドナが、この技術によるさまざまな問題を広く社会で議論することを目的に書いた一冊だ。共著者スターンバーグは彼女の研究室の博士学生だ。

本書は実に重い問いを投げかける。それは人間のあり方であり、自由のあり方であり、社会統治や政治のあり方の問題だ。人類はついに創造主の領域に触れる技術を入手したが、それを使いこなせるほど成熟していないのかもしれない。そこで、100冊の最後に本書を取り上げ、その意味を考えてみたい。

たった1つの「塩基」の違いで結果が大きく異なる

すべての生物は、遺伝子という設計図に基づいてつくられている。遺伝子工学では、**ゲノム・遺伝子・DNA**といった言葉が次々登場して混乱するので、整理しよう。まずゲノムとは、生物が細胞の中に持つすべての遺伝子情報のことだ。人間には60兆個の細胞があり、全細胞がほぼ同じゲノムを持つ。

次ページ図のように、細胞の核には、遺伝子情報を格納した染色体がある。遺伝子情報は、染色体の中にあるDNAに記録されている。DNAは2本の長い鎖が**二重らせん**で絡み合った構造だ。この二重らせんは、長いハシゴがらせん状にねじれた形になっている。

DNAと遺伝子の仕組み

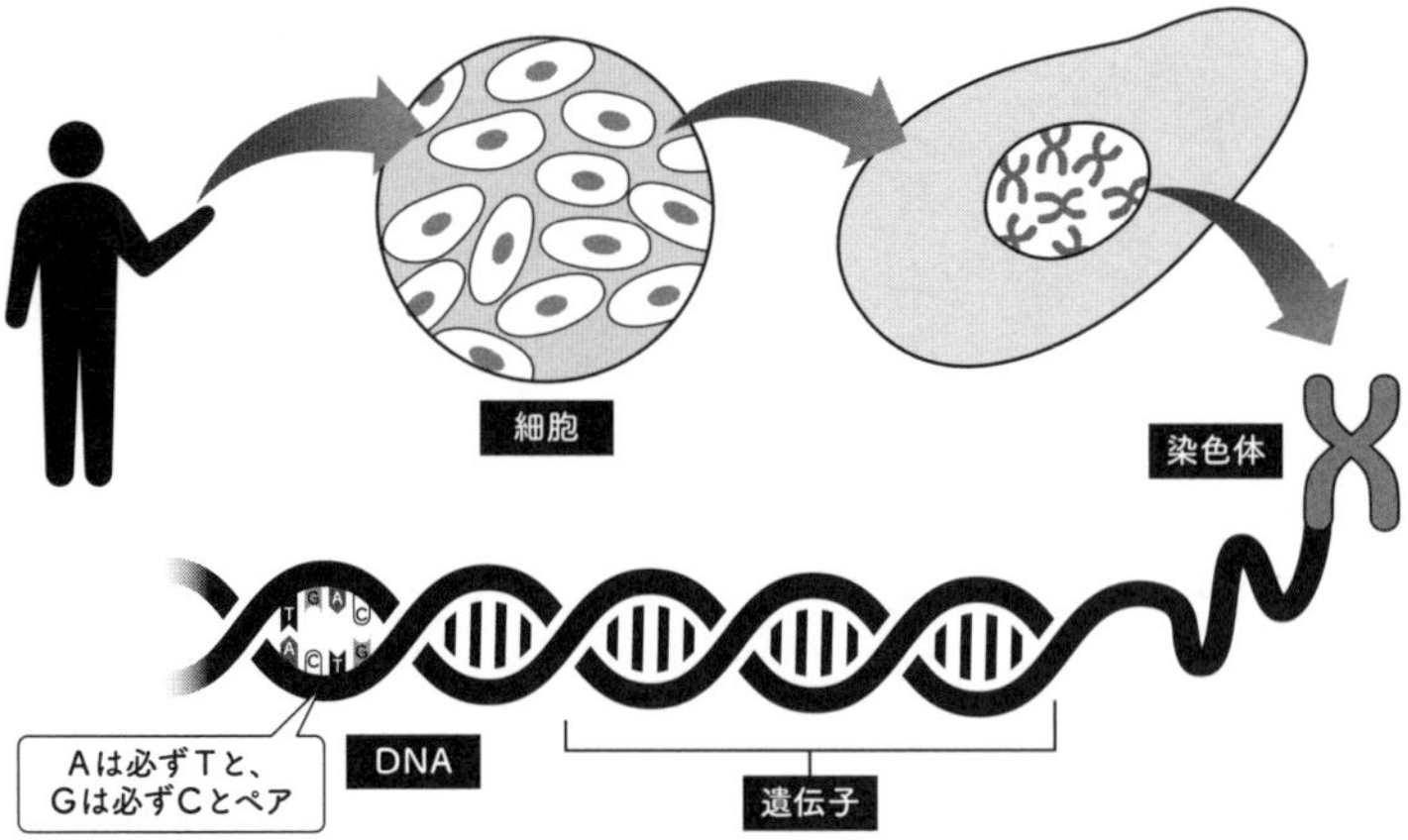

ヒトゲノムは、合計32億個のペアの情報でできている

出典:『クリスパー CRISPR』を参考に筆者が作成

このハシゴの段にあたる部分はアデニン（図ではA）、グアニン（G）、シトシン（C）、チミン（T）という4種類の**塩基**という物質がつながってできている。各塩基は十数個の原子でつくられた小さな物質だ。4種類の塩基A・T・G・Cは遺伝子の文字のようなもので、ヒト遺伝子情報（ヒトゲノム）はこれらの塩基のペアが32億個集まってできている。

このDNAに書かれた遺伝子情報が設計図となり、人の体内で必要なタンパク質がつくられる。

ちなみに4つの塩基のつながりには規則があり、Aは必ずTと、Gは必ずCと結合する。

DNA上の塩基の配列が少し変わると、難病にかかることもある。WHIMという免疫不全症は、32億個の塩基のうちたった1つの違いで、HPVというウイルスに非常に感染しやすくなって体中にイボができ、そのイボががん化することもある。

逆もある。犬の場合、筋肉発生を制御する遺伝子の塩基配列を1つ変えれば筋肉ムキムキの遺伝子型強化ビーグル犬をつくることができる。わずか1個

CRISPRの仕組み

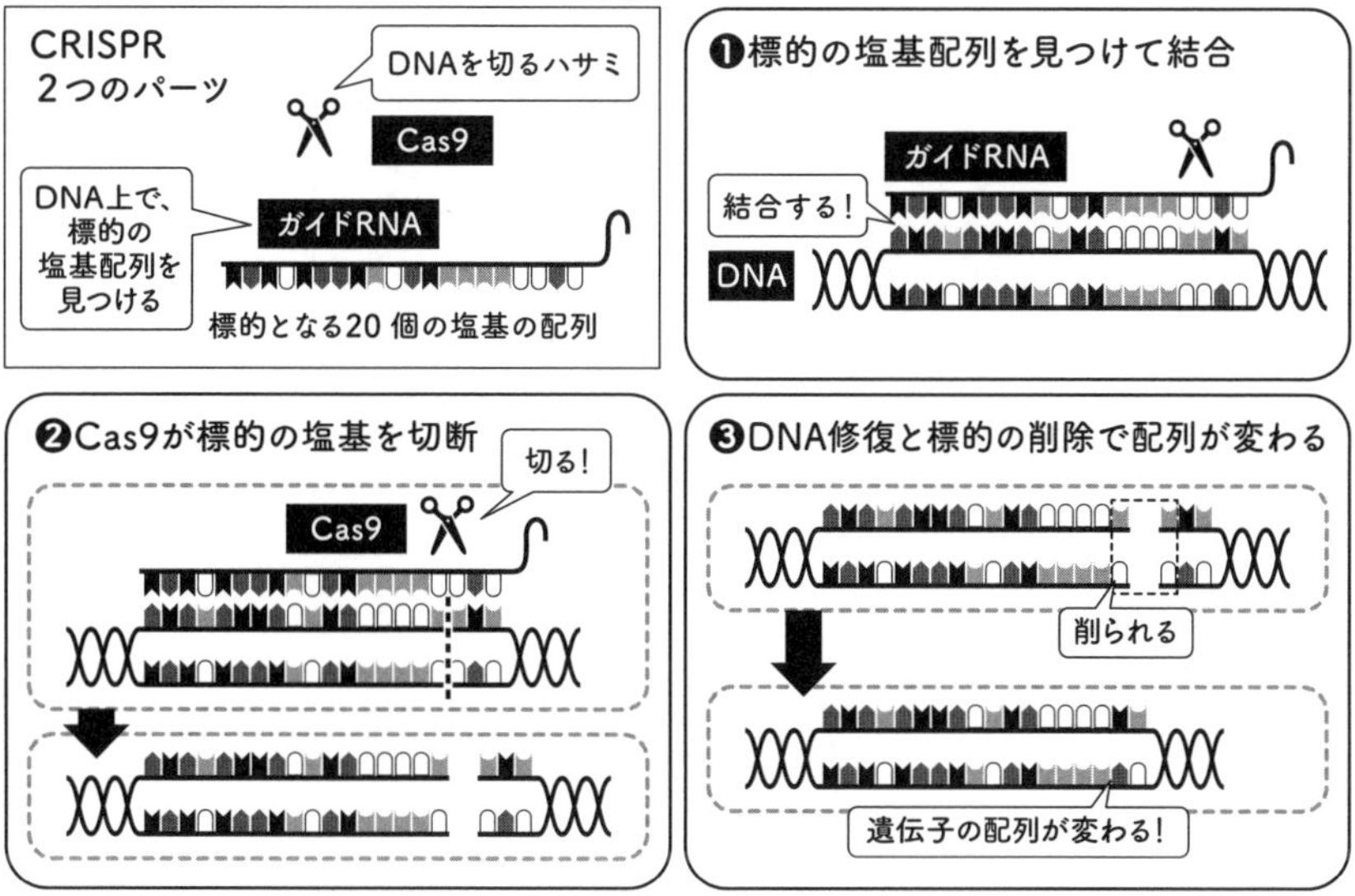
CRISPR
2つのパーツ
DNAを切るハサミ
Cas9
DNA上で、標的の塩基配列を見つける
ガイドRNA
標的となる20個の塩基の配列
❶標的の塩基配列を見つけて結合
ガイドRNA
結合する！
DNA
❷Cas9が標的の塩基を切断
切る！
Cas9
❸DNA修復と標的の削除で配列が変わる
削られる
遺伝子の配列が変わる！

の塩基、原子の数にしてわずか十数個の違いが、まったく違う結果を生む。このDNAを簡単に書き換える技術が、ダウドナが開発したCRISPRなのだ。

手軽に遺伝子を編集できる「CRISPR」

もともとCRISPRとは、細菌がウイルスからの感染を防ぐ免疫の仕組みである。当初ダウドナは、細菌がウイルスと戦う免疫の仕組みを研究していた。

CRISPRでは細胞の免疫の仕組みを使い、遺伝子を自由自在に編集する。上図はその仕組みだ。まずCRISPRは、DNAを切るハサミであるCas9と、DNA上で標的となる塩基配列を見つけるガイドRNAの2つのパーツからなっている。

❶標的の塩基配列を見つけて結合：ヒトのDNAは32億個の塩基が並ぶ。この配列から、編集したい標的の塩基を見つける必要がある。ガイドRNAは、標的の塩基と同じ配列である20個の塩基を持つ（なお、T〔チミン〕のみU〔ウラシル〕という塩基に置換される）。そしてDNA上で同じ配列を見つけ、その

部分と結合する。このおかげで、ガイドRNAはDNAの二重らせんをほどいて結合できるのだ。
❷Cas9が標的の塩基を切断：標的の塩基と結合後、Cas9が標的となる塩基を切断する。
❸DNA修復と標的の削除で配列が変わる：DNA切断後、細胞の働きでDNAのカット部分が修復される。この際に標的となる塩基が削除されて、塩基配列が変わる。こうした仕組みで、DNAで狙った場所を自由自在に切って削除でき、DNA上の塩基の配列を狙い通りに書き換えることもできる。
CRISPR登場前の遺伝子編集技術は、システム構築に数カ月、しかもツールは1個2万5000ドルと非常に高価だった。CRISPRは数分間のコンピュータ作業で準備でき、コストは数十ドルと劇的に安い。先進的な生物研究所が数年かけていたことが、高校生でも数日でできる。まるでワープロの文字編集の感覚で遺伝子を編集できるのだ。この低コストと使いやすさのおかげで、CRISPRは一気に普及した。

人類はCRISPRを正しく使いこなせるか？

2012年、ダウドナは米国の科学学術誌『サイエンス』でCRISPRの論文を発表。大きな反響があり、多くの科学者たちがCRISPR技術で遺伝子組換え実験を一斉に開始。次々と成果が生まれた。何カ月も腐らないトマト、マラリアを媒介しない蚊、角の生えないウシなどは、すでに実現している。

ヒトに移植可能な臓器を供給する家畜も生まれている。2022年には、遺伝子編集でヒトの遺伝子を組み込んだブタから心臓を取り出し、末期の心臓疾患によって寝たきり状態の男性に移植する手術が行われた（男性は2カ月生き延びたが、死亡した）。

いまやあらゆる生物のゲノムを自由に編集できる。たとえば、現在は蚊が媒介する病気で年間100万人以上が死亡している。蚊のメスに不妊遺伝子を組み込んで放つと、蚊の種を根絶できる可能性がある。「ぜひやるべき」という意見も多いだろうし、「蚊を根絶しても生態系にそれほど影響は与えない」という昆虫学者もいる。しかし蚊は1億年以上前から地球に生息している生物だ。生態系で何が起こるかわからない。

　こんな話がある。1979年、奄美大島で人を襲うハブの駆除のためにマングース30匹が放たれた。しかしハブ駆除の効果はなく、ピーク時にはマングースは1万頭にもなり、逆にアマミノクロウサギなどの希少種が捕食された。2005年からは大規模なマングース駆除が始まった。早ければ2023年に根絶が宣言されるという。人類が生態系をすべて理解していると考えるのは、単なる思い上がりなのかもしれない。

　ダウドナはある晩、ブタの顔をしたヒトラーから「君が開発したすばらしい技術をぜひ知りたい」と言われる悪夢にうなされ、目がさめてこう思ったという。「私たちは何をしてしまったのか？」

　ダウドナをはじめとする研究者たちは当初、CRISPRが遺伝子疾患治療に使われ、多くの命を救うことを考えていた。しかし本書が刊行された2017年時点で、CRISPR関連ツールはすでに数万キット出荷され、誰でも1万円程度でオンラインで購入可能だ。バイオハッカーが悪用する可能性も大いにあり得る。

　1990年代にサリンなどの大量殺人兵器を開発したオウム真理教が現代に存在していたら、CRISPRによる細菌兵器の開発を始めるかもしれない。想像しただけでゾッとする。

　2015年、ダウドナはこの問題を提起する論文を発表し、4つの提言をした。

　①この問題について公開討論の場をつくる、②臨床応用の前にヒト以外の動物で検証と開発を続ける、③多様な利害関係者による国際会議の開催、そして**④ヒトゲノムの遺伝子改変研究の自粛**だ。

　多くの研究者がこの提言に賛同したが、高名な科学者から「研究の邪魔をするな」という反論もあり、研究に歯止めはかからない。科学ジャーナリストの須田桃子氏は日本語版解説で、取材したダウドナが冒頭のデザイナーベビーの誕生を懸念していたことを紹介した上で、この懸念が現実化した様子を紹介している。

2018年11月、中国の南方科技大学の賀建奎《フージェンクイ》副教授（当時）はCRISPRを使って遺伝子改変したヒト受精卵から、双子の女児を誕生させた。父親はエイズウイルス（HIV）感染者。遺伝子改変の目的はエイズにかかりにくくすることだという。しかしCRISPRは標的の塩基を間違って書き換えることもあって安全性は100％保証されていない上に、父親からのHIV感染を防ぐ方法は確立しており、遺伝子を改変する必然性もなかったのである。

ここで本書は**優生学**を紹介している。20世紀前半、ナチス・ドイツは超優秀な民族を求めて、優生学の名のもとで数十万人に断種を強制。さらに数百万人のユダヤ人、同性愛者、精神障害者などを大量虐殺した。米国でも優生学的な施策が広く行われ、強制断種は一部の州で1970年代まで続いた。

日本でも1996年まで、不良な子孫の出生を防止する**優生保護法**があった。強制断種は1955年前後には年間1000件を超えた。ある女性は、1977年に白内障の遺伝を防ぐために優生保護法に基づいて不妊手術を強いられたとして2020年に国に損害賠償訴訟を起こしている。いまや白内障は簡単な手術で治療できる。

優秀な子孫の選択は、優秀でない子孫を除外することにつながる。選ばれない人の人権はどうなるのか。またヒトゲノム改変が行われるようになると、富裕層は子孫のゲノムを優秀に改造できる一方、貧困層はゲノム改造ができない。ブルデューが Book 71『ディスタンクシオン』で描いた社会の階級づけはハビトゥス（習慣）によるものだった。これに遺伝の不平等が加わる。社会経済構造に遺伝的階層が生じた社会になり、Book 65『サピエンス全史』の著者ハラリが『ホモ・デウス』で描いた世界が現実化する。

一方で現代では「個人の自由」が尊重される。Book22『政治学』で紹介したリバタリアンは子孫のゲノム改変を強く希望するかもしれない。ゲノムを改変する自由は許されるのか。あるいは禁止できるのか。

Book1『ソクラテスの弁明』にもあるように、歴史を通じて哲学や科学の原動力は「知らないことを知りたい」という「知の追求」だった。知識の封じ込めはできない。創造主である神の領域に達した科学という武器を、人間はいかに扱うべきなのか。本書の最後、ダウドナはこのように書いている。

「本質的によい技術や悪い技術など、ほとんど存在しない。重要なのは、それをどう使うかだ」

「人類の遺伝的未来をコントロールするこの力（中略）をどのように扱うかを決定することは、私たちがこれまでに挑んだ最大のチャレンジになるだろう。私たちがその責務を正しく果たせることを願い、信じている」

今人類に求められているのは、人類はまだすべてを知らないという「知への謙虚な態度」なのだろう。現代に生きる人類は、ＡＩや遺伝子工学などの最新テクノロジーにより、ともすると万能感の錯覚を抱きがちだ。一冊目で紹介したソクラテスが２５００年前に説いた「不知の自覚」に人類が立ち戻ることが、今まさに切実に求められている。

テクノロジーが進化した現代こそ、私たち一人ひとりの教養が、人類の存亡を左右するのである。

Point

CRISPRの登場は「不知の自覚」への原点回帰と深い人間洞察を求めている

【Book51】

・「日経ビジネス電子版――『オレがオレが』が経営者の晩節を汚す」(https://business.nikkei.com/atcl/seminar/19nv/00124/00016/)

【Book57】

・「愛知大学国際中国学研究センター――中国知識人論／許紀霖」(https://aichiu.repo.nii.ac.jp/records/2786)

【Book65】

・「ANNnewsCH――歴史学者・ハラリ氏緊急インタビュー『イスラエル人もパレスチナ人も"苦痛の海"にいるからこそ』」(https://youtu.be/eVhGKMmqikY)

【Book66】

・「Y Combinator――Jack Dorsey at Startup School 2013」(https://youtu.be/wEQawgkCMOU)

【Book68】

・「風神雷神図」by sakura_chihaya+

【Book70】

・『産経新聞――【書評】「ピアノ音楽の巨匠たち」』(2015年6月14日付)

【Book71】

・「International Sociological Association：Books of the XXCentury」(https://www.isa-sociology.org/en/about-isa/history-of-isa/books-of-the-xx-century)

【Book74】

・「Springer Nature：The Politics of Psychoanalysis」(https://link.springer.com/chapter/10.1007/978-1-349-27643-1_1)

・『日本経済新聞――「顔ダニ」が人間の一部に』(2022年9月4日付)

・「ケンブリッジ大学：Darwin Correspondence Project(ダーウィン書簡プロジェクト)」(https://www.darwinproject.ac.uk/people/about-darwin/six-things-darwin-never-said/evolution-misquotation)

・『理不尽な進化』(吉川浩満［著］ちくま文庫)

【Book79】

・「Monsanto Magazine：The Desolate Year」(https://iseethics.files.wordpress.com/2011/12/monsanto-magazine-1962-the-desolate-yeart.pdf)

・『日経サイエンス――マラリア撲滅への挑戦』(2006年4月号)

【Book84】

・「Next Luxury：52 Hilarious Stephen Hawking Jokes」(https://nextluxury.com/funny/stephen-hawking-jokes/)

【Book88】

・「The Guardian：Thomas Kuhn: the man who changed the way the world looked at science」(https://www.theguardian.com/science/2012/aug/19/thomas-kuhn-structure-scientific-revolutions)

【Book92】

・「丸善出版株式会社――ポリアの生涯と『いかにして問題をとくか』の意義」(https://www.maruzen-publishing.co.jp/info/?action=detail&news_no=20531)

【Book 96】

・「IT media――『けしからん発想』が創造性を生む　天才プログラマー・登大遊氏が語る『シン・テレワークシステム』開発秘話」(https://www.itmedia.co.jp/news/articles/2011/06/news043.html)

〔参考文献&ウェブサイト等〕

本書の執筆にあたり、本文中で参照および引用した書籍のほか、数多くの関連書籍やウェブサイトを参考にさせていただきました。この場を借りて厚くお礼を申し上げます。

【Book 1】
・「UTokyo Online Education 学術俯瞰講義 2016 納富信留」(https://youtu.be/SWigShvfbmI)
【Book 2】
・『はじめての宗教改革』(G.S.サンシャイン［著］教文館)
【Book 3】
・『勝ち続ける経営』(原田泳幸［著］朝日新聞出版)
【Book 4】
・『毎日新聞——余録 ワクチンにはマイクロチップが仕込まれ、5G通信で操作される』(2021年8月31日付)
【Book11】
・『売上につながる「顧客ロイヤルティ戦略」入門』(遠藤直紀、武井由紀子［著］日本実業出版社)
・「BALMUDA The Toaster——ストーリー」(https://www.balmuda.com/jp/toaster/story)
・「日本経済新聞電子版——ウォークマンに学べ 40年目に響く盛田氏の『教え』」(https://www.nikkei.com/article/DGXMZO46740370Y9A620C1X11000/)
【Book22】
・『リバタリアニズム』(渡辺靖［著］中央公論新社)
【Book24】
・『日経ビジネス——編集長インタビュー「日産はこんなものじゃない」内田誠社長兼CEO 』(2023年7月3日号)
【Book33】
・「The New York Times：A Friedman doctrine—The Social Responsibility of Business Is to Increase Its Profits」(https://www.nytimes.com/1970/09/13/archives/a-friedman-doctrine-the-social-responsibility-of-business-is-to.html)
・「The New York Review：Who Was Milton Friedman？」(https://www.nybooks.com/articles/2007/02/15/who-was-milton-friedman/)
【Book35】
・『日本経済新聞——文化往来「消費で差異化」ボードリヤールの先見性』(2007年3月9日付)
【Book36】
・『破天荒！ サウスウエスト航空——驚愕の経営』(ケビン・フライバーグ他［著］日経ＢＰ社)
【Book44】
・『産経新聞——正論 周到な「聖徳太子抹殺計画」次期指導要領案は看過できない』2017年2月23日付
・『中日新聞——通説疑い実像に迫る 没後1400年迎えた聖徳太子を研究 石井公成さん』2022年5月7日付
・『産経新聞——【和をつなぐ 聖徳太子没後1400年】〈第1部〉不在説の波紋(1)』2021年7月1日付
・『中日新聞——聖徳太子は「作り話」か「偉人の証拠」見落とされ』2022年1月9日付
【Book46】
・『日本経済新聞——私の履歴書』(2022年8月付)
・「TOTO——ニュースリリース」(https://jp.toto.com/company/press/company/csr/20160520002180/)

永井 孝尚（ながい たかひさ）
マーケティング戦略コンサルタント
慶應義塾大学工学部を卒業後、日本IBMの戦略マーケティングマネージャー、人材育成責任者などを経たのち、2013年に退社。同年、多摩大学大学院客員教授を担当。マーケティング戦略思考を日本に根づかせるために、ウォンツアンドバリュー株式会社を設立。多くの企業・団体へ戦略策定支援を行う一方、毎年2000人以上に講演や研修を提供。2020年からはオンライン「永井経営塾」を主宰。マーケティングや経営戦略の面白さを伝え続けている。「難しい理論をわかりやすく読者が使えるように伝える」をモットーにし、行動経済学などリベラルアーツの知見に基づいた著書も多い。
主な著書に60万部超の『100円のコーラを1000円で売る方法』シリーズのほか、15万部超『世界のエリートが学んでいるMBA必読書50冊を１冊にまとめてみた』シリーズ（すべてKADOKAWA）、『なんで、その価格で売れちゃうの？ 行動経済学でわかる「値づけの科学」』(PHP新書)などがあり、著書累計は100万部を超える。

オフィシャルサイト https://takahisanagai.com
X（旧Twitter）@takahisanagai
永井経営塾 https://nagaijuku.com/biz/special/

世界《せかい》のエリートが学《まな》んでいる
教養書必読《きょうようしょひつどく》100冊《さつ》を１冊《さつ》にまとめてみた

2023年11月29日　初版発行
2024年８月５日　５版発行

著者／永井《ながい》 孝尚《たかひさ》

発行者／山下 直久

発行／株式会社KADOKAWA
〒102-8177　東京都千代田区富士見2-13-3
電話　0570-002-301(ナビダイヤル)

印刷所／TOPPANクロレ株式会社
製本所／TOPPANクロレ株式会社

●お問い合わせ
https://www.kadokawa.co.jp/（「お問い合わせ」へお進みください）
※内容によっては、お答えできない場合があります。
※サポートは日本国内のみとさせていただきます。
※Japanese text only

定価はカバーに表示してあります。

ISBN 978-4-04-605552-1　C0030